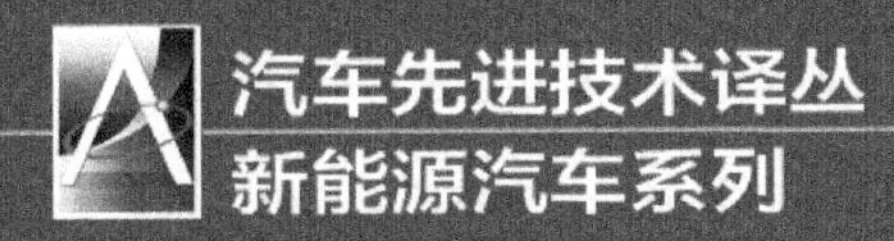

WILEY

电动汽车动力电池热管理技术

Thermal Management of Electric Vehicle Battery Systems

[加] 易卜拉欣·丁塞尔（İbrahim Dinçer）
[土耳其] 哈利勒 S. 哈姆特（Halil S. Hamut） 著
[土耳其] 纳德·加瓦尼（Nader Javani）

雍安姣 项 阳 咎理妮 高月仙 李 敏 谭 浩
张 超 吴 旭 张林波 郭 廷 郭建峰 译

本书首先介绍了电动汽车及其结构，以及一定背景信息下所使用的动力电池，然后详细介绍了各种传统和最先进的电动汽车动力电池热管理系统（包括相变材料）目前正在使用或可能建议在工业中使用的材料。在接下来的章节，为读者提供了工具、方法和程序，以便在各种操作条件下为电池应用选择/开发正确的热管理设计、配置和参数，并指导读者设置仪器和操作热管理系统，以最有效、最具成本效益和环境友好的方式进行效能、经济和环境分析。此外，对当前的技术问题和局限性进行了进一步的解析，分析了决定这些技术能否成功和广泛采用的更微妙的因素，并且详细阐述了在不久的将来电动汽车的技术发展趋势以及兼容的热管理系统。最后，给出了在实际应用中的各种案例。这些案例使用了贯穿全书的工具、方法和程序，以进一步说明它们在电动汽车电池热管理系统的设计、开发和优化方面的功效。

北京市版权局著作权合同登记 图字：01－2018－1654 号。

图书在版编目（CIP）数据

电动汽车动力电池热管理技术/（加）易卜拉欣·丁塞尔（Ibrahim Dincer）等著；雍安姣等译．—北京：机械工业出版社，2021.1（2023.1 重印）
（汽车先进技术译丛．新能源汽车系列）
书名原文：Thermal Management of Electric Vehicle Battery Systems
ISBN 978-7-111-66465-9

Ⅰ.①电… Ⅱ.①易… ②雍… Ⅲ.①电动汽车－蓄电池 Ⅳ.①U469.720.3

中国版本图书馆 CIP 数据核字（2020）第 166120 号

机械工业出版社（北京市百万庄大街 22 号 邮政编码 100037）
策划编辑：何士娟 责任编辑：何士娟
责任校对：张晓蓉 封面设计：鞠 杨
责任印制：郜 敏
北京盛通商印快线网络科技有限公司印刷
2023 年 1 月第 1 版第 3 次印刷
169mm×239mm · 26 印张 · 2 插页 · 535 千字
标准书号：ISBN 978-7-111-66465-9
定价：168.00 元

电话服务	网络服务
客服电话：010－88361066	机 工 官 网：www.cmpbook.com
010－88379833	机 工 官 博：weibo.com/cmp1952
010－68326294	金 书 网：www.golden－book.com
封底无防伪标均为盗版	机工教育服务网：www.cmpedu.com

前　言

在过去的几十年里，人们对有限化石燃料的依赖、化石燃料价格的多变以及出于对环境污染和全球变暖的担忧，激励着研究人员、科学家和工程师对替代燃料汽车进行更积极广泛的研究。如今，由于电池技术的改进，电动汽车（EV）正在开始取代传统汽车。电动汽车可以使能源多样化，具有平衡电网负载和提高能源可持续性的能力，同时还可以降低排放和运营成本。

在向电动汽车（EV）过渡的过程中，需要面临的与车辆本身相关的主要问题是电池及其性能。为了使电池达到理想的性能，缩小电池最佳运行条件与实际运行条件之间的差异，就需要使用有效的热管理系统（TMS）。由于电动汽车的动力电池使用范围广、运行负载多变，而且尺寸和重量受到限制，因此实现电池热管理系统最佳的设计、架构和运行方式，对电动汽车技术的成功和广泛应用起着至关重要的作用。

在这本书中，首先介绍了电动汽车的架构以及所用电池的化学机理，以便为读者提供必要的背景信息；然后全面介绍了行业中使用的各种传统的和目前最先进的或有潜在使用可能的电动汽车电池热管理系统（包括相变材料）。在接下来的章节中，为读者提供了在各种运行条件下选择或开发合适的电池热管理系统设计、结构和参数的工具、方法和程序。通过㶲、经济㶲和环境㶲分析，指导电池热管理系统以最有效、最经济、最环保的方式运行。此外，针对当前的技术问题和局限性采取了进一步的措施，以更广阔的视角进行了研究，最终确定这些技术成功和广泛使用的更微妙的因素，并详细说明了对电动汽车技术的未来展望与热管理系统的技术趋势。最后，给出了实际应用中的各种案例研究，进一步阐明本书中的工具、方法和程序对电动汽车电池热管理系统设计、开发和优化的有效性。

本书详细介绍了实际的代码、模型、经济和环境数据库，为读者设计、分析、多准则评估和改进热力学系统提供帮助，这在其他纯学术教科书中是没有的。在每章结尾和本书结尾，结合大量的数值分析例子和案例研究，为读者提供了大量的评估和设计实际应用的热管理系统的经验。本书是培养主流机械工程和化学工程领域工程师、研究人员和研究生的不可多得的手册。全书共分 8 章，从广义的替代燃料汽车技术到考虑能量、㶲效率、经济性和环境可持续性的详细热力学模型的特定应用。

第 1 章介绍了目前替代燃料汽车的类型、架构、混合度、储能系统以及新兴的电网连接。同时也介绍了个别的车辆热管理系统，并详细阐述了可持续性问题。

第 2 章详细介绍了现有和未来的化学电池，并从性能、成本和技术准备状态方面进行了评估。此外，提供了侧重于评估电池状态和电池均衡充电的电池管理方法和技术，以提高电池单体的性能和寿命。本章末尾提供了电池从单体到电池包开发、制造和验证必需的步骤。

第3章介绍了相变材料的类型和基本性质，以及它们的优缺点和提高它们传热能力的措施及方法。此外，呈现了采用更轻、更便宜和更高效的PCM方案替换液体电池热管理系统的新方法的各种应用。

第4章提供了典型电池模型从单体到整包的开发的关键步骤，实现可靠的模拟，形成硬件和软件数据采集的正确设置，以及使用正确的程序对电池、车辆进行试验设置。电池单体和子模块的模拟，主要关注的是单体电池散热背后的基本概念和整个电池组的热传播。本章旨在提供对电池单体电化学原理的深入理解，以及热管理系统的热力学特性，为后续章节更详细的分析做准备。

在第5章中，对各种先进的电动汽车电池热管理系统进行了考察和评估。随后，逐步建立热管理系统热力学模型，对于主要的部件采用㶲和能量的方法在多变量和实际约束条件下进行评估，并为读者提供了方法以及相应的分析结果。每个步骤都附有解释程序，尽可能地使用通用的和广泛应用的参数，尽可能地使读者将这些分析与他们工作研究的系统相关联。

第6章呈现了经济㶲与环境㶲分析的发展，以便为读者提供必要的分析工具，用来分析系统组件相关的投资成本和评估建议措施的经济可行性及对环境的影响（使用LCA）。同时为读者提供了决定㶲流的相关程序以及投资/运营成本和环境影响相关性数据库，为读者准确建模提供了帮助，而不需要繁琐的实验关系。最后，介绍了电池热管理系统（BTMS）多目标优化研究的关键步骤，根据所开发的目标函数和系统约束得到㶲、经济㶲和环境㶲分析结果，证明了使用帕累托最优优化方法在不同的条件下优化系统参数的正确性。

此外，在第7章提供了使用本书中展现的工具、方法和程序的各种研究案例以及实际应用分析，进一步证明其在电动汽车电池热管理系统的设计、开发和优化中的有效性。

最终，第8章展现了电动汽车技术和热管理系统更广阔的前景，罗列了未来迎接的挑战和可能为这些技术成功广泛应用提供必要解决方案的新兴技术。此外，介绍了目前正在开发的广泛应用的各种热管理系统技术，预示将来电池热管理系统可能包含什么。

我们希望这本书为电动汽车电池热管理系统带来新的维度，使读者能够开发出新的设计方案和产品，解决现有的挑战，有助于实现更可持续的未来。

Ibrahim Dinçer
Halil S. Hamut
Nader Javani
2016.5.

致　谢

非常感谢 Dincer 教授的几位过去/现任研究生和博士后提供的研究案例插图和支持资料，包括 Satyam Panchal、Sayem Zafar、Masoud Yousef Ramandi、David MacPhee 和 Mikhail Granovskii。

同样感谢加拿大自然科学和工程研究理事会，以及位于奥沙瓦的加拿大通用汽车公司和土耳其科学技术研究会 Marmara 研究中心所提供的支持。

最后，我们衷心感谢家人的支持、激励、耐心和理解。

Ibrahim Dinçer
Halil S. Hamut
Nader Javani
2016 年 5 月

目　录

第4章 电池热管理系统的仿真及试验研究 …… 130

第1章 电动汽车介绍

1.1 引言

能量存在于生命的方方面面，它被认为是生态系统与人类文明存在的重要因素。因此，能源问题是我们21世纪面临的重要问题之一。随着工业化和全球化的出现，对能源的需求在过去的几十年里以指数方式增加。尤其是在人口增长速度超过2%的大多数国家，随着与能源需求挂钩的生活方式的改善，能源需求日益增长。基于当前全球能源消耗格局预测，世界能源消耗量将在2030之前增长50%以上。因此，基于全球能源资源普遍的使用情况，能源的可持续发展将成为全球必然要解决的问题，这影响着大多数文明的发展（Dincer，2010）。

目前，世界严重依赖石油、天然气和煤炭等化石燃料。这些化石燃料满足了全球近80%的能源需求。据估计，大规模能源生产和能源消耗将造成环境退化。毫无疑问，人类活动导致的气候变化（特别是温室气体排放）很大程度上对环境有直接的负面影响，每年因为气候变化引起的死亡人数已经超过160000人，预计到2020年死亡数量将翻倍。此外，零售汽油的价格从1949年到2005年间提高了大约5倍（Asif，Muneer，2007；Shafiee，Topal，2006）。上述原因促使研究人员、科学家、工程师和技术人员寻找更有效、更便宜、更环保的能源使用方法。交通工具的使用是造成环境污染的主要罪魁祸首，所以开发了替代传统汽车的方案，这些方案在很多方面都具有竞争力，同时更高效、对环境更友好。在这些替代方案中，电动汽车和混合动力汽车是未来取代传统车辆的两个主要技术方案。

在过去的几十年里，对石油的依赖和不断上涨的价格，以及环境污染和全球变暖，已经促使科学家们主动对可替代能源汽车进行研究。现在，仅美国每天就大约要使用1500万桶原油，其中大约50%的原油被用于交通运输行业，交通运输行业能源供应的95%来自液体化石燃料（Kristoffersen et al.，2011）。此外，石油需求量的增加和相对稳定的供应量，更严格的污染物管制导致原油的价格不断增长且很不稳定。此外，由于大部分的原油储量位于少数国家，这些国家的政治和社会局势都非常动荡，因此能源供应单一化可能是政治冲突的潜在原因。此外，使用这些化石燃料的传统车辆造成大气中温室气体浓度过大。在美国，交通运输行业温室气体排放量是最大的，占美国温室气体总排放量的四分之一以上。

值得注意的是，由于近来电池技术的改善，电动汽车（EV）和混合动力汽车（HEV）技术有了很大的改进，而且它们现在在许多方面可以与传统汽车竞争。新能源汽车通过多样化的能源方式，具有均衡电网负载、可持续性、低噪声的优点，以及更低的运营成本和相对更低的污染物排放量且不增加额外的成本，解决了传统汽车面临的问题。尤其是插电式混合动力汽车（PHEV），它使能源消耗和污染物排放进一步减少成为可能。插电式混合动力汽车通过辅助装置从电网获得并储存电能，输出时使发动机和电机处于最佳效率的工作模式。因此，混合动力汽车和电动汽车目前被认为是传统汽车的最佳替代方案。

1.2　技术发展和商业化

业内许多专家普遍认为电动汽车和混合动力汽车的发展历史由三个主要的时期组成。在动力牵引初期，一直到20世纪初：蒸汽机、内燃机和电动机有着相同的市场占有率。当时，与蒸汽机、内燃机汽车相比，电动汽车有许多优点，蒸汽机非常危险，很脏且昂贵，而内燃机汽车那时才新开发出来，有技术问题需要解决。此外，由于当时城市规模小，铺设道路的百分比也很小，续驶里程对用户来说不是限制问题。然而，随着现代路网规模的扩大和广泛分布的加油站以及大批量生产，使得内燃机技术成本更低，成为汽车市场的主流技术。

第一辆混合动力汽车早在1899年由保时捷开发，与电机配合运行，使得内燃机实现了较高的效率。此外，电动汽车第二次重获新生得益于电力电子技术的发展，电动汽车电机控制的研究始于20世纪60年代，随着20世纪70年代的石油禁运，石油价格大幅上涨，美国开始颁布减少交通运输中矿物燃料消耗的联邦政策，这也导致平均燃油经济性标准的颁布，要求提高乘用车燃油效率。其中，《1965清洁空气法》也引导许多研究机构和公司对电动汽车进行研究。因此，对电动汽车和混合动力汽车的研究更加深入，制造了各种各样减少燃油消耗量的概念车，这奠定了今天现代混合动力汽车和电动汽车的基础。然而，它们没有实现显著的发展，未能进入汽车市场，主要是由于电池的低能量密度和高昂的价格使得它们在许多方面不如传统车辆。20世纪70年代末，电池电动汽车在世界范围内销售量不到4000辆，直到20世纪80年代末及20世纪90年代初，由于石油价格和环境问题，电动汽车研究再次加速。这次导致了电动汽车在商用车和乘用车市场的重大反弹（de Santiago et al.，2012）。

甚至在1990—2005年，欧洲的汽车制造商仍高度集中在对传统内燃机未来技术进行研究（尤其是可变气门正时和直接燃油喷射系统），因为超过80%的专利颁发给了这些技术，只有20%的专利颁发给了与EV和HEV相关的技术（Dijk等，2013）。与此同时，在20世纪90年代初期，日本的电动汽车和混合动力汽车专利申请有了相当大的增长，在1995年后急剧下降，主要是由于大多数研究人员和大多数汽车制造商发现，与内燃机汽车相比，电力驱动系统技术无利可图。这项技术未能普及的主要原因是当时使用铅酸蓄电池（很低的能量密度和有限的寿命），客户不满意（主要是在价格和续驶里程）以及汽车行业的舆论压力（特别是放松排放法规）。因此，1995—2000年，全球共售出的EV和HEV只有少量的几千辆。

在此期间，电动汽车和混合动力汽车技术的最大成功者是丰田和本田，它们在这个市场上找到了商业机会，不顾宽松的排放管制措施，走向了使用可替代能源动力系统的低排放车辆大规模商业化的道路。这些产品包括在日本发布的丰田普锐斯（1997）、在加利福尼亚发布的普锐斯Ⅱ（2000）以及全球发布的普锐斯Ⅲ（2004）。丰田在1997—2007年间售出了100万辆普锐斯。在1996年，通用汽车推出了纯电动汽车EV1，并租给有限数量的顾客。然而，这辆车并不是很成功。主要是由于客户的各种负面反馈，如“续驶里程焦虑”以及害怕电池放电导致汽车抛锚。在2005年之后，气候变化问题和石油价格的上涨引起了人们的关注，大多数其他汽车制造商也开始对这项技术投入大量的研发资源。

在2012年，世界上大约有113000辆电动汽车售出，是以前的两倍多，主要在美国、日本和中国。预计到2020年，电动汽车保有量将达到2000万辆。目前，雪佛兰Volt、日产Leaf和丰田的插电式普锐斯是世界上最畅销的电动汽车。随着政府激励，以及对电动汽车基础设施技术研发的显著增加、电池成本的降低，这些车辆预计在不久的将来将占据大部分汽车市场。

此外，随着对这一领域研发投入的增加，有些国家和地方政府参与投资市场准备和基础设施配置，目的是提高电动汽车和混合动力汽车在这一地区市场的占有率。直到2005年，美国联邦政府为所有符合条件的混合动力汽车提供了2000美元的减税，后来被税收信用政策取代，这个政策基于个人的排放记录和燃油效率，可抵几百到几千美元。此外，许多州还在联邦税收抵免之外提供额外的奖励。目前，从网上整理的许多资料显示，许多国家为EV和HEV提供税收激励，其中芬兰、法国、意大利、荷兰、印度、中国、西班牙、瑞典和美国等国家在这方面领先。

值得注意的是，在过去的二十年中，燃料电池技术已经开始在许多行业中得到应用，包括交通运输行业。尽管发生在氢燃料电池中的逆过程，即水分解，早在1800年，人们就发现电能可以将水转化为氢和氧，但燃料电池反应现象直到1838年才被发现。然而，直到1933年，这项技术才达到青春期，第一个由空气和氢气直接转化为电能的燃料电池才出现。这项技术后来被用于英国海军（1958）潜艇和阿波罗号航天器中。20世纪60年代，发明了可以直接与空气，而不是纯氧气反应的燃料电池（Andújar，Segura，2009）。

自1970年以来，开发的燃料电池有如下几个优点，包括减少了昂贵的催化剂使用量、更高的性能和更长的寿命。经过一个世纪，燃料电池成为实现高效低排放的重要选择。在过去二十年中，燃料电池的比功率增加了两个数量级，已经开始应用于各种行业，特别是汽车行业。

目前，大部分搭载燃料电池的车辆用于研究和开发测试。第一辆商业化的燃料电池汽车是由本田在2007年开发的FCX Clarity。从那时起，不同的汽车制造商开发出各种型号的燃料电池汽车，包括菲亚特Panda、福特HySeries Edge、通用Provoq、现代I－blue、标致H_2Origin和丰田FCHV－adv。此外，由于其每升燃料排放物相对较少，这项技术也被用于摩托车和轮船。

随着城市密度的增大，以及对环境产生的负面影响和导致的健康问题，内燃机的优势逐渐减弱。欧洲委员会预计2050年将禁止在城市使用传统燃料汽车，因此电动汽车和燃料电池汽车在未来的市场中将占主导地位。

1.3 汽车架构

为了能够进一步阐述电动汽车及其子系统，首先需要明确车辆定义和不同类型车辆的特性。因此，在下一小节，将简要介绍各种汽车结构，以便读者了解汽车的基本结构原理。

1.3.1 内燃机汽车

内燃机汽车通常被称为“传统汽车”，它有一个燃烧室，将燃料的化学能转化为热能和使车轮转动驱动车辆运行的动能。传统汽车有相对较长的续驶里程和较短的加满油时间，但是由于燃油的消耗和相关的成本以及对环境的影响，现在内燃机汽车面临着重大的挑战。内燃机汽车结构如图1.1所示。

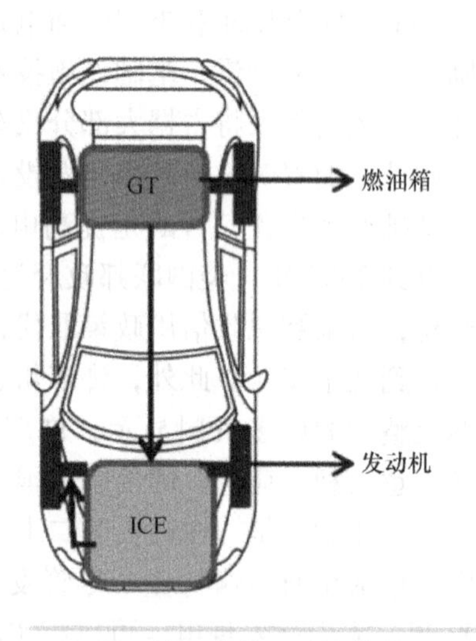

图1.1 内燃机汽车结构

内燃机汽车的主要优点如下：

- 车辆可以在油箱里装载大量的液体燃料（通常是汽油或柴油）。
- 燃料具有高能量密度，一次加满油足以行驶几百千米。
- 加油时间短。

以下是传统汽车的一些缺点：

- 车辆能量利用效率低，汽油动能利用率不到20%。
- 能量的损失主要是因为发动机和传动系统的效率低，怠速时同样消耗能量。
- 碳氢燃料的大量使用，是环境污染和全球变暖的罪魁祸首。

内燃机有大量的运动部件，这使得系统复杂很难维修（从定期换油、定期调整到相对不那么频繁替换的组件，例如水/燃料泵和交流发电机），与此同时还大大降低了系统的效率。此外，它还需要一个燃料系统，使得最佳的燃料空气混合气体喷入并配合点火系统及时点燃。还要有冷却系统保证安全、润滑系统减少磨损，以及排气系统使废气排出。即使过去的几十年里传统汽车有了重大进步，但是它们仍需要化石燃料，化石燃料的价格不稳定且不断上涨，容易受到政治和社会的影响，且导致环境污染与全球变暖。

在过去的几十年里，替代燃料在使用方面取得了实质性的进展。包括生物来源的酒精燃料，如粮食作物，从而减轻对环境的负面影响；然而，由于这些替代燃油仍然是用于自然燃烧过程和机械传递，利用效率也很低。

1.3.2　纯电动汽车

纯电动汽车（AEV）使用电力作为其唯一的车辆能量源。由于车辆只由电池或其他能量源供电，在运行过程中可以实现几乎零排放。然而，整体的环境影响在很大程度上取决于能源的生产方法，因此需要对碳排放的整个循环进行分析，以便得到避免其对环境影响的真实措施。由于不需要和内燃机协同工作，没有相应的变速器以及其他机械传动装置，因此车辆结构更简单、更可靠、更有效。电动汽车能量利用率可以达到 90% 以上（从电池开始），而内燃机利用率仅 30%。除此之外，电动汽车运行噪声小，使用的电能可以从各种能源中获得。许多国家开始投资发展多样式的可再生能源（特别是太阳能和风能），这对纯电动汽车在未来的发展更有优势。纯电动汽车的结构如图 1.2 所示。

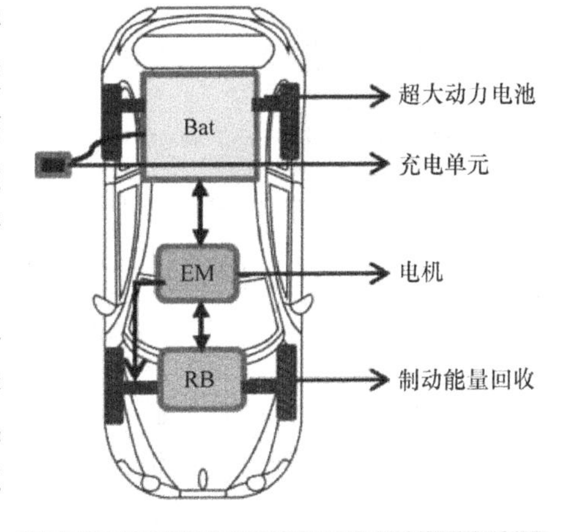

图 1.2　纯电动汽车结构

纯电动汽车的主要优点如下：

- 汽车通过车载动力蓄电池（可简称为动力电池）供电，高效驱动电机驱动汽车。
- 制动时，可以将能量回馈给动力电池。

纯电动汽车的缺点如下：

- 动力电池是电动汽车的唯一能源，其尺寸相对于混合动力汽车或插电式混合动力汽车的电池更大。
- 与传统车辆相比，续驶里程受到限制。
- 用 2 级模式充满电需要 7h。

然而，汽油的能量密度相比电池要高很多。因此，为了提供相同的能量，动力电池组尺寸更大，这会增加相当多的重量和成本。因此，纯电动汽车相比传统汽车续驶里程有限、成本高，这是纯电动汽车技术广泛进入汽车市场应用的主要障碍。目前正在研究如何增加电池容量，例如超级电容器和低功率燃料电池。

1.3.3　混合动力汽车

混合动力汽车（HEV）结合了传统驱动系统和能量储存系统，利用内燃机和电机驱动车辆，是传统汽车向纯电动汽车过渡的重要桥梁。混合动力汽车更接近传统汽车，因为它们驱动仍然依赖于化石燃料。电机和电池的作用是保持发动机效率、避免怠速和提供额外的动力，因此尺寸较小。因此，混合动力汽车可以实现更好的燃油经济性（相对于传统汽车）和更长的续驶里程（相对于纯电动汽车）。混合动力汽车（HEV）和插电式混合动力汽车（PHEV）的结构如图 1.3 所示。

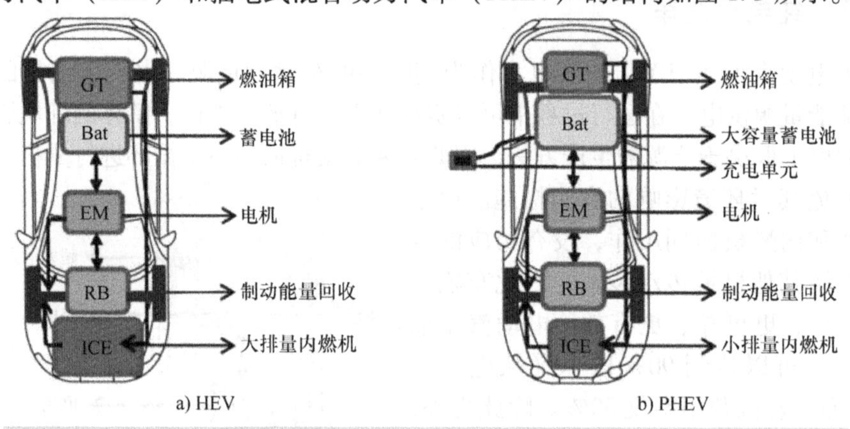

图 1.3　HEV 和 PHEV 的结构

混合动力汽车主要优点如下：

- 既有动力电池又有燃油箱，既有电机又有内燃机。
- 电机独立驱动，还是内燃机和电机一起提供车辆驱动转矩取决于车辆架构。
- 怠速时，空调和其他系统都是运行的。
- 效率可以提升 15%~40%。

混合动力汽车主要缺点如下：

- 车辆仍然严重依赖于内燃机。
- 纯电驱动续驶里程范围通常限于 40~100km。
- 比传统汽车要贵得多。

插电式混合动力汽车接近于纯电动汽车，由于电池组尺寸很大，纯电续驶里程更长，而且可以简单地从电网获得电能。丰田普锐斯的市场成功，表明 PHEV 是替代传统汽车的真正解决方案。通过适当调整电能和其他驱动单元提供能量的混合程度，混合动力汽车和插电式混合动力汽车都可以比传统汽车使用更少的汽油和产生更少的尾气排放。

插电式混合动力汽车主要优点如下：

- 电池可以通过电网充电。
- 短途通勤的理想交通工具。
- 纯电模式下没有汽油消耗或排放。

插电式混合动力汽车主要缺点如下：

- 使用的电池比 HEV 的更大、更昂贵。
- 用 Level2 模式充满电需要 4h。

此外，与纯电动汽车在每一个循环中使用全部能量不同的是，插电式混合动力汽车的电池容量输出范围在额定 SOC（50%）上下 10% 运行，为了避免过充，SOC 不超过 75%，为避免过放，SOC 不低于 25%。因此，PHEV 只有大约一半的电池容量可以使用。以下介绍 PHEV 的能量管理模式。

电量消耗模式（CD 模式）：在这种模式下，车辆运行时电池 SOC 不断减少。插电式混合动力汽车通过传统的电源插座充电后，即可工作在电量消耗模式（CD 模式），直到电池耗尽到目标 SOC，一般情况下这个目标 SOC 是 35%。在这种模式下，发动机可能处于开启或关闭状态，但其中一部分驱动车辆的能量由储能系统（ESS）提供。

电量维持模式（CS 模式）：在这种模式下，电池 SOC 被控制保持在狭窄的工作范围内。在 CD 模式之后（在电池耗尽到目标 SOC），车辆切换到电量维持模式（CS 模式），利用内燃机发电维持当前的 SOC。插电式混合动力汽车可以基于 CS 模式功能的不同进一步分类。CD 模式和 CS 模式的工作简图如图 1.4 所示。

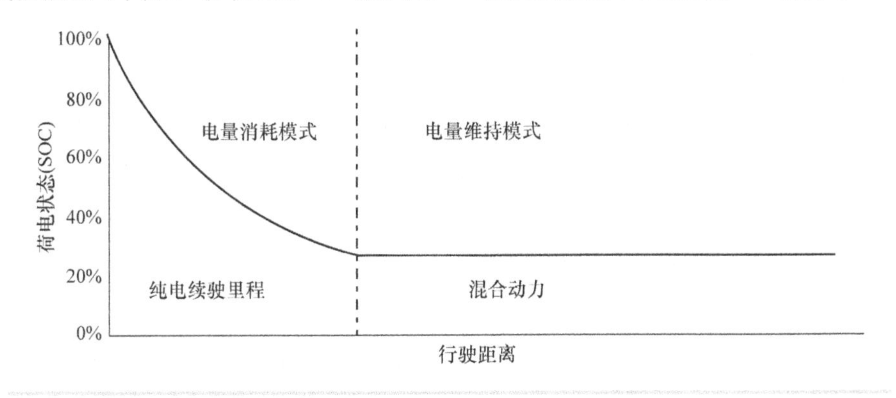

图 1.4　CD 模式和 CS 模式的工作简图

电动汽车（EV）模式：在这种模式下，内燃机禁止运行，因此 ESS 是驱动汽车的唯一能源。增程式插电式混合动力汽车可以被看作仅由电机驱动的纯动力汽车的 CD 模式，而混合动力汽车主要由电机驱动，发动机仅用于助力时提供额外的动力。

单一发动机模式：在 CS 模式后，如果车辆仍在行驶，它将进入仅由发动机提供车辆牵引力的工作模式，电力驱动系统不提供动力。

最后，影响上述技术使用和市场占有率的因素如图 1.5 所示。深色和浅色的箭头分别表示不同动力总成技术发展与集成的一些有利和不利的因素。

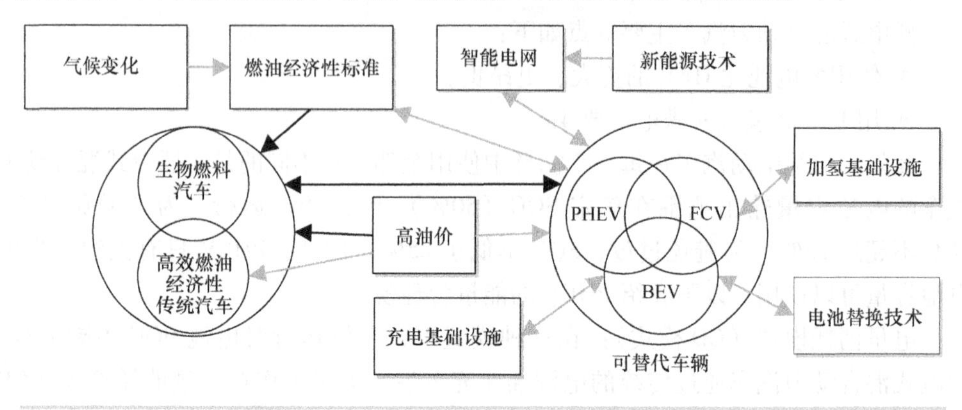

图 1.5　影响技术使用和市场占有率的因素

此外，电动汽车架构可以绘制成拓展匹配图，横轴代表技术形式和创新设计，纵轴代表用户使用和功能。创新越是接近既定的实践，匹配就越高，拓展就越小。结合这两个维度，从多维度比较不同技术就更容易。

图 1.6 显示了两种途径，替代燃料汽车可能被当作一种更具可持续性的备用车辆使用或可与其他交通方式结合使用，其区别在于机动性模式和驾驶行为。因此，在上述的途径中，它们仍然基本保持不变，尽管这些车辆效率更高，排放量更低，但用户却没有相应地改变其驾驶行为。第二种途径考虑更活跃的规划、广泛的交通方式和减少车辆的归属感以及技术、基础设施和法规监管。

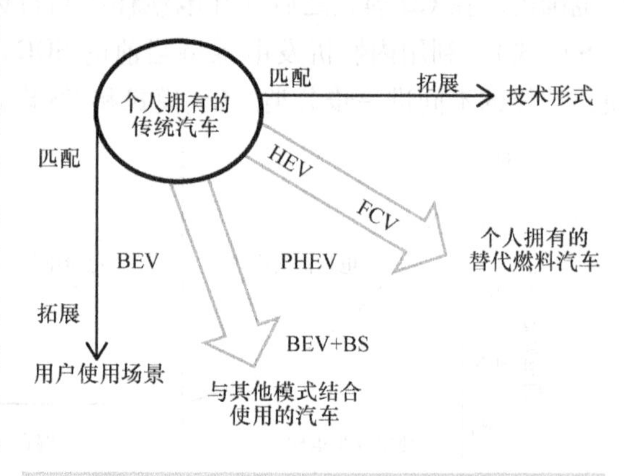

图 1.6　电动汽车架构拓展匹配图

1.3.4　燃料电池汽车

燃料电池汽车（FCV）可以看作一种串联混合动力汽车，燃料电池可看作用氢做燃料的发动机。燃料电池产生的电能既可以用来驱动电机，也可以存储在能量存储系统中，如蓄电池、超级电容器、飞轮等（Chan et al. ，2010）。加拿大国家研究理事会（NRC）关于可替代交通技术的报告显示，不同于生物燃料和先进的内燃机汽车，燃料电池汽车可以使温室气体排放和燃油消耗处于稳步下降的趋势。图1.7所示为使用硼氢化钠的燃料电池汽车。

图1.7 使用硼氢化钠的燃料电池汽车

1.4 混合度

电动汽车和混合动力汽车相比传统汽车在能源效率、能源选择和相关的环境影响方面具有相当大的优势。电动汽车可以直接从外部供电站、储存的电能，或者通过车载发电机获得电能，例如在混合动力汽车（HEV）中可通过发动机发电获得电能。纯电动汽车的优点是可以输出电池电能，但是它的续驶里程有限（Hamut et al.，2013）。混合动力汽车（HEV）一方面具有相当高的续驶里程，另一方面可以在纯电模式下运行，因此它们将是未来研究的重点。

混合动力汽车利用两个独立的能量源，通常是发动机（如柴油机或汽轮机，或小排量内燃机）和辅助动力电池。混合动力汽车的动力传动系统一般都比传统汽车燃油效率高，这是由于辅助动力电池辅助配合发动机输出，从而使发动机大部分时间运行在高效区间，例如加速时和动力电池充电时的大功率输出（双模式），或者是辅助动力电池根据需要提供或吸收高峰值短时的电流（助力）。此外，在这两种体系结构中，加速和爬坡时电流都是从辅助动力电池中输出。制动回收的能量充到混合动力汽车的动力电池中，以便重复利用，增加了混合动力汽车的整体效率。目前，按照电池电机的能力和功能进行分类，HEV结构形式见表1.1。

混合动力汽车根据混合程度不同可以实现不同的功能，如发动机起停、发动机工作点调整、再生制动能量回收。各种级别的混合动力辅助驱动系统如图1.8所示。接下来的小节将介绍不同混合程度的混合动力汽车。

表 1.1　HEV 的不同类型

混合动力特性	微混	轻混	强混	插电式混合
代表车型	奔驰 A 级、Smart 菲亚特 500、雪铁龙 C3	宝马 7 系、本田思域和 Insight	丰田普锐斯和凯美瑞、本田 CRZ	雪佛兰 Volt、丰田普锐斯插电
发动机	传统	小型化	小型化	小型化
电机	带/曲轴驱动	带/曲轴驱动	曲轴驱动	曲轴驱动
电机功率	2 ~ 5kW	10 ~ 20kW	15 ~ 100kW	70kW +
工作电压	12V	60 ~ 200V	200 +	200 +
节油率	2% ~ 10%	10% ~ 20%	20% ~ 40%	20% +

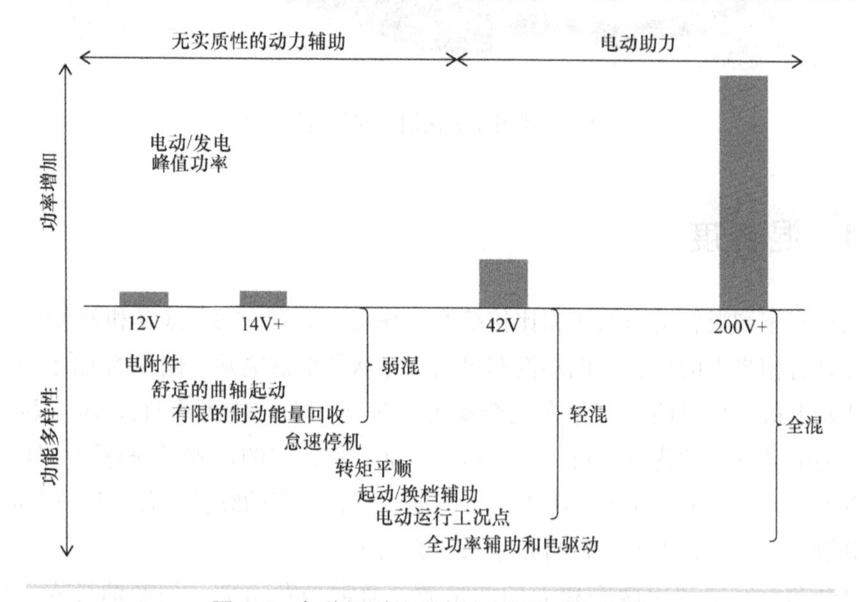

图 1.8　各种级别的混合动力辅助驱动系统

1.4.1　微混混合动力汽车

微混混合动力汽车由一个起动/发电系统与传统的发动机协同工作，这个起动/发电系统既可以提供有限的功率帮助发动机在起动过程中更好地运行，又可以用作交流发电机，将发动机起停与再生制动能量回收结合起来。典型的微混系统由功率达 5kW 的电机和传统的 12V 蓄电池组成，以减少车辆的燃料消耗。目前搭载该系统的轻型车辆，城市行驶循环一般可以实现 2% ~ 10% 的节油率（具体数值取决于车辆、动力传动系统和驾驶条件）。此外，当车辆进入行驶状态时，电机不向发动机提供额外的转矩。

1.4.2 轻混混合动力汽车

轻混混合动力汽车起动时提供电机助力，制动时能量回收补充蓄电池电量，该系统有一个比微混混合动力系统电机功率稍大的电机协助发动机工作，功率约6～12kW，工作电压140V。但是该系统仍然不能纯电驱动，只是在加速时和制动时提供转矩补偿，主要是因为该系统电机与发动机同轴。该结构系统的燃油效率提升高达30%（一般10%～20%），同时可以减小发动机的排量。市场中搭载该系统的典型轻混混合动力车辆有GMC Sierra皮卡，本田思域、雅阁和土星Vue。

1.4.3 强混或功率辅助混合动力汽车

在强混混合动力汽车中，电机可以作为唯一的驱动动力源。因为它有一套完整的电力驱动系统，该系统提供发动机起动、怠速运行、纯电起动、转矩辅助、再生制动能量回收和有限的纯电续驶里程。与轻混混合动力汽车不同，它可以通过功率分流，实现电机或者发动机工作，或者两者同时工作。当在纯电模式下使用时，车辆在运行过程中几乎实现零排放。

强混混合动力汽车通常有一个高容量的储能系统，功率60kW、工作电压200V以上，这种系统具有广泛的架构（串联、并联、混联）。因此，这种系统对汽车燃油效率提升高达40%（通常20%～50%之间），且在驾驶性能上没有太大影响。然而，强混混合动力系统通常需要更大的蓄电池、电机，同时需要改进附件系统，如热管理系统（Tie，Tan，2013）。

1.4.4 插电式混合动力汽车（或增程式电动汽车）

插电式混合动力汽车与强混混合动力汽车相似，既可以用燃油又可以纯电驱动。插电式混合动力汽车有一个特点就是，电能不仅可以利用化石燃料发电获得，还可以从电网获得。插电式混合动力汽车被视为搭载了功率受限制发动机的纯电动汽车，或者是利用发动机给蓄电池充电以增加续驶里程的增程式电动汽车。

在插电式混合动力汽车中，由于车辆有替代能源单元和可以从电网充电的蓄电池，蓄电池的质量明显小于纯电动汽车（比强混混合动力汽车电池容量大），因此插电式混合动力汽车相比同类电动汽车运行在纯电动模式下效率更高（由于驱动车辆所需驱动功率减少）。PHEV充电器必须重量轻、结构紧凑、高效，以便最大限度地发挥从电网获得的电能利用率。通过单独或者同时利用从电网获得的电能和储存在燃料箱的化学能，插电式混合动力汽车相比传统汽车可以获得更好的驾驶性能、更高的能源效率、更小的环境影响和更低的成本，这些同时取决于驾驶习惯和发电能源结构。

插电式混合动力汽车电能需求取决于各种因素（特别是车辆重量），需求功率在70kW以上。由于电能是从电网中获得的（而不是传统发动机），在短距离行驶和城市工况时车辆以电机驱动模式驱动，效率和动力性能都可以显著提高。因此，插电式混合动力汽车是在城市和高速公路行驶非常理想的车辆类型。

1.5 混合动力车辆架构

在强混混合动力汽车中，根据主要和次要驱动动力源布置可以分为并联型、串联型、混联型（甚至更复杂的架构）。混合动力汽车的架构如图 1.9 所示。这些架构在效率、驱动能力、成本、可制造性、商业可行性、可靠性、安全性和环境影响之间存在复杂的权衡。因此选择最佳的架构，需要基于应用需求，特别是驾驶条件和驾驶循环。

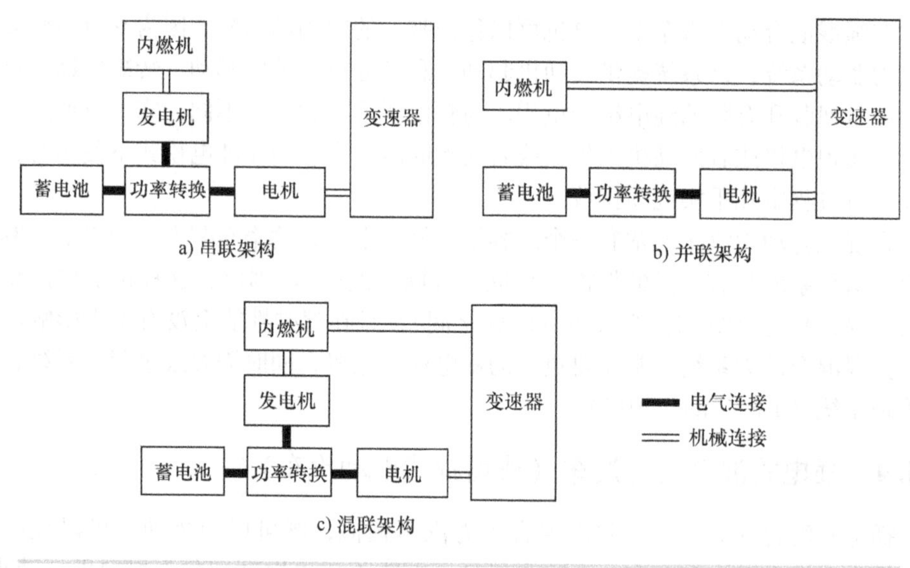

图 1.9 混合动力汽车架构

1.5.1 串联混合动力汽车

在串联混合动力架构中，发动机通过发电机发电给电池充电，电能用于驱动电机。从概念上讲，它是一种发动机辅助的纯电动汽车，扩大了续驶里程范围。在这种架构中，发动机输出功率转换为电能，从蓄电池输出电能给动力传动系统。这种架构的主要优点是使发动机运行在平均功率点，而不是峰值功率需求，因此它可以在最高效的区域运行。此外，结构相对简单，没有离合器，因此发动机发电机组布置位置比较灵活。此外，它还可以存储一部分制动能量回收产生的能量。另一方面，这种架构需要相对较大蓄电池和电机满足峰值功率要求，而且能量从机械能转换到电能，又反过来转换为机械能，引起较大的能量损失，这种架构通常更适合于城市频繁停车和运行的驾驶模式。一般来说，这种架构的燃料经济性不理想（由于功率转换），成本较高（由于额外增加的发电机），但比起并联架构，它具有灵活的零部件选择和更低的污染物排放量（由于发动机工作效率更高）。

1.5.2　并联混合动力汽车

在并联架构中（如本田思域和雅阁混合动力汽车），发动机和电机均可给车轮提供转矩，因此可以给变速器传递更多的功率和转矩。从概念上讲，它是一种电动辅助的可降低排放和燃料消耗量的传统车辆。在这种架构中，发动机轴端动力直接输出给动力传动系统。当超出发动机性能需求时，并联于发动机的电机提供额外的动力。由于发动机提供车轮转矩，可以使用更小尺寸的蓄电池和电机（因此可以选用较低容量的蓄电池），但发动机不总是运行在其最有效的区域。因此，这种架构可以减少超过40%燃料消耗量。这种架构通常适用于城市和高速公路驾驶工况。

1.5.3　并联/串联混合动力汽车

最后是一种可分流的并/串联混合动力系统（如丰田普锐斯、丰田Auris、雷克萨斯LS 600h、雷克萨斯CT 200h和日产Tino），通过基于行星齿轮系统的功率分配装置（图1.9c）使电动机和发电机分离，以便发动机向车轮提供转矩和通过发电机向蓄电池充电。这种架构通过增加额外零部件为代价，既有并联的优点，也有串联的优点。然而，每种架构的优势取决于环境条件、驾驶方式、续驶里程、电能发电构成以及总成本。

1.5.4　复杂混合动力汽车

这类复杂架构混合动力汽车非常类似于串/并联架构，相比上述架构的主要区别在于具有功率转换器，以及电动/发电一体机和电动机，用于改善车辆的控制性和可靠性。这种架构的主要缺点是需要精准的控制策略。

1.6　储能系统

明确了各种类型车辆的架构后，针对预期的应用选择合适的储能系统是混合动力汽车主要的工作。以下简要描述储能系统（ESS）的优点和缺点。

1.6.1　电池

电池是一种便携式存储设备，通常由大量的可以将化学能转化为电能的电池单体组成，这个能量转化过程效率高且没有任何气体排放物产生。在电池中，大部分化学反应发生在固体材料中，因此该材料应设计成可供反应物在电池数百个或数千个循环中嵌入和脱去（Whittingham，2012）的类型。所有类型的电池都有两个电极，阳极和阴极，如图1.10所示。

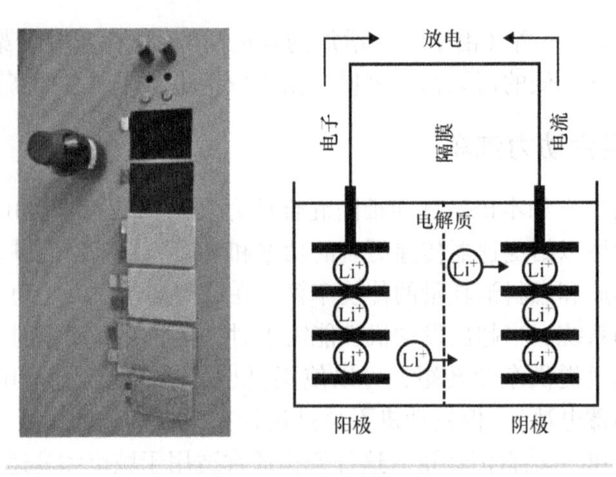

图 1.10　电池结构

在过去的几十年里发展了几种电池化学物质。然而，在这些可用的化学物质中，锂离子化学物质目前在广泛的应用市场中占主导地位。这类电池有四种不同的几何形状，即小圆柱形、大圆柱形、方形和软包。值得注意的是，圆柱形电池单体具有高的体积密度和品质，并能保持其形状，而其他形状的电池单体，需要电池外壳，以保持其形状。此外，圆柱形电池具有坚固和结构耐久（抗冲击和振动）的优点；然而，它们的传热率随着尺寸的增加而减小。此外，更换大尺寸电芯非常困难，而小电芯则几乎不可能更换。方形电池单体被包裹在半硬塑料壳里，具有更好的体积利用率。它们通常通过螺栓与螺纹孔相连，且易于使用更换，但需要在电池的两端保留极片。软包单体具有高的能量或功率密度（不需要额外的包装），通常有夹紧、焊接或钎焊的接头。和方形单体一样，它们也需要保留极片，耐久性差，除非采取额外的防护措施，但这样会增加电池单体的体积和重量（Pesaran et al.，2009）。

目前，它们各自以其相对有效的方式为混合动力汽车和电动汽车提供动力。电池最重要的特性是电池容量（与最大放电电流成比例），以 A · h 为单位，电池中储存的能量（放电时容量 × 平均电压），以 kW · h 为单位，等同于以 kW 为单位的功率（电压 × 电流）。最大放电电流（通常用指数 C 表示）表示电池容量耗尽的速度，受到电池化学反应和生成热量的影响。电池的另一个重要参数是荷电状态（SOC），显示电池中可用电量的百分比（Tie，Tan，2013）。

电池是目前纯电动汽车和混合动力汽车普遍使用的技术，主要由于它们能够以优异的效率传递峰值和平均功率，但其固有的能量密度和加满燃料或充满电的速率（相较于化石燃料）低，这限制了它们的续驶里程，从而增加了它们的规模和成本，阻碍了其广泛应用。电池相对于其他储能系统的功率和能量特性如图 1.11 所示。

典型的动力蓄电池电动汽车耗能为 5 ~ 10km/kW · h，具体数值取决于车辆设

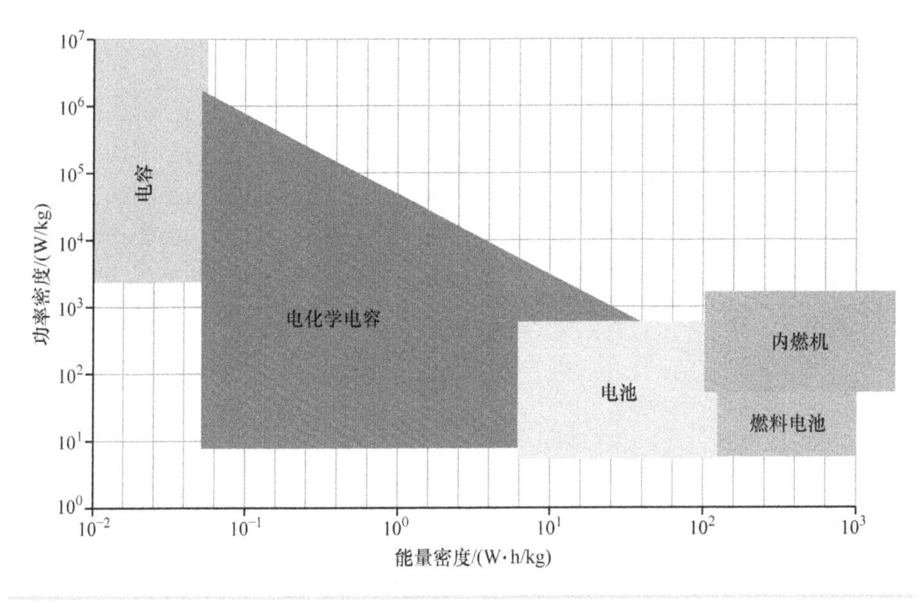

图 1.11　储能系统的功率和能量特性

计和驾驶员行为等多种因素。例如，在常规行驶工况下，目前的技术针对平均载客量行驶 200km 则需要大约 150kg 的锂离子蓄电池（或超过 500kg 的铅酸蓄电池）。为了使续驶里程加倍，功率、重量和相应的成本也必须增加一倍，这对续驶里程的增加带来了很大的限制。目前电动汽车电池的一些常见技术要求是放电功率高、容量大、循环性能好、充电性能好和能量高。有关电池不同化学成分、性能、成本和环境影响的详细介绍将在第 2 章中进行。

1.6.2　超级电容（UCS）

随着电动汽车技术的发展及其在市场上的广泛使用，对电动汽车的要求越来越高。尽管电池技术从充电速率、容量和电池寿命方面都得到了显著改进，但充分应用于电动汽车仍然有很大的障碍。在这方面，超级电容在目前电池技术面临挑战的许多领域存在潜在的优势。

与电池将电能作为化学能储存不同的是，在电容中，它以表面电荷的形式储存，因此需要很大的表面积以达到高存储容量。由于电容在充电或放电过程中不会损坏材料结构的完整性，纯电容材料实际上可以充电或放电数百万次而没有显著退化。

超级电容（图 1.12）具有与普通电容相似的结构，但是电容量比普通电容大得多（20 倍）且充电时间比电池短。它兼顾了电容和电池的性能，包括表面电荷和发生在材料中的法拉第反应。它的特点包括几乎免维护操作、较长的循环寿命以及对环境温度、冲击变化和振动的不敏感性，可以单独使用，也可以与车载电池一起使用。

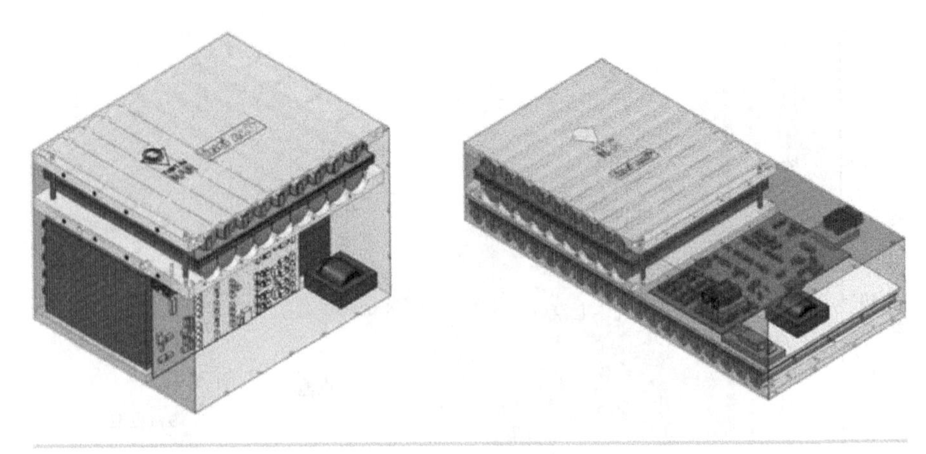

图1.12 超级电容

目前用在电动汽车上的超级电容有三种类型，其中双电层电容（EDLC）（具有较大的功率密度，但最低能量密度只有5~7W·h/kg）；法拉第准电容和混合电容，能量密度均为10~15W·h/kg基于能量存储机理及其电极材料。超级电容寿命是所有能量储存系统中最长的，寿命可达40年。

双电层电容具有与传统的电化学储能不同的储能方式，在EDLC中，能量直接储存在电场中。这种技术的主要优点是它没有法拉第反应表面现象，这意味着它具有非常快的反应动力学，确保其具有高功率性能以及相当长的循环寿命。

另一方面，超级电容能量密度大大低于相同尺寸的锂离子蓄电池（约为锂离子蓄电池的1/25）。然而，随着纳米技术的进步（特别是碳纳米管），超级电容的离子收集表面积可大幅增加，储能容量可增加到传统锂离子蓄电池储能容量的1/4。此外，电池和超级电容混合技术也在过去几年的时间里发展起来，超级电容和铅酸蓄电池结合在一起，以提高铅酸蓄电池的功率和循环寿命。虽然现在存在很多由超级电容驱动的车辆，但其仍处于发展阶段（主要是样机），目前的应用相对有限。

1.6.3 飞轮储能器

飞轮储能器是一种能量转换和存储装置（也称为飞轮电池），它以旋转质量存储能量。起初它是用来稳定同步发电机的输出电压，但是最近的发展已经使这项技术同样也可用于交通运输行业。飞轮通常是由高强度碳纤维飞轮、磁浮轴承支撑、电动机/发电机（电能/动能转换）和电力电子控制组成的装置。

飞轮循环效率可以达到大约90%，能量密度可达40W·h/kg，但功率密度比普通化学电池高得多，这使得它能够更快地充电（Vazquez et al.，2010），其峰值功率仅受功率变换器的限制。在飞轮电池中没有化学反应发生（不存在有害气体排放或废物），因此对环境而言，它是无害的，且充放电循环次数是无限的。这使它非常适用于纯电动汽车和混合动力汽车频繁的充放电循环（如制动能量回收）。

1.6.4　燃料电池

在这种能量储存系统中，化学能（氢气）转化为机械能，通过在内燃机中燃烧氢气或在燃料电池中通过与氧气反应以产生电能（不需要经过低效的热力学循环），这些电能可用于车辆驱动和附件耗能。

正如在 1.3.4 节中提到的，燃料电池车辆只排放水蒸气，且能量转化很高效。质子交换膜燃料电池（PEMFC）可以实现很多比上述技术更高的能量密度，因为氢的原子质量轻得多，具有高能量效率的优良特性，运行噪声低且环境兼容性好。氢燃料电池结构及其电化学反应如图 1.13 所示。

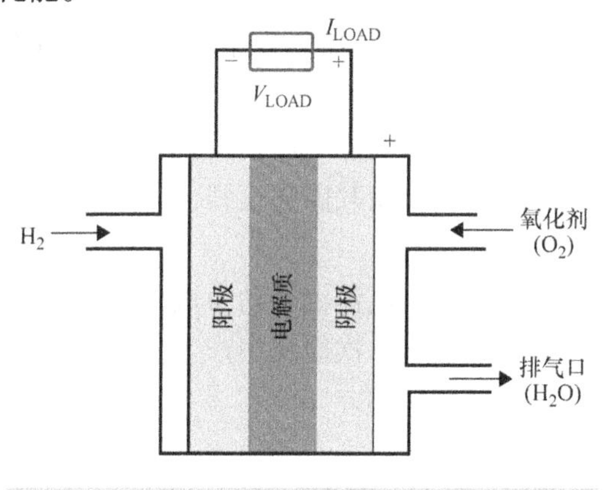

图 1.13　氢燃料电池结构及电化学反应

欧盟委员会共同资助的项目 HyWays，研究了一系列欧盟使用氢产生的影响，并得出结论，到 2050 年，如果 80% 的道路车辆是氢燃料，与按照当前情况发展产生的二氧化碳量相比（Offer et al.，2010），产生的二氧化碳排放量将减少 50%。

尽管燃料电池（FC）技术似乎是一种新兴能源，但它可以追溯到 1839 年，第一个燃料电池由 William Grove 爵士组装。经过几十年的研究，于 20 世纪 60 年代开始在航空航天领域得以广泛应用，在 20 世纪 80 年代得到广泛探索研究。

现在，将内燃机和锂离子蓄电池、燃料电池汽车进行比较。行驶相同的续驶里程，柴油车行驶 500km，需要重量超过 40kg（体积小于 50L）的油箱，而对于锂离子蓄电池电动汽车，则需要 830kg 锂离子蓄电池（需要的可用能量密度为 120W・h/kg 和 100kW・h 的电能），氢燃料电池则需要 125kg 氢达到相同的续驶里程（需要气压达 70MPa 的压缩氢气瓶和 200kW・h 的化学能）。此外，加满油需要的时间在 30min 之内，锂离子蓄电池电动汽车（采用高达 80kW 直流快速充电）把电池充满则需要若干小时，而对于氢燃料车辆只需要 3 ~ 5min 的时间（Eberle，Helmolt，2010）。

然而，对于实际的电动汽车应用来说，燃料电池技术还不够成熟。主要原因是燃料电池需要面临电催化相关的操作问题，还有氢的产生、储存和释放，以及复杂的系统和高昂的制造成本。制造成本主要由于昂贵的膜和原材料（用作催化剂）和制造工艺过程（特别是集流板）。此外，当缺乏燃料或氧气时，性能会显著下降，电池电压下降反过来会加速碳组分的腐蚀，这对燃料电池堆和组件有害。此外，氢气瓶有着很高的质量比能量密度，但体积比能量密度比较低，因此要求氢气瓶体积更大（体积大于相当的燃油箱），这是它在汽车中使用的一个缺点。此外，燃料电池生产量较低，需要额外的基础设施加氢，这大大增加了它的成本。然而，氢气瓶可以提供相当长的续驶里程（80～160km/kg H_2），且可以数分钟加满（而蓄电池可能需要几个小时），这使得它对于传统车辆而言更具可比性。

燃料电池通常在纯氢或至少富氢时表现最佳，因此需要车载储存氢气。氢的储存有三种方式，即压缩储存（在70MPa的压力下）、低温系统储存（液化-253℃）和吸氢材料储存（通过金属、木炭或用固体基质）。此外，燃料电池混合动力汽车中把氢提供给内燃机做燃料的研究也受到广泛的关注，因为可以以精益化学计量法运行，使其能够达到很高的效率（超过45%），不需要任何后处理即可满足欧6排放标准。

因此，燃料电池混合动力汽车可以提高车辆性能和燃油经济性，氢气像电能一样，可以从任何一次能源中产生，包括许多可再生能源，这也有助于打破交通运输行业对石油的依赖。

1.7 电网连接

充电能力、充电策略和充电功率对电动汽车和混合动力汽车在市场上能否被广泛接受起着重要作用。目前最大的困难是电池的成本、循环寿命，同时充电器的使用和充电基础设施的缺乏也是主要的应用障碍。充电系统可以分为非车载（单向）和车载（双向）两种。车载充电系统可以是导电式或感应式，非车载充电系统可以根据充电速率分为1级（方便）、2级（初级）、3级（快速）三种功率等级（Yilmaz，Krein，2013）。感应充电具有固有的安全属性，但其对基础设施的要求有些超前。导电式充电器更轻，更紧凑，而且允许双向，从而可以实现更高的效率。车辆充电对电网的影响很大，如智能充电（可以选择对车辆充电的最佳时间）和V2G（电网峰值负荷时车辆把电能反馈给电网）。

1.7.1 充电器的功率水平和基础设施

充足和结构良好的充电设施及其相关的基础设施是解决电动汽车用户“续驶焦虑”和成功占有汽车市场的主要途径，因为它们是电动汽车发展的“鸡与蛋”问题的主要贡献者。这个问题描述了汽车制造商不愿在不存在相关基础设施的情况下引入可替代车辆，同样燃料生产商也不愿意在没有可替代车辆的情况下投资基础设施。选择合适的地点和充电基础设施的类型对车主和电网有着重要的影响。此外，充电器的功率对用户也有很大影响，因为它对在一段时间内电网需求功率有很大影响。目前的充电设备主要分为三种充电方式，其中1级充电是最慢的方法，不需要额外的基础设施，适用于家庭和商业点（集成到车辆中），并使用标准的120V/15A 单相插座。2 级充电方式是目前私人和公众设施的主要方式，提供更高的充电电压（208V 或 240V），相关的基础设施是车载的，避免了多余的电力电子装置。否则，可能需要家庭和公共单位安装专用设备，费用在 1000 ~ 3000 美元之间。最后，与前两个级别不同，3 级通常用于夜间充电（利用电网用电低谷），以480V 或更高的三相电路提供快速充电，实现充电时间小于 1h，通常被安装在加油站。几种不同充电功率水平的充电特性见表 1.2。

表 1.2 几种不同充电功率水平的充电特性

功率水平	充电位置	常用充电位置	期望功率水平	充电时间	车型技术
1 级	车载单相	家庭/工作地点	1.4kW（12A）	4 ~ 11h	PHEV（5 ~ 15kW · h）
AC 120V（US）			1.9kW（20A）	11 ~ 36h	EV（16 ~ 50kW · h）
AC 230V（EU）					
2 级	车载	私人/公共充电口	4kW（17A）	1 ~ 4h	PHEV（5 ~ 15kW · h）
AC 240V（US）	单相或三相		8kW（32A）	2 ~ 6h	EV（16 ~ 30kW · h）
AC 400V（EU）			19.2kW（80A）	2 ~ 3h	EV（3 ~ 5kW · h）
3 级	非车载				
（AC/DC 208 ~ 600V）	三相	商业充电	50kW	0.4 ~ 1	EV（20 ~ 50kW · h）
			100kW	0.2 ~ 0.5h	

这一水平的基础设施费用据报道在 30000 ~ 160000 美元之间，它们可以使配电设备超载。虽然今天的充电站数量非常有限，但由于电动汽车技术的进一步发展（特别是在增加续驶里程和减少总成本方面）和它们在市场上的占有率，充电站和设备的数量将在全世界大幅度增加。

1.7.2 传导充电

目前，电动汽车充电主要是通过插件连接，在汽车的插座上插入一个插头来对蓄电池充电。这些系统直接和电缆接触，无论是从插座（在 1 级和 2 级）或从充电站（在 2 级和 3 级）充电，都发生在电动汽车插接器和充电口之间。3 级概念充电站如图 1.14 所示。

这种充电技术存在电缆、插接件等缺陷。使用的电缆和插头承受的功率是室内标准插头的 2 ~ 3 倍，容易造成触电的危险，特别是在潮湿的环境中。而且，在寒冷的气候下，汽车上的充电插头可能会被冻在车上。此外，长电缆有可能会绊倒行人，看起来影响美观。充电基础设施的费用，包括安装和设备费用，见表 1.3。该成本受以下几个因素影响，包括现有插座的供应、维修，甚至潜在的破坏（公共充电点）。

图 1.14　3 级概念充电站

表 1.3　充电基础设施的费用

场地	功率	低成本使用情况（$）	基本使用情况（$）	高成本使用情况（$）
家庭	1.4kW	25	75	550
	7.7kW	500	1 125	4 000
户外	1.4kW	1050	3000	9000
	7.7kW	2500	5000	15000
	38.4kW	11000	20000	50000

1.7.3　感应充电

感应充电器通过磁场传输功率，主要研究用于 1 级和 2 级设备。这种技术空气间隙大、效率高、充电功率大，而且不使用任何电缆。在感应充电中，电源所产生的高频率交流电通过传送面板或线圈将功率传送到接收线圈，电子接收器将它转换成直流电（DC）对蓄电池充电。感应充电系统的主要工作参数是功率等级、最大充电距离、充电效率、充电公差，以及尺寸和重量。

这种技术的主要优点是取代了蓄电池深充和深放。车辆可以经常在家里或工作时停放（静态感应充电）充电。此外，该技术还可以实现半动态和动态充电，如当车辆处于低速稳定行驶状态时，它可以在行驶中无线充电。这将为许多与充电站和续驶里程有关的关键问题提供解决方案。因此，在工业界和学术界受到广泛关注的这种电动汽车的充放电方法具有简单、便利，以及高成本效益、高效率和灵活性等特点。在图 1.15 中展示了这项技术的概念模型。

感应功率传输（IPT）作为一种充电方法得到了全球的认可。这种方法没有任

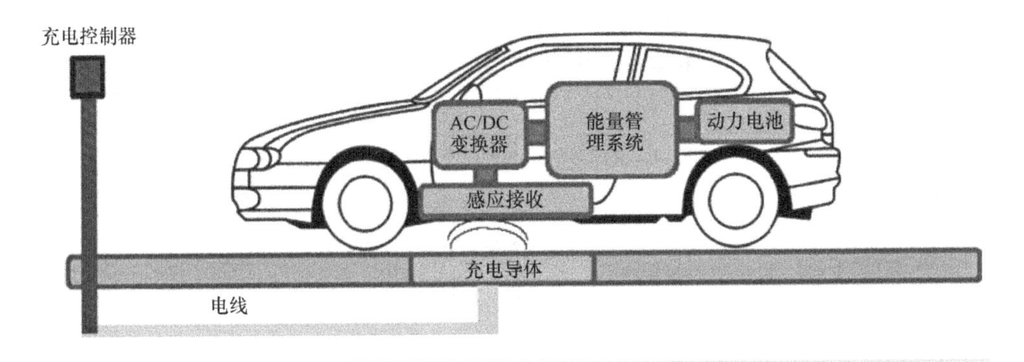

图 1.15　感应充电技术概念模型

何物理接触的设备，通过弱磁耦合或解耦实现电能传输。这种充电方法有着较高的效率（高达 85%~90%），而且稳固、可靠性高，不易受灰尘或化学物质的影响。目前人们一直对 IPT 系统拓扑结构的广泛性和控制的复杂性进行研究和测试。尽管这些技术中部分侧重于改进单向应用中的非接触式功率流，但也有一些双向系统，如正在开发的可用于电动汽车制动能量回收系统实现 V2G 的应用。这种系统包括一个耦合磁路作为电压源，在运行时可以实现双向功率传输。然而，目前使用 IPT 将电力回馈给电网无利可图，这项技术的主要缺点是较低的充电效率和较低的功率密度，还有制造的复杂性、尺寸和成本。

1.7.4　智能电网和 V2G/V2H/V2X 系统

尽管电动汽车和插电式混合动力汽车在化石燃料的消耗和相关排放的减少方面具有显著的好处，但它们仍然需要从电网获得能量对蓄电池充电，这样增加了电网的电能需求，尤其是目前需求量在不断增加。对插电式混合动力汽车来说，最常规的充电方法是在需要时，从家用插座上取电充电（所谓的 V0G），但是这显著增加了电网的负荷，特别是当插电式混合动力汽车数量不断增加时。为了给电动汽车提供通用的充电方法和程序以及能量传递的各种标准，近年来，制定了很多能量传递、接口和通信的标准，目前还正在持续完善，具体见表 1.4。

此外，它们对系统的负载可以显著降低，甚至可以通过间接充电或双向功率系统把电回馈给电网。当电网需求处于最低值时，或电网容量过大时，进行并网充电。这种将由动力电池驱动的车辆整合到电网中的概念，通常被称为智能充电（所谓的 V1G）。

在这方面，整合了电动汽车与电网之间负载资源分布和再生/储能装置的系统，通常被称为车辆到电网系统（V2G）。智能充电和 V2G 已开始被广泛使用。车辆同时还可以与建筑相连，可以在停电期间为家庭发电使用，可称为 V2B。最后，有些系统同时包含其他附加功能，如将电源存储到远程站点或其他插电式混合动力车辆，这通常被称为 V2X。这些系统的相互作用如图 1.16 所示。

表 1.4　能量传递、接口和通信标准

标准	法规内容描述
NEC Article 625	EV 充电系统（为纯电动汽车提供充电的充电线和设备）
SAEJ2293	EV 能量转换系统
SAEJ2836	插电式车辆和电网之间通信的建议措施
ASEJ1772	电动车辆传导式充电接口
ASEJ1773	电动车辆感应耦合充电
IEC62196	插头、插座、车载充电头、传导充电插座
IEEE1547.3	分布电力系统资源的内部联系

上述充电方案见表 1.5，智能充电通常通过先进的计量基础设施在电网和车辆之间通信。此外，储存在蓄电池中的能量分别在 V2G 和 V2B 方案中可以回馈到电网和建筑。最后，V2X 拥有上述所有功能，而且可以为远程站点或其他插电式混合动力车辆提供电能。

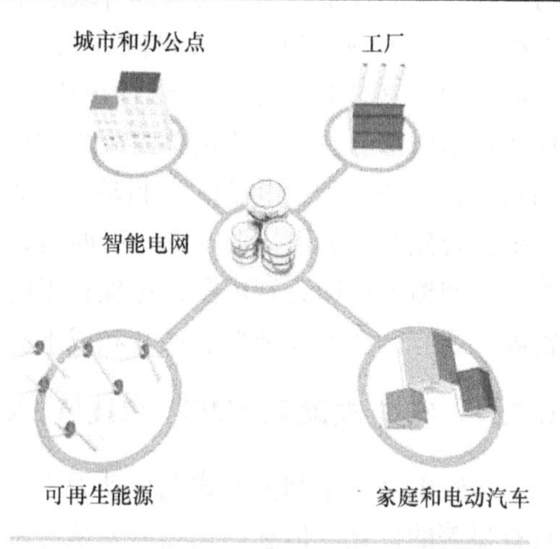

图 1.16　智能电网系统的相互作用

因此，这些概念可以提供解决方案，并将两个至关重要的环节连接起来，一个是运输业对石油的依赖，一个是电力供应和需求之间存在的不平衡，上述概念有可能解决这两个重要的问题。此外，智能电网或 V2G 系统可以使插电式混合动力汽车提高电网可靠性、技术性能、经济性和对环境的影响。因为智能电网可以通过基础配套服务提供容量和能量，减少了电网用电高峰的负载，甚至车主可以向电网馈电带来收入，从而减少石油使用，提高经济性，增强自然安全以及减少碳足迹。

为了拥有这样一个可以更好地利用电力资源的系统，车辆必须把与电网的功率连接、控制或与电网运营商的逻辑通信处理好，同时需要高精度计量装置来监控车辆能量的传输。为了延长电池寿命和车辆运行前的准备，电网运营商的控制是必不可少的。在美国，由于大部分车辆闲置在停车场或车库的时间超过 90%，这些资源的规模相当大。然而，为了保证 V2G（或 V2X）系统获得成功，必须满足电网系统运营商和车主的要求。电网运营商要求这些系统有可用和可靠的行业标准，而车主希望能快速从这种需要额外增加硬件成本的系统上得到回报。

表 1.5　智能电网的充电方案

特征	V0G	V1G	V2G	V2B	V2X
实时通信		√	√	√	√
与电网通信		√	√		√
建筑内/家庭发电机通信				√	√
为远程站点提供能量					√
为其他 PHEV 车辆提供能量					√
定时充电		√	√	√	√
备用资源			√	√	√
可控负载		√	√	√	√
双向电网辅助业务			√		√
负载向可再生能源转移			√	√	√

相关文献研究表明，在 2020 年，美国将有 13 个地区约四分之一的人拥有电动汽车或混合动力汽车，如果这些车主在下午 5 点左右把他们的车全部连接到电网上，这将需要 160 个新的发电厂。另一方面，智能电网技术可以利用这些车辆在高峰时期提供有价值的发电能力，更好地利用白天负荷来满足电力需求。此外，由于充电高峰时段电力价格远低于发电高峰时段，因此这些车辆的车主将能够从这个过程中获得收入。然而，目前该技术估算可获得的利润区间较大，从每年每辆车 300 美元至 4600 美元不等，大多数车辆估计为 100 ~ 300 美元。这在经济上不足以获得个人或组织的大量参与，因此需要政府的技术与政策支持，以加强客户和企业的参与力度。

尽管 V2G /V2B/ V2X 系统可以对电网和家庭用电的能源效率、成本和环境有着积极的作用，同时它也可以基于循环的次数、放电深度（DOD）以及电池的实际化学性质减少电池容量。虽然目前没有足够的数据来证明这些系统的确影响电池容量，但一些研究已经确定，使用 V2G/V2B/V2X 系统，与行驶中支付更多的费用相比，每处理单位能量所造成的容量损失约为之前的一半。此外，新的标准和认证以及建筑和电气法规需要更新或修改，以便这些技术能够得以利用。

此外，这项技术也将有助于可再生能源（特别是太阳能和风能）的整合以及当前使用电力系统的改造。在风力发电中，由于受到阵风、云层、热力循环、天气锋面运动和季节性变化等影响，风力发电机产生的功率波动很大。而太阳能的变化主要受时间、季节和伴生太阳辐射的影响。如图 1.17 所示是一种可再生能源融入智能电网的概念。

V2G 系统可以帮助这些日常波动的可再生能源维持一定的水平，并有利于将这些间歇性资源整合到智能电网中。研究表明，在 22 世纪，这种拥有可再生能源 V2G 能力的电动汽车将高达 75%。然而，这取决于电动汽车的存储容量，以及更多的车辆或更大的电池。此外，直接利用太阳能充电既避免了直流/交流变换，又避免了传输损失。当大量太阳能充电设备安装在停车场时，相当一部分的私家车和城市公交能源需求可通过太阳能网络实现，尤其是在夏天。

图 1.17　可再生能源融入智能电网

1.8　可持续性、环境影响和成本

目前，纯电动汽车、混合动力汽车和插电式混合动力汽车相比传统汽车的污染物排放量显著减少，由于政府的鼓励、石油价格上涨、高碳税与低碳发电相结合，使得当前新能源的价格富有竞争力。由于汽油车冷起动过程的排放控制系统效率比较低，因此传统汽车短途旅行的污染物排放量显著增加。据估计，在美国每天60%以上的车辆行驶里程不到50km。这个距离用电能供给的话，可以大大减少汽油的使用量，并大幅度减少污染物排放量。即使用混合动力汽车和插电式混合动力汽车行驶，此时发动机的效率也显著高于传统汽车发动机的效率。然而，燃料消耗量和排放量的减少主要取决于产生电能的能源结构。2006 年美国电力能源由煤炭（49%）、核能（20%）、天然气（20%）、水力发电（7%）、可再生能源（3%）和其他（1%）组成。因此，针对美国发电平均温室气体密度，插电式电动汽车（PHEV）相比混合动力汽车（HEV）可以减少 7%~12% 温室气体排放。在高碳排放发电情况下，这种减少是可以忽略的；在低碳发电情况下，这种减少可达 30%~47%。当插电式混合动力汽车与传统汽车相比时，温室气体排放量平均减少了40% 左右，高碳排放时为 32%，低碳排放时为 51%~63%。全生命周期内，在各种情况下详细的传统汽车（CV）、混合动力汽车（HEV）和插电式混合动力汽车（PHEV）的温室气体排放量（等效 g/km 的二氧化碳）如图 1.18 所示。PHEV 后面的数字（PHEV30 或 PHEV90）代表车辆纯电行驶的里程。

当对插电式混合动力汽车的排放进行检测时，大多数的排放量来自于运行阶段，其中很大一部分取决于行驶中消耗的汽油，其次取决于使用电能的发电碳排放密度。在高碳发电方案（煤基发电容量）下，使用电力驱动产生的排放量显著增加，有机化合物（VOC）和一氧化碳（CO）的减少被硫化物（SO_x）的急剧增加和颗粒物排放（PM10）轻微的增加所抵消。然而，温室气体排放总量较传统汽车排放量还是有所减少，这是由于上游排放量增加的幅度相比尾气排放量减少的幅度低（Bradley，Frank，2009）。与大多数电池材料和生产相关产生的温室气体（GHG）排放量相对较少，占 PHEV 的生命周期排放 2%~5%。此外，车辆报废产生的温室气体排放量没有显示，因为它们是相对可以忽略不计的。减少燃料的使用和温室气体排放量在很大程度上取决于插电式混合动力汽车辆和电池的特性，以及充电频率。采用插电式混合动力汽车对车辆运营成本也有显著的影响。如果有 45%~77% 的行驶里程从汽油切换至电能，插电式混合动力汽车在纯电模式下可以减少一半的汽油消耗，假设每千米的电力成本明显低于汽油成本，这将降低运营成本。由于更换 PHEV 电池使得混合动力汽车在生命周期成本增加 33%~84%，电池寿命对 PHEV 的成本也有显著的影响。然而，总的成本节约将取决于车辆的总体成本、行驶里程和驾驶行为，以及诸如碳排放税和汽油税等经济激励措施。

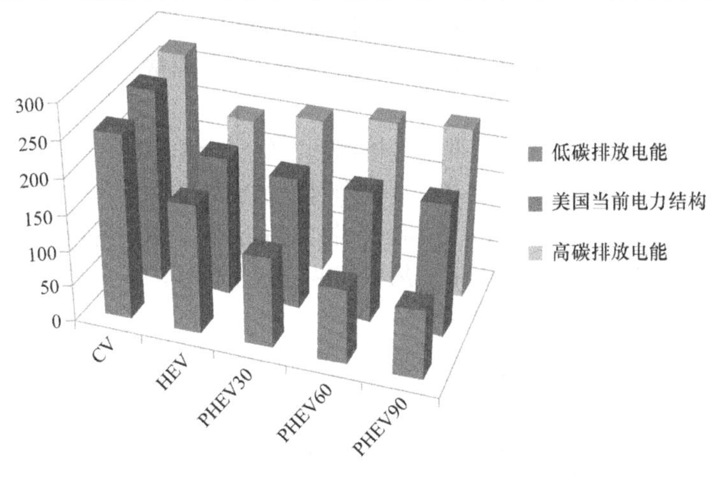

图 1.18　不同类型车辆的温室气体排放量

尽管电动汽车和混合动力汽车在性能和成本上相比传统车辆具有竞争性，而且对环境的影响要小得多，但它们的效益主要取决于在这些车辆中使用的电池技术。虽然许多新电池技术目前正在研究应用于纯电动汽车和混合动力汽车，但主要关注的仍然是铅酸、镍镉、镍氢和锂离子电池技术。因此，为了理解电池技术对纯电动汽车和混合动力汽车的影响，需要对这些电池技术基于不同的标准进行进一步的分析。

1.9 车辆热管理

纯电动汽车和混合动力汽车电池包和前舱电子电器的热问题显著影响电池以及相关系统的性能和循环寿命。为了使电池包在理想的参数范围内工作，需要在纯电动汽车和混合动力汽车中引入热管理系统（TMS）来降低电池工作范围与最佳运行条件之间的差异。这些系统可以提高电池的效率，保持电池温度在所需的范围内。因此，这种系统可以避免电池电化学系统的冻结和过热，防止电池容量、充放电能力降低和电池过早老化。大多数的纯电动汽车和混合动力汽车热管理系统由四个不同的循环组成，将相关部件保持在理想的温度范围内，以便安全、高效运行。尽管不同车辆这些循环的组成和结构可能有所不同，但是其目的通常是相同的：创建一个高效、稳健、不受内部和环境温度变化影响的系统。一般来说，整车热管理系统由散热器回路、电力电子冷却回路、驱动装置冷却回路、空调回路组成。这些循环的简要描述如下。

1.9.1 散热器回路

在散热器循环中，利用水与防冻液的混合液体来冷却发动机，冷却液通过水泵进入发动机机体以吸收多余的热量同时降低风险部位温度。当过热的发动机冷却液离开发动机机体后将重新流回到散热器。散热器内部有非常大的表面积，冷却液的热量通过散热器的壁面向外散出。

当车辆移动时，穿过汽车前部进气格栅的空气，会把散热器冷却。这个回路还包括一个储液用的膨胀箱，在压力短暂下降时提供额外的冷却液并吸收突然上升的压力，如图 1.19 所示。接下来，冷却水泵将保持冷却液在散热器循环中运转。当发动机关闭时，加热模块可以用来加热冷却液。这个循环的一部分热量也可通过加热器芯体传送到乘员舱。

1.9.2 电力电子冷却回路

电力电子冷却回路主要用于冷却电池充电器和功率逆变器模块，以确保发动机舱电力电子部件在使用过程中不会过热。逆变器模块将高压动力电池的直流电（DC）转化成三相交流电（AC）驱动电机运行。该模块还负责将再生制动 AC 转换为 DC 为电池充电。

在这些运行过程中，系统会产生大量的热。为了防止过热，回路采用大流量电子水泵控制冷却液循环，流经电池充电器总成，之后流经散热器、电源逆变器模块，流回电子泵，如图 1.20 所示。这个循环还包括水泵和除气壶，以确保冷却液流经主要的电子元器件而没有任何气泡，以防止影响冷却性能。

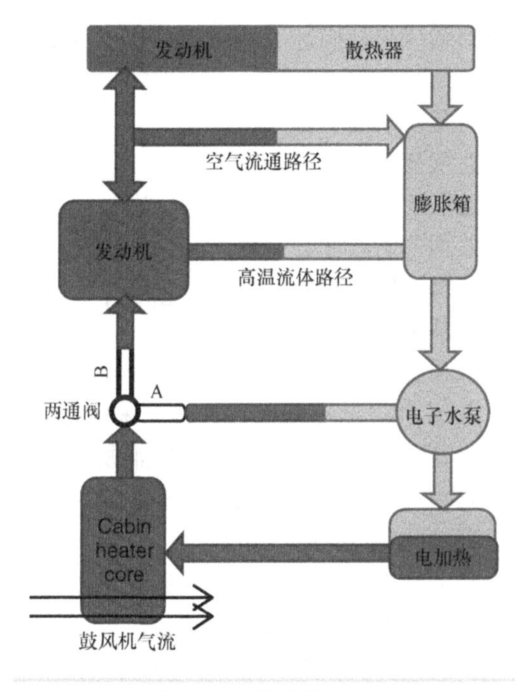

图 1.19　散热器回路

1.9.3　驱动单元冷却回路

驱动单元冷却回路设计用于冷却驱动车辆运行的两个驱动单元和在驱动装置中的电子设备。这些设备使用电力驱动（或者是发电以维持高压动力电池 SOC）。

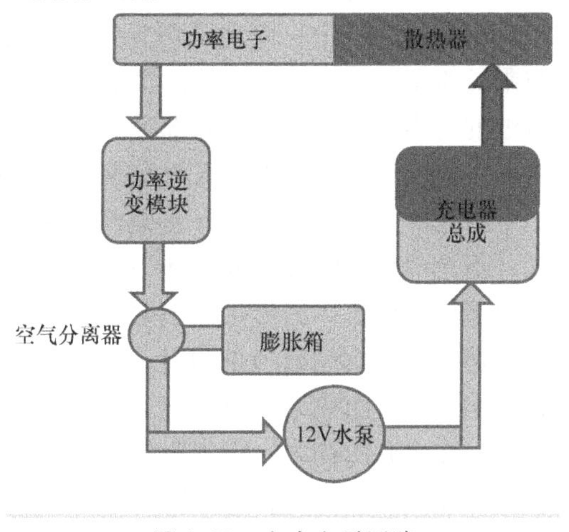

图 1.20　电力电子回路

同时该冷却回路为各种相关部件提供润滑。正常工作时，驱动单元以高功率水平运行，会产生大量的热，因此驱动单元使用加压的自动变速器油冷却回路中的电子系统，特别是电动机发电机组，以防止过热。驱动单元冷却回路如图 1.21 所示。

1.9.4　空调回路

尽管上面提到的所有冷却回路对纯电动汽车和混合动力汽车稳定、有效、安全地运行起着重要的作用，但以下重点介绍空调和电池冷却回路，这是由于其直接影响电池的性能，对整车性能、安全和成本有重大影响。为此，对此冷却回路进行了各种研究，以优化相关部件如乘员舱、电池的运行条件。因此，将根据不同的标准和运行条件对不同的冷却系统和结构进行分析。

空调循环的主要目的是使电池组保持在最佳温度范围内，在权衡循环寿命和性能的基础上，在较宽松的气候和运行条件下，保持单个芯体均匀的温度分布和最小的温度差异，同时保持乘员舱所需的温度。与此同时，系统还应该在质量、体积、成本、维护和安全功能之间进行权衡。

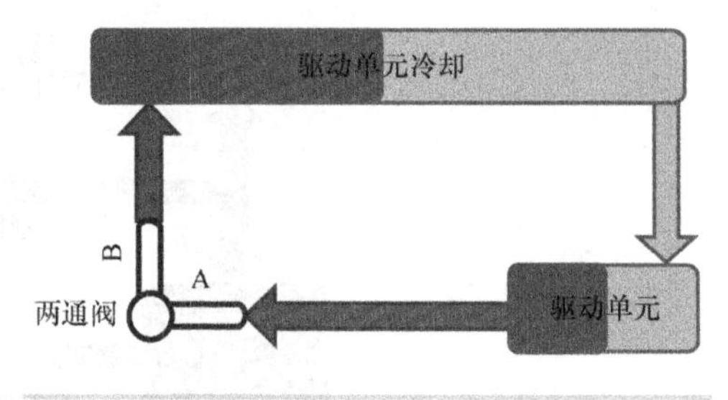

图 1.21 驱动单元冷却回路

由于关注的重点是 A/C 和电池冷却回路，接下来的分析将它们称为热管理系统（TMS），并基于它们的功能（只提供冷却/冷却兼顾加热）、使用方法（仅使用周围环境被动冷却/使用内置能源用于主动加热和冷却）和传热介质（串联/并联的气道分布或液体通过直接/间接接触）进行分类。

在温热的环境下，乘员舱被动冷却系统利用空调气流冷却电池。出于成本、质量和空间考虑，它早期被用于电动汽车和混合动力汽车电池包冷却（本田 Insight，丰田普锐斯和日产 Leaf）。这是在温和的温度下（10～30℃）冷却电池的一个非常有效的方法，不需要为电池冷却设计任何主动部件。之所以效率很高，是由于它利用了汽车空调的热量。电池低温端（锂离子蓄电池）理想的工作温度约为 20℃，这与乘员舱温度高度兼容。然而，受限于乘员舱舒适度和噪声，以及灰尘和可能进入电池的污染物，特别是从外部吸入的空气，空调系统应采取一定的预防措施，防止有毒气体在任何情况下进入汽车乘员舱。在独立的空气冷却回路中，冷空气来自于一个独立的微型空调设备（不是汽车乘员舱）。尽管这样可以提供更充分的电池冷却，但是消耗的能源以及成本和空间，随着风机和微型空调设备的安装显著增加。电池模组中流体的传热速率取决于流体的导热系数、黏度、密度和速度等各种因素。通过优化空气通道的设计，可以提高冷却速度，但是这样电池单体间距较大，影响电池成组效率。空气流道串行还是并行的方式，取决于空气冷却过程中是否分流。在串联冷却中，由于空气从模组的一端进入，从另一端离开，模组中的空气流量是相同的。然而，在并行冷却时，相同的空气流量被分成相等的部分流过单个模块。一般来说，并行气流相比串联式，可提供更均匀的温度分布。

空调冷却通过将电池蒸发器并联到冷却回路中的蒸发器实现，电池产生的热量被蒸发的制冷剂转移。与带有管道和风扇的冷却方式相比，它具有更大的灵活性，是一种紧凑的冷却方式。这种系统只需要额外增加两条制冷剂管路。电池蒸发器使用压缩机预留给空调的部分功率输出，因此在某些条件下这可能会导致冲突。然而，压缩机冷却电池需要的功率通常比空调蒸发器需要的功率要低得多。

液体冷却在以前的冷却方法上增加了一条液体冷却回路，专门用于连接制冷剂管路。增加的冷却回路中的冷却液通常由水或 50/50 的水/乙二醇混合物组成，根据不同冷却负荷和环境条件通过不同的流程保持冷却。冷却液可以利用通过电池冷却器的环境空气冷却（如果环境温度足够低）或利用冷却器将热量转移到制冷剂。由于不需要额外的压缩机工作（用于制冷剂冷却），这两种方法都提高了系统的效率。本文给出了一个电池液态冷却回路的简化图，如图 1.22 所示。

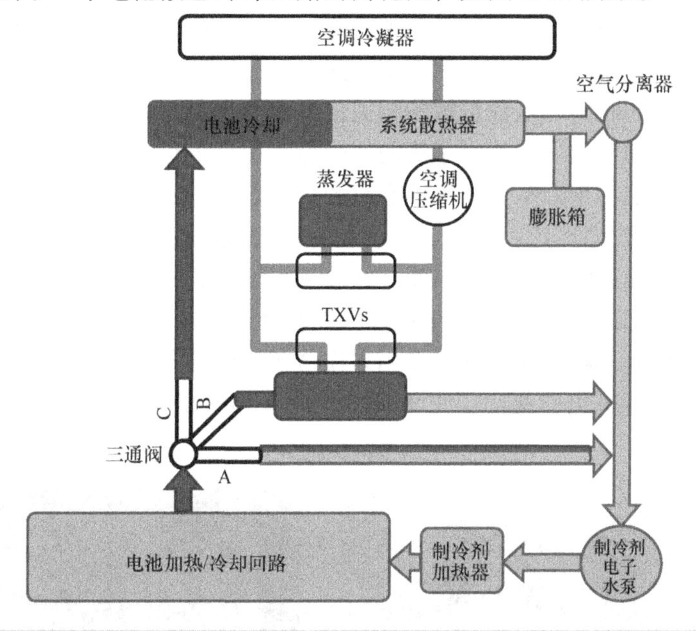

图 1.22　电池液态冷却回路

此外，电池冷却也可以用集成相变材料（PCM）的冷却系统来完成。由于其设计简单、重量轻、体积小、安全、成本相对较低，相变材料对于热管理系统（TMS）具有显著的优势，尤其是一开始就考虑集成相变材料时，添加泡沫铝以及散热片效果会得到改善。相变材料能够在恶劣运行条件下保持单体温度的稳定和均匀性，而且不需要复杂的系统或风扇。此外，热量传导与添加的相变材料有关，可以防止当电池温度达到临界水平时，热失控的传播。此外，相变材料可以降低电池组热管理系统的复杂性和成本，起到既有主动的也有被动的（互补的/次要的）作用。

1.10 车辆驾驶模式和循环

驾驶循环工况是车辆速度（速度与时间曲线）随时间变化的序列，是为估算燃料消耗、排放和交通影响而建立的典型的驱动模型（通常表示在一个特定区域和驾驶方式）。工况涉及速度、加速、起动条件、档位变化、温度和负荷等，这些都是重要的条件。第一个驾驶循环工况在 1950 年由洛杉矶空气污染控制区域开发，用于测量排放的典型洛杉矶驾驶循环工况。比较切合实际的循环工况形成于 1969

年，代表洛杉矶上下班的“典型”工况，由市区转鼓测试循环（UDDS）和联邦测试程序（FTP）组成。在之后几年，收集了相似的数据建立了高速公路经济性试验方法（HWFEET）。这些驾驶循环被美国环境保护局（EPA）用来公布城市和公路驾驶燃油消耗量。

驾驶模式和循环工况在电动汽车中起着重要的作用，主要由于它们决定了电动汽车功率和能量的需求，并对电池真实性能和电力基础设施产生重大影响。车辆在白天运行和休息的时间和里程长短的相关信息，对决定驾驶员什么时候充电和充电的频率起着重要的作用。此外，车辆的驾驶循环信息与车辆的运动方程结合可以得出车辆需求的电池功率。车辆在双轴底盘测功机上的行驶循环试验以及行驶特性如图 1.23 所示。驾驶循环代表了给定车辆在特定驾驶行为下速度与时间的关系。在这里通常是两种类型的测试，即高速公路和城市驾驶循环，前者特点为以相对恒定超过 96km/h 的速度运行，后者则频繁以平均 30 ~ 50km/h 的速度减速和加速。一般区域驾驶循环基于特定的区域开发用来模拟实际驾驶条件。然而，这对处理测试能力之外的极端情况仍然提出了重大挑战，因为传统的评估通常只能覆盖一部分工况。

图 1.23 行驶循环试验及行驶特性

1.11 案例研究

在本节中，提供了一个研究案例，向读者展示上述信息如何在现实生活中被应用，来决定一个国家最适合使用的车辆技术。在这方面，选择了土耳其市场，因为该国从能源进口/出口的比率以及它的技术能力与政府法规来看具有独特的特点。因此，鉴于最近国内和全球在这方面的发展，对土耳其混合动力和电动汽车市场具有的优势、劣势、机遇、风险（SWOT）进行分析，并提供在决策过程中起关键作用的信息。

1.11.1 引言

在过去的十年中，电动汽车和混合动力汽车的发展越来越受到关注。例如，在 2012 年，全球大约销售了 113000 辆电动汽车，超过前一年的两倍，这些车辆主要在美国、日本和中国销售，预计到 2020 年路上行驶的电动汽车将超过 2000 万辆。随着对电动汽车和基础设施技术研发的显著增加和电池成本的降低，在不久的将来，这些汽车的市场占有率将非常突出。然而，土耳其是世界上经济增长最快的国家之一，是能源需求增长最大的经合组织国家——但混合动力汽车和电动汽车市场仍处于初始阶段。由于传统汽车对燃油的需求，交通行业能源的需求最高。但土耳其石油储量有限，仅通过国内生产能源无法满足这种能源需求的增长，于是要增加能源进口。但这将对土耳其的经济增长、国家安全和工业产生威胁。此外，在过去十年中，化石燃料价格上涨和环境意识对土耳其工业、研究发展组织和整个土耳其社会的影响越来越突出。因此，过去几年，土耳其政府在政策和法规方面做了很多工作，鼓励电动汽车和混合动力汽车进入市场，并且努力发展本国的此类汽车产业。然而，要实现这个目标，需要大量的技术知识、巨大的投资和大量的基础设施。

1.11.2 研究项目

过去几十年中，土耳其汽车工业对电动汽车的认识和兴趣在不断增加，若干研究机构、项目和平台正在开展电动汽车技术和系统部件的研究项目。

土耳其国家汽车技术平台（OTEP）作为在这个领域最重要的平台之一，成立于 2008 年，旨在明确土耳其汽车工业前景，并明确汽车工业战略研究领域，提高国家的国际竞争力。此外，2010 年由该平台内的相关工作组发起了《土耳其汽车工业展望与战略研究计划 2023》文件。同时，还设立了电动汽车小组，以便在广义的电动汽车技术、子系统和基础设施方面产生新的想法和提升（IA - HEV，2010—2012）。2011 年，随着这些团体的发展，以及在汽车市场中引入电动汽车，学校和机构以及私人公司之间已经开始各种合资项目和投资。

自 2012 年起，土耳其政府启动重大研究计划，支持在大学研究和开发项目，支持关注 EV 和子系统技术的研究机构。重点是混合动力和电动汽车（H&EV）中的电机和电池技术、能源管理系统，以及 HEV 中与内燃机性能和排放控制相关的动态控制。项目的持续时间为 2 ~ 3 年，预算约在 650 万 ~ 750 万美元之间。此外，为 H&EV 产业发展还建立了一个资助计划，包括：电动机/发电机和驱动系统（5 个项目高达 1050 万美元）；能源管理、控制系统、硬件和算法（3 个项目高达 590 万美元）；汽车电子和机电系统部件（8 个项目高达 3250 万美元）；创新的汽车零部件和系统（16 个项目高达 4360 万美元）（IA - HEV，2010—2012）。

与上述支持计划并行的还有各种政府激励措施，如采购担保、税收优惠、基础设施建设（增加充电站数量和改善使用权限）、新的立法和实施计划也逐步开始。

1.11.3 政府奖励

1.11.3.1 税收优惠

土耳其对市场上的车辆实行两种不同的征税措施。第一种是对新车的新车购置税（特别消费税 SCT）；而第二种是汽车税（MTV），是根据发动机排量和汽车的年龄每年支付的。传统车辆购置税（SCT）与前几年相比，在 2014 年初有所增加。这取决于发动机排量，1.6L 以下排量税收从 40% 增加到 45%；1.6 ~ 2.0L 之间，从 80% 增加到 90%；超过 2.0L 从 130% 增加到 145%，见表 1.6。根据新规定，目前传统车辆售价预计将增加约 10%。由于电动汽车 SCT 没有改变（乘用车最多 15%），基于新税制度，购买新的电动汽车与传统车辆相比具有经济优势，特别是电动汽车的汽车税（MTV）是免除的。

表 1.6　车辆购置税率

车辆类型	传统车辆		纯电动车辆	
	发动机排量/mL	SCT（%）	电机功率/kW	SCT（%）
乘用车	<1600	45	<85	3
	1600 ~ 2000	90	85 ~ 120	7
	>2000	145	>120	15
摩托车	<250	8	<20	3
	>250	37	>20	37

1.11.3.2　电动汽车充电设施

土耳其正在努力安装覆盖土耳其各地的充电设备（特别是在伊斯坦布尔），但它们的数量非常少，大部分是由一些私营公司完成的。除了这些，在 2013 年 1 月，萨班哲大学成为第一个有充电站的土耳其大学。Gersan 电气公司在 2013 年 6 月设立了第一个国营充电站，并开始在伊斯坦布尔试点地区建设充电站，目标为 60 ~ 65 个。2013 年 9 月，在加油站建立充电站、CNG、LPG 以及氢气补给站有了法律依据。2013 年 11 月，伊兹密尔大都会市政局在一些停车场安装了充电桩，电动汽车车主可以在那里停车免费充电，以增加城市的电动汽车的数量。目前土耳其估计有 100 多个充电站。

除了上述激励措施，实施方案和新立法也正式公布。在 5 年期间国家部门会每年申购一定数量的电动汽车。预计会有更多的激励措施公布，以便其他公共机构购买电动汽车。基于土耳其政府设定的目标，将会加强电网基础设施建设，调整电价。此外，要增加靠近住宅、停车场和购物中心的充电站，提高有关电动汽车技术和电动汽车使用意识。同时，将修订电动汽车电池回收法案，提高测试中心的测试能力。此外，将制定若干法律和政策工具，以鼓励在土耳其 H&EV 的使用。这些包括自然资源部颁发的关于交通运输业能源效率的战略文件、汽车工业战略文件以及科技部行动计划。

1.11.3.3　土耳其电动汽车市场发展

土耳其对电动汽车研发项目提供资金支持，减少随着建造相关基础设施不断增加的消费以及车辆税，鼓励许多私营公司开始自主对电池、电机、减排方法及整车系统集成进行研究。

其中，2009年土耳其客车制造公司TEMSA推出了Avenue Hybrid，拥有串联式混合动力系统，与传统的客车相比可以减少25%的燃油消耗量，且具有更低的排放。这种客车由于没有变速器，变得更安静，同时因为没有传统汽车那样的振动而具有更好的驾驶体验。同年Otokar发布了一款电池和柴油机的混合动力城市公交概念车，名为Doruk 160LE Hibra，宣称可以节油20%。

2009年11月，TOFAŞ开始开发纯电动版本汽车，Doblo EV成为“土耳其设计研发的第一款量产电动汽车”，并于2010年上市。

该车最大输出功率105kW，一次充电可行驶150km，可实现制动能量回收。车辆可以在7h内充满，快速充电则需要1h。

此外，Fluence Z. E. 于2010年已经开始在Oyak Renault Bursa工厂生产。该车搭载22kW·h车用锂离子蓄电池，70kW电机，纯电续驶185km，最高车速135km/h，使用家庭插座可以在10~12h充满，但也兼容快速充电站，充电速度要快得多。同时还设计了电池“快换”技术，可在换电设备中替换电池。然而，由于它在土耳其和欧洲销售数量太少，已于2013年停止生产。

2013年初，DMA公司推出了其电动车辆“DMA纯电动”，是土耳其第一辆经过批准认证和测试的纯电动汽车，该车能够在220V情况下8h充满电，符合欧洲标准型2类充电站，且一次充电约行驶280km。用户可以购买（53500美元），也可租赁（每月1200美元）。该公司的目标是每月生产100辆汽车。它的电机、电池目前都是进口的，但ECU是土耳其自主开发的。该车搭载40kW·h锂离子蓄电池和62kW电机（转矩225~325N·m），3年100000km保修。

此外，经过一年的研究，在2013年中，Malkoçlar汽车公司开发了一款纯电动汽车，所有的研发和制造都在土耳其完成（电机除外），行驶100km的能源成本低于1美元。该车有2座版和4座版，4座版主要用于市内旅游和商业用途。该车大部分具有铝结构框架，可以保证安全，重量约为800kg，车速可以达到130km/h，最大续驶里程150km，从常规的插座充电需要大约6~7h，快速充电45min即可。车辆目前正在接受测试，等待认证，所有测试成功后，计划于2014年以13500美元的价格上市（Elektriklioto，2013）。

最后，由科技工业技术部发起的TUBITAK MRC项目在2015年推出，旨在推进一个土耳其民族汽车品牌和其第一个产品的产业化，这与最高科学技术委员会计划和2023国家技术目标保持一致。基于这个目的，TUBITAK MRC正致力于汽车设计、工程、测试和认证以及拓宽其相应的劳动就业水平和基础设施，目标是在2020前在土耳其市场推出第一款汽车。

1.11.3.4 道路上行驶的混合动力汽车

土耳其公路上的车辆数量正在迅速增加。尽管在2013年底，公路上的车辆总数达到了1800万辆，但电动汽车占其中的百分比可忽略不计。2005—2013年间车辆数量如图 1.24 所示。

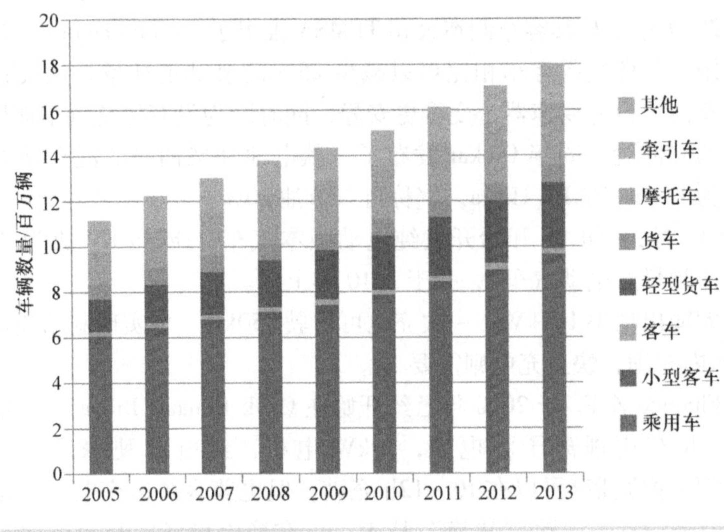

图 1.24　2005—2013 年间车辆数量

与此同时，乘用车销售量在过去几年也大幅增长，在 2013 年达到 664655 辆，与 2012 相比增加了 19.48%，见表 1.7。

表 1.7　2009—2013 年间乘用车市场数据

发动机排量/电机功率	2009	2010	2011	2012	2013	SCT（%）	VAT（%）
≤1600mL	304755	412162	530069	514861	625621	45%	18%
1601mL ~ ≤2000mL	56766	87246	52396	35850	33035	90%	18%
≥2001mL	8268	10376	11054	5385	5968	145%	18%
≤85kW	0	0	0	184	31	3%	18%
86kW ~ ≤120kW	0	0	0	0	0	7%	18%
≥121kW	0	0	0	0	0	15%	18%
总计	369819	509784	530069	556280	664655		

另一方面，轻型商用车市场萎缩，乘用车与轻型商用车市场总和增长 9.72%，从 2012 年的 777761 辆增长到 2013 年的 853378 辆。根据发动机排量调查乘用车市场时，1.6L 以下的乘用车由于税率较低，每年的销售占比最高。2013 年只售出了 31 辆 EV 乘用车，而 2012 年为 184 辆。

根据平均排放值对乘用车市场进行调查，2013 年乘用车的总排放量由于汽车销售数量巨大而增加。

CO_2 排放值在 140g/km 限值以下的车辆所占汽车销售量超过 75%，见表 1.8。这主要是由于 1.6L 以下排量发动机车辆税费很低，这也有助于减缓土耳其车辆平均总排放量的增加。

表 1.8　2011—2013 年间乘用车排放量

平均 CO_2 排放量 (g/km)	2011		2012		2013		2013/2012
	单位	%	单位	%	单位	%	%
<100	3820	0.60	18635	3.30	56570	8.51	203.57
100 ~ 120	172652	29.10	173218	31.10	238816	35.93	36.19
120 ~ 140	223020	37.60	202118	36.30	216016	32.50	7.83
140 ~ 160	109013	18.40	118107	21.20	116245	17.49	1.29
≥160	85014	14.30	44202	7.90	37008	5.57	16.28
总计	593519	100.00	556280	100.00	664655	100.00	19.48

1.11.3.5　土耳其电动化在世界上的地位

图 1.25 和图 1.26 显示了一些油价较高的国家和电动化市场占比较高的国家。对 H&EV 占比高的国家分析发现，其中 12 个国家拥有世界上最高的汽油价格。其余 6 个国家中有 4 个（日本、美国、西班牙和爱沙尼亚）对 H&EV 有很高的激励。其中，日本对 EV 的补贴高达 100 万日元（大约 10000 美元）。西班牙针对每辆 EV 或 PHEV 在税前提供高达 25% 的车辆购买价格优惠，约 6000 欧元（约 8200 美元），以及可能的额外激励措施 2000 欧元（约 2500 美元）。美国的激励措施为每辆车 7500 美元的税收减免以及额外的奖励，具体激励取决于各州。最后，爱沙尼亚购买电动汽车有补助金，占购买价格的 50%（ELMO 计划的一部分），高达 18000 欧元（25000 美元）。剩下的 2 个国家中，尽管奥地利对购买电动汽车没有显著的激励，但是购买传统车辆有很高的燃油消耗和二氧化碳排放税（税费高达

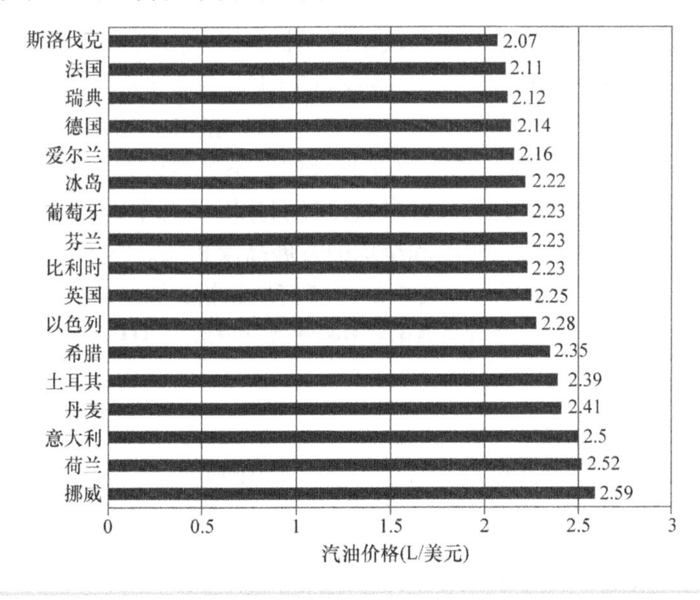

图 1.25　油价较高的国家

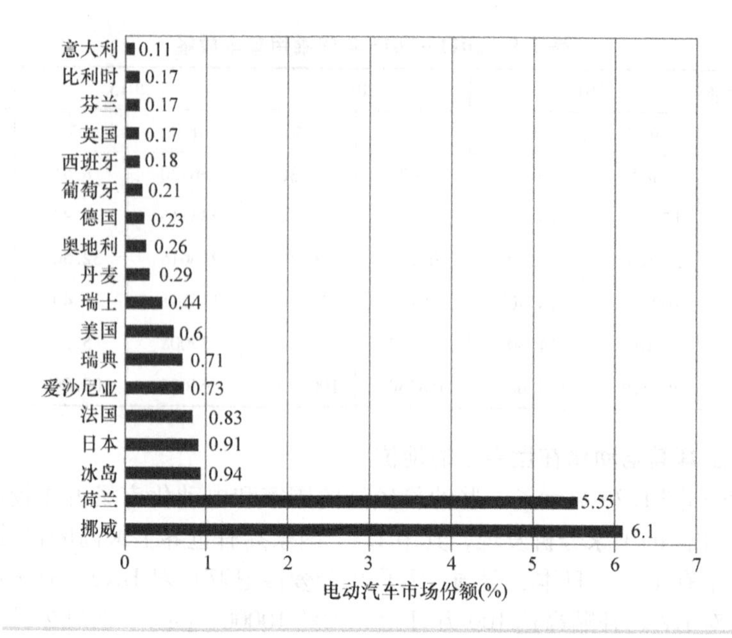

图1.26 2014年7月7日当日汽油价格

16%，每月可超过1000美元），而电动汽车无相应的税费。最后，瑞士也有减少或者免除车辆税以及与CO_2排放相关的税费的政策。

因此，可以看出，汽油价格和税收优惠，对于调节H&EV在市场中的占比起着重要的作用。不过，土耳其在这方面情况特殊。

1.11.3.6 SWOT分析

为了总结问题，更好地了解电动汽车的现状，以及提高其市场渗透率的潜在策略，我们进行了SWOT分析（一种战略规划工具，用来评估优势、劣势，机遇和风险）。在SWOT分析中，优势（S）和劣势（W）是可控的内部因素，可以采取相应措施，机遇（O）和风险（T）则是外部的、不可控因素。这些构成了组织运行的外部环境，并可能包含各种关键参数。我们分析了土耳其和世界其他地区的情况，因为土耳其市场的渗透与国内和全球的发展高度相关。SWOT分析的总结结果见表1.9。脚注中提供了关于一些要素的更多信息和相关数据。

表1.9 国际和土耳其国内H&EV市场渗透SWOT分析

优势（S）

国际的

- 可以减少运输业的化石燃料消耗，交通运输业是对化石燃料依赖最大的行业，而全球化石燃料分布不均且价格越来越高。[a)]
- 减少许多无化石燃料资源国家对外国石油的依赖，缓解相应的经济和政治影响。
- 其他各种优势，如能源的多样化和更有效的利用率，电力负荷均衡，运行比较安静且成本较低。
- 相比传统车辆具有高度的可持续性和较低的环境影响。

（续）

国内的

- 土耳其在轻型商用车市场上的成功[b)]。
- 土耳其拥有大型、有能力的电机和电池制造商和子行业，目前仅用于传统车辆[c)]。
- 土耳其具有地理位置优势和成为国际枢纽的潜力。

劣势（W）

国际的

- 在大多数政府不提供激励的条件下，EV和HEV成本相较于传统车辆没有竞争力[n)]。
- 充电时间长，且需要充电基础设施[o)]。
- 有限的纯电续驶里程[p)]。
- 缺乏H&EV技术标准。

国内的

- 国内缺乏技术研发和制造能力。
- 公寓电网布局不兼容性阻碍了家庭充电。
- 缺乏对农村充电基础设施的大量投资[q)]。
- 化石燃料发电是该国用电的主要来源[r)]。
- 对EV和HEV技术缺乏社会认识和公共关联。

机遇（O）

国际的

- 全球厂商在电池技术方面取得了快速的进步，增加了车辆的续驶里程并减少了车辆的相关成本和排放[d)]。
- 电动汽车技术与可再生能源的相对无缝集成[e)]。
- EV可以高效、低成本、安全地使用电网[f)]。

国内的

- 土耳其政府对电动汽车采取巨额税收优惠[g)]。
- 土耳其化石燃料价格相当高[h)]。
- 土耳其拥有高能源进口量和相应的财政赤字[i)]。
- 政府为与电动汽车相关的研发和投资提供资金支持补贴[j)]。
- 最近确立了国家的排放和能源效率目标[k)]。
- 目前计划对所有道路车辆征收碳税[l)]。
- 对欧洲和美国的电动汽车的法规和基础设施进行了预先研究。
- EV与本国丰富的可再生能源的可集成性[m)]。

风险（T）

国际的

- 可替代能源车辆技术发展迅速，特别是氢燃料电池[s)]。
- 开发廉价、高效和环境友好可替代传统石油的替代品[t)]。
- 可能因为技术尝试不成功，而改变人们对EV的积极看法[u)]。

国内的

- 美国、欧洲和日本在电动汽车技术方面的经验[v)]。
- 美国、中国及欧洲各国[w)]对H&EV及其零部件和基础设施的研发分配了大量的预算，外国设计和制造的电动汽车和混合动力汽车在土耳其市场的销售可能会受到损害。

a）美国原油消耗量的71%以上用于交通运输业，93%的能源供应来自液态化石燃料行业。

b）土耳其在2013年经合组织国家的汽车销售量中位居第六。

c）有些公司在EV和HEV零部件方面拥有宝贵的基础设施。如在电机方面，有Arçelik、Femsan、Tepaş和Gems；在电池方面有Inci Akü、Mutlu Akü和Yiğit Akü。

d）LCO、NMC 和 NCA 电池技术取得了重大突破，目前正在对锌空气、锂硫和锂空气电池进行广泛的研究。

e）电池与具有间歇特性的各种可再生能源具有兼容性（特别是太阳能和风能），可以减少充电时 DC/AC 转换和传输损耗。

f）由于电网大部分时间处于工作状态，在不久的将来，电网中的需求和供应可以通过智能电网和车辆到电网（V2G）的集成技术进行优化。

g）土耳其的电动汽车车辆税在 3% 到 15% 之间。

h）土耳其拥有世界上第五高的汽油价格，每升 2.39 美元。

i）到 2013 年底，在经济方面，土耳其在 57 个贸易逆差比率最高的国家中名列第二，超过 50% 的贸易逆差是由石油和石油产品引起的。土耳其 90% 以上的能源消耗依赖进口，出口能源 80 亿美元，进口能源 600 亿美元。

j）TUBATAK 为超过 30 个与 EV 技术相关的研究项目提供支持，在未来 3 ~ 4 年内其零部件和基础设施估值将达 6500 万 ~ 7000 万欧元。

k）土耳其二氧化碳排放量的目标是 2015 年由经合组织国家确定的 130g/km。

l）预计新规定将于 2014 年生效，根据车辆排放增加特殊消费和机动车税，以减少气候变化和空气污染。

m）土耳其太阳能储能 88Btoe，风能储能达到 166TW，这明显高于欧洲可再生能源平均值。

n）一些主要的电动汽车激励措施包括芬兰 500 万欧元，法国 4.5 亿欧元，意大利 150 万欧元。此外，在荷兰，减税额度是购车成本的 12%，在印度是 20%，中国 60000 元，西班牙 6000 多欧元，瑞典 4500 欧元，美国 7500 美元。此外，日本政府提供的减税政策是电动汽车和燃油车成本差异的一半。丹麦和德国为电动汽车免去公路税。

o）电动车辆使用 1 级（AC 120V）充电 1h，平均行驶 3 ~ 8km，在 2 级（AC240V/208V）充电情况下，可以行使 15 ~ 30km。在 3 级（直流快速充电）情况下，车辆充电 20min，大约可以行使 100 ~ 130km。

p）电动车辆的纯电续驶里程在 60km（Sion IQ EV）和 425km（特斯拉 Model S – 85kW · h）之间。

q）在 2014 年，土耳其的充电站数量估计已经有 100 ~ 200 座。

r）土耳其超过 70% 的电力是由化石燃料生产的。

s）在 2015 年，丰田氢燃料车辆宣称一箱燃料可以行使 480km，并且可以在 3min 内加满燃料。

t）在替代燃料的研究方面已经取得了重大进展，如生物燃料方面，丙烷、压缩和液化天然气（CNG 和 LNG）、氨和压缩空气（CAV）。

u）2011 年 6 月 2 日，雪佛兰 Volt 测试车在碰撞测试后在停车场着火。2013 年，3 辆特斯拉 Model S 在 6 周的时间内电池因为金属物体穿刺（2 起）和高速碰撞（1 起）而着火。两起事件都占据了头条新闻。

v）截至 2012 年 9 月，电动汽车销售量在美国达到 220 万辆，在日本 150 万辆，在欧洲 45 万辆，全世界总销量 450 万辆。

w）2012 年，在电动汽车研发上的费用达到 25 亿美元，这些国家在零部件和基础设施技术方面都具有领导地位。

1.12 结语

对有限的石油资源的依赖和不断上涨的价格的关注与日俱增，相关的能源安全问题，以及交通运输业相关的环境污染和全球变暖问题变得更加紧迫。因此，政策制定者和科技界达成共识，认为电动汽车是目前最佳的可替代选择之一。主要是因为电动汽车有很大优势，包括多元化的能源资源、电力负荷均衡化、可持续性得到改善、运行成本较低，以及在运行过程中的排放量显著降低。

目前，交通行业正经历着从传统的内燃机车辆到电动和（插电式）混合动力车辆，乃至氢燃料电池汽车的转变。此外，电动车辆技术开始与传统车辆竞争，因为它们可以达到较高的效率、耐久性、加速能力和简单性而且更环保。然而，它们仍然存在储存能量低、价格高和充电时间长等问题，这是它们进入汽车市场的最主要障碍。

在接下来的十年，预计电池的能量密度将得到显著增加，因为目前被使用的只是理论限值的一小部分。预计将会有很多实现电池化学改性和减少电池重量、体积的改进措施。这些改进措施将对减少（混合动力）电动汽车的成本产生重大影响。此外，在电池领域，飞轮电池和超级电容将会被使用。同时，引入半动态感应充电和 V2X/智能电网应用，电动汽车将能够更合理地改善能源结构并提高能源利用率。当全球石油供应处于高峰时，可再生能源将在发电中发挥更大的作用，这将使得电动汽车的影响更进一步。

缩略语

BEV 纯电动汽车
DOD 放电深度
EV 电动汽车
FC 燃料电池
FCV 燃料电池汽车
GHG 全球温室气体
HEV 混合动力电动汽车
ICE 内燃机
ICEV 内燃机汽车
IPT 感应功率传输
PHEV 插电式混合动力汽车
SOC 荷电状态
TMS 热管理系统
UC 超级电容
V2G 车辆对电网

问题

1.1 有什么切实可行的策略来解决电动汽车发展和相关基础设施“鸡生蛋、蛋生鸡”的问题?

1.2 EV 和 HEV 与可再生能源集成的好处和困难是什么?

1.3 EV 和 HEV 总是比传统汽车对环境更友好吗? 这个问题需要考虑的关键变量是什么?

1.4　针对你每天的驾驶方式，哪种 HEV 架构最适合你？为什么？

1.5　你所在城市/国家的电网电力使用是否平衡/高效？在不久的将来，在那里使用电动汽车是否有意义？

1.6　你所在的城市/国家 EV 和 HEV 市场竞争的主要优势和障碍是什么？

1.7　行业中哪种混合度的车辆是最常见的？具体是什么原因？

1.8　哪种储能系统将在未来几十年主导市场？理由是什么？

参考文献

ABB. (2014). Electric vehicle market share in 19 countries. Available at: http://www.abb-conversations.com/2014/03 [Accessed August 2016].

Andújar JM, Segura F. (2009). Fuel cells: History and updating. *A walk along two centuries, Renewable and Sustainable Energy Reviews* **9**:2309–2322.

Asif M, Muneer, T. (2007). Energy supply, its demand and security issues for developed and emerging economies. *Renewable & Sustainable Energy Reviews* **11**:1388–1413.

Bradley TH, Frank AA. (2009). Design, demonstrations and sustainability impact assessments for plug-in hybrid electric vehicles. *Renewable and Sustainable Energy Reviews* **13**(1):115–128.

Chan C C, Bouscayrol A, Chen K. (2010). Electric, Hybrid, and Fuel-Cell Vehicles: Architectures and Modeling. *IEEE Transactions on Vehicular Technology* **59**:589–598.

Center for Advanced Automotive Technology. (2015). Hybrid and Battery Electric Vehicles, *HEV Levels*. Available at: http://autocaat.org [Accessed August 2016].

de Santiago, J, Bernhoff H, Ekergård B, Eriksson S, Ferhatovic S, Waters R, Leijon M: . (2012). Electrical Motor Drivelines in Commercial All-Electric Vehicles: A Reviev. *Vehicular Technology IEEE Transactions 2012*, **61**(2): 475–484.

Dincer I: . (2010). Renewable energy and sustainable development: a crucial review. *Renewable and Sustainable Energy Reviews* **2010**, 4: 157–175.

DMAOTO. (2013). Technical Specification Document. *Changes Changing the World*. Available at: http://www.dmaoto.com [Accessed August 2016].

Dijk M, Renato J, Orsato RK. (2013). The emergence of an electric mobility trajectory. *Energy Policy* **52**:135–145.

Eberle U, Helmolt R. (2010). Sustainable transportation based on electric vehicle concepts: a brief overview. *Energy & Environmental Science* **3**:689–699.

Electrification Roadmap, Revolutionizing Transportation and Achieving Energy Security. (2009). *Electrification Coalition*. Available at http://www.electrificationcoalition.org/ [Accessed June 2015].

Elektriklioto. (2013). Turkey's first national electric car to start its engine soon. Available at: www.elektriklioto.com/2013/01 In Turkish [Accessed August 2016].

GlobalPetrolPrices, Gasoline Prices as of 07 July 2014. (2014). Available at: http://www.globalpetrolprices.com [Accessed July 2015].

Guerrero CPA, Li J, Biller S, Ziao G. (2010). Hybrid/Electric Vehicle Battery Manufacturing: State-of-the-Art. *Proceedings of the 6th annual IEEE Conference on Automation Science and Engineering*. Canada.

Hamut HS, Dincer I, Naterer GF. (2013). Exergy Analysis and Environmental Impact Assessment of Using Various Refrigerants for Hybrid Electric Vehicle Thermal Management Systems, Chapter 46. In: *Causes Impacts and Solutions to Global Warming*, I Dincer, CO Colpan, F Kadioglu (eds.). Springer-Verlag New York.

Hoogma R (2000). *Exploiting Technological Niches.* Twente University, Enschede (PhD Thesis).

IA-HEV Annual Reports. (2013). Hybrid and Electric Vehicle Technologies 2010–2013. Available at: http://www.iahev.org [Accessed August 2016].

Karden E, Ploumen S, Fricke B, Miller T, Snyder K (2007). Energy Storage Devices for Future Hybrid Electric Vehicles. *Journal of Power Sources* **168**:2–11.

Kristoffersen TK, Capion K, Meibom P. (2011). Optimal charging of electric drive vehicles in a market environment. *Applied Energy* **88**:1940–1948.

ODD Annual Reports. (2013). Automotive Distributors' Association Press Summary. Available at: http://www.odd.org.tr/web_2837_1/neuralnetwork.aspx?type=35 [Accessed August 2014].

Offer GJ, Howey D, Contestabile M, Clague R, Brandon NP (2010). Comparative analysis of battery electric, hydrogen fuel cell and hybrid vehicles in a future sustainable road transport system. *Energy Policy* **38**(1):24–29.

Pesaran AA, Kim G, Keyser M (2009). Integration Issues of Cells into Battery Packs for Plug-in and Hybrid Electric Vehicles. *EVS 24 Stavanger*, Norway.

Peterson SB, Michalek JJ. (2013). Cost-effectiveness of plug-in hybrid electric vehicle battery capacity and charging infrastructure investment for reducing US gasoline consumption. *Energy Policy* **52**:429–438.

Renault. (2014). ZOE Price and Specifications. Available at: http://www.renault.co.uk/ [Accessed August 2016].

RenaultRoad Motor Vehicle Statistics Report. (2013). *General Directorate of Public Security*. Turkish Statistical Institute.

Samaras C, Meisterling K. (2008). Life Cycle Assessment of Greenhouse Gas Emissions from Plug-in Hybrid Vehicles. *Implications for Policy Environmental Science and Technology* **42**:3170–3176.

Shafiee S, Topal E (2008). An econometrics view of worldwide fossil fuel consumption and the role of US, *Energy Policy* **36**:775–786.

Tie SF, Tan CW (2013). A review of energy sources and energy management system in electric vehicles, *Renewable and Sustainable Energy Reviews* **20**:82–102.

Vazquez S, Lukic SM, Galvan E, Franquelo LG, Carrasco JM (2010). Energy storage systems for transport and grid applications, *IEEE Transactions on Industrial Electronics* **57**(12):3881–3895.

Whittingham MS. (2012). History, Evolution, and Future Status of Energy Storage. *Proceedings of the IEEE Special Centennial Issue* **100**:1518–1534.

WopOnTour. (2009). The Chevrolet Volt Cooling/Heating Systems Explained. Available at: http://gm-volt.com/2010/12/09 [Accessed August 2016].

Yilmaz M, Krein PT. (2013). Review of Battery Charger Topologies, Charging Power Levels, and Infrastructure for Plug-In Electric and Hybrid Vehicles. *Power Electronics* **28**:2151–2169.

Young K, Caisheng W, Li Y, Strunz K. (2013). Chapter 2: Electric Vehicle Battery Technologies. In: *Electric Vehicle Integration into Modern Power Networks*, R Garcia-Valle, JAP Lopes (eds). Springer, New York.

电动汽车电池技术 第2章

2.1 引言

电动汽车上最普遍使用的储能元件是蓄电池，其性能、成本、安全性和可靠性与车辆的性能密切相关。据估计，电动汽车约三分之一的成本取决于电池组，并且各种研究得出结论，与电池相关的成本超过电动汽车成本的45%（Petersen，2011）。电池本身的性能主要取决于电池的化学体系，因此业界正在进行大量研究以改进当前的电池类型，并开发未来的电池，以实现更高性能、更长续航、更可靠和更安全的电池。但是，这些化学物质的活性会随着时间的推移而降低，进而影响整车性能，因此应通过调节电池和控制不同负载和环境条件下的充电/放电曲线来消除这种电池劣化过程。为此，电池管理系统不断从电池采集数据、估计荷电状态、均衡充电，并且需要对电池单元进行热管理来增强电池安全性，在降低成本的同时提高电池的循环寿命和电池性能。因此，在本章中，描述了与当前和未来电池类型、电池管理系统和电池现状的相关应用。

2.2 当前的电池技术

汽车行业为了实现更低的燃料消耗、排放和制造成本，同时提高可靠性、安全性和舒适性而不断努力。如果电动汽车希望与传统汽车竞争，则需要达到甚至超过上述标准。由于电池是电动汽车的心脏，并在各种配置、条件和驾驶循环下提供必要的能量需求，选择合适的电池技术对电动汽车至关重要。即使没有电池技术能够满足车辆的所有需求，也应权衡取舍以优化电池利用率。

通常基于电池在各种运行和环境条件下提供足够能量和功率以及加速的能力来评估电池技术的优劣，同时应具有紧凑、持久、低成本和环保的特点。以下各节介绍了目前市场上可获得的电池技术以及在不久的将来可能使用的和正在开发的电池技术。图2.1展示了电池技术在各领域的应用。

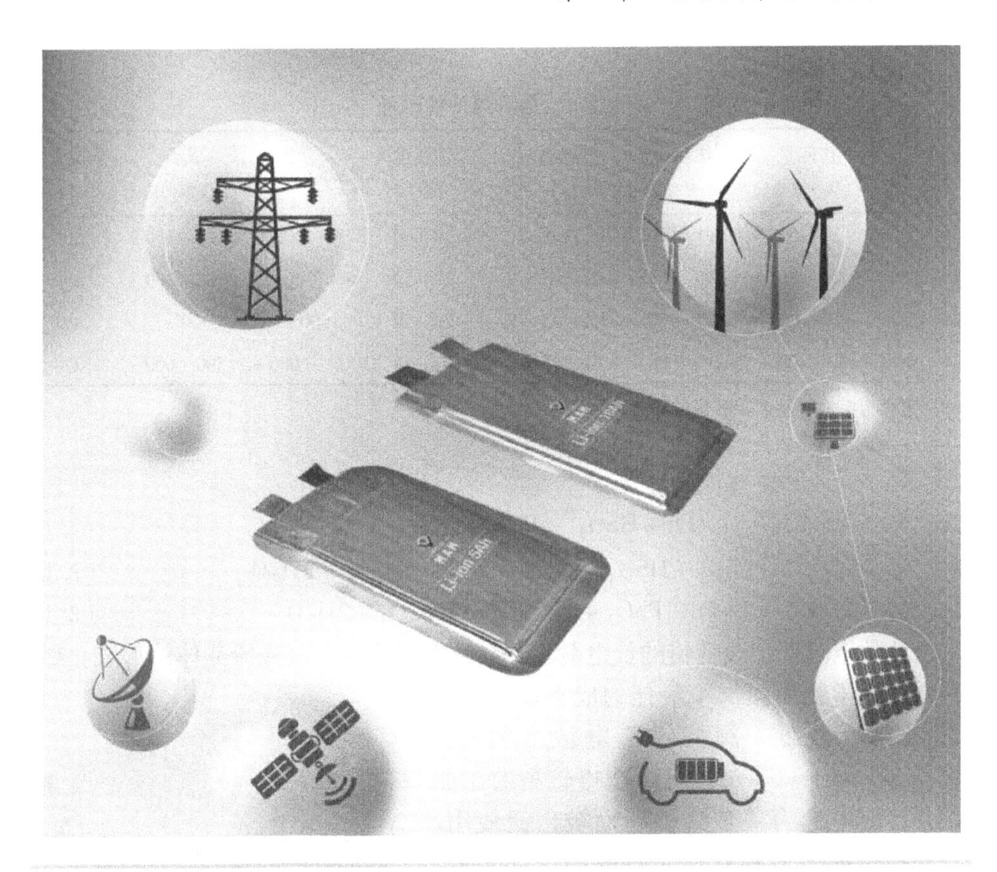

图2.1 在各种应用中使用的电池技术（由 TUBITAK Marmara 研究中心提供）

简单来说，如上一章提到的，电池由正极、负极、隔膜和电解液组成，正负极浸润在电解液中。每个电极由活性材料以及导电添加剂（以增强导电性）和聚合物黏合剂组成。如今，只有少数的电池技术用于电动和混合动力汽车，例如铅酸（用于 EV1 和 RAVEV 的原始版本）、镍镉（用于标致 106、雪铁龙 AX、雷诺 Clio 和福特 Think）、镍金属氢化物（用于丰田普锐斯和汉兰达、福特 Escape、本田 Insight 和土星 Vue）和锂离子（用于特斯拉 Roadstar，雪佛兰 Volt，宝马 i3、i8 和 2013 年后开发的大多数车辆）。表 2.1 中列出了不同电池的各种指标对比。关于这些电池类型的规格、性能特征和应用领域的更详细信息将在下一节中介绍。

2.2.1 铅酸电池

铅酸（Pb - acid）电池是市面上最悠久的蓄电池，其应用可以追溯到 19 世纪中期，并且铅酸电池在获得更高性能水平方面取得了相当大的进展。铅酸电池价格低廉、性能可靠、技术成熟，因此通常应用于传统内燃机车辆的低压电气附件电源。这些电池分别使用金属铅和铅氧化物作为阳极和阴极，并且在放电期间，两个电极都转化为硫酸铅。在负极板和正极板上的两个半反应以及电池放电总反应的方程式见式2.1。

表2.1 各种电池的性能

电池材料	比能量/(W·h/kg)	比功率/(W/kg)	开路电压/V	工作温度/℃	循环次数[a]	成本/($/kW·h)[b]	环境影响/mPts[c]
铅酸电池	35~50	80~300	2.1	~30~60	500~1000+	100~150	503
镍镉电池	50~80	200~500	1.3	~20~50	800~2000	200~300	544
镍氢电池	75~120	200~2000	1.25~1.35	~20~50	1500+	300+	491
锂离子电池	100~200+	800~2000+	2.5	~20~55	1000~3000+	300~600	278

a）定义为电池容量低于其初始额定容量的80%。

b）生产成本高度依赖于产量。

c）基于eco-indicator 99指标。

$$Pb + HSO_4^- \rightarrow PbSO_4^- + H + + 2e^+ \quad (2.1a)$$

$$PbO_2 + HSO_4^- + 3H^+ + 2e^- \rightarrow PbSO_4 + 2H_2O \quad (2.1b)$$

$$Pb + PbO_2 + 2H_2SO_4 \leftrightarrow 2PbSO_4 + 2H_2O \quad (2.1c)$$

电池放电过程会改变铅的价电荷，并导致电子释放和硫酸铅晶体的形成。尽管这种电池化学物质提供了最佳的成本选择，但其能量密度较低。阀控铅酸电池（VRLA，valve regulated lead acid）可以获得较高的比能量，并且因电池为“免维护”而被广泛使用。尽管阀控铅酸电池具有相对较高的循环寿命，但在部分充电状态下仍然存在问题。

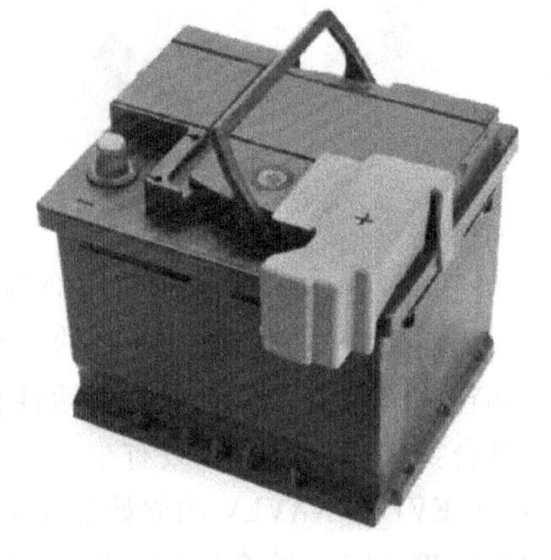

图2.2 典型的铅酸电池

目前，铅酸电池的重量（由于比能量低，低于40W·h/kg）和寿命（3~5年）仍然是限制其应用的最大因素。铅酸电池（图2.2）目前在工业和其他低速车辆以及汽车起动、照明和点火等领域应用较多。而且，这类电池的充电潜力低，大电流甚至会缩短其循环寿命。由于铅酸电池的比能量已达到极限，为了使这类电池得到更广泛的应用，技术上需要一些重大突破。可以通过双极配置或通过在诸如碳的新型轻质材料的帮助下改变铅电极来实现，因此铅不再是主要材料（Conte，2006）。

2.2.2 镍镉电池

镍镉（NiCd）电池的使用可以追溯到1899年，使用羟基氧化镍作为阳极，金属镉作为阴极。镍铬电池与铅酸电池相比，具有更高的能量密度和更长的循环寿命。然而，它在20世纪60年代初才被大量引入，并且在20世纪末期，是各种高性能应用（如电话、玩具、电动工具、医疗仪器等）的首选电池。镍镉电池的负极板和正极板的反应，以及这种电池的放电总反应，分别见式2.2。

负电极：

$$Cd + 2OH^- \rightarrow CdOH_2 + 2e^- \tag{2.2a}$$

正电极：

$$NiO_2 + 2H_2O + 2e^- \rightarrow NiOH_2 + 2OH^- \tag{2.2b}$$

总化学反应式：

$$Cd + NiO_2 + 2H_2O \leftrightarrow CdOH_2 + NiOH_2 \tag{2.2c}$$

镍镉电池的优点是温度范围宽、相对较低的内阻（低于镍氢）、较高的放电倍率且不会影响电池容量，它还具有维持高放电率而不会对电池容量产生负面影响以及几乎无需维护的优点。然而，镍镉电池的缺点是能量密度低、寿命短、“记忆效应”显著（由于在完全放电之前通过充电形成的晶体尺寸增加），且对环境有影响（镉有毒），因此逐渐被镍氢和锂离子电池取代。记忆效应会导致更高的阻抗，防止电池过放，并会导致电池快速自放电。这种效应在现代镍镉电池中不太普遍，并且可以通过电池的多次完全放电和充电循环来修复电池。镍镉电池的额定电压为1.2V，与铅酸电池相比具有高能量密度和长循环寿命（深度放电时为1500+）。然而，镍镉电池的成本是铅酸电池3~4倍，并且具有非常高的自放电率（在某些应用中，自放电率可高达额定容量的10%/月）。

2.2.3 镍氢电池

镍氢（NiMH）电池（图2.3）是比较成功的，在20世纪90年代至21世纪被广泛应用在电动汽车上。镍氢电池具有相对较高的比能量和循环寿命，并且由无毒的可回收材料组成。镍氢电池的阳极是氢氧化镍 $Ni(OH)_2$，阴极为金属氢化物。当过充电时，镍氢电池使用多余的能量来分解和重新生成水，这使得它可以免维护。这种电池基于阳极和阴极多次重复的释放和吸收氢（OH^-）（Gersen-Gondelach，Faaij，2012）。负极板和正极板的半反应以及电池放电总反应分别见式2.3。

$$MH + OH^- \rightarrow M^+ + H_2O + e^- \tag{2.3a}$$

$$NiOOH + H_2O + e^- \rightarrow Ni(OH)_2 + OH^- \tag{2.3b}$$

$$NiOOH + MH \leftrightarrow Ni(OH)_2 + ME = 1.35V \tag{2.3c}$$

自20世纪60年代以来，这类电池已经与氢、铁、镉、锌以及最常见的金属氢化物一起使用了几十年。镍氢电池最初被引入作为镍镉电池的替代品，并且具有相似的电池结构、相同的正电极和电解液；然而，镉电极被金属氢化物合金代替作为阳极。当充电时，这种合金接收氢离子并以固态储存，这增加了其自放电速率，使得镍氢电池在这方面不利。另一方面，与镍镉电池相比，这种电池在局部放电条件下具有非常低的电压抑制（所谓的记忆效应）。

镍氢电池首次搭载在EV1电动汽车上实现了其商业化应用。目前，它主要应用在丰田普锐斯的电池包上。在这种电池的材料中嵌入质子，理论比容量为

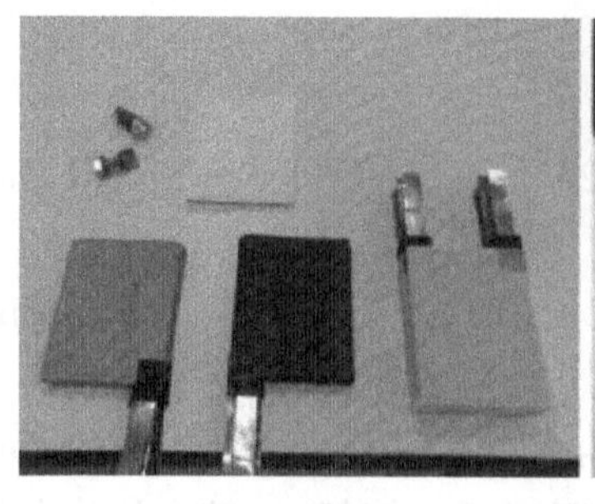

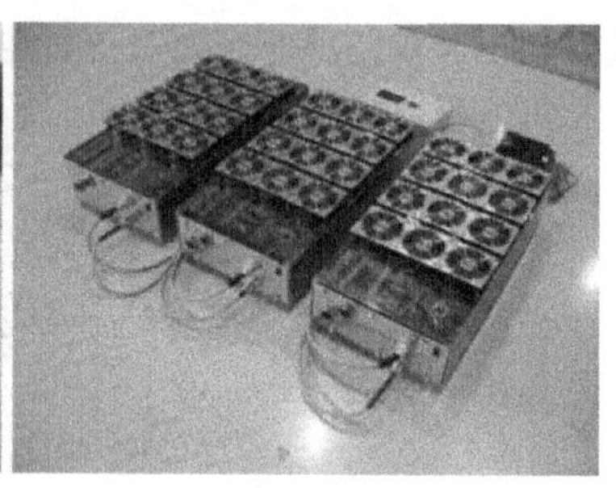

图 2.3　镍氢电池和电池组（由 TUBITAK Marmara 研究中心提供）

289mA · h/g。这种镍氢电池存在副反应，这些副反应提供了一种对过充电和电池均衡参数的测量技术。此外，氧可以从正电荷末端的电势扩散到负电极，在负电极上重新结合。转移到电池中的氧气也有助于电池容量平衡，因此在没有这种机制的其他电池（如锂离子）中可能会出现重大问题。然而，氧气反应会产生大量热量，当与放热充电过程的热量结合时，会增高充电期间的温度，而镍镉电池的充电过程是吸热的（Cairns，Albertus，2010 年）。

此外，由于镍氢电池使用含水电解质而不是有机溶剂，这种电解质阻燃性较强。同时电芯的错误使用会影响电池的循环寿命。然而，过多电芯滥用也会产生危险气体。这个问题通常通过单向排气口来解决，这有助于去除镍氢电池中的氢气、氧气或水蒸气。镍氢电池具有相对高的寿命，但会随着金属氢化物电极的降解和电解质中水分的损失而降低。另一方面，锂离子电池的主要失效机制在这种电池中并不存在。因此，采用模组级监控系统通常就足够了，可不必使用复杂和昂贵的电芯级监控系统。

最后，尽管镍氢电池与其他电池相比算不上真正优秀（因为铅酸电池更便宜，镍镉电池具有更高的循环寿命，锂离子电子具有更高的能量密度），但它在电池最大功率和能量容量之间提供了一个很好的折中方案。此外，镍氢电池比铅酸电池具有明显更高的比能量，但仍不足以满足当前电池驱动车辆的高性能需求。由于电池中镍占的比例较高，镍的成本昂贵，因此电池降低成本的潜力较小。

2.2.4　锂离子电池

当前的电动汽车和混合动力汽车对电池技术提出了很高的要求，需要有更多额外的功能（如动力辅助、调节发动机工况点、再生制动和电动辅助设备），但由于前期电池的能量和功率密度都相对较低，这些功能不容易满足。另一方面，锂是最轻的金属元素，具有相当低的氧化还原电位，这为电池提供了相对高的电压和能量密度。此外，Li^+ 半径较小，有利于在固体中的扩散（Ellis，Nazar，2012）。这些特性使得锂离子电池在电动汽车领域可以得到广泛应用。

锂电池（图 2.4）在 20 世纪 70 年代上市，20 世纪 90 年代开始尝试开发可充电金属锂电池，但在安全性和长时间充电方面面临重大挑战。其阳极通过引入石墨（锂与碳结合，形成锂碳化合物），锂的金属氧化物作为阴极。锂电池非常受市场的欢迎并逐步普及。因此，钴酸锂（$LiCoO_2$）、镍钴铝酸锂（$LiNiCoAlO_2$）、镍钴锰酸锂（$LiNiMnCoO_2$）、锰酸锂（$LiMn_2O_4$）成为市场上广泛使用的锂电池。

图2.4 软包锂离子电池样品
（由TUBITAK Marmara研究中心提供）

以钴酸锂（$LiCoO_2$）电池为例，锂离子参与正极和负极的化学反应，其中正极化学反应为

$$Li^+ + e^- + CoO_2 \leftrightarrow LiCoO_2 \tag{2.4a}$$

负极（碳电极）为

$$Li^+ + e^- + C_6 \leftrightarrow LiC_6 \tag{2.4b}$$

现在，市面上存在多种锂离子电池，并且根据其阴极（电化学反应术语，即发生还原反应的电极）材料（原电池中称为正极材料）的组成进行了命名。广泛使用的锂离子电池是钴酸锂（$LiCoO_2$）、锰酸锂（$LiMn_2O_4$）、磷酸铁锂（$LiFePO_4$或LFP）以及镍钴铝酸锂（$LiNiCoAlO_2$或NCA）和镍钴锰酸锂（$LiNiMnCoO_2$或NMC）。电池性能对比见表2.2。

表2.2 不同锂离子电池阴极材料性能对比

电池类型	尺寸	W·h/L 理论	W·h/L 实际	%	W·h/kg 理论	W·h/kg 实际	%
磷酸铁锂	54208	1980	292	14.8	587	156	26.6
磷酸铁锂	16650	1980	223	11.3	587	113	19.3
锰酸锂	26700	2060	296	14.4	500	109	21.8
钴酸锂	18650	2950	570	19.3	1000	250	25.0

其中，磷酸铁锂比能量最低，日历寿命最短，但是具有成本低、安全性最好、循环寿命长的优点。锰酸锂电池由于具有较高的比能量、比功率以及相对低的成本，通常应用于手机、混合动力汽车和电动汽车领域。然而，锰酸锂电池高温性能较差，在使用时需要进行热管理。钴酸锂电池（$LiCoO_2$）可以达到更高的比能量，但是钴元素含量高，因此成本相当高，此类电池主要用于电子消费品，尤其是笔记本电脑。对高能量密度锂电池进行的大量研究表明，如镍钴锰酸锂（$LiNiMnCoO_2$）和镍钴铝酸锂（$LiNiCoAlO_2$），如果要将其安全且低成本地应用在电动汽车领域，还需要很长的发展过程。

在阳极材料（负极材料）中，最常见的是石墨、钛酸锂（$Li_4Ti_5O_{12}$，LTO）和硅，其中石墨是最常用的，可以使电池有相对高的比能量和较低的成本。然而，在高温大电流充电时，它具有不稳定的固体电解质界面（Solid Electrolyte Interface，SEI）层，会显著降低其输出功率。钛酸锂具有更高的循环寿命和日历寿命，但只能达到石墨比容量的二分之一。由于硅具有较低的负极电压和较高的理论比容量（高达传统阳极碳材料的10倍），硅也是非常适合作为阳极的材料。因此，使用硅纳米管或类似工艺的硅阳极可以得到相当高的存储能量和更长的电池寿命。然而，硅在锂嵌入和脱嵌过程中会出现明显的膨胀和收缩，从而降低了电极的机械完整性，并影响固体电解质界面的稳定性。表2.3提供了关于这些锂离子电池的性能对比。

表2.3　锂离子电池正极和负极材料的比较

材料	比容量/(mA·h/g)	锂离子电池最高电压/V	特性
钴酸锂	160	3.7	良好的容量和循环寿命，价格昂贵，快速充电不安全
锰酸锂	130	4.0	可接受的放电倍率，低成本，较低的循环次数和日历寿命
磷酸铁锂	140	3.3	良好的循环寿命和功率能力，成本低，改善滥用容忍度/低容量和日历寿命
钴酸锂	180	4.2	高容量，低成本/生命周期（低于NCA）
三元锂	185	4.2	容量最高，低成本/安全问题
石墨	372	<0.1	低成本，扁平和低电位分布/低体积密度，对电解质的高灵敏度，易剥落
钛酸锂	168	1.0~2.0	循环寿命最高/高成本和低能量密度
硅	3700	0.5~1.0	非常高的能量/在早期实验阶段，大体积膨胀

来源：Whittingham，2012

锂离子电池的循环寿命有限（特别是在高温下），并且存在安全问题（特别是对于多电芯模块组成的大型电池）。在极端的操作条件下，例如达到非常高的温度或达到充电极限，氧气可能从正极释放出来，并可能与易燃电解质反应，导致热失控甚至爆炸。因此，尽管磷酸铁锂电池的额定电压相对较低，但它也得到了广泛的应用，因为它比上述其他锂离子电池具有更强的共价键，这使得它本质上更安全。此外，改进的隔膜（如陶瓷部件和高沸点电解质）也用于提高电池电芯的安全性。此外，一些商用锂离子电池还掺入碳、钴、硅作为阳极材料，以利于石墨在具有易碎结构的情况下获得进一步的稳定性（Etacheri，2011；Dixon，2010）。

为了使混合动力汽车和电动汽车能够真正与传统汽车竞争，并在不改变人们习惯的情况下轻松过渡到使用这些汽车中，需要提供至少与传统汽车相同的性能和行驶里程。目前，锂离子电池的能量密度受到阳极活性材料和阴极金属氧化物重量的限制，通常分别为170mA·h/g（石墨）和130mA·h/g（钴酸锂）（Padbury，

Zhang，2011）。上述对电极的研究可能会提高能量密度，许多研究预计每年能量密度会提高 6%，但即使最理想的可以提高 12% 的情况下，也不足以与目前市场上的传统汽车竞争。充电期间，锂以树枝状晶体形式沉积，这会引起内部安全问题，例如热不稳定性和内部短路的形成。因此，目前市场上大多数锂离子电池不含金属锂。电池性能主要依据能量密度、功率密度、循环寿命、成本和环境影响来评估；各种工程应用方面，例如完全嵌入锂后的体积变化或显示电池 SOC 的能力，对在特定的应用中决定是否使用它们，也会产生重大影响。

应该注意的是，大多数上述电池可以为电动汽车推进提供相当大的能量和功率。汽油的能量密度为 13000W · h/kg，美国总体车辆的平均“油箱 - 车轮”效率约为 12.6%，这使得汽车用汽油的可用能量密度约为 1700W · h/kg（Girishkumar et al.，2010）。另一方面，平均来说，电力推进系统的电池 - 车轮效率约为 90%。即便如此，为了使电池电力推进系统与传统车辆兼容，仍需要比当前锂离子电池可用的能量密度再高一个数量级。因此，需要采用不同的化学物质和方法来满足当今和未来对能量存储密度越来越高的要求。一些常用和正在研究的应用于电动汽车上的电池比能量如图 2.5 所示。

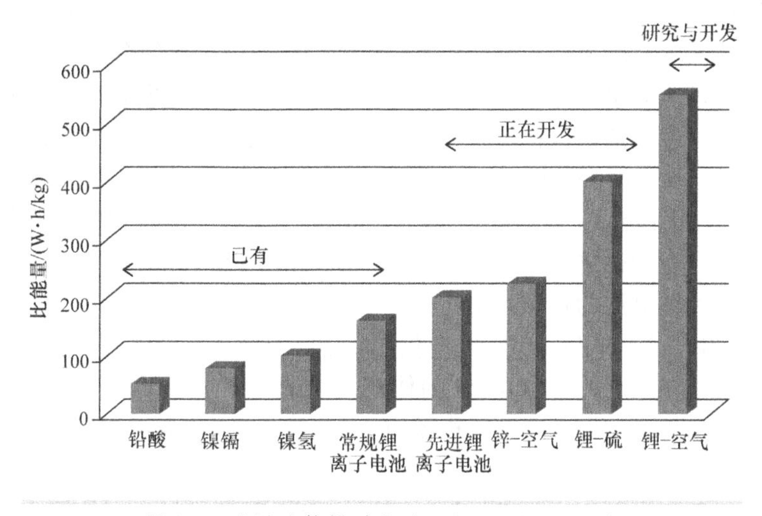

图 2.5　电池比能量对比（Bruce et al.，2012）

2.3　正在开发的电池技术

自从 1991 年推出锂离子电池以来，已经广泛应用于各种便携式电子设备，并在交通供电方面发挥了重要作用。特别是在过去 15 年，锂离子电池技术已经被市场广泛接受，并达到了高度成熟和可靠的水平，这使得它能够支持对电池要求更苛刻的应用。另一方面，即使在经历了如此大的发展之后，电池的最高储存能量本身也不足以满足运输行业的需求和长期需求。因此，目前业界正在进行新布局、电化学和材料学的各种探索努力。

采用新方法制造隔膜，改善了电解质溶液的浸润性。此外，凝胶、聚合物或玻璃基质也用于开发锂离子电池的电解质系统，多种类型的锂嵌入阴极、新溶剂（即离子液体）和盐，以及多种添加剂也与锂离子电池一起被研究（Etacheri，2011）。例如，离子盐具有有利的特征，它由离子组成，具有高导电性、环境相容性，更重要的是具有高热稳定性。因此，基于离子液体的溶液不易燃（高达400℃时仍可以稳定），并且可以经受几乎无限的结构变化。当然，目前这些技术仍在研究中，主要是因为其在低电压下不稳定，降低了电压，因此在广泛应用之前需要更多的测试和分析。今天，可充电锂离子电池阳极反应的研究，主要有三种类型，即嵌入型、转化型和合金化型。嵌入型电极可接受每摩尔主体化合物最多一个锂离子当量，这限制了锂离子电池的比容量并降低了其能量密度（Scrosati et al.，2011）。

对于转化型，目前使用的最重要的材料是石墨和钛酸锂（$Li_4Ti_5O_{12}$）。当进入化学转化时，可以交换更多的锂，获得更高的比容量。目前，应用过渡金属氧化物的纳米颗粒方法，其容量可以达到石墨的3倍。锂硫（Li－S）电池在这方面也发挥了重要作用，理论能量密度为3730W·h/kg，几乎比嵌入型电池高出一个数量级。锂硫电池的主要问题是，电荷传递过程阻碍了阴极上硫的全部提取，这使得锂硫电池几乎不可能完全充电。此外，还存在与电池反应的高溶解度相关的问题，导致产生严重的腐蚀、活性材料损失、硫阴极使用率低、总体库伦效率低以及循环时容量显著降低（Scrosati et al.，2011）。目前已进行了一些改进，例如使用硫化锂－碳复合阴极并优化其制造，然而，在该化学品商业化之前需要更多的技术突破。

目前对于合金型也进行了一系列研究，如将锡（Sn）和硅（Si）结合到常规锂电池中，这种锂电池的容量甚至比转换工艺更高。此外，它们还具有廉价、环保和能够与锂（$Li_{4,4}Sn$ 和 $Li_{4,4}Si$）合金化的特点。然而，它们的主要缺点是锂化时体积膨胀－收缩变化很大（$Li_{4,4}Si$ 的体积变化高达3倍，$Li_{4,4}Sn$ 的体积变化高达2.5倍），这可能会导致容量因机械应力而衰减，并限制其循环寿命只有几个循环。

理论上，氧气也可作为阴极材料，可以与金属阳极材料一起使用来产生能量。通常，这种配置产生最高的能量密度，因为阴极活性材料（氧）不储存在电池中，而是从环境中获取。因此，与传统的可充电电池相比，金属－空气电池可产生极高的能量密度，从而引起了研究者相当大的兴趣。然而，这些类型的电池也存在一些重要的问题，如由于空气为电极，在电流密度较低时，产生高度极化内阻和相当低的循环寿命。此外，由于金属－空气电池不是封闭的系统，气体和污染物都可能进入电极和电解液，这可能会导致一些严重问题。

在下一节中，将针对最有发展前景的电池类型做更详细的介绍。尽管这些电池大多数仍在研究中，实际应用非常有限，但这些技术预计在不久的将来能够满足电动汽车的重度需求。

2.3.1 锌－空气电池

锌是一种廉价、无害且含量丰富的元素，具有平衡电位低、放电电压平缓和保质期长的优点。因此，过去的几十年中，锌－空气电池在一次性碱性电池的负极材料中发挥了重要作用，并与一系列正极活性物（包括镍、氢和空气）结合使用。与传统电池相比，锌－空气电池具有更高的能量密度，是目前市场上使用的化学电池之一（主要用于助听器）。但是它的能量仍不能满足电动汽车的需求。在锌－空气化学反应中，氧气在放电时在空气电极的碱性含水电解质中被还原，反应式如下：

$$O_2 + 2H_2O + 4e \rightarrow 4OH^- \tag{2.5}$$

通过这种化学反应，可获得超过 300W · h/kg 的比能量（理论最大比能量为 1084W · h/kg）（Lee et al.，2011）。此外，锌－空气电池的所有部件对湿气稳定，这使得电池的组装能够在环境空气条件下进行，使得制造过程更容易（特别是与锂－空气电池相比）。然而，其主要缺点是：系统长期循环时，锌酸盐浓度显著超过溶解度极限时会发生氧化锌沉淀。因此，具有可溶产品的可逆电化学系统需要复杂的变化。目前，更接近实现这一目标的方法是加入降低锌溶解度的添加剂，以使产物保持接近反应能。在使用可拆卸锌阳极盒的特殊基础设施的帮助下，这种化学物质也可以通过一系列机械和电化学步骤充电。采用更换锌阳极的方法，可以使电池总是有新阳极，充电时间可以缩短到不到 5min，虽然增加了电池成本，但可以极大地延长电池寿命（Dixon，2010）。

这种化学反应有一些不利条件，如树枝状结构（可能导致短路），电极结构中二氧化碳的吸收以及干燥或溢流（基于环境的湿度水平）。电极问题可以通过电池的手动充电和外部再生锌来缓解。另外，双功能空气电极相关的问题可以通过使用单独的电极进行充电和放电处理来解决，这可能不适用应用于电动汽车。因此，与可逆循环（用于锌电极）和容量（用于空气电极）相关的问题在未来有必要与电动汽车技术兼容。尽管如此，锌－空气电池的发展仍然远远领先于许多类似的金属－空气电池，并且成本有可能达到与当前技术竞争所需的水平。因此，锌－空气电池可能成为下一代电动汽车的有力候选电池。

2.3.2 钠－空气电池

钠比锂便宜得多；钠－空气电池的理论平均比能量为 1980W · h/kg（含氧 1690W · h/kg，不含氧 2271W · h/kg），大约是最先进的锂离子电池的 4 倍。此外，它们具有非常合适的氧化还原电压（$E^{\circ}_{Na^+/Na} = -2.71V$，相对于标准氢电极）（Ellis，Nazar，2012）。此外，尽管钠－空气电池的容量比锂－空气电池低，但它们的开路电压仍然相对较高，而且更容易提取和处理。化学反应过程中产生的排放物（Li_2O_2）和氧气输送的通畅程度，对电池的容量和循环寿命有较大的影响。

通常钠化合物电压较低，为负极的开发提供了显著的优势，可以通过增加电池的总电压来增加电池的能量密度。此外，钠是第六丰富的元素，在地球地壳（2.3%）和海洋（1.1%）中都有丰富的钠资源，钠-空气电池可能被广泛采用（Sun et al.，2012）。Na_2O_2 和 Na_2O 这两种钠-空气电池的开路电压分别为 2.3V 和 1.95V，但仍低于锂-空气电池（3.1V）。钠-空气电池的化学反应式如下：

$$Na^+ + O_2 + e^- \rightarrow NaO_2 \quad E = 2.263V \tag{2.6a}$$

$$Na^+ + O_2 + e^- \rightarrow NaO_2 \quad E = 2.263V \tag{2.6b}$$

$$4Na^+ + O_2 + 4e^- \rightarrow Na_2O \quad E = 1.946V \tag{2.6c}$$

最后，通过该电池的充放电曲线可以看出，其具有稳定的电压平台和较高的充放电效率。特别是在适当选择空气阴极的情况下，它可以维持高电流速率并提供高能量密度。然而，循环寿命仍然是其商业化的主要障碍。因为钠金属对水分具有高度反应性，所以，为了改善这些电池的循环寿命，需要有可以从环境空气中选择性地渗透氧气的吸气膜。

2.3.3 锂-硫电池

锂-硫（Li-S）电池是以硫元素（或硫和碳材料复合）作为电池正极，金属锂作为负极的一种锂电池。自 20 世纪 40 年代以来，开始研究这种锂-硫电池，由于硫的价格低廉，可以大量生产并且对环境无害，因此它也成为电动汽车应用的重要候选电池。电池在放电时在正极处还原硫，以便形成与锂结合以产生 Li_2S 的各种多硫化物，反应式如下：

$$2Li + S \rightarrow Li_2S \tag{2.7}$$

锂-硫电池理论比能量可以高达 2600W·h/kg，是目前市场上在售的锂离子电池比能量的 4 倍多。这种电池在 20 世纪 60 年代首次被研究，然而，发现硫含量很难保证并且存在循环寿命的重大问题。后来，对阴极材料进行研究，利用硫与铁结合生成 FeS_2 和 FeS，使得开发的锂铁（Li/FeS_2）电池应用于国防领域的各种车辆（Cairns，Albertus，2010）

锂-硫电池仍存在很多问题，例如电导率低、容量有限、容量衰减快和控制不良的电解质界面，这不利于高倍率性能。而且，锂-硫电池放电时，可以形成多硫化锂。硫化锂可逆性差，很容易失去电化学活性，并且易溶解在电解质中，造成活性物质损失和较大的能量损耗，降低了电池的容量和循环寿命。因此，为提高这种电池的生命周期，开展了大量的研究和开发工作，预计到 2020 年有望超过 1000 次循环。随着技术的进步，锂-硫电池比能量已达到 800W·h/ kg，与当前电池的性能、成本和环境影响相比，有着显著的优势，并且可实现在中型电动汽车中充电一次续驶高达 480km。

2.3.4　铝 - 空气电池

铝 - 空气电池是金属 - 空气电池的一种，以铝为阳极、氧为阴极，以氢氧化钾（KOH）、氢氧化钠（NaOH）或氯化钠水溶液为电解质（Egan et al.，2013）。铝的原材料丰富（铝是地球上最丰富的金属元素），通过对这种电池进行的几十年的研究表明，铝 - 空气电池可以回收循环使用，不污染环境，还可以通过更换铝电极的方法来解决充电慢的问题。铝在碱性电解质中具有 8.1kW・h/kg 的高能量密度和 2.35 V 的理论电势，这使得它有希望成为阳极候选者。然而，它的使用主要局限于小众市场，随着对竞争电池期望值的提高，对这种电池的兴趣正逐步下降。铝 - 空气电池的放电反应式如下：

$$4Al + 3O_2 + 6H_2O \rightarrow 4Al(OH)_3 \qquad ECELL = 2.7V \tag{2.8}$$

然而，铝 - 空气电池在放电过程中，铝合金电极在强碱溶液中腐蚀会产生氢，会造成阳极材料的过度消耗，还会增加电池内部的电学损耗，严重降低了铝负极效率，从而降低了电池性能（Smoljko et al.，2012）。铝阳极自腐蚀问题一直是铝 - 空气电池面临的主要挑战，因为它会导致相当低的利用效率，并因氢气积累而增加爆炸的可能性。为了改进铝 - 空气电池，已经进行了大量尝试，通过将铝与各种元素合金化、向电解质中添加抑制剂或使用高纯度铝来抑制氢生成反应。然而，这些措施收效不大，并导致了其他问题，如更高的材料成本和复杂性。

2.3.5　锂 - 空气电池

在锂 - 空气（LiO_2）电池中，锂作为阳极材料，来自周围空气的氧气用作阴极。直到最近，锂 - 空气电池才受到科学界的关注。锂 - 空气电池在进行化学反应时，纯锂金属为阳极，氧气从环境中获取而不用储存在电池里。相比其他的金属 - 空气电池，锂 - 空气电池拥有更高的比能量，它比目前市场上的常规锂电池高一个数量级。此外，锂 - 空气电池在负极处具有低原子质量（由于锂金属）的特点，并且具有低电负性㊀，这使得电子能够更容易地被提供产生正离子。因此，当锂被用作阳极材料时，可以获得较高的性能（锂：3842mA・h/g；锌：815mA・h/g；铝：2965mA・h/g；硫：1673mA・h/g）。

锂 - 空气电池最初是在 1976 年被 Littauer 和 Tsai 在洛克希德公司发现后，于 20 世纪 70 年代进行了研究，但是由于锂与水的不良反应，该项目被停掉了。20 世纪 90 年代，随着有机电解质的改进，该研究继续进行，但是直到 2009 年，这种电池有望应用于电动汽车，才得到全世界的关注。

典型的锂 - 空气电池由阳极锂金属、阴极多孔碳和电解质组成，典型的反应式见式 2.9。这个过程和大多数典型电池之间的主要区别在于，氧气从环境中获取而

㊀ 应为高电负性，原文可能有误。——译者注

不用保存在电池里。

$$Li \rightarrow Li^+ + e^- \tag{2.9a}$$

$$2Li^+ + O_2 + 2e^- \rightarrow Li_2O_2 \tag{2.9b}$$

这表明锂金属氧化可以释放11680W·h/kg的能量，这与汽油的能量密度相当(13000W·h/kg)。由于普通传统汽车传递到车轮的效率非常低，因此，在总可用能量密度方面，锂-空气电池能量密度的14.5%，就足以与传统车辆媲美。应该指出的是，这种理论比能量仅基于锂的质量，实际上它应该更少，因为所有金属-空气电池在它们放电时都获得质量（O_2）。目前，现有的金属-空气电池的能量密度高达其理论密度的50%，然而对于锂-空气电池来说是不可能的，因为限制锂-空气电池实际能量密度的主要因素是阳极对过量锂的需求。这种过量的锂会损害电池的体积能量密度，因为锂的重量明显更轻，因此电池结构和电解质的消耗会产生重大的影响。此外，锂-空气电池能够在50次循环后容量损失适中，这意味着整个生命周期内可行驶超过4万km，但明显低于内燃机使用寿命期间的平均里程。此外，锂-空气电池的功率密度非常低（约0.1~1mA/cm^2)。因此，为了给整车驱动提供足够的功率，电流密度需要增加一个数量级（最好是两个数量级）或者单元直流电阻需要降低到10Ω·cm^{2}以下。最后，锂-空气电池的循环电效率约为60%~70%，远低于实际动力电池循环电效率为90%这一限值。此外，氧气放电的产物对环境（尤其是电解质）具有很强的反应性，这可能需要将氧气放电的产物从过氧化物改为氧化物。

尽管目前锂-空气电池的能量密度高于任何其他已知电池，但这种技术仍然存在各种问题。这些问题包括可逆放电产物过氧化锂（Li_2O_2）的生成、副产物的形成和li_2O_2的电离析。不同于锌-空气电池（其中氧气反应形成OH^-并穿过电池移动到负电极)，锂-空气电池的金属锂穿过电池并沉积在正电极中。因此，当锂电极在放电过程中体积收缩的同时，空气电极膨胀（Cairns，Albertus，2010)。此外，固体电解质界面（SEI）的化学不均匀性可导致具有脆性和形态不均匀的结构，从而导致循环过程中金属-电解质界面处的电流分布不均匀。这反过来会导致枝晶锂的形成，这可能最终导致阳极和阴极之间短路。这使得锂-空气电池难以应用于车辆推进。为了防止这种情况，目前正在研究几种方法来改进锂-空气电池，包括开发高锂离子导电人工保护层。

关于电解质的类型有两种：液体（完全惰性、液态且混合的）或全部固体。液体电解质必须化学稳定性好，具有较高的离子导电率，并且对正负极材料无腐蚀性；而固体电解质，对湿度和电化学反应物具有敏感性，这将会对电池的可靠性、安全性和循环寿命产生重大影响。为了降低水分含量以及空气中对金属电极有害成分的含量（如二氧化碳、微粒、NO_x和SO_x)，必须放置一层氧气扩散膜（氧气可透过但水不可透过)。此外，虽然空气电极中需要氧气，但是它不应该接触锂电极的表面，否则它会迅速减少。因此，这两种方法仍然存在重大困难。

锂－空气电池在小型化和低成本化的同时，务必使其更安全，防止形成枝晶锂沉积是非常必要的。此外，电流密度需要增加到 $100mA/cm^2$ 的水平，并将放电产生的过氧化物变为氧化物（Peled et al.，2011）。未来需要进行更多的研究，以获得更稳定的免受湿气影响的负极、正极中的高氧扩散率和电导率、电解质中的氧溶解度和扩散率，并获得能够降低高电势能的催化剂（Whittingham，2012）。

2.4 电池特性

2.4.1 电池成本

除了电池本身性能外，生产成本也是选择最合适的电池技术的关键因素。然而，由于这些电池技术近期商业化且广泛应用于 EV 和 HEV（目前具有低产量），因此很难就这些电池技术的成本进行比较。表 2.1 中估算了当前电池技术每千瓦时相对应的成本。电池成本主要包括制造成本（基于产量和制造技术）和材料费用（主要是负极和正极、隔膜、电芯硬件等）。尽管这些电池的总成本明显高于内燃机的成本，但是当这些车辆大量生产时，预计电池的成本会明显降低。与典型的插电式混合动力电动汽车（PHEV）电池相关的成本分解如图 2.6 所示。

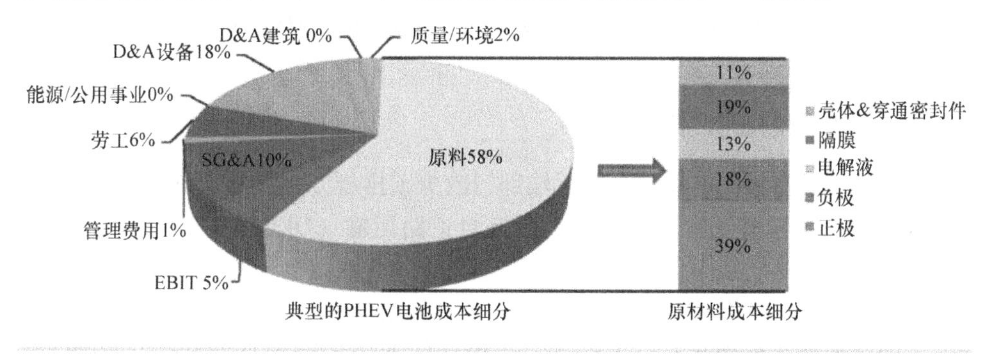

图 2.6　典型的 PHEV 电池成本构成（Roland Berger，2012）

对比各类电池发现，铅酸电池的生产成本最低，并且可以广泛回收，这进一步降低了铅酸电池的总成本。镍镉电池的成本明显高于铅酸电池，主要是由于材料的回收成本高，镉金属有毒，且对环境有污染。但镍镉电池有长久的使用寿命，且维护成本较低。镍镉电池的缺点促进了镍氢电池的发展。镍氢电池具有比镍镉电池更高的容量，不再使用有毒的材料，成本相对比镍镉电池低一些。由于镍氢电芯不需要监测，因此具有良好的防误用性和相对简单的生产要求；与大多数其他电池相比，镍氢电池价格低廉。但是，镍氢电池可能需要额外的维护，会增加运营成本。如在未来大规模应用，其总体成本可以显著降低。

由于原材料和材料加工的成本较高，锂离子电池的成本在上述电池中是最高的。而且，电池管理系统、热管理系统和电池包组装的成本也与电芯成本一样高。此外，需要考虑与电力电子设备相关联以将电池组件集成到车辆和电网的额外成本。EV 的典型电池包和相关的电力电子器件成本如图 2.7 所示。

应该注意的是，这些电池类型及其相应的辅助部件将基本上用于 EV 和 HEV 的开发，因此预计在不久的将来成本会大大降低。

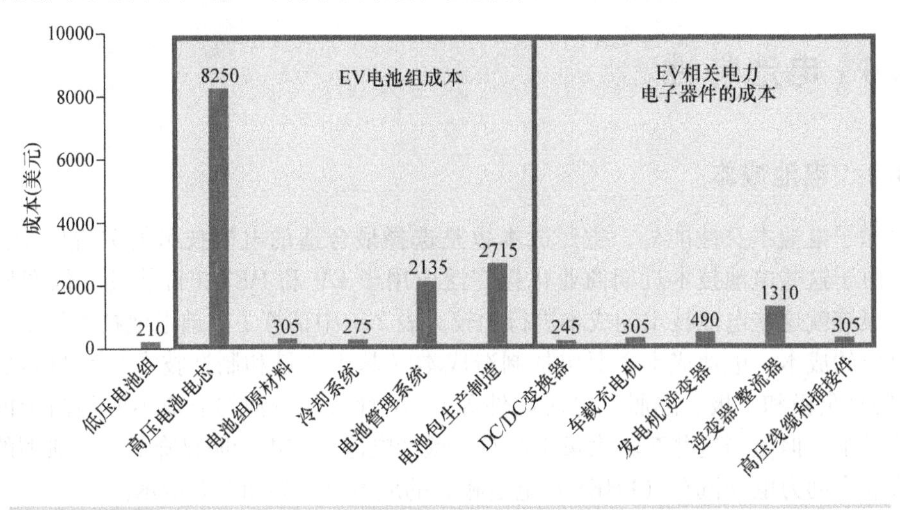

图 2.7 EV 的典型电池组和相关的电力电子器件成本

2.4.2 电池对环境的影响

为应对气候变化，电动汽车在运输部门减少碳排放方面发挥了重要作用，因为超过 10% 的全球温室气体（GHG）排放来自道路运输（OECD，2010）。由于动力电池是使这些车辆区别于传统车辆的主要部件，并且在减少相关排放方面起着关键作用，因此环境问题在推进基于客户行为、监管限制和成本（如碳税和政府激励措施）的电池技术方面具有重大作用。尽管运输业中用电池技术替代传统能源会带来一些相关的环境影响，但这种影响的内容和程度在很大程度上取决于电力组合、电池技术和运行条件。为了降低对环境的影响，已经采取了若干办法，包括尝试消除溶剂并用水来代替；还包括再循环，以及电芯放电，排出电解质溶剂，粉碎电芯外壳，并且也考虑了回收蒸发的溶剂（Guerrero et al.，2010）。

通常，执行生命周期评估（LCA）以评估不同电池技术在其生命的各个阶段对总体环境的影响。LCA 在产品开发阶段，确定由产品、过程或活动引起的具有最高环境关注度的步骤/过程，并找到更环保的替代品，是一种已经建立但仍在发展的方法和非常有用的工具。ISO 14044“环境管理 - 生命周期评估 - 要求和准则”（ISO，2006）和国际环境产品宣言的一般规则包括程序、规则以及进行生命周期评估的基本基础。由于范围、系统边界和细节深度根据所进行的研究的主要目的而显著变化，因此 LCA 的重要方面是为相关研究设置正确的参数，以获得最有用的结果和突破性结论。

LCA 基于称为功能单元的视角，它指定容量、循环寿命和总体范围以及相应的权重；然后选择系统边界，量化能量和物资流动，并做出截止假设（如果必要），以确定物料将回溯到多远（通常回溯到提取点）。有关 LCA 的更多详细信息将在第 6 章中介绍。分析对环境的影响，通常根据以下五个影响类别进行：

- 地球变暖
- 酸化
- 臭氧消耗
- 光化学烟雾
- 水体富营养化

在电动汽车中，电池通常是 LCA 分析的主要焦点，因为它们占总影响的比重最大，并且仍然有很大的改进空间。通常研究的电池的主要部件是阴极、阳极、隔膜、电芯封装、电解质、电池电子器件、模组组装、运输以及与使用和回收相关的阶段。在大多数电池中，全球变暖的影响主要有制造业、电子产品和阴极中的能源使用，这可能占总影响的 90%。当前电池的能耗和平均 CO_2 排放量（每千克）如图 2.8 所示。

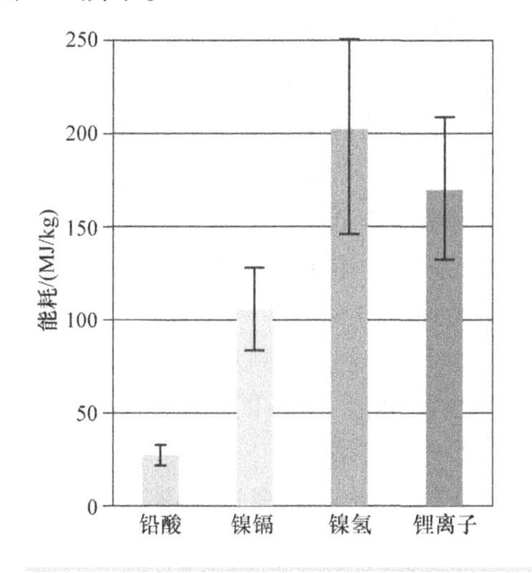

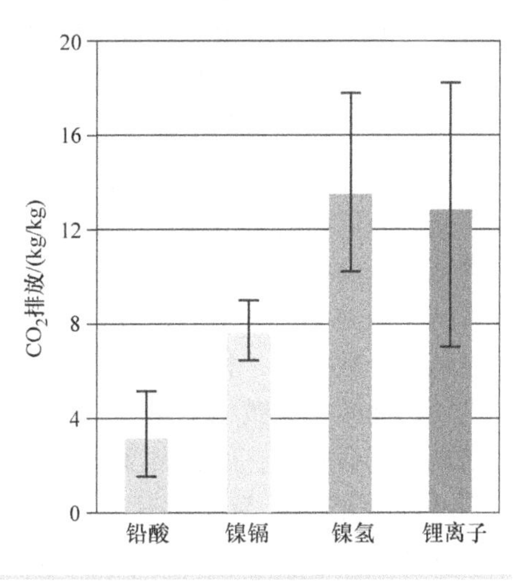

图 2.8　典型 EV 电池类型相关的能耗（电池全生命周期）
（Argonne National Laboratory，2010）

然而，由于在实际的车辆应用中也需要考虑各种附加特性（包括电池效率和质量），因此无法在当前用于电动汽车的各电池类型之间进行公平的比较。在图 2.9 中，比较了具有相同纯电动续驶里程，不同电池在整个生命周期内的电池包的总环境影响（相对于欧洲混合电力条件下的生态指标 99）。应当指出，由于效率以及电池的使用质量造成的能量损失对环境具有重大影响。

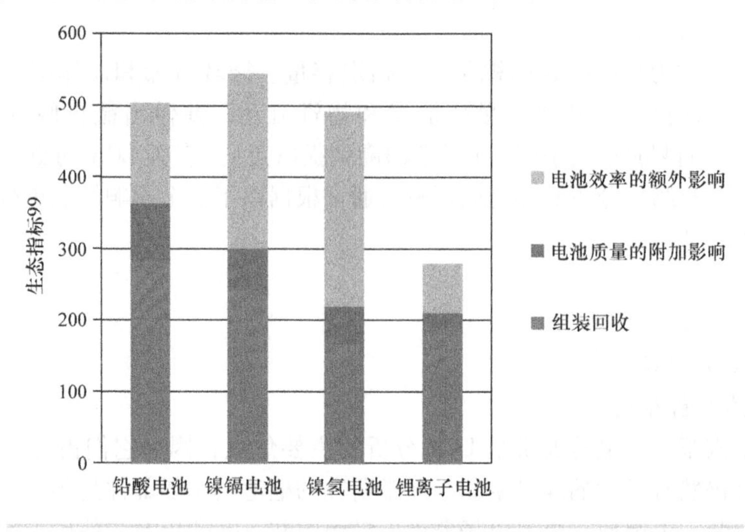

图2.9 基于生态指标99评价技术的环境影响
(Bossche et al., 2006)

在所分析的电池技术中，镍镉电池对环境的影响最大，这主要是由于金属镉对环境有害。其次是铅酸电池，这是根据其储能能力，而不是电池的化学成分。由于这种电池技术使用时间最长，因此在生产阶段的高环境影响被过度的可回收性所降低。然而，由于在分析的电池中，铅酸电池具有最低的能量密度，因此可能需要额外的质量和/或多次充电来达到与其他电池相同的能量密度范围，从而对环境产生更多影响。与以前的电池相比，镍氢电池的影响相对较低，由于它具有比铅酸电池更高的能量密度，比镍镉电池更好的可循环性。锂离子电池的应用可以进一步降低环境影响，因为它在其使用寿命期间可以储存比镍氢电池多2~3倍的能量，并且镍含量低一个数量级，稀土金属含量也不高。然而，这些预测对电池特性非常敏感，即使电池效率的微小变化也可能导致全球变暖潜值（GWP）的巨大变化，而且，若电池寿命降低，所有类型电池的影响值都会显著增大。

在环境评估中，与使用有关的时段可为全球变暖贡献高达40%的潜能值，以及目前使用的电池技术（基于欧洲电力组合）高达45%的富营养化（Majeau-Bettez et al., 2011）。然而，这种影响对电力来源的实际组成非常敏感，而且在碳密集型发电组合的国家（如中国），这种影响将显著增加。其余部分与装配和回收有关，其基于组装电池所消耗的能源和原材料带来的排放以及回收的可能性。

2.4.3 电池材料资源

用电动汽车大规模替代传统车辆将大大增加对相应原材料的需求，特别是锂，因为锂电池是当今量产车辆中使用的实际比能量和容量最高的电池。由于锂电池在电池市场中占主导地位，人们进行了大量的研究来估计地球上可用得锂的数量和相应的价格。在电动汽车电池中锂的广泛使用之前，锂的价格在1970—1990年间非常稳定。随着这些电池使用得越来越普遍，其价格大幅波动，尤其是在1997年之后。

锂以矿物或盐的形式天然存在，也可嵌入硬质黏土中，现在已对矿化锂和地下盐水进行了全面的勘探。海水中也有锂资源，但它们的含量（170×10^{-9}）比钠低，而且从其他海水矿物盐中分离锂在工业上很复杂并且造价不菲。目前，只有少数实验室正在研究这个问题，并且只能实现大约80美元/kg的生产成本，这比从盐湖卤水（<3美元/kg）或锂辉石（6~8美元/kg）（Grosjean et al.，2012）中提取的成本要大得多。另一方面，从盐湖卤水生产锂存在严重的缺点，包括品位低、分散度高、不确定性及建造新设施时间周期长。此外，从硬岩矿物中开采锂可以提供良好的锂品位、高的回收次数和快速的加工时间，但应权衡采矿损害和热化学过程带来的成本和环境影响。

此外，还可以从其他包裹在伟晶岩中的矿石中获得锂，这些伟晶岩按重量计算含有1%~6%的锂，而且一些“软”岩石会蒸发。此外，锂也可以从地热和油田卤水中提取，因为主要目标是从石油和天然气中获得热量和电力，所以提取锂是作为副产物进行的，几乎不需要花费额外的成本。

根据最新的锂储量的预测，锂含量在37.1~43.6Mt之间（62%的盐水和38%的岩石矿物），主要分布于南美洲（43.6%）、北美洲（25%）和大洋洲（25%）。如今，仅智利的Salar de Atacama就拥有世界已知储量的20%以上，并提供全球约50%的需求。此外，美国地质调查局在世界各地，如奥地利、阿富汗、印度、西班牙、瑞典、爱尔兰和扎伊尔发现了大量未分类的锂矿床（Electrification Roadmap，2009）。图2.10所示是世界上最大的锂辉石生产商之一的工厂图片。

另一方面，在欧洲（德国、英国和法国等国家），全球最大的潜在电动汽车锂终端用户，目前只有不到3%的锂资源（Scrosati et al.，2011）。可以看出锂的供需之间存在相当大的差异，这可能导致显著的贸易不平衡，因为电动汽车在不久的将来对汽车市场的渗透率会增加。此外，尽管有些地区拥有大量的锂储量，但由于地缘战略和地缘经济学瓶颈以及锂的提取和处理的持续时间，仍然存在满足短时间内快速增长的锂需求的障碍。因此，为了缓解短期供需之间的不平衡并防止价格上涨，应该进行各种锂资源的探索工作。

当这些数字与锂离子电池用于电动汽车的需求相比时，它可以支持12.3亿~14.5亿辆的新电动汽车，这是目前世界汽车数量的10倍。因此，基于目前的锂电池技术和供应，可以安全地假设未来有足够的锂资源供电动汽车使用。

锂、钴、镍是电动汽车电池技术的主要组成部分。2012年全球锂产量（如Li_2CO_3）在25900~28200t之间，储量估计为13×10^6t（美国地质勘探局，2013），

图 2.10　澳大利亚西部锂矿加工厂

大约足以每年生产 5 百万辆电动汽车（基于 40kW · h 电池）。此外，如果所有现有的储备锂都用于制造电动汽车电池，则相当于大约 2.4 亿辆电动汽车。

此外，预计电动汽车的使用寿命约为 10 年。基于这种低寿命和显著增加的产量，如果没有高效和大规模的回收利用，电池废物的积累将是不可避免的。回收将在增加可用资源和减少材料提取过程中的能量方面发挥重要作用，如图 2.11 所示。

图 2.11　正在等待回收的铅酸电池

铅酸电池具有高度可回收性（在某些情况下高达 95%），60% ~ 80% 的电池具有回收成分。另一方面，目前锂电回收利用水平较低，仅占电池生产总成本的 3% 以下。但是，由于锂离子电池中有价值较高的金属，如钴和镍，回收这些电池仍具有经济意义。而电池类型中如含有磷酸盐或锰等利用价值较低的金属，这为回收带来了负面的经济价值。因此，长期回收这些材料主要是考虑生态效益和遵守环境法规。

2.4.4　各种负荷和环境条件的影响

尽管不同的电池类型具有不同的特性，但其性能在很大程度上取决于所施加的负载（以及充/放电倍率）和操作条件（尤其是温度）。电池通常在较窄的放电倍率（通常为 $C/8 \sim 2C$）、工作温度（通常为 20 ~ 45℃）和均温性（通常低于 5℃）时可有效工作。不同的条件和环境温度通常难以维持均匀性，例如，在加拿大安大略省，历史平均最高和最低温度分别是夏季的 24.9℃和冬季夜间的 -13.4℃，2014 年当地极端温度为 41.7℃和 -50.4℃（Climatemps，2014）。当地历史平均温度如图 2.12 所示。

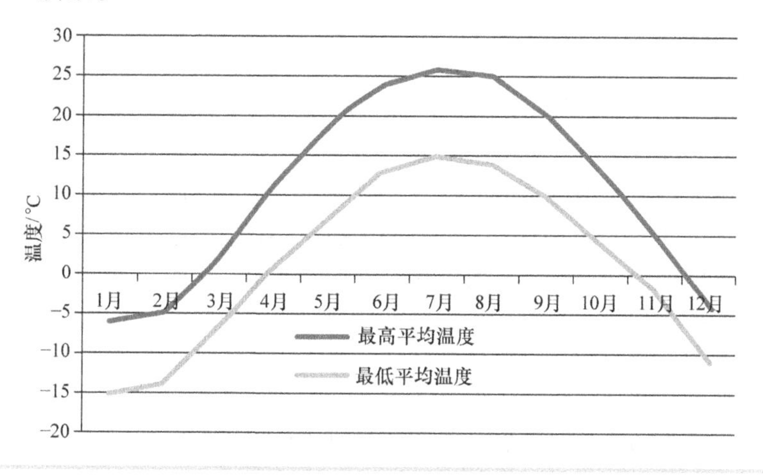

图 2.12　加拿大安大略省平均历史最低和最高温度（Climatemps，2014）

因此，在超出上述范围运行会影响电池的充放电效率、充电接受度以及功率和电池容量。由于电池性能和效率直接影响车辆性能，如续驶里程、加速功率和燃油经济性，以及可靠性、安全性和生命周期成本，减轻过度负荷和恶劣环境条件带来的负面影响，目前已经相当重视。为了实现该目标，目前在电动汽车和混合动力汽车中使用多种类型的电池管理系统（BMS）和热管理系统（TMS）。

车辆上施加的负载和相应的充放电速率对电池的输出容量有显著影响。这种关系可用 Peukert 定律来定义（式 2.10a），该定律表明由于电池内阻的增大和回收率的降低，电池容量会减少多少（大多数是暂时的）是由其放电倍率决定的。

$$C_p = I^k t \tag{2.10a}$$

式中，C_p 是放电率为 1 的容量（A·h）；I 是放电电流（A）；t 是放电时间（h）；k 是电池化学组成的 Peukert 常数（通常在 1.1 ~ 1.4 之间），它反映了电池在高倍率放电时的好坏程度。Peukert 常数接近 1 时，表明电池在高放电倍率下表现良好，数值越大表明容量损失越大。

$$t = H\left(\frac{C}{IH}\right)^{k} \tag{2.10b}$$

为了确定电池在特定放电倍率下的持续时间，可以通过式2.10b调整公式，其中H是基于指定容量的放电时间（以h为单位），C是基于指定的放电时间的理论电池容量（以A·h为单位）。在动态负载和温度变化的条件下，实际结果可以在一定程度上偏离等式。然而，它是一个有用的数学推导，因为它易于使用（只需要很少的经验测试参数）并且在很宽的放电倍率（$C/20 \sim 10C$）和环境条件下（18～60℃）都是准确的（Cugnet et al.，2010）。

尽管充电/放电倍率是电池性能和寿命的最重要指标之一，但为了更全面地了解电池性能，还需要考虑环境条件。当前电池技术的性能和寿命特性见表2.1。然而，工作温度的变化会对每种电池类型的特性产生不同的影响。例如，铅酸电池具有非常好的高温操作性，但是当在SOC低于50%低温下工作时电解液会冻结。电池可以以降低电池寿命为代价达到完全充电状态。对于镍镉和镍氢电池，放电下限的性能会很差；放电上限的充电接受度最小，并且当在高温下完全放电时可能遭受永久性容量损失。由于电解质冻结导致电池电导率显著降低，因此锂离子电池不能在低温（低于-20℃）下工作。它可以在高达45℃的温度下工作，效率很高，超过后电解质可能变得不稳定，导致放热的电解质氧化，从而导致热失控。

正如我们所看到的，高温环境可以通过增加化学反应的速率在一定程度上提高电池的性能；但也增加了不需要的副反应，并因为自放电率的提高而减少了电池工作时间和保质期。此外，这些不利的化学反应还导致电极钝化、腐蚀和气体泄漏，这也对电芯健康衰减具有显著影响。这些情况反过来可以导致电池包更快的老化速率，特别是当电芯具有不均匀的温度（因此处于不同的健康水平）时，因为电池单元的总循环寿命（例如，子模组或模组）由衰减最严重的电芯决定。甚至专门设计用于高温反应的电池也会由于副化学反应速率增加产生热量而引起故障。这种关系可以通过Arrhenius方程来定义，该方程是电化学电池与温度相关的衰减速率的简明但相对准确的表征。

$$k = Ae^{-E_a/RT} \tag{2.11a}$$

式中，k是速率常数；Ae是与分子间碰撞频率相关的指前因子（也称为频率因素），通常假设在小温度范围内是恒定的；R是通用气体常数，为8.314J/(mol·K)；E_a是活化能（以J/mol计），它是分子形成产物必须具有的最小能量；T是反应的绝对温度（以K计）。该方程可以以自然对数形式重新整理，从而更容易地确定Arrhenius图中的斜率和y轴截距。

$$\ln k = \frac{-E_a}{RT} + \ln A \tag{2.11b}$$

此外，如果已知两个温度和/或倍率常数，则可以消除指前因子。因此，可以重新整理前面的等式以证明温度对多个倍率常数的影响，见式2.11c。一个方便的经验法则（对于室温下的许多常见反应）是，如果A远大于RT，则反应速率每升高10℃就会加倍。

$$\ln\frac{K_2}{K_1}=\frac{E_a}{R}\left(\frac{1}{T_1}-\frac{1}{T_2}\right) \tag{2.11c}$$

2.5 电池管理系统（BMS）

如前几节所述，EV电芯、模组和电池包的电气和热管理系统对电池包的效率、成本和安全性有重大影响，因为电芯和模组温度以及电压的差异会导致电池性能的更快下降，并会导致安全问题。通常，EV电池包中使用的电池单元的容量和电压相对较小，因此，许多电芯和模组串联连接，以满足当今电动汽车的高电压要求并实现长续驶里程。由于生产不一致性以及操作变化（如SOC、自放电电流、电阻和容量差异），这些电芯具有不同的性能特征，这可能导致寿命和性能降低，并在极端充电/放电循环和温度期间导致危险情况。此外，由于大部分电芯是串联连接的，即使电池的其他电芯中仍然储存有能量，但充电最少的电池确定放电的结束，从而降低了电池包的可用容量。此外，如果管理不当，这种电荷不平衡会随着时间的推移而加剧。由于这些原因，需要能够测量单个电芯和模组并提供均衡的监控设备，因为几乎所有类型的电池（尤其是锂离子电池）都必须在安全可靠的温度和电压窗口内运行。

依据大多数电池制造商的说明，可以看到目前EV锂离子电池的首选工作温度范围通常设定为-20~55℃用于放电，0~45℃用于充电（不低于-30℃且不高于90℃，而通常的工作电压根据具体的化学体系而变化，但一般在1.5~4.2V之内。当电池温度超过120℃、130℃后会产生可燃气体，超过200℃会导致正电极分解产生氧气，并会导致热失控。当锂离子电池在低于0℃充电时，会导致金属锂沉积在碳负极表面，从而缩短电池的寿命。甚至在更低的温度下，阴极会破裂并导致短路。同时，电池过度放电会导致晶格崩溃（由于相变），造成电池性能降低。此外，极低电压或过放电也会减少电解质，产生可燃气体，并在电池中产生安全风险。同时，过高的电压（或过充电）会导致正极分解并在电池中产生大量热量，加速容量衰减并导致内部短路（Languang et al.，2012）。因此，需要电池管理系统（BMS）来保持电池在其最佳参数内运行，以防止电池包中出现上述问题。

尽管没有明确描述BMS需要执行的任务，但它通常用于三个主要任务：

- 电芯/电池包监控和损坏保护。
- 使电池在适当的电压和温度范围内运行，确保电池安全运行并延长其使用寿命。
- 性能最大化并与用户和/或外部设备通信。

然而，与传统的工业循环不同，电池监控在汽车电池中变得非常麻烦，因为这些电池并不总是完全充电的。此外，电池的放电实际上从未从全 SOC 开始，而是以各种不同的电流倍率进行，有可能发生过放电（Meissner，Richter，2003）。因此，电动汽车上拥有一个有效的 BMS 在提高车辆性能和安全性以及延长电池寿命方面发挥着关键作用。

在电池管理系统中，电池电流、电压和温度是主要输入，用于状态确定（如充电状态、健康状态和功能状态）以及电池的安全运行。电池管理系统还可以有另外的输入，既可以是模拟信号（如加速和制动踏板传感器），也可以是数字信号（如起动开/关信号）。其输出主要是热管理模块（风扇和电加热器）、均衡模块（电容和/或耗散电阻）、电压安全管理（主电路接触器）、通信模块和通用数字输入（充电指示灯、故障报警）。此外，BMS 操作辅助设备，如风冷热管理系统中的冷却风扇和液冷热管理系统中的泵，并管理所有电气电路，以执行预充电过程或协调绝缘动作，如在危险情况下切断高压电。典型 BMS 的配置如图 2.13 所示。

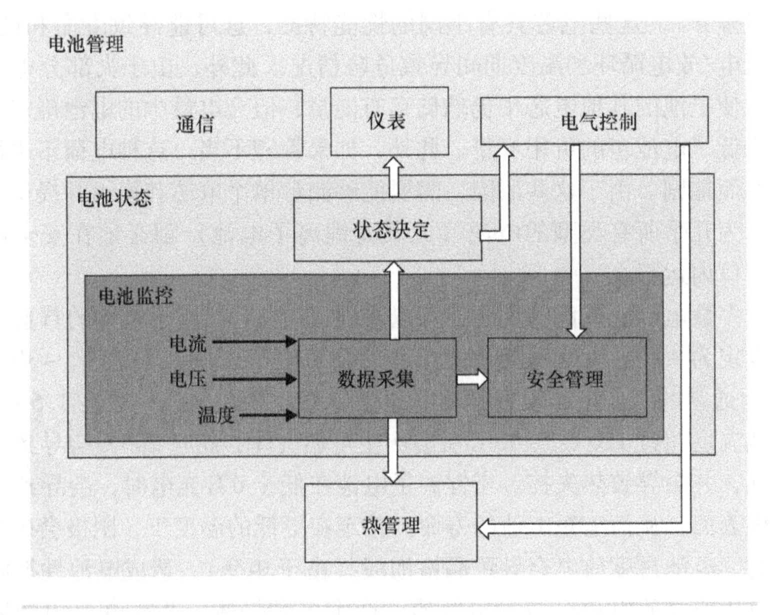

图 2.13　典型电池管理系统（Xing et al.，2011）

根据不同的应用，BMS 可以使用不同的拓扑结构，可以是直接针对每个电芯独立使用，也可以集中在一个设备中或以某种中间形式使用。拓扑结构对系统的成本、可靠性、安装/维护方便性，甚至测量精度都有重大影响。电池管理系统根据其功能分为集中式、模块式、主从式和分布式。集中式 BMS 位于总成中，其中仅一个控制器通过多个导线连接到电池芯体，使其紧凑、便宜且易于维护。模块式拓扑与集中式系统非常相似，只是它被分成多个相同的模块，这使其具有接近电池和易于扩展（通过添加更多模块）的额外优势。然而，它稍微昂贵并且会占用更多空间。在主从式配置中，初级（从）模块测量多个电芯的电压，上级（主）模块处理计算和通信。与前一种配置相比，这种配置的主要优点是具有较低的成本，因为它具有数量众多的较便宜的从设备（因为它们仅执行相同的简单测量）。最后，在分布式 BMS 中，电子设备直接放置在被测电芯的顶部，电池和控制器之间有一条通信电缆，这大大减少了通信线路的数量，而且易于安装和维护，但比上述拓扑更昂贵（Andrea，2010）。

BMS 的需求也取决于电池包所使用的电池类型。在铅酸电池中，最终充电电压起着最重要的作用，电压监测可以在模组级别进行。尽管 SOH 和 SOC 的估算在这种化学反应过程中很复杂，但是已经创建了大量可靠的模型，因为这是最古老和最有效的电池类型之一。在镍氢电池中，这种电池的温度依赖性在 BMS 中起着重要作用。此外，由于充电/放电曲线的相对平坦性，SOC 估计变得麻烦。BMS 还需要考虑所谓的"记忆效应"，因此 BMS 中至少需要电流传感器和电压传感器，以便对电池进行准确的 SOC 估计。在锂离子电池中，为了避免过充、温度不均匀以及电芯老化，一个电芯层级的监测系统是必不可少的。因此，与这种电池相关的 BMS 往往更加复杂和昂贵。此外，锂离子电池对 BMS 的需求也因其使用的特定的化学物质而有所不同。例如，磷酸铁锂因其在能量密度、成本、安全性和循环寿命方面的良好折中而成为电动汽车应用中电池类型的热门选择之一。然而，在这种电池中，具有完全能力的 BMS 变得势在必行，因为它在 20%～80% 区域中具有非常平坦的充电/放电曲线，这使得在该区域中精确地估算 SOC 非常困难。

最后，主要的 BMS 功能包括电池参数检测、电池状态估计、车载诊断（OBD）、电池安全调节和通知、充电控制、电池均衡、热管理、网络和数据存储等。以下各节提供了与 BMS 相关的关键问题。

2.5.1　数据采集

电动汽车 BMS 的关键任务之一是获取电池中不同点的电压、电流和温度，并将其转换成数字值，以便在以后阶段估计电池状态。其中，电压测量是一个复杂的过程，因为 EV 电池包由数百个不同（串联/并联）配置的电芯组成，有许多通道来测量电压。由于在测量电池电压时存在累积电势（在每个电芯中不同），因此实际上不可能有统一的补偿或消除方法。这一问题在某些电池类型中变得更加突出，例如磷酸铁锂，因为它们对于开路电压的斜率相对较平缓，并且每毫伏电压的最大对应 SOC 变化率大部分达到 4%，这使得电芯电压数据准确采集成为一个重要的因素。

实时监控电池的温度以确保电池处于最佳工作范围内，对温度和电流的监测是很重要的。温度的监测采用热敏电阻，通常被放置在电池的接缝中。此外，对电流的测量通常在准确估计 SOC 方面起着重要作用。电流的监测主要有两种方式：一种是基于霍尔传感器的电流监测；另一种是基于串联电阻的电流监测。后一种电流监测方式是在电动汽车主回路上串联一个分流器，电流监测时需要把电流信号转换为电压信号。

2.5.2 电池状态评估

对电池状态的准确估计使得系统能够评估工作环境的安全性和可靠性，并产生关于充电/放电状态的数据，这在电池平衡中起着特殊的作用。通常电池状态包括充电状态（SOC）、健康状态（SOH）和功能状态（SOF）。充电状态类似于汽油汽车中的燃料使用指示（与充满电的电池相比），但是由于不能直接测量老化、变化的环境条件、充电/放电循环，因此很难估计。健康状况是将使用过的电池与新电池进行比较。它不是一个物理量，而是处理电池老化和退化的非常有用的措施，并提供了关于电池剩余寿命的信息。最后，功能状态是衡量电池在满足实际需求（例如向车辆供电）方面的性能，并由 SOC 和 SOH 以及工作温度决定。

2.5.2.1 SOC 估算法

估算 SOC 在电动汽车应用中至关重要，以避免未预料到的系统中断和永久损坏电池的内部结构，但是它不能直接测量，因为它涉及各种特性的测量，例如电池电压、电流、温度和与分析电池相关的其他信息。SOC 的精度至关重要，因为它间接显示了其剩余容量，在电池安全充电和放电、最大化其行驶距离和循环寿命以及管理所有类型电动车辆的配电策略方面发挥着重要作用。不同的车辆配置在其应用、使用和电池尺寸方面使用不同的 SOC 范围。图 2.14 显示了各种电动汽车中使用的 SOC 范围及其典型的电池尺寸。

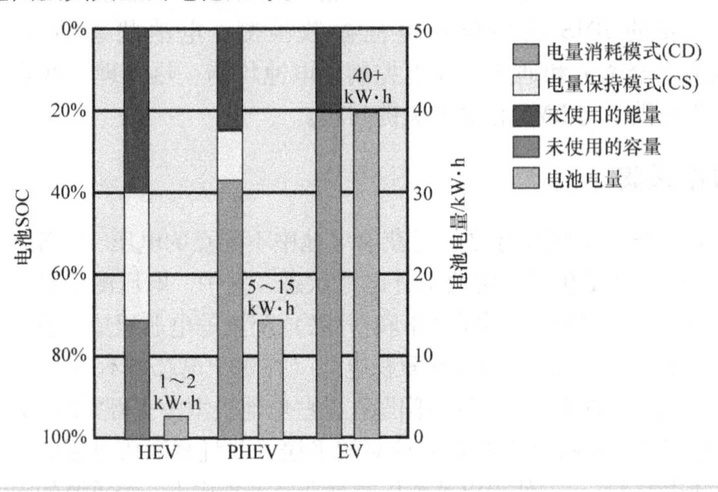

图 2.14　各种电动汽车配置的电池尺寸和工作特性（Chrysler Group LLC，2012）

没有公认的 SOC 定义，它通常被认为是在相同的特定标准条件下（或以额定容量表示的当前容量），电池剩余电量和总电量之间的比率（当电池充满时）。电池包的 SOC 估算需要确定每个模组的 SOC，并且由于并联的自平衡特性，整个电池包可以作为单个电芯处理。当前的 SOC 估算法如下：

1）放电测试法：这种方法是计算电池 SOC 最可靠的方法之一，常被用来作为电池容量测试的参考标准。但是这种方法需要在测试时电流恒定且准确，但是在实际应用中，电流并不是恒定的，需要消耗相当长的时间，不可能有实验室中稳定理想的环境。因此，该方法不适合在车辆上实际应用。

2）库仑计数法：也称为电流积分法或安时积分法，是一种相对简单和流行的低功耗应用方法，它简单地通过累积电池内部或外部转移的电荷来表征电池中的能量。如果初始 SOC 相对精确，这种方法可以提供足够的精度。电流积分法需要提前获得电池的初始 SOC，并且需要对流入或流出电池的电流进行精确采集。这种方法对电流传感器的温度漂移引起的测量误差非常敏感，并且随着时间的推移可能导致较大的 SOC 误差。因此，必须对参考点进行修正，并在不同的测量电压下更新 SOC 估计值（Xing，2011）。

3）开路电压方法：这种方法是通过查找开路电压（Open Circuit Voltage，OCV）与 SOC 之间的关系来确定当前电池的 SOC。这种方法不适用于锂离子电池，因为这种电池中 OCV 对 SOC 的依赖性很小，并且需要非常精确地测量 OCV。OCV 的测量必须在稳态下进行。因此，这种方法与放电测试法一样，不适用于正在运行的电动汽车中的 SOC 实时估算，并且只能在特殊情况下使用，例如当车辆停车而不是行驶时。

4）人工神经网络模型方法：神经网络法是模拟人脑及其神经元用以处理非线性系统的新型算法，它不需要复杂系统建模方面的任何专业知识，只需要从目标电池中提取出大量符合其工作特性的输入与输出样本，使用这些样本数据来训练网络并通过神经网络的非线性映射特性来估计 SOC。这种方法适合于所有电池类型。然而，该方法受估计误差的影响很大，需要大量的计算，这又需要强大的处理芯片。

5）模糊逻辑方法：该方法基于模糊逻辑推理理论，模仿人类对大量测试曲线、经验和可靠模糊逻辑理论的模糊思维，以确定 SOC。在这种方法中，在处理不完整和有干扰的数据时，允许一定程度的不确定性或模糊性，并不是通过目标定位来获得精确的信息。然而，这需要对电池类型有全面的了解，并且需要大量的硬件来进行计算（Zhang，Lee，2011）。

6）卡尔曼滤波法：与前面几种方法相比，系统滤波算法具有闭环控制和实时性强的优点，因此被广泛应用于电池 SOC 估算，最常用到的系统滤波算法是卡尔曼滤波算法。卡尔曼滤波法对系统输入和输出的测量值进行滤波，以使用真实状态的最小均方误差估计来产生动态系统状态的智能估计。传统滤波算法适用于线性问题，而扩展改进的滤波算法，通过使用偏导数和泰勒级数展开来线性化预测，线性化后的剩余过程变得与传统卡尔曼滤波法非常相似（Xing，2011）。

7）电化学阻抗（EIS）方法：EIS 主要用于提供常规测量设备无法获得的与电池相关的电化学反应的信息。这种方法需要电池的电化学模型，并以各种频率触发交流信号来计算与电池相关联的建模组件的值。然而，这种方法要求系统在整个测试过程中保持稳定状态，因此不适用于行驶过程中电动汽车电池的 SOC 实时估算。

2.5.2.2 SOH 估算法

SOH 描述了电池的内部（例如额定容量损失）和外部（温度极限）行为的物理条件。与 SOC 类似，SOH 没有行业定义，也没有定义它应该如何确定，但是，它反映了与新电池相比电池提供特定性能的能力，通常被视为电池当前状态与其理想状态的比值。它可以由几个特性体现，例如电池容量、内阻、交流阻抗、自放电速率和功率密度，通常用于表征驱动特定距离或里程的能力。由于电池老化和耐久性问题导致的劣化（包括串通、电池短路等造成的损坏），电池 SOH 通常会降低。当电池 SOH 水平达到 80% 时，BMS 警告驾驶员更换车辆中的电池。通常，对电池的循环寿命和安全性影响最大的最主要的输入是极端温度、高电位或过充电/过放电率。电芯老化可以在各种情况下发生，包括活性材料或锂离子损失、极化电阻的动态退化或增加、寄生相的形成和锂沉积。

SOH 估计方法主要有两种：一种是"基于耐久性模型的开环 SOH 估计方法"，该方法使用电池耐久性模型直接确定容量损失和阻抗变化；另一种是"基于电池模型的参数识别闭环 SOH 估计方法"，该方法利用最佳状态估计技术并识别主要建模变量，以获得电池的 SOH（Languang et al.，2012）。

2.5.2.3 SOF 估计算法

对于电动汽车而言，SOF 可以被定义为某一特定时刻，电池组可以提供给电机等各种电气负载的功率，可以简单地认为，SOF 是 SOC 及温度的函数。SOC 和 SOH 是重要的指标，它们提供的信息很有用，说明所使用的电池与其完全充电版本和全新版本之间的差异。然而，就执行所需任务而言，它们对电池的当前能力没有多大帮助。因此，SOF 通常用于说明电池在使用时的性能如何满足实际需求。即使计算电芯的 SOC 和 SOH 会相对简单，但确定电池模组或电池包的 SOF 通常比较难以计算。SOF、SOC 和 SOH 之间的关系如图 2.15 所示。还需要综合考虑性能曲线、电压极限和工作温度来开发更好的评估方法。

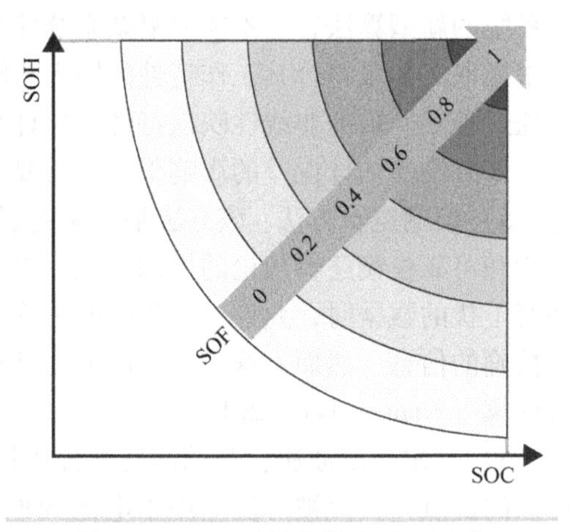

图 2.15 SOF 对给定温度下 SOC 和 SOH 的定性依赖性（Meissner，Richter，2003）

2.5.3 均衡充电

应用于电动汽车的电池可以通过不同的方法充电，有恒压充电和恒流充电。恒压充电是最简单的充电方法，适用于各种电池。由于电压保持不变，电流通常会在开始时很大并且当电池完全充满电时逐渐减小到零。这种方法具有某些优点，因为通过电池的电流是自限制的。然而，由于要求充电器在充电过程的初始阶段提供相当大的电流，并且大多数住宅或停车场可能无法提供，因此成本较高。另一种是恒流充电的方法，通过控制施加到电池的电压来固定电流，这使得电池中的 SOC 线性增加。然而，与恒压方法不同的是，它需要通过温度、电压和充电时间等参数，来精确地估计并确定电池何时充满电，以便终止充电。在实际应用中，通常使用恒压和恒流两种方法组合。在初始阶段，电池以恒定电流充电（最初以低电流充电，随后以高电流充电）。当电池达到一定的充电状态阈值后，充电切换到恒定电压，只要直流充电电源仍然可用，就可以用来维持电池电压。恒压和恒流充电过程如图 2.16 所示。

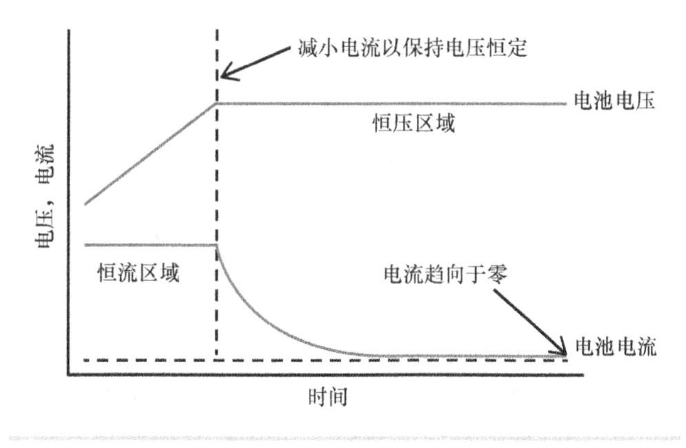

图 2.16 充电期间的电池电压和电流（A123，2013）

另一个问题是，即使电池包由相同类型和规格的电芯组成，电芯之间电压、SOC、容量损失、循环寿命的内阻等方面仍然存在一些不同。由于电池的制造和化学偏移的差异，随着时间的推移，在极端温度或不均匀性情况下，这些差异会显著增加。当电池由大量电芯串联组成，由于是串联电路，其故障率将高于任何单个电芯。因此，为了减少这种影响并延长电池寿命，BMS 需要有效的电芯均衡架构和方法。

2.5.3.1 分层架构平台/通信

在电动车辆应用中，通过大量电芯的各种串/并联来满足车辆的高能量和功率要求。在电动汽车电池架构中，电池被分成电芯、模组和电池组三个级别，这导致了 BMS 的相应分层架构，以便具有灵活和冗余的特性。这些层通常被称为电芯监控单元（Cell Monitoring Unit，CMU）和模组管理单元（Module Management Unit，MMU）。其中前者监控模块中的每个单独电芯，并且包含电量均衡电路的硬件实现；而后者为电池包管理单元（Pack Management Unit，PMU），提供更高层的服务。PMU 负责监督电池包的所有电芯，并且通过估算 SOC 来控制存储在每个电芯中的能量。通常，每个 CMU 和 MMU 之间的连接通过专用总线完成，而在 MMU 和

PMU之间则共享控制器区域网络（CAN）。最后，PMU与车辆管理系统（VMS）相关联。另外，还配有一个电池保护装置，可通过断开主开关（MSU）接触器来切断电流。这种配置如图2.17所示。

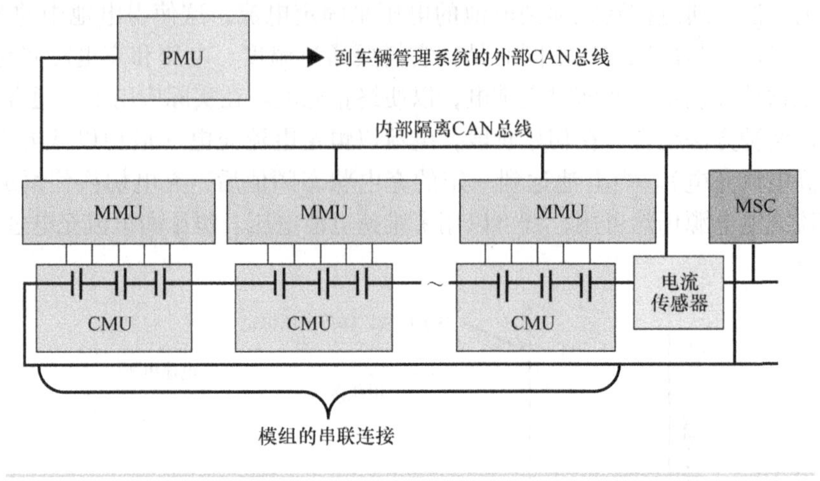

图2.17　典型BMS的层次结构（Brandl et al.，2012）

2.5.3.2　电芯均衡

由于当前的制造工艺，电池电芯显示出某些差异。电池容量差从几个百分点到15%是比较常见的。此外，其他变化（包括内阻和充放电特性）通常是不可避免的。同时，随着电池充电/放电循环的进行，电池容量的差异会随着时间的推移而变得更大。在许多电芯串联的电动车辆中，剩余电量最低的电芯限制了总系统容量，从而降低了车辆的性能或总续驶里程。因此，电芯均衡对于充分发挥电池的潜力非常重要（Cheng et al.，2011），如图2.18所示。应该注意的是，并非这些平台的所有层都必须在BMS中使用，最常见的是，第一层被省略，这是因为给每个电芯提供专用CMU对成本和自放电率有影响。

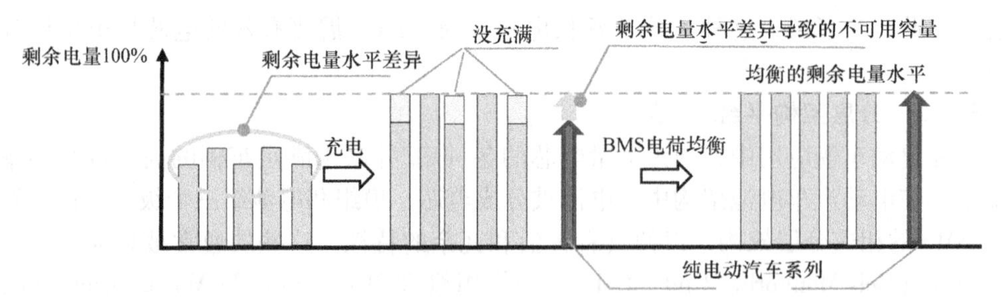

图2.18　电芯均衡对纯电动汽车的影响范围（Honda，2015）

电池管理系统中通常有耗散型均衡与非耗散型均衡两种方法。这两种方法最终目标就是降低电芯的电压不平衡。在耗散型均衡中，该模块比较电芯电压的最大差异，如果差异高于预设阈值，则充电停止，并且具有最高电压的电芯消耗多余的能量或电流，以调节电池单元内的电芯的最优容量。这通常是通过使用电阻或其他方法产热来完成的，直到差异减小。这是在电动汽车中普遍采用的一种方法，因为它简单，能够在不消耗大量能量的情况下实现均衡；但是，这是一个非常低效的过程。

另一方面，非耗散型均衡通常由变压器、电感器或电容器实现，以将电量从最高电压电芯传输到最低电压电芯。尽管这种方法的效率更高，但是电芯之间的电荷和能量交换使得这比以前的方法更复杂，因此还没有得到广泛应用。因为自放电对电池均匀性的影响最大，所以均衡主要用于补偿与这种现象相关的不均匀性，这在锂离子电池中通常约为3% ~5%。表2.4列出了最常用的电芯均衡、SOC计算方法及其优缺点。

表2.4　EV BMS中使用的主要SOC计算和电芯均衡方法

	方法	输入	优点	缺点
SOC计算	放电测试	剩余电量和容量	简单、准确	离线，时间密集，能量损失，修改电池状态
	库仑计数	放电电流、时间	在线且易于操作	难以确定初始SOC，精度受温度、使用历史、放电电流和循环寿命的影响很大，不考虑电池的自放电
	开路电压	静止时间和电压	易于实施和准确	需要较长的休息时间，对不同的放电倍率和温度敏感，仅适用于某些锂离子化学物质的极高和低SOC
	人工神经网络模型	电流、电压、累积电荷、初始SOC	在线，可以在不了解电芯内部结构的情况下使用	需要大量的训练数据
	模糊逻辑	交流阻抗、电压、电流	复杂系统建模轻松化	需要大量硬件进行计算，可能导致精度较低
	卡尔曼滤波	电流、温度、内阻、库仑效率、自放电率	在线，高精度，动态，对噪声和初始SOC值误差不敏感	计算密集，高复杂性，波动性
均衡	被动（耗散）	电芯 - 热	非常简单又便宜	效率低，速度慢
		模组 - 电芯	相对简单，效率适中，速度快	开关网络，DC/DC的高隔离电压
	主动（非耗散）	电芯 - 电芯（分布式）	适中的效率和速度	庞大而复杂的控制
		电芯 - 电芯（共享式）	高效率和高速度	切换网络
		电芯/模组旁路	高效率、高速度和可靠性	高电流开关，实现复杂，在正常操作期间降低电池效率

2.5.4 安全管理/故障诊断

最后，为了确保电池安全，在电动汽车中需要各种安全措施。与传统汽车相比，电动汽车上的电气风险后果更严重，因为它们需要从动力电池中输送高功率和高能量。在确定电池的 SOC 和 SOH 后，BMS 根据算法计算任何给定时刻的最大充电/放电电流，并将该数据传输给 ECU。这在保持电池在其安全区域运行并抑制电池违反其运行规范方面起着重要作用。BMS 的主要安全任务包括过充、过放和过温保护，电气短路和绝缘失败时切断电源。此外，BMS 还存储电池数据，以便更好地维护和改善可维护性。诊断系统通常采集并存储电池的非典型运行状态，并向驾驶员提供信息。因此，国际电工委员会（IEC）要求电动汽车的所有 BMS 必须具有电池故障诊断功能。

2.5.5 热管理

BMS 还负责将电池运行状态保持在预设范围内，以防止电池性能下降或快速老化。准确监测电芯温度至关重要，因为电芯均衡问题通常与性能不佳的热管理有关（Qiang et al.，2006）。因为均衡要求模组具有几乎均匀的电气特性，这在很大程度上取决于它们给定的温度。因此，BMS 获取关于环境温度和电池温度的数据，控制冷却或加热操作，并将该工况下的信息传输给 ECU（Cheng et al.，2011）。

2.6 电池制造和测试过程

电池在电动汽车的性能、成本和安全性方面发挥着至关重要的作用，因此业界在生产更好的电芯和电池管理系统方面进行了大量的研究和开发，以降低成本并增加电芯的容量、效率和循环寿命。锂离子软包电芯生产的流程如图 2.19 所示。

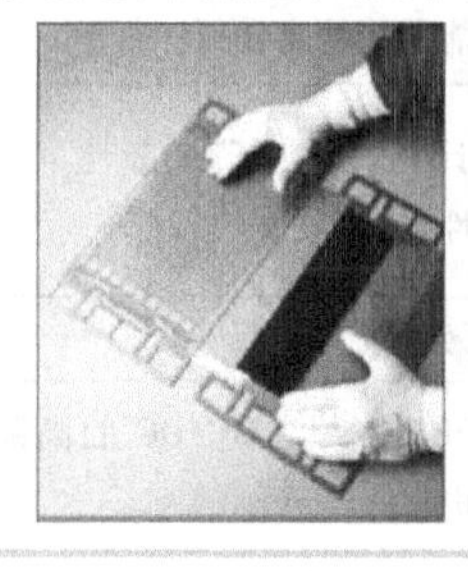

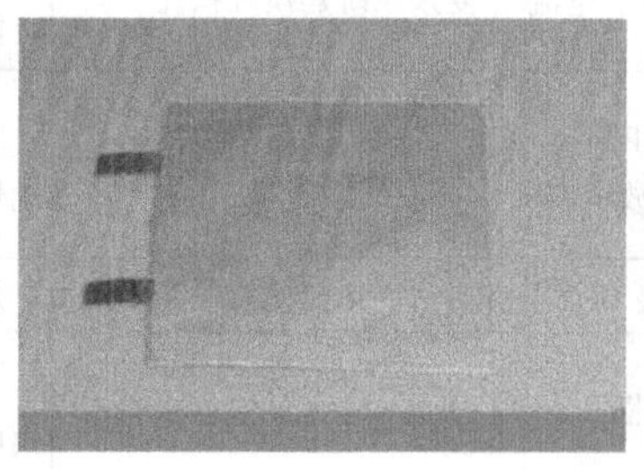

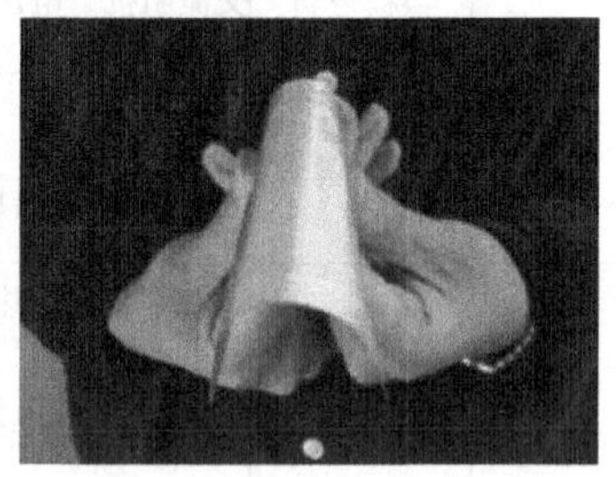

图 2.19 典型锂离子软包电芯的生产（TUBITAK Marmara 研究中心）

尽管针对电芯类型进行的研究非常重要，为确保安全和长时间的运行，制造芯体并将其集成到模组和电池包同样是电动汽车设计和生产过程中的重要部分。因此，从单个电芯到整个电池包的制造过程和相应的测试程序过程都需要检查，以理解电池包搭载到车辆之前应采取的步骤。

2.6.1 制造过程

随着动力电池技术的快速发展和发达国家电动汽车市场渗透率的增加，生产廉价、可靠和持久电池的需求变得比以往任何时候都更加迫切。除了电池类型之外，电芯的形状也对电池的性能和成本起着重要的作用。由于锂离子电池是市场上增长最快的电池，大部分制造工艺都以这种电池为例来说明。用于电动汽车的典型锂离子电池的制造方法如图 2.20 所示。

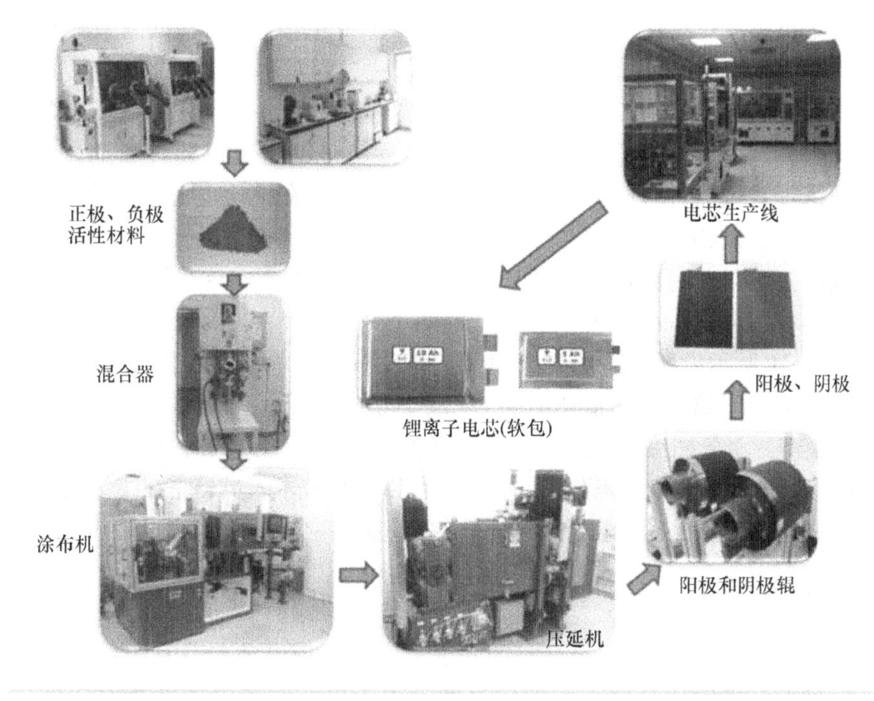

图 2.20 软包锂离子电池的生产方法（TUBITAK Marmara 研究中心）

此外，尽管本章中提供的大部分信息都是关于电池电芯级别的，但它们必须被放置在大量模组中，模组间电芯通过电气和机械方式连接起来以扩大电池容量并简化电池控制功能。这些连接件需要与各种电芯类型兼容，集成串并联电连接，安装各种辅助部件，以及成功连接电芯。因此，目前正在进行关于开发和制造可用于各种应用的电池模组的重要研究。

尽管所有类型的锂离子动力电池的主要电芯类型和开发过程几乎相同，但是电池的尺寸、几何形状和所包含材料的比例根据不同的应用场合而各有不同。生产出电芯后，它们连同必要的辅助部件（如冷却板附件框架、泡沫等）一起被生产放入装配线，并使用各种光学、电学、超声或 X 射线设备检查其性能（尺寸、标签形状、位置）、状况（物理损坏、缺陷等）和电化学特性（容量、电压等）；然后将这些部件组装并对齐成一堆，用端板夹紧、捆扎，以形成电池模组（Li et al.，

2010)。这些模组中的电芯连接过程也起着重要作用，因为可靠地将多层轻薄且导电性强的不同类型的材料焊接起来是相当困难的。

其中，电阻焊接依赖于金属界面的电阻使材料熔合，这是一个快速和自动化的过程。然而，该方法具有某些缺点，因为通常使用的铝和铜电极与该方法不太兼容，它们具有高导热性和导电性以及不同的熔化温度。激光焊接克服了这些缺点，可以在几毫秒内使用强激光束（非接触）加热材料，但是需要精确的接头装配才能成功焊接。而且，这些电池材料的高反射率和导热性造成了额外的困难。此外，还可以使用超声波焊接，特别是对于异种材料，或者电池材料在低温下具有良好的焊接性能。由于没有任何填充金属或气体，这一过程对环境十分友好。然而，它不能用于有一定厚度的接头，并且对表面条件具有敏感性。但是它们在其他焊接技术方面更优越，特别是对于软包方形电池。最后，电池也可以通过紧固件（螺母、螺栓、螺钉等）或整体连接件连接在一起。虽然焊接在连接电芯时具有各种优点，但是出于可维护性相关的考虑，它们可能不适合于模组连接。因此，在这些情况下，机械连接可以改善维护和修理时的拆卸工艺性。然而，这些接头使用不当会导致电池过热和短路（Lee et al.，2010）。

如图 2.21 所示，所制造的电池封装应采用模块化、标准化和通用部件、辅助设备（如电芯电子器件和高低压电路）、最小互连电缆、有效的冷却装置和高效的焊接方法生产。服务插头（也称为维修开关）通常放置在电池组的电气路径中，以在需要时将其分成两个电气隔离的部分。这可以防止技术人员暴露在主终端的高电压危险中。电池包还包含多个继电器或接触器，它们控制电池包向输出端的电力分配。

2.6.2　测试流程

EV 电池包生产后，会经过严格的测试程序来验证电池包及其组件的安全性和性能，并确保它能够成功实现预期的目的。由于电芯的能量密度相对较低，因此 EV 电池包是由大量电芯和模组构成的大型复杂系统。电池包用作可充电的储能装置，以提供车辆所需的能量和功率。电池包可释放的能量，是以电压和电流的形式受管理系统控制的。当能量不受控时，可能会出现重大的危险情况，例如有毒物质的释放、火灾、高压事故等。这些情况可能是由电池物理滥用（挤压、刺穿和燃烧）和电气滥用（电池短路、过放电、过充电和内部产热）造成的。因此，电池需要经过测试，以确认它能够经受住任何静态和动态机械应力以及在车辆中可能经受的环境条件的影响。即使在电池包中放置了各种管理和安全系统来识别状况，防止危险情况发生并降低其严重性，在电池能够被商业销售之前，也必须进行重要的测试。一些典型的动力电池测试设备如图 2.22 所示。

由于一次性对大功率电池包进行测试是一个漫长、复杂和易错的过程，因此将电池包分成可管理的装配级别，并针对与该级别相关的滥用类别和严重程度进行测试，可以提高该过程的效率。初始测试通常在电芯水平上进行，以测试电芯的充电

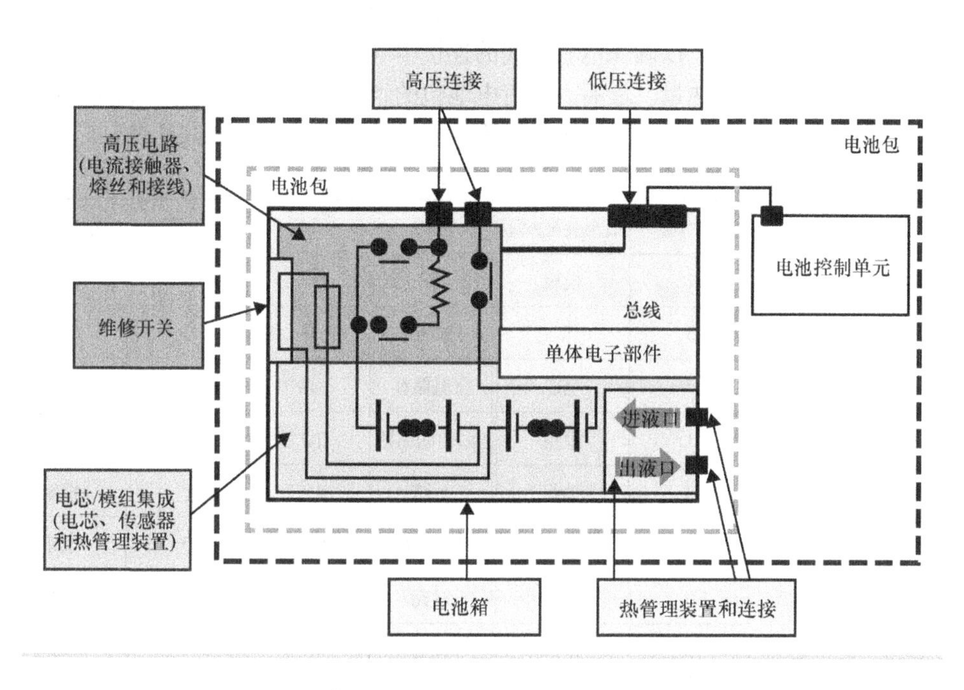

图2.21　典型电池包结构（ISO 12405-2，2012）

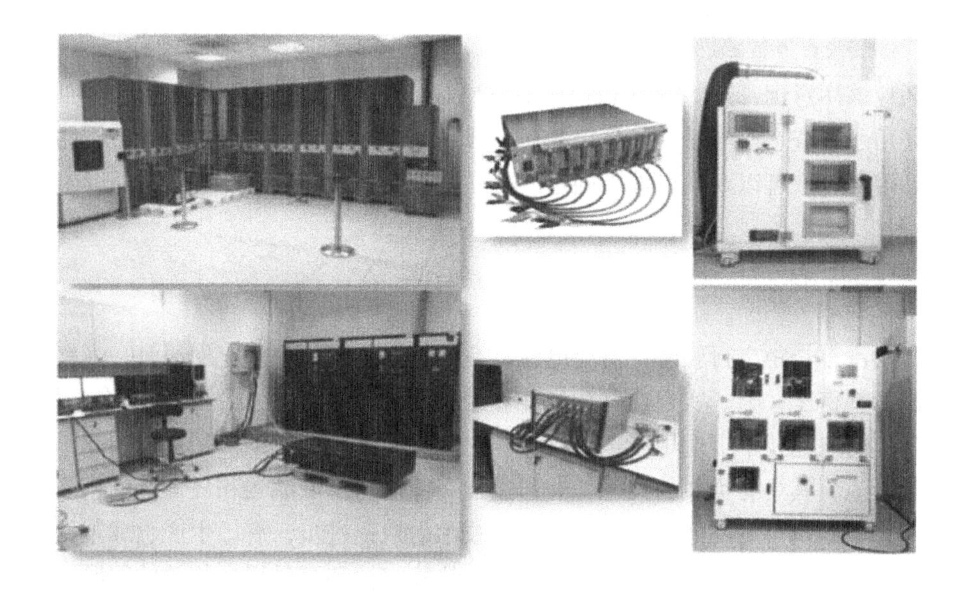

图2.22　典型的电芯、模组测试设备（由TUBITAK Marmara研究中心提供）

能力、机械完整性和热稳定性。一旦将多个电芯放在一起组装成模组，就可以进行简单的充电和放电测试，以确保电芯之间的连接牢固，并且能够带动预期的负载，而不会失效或放出过多的热量。最后，随着电池包的组装，进行测试以确认通信和安全装置的正常运行和功能完整。大多数电动汽车的动力电池的典型测试见表2.5。

表2.5　通常在EV动力电池上进行的基本测试

名称	类别	滥用等级a)	最小装配水平	名称	类别	滥用等级	最小装配水平
冲击	机械	1	模组	过热/热失控	热	2	模组
跌落	机械	3	电池包	热冲击	热	2	电芯
针刺	机械	3	电芯	高温储存	热	2	电芯
翻转	机械	1	模组	极冷的温度	电气	2	电芯
浸水	机械	3	模组	短路	电气	3	模组
挤压	机械	3	电芯	部分短路	电气	3	模组
火烧	热	3	电芯	过充	电气	2	模组
热稳定性	热	3	电芯	过放	电气	2	模组
保温隔热	热	2	模组	振动	机械	1	电芯

资料来源：Doughty，Crafts，2006

a）滥用等级1：激活被动保护；等级2：缺陷/损坏；等级3：漏量Δmass＜50%。

还应该注意到，这些测试和程序通常不仅是为了满足制造商的一致性而验证的，还用于检查它们与工程师设定的任意限制的兼容性，以便在遇到不希望的操作条件和过载时，可以观察组件以确定故障模式和安全系数。

2.7　结语

电动汽车长距离行驶时，需要电池具有高能量密度；在快速加速时，需要电池具有高功率密度；为了实现良好的商业和经济价值，需要电池耐用和廉价。目前，各种各样的电池技术可应用于电动汽车，它们具有各自的优点和缺点。还在研究各种化学电池，其具有类似的技术，并通过提高性能、降低成本和环境影响来简化传统汽车和电动汽车之间的过渡。预计随着技术的快速进步，有望生产出成本低且耐用的电池。然而，由于存在大电流应用中与热稳定性和容量损失相关的问题，这些电池的可靠性仍然引起了极大的关注。因此，性能优异的BMS可以使电池在安全可靠的工作温度和电压窗口内得以使用。

缩略语

BMS Battery management system	电池管理系统
CAN Controller area network	控制器局域网
CMU Cell monitoring unit	电芯监测单元
EV Electric vehicle	电动汽车
GHG Global greenhouse gas	温室气体
HEV Hybrid electric vehicle	混合动力电动汽车
ICE Internal combustion engine	内燃机
IEC International electrotechnical commission	国际电工委员会
MMU Module management unit	模块管理单元
MSU Main switch unit	主开关单元
OCV Open - circuit voltage	开路电压
PHEV Plug - in hybrid electric vehicle	插电式混合动力电动汽车
PMU Pack management unit	电池包管理单元
SEI Solid electrolyte interface	固体电解质界面
SOC State of charge	荷电状态
SOF State of Function	功能状态
SOH State of health	健康状况
TMS Thermal management system	热管理系统
VMS Vehicle management system	车辆管理系统
VRLA Valve regulated lead acid	阀控铅酸

问题

2.1 目前市场上销售的电动汽车使用的电池，有足够的性能优势来完全取代传统汽车吗？请详述理由。

2.2 仍在研究中的电池，限制其应用在实际车辆的常见问题有哪些？解决这些问题的方法有哪些？

2.3 EV电池包的哪些组件导致其成本较高并且对环境有影响？这些因素对于不同的电池类型有何变化？

2.4 如果一个额定容量为100A·h的铅酸电池，以5A放电10h后，电池大约还能持续多久？请予以解释。

2.5 通过两个不同的温度值，按照式2.11b的步骤导出式2.11c。

2.6 在15℃时，反应的速率常数是9.16×10^{-3}/s。如果温度升高5℃，新的

速率常数是多少？（E_a 为 88 kJ/mol）

2.7 请列出电动汽车电池管理系统的主要任务和完成这些任务所需的关键功能。

2.8 为了安全地操作电池和车辆，在 EV 电池组及系统交互附件中使用的主要输入是什么？

2.9 请简要介绍荷电状态（SOC）、健康状态（SOH）和功能状态（SOF）的概念及其相互关系。

2.10 你认为在你们城市/国家，哪种 SOC 计算和充电均衡方法最适合电动汽车或混合动力汽车？请解释你的推理。

参考文献

A123 System User Manual. (2013). Cylindrical Battery Pack Design, *Validation, and Assembly Guide.*

Andrea D. (2010). Battery Management Systems for large Lithium-Ion Battery Packs. *Artech House, Norwood, MA.* **02062**.

Argonnne National Laboratory. (2010). *A Review of Battery Life-Cycle Analysis: State of Knowledge and Critical Needs*, Center of Transporation Research.

Brandl M, Gall H, Wenger M, Lorenthz V, Giergerich M, Baronti F, Fantechi G, Fanucci L, Roncella R, Saletti R, Saponara S, Thaler A, Cifrain M, and Prochazka W. (2012). Batteries and Battery Management Systems for Electric Vehicles . *Proceedings of the Conference on Design*, Automation and Test in Europe.

Bossche PV, Vergels F, Mierlo JV, Matheys J, Autenboer WV. (2006). SUBAT: An assessment of sustainable battery technology. *Journal of Power Sources* **162**:913–919.

Bruce PG, Freunberger SA, Hardwick LJ, Tarascon JM. (2012). Li-O2 and Li-S batteries with high energy storage. *Nature Materials* **11**:19–29.

Cairns EJ, Albertus P. (2010). Batteries for Electric and Hybrid-Electric Vehicles. *Annual Review Chemical Biomolecular Engineering* **1**:299–320.

Cheng KWE, Hongje BPD, Ding K, Ho HF. (2011). Battery-Management System (BMS) and SOC Development for Electrical Vehicles. *IEEE Transactions on Vehicular Technology* **60**:76–88.

Chrysler Group LLC. (2012). *Overview of Battery Management System – A Controls Engineering Perspective*, EV Battery Conference.

Climatemps. (2014). *Ottawa, Ontario Climate & Temperature.* Available at: http://www.ottawa.climatemps.com/ [Accessed March 2015].

Conte FV. (2006). Battert and battery management for hybrid electric vehicles: a review. *Elektrotechnik & Informationstechnik* **123**/10:424–431.

Cugnet M, Dubbary M, Liaw BY. (2010). Peukert's Law of a Lead-Acid Battery Simulated by a Mathematical Model. *ECS Transactions* **25**(35):223–233.

Dixon J. (2010). Energy Storage for Electric Vehicles. *IEEE International Conference on Industrial Technology*, pp. 20–26, March 14–17, 2010. DOI: 10.1109/ICIT.2010.5472647 ISBN: 978-1-4244-5695-6

Doughty HD, Crafts CC. (2006). *FreedomCAR Electrical Energy Storage System Abuse Test Manual for Electric and Hybrid Electric Vehicle Applications. Sandia National Laboratories.* Available at: http://prod.sandia.gov/ [Accessed March 2015].

Egan DR, Leon CP, Wood RJK, Jones RL, Stokes KR, Walsh FC. (2013). Developments in electrode materials and electrolytes for aluminum-air batteries. *Journal of Power Sources* **236**:293–310.

Electrification Roadmap, Revolutionizing Transportation and Achieving Energy Security. (2009). *Electrification Coalition.* Available at http://www.electrificationcoalition.org/ [Accessed June 2015].

Ellis BL, Nazar LF. (2012). Sodium and sodium-ion energy storage batteries. *Current Opinion in Solid State and Materials Science* **16**:168–177.

Etachari V, Marom R, Elazari R, Salitra G, Aurbach D. (2011). Challenges in the development of advanced Li-ion batteries: a review. *Energy & Environmental Science* **4**:3243–3262.

Gerssen-Gondelach SJ, Faaij APC. (2012). Performance of batteries for electric vehicles on short and longer term, *Journal of Power Sources* **212**(15):111–129.

Girishkumar G, McCloskey B, Luntz AC, Swanson S, Wilcke W. (2010). Lithium-Air Battery: Promise and Challenges. *The Journal of Physical Chemistry Letters* **1**(14):2193–2203. DOI: 10.1021/jz1005384

Grosjean C, Miranda PH, Perrin M, Poggi P. (2012). Assessment of world lithium resources and consequences of their geographic distribution on the expected development of the electric vehicle industry. *Renewable and Sustainable Energy Review* **16**:1735–1744.

Guerrero CPA, Li J, Biller S, Xiao G. (2010). Hybrid/Electric Vehicle Battery Manufacturing: The State-of-the-Art. 6th Annual IEEE Conference on Automation Science and Engineering. Toronto, ON. Canada, August 21–24, 2010.

Honda. (2015). Available at: http://world.honda.com/EV-neo/battery/ [Accessed January 2015].

ISO 12405–2. (2012). *Electrically propelled road vehicles—Test specification for lithium-ion traction battery packs and systems—Part 2: High energy applications.* Available at: http://www.iso.org/iso/catalogue_detail?csnumber=55854 [Accessed January 2015].

ISO14040. (2006). "*Environmental Management – Life cycle assessment – Principals and Framework*" International Organization for Standardization Geneva, Switzerland.

Lee SS, Kim TH, Hu SJ, Cai WW, Abell JA. (2010). Joining Technologies for Automotive Lithium-ion Battery Manufacturing – A review. Proceedings of the ASME 2010 *International Manufacturing Science and Engineering Conference*, Pennsylvania, USA

Li S, Wang H, Lin Y, Abell J, Hu S.J. (2010). Benchmarking of high capacity battery module/pack design for automatic assembly system. Proceedings of the ASME 2010 *International Manufacturing Science and Engineering Conference*, Pennsylvania, USA.

Languang L, Xuebing H, Jianqiu L, Jianfeng H, Minggao O. (2012). A review on the key issues for lithium-ion battery management in electric vehicles. *Journal of Power Sources* **226**:272–288.

Majeau-Bettez G, Hawkins TR, Strømman AH. (2011). Life Cycle Environmental Assessment of Lithium-Ion and Nickel Metal Hydride Batteries for Plug-in Hybrid and Battery Electric Vehicles. *Environmental Science and Technology* **45**:4548–4554.

Meissner E, Richter G. (2003). Battery Monitoring and Electrical Energy Management

Prediction for Future Vehicle Power Systems. *Journal of Power Sources* **116**:79–98.

OECD/TF. (2010). *Reducing Transport GHG Emissions – Trends and Data.* Available at http://www.itf-oecd.org/ [Accessed June 2015].

Padbury R, Zhang X. (2011). Lithium-oxygen batteries- Limiting factors that affect performance. *Journal of Power Sources* **196**:4436–4444.

Peled E, Golodnitsky D, Mazor H, Goor M, Avshalomov S. (2011). Parameter analysis of a practical lithium- and sodium-air electric vehicle battery. *Journal of Power Sources* **196**:6835–6840.

Petersen J. (2011). *Global autos: Don't believe the hype—analyzing the costs & potential of fuel-efficient technology.* S. Shao (Ed.). Bernstein Global Wealth Management.

Pillot, C. (2013). *Micro hybrid, HEV, P-HEV and EV market, 2012–2015.* Impact on Battery Business, Avicenne Energy. Available at http://www.avicenne.com/

Qiang J, Ao G, Zhong H. (2006). Battery Management System for Electric Vehicle Applications. IEEE International Conference on Vehicular Electronics and Safety :134,138.

Roland Berger Strategy Consultant. (2012). Technology & Market Drivers for Stationary and Automotive Battery Systems, *Batteries, Nice France, October* 24–26, 2012.

Scrosati B, Hassoun J, Sun Y. (2011). Lithium-ion batteries. *A look into the future.* Energy & Environmental Science **4**:3287–3295.

Smoljko I, Gudic S, Kuzmanic N, Kliskic M. (2012). Electrochemical properties of aluminum anodes for Al/air batteries with aqueous sodium chloride electrolyte. *Journal of Applied Electrochemistry* **42**:969–977.

Sun Q, Yang Y, Fue Z W. (2012). Electrochemical properties of room temperature sodium-air batteries with non-aquous electrolyte. *Electrochemistry Communications* **16**:22–25.

USGS Mineral Commodity Summaries. (DATE?) Available at: http://minerals.usgs.gov/minerals/pubs/commodity/lithium/mcs-2013-lithi.pdf [Accessed August 2016].

Whittingham MS. (2012). History, Evolution, and Future Status of Energy Storage. *Proceedings of the IEEE Special Centennial Issue* **100**:1518–1534.

Wu H, Chan G, Choi J W, Ryu I, Yao Y, McDowell MT, Lee SW, Jackson A, Yang Y, Hu LB, Cui Y. (2012). Stable cycling of double-walled silicon nanotube battery anodes through solid-electrolyte interphase control. *Nature Nanotechnology* **7**:309–314.

Xing Y, Ma EWM, Tsui KL, Pecht M. (2011). Battery Management Systems in Electric and Hybrid Vehicles. *Energies* **4**:1840–1857. DOI: 10.3390/en4111840

Zhang J, Lee J. (2011). A review on prognostics and health monitoring of Li-ion battery. *Journal of Power Sources* **196**:6007–6014.

第3章 被动式热管理系统中相变材料的使用

3.1 引言

相变蓄能有两种基本方式，即显热方式（基于温度差异）和潜热方式（基于物理相变）。在以潜热方式来实现蓄能的材料中，相变材料（简称PCM）在其中起到主要作用。相变材料（PCM）通常是指在可预测的、稳定的和几乎恒温的相变（熔化或固化）过程中具有高熔化潜热（LHF）的材料。这些材料在相变过程中等温释放或获得能量，并且可以具有比大多数显性储热材料高一个数量级（每单位体积）以上的蓄热能力，尤其是在小温差范围内。因此，当具有合适相变温度的PCM用于预期的应用时，它可以吸收或释放大量热能而仅表现出轻微的温度变化。基于上述原因，PCM在各种热管理系统中的应用引起了人们极大的关注，特别是在过去十年中。本章将介绍相变材料，并评估不同类型相变材料的优、缺点以及提高其传热能力的方法，此外，研究了目前正在使用的和未来打算使用的相变材料的应用场合。最后，通过案例研究让读者熟悉基于PCM的电池热管理系统。后续章节将提供更详细的热力学方法解释，以帮助电池热管理系统使用、评估、改进PCM。

3.2 相变材料的基本特性和类型

在提供比较详细的关于不同类型的PCM及其用于所需应用场合的利用或改进方法的信息之前，读者首先要完全理解学术界和工业界通常所称的相变材料，这一点非常重要。这个术语在不同场合的各种文本中经常被使用，我们通过简单地分解相变材料短语并提供相关的基本热力学关系来实现对其的解释，这样才有可能让一些熟悉这一概念的读者并不感到厌烦。“相”通常被定义为“具有相对均匀的化学组成和物理性质（例如密度、晶体结构等）的宏观物理系统的一组状态”（Ivancevic Ivancevic，2008）。而术语“相变”是指这种热力学系统在物性状态相

（固体、液体、气体）之间的转变，在热力学变量（往往是温度）轻微变化的同时，伴随着单个或多个物性的突变，特别是热容的显著变化。当一种材料的相发生改变时，它的分子会重新排布，这就改变了这个系统的熵。热力学将这种由于熵的变化而具有热能（或热量）的传递现象称为材料的潜热（当被视为单位质量时）。因此，几乎任何具有这一过程的物质材料都可以被认为是 PCM，但“相变材料”通常指的是具有高熔化热的物质，该物质可以在某个可预测的熔化或凝固温度下，长期储存或释放大量的能量。为了说明其热容的大小，将 PCM 的储热能力与各种材料的显热（15℃的温差）进行了比较，如图 3.1 所示。

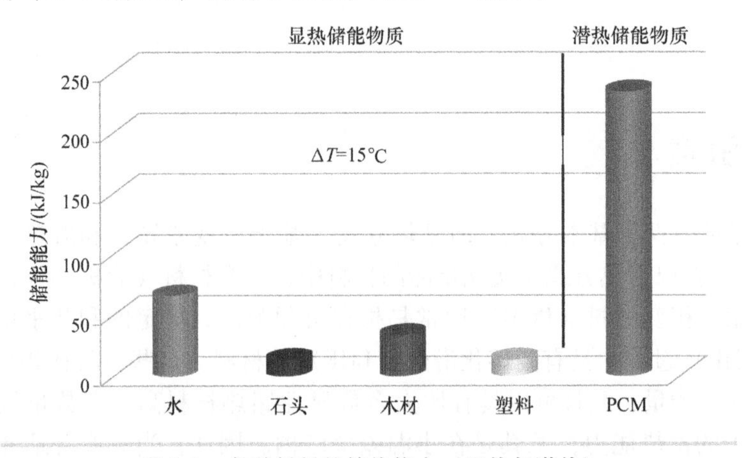

图 3.1　各种材料的储热能力（显热与潜热）

从热力学角度来讲，从熔点（T_i）到上述融化温度（T_f）的温度下，在 PCM 中储存的热量可以由式 3.1 中计算得到。等式右边的第一项和最后一项指的是材料储存的显热热量，中间项（$ma_m\Delta h_m$）是潜热储存热量计算，这一项极大地增加了材料的储能量。

$$Q = \int_{T_i}^{T_m} mC_p \mathrm{d}T + ma_m\Delta h_m + \int_{T_m}^{T_f} mC_p \mathrm{d}T \tag{3.1a}$$

$$Q = m[C_{sp}(T_m - T_i) + a_m\Delta h_m + C_{lp}(T_f - T_m)] \tag{3.1b}$$

这里 m 是蓄热材料介质的质量，C 是平均比热容值，h 是传热系数，a_m是熔化系数。在这些方程中，热化学系统依赖于在一个几乎完全可逆的反应中，分子键断裂或重整时获得或释放的能量（这一假设将在第 5 章中进一步讨论），这说明热管理系统主要依赖于存储材料的数量、吸热反应热和相变程度。应当指出的是，如果存储单元的工作区间超过 PCM 的相变区，那么 PCM 在固相与液相的比热容就成为热管理系统有效性的主要贡献者（Dincer，Rosen，2010）。此时该系统更类似一个显热储热单元（因为此时潜热的相对贡献降低），从而降低了 PCM 的整体蓄能性能。

为了进一步介绍相变材料的相关内容，首先我们需要指出的是，能量存储

（或热量管理）过程可以分为物理存储（即通过显热和潜热）和化学存储（也称为热化学）两种不同的方式。显热储热通常用于储热介质的质量流量较大（例如最便宜、最常用的冷却水）的应用场景中，该应用场景往往对系统所占空间没有限制，仅仅希望得到一个较便宜的解决方案，较常见的有民用采暖系统、地区供暖和工业采暖系统。这些系统的优点是，由于换热器表面的换热效果好，储热材料和传热流体之间的换热面积可以较小。然而，它们的能量密度较低，而且工作温度可变，因而需要设计人员额外考虑和设计。化学存储系统采用热存储解决方案，利用介质中的可逆化学反应进行传热和化学反应，通过利用反应焓（ΔH）来释放介质所储存的热能，相比于潜热热量和显热热量而言，能提供更高的热量存储或传输能力。然而，目前它们只用于一些特定场合，应用于其他实际领域仍需改进。相变材料（PCM）在储能密度和商业价值上均达到了较高水平。它们支持目标导向的工作温度、工作时温度波动范围窄，从而提高了热管理系统的效率。表3.1比较了上述几个系统的主要特点。

表3.1　热能存储（TES）系统典型参数

储热系统	比容（kW·h/t）	功率/kW	效率（%）	储存周期（时/天/月）	单价/欧元/(kW·h)
显热	10~50	1~10000	50~90	天/月	0.1~10
潜热	50~150	1~1000	75~90	时/月	10~50
化学反应热	120~250	10~1000	75~99	时/天	8~100

来源：Hauer，2011

当进一步分析PCM时，可以看出PCM在潜热系统下可以经历三种相变过程，即固固相变、固液相变和液气相变，并且可以以各种形式出现，如图3.2所示。其中，固固相变的相变温度较高，液气相变的体积变化较剧烈，实际应用价值低（Hyun et al.，2014）。因此，当本章讨论PCM时，将专门指固液相变PCM，由于其高潜热容量和高导热率，它们在研究和应用中具有相当大的利用场合和使用频

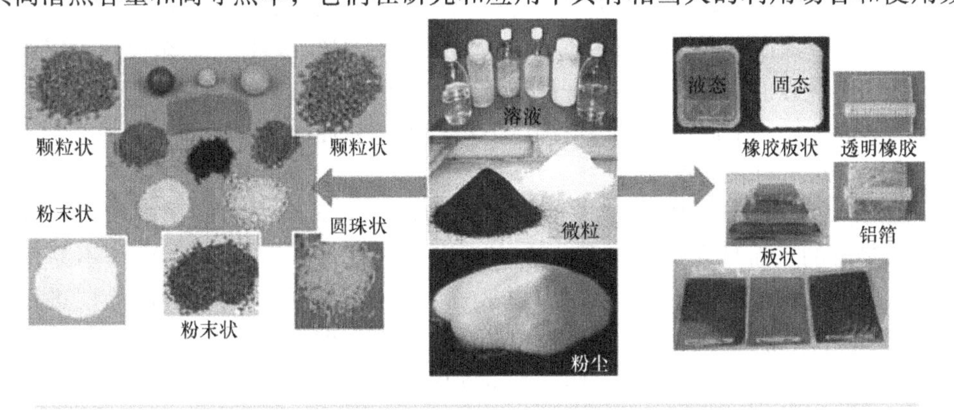

图3.2　不同类型的PCM（由材料生产厂家提供）

率，这使得它们成为与本书内容相关的各种热管理系统和产品的最佳候选材料。

在讨论这些不同类型的PCM的特点及其各自的优缺点之前，了解针对不同场合的PCM的评估和选择参数也是十分必要的。因此，针对这些方面给出简要描述如下（Dincer，Rosen，2010）。

热力学表现：为了显著提高一个系统的热性能而将PCM置入其中是一个富有挑战性的工作，因为它通常会增加周围热源或热阱的厚度，也增加了系统的总重量。因此，材料的热力性能在增加系统相关的热惯性和储热能力方面起着重要的作用。PCM的热力性能取决于各种物理特性，这些特性将在下文中给出描述。然而，应该指出的是，对于固体和液体PCM储存单元，它的冷却或加热主要依赖其本身的热导率。而材料相变过程中的传热现象是相当复杂的，这是由各种因素，例如固液界面的移动、不同相间的密度和电导率不同，以及在液相中的诱导运动等共同作用的结果。

凝固：即使PCM有相当大的相变潜热和热导率，并且相变发生在所需的温度范围内，但是，如果这种PCM有不一致的凝固行为，由于黏性混合物的结晶过程极其缓慢，或在使用温度范围内性质不稳定，那么这种PCM就不能使用。因此，在选择所需PCM的过程中，我们要着重考虑材料的凝固特性。当然，随着该领域相关技术的进步，如果凝固问题能够通过增加成核率来克服的话，那么如果PCM具备近似一致的凝固行为，也是可以接受的。

过冷现象：对于很多PCM的另一个重要问题（特别是盐水合物），过冷现象指材料温度降到凝固点后，尚未开始凝固，温度就开始急剧下降。这通常是由成核和/或生长速率过慢造成的。其后果是，材料在冷却到热力学熔点温度后，并不会凝固，阻碍了进一步放热，从而降低了效率。过冷现象通常与材料位于熔点温度时的高黏度有关（因为它们的扩散系数较低）。

成核现象：如上文所述，过冷现象的存在会抑制PCM的成核和/或核增长，这对于PCM的选择和使用是不利的。然而，成核材料的出现，使得这个问题迎刃而解，或削弱了其负面影响。这种材料可以通过均匀成核方法，如通过超声波等方法实现，这种方法没有添加外来物质；或者利用异相形核，熔体中的杂质起到成核催化剂的作用。为了使杂质成为良好的成核剂，它应该具有不同的特性，包括熔点应高于能量储存循环中储存材料熔点温度的最高值，在任何温度下都不应溶于水，且与水合物很难进行化学反应。

阻燃特性：对于一种PCM来说，火灾的产生对系统安全的影响重大。有些PCM是易燃的，而且在燃烧过程中会产生有毒的气体，而有些PCM是不易燃烧的。但是，对于易燃的PCM，如果在其表面人为嵌入一层不易燃烧的涂层进行防火处理或者掺入能够自熄的物质，可以防止在操作过程中出现燃烧现象。也可利用添加剂来提高材料的抗燃烧性，阻燃剂的实际应用最近也正在研究当中。

相容性：对于PCM来说另一个重要方面是，在工作温度范围内应用时它与相关的封装材料是相容的，包括其膨胀率、毒性和腐蚀等方面。因此，对于需要选择的材料应满足所需场合的相容性要求也变得非常重要。

循环寿命：为使 PCM 具备实际应用价值，它应在一个相当长的使用周期内表现出稳定且可预测的特性，尤其是在常见工况中，这是因为修复或更换系统中的 PCM 材料极为麻烦且昂贵。因此，所选择的材料必须在重复相变循环中维持特性不变。

封装：为了改善 PCM 与热源热阱之间的传热，而且保护它不受外界环境的影响，最常用的方法是，使用钢罐、塑料瓶、塑料管以及高密度聚乙烯管。封装可以有效地防止氧渗透、材料损耗，有助于维持含水量，抵抗机械伤害，若封装材料具备良好的导热特性，还可以提高换热效率。在下文中将提供更多的有关封装的信息。

一旦上述方面得到很好的理解，下一步的工作就是找到能满足所需应用特性的 PCM。如果结果显示所有的 PCM 都无法满足应用所需特性，那么选择那些满足主要特性需求标准并且其他负面特性影响较小的 PCM 是很重要的。基本的热物性、动力学性质、化学特性、经济特性以及 PCM 需要满足的环境性能见表 3.2。

表 3.2　选择合适 PCM 所需的基本属性

特性	期望值
热物性特征	熔化或凝固温度在期望的操作温度范围内，单位体积熔化潜热高，允许较小的封装 高导热率以降低相变时间，高比热容允许熔点外额外的显热 在工作温度下体积变化较小，而且蒸汽压力也较小减少封装方面的问题 均匀熔化，保证固体和液体的均质性 熔化温度和熔化潜热具备良好的热稳定性
动力学性质	较高的成核速率以避免材料液相出现过冷现象 较高的晶体生长速率以满足热量回收的要求
化学特性	可逆的凝固或熔化循环 化学性质稳定，与封装材料相容 在大循环寿命后不降解，保证长时间的运行使用 封装材料具有耐腐蚀性 无毒、不易燃烧、不易爆炸，以确保使用安全
技术性能	使用简单，结构紧凑，与考虑的应用场景相容，长时间使用可靠
经济特性	成本可以有效地控制 大规模（商业）可用性
环境性能	总体环境影响低 较高的循环回收

来源：Sharma et al.，2009；Memon et al.，2014；Zhou et al.，2012

最后，根据换热类型和状态的变化，将固液相变 PCM 进行了分类，并通过它们的组成和应用场景确定类别。它们被分为三种主要类型，即有机材料、无机材料和共晶材料。它们可以根据 LHF 和熔点温度进一步进行分类，如图 3.3 所示。蓝色方框标注代表的是我们后续要关注的部分。

有机 PCM 的一些有用特性使其可用于多种热管理系统中（如化学稳定性、均匀融化、可循环利用）。但是，同时它的导热系数较低，在相变过程中体积变化较大，而且容易燃烧。相反，无机 PCM 是不易燃的，且相对有机 PCM 来说具有较低的成本，因此应用更广泛。然而，它们可能在使用过程中出现有害的再凝固现象，并且出现分解、过冷等，从而影响其相变特性。最后，混合物的熔点比其各组分的熔点要低，因此可以通过调节不同组分的占比获得适用于特定环境下的组合。混合物在熔化或凝固前，其各组分不会单独离析，然而，为了具备均一的熔点，各组分的液相应当可以任意互溶，这一类型的 PCM 将在下面的章节中进一步进行诠释。

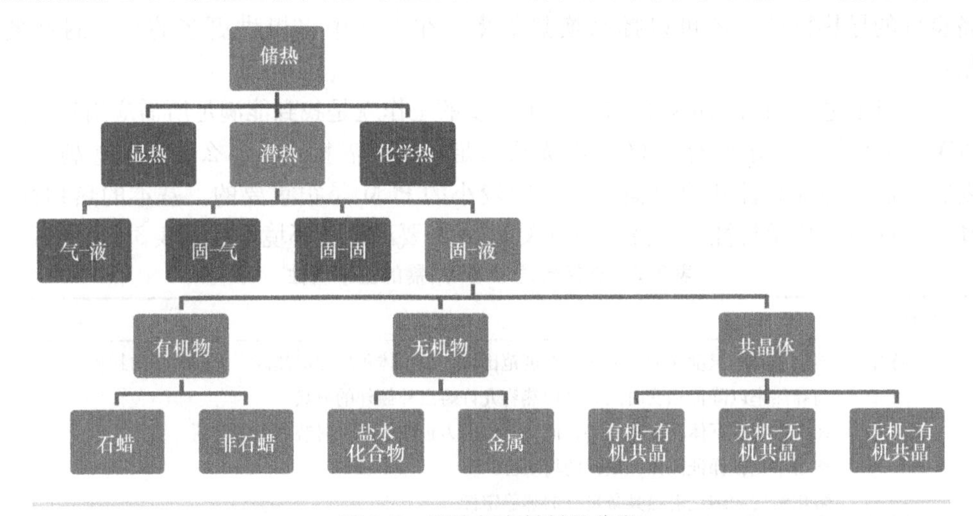

图 3.3　固液相变材料的分类

在这里，应该注意的是，尽管几乎所有的材料都可以作为 PCM 来使用，但它的熔化或凝固温度范围以及相变焓值使得只有一小部分材料具有实际应用价值。图 3.4 和图 3.5 给出了相关材料的给定温度带和蓄能特性。

在这些图中，图 3.4 提供了材料的整个工作温度区间，图 3.5 着重介绍了应用于电池热管理系统相变材料的典型熔化温度变化范围，也是对第 2 章节中的电池化学反应的解释。可以看出，石蜡和盐的水合物是最适用于各种锂电池的，而盐和糖醇类化合物是需要较高的工作温度的化学物质。然而，在混动或纯电动汽车电池热管理系统中，为了优化其性能，使用的往往是两种或两种以上的混合相变材料，再使用几种强化传热能力的技术。

3.2.1　有机 PCM

有机 PCM 一般由烷烃、脂肪酸、糖醇类组成，它们的熔点温度一般在 0～200℃之间。由于碳和氢元素的存在，它们在高温环境下是基本稳定的。此外，它

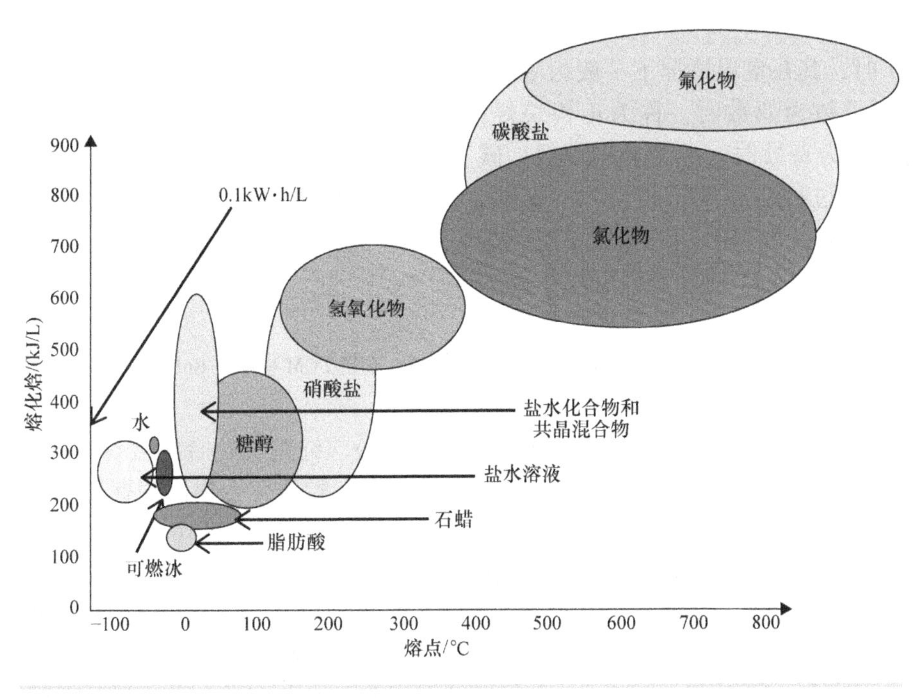

图 3.4　现有 PCM 的熔化温度以相变焓值（Dieckmann，2006）

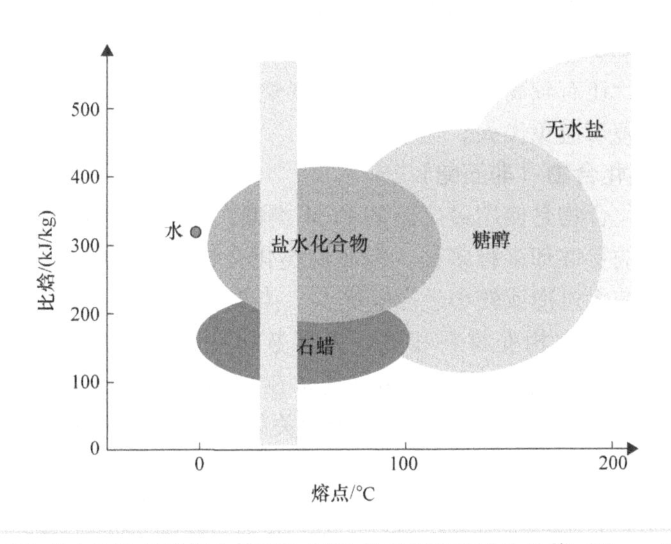

图 3.5　电动汽车电池冷却系统中使用的 PCM 的温度范围及比焓值（Troxtechnik，2015）

们的密度通常较大多数无机 PCM 更低（低于 $1g/cm^3$），这使得它们的熔融体积变化比无机物变化更小。图 3.6 给出了一张有机化合物 PCM 样品的照片。

3.2.1.1　烷类化合物（石蜡）

烷类化合物主要由直链烷基（单键分子碳氢化合物）和 2 - 甲基分支组成的，

它化学式为 C_nH_{2n+2}，一般 $n \leqslant 40$。当 $n > 17$ 时，其在室温情况下一般为固态。当碳原子数为偶数时，称为正构烷烃；当碳原子为奇数时，称为异构烷烃。碳链的结晶过程会释放出相当大的潜热，因此，其熔点和LHF随着碳原子或链长的增加而增加，此外，它们可以在较大的温度范围内存在，这些特性使得它们成为一种特殊的蓄热材料。另一方面，因为纯烷类化合物成本很高，所以通常使用工业级烷类化合物（链长不同的烃类混合物）。纯烷类化合物含有14~40个碳原子，其熔化温度为6~80℃，而工业（或商业）烷类化合物仅含有8~15个碳原子，熔化温度明显较低，为2~45℃。当碳原子数在13~28个之间时，熔化温度降至-5~60℃。此外，工业级烷类化合物安全、无腐蚀性、价格低廉、可大量获得，并具有比纯烷类更宽的相变温度范围且冷冻过程无过冷，因此在各种场景中被应用。除了具有高熔点外，固态的烷类是化学惰性和稳定的，没有相分离过程（低于500℃），这使得它们在大多数应用中是可靠的和可预测的。此外，它们在熔化过程中仅表现出轻微的体积变化，并且液态时的蒸气压力低。但是，它们的储能密度不高（约200kJ/kg）、热导率较低（约0.2W/m℃），并且与塑料容器不相容。如果使用纯烷类，还有较高的价格和中等的燃烧风险。它们有较低的蒸气压，需要采取某些额外措施来避免失火。

图3.6 有机PCM样品（Rubitherm GmbH提供）

3.2.1.2 非烷类化合物（非石蜡）

有机非烷类化合物是使用最广泛的PCM类型，烷烃类化合物之间的特性大多类似，而非烷类的特性却多种多样。但非烷类化合物PCM也有一些共性特征，如熔化热高、脂肪酸无过冷或较小过冷等优点，伴随着易燃、导热性低、高温不稳定等缺点。与烷类化合物相变材料相比，大多数可用于加热应用的非烷类化合物（特别是脂肪酸）的温度范围要小得多（通常在20~30℃）（Hyun et al.，2014）。

非烷类化合物与加工脂肪和油衍生物相关的研究正在迅速发展，这使得它们能够成为烷类化合物和盐水合物的生物材料替代品。脂肪酸的特征式为 $CH_3(CH_2)_{2n}COOH$，并且具有与烷类化合物相当的储能密度。此外，像烷类化合物一样，它们的熔化或固化温度也与其分子长度高度相关。它们的优点包括一致的熔点、低毒性、较大的相变潜热、较高的比热容、可忽略的过冷以及相变过程中较小的体积变化。然而，尽管它们在循环过程中具有较高的化学稳定性，但由于具有酸性，它们通常会与周围环境发生反应。另一类非链烷烃——脂肪醇，通常具有偶数个碳原子，可以生物降解，链长可达 C_{18}。与烷类化合物不同，这些PCM如果被摄入体内是无害的，并且大部分是生物相容的。

3.2.2　无机化合物 PCM

无机相变材料比有机相变材料具有高得多的密度。因此，尽管它们通常表现出相似的单位质量熔化比焓，但它们的单位体积比焓明显更高。此外，它们的导热率高达有机相变材料的三倍，它们有较固定的熔点温度，且可以覆盖很宽的温度范围。这些特性使得它们能够用于各种应用，特别是那些腐蚀性不是重要考虑因素的应用场合。无机化合物 PCM 通常被细分为盐水化合物和金属类。图 3.7 是无机化合物 PCM 样品的图片。

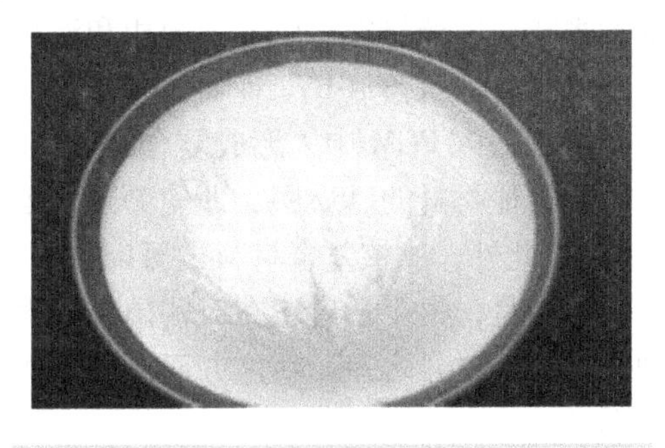

图 3.7　无机化合物相变材料

（Rubitherm GmbH 提供）

3.2.2.1　盐水化合物

盐水化合物可以被认为是无机盐和水的混合物，它们形成通式为 $AB \cdot nH_2O$ 的结晶固体，例如氯化钙 $CaCl_2 \cdot 6H_2O$、$LiNO_3 \cdot 3H_2O$ 和 $3KF \cdot 3H_2O$，覆盖 5 ~ 130℃的熔融温度范围。盐水化合物的固液转化基本上是盐的脱水/水合物的生成，区别于热力学中的熔融或凝固过程。在熔点温度，水合物晶体分裂成较低的水合物和水，或者无水盐和水。其化学反应方程式分别是式 3.2a 和式 3.2b（Sharma et al.，2009）。

$$AB \cdot nH_2O \rightarrow AB \cdot mH_2O + (n-m)H_2O \tag{3.2a}$$

或者其脱水过程：

$$AB \cdot nH_2O \rightarrow AB + nH_2O \tag{3.2b}$$

盐水化合物熔化潜热较高（单位体积）、导热率较高（是石蜡的两倍）、熔化过程中的体积变化较小，这使得它们成为潜热热能储存系统应用很好的候选者。此外，它们可以与塑料一起使用，腐蚀性不强，并且毒性很低。与烷烃类化合物相比，尽管它的熔化热较低，但考虑到其更高的密度，它的单位体积能量密度甚至略高于烷烃。然而，盐水化合物在固体和液体状态下的比热容通常小于烷烃。熔融盐有三种类型的行为，即完全共熔、非共熔与半共熔。完全共熔、非共熔取决于无水盐是否可以完全溶解于其水化物中。在半共熔中，由于失去水分子，水合物转化为低水化合物质，固相和液相处于不同的平衡熔化组成。盐水化合物具有明显更高的蒸气压（随着水合程度的增加而增加），这导致显著的水分损失，往往导致材料的热行为发生偏差。盐水化合物 PCM 的化学性质不稳定，可能会因氧化、水解、热解或其他长期效应而降解。

大多数盐水化合物都存在完全共熔（即反复相变而不出现相分离）的问题，这是因为 n 或（$n-m$）摩尔的水不足以溶解无水盐或低水合物盐，所以溶液在熔点温度变得过热。由于无水或较低的水合物盐储存密度相对较高，沉淀在容器的底部，阻碍了其与水的复合，因此存储密度变得难以维持，并且通常随着循环开始降低。然而，这些问题可以通过机械搅拌、封装 PCM、利用过量水来抑制化合物的过饱和得到解决或缓解。过量的水通常被用作增稠材料，用以在熔化过程中溶解全部无水盐。增稠材料可以降低固相和液相中相分离的程度，并且可以防止成核剂由于其高密度而沉降（Ryu et al.，1992）。此外，各种材料（特别是石墨纤维或金属）可以嵌入 PCM 中以形成复合材料来增强传热或机械性能。或者，PCM 可以被结合到其他材料的基质中，即使 PCM 已经熔化，也可以保持在孔内（Kosny et al.，2013）。此外，成核复合材料也可以用来降低它们不希望有的过冷性能。最后，应该注意的是，很多学者正在对芒硝进行大量的试验研究，芒硝是建筑行业常用的最便宜的蓄热材料之一。在这方面，硼砂能够用作成核剂以防止过冷并改善混合物的热循环。

3.2.2.2 金属类材料

金属也是另一类广泛使用的无机 PCM，单位质量的熔化热低、单位体积熔化热高、导热率高、比热容低、蒸气压低。由于金属具有较大重量和相对较高的熔点温度，以前普遍认为不适合作为相变材料应用，但是由于纳米材料制造技术的最新进展，它们开始变得更加具有应用价值。然而，与大多数其他 PCM 不同，需要特别注意金属可能会造成某些工程问题。由于这些材料具有高导热率和稳定的熔化特性，它们成为许多应用的可行候选材料，特别是电子元器件中的散热器元件。此外，随着冶金知识的积累，金属 PCM 的发展使得调节熔点和潜热成为可能。目前，人们关注比较多的金属 PCM 是铋、铅、铟、锡、镉（以及它们的合金），因为它们的熔点低。

对于相变材料，很多研究者正在进行研究工作来减小 PCM 的几何结构尺寸，以实现材料在瞬间完成相变过程。制造微小 PCM 结构的最简单方法是使用自上而下的方法，其中颗粒由完成的 PCM 制成；或者使用自下而上的方法，通过分子构建块结晶来实现（Hyun et al.，2014）。自下而上的方法是一种从无机相变材料开发胶体颗粒的简单有效的技术。自上而下的方法包括用微流体装置制造，微流体装置由小通道网络组成，该方法具有独立改变颗粒尺寸、结构和构型的特点；另一种方法是通过复制非润湿模板来制造，这需要生产没有残余层的隔离结构，并且还具有独立控制颗粒尺寸和组成的特点；最后一种方法是利用机械剪切力，这种剪切力将大液滴拉伸并破碎成更小更均匀的液滴，足以被机械搅拌产生的剪切力拉长。

3.2.3 共晶化合物 PCM

共晶化合物是不同化合物的混合物（其熔点低于所包含的化合物的熔点），它们在结晶过程中会完全熔化或固化并形成成分晶体的混合物。这些混合物可能只含有盐、盐水合物、碱金属或上述的任意混合物。它们的熔点温度固定，使各组分的相变可以同时发生。因此，在组分有机会分离之前，它们可以被改性，以产生特定的熔融温度用于给定的应用场合，并且几乎总是在没有分离的情况下熔融或固化。因为它们冻结成晶体的紧密混合物，而且两种成分在熔化过程中会同时液化。为了完全共熔，所有组分都应该在液相状态下可以相互混溶。应该注意的是，即使共晶材料具有没有一致性熔化温度的缺点，它们通常存在体积不均匀膨胀的问题（因为它们主要由无机盐组成），这可能对容器材料或内部结构有害。因为共晶材料是根据特定的应用规格进行开发的（用于期望的应用场合），所以与其余显示较低熔化热的 PCM 相比，它们往往成本更高。除了上面提供的关于不同类型的 PCM 的信息之外，表 3.3 列出了常用 PCM 所属类型的优点或缺点。

表 3.3　常用 PCM 的类型和优缺点

类别		材料	熔点/℃	熔化热/(kJ/kg)	优点	缺点
有机材料	石蜡	C15 石蜡	10	205	最高可用温度高	
		C17 石蜡	21.7	213	长期循环使用，化学性质和热性质稳定	
		C19 石蜡	32	222		热导率低
		C23 石蜡	47.5	231		
		C26 石蜡	56.3	256	几乎没有相分离现象	相对较大的膨胀率
		C30 石蜡	65.4	251	熔化时蒸气压低	
		C34 石蜡	73.9	268		和塑料容器不兼容
	非石蜡	油酸	13.5~16.3	N/A	无腐蚀性（除了对一些脂肪酸）	
		醋酸	16.7	184		
		正十二醇	24	215	凝固时几乎没有过冷现象	轻微易燃
		癸酸	36	152		燃烧时可能会生烟
		正十四醇	38	205	无害的（除了对一些非石蜡）	
		月桂酸	49	178		
		9-十七酮	51	213		
		苯乙酸	76.7	102	可循环再生	
		乙酰胺	81	241	融化潜热高	

（续）

类别		材料	熔点/℃	熔化热/(kJ/kg)	优点	缺点
无机材料	盐水化合物	$LiNO_3 \cdot 3H_2O$	30	189	导率高	可能有过冷现象和再凝固现象
		$Na_2(SO_4)_2 \cdot 10H_2O$	32	251		
		$LiBr_2 \cdot 2H_2O$	34	124	可用性，成本低	对金属有腐蚀性
		$FeCl_3 \cdot 6H_2O$	37	223	无毒且不易燃	蒸气压高
		$CoSO_4 \cdot 7H_2O$	40.7	170	急剧相变	降解时间长
		$Ca(NO_3) \cdot 4H_2O$	47	153	环境影响小	化学稳定性变化
	金属	$NaAl(SO_4)_2 \cdot 10H_2O$	61	181		
		$Mg(NO_3)_2 \cdot 6H_2O$	89.9	167	潜在的可循环再生性	体积变化率大
		Ga	30	80.3	单位体积的熔化潜热高	熔点高
	盐水化合物	Bi－Cd－In 合金	61	25		比热低
		Bi－Pb－In 合金	70	29	热导率高	可能导致工程问题
		Bi－In 合金	72	25	明确的熔点	
共晶材料（无机、有机）		$34\% C_{14}H_{28}O_2 + 66\% C_{10}H_{20}O_2$	24	14.7		
		$50\% CaCl_2 + 50\% MgCl_2 \cdot 6H_2O$	25	95		
		十八烷＋二十二烷	25.5～27	203.8		
		十八烷＋十一烷	25.8～26	173.98	明确的熔点	
		$50\% CH_3CONH_2 + 50\% NH_2CONH_2$	27	163	单位体积的储能密度高（略高于有机 PCM 材料）	热物性测试数据较少
		$47\% Ca(NO_3)_2 \cdot 4H_2O + 53\% Mg(NO_3)_2 \cdot 6H_2O$	30	136		
		$60\% Na(CH_3COO) \cdot 3H_2O + 40\% CO(NH_2)_2$	30～31.5	200.5～226		

数据来源 Hyun et al.，2014；Memon et al.，2014

3.3 相变材料热物性参数的测量

热管理系统的有效性与所使用的 PCM 的物理性质直接相关。既然所需 PCM 的类型和数量主要取决于其熔化温度、熔化热和导热率特性，精确测量它们的热物性参数至关重要。尽管存在各种测量方法，差示扫描量热仪法（DSC）和差示热分析法（DTA）是工业上应用最广泛的方法。DSC 测试是 1962 年发展起来的一种分析测试方法，在受控测试装置中测量材料温度和热流作为时间和温度的函数。在整个 DSC 测量过程中，样品和一种物性已知的参考材料（通常是纯水）保持在几乎相等的温度下，通过测量传热量的差异，获得样品的很多物性。它提供了包括吸热和放热过程的物理或化学变化的定性和定量数据（Memon et al.，2014）。该方法主要用于分析建筑中使用的 PCM 墙板的热物性参数的测量。出现更早（1887 年）的 DTA 测试是一种热分析技术，样品和参考物之间的热量（而不是温度）保持不变，热物性参数通过两者之间的温度差异来确定。获得的 DTA 曲线图显示了温度梯度与温度（或时间）之间的关系。然而，由于这些方法的局限性，新方法如 T - history 方法也开始被使用，它能够同时测定许多 PCM 的热物理性质参数。这些特性是通过对比样品和参考材料的温度 - 时间曲线来获得的。因此，可以确定 PCM 的各种物性特性，例如熔化温度、过冷度、熔化热、比热容和导热率。关于这些方法的实验设置和测试程序的更多细节将在第 4 章中提供。

3.4 增强传热能力

尽管 PCM 具有相当大的优势，可以应用于前几章中提到的各种应用中，但它仍然具有各种问题，这些问题阻碍了其广泛的商业化应用。其中，一个主要的问题是导热率偏低，这延长了 PCM（大多数烷烃化合物、水合盐以及共晶体化合物）的相变时间，降低了热管理系统的效率。为了提高这些材料的导热率，可以通过很多技术措施来实施，例如：

- 高导电性粒子（如石墨、铜、银等）的浸渍和多孔材料（如铜和铝基体）。
- 添加金属基体结构物质。
- 使用低密度高导电材料。
- 通过翅片管来增加换热面积。
- 应用各种封装技术。

PCM 使用的另一个重要设计参数是相变时间，因为过早的相态变化会降低 PCM 的效率。在这方面，向某些 PCM（特别是石蜡）中添加铝添加剂可以显著减少热管理系统中相变材料的相变时间。然而，应该根据这些添加剂增加的重量和成本来权衡利弊。添加金属泡沫添加剂也有助于增强传热，许多研究表明，市场上在售高端热交换器有多达三分之一的产品都添加有金属泡沫添加剂。

此外，也可以通过扩大传热面积，来提高 PCM 在所利用应用中的传热性能。这可以通过多种方法来实现：最常用的方法是改变物体形状以变得更趋向于管状或板状，或在换热面增加翅片以增强 PCM 和传输流体之间的热量传递过程。通常，导热翅片位于 PCM 的侧面，因为这里的传热系数较低。在这点上，重要的是验证使用翅片或扩大表面积对传热速率提高的影响，因为它们也可能由于导热热阻的相应增加而弱化传热过程。此外，可以在不同的层中使用多种类型的 PCM，以便在热量传递过程中使温度转变更加均匀。因此，如果 $T_{m,aver}$ 可以被视为位于多层 PCM 的平均熔化温度，熔化极端温度（最高温度和最低温度）之间储存能量的最佳温差计算公式如下：

$$T_{MP,first} - T_{MP,last} = \frac{NTU}{1 + \frac{NTU}{2}}(T_{HTF,in} - T_{m,aver}) \tag{3.3}$$

在这里 NTU 表示传热过程的单元数。

此外，增强 PCM 和热源或热汇之间热量传递过程的最常用方法之一是通过将各种材料和元素结合到 PCM 中来对 PCM 进行封装，这通常是通过直接结合、浸渍和封装来实现的。其中，直接掺入是 PCM 与相关材料直接混合的最直接、实用和廉价的方法。在浸没技术中，这些元素浸入液体 PCM 中，并通过毛细作用进行吸收融合。然而，在该过程中，由于泄漏风险，PCM 循环寿命可能较低，并且泄漏的 PCM 可能会对相关元件产生影响。这两种方法通常用于建筑材料（混凝土、砖、墙板等）。更重要的是（特别是在本书的范围内），封装也用于各种热管理系统应用中，因为它们可以防止泄漏，并使它们在铺设时易于操作。此外，在此过程中，将 PCM 与各种添加剂混合可以改善材料的各种物理特性，例如储存容量、导热率、等熔化温度、稳定性（Pons et al.，2014）。封装后的 PCM 产品可以根据封装方法、形状和尺寸、基底和施工工艺进行分类。其中封装方法起着最重要的作用，可以分为微观封装和宏观封装，微观封装中的小颗粒被封装在保护壳材料中，而宏观封装中的 PCM 被封装在容器中，见表 3.4。

表 3.4　相变材料的封装形式

封装形式	封装		PCM 成分	制作过程
	形状	尺寸		
微观封装	球状或圆柱状	$\Phi < 1mm$	石蜡	嵌入
宏观封装	由容器形状决定	$\Phi < 1cm$	有机、无机	外壳、衬里

信息来源 Pons et al.，2014

在微观封装技术中，PCM 颗粒被封闭在一层薄的密封高分子量塑料薄膜中（每层直径小于 1 mm），通过保持材料隔离间隔，防止 PCM 在相变过程中发生扭曲，使其形状发生变化或泄漏，从而阻碍 PCM 与周围环境可能的相互化学反应作用，如图 3.8 所示。这是一种相当有效的方法，增加了换热面积，且主要是在 PCM 处于液态时封装的。它们的主要优点包括在重复相变过程中增加了其灵活性，提高了传热速率和增强了热物性或机械材料特性的稳定性，以及提高与活性物质的相容性。它们广泛用于石膏板（主要作为建筑材料）以及悬浮在热水或冷水中，以增加热量传递能力，其应用主要受其易燃性或成本的限制。

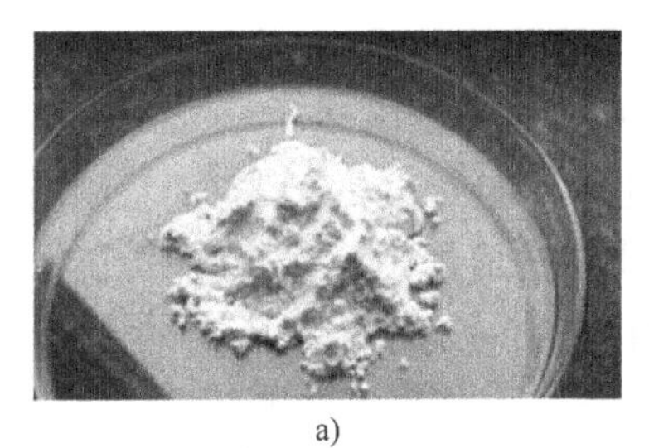
a)

b)

图 3.8　相变材料微胶囊封装图片（Rubitherm GmbH 提供）

目前，许多微观封装方法在尺寸、尺寸分散、可用材料方面具有各种不同的优点和缺点，并被广泛用于工业应用。其中，空气悬浮技术使用喷涂技术在 PCM 颗粒上包裹涂层材料，直到达到预期的涂层厚度。凝聚法通过溶液中产生的变化来使纳米颗粒强制沉淀。溶剂蒸发法是将聚合物的有机溶液作为涂层材料添加到芯材料的水溶液中，并混合到蒸发的程度。在喷雾干燥法中，乳液在产生微粒的热气流中通过雾化器被强制排出，同时去除溶剂。各种研究表明凝聚法和喷雾干燥法的封装效果的好坏取决于芯与涂层的比例、乳化时间和交联剂的量（Memon et al., 2014）。界面聚合包括两相体系界面处发生缩聚反应，最后将涂布技术直接用移液管和壳聚合物水溶液浸入核心颗粒中。尽管上述方法也是目前最常用的微观封装技术，但由于这些方法的数量比较多（这里没有列出）且适应性强，因此它们的组成和应用实际上是无限的。

通常以大于 1cm 直径的单位所进行的宏观封装是 PCM 最常用的封装类型，因为它防止了大的相分离并增强了热量传递过程。它主要用于保持液体 PCM，防止由于与环境接触而导致其成分发生任何潜在变化，从而提高兼容性并减少相变过程体积变化（Riffat et al., 2015）。通过这种方法，大量的 PCM 可以包装在管道、球体和面板中，从而用于热管理系统。宏观封装的主要优点是易于运输和处理，能够对材料进行修改以适应各种应用，并且可以减少外部体积变化。然而，它也有一些缺点，例如导热性能相对较差，以及在边角处有潜在的凝固风险，这都会阻碍传热过程的有效进行（Zalba et al., 2003）。

此外，高密度聚乙烯、苯乙烯和丁二烯可用于开发形状稳定的 PCM。在这种方法中，PCM 和支撑材料在高温下熔化并相互混合，随后冷却到玻璃化转变温度以下，直到它变成固体。这种方法由于其高比热容、适中的导热率和较长的寿命，最重要的是具有固定且稳定的形状，正得到广泛使用。该方法也不需要容器，PCM 的质量比例（与支撑材料相比）可以高达 80%。

3.5 相变材料的成本和环境影响

由于相变材料复杂的几何结构和材料特性，与显热存储系统相比，PCM 热管理系统成本非常高。由于这些相变材料处于相对比较早期的开发阶段，而且刚刚开始进行广泛商业化应用（因为它们目前主要用于小众的应用领域），它们仍然没有完全成熟的市场和很高的需求量，导致它们的价格相对较高。尽管各种 PCM 目前正在为广泛的工业应用进行研究，但似乎只有在建筑行业具有主导市场，这主要是由于最近对建筑的环境法规要求所导致的。即使在这些行业，从热效益角度来看，收回初始投资所需的时间也可能从 10 年到 50 年不等。然而，目前有大量研究试图以低成本材料作为 PCM，例如残渣、工业过程中的废物和天然油。随着类似的环境法规逐渐开始实施，PCM 的市场潜力预计将在未来大幅增加，从而其单价成本会逐渐降低。

这些材料的成本目前主要是原材料 PCM 的成本（根据其类型不同，在每千瓦 10～55 美元的范围内）和封装费用。当使用昂贵的方法（可以避免使用热交换器表面）时，封装成本会显著增加。据估计，宏观封装的成本约占总成本的 20%，而对于微封装技术，这个数字可能达到 50%（Hauer，2011）。由于商业烷烃化合物是炼油厂的副产品，它们很容易以相对便宜的价格获得，但是价格与原料的纯度密切相关。例如，工业级二十烷的价格是大约 7 美元/kg，而纯实验室级是大约 54 美元/kg。需要注意的是，这些价格可能会因季节和地理位置情况而异。此外，这种烷烃化合物微观封装的估计成本约为烷烃化合物 PCM 总成本的 55%。另一方面，POLYWAX 公司的低成本烷烃化合物替代品的价格可以低至 0.5 美元/L。此外，随着工艺技术的改进和性能提升，甚至更便宜的替代品，如盐水化合物和生物基 PCM 也开始成为可行的选择（Kosny et al.，2013）。成本更低的脂肪酸 PCM，如硬脂酸、棕榈酸和油酸的成本分别为 1.5 美元/kg、1.6 美元/kg 和 1.7 美元/kg（基于 2013 年市场价格）。

就环境影响而言，尽管在旧材料中（特别是在建筑材料），五氯苯酚通常比其余替代品具有更高的环境影响，但当在整个系统寿命周期内进行评估时，这种负面影响似乎要小得多（这将在第 6 章中介绍），因为生产中对环境破坏的影响会通过产品寿命期间能源需求的减少和相关二氧化碳排放得到补偿。

不同类型和应用生命周期的 PCM 的影响是不同的。在其使用寿命结束时，大多数 PCM 可以进行回收利用，因为有机 PCM 是可生物降解的，而无机 PCM 是无害的。然而，由于这一技术及其广泛应用还处于初级阶段，因此仍需要进行进一步的研究，以更好地比较 PCM 与其替代品对环境的影响。

3.6 相变材料的应用

基于 PCM 的上述特性，相变材料开始在工业应用中广泛的使用并不奇怪。一般来说，在不同应用中使用 PCM 的关键点是要选择合适的材料，其熔点温度在预期温度范围内、适中的换热面积、与容器材料相容。最常用的 PCM 是水/冰、盐水化合物和某些聚合物，它们应用于热管理系统的目的可以追溯到 19 世纪晚期，作为英国铁路车辆的座椅加温器使用的。PCM 的其他早期应用包括用于汽车运输和铁路运输应用中冷藏的“共晶板”。PCM 也在太空任务中使用，NASA 将它用于电子封装的热管理材料。然而，PCM 在低温存储领域的第一次实验应用发生在 20 世纪 70 年代早期，当时特拉华州大学使用低共熔共晶盐进行设计和施工建造了太阳能共晶盐实验室。1982 年，Transphase Systems 公司安装了第一个用于冷藏的共晶盐储存系统，为商业或工业建筑服务使用（Dincer，Rosen，2010）。

如今，PCM 在热管理领域中得到广泛应用。从传统的热管理应用，如建筑设备、暖通空调、纺织品产业、制冷行业，到相对新的热管理领域，如太阳能利用、峰值负荷转移应用、功能纤维的隔热应用，以及新兴的热管理领域，如对温度敏感性较强的食品通用容器、自行车用恒温水瓶、餐饮行业和医疗器械（Hyun et al.，2014）。图 3.9 为热能存储应用中最常见类型的 PCM 的图片。

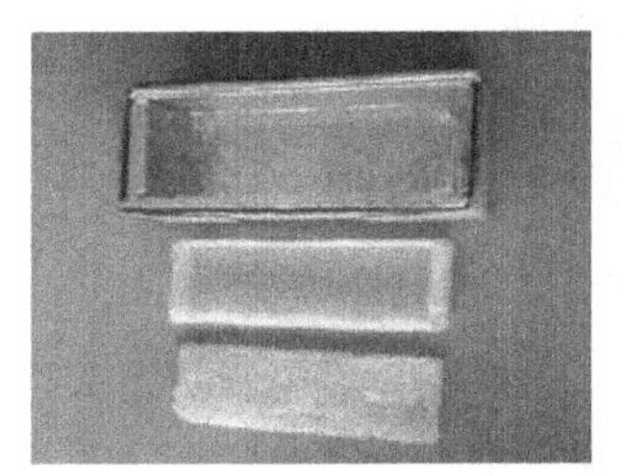
橡胶封装的盒状PCM

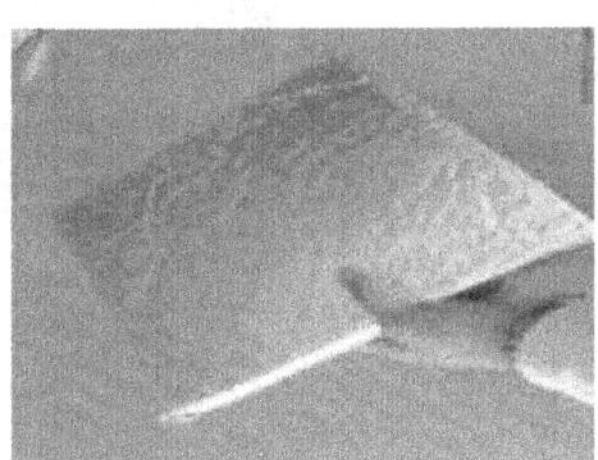
铝箔封装的片状PCM片

橡胶封装的球状PCM

图 3.9　无机相变材料在工业生产中的主要应用（由相变材料生产厂家提供）

在这些应用中，建筑领域占有很大一部分市场份额，特别是由于最近的建筑环境法规的实施。对于这些应用领域来说，单位体积的潜热量和可燃性是选择合适类型 PCM 的关键考虑因素。熔点温度范围为 15 ~ 35℃ 的相变材料被用作低热质量轻质建筑材料，可有效防止建筑设备中的高温变化。PCM 主要用于建筑设备墙板中，因为它们价格便宜，并且墙体的表面积比较大，使得材料与周围环境的热传递达到最大化。此外，由于其具有高能量存储密度，它们还被广泛应用于其他能量存储系统中（Sharma et al.，2009）。今天，尽管烷烃类化合物由于无毒、高可用性和易于微观封装等特点而在这些应用领域中得以广泛应用，然而盐水化合物因其具有单位体积的更高潜热量和不易燃烧等特性，正在逐渐开始取代这些相变材料。当然了，在开始广泛应用之前，盐水化合物必须克服过冷效应和微观封装的困难。

在上述应用中，主要是根据 PCM 的熔化温度来进行选择使用的，因为低于 15℃的 PCM 主要用于空调制冷，高于 90℃的 PCM 用于吸收式制冷应用。在各种太阳能应用中也开始使用 PCM，目的是储存可用的太阳能能量，并在需要时用来降低峰值负载。为了将相变材料更加有效地应用于各种电子设备、发动机甚至工业化学反应堆中，科学家们正在进行重要的研究。

例如，PCM 开始在电子元器件主电路板和处理器中进行使用，因为它们在运行期间产生大量热量，如果在达到特定电子系统的最大运行极限温度（通常为 45℃）之前热量没有散失出去，会对电子系统产生较大的负面影响（或电路关闭）。在这些系统中，当热量进入系统时（例如阳光辐射），其温度可以保持不变；由电气设备耗散的能量被 PCM 吸收，从而使得电子元器件设备能够可靠稳定地运行，而不需要其他任何辅助热管理系统，具体情况如图 3.10a 所示。一般来说，这些系统中使用的有机溶液材料可以安全地接触任何电气部件，因为它们既不具有导

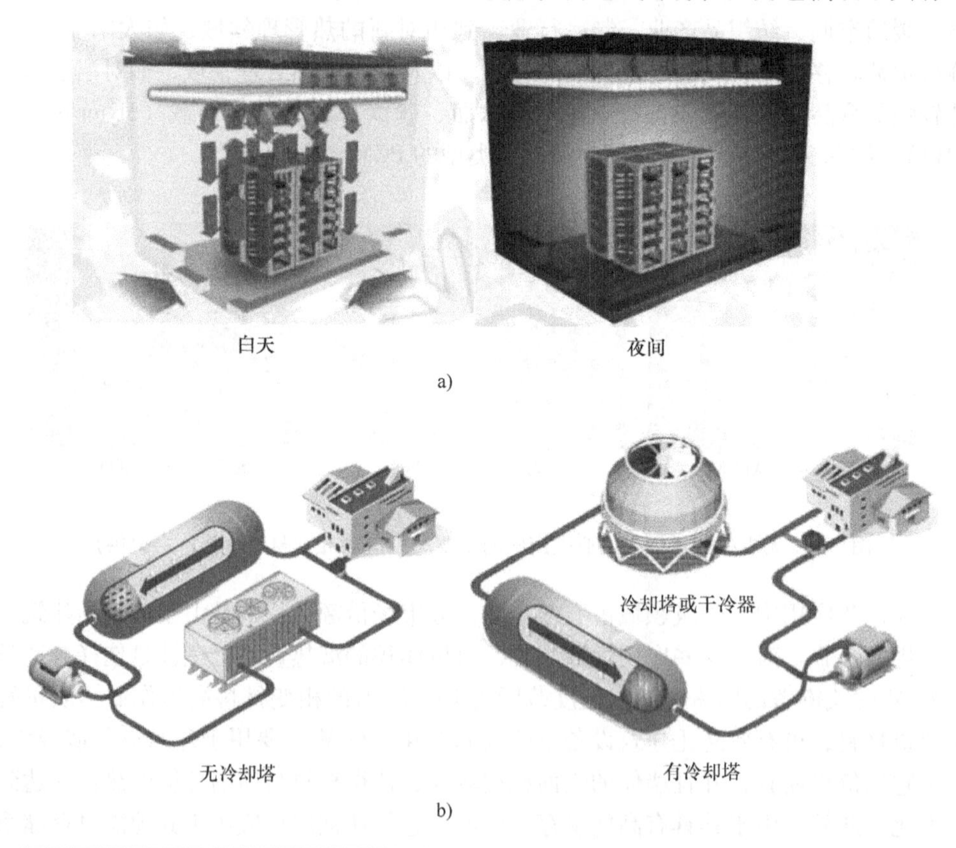

图 3.10　相变材料应用于电子行业和冷冻水冷却行业（由 PCM 生产厂家提供）

电性又不具有腐蚀性，并且可以流动生成任何形状。此外，PCM 也开始被用于整栋建筑或更大容量能量存储需求的应用场合。图 3.10b 提供了一些全球范围内的冷冻水冷却应用实例。

相变材料的其他常用应用场合包括个人物品制作，例如冬季山地救援行动的袖珍加热器，以及在夏季提供冷却的恒温背心。此外，PCM 还被整合到各种服装材料中，如手套、鞋子甚至内衣等。近年来，相变材料也开始应用于不同的研究领域，例如药物输送系统（生物相容的 PCM）。在该系统中，药物的温度需要进行调节，以控制其扩散性和其载体，从而使药物能够按需输送到目标区域。对非晶态和晶态之间的差异也进行了重要的研究，这有助于固态存储器和光存储应用的发展。其他有趣的应用包括用作癌症检测中的生物标志物（通过使用熔点略有不同的 PCM 作为热敏生物标志物）以及条码（使用独特的差示扫描量热计指纹法）。然而，这些应用领域的研究目前还处于起步阶段，许多悬而未决的问题需要得到解决，才能被广泛使用（Hyun et al.，2014）。

最后，PCM 也开始用于动力电池热管理应用（尤其是电动汽车和混合动力汽车），如图 3.11 所示。如第 2 章所述，所有电池化学物质在充电和放电期间会进行产热，这会降低电池的性能和使用寿命。因此，PCM 在电池热管理系统中提供了显著的优势（这将在后面的章节中进行详细讨论）。如果应用得当，PCM 可以消除电池组中的温度峰值，并取消或减少极为耗能的主动冷却系统的使用。在这些应用中，必须选择传热性能好、在电池包工作温度范围内相变并且能够达到电池循环寿命的相变材料。此外，对于有效的热管理系统（TMS），相变材料还需要具有小的糊状相状态和窄的熔化温度间隔。这些相变材料通常包含在电池组内部由高密度聚乙烯制成的坚固、自堆叠、不透水的容器当中。因此，寄生能耗和热管理系统的成本均可以得到显著降低。此外，运动件（例如泵和压缩机）的数量可以减少或缩小规格，系统将更可靠，维护成本进一步降低。然而，由于 PCM 及其封装技术受到当前技术限制，这些材料目前被用作冗余的 TMS，当车辆出现某些驾驶或操作工况时，可以有效防止电池达到温度极限。随着相变材料 PCM 的尺寸、制作成本和循环使用寿命的增加，预计它们将完全取代这些仅使用显热的 TMS。

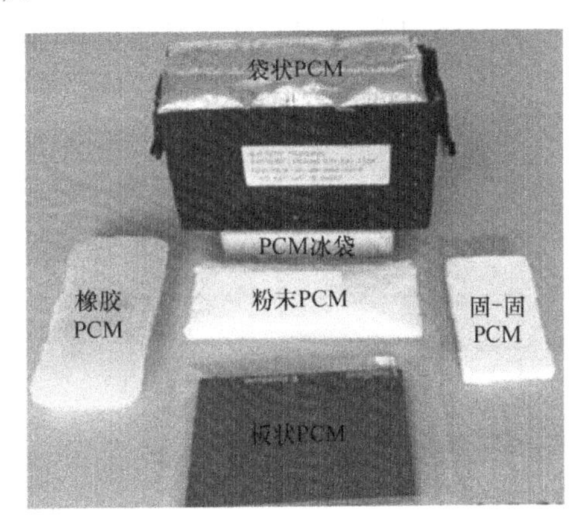

图 3.11 相变材料在电池行业的应用举例（由相变材料生产厂家提供）

3.7 案例1：使用PCM的EV电池包换热器设计与优化

3.7.1 系统描述及参数设置

3.7.1.1 系统简化图

在这个案例研究中，前述PCM选择标准和传热强化技术将被应用于开发车用动力电池热管理系统。本系统中，将在已有主动液体冷却热管理系统的基础上，集成PCM来提高动力电池热管理系统的换热效率。图3.12为最初设计的热管理系统简化原理图（Javani et al.，2014）。

为了对该热管理系统进行改进，选择管壳式换热器作为潜热热能储存系统，相变材料安装在冷却循环中。选择管壳式换热器的主要原因如下：

- 管壳式换热器的热量损失最小。
- 管壳式换热器与其他类型换热器相比，电池包需要更少的充放电时间。
- 管壳式换热器成本相对较低，易于制造。

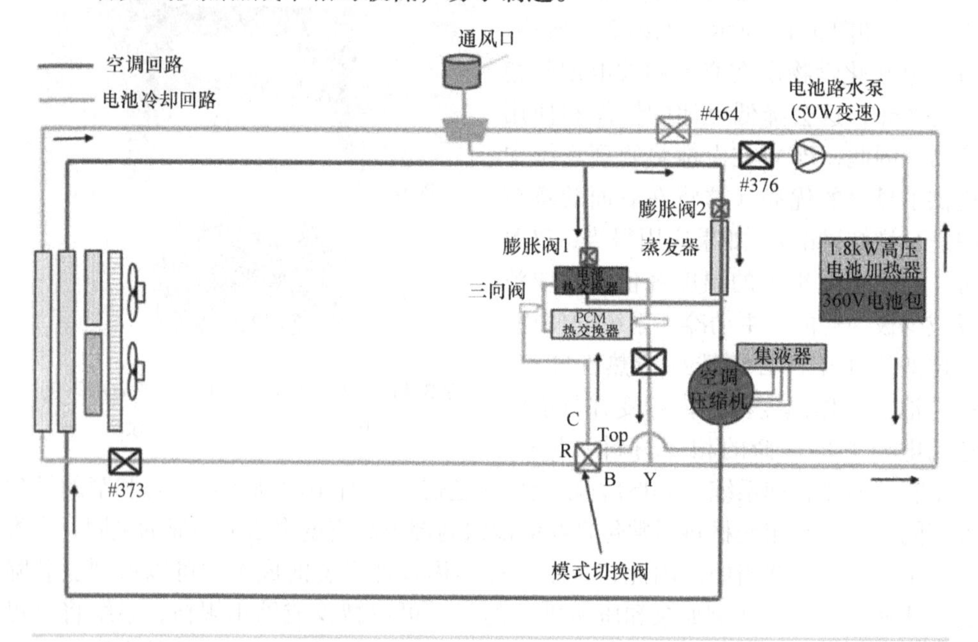

图3.12　电动汽车热管理系统简化原理图

如图3.13所示，该系统设计时让冷却液在管内进行流动，PCM放置于管外壳中。因为换热器储罐的外表面保持绝热，所以换热器的换热效率得以提升与改善。

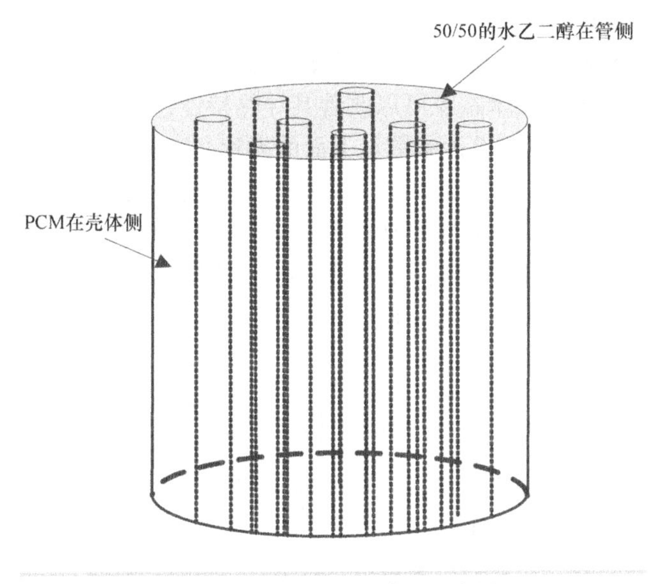

图 3.13　换热器物理模型示意图

3.7.1.2　PCM 工程应用的选择

为了根据不同的应用场所选择最合适的 PCM 材料，不同相变材料的优点和缺点需要进行对比评估。在这方面，比较一致的熔化温度和有限的过冷度对于有机 PCM 材料是很有适用性的。正如前面所提到的，无机材料具有较高的 LHF，而且它的密度是有机材料的两倍。尽管这一特性使得无机材料具有体积小、结构紧凑的优点，但是它们不一致的熔融温度、部分材料具有腐蚀性以及毒性使得它们不适用于电池应用。其中一个典型的例子就是氢氧化钠，尽管它具有令人满意的热导率和有限的体积变化，但是它的毒性大、腐蚀性强。因为大多数共熔物都是由无机材料构成的，所以它们也具有相同的问题。当评估其他材料时，可以看出，由于异构烷烃在相变过程中的温度变化较大，使得电池的温度稳定性和均匀性都处于危险状态，因此不能作为电池材料。当考虑非正构烷烃、脂肪酸等材料时，它们的系统成本是有机烷烃系统的两倍，是其主要的限制因素。当发现在列出的材料中很难做出选择时，石蜡材料成为电池热管理系统中最理想的 PCM，这个主要是由于它具有的特征，如非一致熔融、熔化潜热高，而且不具有腐蚀性。

在石蜡材料中，可以看出，纯烷如 A18 和 A20 都具有合适的熔点温度可应用于锂电池热管理（大致 37℃），但是它的价格相对比较高。在这两种材料当中，A20 具有较高的潜在溶解热。尽管它的热导率很低，但是可以人为通过前述的技术来提高，特别是封装或嵌入材料。最后，在这些烷烃中，二十烷具有活性低以及水溶性的特点。然而，它的熔化温度超出了电池所需温度范围的极限。因此，这一类材料中，熔融温度在 29.5℃的正十八烷被选中，这是因为它的熔融温度非常接近电池的理想工作温度。

3.7.1.3　纳米颗粒和 PCM 混合物的热导率增强技术

通过在 PCM 中添加纳米颗粒可以改善其导热特性，还可以利用该混合物的预测导热系数作为热交换器的设计参数。下面的方程是在使用载液和 PCM 添加剂的情况下导出的。因此，假定 PCM 颗粒是由碳纳米管携带的，那么用它取代载液即可。注意，PCM 的串联排列会导致碳纳米管的并联排列。在这种情况下，可以得到如下公式，c 是定义的相变材料占总材料的质量浓度。

$$c=\frac{V_{pcm}}{V_{tot}}=\frac{V_{pcm}}{V_{pcm}+V_{cnt}} \tag{3.4}$$

$$k_{eff,parallel}=\left(\frac{c}{k_{pcm}}+\frac{1-c}{k_{cnt}}\right)^{-1} \tag{3.5}$$

$$k_{eff,series}=ck_{pcm}+(1-c)k_{cnt} \tag{3.6}$$

如前所述，热导率之比如下：

$$\frac{k_{eff}}{k_{cnt,parallel}}=\left[c\frac{k_{cnt}}{k_{pcm}}+(1-c)\right]^{-1} \tag{3.7}$$

$$\frac{k_{eff}}{k_{cnt,series}}=c\frac{k_{pcm}}{k_{cnt}}+(1-c) \tag{3.8}$$

3.7.1.4　热交换器模型

对数平均温差法被用来预测热交换器的性能，其传热系数计算公式如下：

$$Q=UA_{tot}\Delta T_{lm}=(\dot{m}c_p\Delta T)_h=(\dot{m}c_p\Delta T)_c \tag{3.9}$$

对数平均温差 ΔT_{lm} 计算公式如下：

$$\Delta T_{lm}=\frac{(T_{h,i}-T_c)-(T_{h,o}-T_c)}{\ln[(T_{h,i}-T_c)/(T_{h,o}-T_c)]} \tag{3.10}$$

其中，下角标 h 和 c 分别代表热流体和冷流体。U 是整个传热过程的传热系数，A_{tot} 是总换热面积。

$$U=\frac{1}{\frac{A_o}{A_i}\frac{1}{h_i}+\frac{1}{\eta_o h_o}+\frac{R_{f,o}}{\eta_o}+\frac{A_o}{A_i}R_{f,i}+A_oR_w} \tag{3.11}$$

$$A_{tot}=A_b+N_f\times s_f \tag{3.12}$$

其中，A_b 和 A_i 分别是以外表面为基准的换热面积和内表面换热面积，计算公式为

$$A_b=\pi d_oN_f(s_f-t) \tag{3.13}$$

$$A_i=\pi d_iN_fs_f \tag{3.14}$$

其中，d_i、d_o、t、N_f 和 s_f 分别是圆柱体内直径和外直径、翅片厚度、翅片个数以及翅片间距。另外，式 3.15 中的 η_o 是总的传热有效面积定义，R_w 是壁面的导热热阻。

$$\eta_o = 1 - \frac{N_f A_f}{A_{tot}}(1 - \eta_f) \tag{3.15}$$

其中，η_f 是单个翅片的翅片效率。值得一提的是当换热器表面没有翅片时，翅片换热效率可以视为单位数。当外表面具有圆形翅片时，此时翅片的换热效率可以由下式进行计算：

$$\eta_f = \frac{C_2[K_1(mr_1)I_1(mr_{c2}) - I_1(mr_1)K_1(mr_{c2})]}{[I_0(mr_{r1})K_1(mr_{c2}) + K_o(mr_1)I_1(mr_{c2})]} \tag{3.16}$$

其中，I 和 K 分别是贝塞尔函数的第一类和第二类修正系数。此外，C_2 和 m 分别由下面计算公式所得：

$$C_2 = \frac{2r}{m(r_{c2}^2 - r_1^2)} \tag{3.17}$$

$$m = \sqrt{\frac{2h_o}{k_w t}} \tag{3.18}$$

其中，管内对流换热系数 h_i 与管内侧流体雷诺数之间的对应关系如下：

$$h_i = \frac{k_f}{d_i}\left(3.657 + \frac{0.0677(Re\ Pr\ d_i/L)^{1.33}}{1 + 0.1Pr(Re\ d_i/L)^{0.3}}\right), Re \leqslant 2300 \tag{3.19}$$

$$h_i = \frac{k_f}{d_i}\left\{\frac{\frac{f}{2} \times (Re - 1000)Pr}{1 + 12.7\sqrt{\frac{f}{2}}^{0.67}(Pr - 1)}\right\},\quad 2300 < Re \leqslant 10000 \tag{3.20}$$

这里的摩擦系数 $f = (1.58\log Re - 3.28)^{-2}$，则

$$h_i = \frac{k_f}{d_i}\left\{\frac{\frac{f}{2} \times Re\ Pr}{1.07 + \frac{900}{Re} - \frac{0.63}{1 + 10Pr} + 12.7\sqrt{\frac{f}{2}}^{0.67}(Pr - 1)}\right\},\quad Re > 10000 \tag{3.21}$$

这里的摩擦系数 $f = 0.00128 + 0.1143Re^{-0.311}$，雷诺数 Re 的定义式如下：

$$Re = 4\dot{m}/(\pi d_i \mu N) \tag{3.22}$$

其中，N 是管壳式换热器的管数。此外，压力损失和管外侧流体对流换热系数可由下面计算公式得到：

$$\Delta P = 4NfL\dot{m}^2/(\rho\pi^2 d_i^2) \tag{3.23}$$

一旦计算出管内的传热，就需要外表面的传热系数。要计算此值，首先需要计算外表面努塞尔数。

$$h_o = \frac{Nu \times k_f}{\Delta r_m} \tag{3.24}$$

其中，k_f，Δr_m 和 Nu 分别是相变材料的导热系数、厚度以及流体的努赛尔数。类似于管子内侧表面，雷诺数的等效判断公式如下：

$$Nu=0.28\left(\frac{\Delta r_{m}Ra}{L}\right)^{0.25},\quad Ra\geqslant1000\text{ 且 }\Delta r_{m}\leqslant0.006 \tag{3.25a}$$

$$Nu=1,\quad Ra<1000\text{ 且 }\Delta r_{m}\leqslant0.006 \tag{3.25b}$$

$$Nu=0.133(Ra)^{0.326}\left(\frac{\Delta r_{m}}{L}\right)^{0.0686},\Delta r_{m}>0.006 \tag{3.25c}$$

其中，$Ra=Gr\cdot Pr$，而且格拉晓夫数 $Gr=\frac{g\beta(T_{h,i}-T_{c})\Delta r_{m}^{3}}{v^{2}}$

$$D_{s}=0.637p_{t}\sqrt{(\pi N_{t})\ \mathrm{CL/CTP}} \tag{3.26}$$

其中，D_s，L 和 Ra 分别是换热器的管径、管长和瑞利数。此外，p_t 是换热管的螺距，CL 是换热管的布局常数，如果管子布局是45°和90°时为单元数，当管子布局是30°和60°时是常数 0.87。CTP 也是计算修正因子，当管子流程为 1 个流程、2 个流程和 3 个流程分别取值 0.93、0.9 和 0.85。

3.7.2 潜热热能储存系统的设计和优化

在电动汽车的 BTM 中，PCM 的另一个用途是用于电池组被动冷却系统。因此，在本节中，考虑了两种管结构，包括直管和螺旋管换热器，此外还研究了使用翅片增大表面面积的效果。由于车辆空间有限，从而在限制热交换器的体积和长度的条件下进行优化。

3.7.2.1 目标函数、设计参数和约束条件

热交换器类型的主要选择标准是其所占据的体积大小。热交换器被视为目标函数，考虑的设计参数如下：

- 管的数量
- 管的内径和外径
- 壳的直径

当 PCM 用作存储能量介质时，因为其导热率偏低，导致储能系统的长度超限。为了防止这个问题，PCM 中添加了纳米颗粒以提高导热率和传热速率，这可以提高储能系统的紧凑性，并使储能系统长度在约束范围内。如实验部分所述，碳纳米管和石墨烯纳米片已经被当作添加剂添加到 PCM 中。

3.7.2.2 PCM 和碳纳米管的有效性质

有效导热率在很大程度上取决于碳纳米管的方向，在这种情况下，串联结构可以显著提高有效导热率，但并联结构则不能。并联结构下的有效导热率如图 3.14 所示，这可以被认为是“最坏情况”。CNT 零浓度时对应的有效热导率计算公式如下：

$$\begin{aligned}\frac{k_{\mathrm{eff}}}{k_{\mathrm{cnt\ parallel}}}&=5.067\times10^{-5}\\k_{\mathrm{eff,parallel}}&=5.067\times10^{-5}\times3000\\&=0.152\mathrm{W/m\cdot K}\end{aligned} \tag{3.27}$$

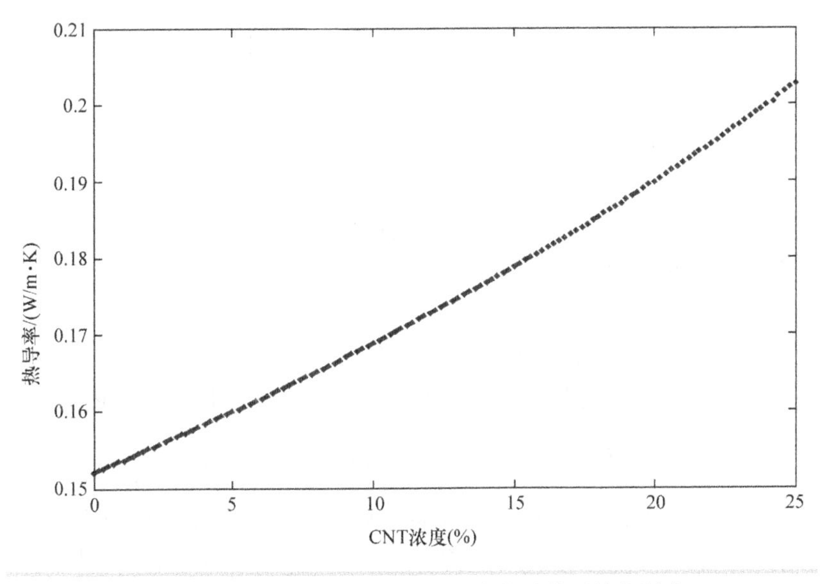

图 3.14　CNT 浓度对平行构型混合物导热系数的影响

所得计算值实际上与纯 PCM 的导热率相同。另一方面，“最佳情况”是指碳纳米管以温度梯度方向串联配置，如图 3.15 所示。

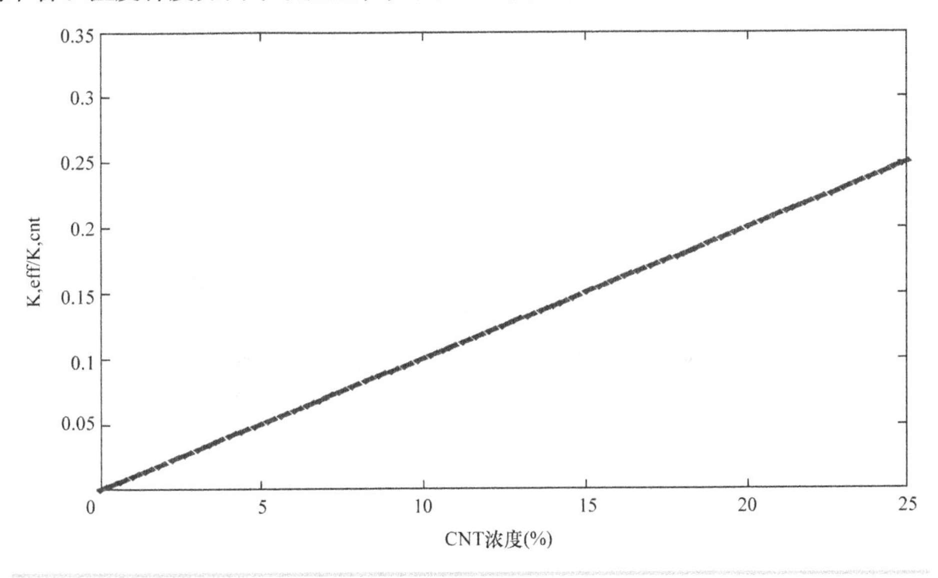

图 3.15　PCM 和纳米颗粒的导热系数按温度梯度进行排列

例如，90% PCM 混合 10% CNT 时，我们将得到以下关系：

$$c = \frac{V_{\mathrm{pcm}}}{V_{\mathrm{tot}}} = \frac{V_{\mathrm{pcm}}}{V_{\mathrm{pcm}} + V_{\mathrm{cnt}}} \tag{3.28}$$

$$k_{\mathrm{eff}}(\text{parallel}) = \left(\frac{c}{k_{\mathrm{pcm}}} + \frac{1-c}{k_{\mathrm{cnt}}}\right)^{-1} \tag{3.29}$$

$$k_{\mathrm{eff}}(\text{series}) = ck_{\mathrm{pcm}} + (1-c)k_{\mathrm{cnt}} \tag{3.30a}$$

$$k_{\mathrm{eff}} = k_{\mathrm{cnt}} \times 0.1 = 3000 \times 0.1 = 300\mathrm{W/m \cdot K} \tag{3.30b}$$

3.7.2.3　综合条件

第二种方法是根据混合物使用 CNT 最佳和最差排列为基准的加权计算所得的 CNT 的分布法。如果“P”表示串联排列（最佳情况）的概率，则可以获得以下方程：

$$k_{\mathrm{mix}} = P \times k_{\mathrm{eff,s}} + (1-P) \times k_{\mathrm{eff,p}} \tag{3.31}$$

其中，$k_{\mathrm{eff,s}}$和 $k_{\mathrm{eff,p}}$分别指的是串联排列的导热系数和并联排列的导热系数。

$$k_{\mathrm{mix}} = P[ck_{\mathrm{pcm}} + (1-c)k_{\mathrm{cnt}}] + (1-P)\left(\frac{c}{k_{\mathrm{pcm}}} + \frac{1-c}{k_{\mathrm{cnt}}}\right)^{-1} \tag{3.32}$$

这表明纳米颗粒的浓度是确定混合物导热率的有效参数，如图 3.16 所示。因此，类似于前一节中为浸泡泡沫定义的质量和体积浓度，对混合物也同样有效，计算公式如下：

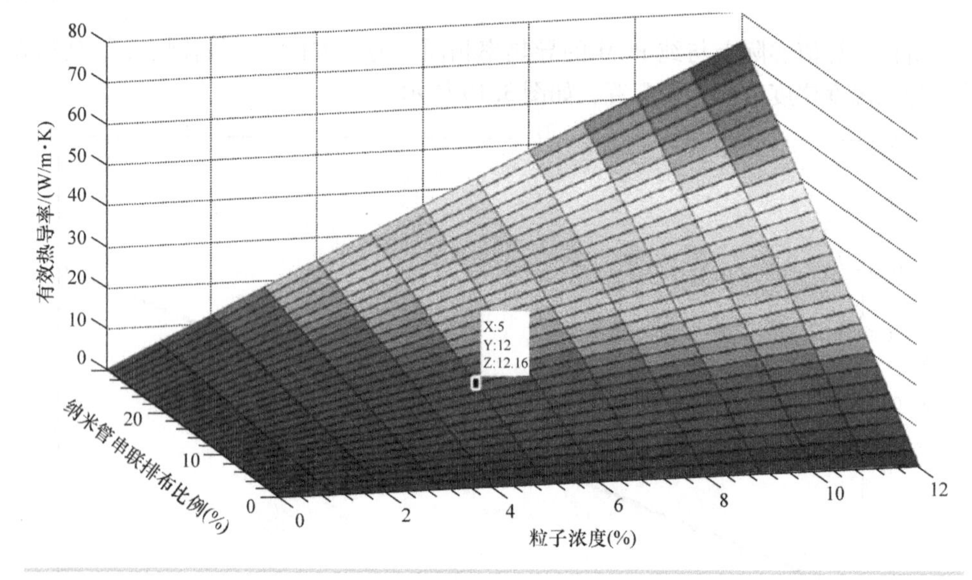

图 3.16　导热系数随着浓度和概率的变化情况

$$c = \frac{V_{\mathrm{pcm}}}{V_{\mathrm{tot}}} = \frac{V_{\mathrm{pcm}}}{V_{\mathrm{pcm}} + V_{\mathrm{cnt}}} \tag{3.33}$$

$$k_{\mathrm{eff}}(\text{parallel}) = \left(\frac{c}{k_{\mathrm{pcm}}} + \frac{1-c}{k_{\mathrm{cnt}}}\right)^{-1} \tag{3.34}$$

$$k_{\mathrm{eff}}(\text{series}) = ck_{\mathrm{pcm}} + (1-c)k_{\mathrm{cnt}} \tag{3.35}$$

$$k_{\mathrm{mix}} = P[ck_{\mathrm{pcn}} + (1-c)k_{\mathrm{cnt}}] + (1-P)\left(\frac{c}{k_{\mathrm{pcm}}} + \frac{1-c}{k_{\mathrm{cnt}}}\right)^{-1} \tag{3.36}$$

3.7.2.4　模型描述

热交换器的工作点为，最小质量流量为0.02kg/s的热水作为热流体进入管内侧，PCM位于管外壳侧以吸收电池散发的热量（300W）。PCM熔点温度为28.5℃，管内冷却液温度29.5℃，冷却液为50∶50体积比的水－乙二醇混合物。研究了两种类型的管道，包括直管和螺旋管，第一个案例对比了有翅片和无翅片结构对换热情况的影响。

3.7.2.5　敏感性分析

对于无翅片管的换热器情况，有效导热系数的最优值为34W/m·K。图3.17给出了换热器长度随着相变材料PCM有效导热系数的变化情况。可以看出，增加有效导热系数减小了热交换器所需的长度。对于给定的热负荷，所需的传热表面积也随之减小了。

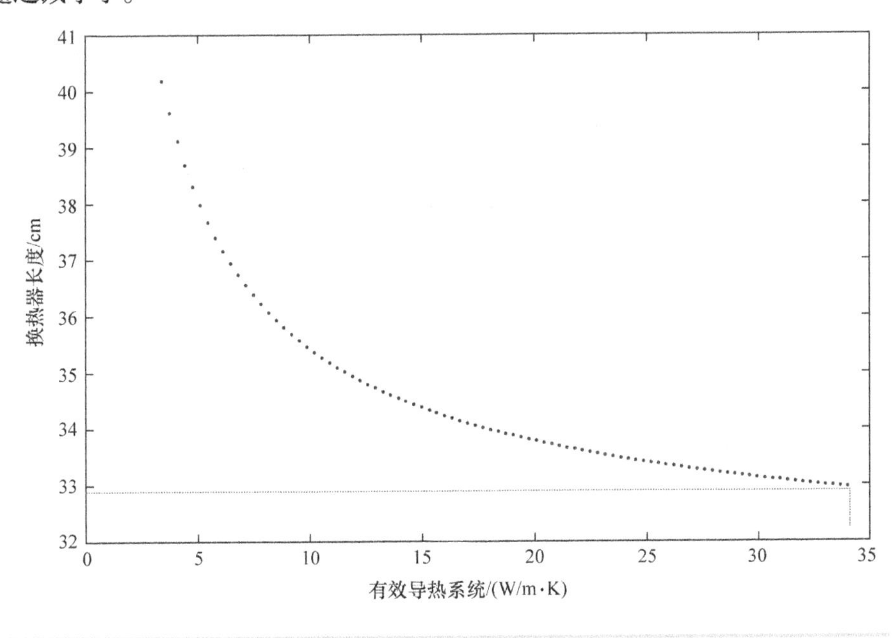

图3.17　换热器长度与相变材料导热系数之间的关系

表3.5显示了相对于标准管的换热器长度和管壳直径尺寸，很明显，它们随着管直径的增加而增加。因此，在分析中选取了最小可用换热管的直径。在这种情况下，市场上可用的最小换热管管径是合适的。实际上，通过增大换热管直径，雷诺数会减小，结果，内部对流传热系数和总传热系数会减小，这又导致了总的所需传热表面积（管的长度）的增加。

随着管号的增加，换热器的管子内外尺寸也增加了，L/d_i 和 D/d_o 也减少了。图3.18～图3.20显示了 L/d_i 和 D/d_o 的变化与换热器指数的变化。管内径和外径的增量速率高于管长度和壳侧直径的增量速率。

表 3.5 换热器长度和管壳直径随着换热管直径的关系

管尺寸	管号	d_i/mm	d_o/mm	L/mm	D/mm
1/16	1	1.14	1.59	16.4	13.7
1/8	2	1.65	3.18	16.72	13.93
3/16	3	3.23	4.75	20.8	17.53
1/4	4	4.83	6.35	24.7	20.74
5/16	5	6.30	7.93	28.41	23.79
3/8	6	7.90	9.53	32.1	26.77
7/16	7	9.49	11.11	35.33	29.51
1/2	8	11.13	12.70	39.33	32.64

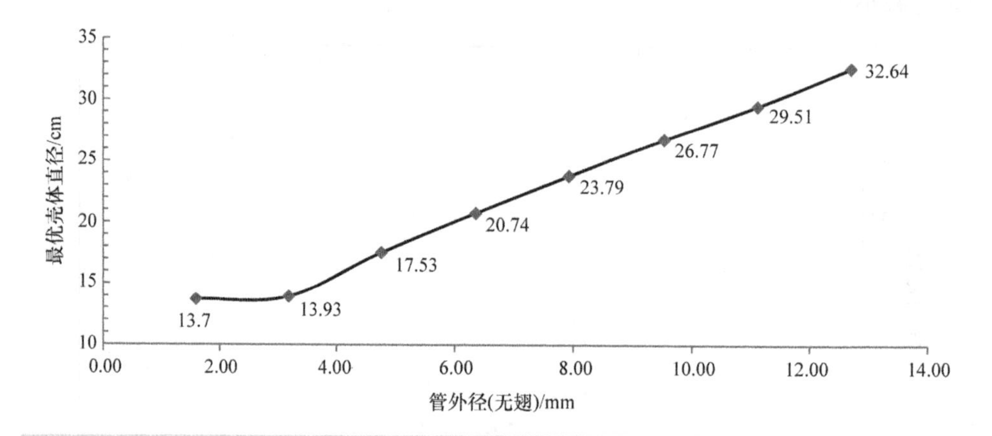

图 3.18 无翅片换热器最佳壳侧直径随管外径之间关系

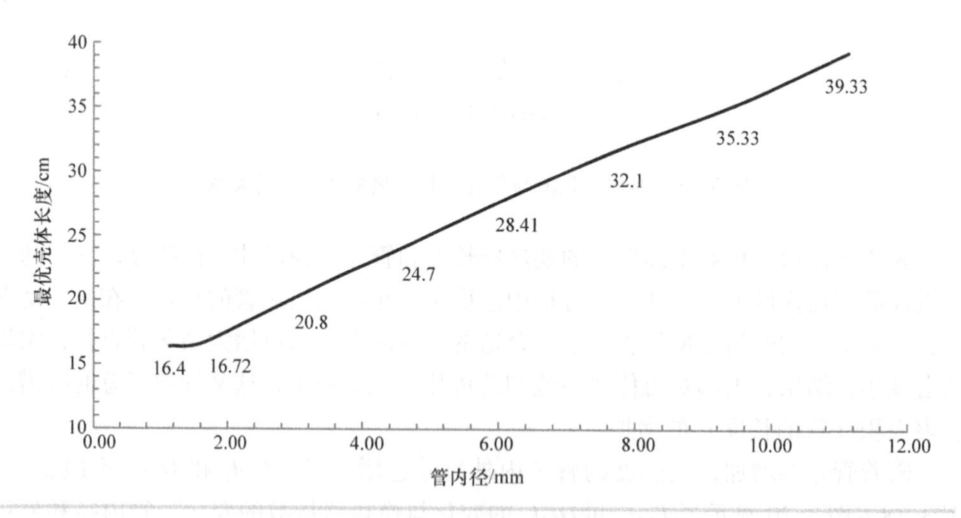

图 3.19 无翅片换热器管长随管内径的变化

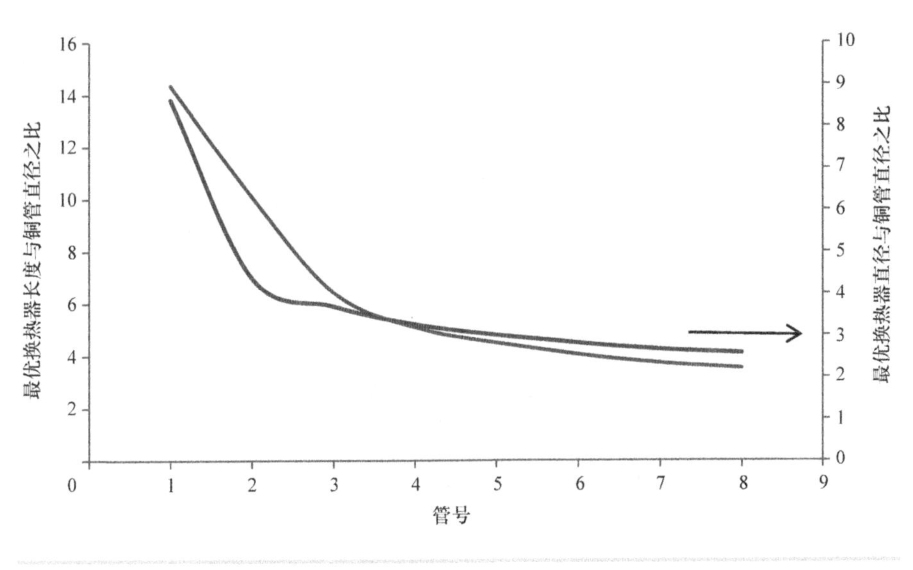

图 3.20 管子指数随着 L/d_i 与 D/d_o 的变化情况

图 3.21 显示了各种热负荷下的最佳管长值和管内径之间的关系。可以看出，最佳管长与管内径呈线性增长关系，并随传热速率增加而增加。

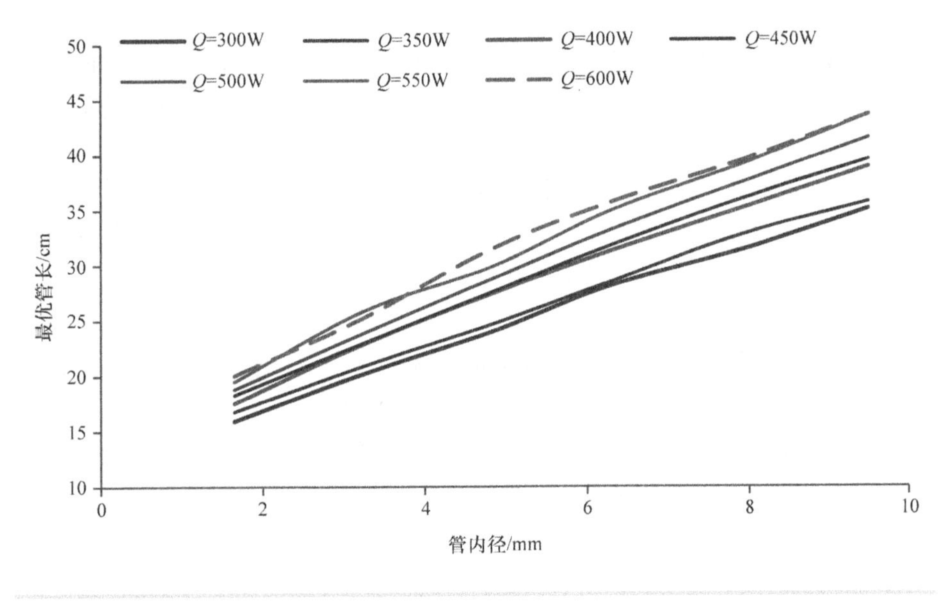

图 3.21 不同传热速率下管长与管内径之间最优化选择

图 3.22 给出了不同管径下雷诺数和传热速率与 L/d 的关系。结果表明，较高的传热值需要较高的雷诺数和 L/d 值。

此外，图 3.23 和 3.24 中还显示了限度内的最优换热器长度与 CNT 串联排列

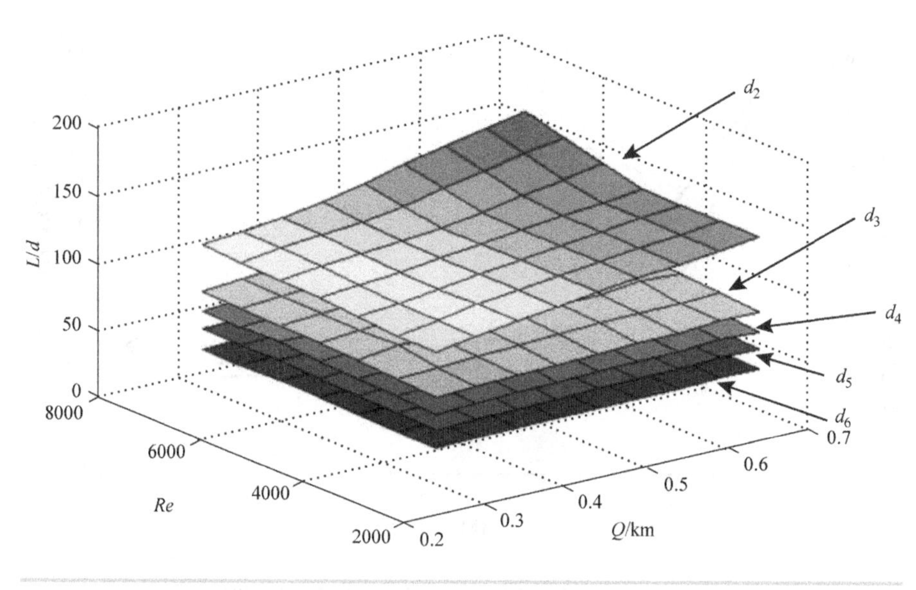

图 3.22 不同管径下的 *Re*、传热速率和 *L*/*d* 的关系

概率、CNT 浓度之间的关系。很明显，通过增加碳纳米管 CNT 的串联排列概率和浓度，换热器长度减小。此外，最佳设计满足零 CNT 串联排列概率和零浓度情况，即纯 PCM。

图 3.23 给出了最优换热器长度与 CNT 串联排列概率、CNT 浓度之间的关系。云图也显示了不满足约束条件的区域。如左下角表明纯 PCM，其对应的最优长度不满足约束条件。

最优长度是依据不同的产热量和质量流量（导致不同的雷诺数）计算的。由于所有与上述标准有关的评估管径（从 1/16in 到 1in，1in≈25.4mm）都要通过换热器管径进行研究，以下关系式可以最大限度的拟合此图形。

$$\frac{LD}{d^2}=471.55+Re\left[1+381.28\times\frac{Q}{L_{\text{melt}}\left(1+\dfrac{Re}{893}\right)}\right] \tag{3.37}$$

式中，L 和 D 分别是管壳式换热器的最佳长度和直径。L_{melt}是相变材料的熔化潜热热量。值得一提的是，*Re* 数是基于总质量流速计算的。

$$D_{\text{H}}=\frac{AA}{P} \tag{3.38}$$

其中，D_{H}是换热管的水力直径。如果 N 是换热器的换热管数，则$D_{\text{H}}=d\sqrt{N}$，而且雷诺数的计算公式是$Re=\dfrac{4\dot{m}_{\text{total}}}{\mu\pi D_{\text{H}}}$。

3.7.2.6 螺旋管换热器

换热管结构形式的另一个替代方案是做成螺旋形的。螺旋管由于管内的曲率变

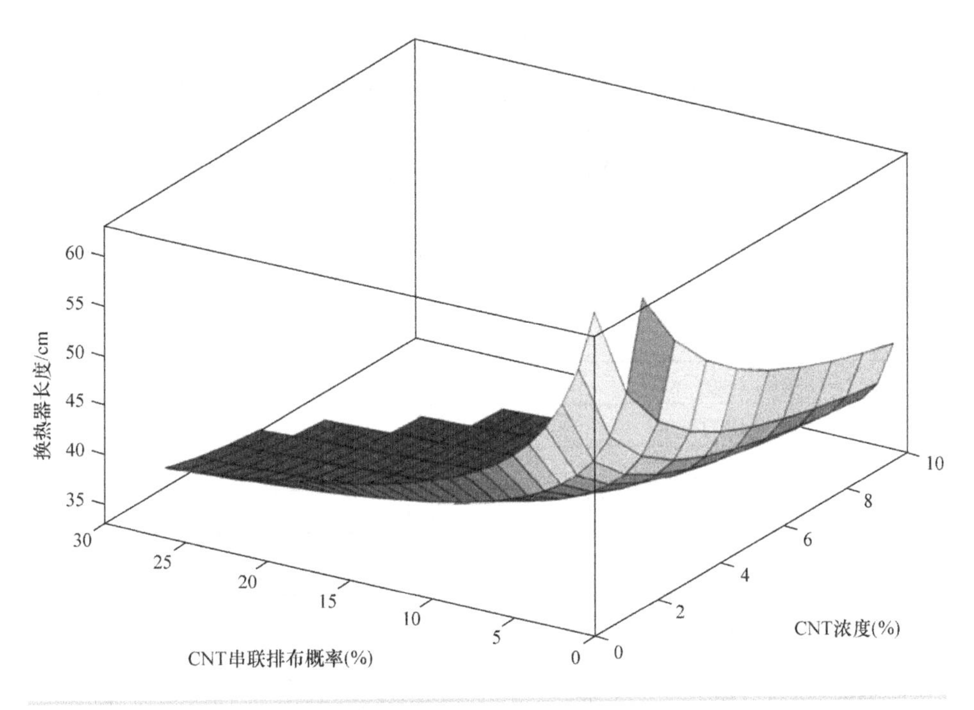

图 3.23　换热器长度随 CNT 串联构型和浓度概率的变化

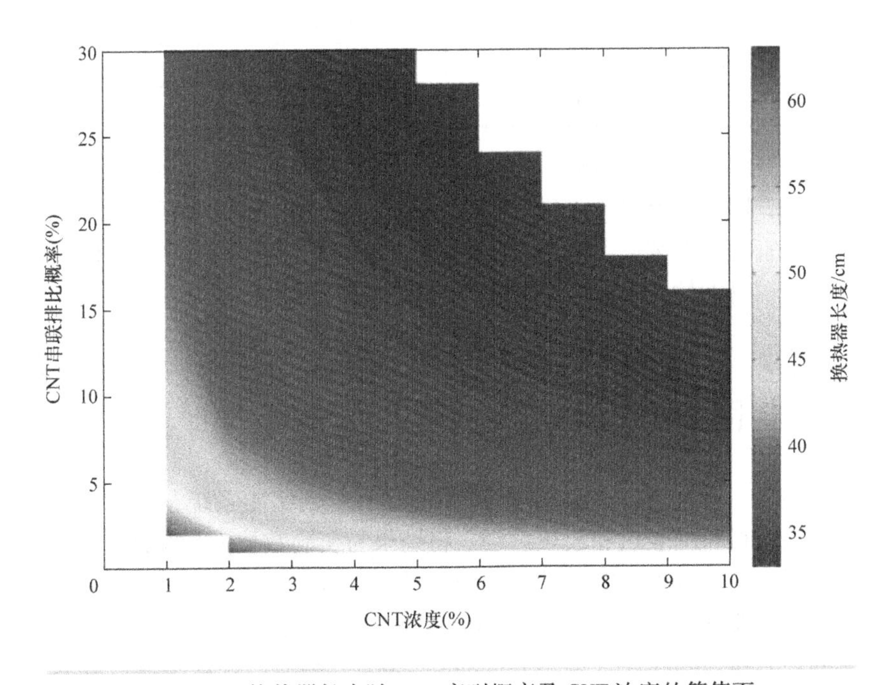

图 3.24　换热器长度随 CNT 序列概率及 CNT 浓度的等值面

化而增加了换热速率。同时，它可以适应各种物理形状。为了最小化换热器长度，选择了 7 个设计中需要关注的参数，见表 3.6。表 3.7 列举了换热管设计方案及对应换热器管外径、管子壁厚和管外翅片。

表 3.6　螺旋式换热管的设计参数及其取值范围

参数	下限	上限
管数	1	200
管号	1	6
管壳直径/m	0	0.3
CNT 浓度（%）	0	10
CNT 串联排布概率（%）	0	20
螺旋半径	0.02	0.1
长宽比	1.5	10

表 3.7　软铜管设计优化规格

尺寸/in	外径/mm	内径/mm	壁厚/mm
1/8	3.16	1.65	0.762
3/16	4.76	3.21	0.762
1/4	6.35	4.83	0.762
5/16	7.94	6.31	0.813
3/8	9.53	7.90	0.813
1/2	12.70	11.07	0.813

图 3.24 显示了最优换热器长度与 CNT 串联排列概率、CNT 浓度之间的关系。应该注意的是，图中没有显示不满足约束条件的热交换器长度。研究结果表明，通过增加碳纳米管的混合浓度，可以缩短换热器换热管的长度。此外，还可以看出，在换热管是直铜管的情况下，纯 PCM 的最佳设计不满足约束。

3.8 案例 2：强制对流作用下球形壳体中石蜡的熔化与凝固

本节描述了一个实例，将烷烃类材料应用于潜热储能系统，并模拟了由 TES 球体封装的烷烃材料的吸热和放热过程。将结果与实验数据进行验证，并考虑了几个输入和边界条件对各种性能标准的影响。最后，对结果进行了详细的讨论，并对获得的数据的重要性进行了描述（Dincer，Rosen，2010）。

案例的仿真模拟与相关文献（Ettouney，2005）类似。烷烃类混合物包含在球形的铜壳中，铜壳置于一个垂直玻璃管内，空气被用作传热流体。石蜡首先被加热至完全熔化状态，然后使用风扇在玻璃管入口处以速度为 10m/s 的空气吹过铜壳表面，直至石蜡凝固。试验装置如图3.25所示。

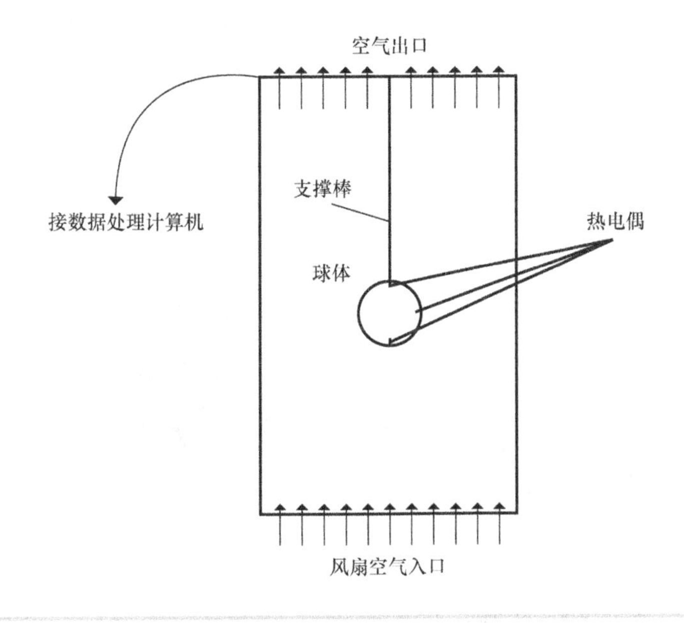

图3.25 充放电过程中对存储设备进行强制空气冷却试验装置（Ettouney et al.，2005）

玻璃容器的直径为20cm，高度为40cm。铜球被支撑杆支撑，支撑杆由一个长3cm、壁厚外径1.2mm的铜杆组成，铜球中填充石蜡相变材料。热电偶在整个试验过程中记录PCM的温度变化，并估计在吸放热过程中储存在相变材料中的能量。由于被冷却空气流速比较高，从而从玻璃柱到周围环境的传热可以不予考虑。

存储潜热的存储器储能过程中，空气被加热到PCM熔点温度以上的特定温度，风扇被用来迫使空气向球体的对流传热。在放热过程中，入口空气的温度低于PCM温度，以便从中吸收热量冷却从而使其凝固。

空气和PCM的热物理特性参考Ettouney（2005）的研究结果。当固态和液态之间物性参数存在差异时（例如密度），取两者情况下的平均值。虽然这不是一个精确的近似，但它作为简化假设的使用大大降低了计算成本。随后会对这一假设条件对结果的影响进行评估。

因此，石蜡被认为具有820kg/m^{3}的恒定密度值、210kJ/kg的熔化潜热值和48.51℃（321.66K）的熔点。它的比热容和热导热系数，作为固态和液态之间的平均值，取值分别为2.5kJ/(kg·K)和0.195W/(m·K)，液态石蜡的黏度取为0.205kg/(m·s)。而作为传热流体的空气密度取值为1.137kg/m^3，比热容为1.005kJ/(kg·K)，热导率为0.0249W/(m·K)，动态黏度为2.15×10^5kg/(m·s)。包含相变材料PCM的铜壳具有密度为8978kg/m^3（Fluent内置值）、导热系数为387.6W/(m·K)，比热容值为0.381kJ/(kg·K)。

Ettouney（2005）的实验分析验证了一个对称轴现象，这可以用来减少计算工作量。因此，图3.25中的圆柱模型被分成四个象限，此现象将模拟的计算成本降低了75%。而且这种简化不会改变结果的有效性，后面会讲到；并且这种简化显著减少了模拟计算所需时间。在软件GAMBIT中创建的物理域的四分之一部分如图3.26所示。

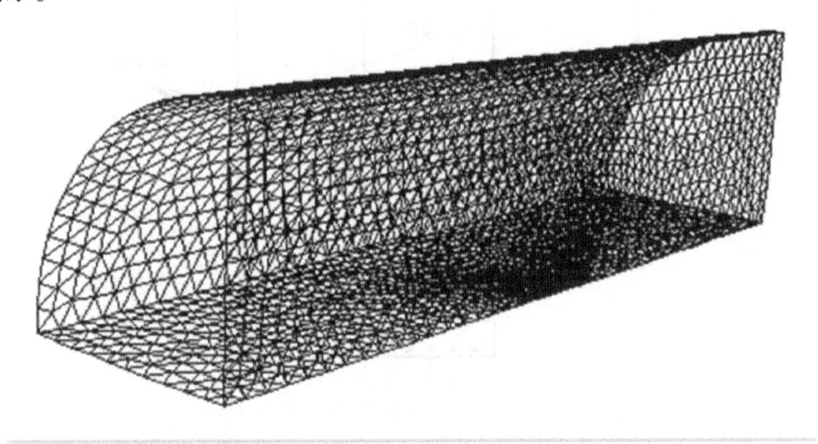

图3.26　考虑到潜在的TES，PCM的计算域的壁网格卷胶囊体积显示在较暗的中心区域（Dincer，Rosen，2010）

除了假设沿着原始计算区域的切口具有轴对称性质之外，还引入了一些其他假设，以便于减小计算工作量。例如忽略动能和势能的效应，包括浮力，以及假设对称面为零剪力壁面，如图3.26所示。此外，外壁面设置为无滑移、绝热条件。由于传热流体快速通过换热区域，这种假设大大降低了模型的复杂性，而不影响其计算准确性和可靠性。

将在GAMBIT创建的几何模型加载到计算软件FLUENT中，模型中的其余设置包括使用正确的计算物理模型、定义材料的属性、计算数据监控性能设置、选择合适的时间步长以及设置合理的残差因子。由于这些模拟涉及相变，物理模型中要选择凝固/熔化模型，空气、铜和石蜡的材料属性按前文提到的值进行输入。

该案例研究了进气温度变化对系统热性能的影响。在研究中，考虑了四种情况：两次吸热过程和两次放热过程。对于吸热（熔化）过程，相变材料的初始温度被设定为其熔点以下5℃（即316.66K），而入口空气温度被设定为高于熔点温度10℃、20℃（即331.66K和341.66K）。产生的热性能值有助于帮助分析哪个选项更有效。对于放热（凝固）过程，初始温度设定为熔点温度以上5℃（即326.66K），从而保证PCM完全熔化。与储能过程一样，入口空气温度设定在熔点温度以下10℃至20℃之间（即311.66K和301.66K）。在所有计算情况下，能量计算的参考环境温度都取23℃。

3.8.1 数值模型验证和模型独立性测试

为了验证数值计算模型准确性，模型复制了 Ettouney（2005）等人的实验边界条件，以便可以监控和比较外壳内部的温度变化情况。实验步骤如下：空气以 60℃初始温度、10m/s 的流速进入玻璃管计算模型。封装的 PCM 最初在 23℃的温度下吸收空气的热量，直到 1120s 后完全熔化。然后，移除空气加热器，并使用 23℃的环境空气来重新使 PCM 凝固，凝固现象 760s 后发生。PCM 温度是用热电偶采集记录的，热电偶布置位于铜壳内部的三个位置：面向流动方向，远离流动方向，以及空气移动最快的球体一侧位置。也就是说，热电偶位于球体的顶部、底部和侧面。

FLUENT 仿真模型与上述条件匹配，并在 PCM 域中选择了一个点，检测在计算过程中该节点处的瞬态温度。得到的温度曲线如图 3.27 所示。

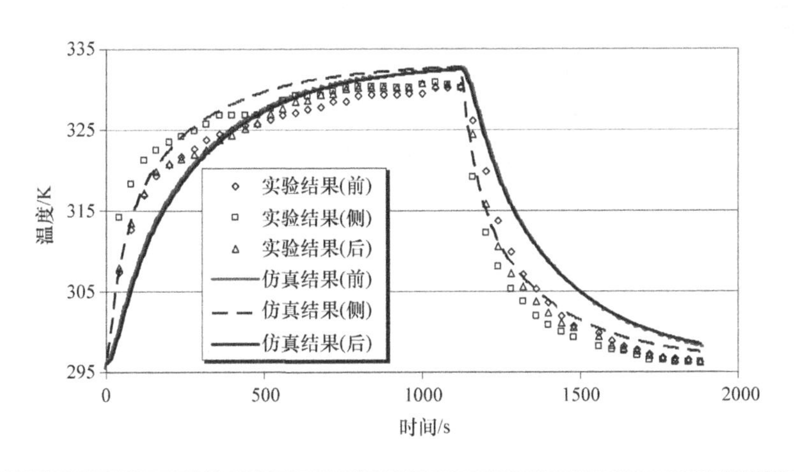

图 3.27　仿真模拟计算值与实验计算值之间对比（Ettouney et al.，2005）

数值计算温度分布和实验温度曲线之间的差异可能是由许多因素综合作用造成的，包括接触热阻、热电偶嵌入 PCM 中产生的影响以及 PCM 中的对流换热效应。然而，凝固过程和熔化过程所需时间以及总的传热速率对这项研究很重要，其目的是确定 PCM 和 HTF 之间的传热特性以及相关的性能标准。

PCM 完全熔化所需的时间计算与实验和数值方法相似。实验中在 600s 内检测到 PCM 完全熔化，而数值计算方法相当精确地预测到 PCM 在 615s 内完全熔化。实验中 PCM 需要 280s 来完全凝固，再次与数值计算获得的 285s 非常一致（误差在 1.5% 以内）。

数值计算模型与实验结果的误差是可接受并令人振奋的。在此前提下，接下来可以对模型进行网格大小和时间步长调整进行验证，以提高对性能数据的精准性。

首先介绍网格无关性验证。在任何数值计算模型中，如果要将结果作为实际过程的真实值，模拟结果必须与模型计算微元的微小变化无关。因此，改变了铜管壳区域中的网格间距，该区域的其他连接区域中的间距也随之相应地发生变化。整个区域的微元密度是变化的，因此与基础版的网格相比，计算模型中考虑的体积数目会随之增大或减小。三种情况下的计算模型网格尺寸分布见表 3.8。

表 3.8　网格中不同网格单元分布独立性验证

网格单元信息	网格数量		
	少	基准	多
铜壳网格尺寸/cm	0.21	0.20	0.18
铜壳域的网格数	164	200	221
PCM 域的网格数	1523	2048	2313
空气域的网格数	27775	31864	33238
总网格数	29462	32312	35772

信息来源：Dnicer，Rosen，2010

为了进行网格无关性验证，使用与图 3.27 中模型验证测试设置相同的初始条件进行模拟计算，并监测 PCM 内液体浓度分数随时间的变化。产生的液体浓度分数变化与网格尺寸之间对应关系如图 3.28 所示。

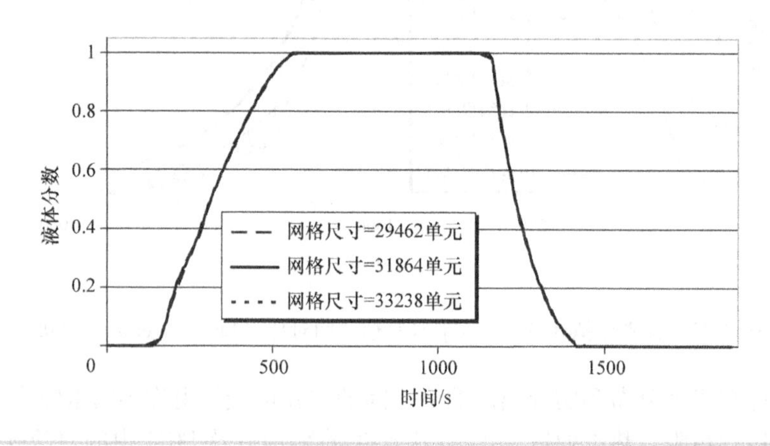

图 3.28　球体网格尺寸与液体浓度分数无关性验证（Dincer，Rosen，2010.）

由于液体分数变化可以很好地代表球体表面的换热特性，因此是一个较好的验证网格无关性的参数。从图 3.28 可以清楚地看到，网格大小的变化对整体解决方案计算结果的影响很小。因此，选择的网格尺寸和方向是足够精确的。一般来说，在一开始就需要谨慎选择网格分布，以确保计算模型不仅能够很好地模拟真实物理场景，而且能够保证通过网格独立性测试验证。

现在我们来进行时间步长的无关性检验。在本测试案例中，计算时间步长被设置为 1.0s。通过改变 FLUENT 控件中的时间步长，并监控整个过程中液体浓度分数的变化，可以直接评估模拟进程中计算结果对仿真计算所设置的时间步长变化的依赖性。为了说明计算时间步长的独立性，我们分别考虑了0.1s、1.0s和2.0s不同的仿真计算时间步长，得到的液体浓度分数随时间的变化如图3.29所示。

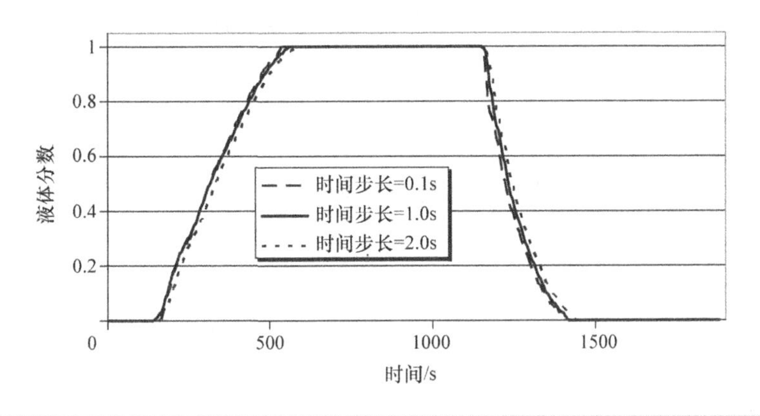

图3.29 仿真计算时间步长与液体浓度分数无关性验证（Dincer，Rosen，2010）

图3.29中的液体浓度分数变化对于所考虑的所有计算时间步长都有很好的一致性，这表明初始分析中使用的1.0s的时间步长设置是能够满足计算需求的。虽然0.1s的较小时间步长可能会使的计算更精确地表示物理模型和物理现象，但是计算所需成本增加了10倍，大大增加了模拟计算所需时间，并且根据可用的计算机资源条件限制，此时间步长设置可能不合理。对于设置2.0s的时间步长，在液体浓度分数的变化中观察到计算结果之间很小的差异，同时计算所需成本会大大降低，但是，尽管图中没有表现出来，如果将时间步长增加到超过2.0s会显著影响结果的精确和有效性。这个测试验证显示了选择适当的时间步长的重要性。时间步长和网格尺寸是决定所有问题求解效率的关键。

随着仿真计算模型得到验证，并通过了网格和时间步长的无关性检验，分析的其余部分集中在性能标准上。

3.8.2 性能指标

由于动能和引力势能的影响假设被忽略，一个系统的能量平衡，无论是吸热还是放热过程，都可以用如下等式表示：

$$\Delta E_{sys} = E_{in} - E_{out} = U_{in} - U_{out} \tag{3.39}$$

系统自身总能量的变化由系统各组成材料成分能量的变化共同决定，即空气成分、铜材料和相变材料（石蜡）组成。

$$\Delta E_{sys} = \Delta E_{air} + \Delta E_{copper} + \Delta E_{pcm} \tag{3.40}$$

任何时候，空气和铜组成成分的能量变化可以用在每个区域内的体积内的平均温度变化来计算得到：

$$\Delta E_{air} = m_{air} C_{air} (\overline{T}_{air} - T_{air,ini}) \tag{3.41}$$

$$\Delta E_{\mathrm{copper}} = m_{\mathrm{copper}} C_{\mathrm{copper}} (\overline{T}_{\mathrm{copper}} - T_{\mathrm{copper,ini}}) \tag{3.42}$$

由于 PCM 内固液混合的复杂性，它的能量变化是通过监测与铜壳的热量传递量来进行评估的。在铜管内表面上的 PCM 的能量变化计算公式如下：

$$\Delta E_{\mathrm{pcm}} = \int_o^t Q_{\mathrm{w}} \mathrm{d}t = \sum_{i=0}^{t} Q_{\mathrm{w,t}} \tag{3.43}$$

系统的效率一般不同于单个传热过程。首先，我们考虑能源利用效率。对于吸热过程，其目的是为 PCM 储存更多热量。换言之，PCM 和铜管壳区域的能量增加，而实现这一目标的输入热量是流体（在本例中为空气）的进出口焓差。

$$n_{\mathrm{ch}} = \frac{E_{\mathrm{prod}}}{E_{\mathrm{input}}} = \frac{\Delta E_{\mathrm{sys}}}{H_{\mathrm{in}} - H_{\mathrm{out}}} = \frac{\Delta E_{\mathrm{sys}}}{U_{\mathrm{in}} - U_{\mathrm{out}} + V(p_{\mathrm{in}} - p_{\mathrm{out}})} \tag{3.44}$$

式中，$V(p_{\mathrm{in}} - p_{\mathrm{out}})$ 可以改写成如下表示方法：

$$V(p_{\mathrm{in}} - p_{\mathrm{out}}) = \frac{\dot{m}t}{\rho_{\mathrm{air}}} \int_o^t (\overline{p}_{\mathrm{in}} - \overline{p}_{\mathrm{out}}) \mathrm{d}t = \frac{\dot{m}t}{\rho_{\mathrm{air}}} \sum_{i=0}^{t} (\overline{p}_{\mathrm{in,t}} - \overline{p}_{\mathrm{out,t}}) \tag{3.45}$$

放热过程的目的是从凝固中的 PCM 中回收热量，获得的能量是经过铜壳前后空气的焓差，输出的热量是相变材料 PCM 及其壳体的能量变化：

$$\eta_{\mathrm{dc}} = \frac{E_{\mathrm{prod}}}{E_{\mathrm{input}}} = \frac{H_{\mathrm{in}} - H_{\mathrm{out}}}{\Delta E_{\mathrm{sys}}} = \frac{U_{\mathrm{in}} - U_{\mathrm{out}} + V(p_{\mathrm{in}} - p_{\mathrm{out}})}{\Delta E_{\mathrm{sys}}} \tag{3.46}$$

在放热过程中，系统的能量变化是负的，并且通过玻璃管会有压力损失。在放热和吸热时，能量效率在 0 ~ 100% 范围之间变化。虽然在这里没有明确地写出计算参数受模拟计算时间的影响，但计算了过程中的能量效率和㶲效率。

㶲性能指标可以同样地被验证。对于储存能量或释放能量过程，可按如下方式表示“㶲”平衡（关于㶲效率的概念的更详细的信息及其计算方法将在第 5 章中提供）：

$$\Delta \Xi_{\mathrm{sys}} = \varepsilon_{\mathrm{in}} - \varepsilon_{\mathrm{out}} - I \tag{3.47}$$

其中，I 表示㶲损失，它包括热传递和流体粘性耗散中的㶲损。㶲的平衡不包括跨系统边界的㶲流动损失，因为假设边界是绝热的。㶲的损失可以由熵平衡来确定：

$$I = T_{\infty} \Pi \tag{3.48}$$

其中

$$\Delta S_{\mathrm{sys}} = S_{\mathrm{in}} - S_{\mathrm{out}} + \Pi \tag{3.49}$$

系统的熵的变化值通常通过计算熵的三个组分变动的总和来计算：

$$\Delta S_{\mathrm{sys}} = \Delta S_{\mathrm{pcm}} + \Delta S_{\mathrm{copper}} + \Delta S_{\mathrm{air}} \tag{3.50}$$

其中

$$\Delta S_{\mathrm{pcm}} = \frac{\Delta E_{\mathrm{pcm}}}{T_{\mathrm{m,pcm}}} = \sum_{i=0}^{t} \frac{Q_{\mathrm{w,t}}}{T_{\mathrm{m,pcm}}} \tag{3.51}$$

$$\Delta S_{\text{copper}} = m_{\text{copper}} C_{\text{copper}} \ln\left(\frac{\overline{T}_{\text{m,copper}}}{T_{\text{ini}}}\right) \tag{3.52}$$

$$\Delta S_{\text{air}} = m_{\text{air}} C_{\text{air}} \ln\left(\frac{\overline{T}_{\text{m,air}}}{T_{\text{ini}}}\right) \tag{3.53}$$

上面 ΔS_{pcm}的计算公式假设在 PCM 中没有发生熵增现象。此外，假设向 PCM 的传热发生在平均温度。对于不可压缩流体，ΔS_{copper}和 ΔS_{air}计算公式中热物性参数是不变的。

流体流动过程中入口和出口熵的差值取决于流动过程的温度，因此，在经过时间 t 以后熵变化值是

$$S_{\text{in}} - S_{\text{out}} = \sum_{i=0}^{t} \dot{m} C_{\text{air}} \ln\left(\frac{T_{\text{in}}}{\overline{T}_{\text{out,t}}}\right) \tag{3.54}$$

为了解决㶲平衡计算，需要知道系统中总的㶲变化随时间 t 的变化情况。㶲平衡取决于系统中的能量变化以及熵增情况：

$$\Delta \Xi_{\text{sys}} = \Delta E_{\text{sys}} - T_{\infty} \Delta S_{\text{sys}} \tag{3.55}$$

有了这些信息，在吸放热过程中的㶲效率有类似能量效率的计算公式：

$$\psi_{\text{ch}} = \frac{\Delta \Xi_{\text{sys}}}{\varepsilon_{\text{in}} - \varepsilon_{\text{out}}} \tag{3.56}$$

$$\psi_{\text{dc}} = \frac{\varepsilon_{\text{in}} - \varepsilon_{\text{out}}}{\Delta \Xi_{\text{sys}}} \tag{3.57}$$

现在，在模拟过程中，就可以评估能量和㶲效率。

研究系统不可逆性的性质是有益的，这是流体流动和传热过程中黏性耗散导致的结果。与黏性耗散相关的㶲损可以用计算公式表示如下：

$$I_{\text{dissipative}} = T_{\infty} \Pi_{\text{dissipative}} \tag{3.58}$$

在熔化和凝固过程中通过传热而导致的㶲损失，可以写为系统总的㶲损失和由于黏性耗散作用导致的㶲损失之间的差值：

$$I_{\text{ht}} = I - I_{\text{dissipative}} \tag{3.59}$$

3.8.3　结果和讨论

对于吸放热过程，许多性能结果以及能量和㶲的数量以一个无量纲时间 t^* 的函数的形式给出，这个无量纲时间常数被定义为：

$$t^* = \frac{t}{t_{\text{sf}}} \tag{3.60}$$

其中，t_{sf}表示凝固或熔化所需时间的总和。

图 3.30 给出了相变材料凝固和熔化的过程中液体组分随这个无量纲时间变化情况。在此图中，如前所述，入口空气温度高于 PCM 熔点温度 10℃和 20℃以上的

（即 331.66K 和 341.66K）被认为储存能量（熔化）。而进口空气温度低于熔融温度 10℃和 20℃（即 311.66K 和 301.66K）认为释放能量（凝固）。从图 3.30 中可以观察到，进气温度越高，空气与相变材料铜质容器之间的传热越强，凝固时液体分数降低得更快，融化时液体分数增加的越快。

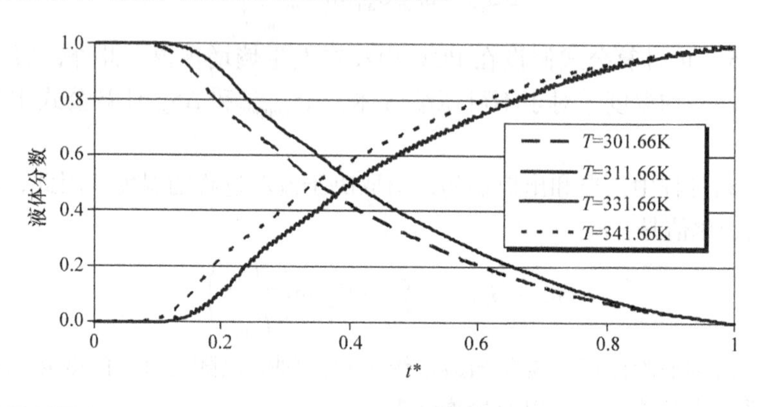

图 3.30　不同进气温度下溶液浓度分数随无量纲数时间 t^* 的关系（Dincer，Rosen，2010）

图 3.31 和图 3.32 说明了储能和释能过程中的能量变化情况。这些包括黏性耗散热量、能量存储过程期间储存的能量和释放过程期间回收的能量。

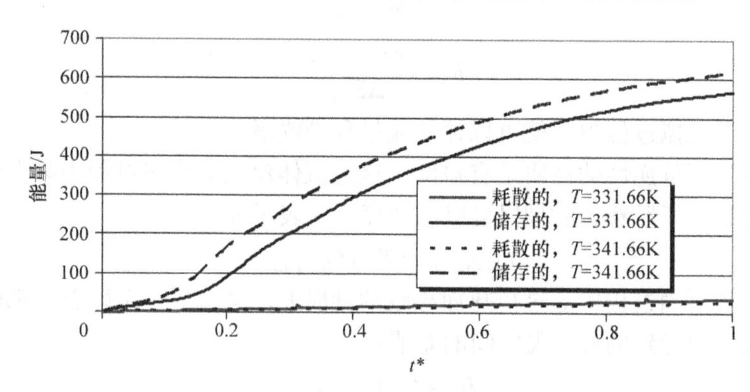

图 3.31　考虑两种不同入口空气温度下能量存储量和通过黏性耗散产生的热量变化（Dincer，Rosen，2010）

图 3.33 和图 3.34 分别给出了储能和释能过程中的能量和㶲效率情况。需要注意的是图 3.25 所示的系统没有外部热量损失，因此仅考虑外部能量损失的能量效率总是 100%。在这个案例中，流体流动过程中产生的黏性耗散热相对较小，且被认为是不可逆的，这部分能量被视为能量损失，因此能量效率略低于 100%。图 3.33 和图 3.34 中的㶲效率在给出各种㶲数量（㶲损失、储存㶲值和回收㶲值）后进一步讨论。

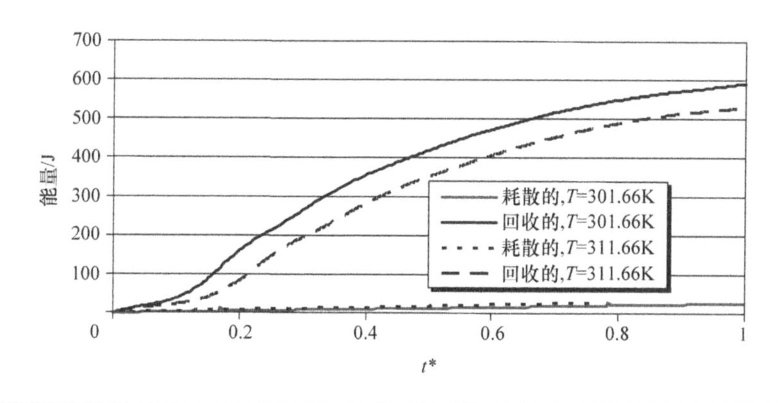

图 3.32　两种能量释放过程中，两种不同进口空气温度下通过黏性耗散产生的热量变化（Dincer，Rosen，2010）与储存和回收的能量相比，能量存储和释放过程中由于黏性耗散产生的热量很小。这一结果是符合预期的，因为在大多数 TES 系统中的输入和回收热能量相比，通过黏性耗散产生的热量通常是较小的。在这个案例中，由于传热流体（空气）的流动速度比较高，通过黏性耗散产生的热量比通常的要大一些

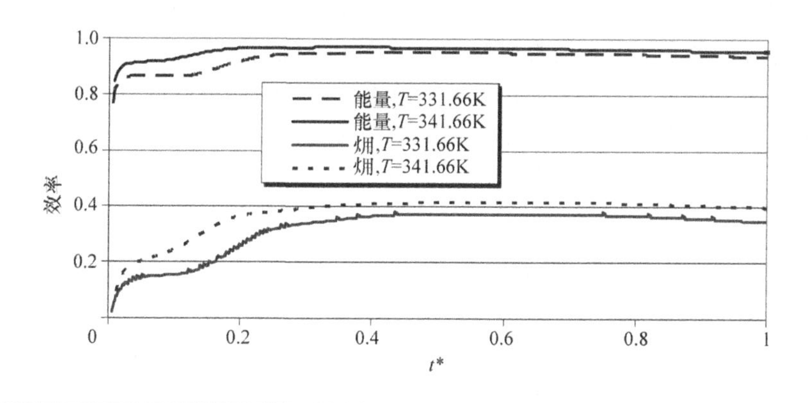

图 3.33　在能量存储过程中，两种不同进气温度下能量和㶲效率随着无量纲时间 t^* 变化（Dincer，Rosen，2010）

能量效率随着无量纲时间的变化而变化，在模拟的初始阶段，由于铜管壳良好的传热特性，吸热过程存储的能量和放热过程回收的能量都很高。当 $t^* < 0.1$ 时，外壳的高导热率允许它快速地进行热量传递。随着无量纲时间常数 t^* 的增加，石蜡需要被加热或冷却到其熔化温度，因此在其熔化或固化开始之前，吸放的热量较小。能量存储或能量回收进一步提高了能量效率，直到 $t^* \approx 0.6$，能量效率达到最大值（当 $t^* > 0.3$，效率相当恒定）。这种能量效率最大值的存在可归因于石蜡液态过热（或固态过冷），此时热传递过程强度显著降低。由于储存或回收的能量略有减少，能量效率降低。

图 3.33 和图 3.34 中的另一个重要表现是，如果入口空气温度可以降低 PCM

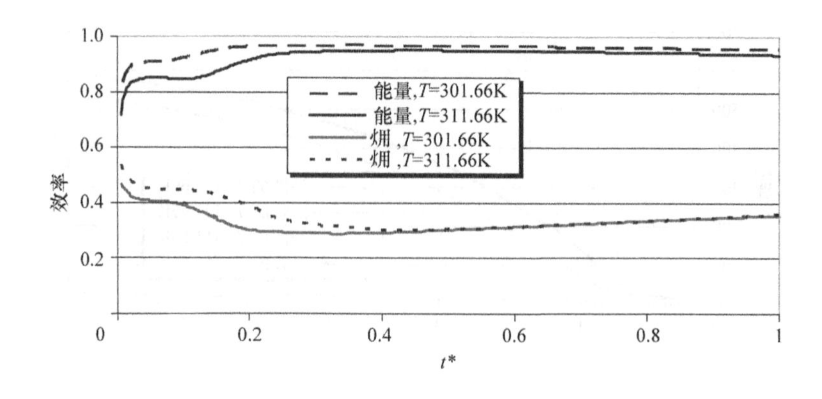

图 3.34 在能量释放过程中，两种不同进气温度下能量和㶲效率随着无量纲时间 t^* 变化（Dincer，Rosen，2010）

相变所需时间，那么能量效率越高。此时相变时间降低了，能量损失也降低了，从而提高了系统能量效率。

为了解释㶲效率的行为，图 3.35 和图 3.36 中显示了㶲损失、㶲储存和回收的数量。因为有两种主要的㶲损失机制，所以这两种机制都应被考虑：由于流体流动过程黏性耗散（称为“耗散”）相关的导致不可逆性㶲损失，以及由于热传递过程由于温度差反应过程不可逆性导致的㶲损失（称为“损失”）。在本研究案例的其余部分中，一直遵循这种“耗散”和“损失”的用法。

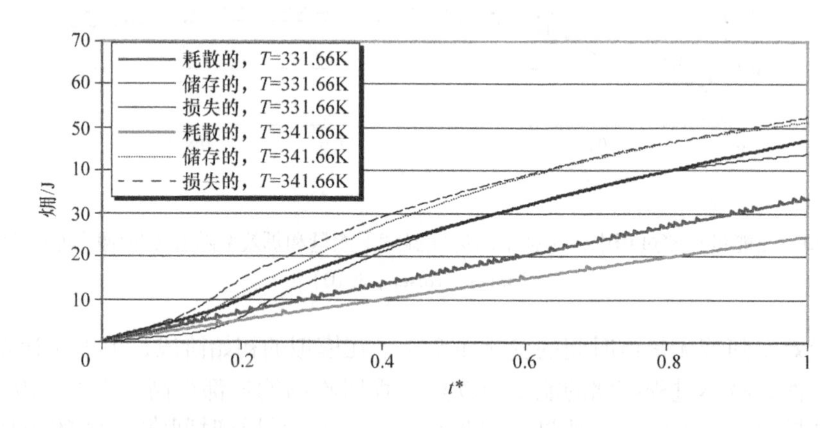

图 3.35 储能过程中，给定两种不同进气温度，㶲存储和黏性耗散以及由于传热过程㶲损失随着无量纲时间常数 t^* 之间对应关系（Dincer，Rosen，2010）

我们需要对吸放热过程中的㶲量随时间的变化值进行关注。㶲损失和恢复（或储存）的模式和幅度之间存在复杂的平衡关系，这影响了㶲的效率。这种平衡意味着对最有效情景的多种解释，其中主要因素是与两种不可逆性反应相关的熵产：

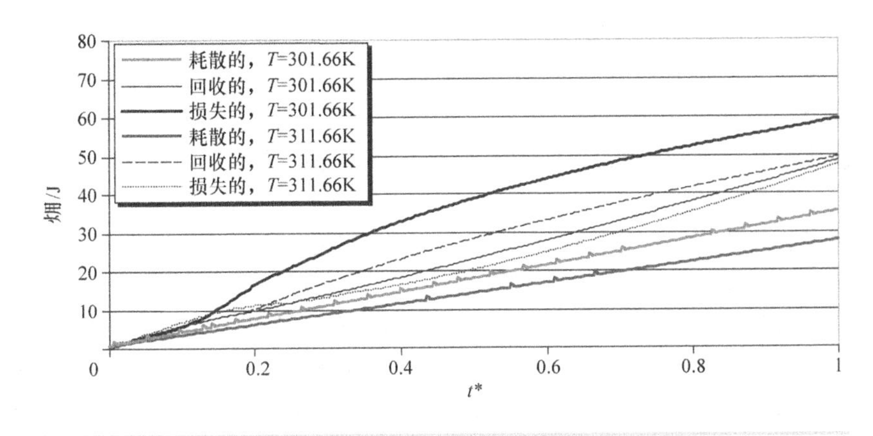

图3.36 释能过程中，给定两种不同进气温度，㶲存储和黏性耗散以及由于传热过程㶲损失随着无量纲时间常数 t^* 之间对应关系（Dincer，Rosen，2010）

黏性耗散和有温度差热传递。

㶲损失量中最大部分是由热传递产生的，其次是储存的（回收的）㶲含量，然后是由于流体流动过程中的㶲损失。这一发现表明，当优化涉及具有潜热的封装的 PCM 的储能和释能过程时，进气温度是一个重要影响因素。需要注意的是，当入口空气温度进一步高于相变材料凝固温度时，与热传递相关的㶲损失量增加。但减小入口空气温度和 PCM 熔点之间的差异，会增加能量存储和能量释放过程所需的时间，因此在这种情况下，黏性耗散导致的㶲损失量会大大增加，同样会降低㶲效率。

对于每个进气温度情况，在相变材料凝固或熔化后，由于热传递和黏性耗散造成的㶲损失量以及整体㶲损失量分布如图 3.37 所示。

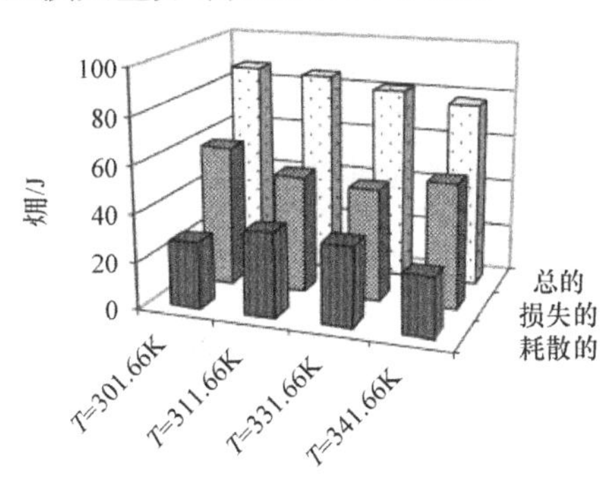

图3.37 能量存储过程中，不同入口空气温度下由于黏性耗散和热传递过程㶲损失量以及总的㶲损失量（Dincer，Rosen，2010）

从上述结果中可以得出的一个重要推论是，在相变材料吸放热过程中，㶲效率随着入口空气温度与 PCM 熔点之间的温差的增大而升高。这一结果可归因于，在计算域中随着进出口的空气速度上升，黏性耗散增加。需要注意的是，在大多数情况下，宏观封装石蜡 PCM 中使用的传热流体不是空气，而是乙二醇基制冷剂（用于冷藏场合）或水（用于保暖场合）。这些流体具有有利的热物理性质（例如相对较高的比热容）、传热特性和较低的成本。因此，当前案例研究的结果在流体压头较大时是最有意义的。

在大多数其他填充层分析中，热传递过程中相关的不可逆性通常是㶲损失的主要原因。例如，MacPhee（2008）考虑各种入口流体温度、流速和几何形状（包括球形、圆柱形和平板形流体域）的相变材料储能和释能效率的详细 TES 研究。相变材料位于类似容器的填充层中，乙二醇溶液是流动介质。研究结果表明，在较低的流体入口速度下，所有过程的效率都更高。这是因为此时㶲损失减小了，此时的损失量几乎可以忽略不计。其结果是，过程中主要的㶲损失是热传递过程中造成的，并且随着入口温度接近相变材料的熔点，这一损失会减少。

当传热流体的入口流速较高时，结果表明，通过增大入口温度与 PCM 熔点的温差，加速相变过程，以减少黏性耗散所导致的㶲损失可能更加有效果。这个结果可以有助于理解使用小封装的相变材料或流动介质较高压头的现象。尽管如此，这种与热传递相关的不可逆性对于任何加热或冷却应用来说都是非常重要的。当两种热交换材料处于相似的温度时，这种不可逆性就降低了。当两种热交换材料之间存在较大的温差时，熵产量和㶲损失量更大。在大多数情况下，保持入口温度接近 PCM 的熔点可以提高效率，正如 MacPhee（2008）研究的那样。

相变材料在凝固或熔化过程结束后的总能量和㶲效率如图 3.38 所示。

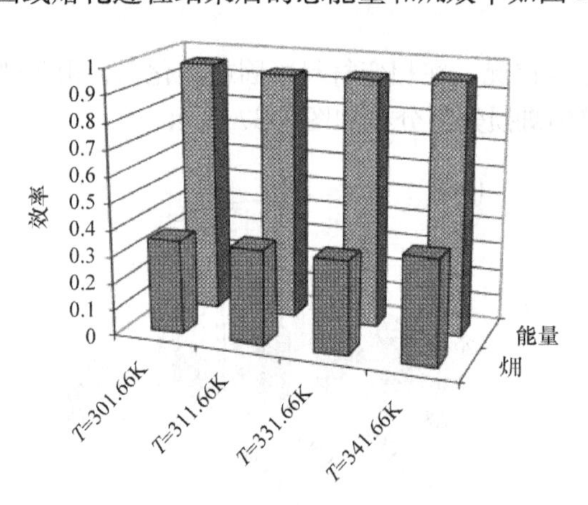

图 3.38 在所有入口空气温度下，在能量存储过程中，能量利用效率以及㶲效率图（Dincer，Rosen，2010）

本研究案例的一个重要结果是证明了㶲分析的有用性和全面性。从能量角度来看，只有认为通过黏性耗散产生的热量是一种损失（甚至通常不被当作损失对待)，才会导致非常高的整体能量利用效率。在图 3.38 中，㶲效率与其对应的能量利用效率进行了对比。相对于能量效率，㶲效率比较低，这更准确和全面地反映了 TES 系统的实际效率。

由于㶲分析提供了对系统能量性能和效率的详细认识，进而理解㶲损失，分解其影响因素，所以该方法可以指导设计者测试不同的因素选项，并确定性能趋势，最终有助于增强和优化系统性能。

3.9 结语

本章详细介绍了相变材料（PCM）相关内容，包括其基本物理特性和种类，并为读者提供了各种物性测量和增强其传热能力的方法。此外，还列举了该技术在不同行业的当前和近期应用情况。由于目前有 50 多种不同的 PCM 生产厂家，2013 年这些材料的全球市场份额为 4.6 亿美元（主要在欧洲和北美），预计到 2018 年将达到 11.5 亿美元。因此，可以看出，PCM 将为当前广泛工业领域中存在的诸多热管理相关问题提供实用有效的解决方案。然而，为了使它们能够得到广泛推广，它们需要在所需温度范围内进行相变、均匀熔化并产生最小的过冷和体积膨胀、寿命长、化学性质稳定、成本低。

术语

a	浓度分数
A	换热面积（m^2）
c	CNT 的体积浓度
C_p	比热容［kJ/(kg·K)］
CL	换热管布置修正系数
d	换热管直径（m）
D	换热器直径（m）
f	摩擦因子
Gr	伽利略数
h	对流换热系数
h_o	管外侧流体对流换热系数
ΔH	焓值变化量（kJ/mol）
k	导热系数［W/(m·K)］
L	换热器长度（m）
m	质量（kg）
N	换热管个数

N_f	翅片个数
Nu	努赛尔特征数
P	压力（Pa）
P	串联碳纳米管浓度
Pr	普朗特数
$\dot{Q}$	换热量（kW）
R	电阻（Ω）
Ra	瑞利数
Re	雷诺数
r_m	储能材料厚度（m）
R_w	传热热阻
s_f	翅片间距
t	时间或翅片厚度
t^*	无量纲时间常数
s	翅片间距
T	温度（K 或者℃）
U	总的换热系数
V	流体流速（m/s）

希腊字母

β	热膨胀系数（1/K）
Δ	参数变化量
Π	熵产
Ξ	㶲值（J）
ε	流动㶲值（J）
η	能量效率，总效率
Ψ	㶲效率
ρ	密度（kg/m^3）

下标

aver	平均值
b	基准状态
c	冷态
f	翅片，最终

h	热态
HTF	换热流体介质
i	最初的，内侧，内部
lm	对数平均
m	融化
o	外侧
P	平行，并列
q	传热速率
t	翅片厚度
tot	总共
w	壁面

缩略语

CNT	碳纳米管
DSC	差示扫描量热法
DTA	视差热分析法
EV	电动汽车
GHG	温室气体
HEV	混合动力汽车
HTF	换热流体介质
HVAC	供热、通风和空调
ICE	内燃机
LHTES	相变蓄能
NTU	传热单元数
PCM	相变材料
TES	热能存储
TMS	热管理系统

问题

3.1　用通俗易懂的语言来对相变材料 PCM 进行定义，并详细说明它们区别于其他材料的主要性质差异，并指出其优点。

3.2　使用不同类型的相变材料，其选择标准是什么？如何选择某种相变材料作为指定热管理系统的最优选择？请举例说明。

3.3　在相变材料应用中现阶段都有哪些强化传热的手段？这些强化技术都有

哪些缺点？

3.4　有哪些方法和手段可以应用于评价和评估相变材料的好坏？与常用的显热储能系统相比，相变材料就其成本和对环境影响方面有哪些缺点？

3.5　目前相变材料的主要使用领域是哪些？你认为未来十年相变材料将会在哪些领域起主导作用？请举例说明。

3.6　在前几章中学习了驾驶循环和各种电池化学反应，基于不同的电动汽车和混合动力汽车配置，请概念化总结相变材料在电动车领域的应用。在电动车电池组中您将选择使用哪种类型的相变材料？为什么？您进行选择的原则有哪些？

参考文献

Dieckmann A. (2006). *Latent heat storage in concrete*. University of Kaiserslautern, Germany, Available at: http://www.eurosolar.de/ [Accessed August 2016].

Dincer I, Rosen MA. (2010). *Thermal Energy Storage: Systems and Applications*, Second Edition. John Wiley & Sons, Ltd, West Sussex, England.

Ettouney H, El-Dessouky H, Al-Ali A. (2005). Heat transfer during phase change of paraffin wax stored in spherical shells. *Journal of Solar Energy Engineering* **127**:357–365.

Hauer A (2011). *Storage Technology Issues and Opportunities, Committee on Energy Research and Technology (International Energy Agency), International Low-Carbon Energy Technology Platform, Strategic and Cross-Cutting Workshop "Energy Storage – Issues and Opporutnities" 15 February 2011*, Paris, France.

Hyun DC, Levinson NS, Jeong U, Xia Y. (2014). Emerging Applications of Phase-Change Materials (PCMs): Teaching an Old Dog New Tricks, *Angewandte Review* 3780–3795.

Ivancevic VG, Ivancevic TT. (2008). *Complex Nonlinearity: Chaos, Phase Transitions, Topology Change and Path Integrals*, Springer-Verlag Berlin Heidelberg.

Javani N, Dincer I, Naterer GF. (2014). New latent heat storage system with nanoparticles for thermal management of electric vehicles, *Journal of Power Sources* **268**:718–727.

Kosny J, Shukla N, Fallahi A. (2013). Cost Analysis of Simple Phase Change Material-Enhanced Building Envelopes in Southern U.S. Climates. US Department of Energy.

MacPhee D. (2008). *Performance investigation of various cold thermal energy storages*, M.A.Sc. Thesis, University of Ontario Institute of Technology, Oshawa, Ontario, Canada.

Memon SA. (2014). Phase change materials integrated in building walls: A state of the art review. *Renewable and Sustainable Energy Reviews* **31**:870–906.

PCM Products. (2016) Company Website Catalogue. Available at: http://www.pcmproducts.net/ Accessed August 2016].

Pons O, Aguado A, Fernández AI, Cabezac LF, Chimenos JM. (2014). Review of the use of phase change materials (PCMs) in buildings with reinforced concrete structures, *Materiales de Construcción* **64**:315–331.

Riffat S, Mempouo B, Fang W. (2015). Phase change material developments: a review. *International Journal of Ambient Energy* **36**:102–115.

Rubitherm. (2016) Company Website Catalogue. Available at: http://www.rubitherm.eu/ [Accessed August 2016].

Ryu HW, Woo SW, Shin BC, Kim SD. (1992). Prevention of Supercooling and Stabilization of Inorganic Salt Hydrates as Latent Heat-Storage Materials." *Solar Energy Materials and Solar Cells* **27**:161–172.

Sharma A, Tyagi VV, Chen CR, Buddhi D. (2009). Review on thermal energy storage with phase change materials and applications, *Renewable and Sustainable Energy Reviews* **13**:318–345.

Trox. (n.d.). Cooling naturally with phase change materials. Available at: www.troxtechnik.com [Accessed August 2016].

Zalba B, Marin JM, Cabeza LF, Mehling H. (2003). Review on thermal energy storage with phase change: materials, heat transfer analysis and applications, *Applied Thermal Engineering* **23**:251–283.

Zhou D, Zhao C Y, Tian Y. (2012). Review on thermal energy storage with phase change materials (PCMs) in building applications. *Applied Energy* **92**:93–605.

第4章 电池热管理系统的仿真及试验研究

4.1 引言

在前面的章节中，提供了有关纯电动和混合动力汽车技术、电化学和热管理系统的最新信息，并向读者介绍了相变材料的相关信息。在接下来的章节中，我们将在真实的生活场景中说明能量、㶲、㶲经济和㶲环境分析的方法和步骤，以及 BT-MS 的多目标优化。因此，在进行详细的能量和㶲效率分析之前，就可以进行成本和环境影响分析，并进行系统优化。通过对电池及其热管理系统进行数值仿真建模，并对结果进行实验验证，可以更好地理解系统组件及边界条件和相应的性能。这将使读者能够在严格的性能评估和改进方法之前，对电池的电化学以及热管理系统的热力学性质有更深入的了解。

为此，本章提供了必要步骤的演练过程，以开发典型的电池模型，实现可靠的仿真，形成数据采集硬件和软件的正确设置，以及在实验装置中使用电池和车辆测试仪表的正确程序。为了理解整个模型带和不带 BTMS 电芯散热和热传播背后的基本概念，模拟主要集中在电池电芯和模组，并且可以很容易地放大来表示整个电池组。通过在电芯、试验台和整车级别的测试，使读者熟悉用于试验的组件和设备，使他们能够更好地了解相关的测试技术和程序。

在接下来的章节中，提供了从电池电芯到整车级别的大范围的模拟和试验，可以用来模拟和测试多个不同的热管理系统，并特别关注了相变材料。

4.2 电芯和模组的数值模型开发

为了对电池热管理系统进行典型的、可靠的传热模拟，首先需要开发一个全面的数学模型，这个模型应该能够表现问题的物理特性、输入变量以及这些参数的控制方程及其有效变化范围与初始边界条件之间的关系。此外，这种模型需要通过为问题分配约束并定义相应的方法来达到所确定的目标。因此，在本节中，将提供在电芯和模组级别中为电池热管理系统开发数学模型所需采取的步骤。这个过程中将使用这门学科常用的软件——ANSYS FLUENT。

对于仿真，首先需要明确系统物理域，然后在开发模型时做出假设。此外，还需要对电芯区域中与PCM相关的控制方程进行定义，并将其离散化以进行数值计算。最后，还需要说明完成模型的边界和初始条件。

为电池电芯和模组开发一个瞬态三维模型对于更好地理解热产生和传播过程，以及用于降温的热材料（即PCM和/或冷却液）的特性至关重要。因此，在接下来的章节中，将沿物理域和必要的边界条件引入电芯和模组的布置形式。现有的假设和控制方程用于形成模型，利用试验来确定模型中需要体现的主要元件。基本元件包括锂离子电池、冷却板和将应用于该系统的泡沫材料，该模型可应用于整个电池组，以分析整个电池及其与车辆的相互作用。

4.2.1　PCM应用数值研究的物理模型

开发包含电池的模型通常从单个锂离子电池（以及周围的PCM）开始，因为它是系统中最基本的元件。一旦对电芯的几何形状、性能和散热进行了建模，并通过了验证实验，还需要添加模块中的其他主要元件，如泡沫、冷却板和其他模组组件。图4.1展示了锂离子电池、泡沫和冷却板的几何形状和纵横比。在这个阶段，电芯层级唯一的热源就是产热率。为了提供模组中电芯间的关系，引入了多达4个电芯的模组。

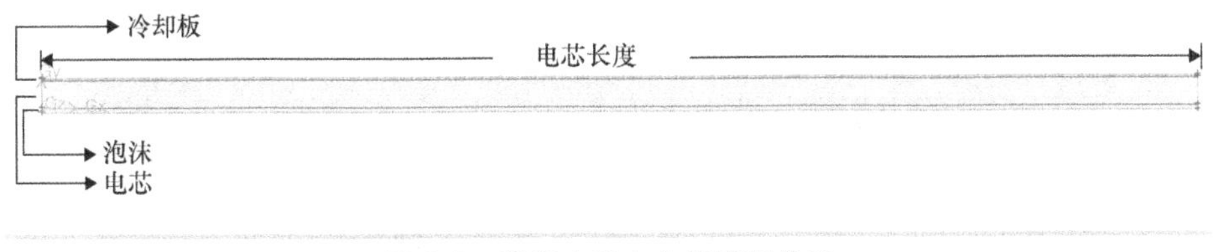

图4.1　模组中单个电芯模型关系

图4.2展示了模组的示例架构。为了在瞬态解中获取到有意义的值，首先需要求解稳态条件，并将结果作为模型的初始条件，这是ANSYS FLUENT软件（ANSYS Inc.，2009）中常用的方法。

4.2.2　初始条件、边界及模型假设

在模组的架构中，电芯与泡沫之间的界面边界条件通常被定义为“壁面边界条件”。此外，对于电芯和冷却板，认为是无质量传输的“壁面边界条件”。需要考虑系统的端部以实现自然对流。热源按照产热率赋予考察区域。产热率的源项适用于区域条件下的系统。上/下表面也暴露于自然对流。为了模拟最初简化版本的电芯，通常要考虑所有表面的自然对流。示例电芯模型如图4.3所示。

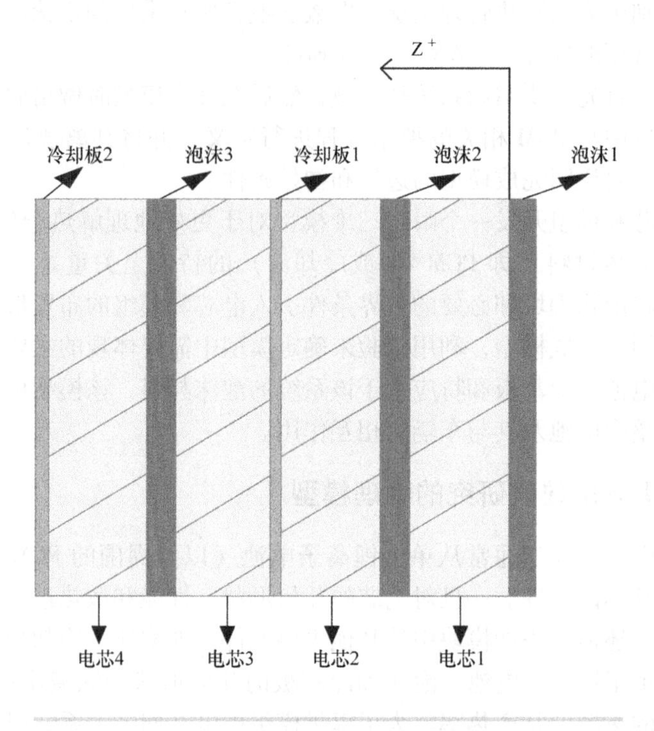

图 4.2　模组的物理域

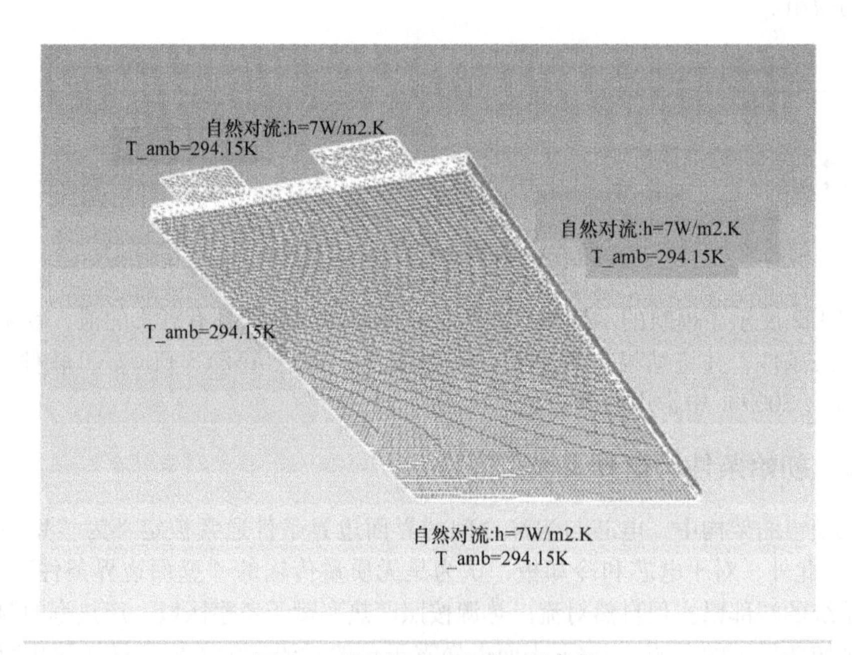

图 4.3　样品锂离子电芯边界条件

对单个电芯和模组建模的假设如下：

- 体积产热率：$\dot{q}_v=63970\mathrm{W/m^3}$对应$2C$（$C$是放电倍率）(4.45W/电芯)（根据考察电芯体推算）。
- 外部表面和环境温度的传热是自然对流。
- 极耳与电芯之间的边界为“耦合”型边界条件，保证定义边界内温度的连续性。
- 初始温度假定为294.15K，等于环境温度。
- 电芯具有正交各向异性导热性。
- 对电芯、冷却板和散热片的比热容取平均值。
- 泡沫的导热系数按绝缘泡沫处理。
- 液相PCM无流动。
- 不考虑辐射。

4.2.3 材料特性和模型输入参数

在电池包中，物理域中包含多种不同的区域，每个区域可能具有不同的材料和属性。因此，电池的数据、相变材料、泡沫、冷却板以及电池中的其他部件都需要在模型中体现。下一节将介绍这些组件和材料的属性。

4.2.3.1 锂离子电池性能

电芯内的化学反应对电芯产热的空间分布有较大的影响。在此模型中，分析了多种场景下不同工作条件时的电池发热率。此外，由于电芯正交各向异性的特点，在电芯周围应用PCM进行热管理。

如第2章所述，电芯电池的放电速率由C描述。电芯内的热稳定性和电芯热量的产生通常与内阻有关，而内阻与所用的C倍率有关。新一代的锂离子电池具有更均匀的产热率。这与电芯区均匀发热的假设一致。在本章的其余部分中，我们将使用以下电池产热率：

$\dot{q}_v=6855\mathrm{W/m^3}$（标准US06）

$\dot{q}_v=22800\mathrm{W/m^3}$（135A，150kW，3.6W/电芯）

$\dot{q}_v=63970\mathrm{W/m^3}$（$2C$，4.45W/电芯）

$\dot{q}_v=200000\mathrm{W/m^3}$（全功率，上坡）

产生的热量可以以显热和潜热的形式储存在电池包里。当有相变发生时，可以描述为

$$Q=m_{\mathrm{PCM}}C_{\mathrm{p}}(T_{\mathrm{m}}-T_{\mathrm{i}})+m_{\mathrm{PCM}}\mathrm{LHV} \tag{4.1}$$

通过考虑相关的输入和假设，可以用量热法或数学模型来确定电芯热的生成。为了充分了解产热率和/或电芯表面温度，需要确定电芯内的相变、电化学反应、混合效应和焦耳加热。通常用Bernardi et al.（1985）所提出的下列表达式来确定电芯内的产热率：

$$\dot{q}=I\left(U-V-T\frac{\mathrm{d}U}{\mathrm{d}T}\right)=h_sA(T-T_a)+M_AC_p\frac{\mathrm{d}T}{\mathrm{d}t} \tag{4.2}$$

式中，U 和 V 分别为开路电压和电芯电压；h_s 是每个电芯的传热系数；$I(U-V)$ 是电芯极化引起的热量；$-I\left(T\frac{\mathrm{d}U}{\mathrm{d}T}\right)$ 是电芯内可逆过程造成的熵系数；M_A 是单位面积上的电芯质量；C_p 是电芯的平均比热容。当电芯内温度假定为均匀变化时，式 4.2 可以改写如下：（Wu et al.，2002）：

$$\dot{q}=\frac{I}{V_b}\left[(E_0-E)+T\frac{\mathrm{d}E_0}{\mathrm{d}T}\right] \tag{4.3}$$

其中，$\dot{q}$，V_b，E_0，E 和 I 分别为单位体积的产热率、电池体积、开路电压、电池电压和电流。如果产热由可逆和不可逆效应组成，那么由于化学反应而释放或吸收到电芯内的可逆热量可以表示为（Selman et al.，2001）：

$$Q_{rev}=n_{Li}T\Delta S=T\left(\frac{\partial E_{eq}}{\partial T}\right)It_{dc} \tag{4.4}$$

为了确定热力学关系的产热，可以考虑以下吉布斯自由能方程

$$\Delta G=-n\times F\times U \tag{4.5}$$

式中，F 是法拉第常数；n 是电子数。

4.2.3.2 相变材料（PCM）

相变材料的选择对开发有效的电池热管理系统起着至关重要的作用。为了找出与试验时间有关的相变材料的不同比热值，必须根据曲线拟合方法进行插值。因此，需要建立一种预测随时间变化的比热的方法。

表 4.1 温度变化对比热的影响

温度/K	C_p/J/(kg·K)	归一化温度	归一化 C_p
299.15	2150	0.983561	0.00881148
300.15	2150	0.986848	0.00881148
300.65	2150	0.988493	0.00881148
300.95	2150	0.989479	0.00881148
301.05	5000	0.989808	0.0204918
301.13	122000	0.990071	0.5
301.15	244000	0.990136	1
301.2	244000	0.990301	1
301.25	244000	0.990465	1
301.35	244000	0.990794	1
301.55	244000	0.991452	1
301.75	244000	0.992109	1
301.95	244000	0.992767	1

（续）

温度/K	C_p/J/(kg·K)	归一化温度	归一化 C_p
302.05	244000	0.993095	1
302.25	5000	0.993753	0.0204918
302.35	2180	0.994082	0.00893443
302.95	2180	0.996054	0.00893443
303.15	2180	0.996712	0.00893443
304.15	2180	1	0.00893443
302.25	5000	0.993753	0.0204918
302.35	2180	0.994082	0.00893443
302.95	2180	0.996055	0.00893443

为了确定实验数据集的解析函数，需要利用某种拟合算法。采用多种方法来获得精确的解析函数以便拟合数据集，包括切比雪夫多项式、最小二乘法、列文伯格-马夸尔特和高斯-牛顿算法。其中，切比雪夫多项式（第一类）与这些应用具有兼容性，见表4.1。第一类切比雪夫多项式由递归关系定义，表示为：

$$T_0(x)=1 \tag{4.6}$$

$$T_1(x)=x \tag{4.7}$$

$$T_{n+1}(x)=2xT_n(x)-T_{n-1}(x) \tag{4.8}$$

T_n 的常规生成函数是

$$\sum_{n=0}^{\infty} T_n(x)t^n = \frac{1-tx}{1-2tx+t^2} \tag{4.9}$$

与二维势理论和多重展开有关的生成函数为

$$\sum_{n=1}^{\infty} T_n(x)\frac{t^n}{n} = \ln\frac{1}{\sqrt{1-2tx+t^2}} \tag{4.10}$$

最后，根据叠加定理和切比雪夫多项式，给出了系统的显式解。使用六阶切比雪夫多项式，得到如下函数（图4.4）：

$$y_a=\frac{1-0.06}{\sqrt{1-0.09^2T_6^2\left[\frac{1}{0.018}(x-0.95)\right]}} \tag{4.11}$$

$$y_b=\frac{0.007}{\sqrt{1-0.09^2T_6^2\left[\frac{1}{0.0125}(x-0.987)\right]}} \tag{4.12}$$

$$y_c=0.0065$$

$$T_6(x)=32x^6-48x^4+18x^2-1 \tag{4.13}$$

通过将叠加定理和上述函数相结合，确定了一种能够准确预测系统行为的显式解。图 4.4 表示了利用叠加定理得到目标问题的解析函数。

$$y_{\text{total}}=0.0065+\frac{1-0.06}{\sqrt{1-0.09^2T_6^2\left[\frac{1}{0.018}(x-0.95)\right]}}+\frac{0.007}{\sqrt{1-0.09^2T_6^2\left[\frac{1}{0.0125}(x-0.987)\right]}} \tag{4.14}$$

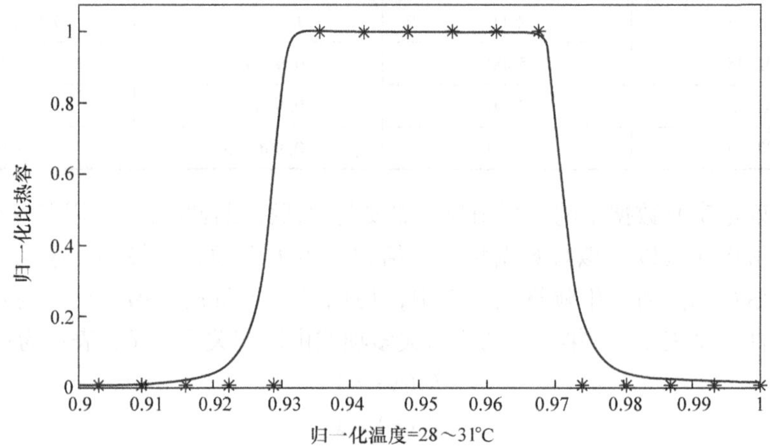

图 4.4　切比雪夫多项式插值比热容

图 4.4 说明了归一化比热变化的拟合曲线。图 4.5 给出了在归一化温度下，利用叠加法求得的比热结果的分段函数。利用上述切比雪夫估计方法来确定曲线。在此步骤中，可以用 ANSYS FLUENT 将输入数据输入为离散数字，并使用分段多项式选项。然而，应该注意的是，用户如果不注意，属性的突然增加会导致结果不收敛。例如，对于固相比热容很低为 2150J/kg · K，在相变阶段，可以增加至 244000J/kg · K 和计算不稳定。

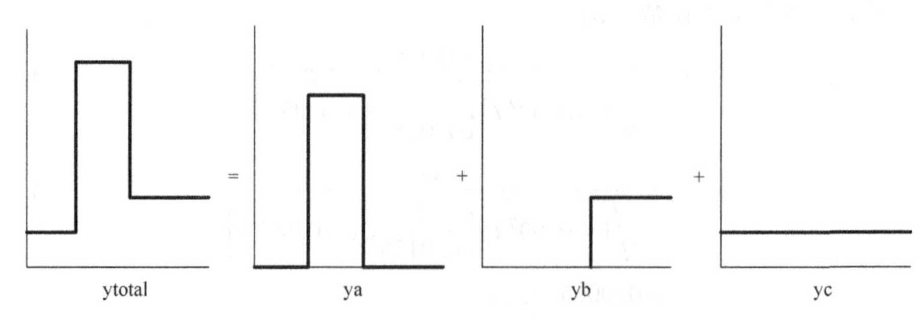

图 4.5　系统叠加定理的图示

高斯函数可以作为第二种方法使用。对于可用系统，高斯函数有如下形式：

$$C_p = 0.0088 + Gauss\{54.79 \times Gauss[1.628e-7/ \\ (T^4 - 3.687 \times T^3 + 5.0713 \times T^2 - 3.108 \times T + 0.7144)]\} \tag{4.15}$$

在模拟过程中，采用以下形式给出了相变材料的比热容、热导率和密度值：

$$C_p \begin{cases} 2150\text{J/(kg·K)} & T_{\text{solidus}} > T & \text{固相} \\ 0.255\text{J/(kg·K)} & T_{\text{solidus}} < T < T_{\text{liquidus}} & \text{糊状区} \\ 0.152\text{J/(kg·K)} & T > T_{\text{liquidus}} & \text{液相} \end{cases} \tag{4.16a}$$

$$k \begin{cases} 0.358\text{W/(m·K)} & T_{\text{solidus}} > T & \text{固相} \\ 0.255\text{W/(m·K)} & T_{\text{solidus}} < T < T_{\text{liquidus}} & \text{糊状区} \\ 0.152\text{J/(kg·K)} & T > T_{\text{liquidus}} & \text{液相} \end{cases} \tag{4.16b}$$

$$\rho \begin{cases} 814\text{kg/m}^3 & T_{\text{solidus}} > T & \text{固相} \\ 769\text{kg/m}^3 & T_{\text{solidus}} < T < T_{\text{liquidus}} & \text{糊状区} \\ 724\text{kg/m}^3 & T > T_{\text{liquidus}} & \text{液相} \end{cases} \tag{4.16c}$$

应该注意的是，所选的相变材料可分为两类：工业级和纯相变材料。准确地了解系统中所使用的相变材料的熔化潜热是非常必要的。即使在产品目录或文献中为这些材料分配了数值，如果可能的话还是鼓励读者去测量材料本身的潜热，因为它可能会大大偏离所列出的数值。例如，在大多数文献（Agyenim et al.，2010）中，纯十八烷的熔化潜热为 244kJ/kg，然而，差示扫描量热法测试的值为 225kJ/kg。这种差异通常受材料的纯度影响。根据所提供的等级，工业级相变材料的数值更低。

4.2.3.3　泡沫材料

泡沫材料在电池应用中也扮演着重要的角色，因为它具有很高的热稳定性，一旦它被放置在电芯之间，它就会成为一个隔离器。在大多数情况下，它们是聚氨酯泡沫，密度一般在 240～400 kg/m^3 之间。对于泡沫中吸收的相变材料，可以使用以下关系来估计有效比热容和导热系数。与时间相关的导热系数通常是 $k(T) = 0.02064 + 11.28 \times 10^{-5}\ T$。在模型中类似的定义和使用有效的热和密度（$K_{\text{eff}}$ 和 ρ_{eff}）。在模拟中，泡沫的孔隙度和平均比热可以被描述如下

$$Cp_{\text{aver}} = \frac{1}{m_{\text{tot}}} \times \left| \sum m_i Cp_i = \frac{m_{\text{pcm}}}{m_{\text{tot}}} Cp_{\text{pcm}} + \frac{m_{\text{foam}}}{m_{\text{foam}}} Cp_{\text{foam}} \right. \tag{4.17}$$

孔隙度被定义为：

$$\varepsilon = \frac{V_{\text{pcm}}}{V_{\text{tot}}} \tag{4.18}$$

因此，平均比热容可以表述为

$$Cp_{\text{aver}} = \frac{\rho_{\text{pcm}}}{\rho_{\text{tot}}} \times \varepsilon \times Cp_{\text{pcm}} + \frac{\rho_{\text{foam}}}{\rho_{\text{tot}}} \times (1-\varepsilon) \times Cp_{\text{foam}} \tag{4.19}$$

4.2.3.4 冷却板

在模拟中需要准确地考虑冷却板材料的物理和热力学特性。在今天的电池热管理系统中，冷却板主要由铝制成。然而，材料的性质需要对热对流效应进行修正后才能用于模拟（Pesaran et al. , 1999）。表 4.2 列出了模拟中所使用元件的属性。为了获得精确的产热率，像量热法这样的实验方法将提供更可靠的数据，从而提高模型的准确性。

表 4.2 用于仿真的材料的热力学性质

属性/组件	电芯	散热片	泡沫
密度/(kg/m^3)	4035	2719	277
比容/(J/kgK)	1027	871	1500
导热系数/(W/mK)	$K_{x,y}=25$，$K_z=1$	202.4	0.083
产热率/(kW/m^3)	22.8	0	0

4.2.4 控制方程和本构定律

一旦在模拟中输入了所有材料的几何图形和性质，就需要定义控制方程和定律，以实现系统中各部件之间的精确交互。在这些模拟中，使用特定的偏微分方程来描述包括瞬态项、扩散项、对流项和源项的每个现象。通过考虑这些项，可以推导出一般方程式如下：

$$\frac{\partial}{\partial t}(\rho\Theta)+\nabla\cdot(\rho\vec{u}\Theta-\Gamma_{\Theta}\nabla\Theta)=S_{\Theta} \tag{4.20}$$

其中，Θ 在连续方程、动量方程、物种方程和能量方程中分别是是 1、u、Y 和 h。Γ_{Θ}，S_{Θ} 是具有一致单位的扩散系数和源项。能量方程是模型中用于分析传热的主要的控制方程。为了获得电池的温度分布，采用了能量平衡法。能量守恒的表达式为：

内能和动能的净变化率 = 对流（流体流动）的能量净变化率 + 导热（热量）的净变化率 + 净功率

这里，元件的内能和动能的变化率，可表示为：

$$\frac{\partial}{\partial t}\left[\rho\left(\hat{u}+\frac{V^2}{2}\right)\right]\mathrm{d}x\mathrm{d}y\mathrm{d}z \tag{4.21}$$

其中，$\hat{u}$ 是内能。对流产生的能量的净变化率（流体流动贡献）为：

$$-\left\{\nabla\cdot\left[\left(\hat{u}+\frac{V^2}{2}\right)\rho V\right]\right\}\mathrm{d}x\mathrm{d}y\mathrm{d}z \tag{4.22}$$

由导热（平衡方程中的热量贡献）所产生的能量净变化率为：

$$-(\nabla\cdot\ddot{q})\mathrm{d}x\mathrm{d}y\mathrm{d}z \tag{4.23}$$

元件对周围环境的净功率（体积力和表面力的功）为：

$$-\rho(Vg)\mathrm{d}x\mathrm{d}y-\left[\frac{\partial}{\partial x}(u\sigma_{xx}+v\tau_{xy}+w\tau_{xz})+\frac{\partial}{\partial y}(u\tau_{yx}+v\sigma_{yy}+w\tau_{yz})+\right.$$

$$\left.\frac{\partial}{\partial z}(+u\tau_{zx}+v\tau_{zy}+w\sigma_{zz})\right]\mathrm{d}x\mathrm{d}y\mathrm{d}z \tag{4.24}$$

将各项代入式 4. 24，得到如下方程：

$$\frac{\partial}{\partial t}\left[\rho\left(\hat{u}+\frac{V^2}{2}\right)\right]=-\nabla\cdot\left[\left(\hat{u}+\frac{V^2}{2}\right)\rho V\right]-(\nabla\cdot\ddot{q})+\rho(V\cdot g)+$$

$$\left[\frac{\partial}{\partial x}(u\sigma_{xx}+v\tau_{xy}+w\tau_{xz})+\frac{\partial}{\partial y}(u\tau_{yx}+v\sigma_{yy}+w\tau_{yz})+\right.$$

$$\left.\frac{\partial}{\partial z}(+u\tau_{zx}+v\tau_{zy}+w\sigma_{zz})\right] \tag{4.25}$$

在这里，应力张量有 9 个正应力和剪切应力，它们具有对称性，可以从动量方程中提取出来，方程简化为：

$$\rho\frac{D\hat{u}}{Dt}=-\nabla\cdot\dot{q}+\left(\sigma_{xx}\frac{\partial u}{\partial x}+\tau_{yx}\frac{\partial_u}{\partial_y}+\tau_{zx}\frac{\partial u}{\partial z}\right)+\left(\tau_{xy}\frac{\partial v}{\partial x}+\sigma_{yy}\frac{\partial v}{\partial y}+\tau_{zy}\frac{\partial v}{\partial z}\right)+$$

$$\left(\tau_{xz}\frac{\partial w}{\partial x}+\tau_{yz}\frac{\partial w}{\partial y}+\sigma_{zz}\frac{\partial w}{\partial z}\right) \tag{4.26}$$

为了将热通量 $\dot{q}$ 与温度场联系起来，消除法向应力和剪切应力，需要建立本构方程。对于温度场，本构方程表示为傅里叶定律：

$$\dot{q}_n=-k_n\frac{\partial T}{\partial n} \tag{4.27}$$

牛顿式近似可以把应力和速度场联系起来，就像另一组本构方程一样：

$$\tau_{xy}=\tau_{yx}=\mu\left(\frac{\partial v}{\partial x}+\frac{\partial u}{\partial y}\right) \tag{4.28}$$

利用这两个方程，能量守恒方程可以被写为：

$$-\rho\frac{D\hat{u}}{Dt}=-\nabla\cdot k\nabla T-p\nabla\cdot V+\mu\varphi \tag{4.29}$$

其中焓 h 为$\hat{u}+\frac{p}{\rho}$。

将该方程微分并与主方程结合得到能量方程的形式如下：

$$\rho\frac{D\hat{h}}{Dt}=\nabla\cdot k\nabla T-\frac{Dp}{Dt}+\mu\varphi \tag{4.30}$$

如果对温度感兴趣，可以用温度代替焓：

$$D\hat{h}=C_\mathrm{p}\mathrm{d}T+\frac{1}{\rho}(1-\beta)\mathrm{d}p \tag{4.31}$$

其中，β 是热膨胀系数：

$$\beta=-\frac{1}{\rho}\left(\frac{\partial p}{\partial T}\right)_\mathrm{p} \tag{4.32}$$

得到的能量守恒方程如下：

$$\rho C_{\mathrm{p}} \frac{DT}{Dt} = \nabla \cdot k\nabla T + \beta T \frac{Dp}{Dt} + \mu\varphi \tag{4.33}$$

4.2.5 模拟模型的开发

为了更好地理解电池从电芯到电池包层的热响应，将上述能量方程离散化，采用了有限体积法（FVM）模拟。在这些模拟中，计算域被划分为若干个控制体积，并在每个控制体积上集成可微分形式的控制方程。在单元的质心中，对变量进行内插值，得到了压力和温度等参数的变化曲线，从而得到了区域内的离散方程。最后，使用求解器（以及其他各种数值技术）将模型中的解收敛。以下将介绍这些基本步骤。

4.2.5.1 网格生成

生成特性可靠的网格是得到典型和精确模拟的重要环节。通过定义需要详细分析的域和区域，通常使用 Gambit 和 ICEM 等预处理器来生成网格。由于电芯和模组的几何结构比较简单，因此在这些应用中，结构网格通常是首选。在网格生成过程中，通常采用自底向上的方法，首先对“边”进行网格划分。根据一个连续的比率，对接口或边界附近的区域（应用 PCM 的地方）进行详细的网格划分。然后通过选择网格的元素生成“面”网格。结构网格需要规范，对兴趣区域的网格密度和其他初步定义的区域的网格密度以及边界条件，需要建立规范的结构网格。需要注意的是，虽然网格的细化增加了网格的数量，增加了解决方案的精度，但也延长了计算时间，增加了成本。因此，网格结构应该集中在对系统影响最大的区域。仿真软件采用预处理、求解和后处理三个步骤完成分析。在有限体积法中，网格的每个节点都应该包含一个相应的控制体。具有属性特征的网格网络需要导出到求解器软件中。

4.2.5.2 离散化方案

为了将偏微分方程（PDE）转化为代数方程，需要采用离散化技术，并用数值方法求解。控制体技术包括对每个控制体积的迁移方程进行积分。这样，控制体积上的守恒定律就可以用离散方程来表示。瞬变、对流、扩散和源项的离散化以及控制方程的一般形式，可由任意控制体积 V 的积分形式方程表示：

$$\int_V \frac{\partial \rho\theta}{\partial t} \mathrm{d}V + \oint \rho\theta \vec{v} \mathrm{d}\vec{A} = \oint \Gamma_\theta \nabla\theta \mathrm{d}\vec{A} + \int_V S_\theta \mathrm{d}V \tag{4.34}$$

其中，ρ、$\vec{v}$、$\vec{A}$、Γ_θ、$\nabla\theta$ 和 S_θ 分别为单位体积上的密度、速度向量、表面积向量、扩散系数、θ 梯度和 θ 的源。上面的方程应用于计算域中的所有单元或控制体。给定单元格的方程离散化为

$$\frac{\partial\rho\theta}{\partial t}V+\sum_{f}^{N_{\text{force}}}\rho_f\vec{v}_f\theta_f\vec{A}_f=\sum_{f}^{N_{\text{force}}}\Gamma_\theta\nabla\theta\mathrm{d}\vec{A}+\int_V S_\theta\mathrm{d}V \tag{4.35}$$

获得任意变量 β 的时间离散化的一般方法为

$$\frac{\partial\beta}{\partial t}=F(\beta) \tag{4.36}$$

使用一阶逆向差分精确法，F 的空间离散函数可以写成

$$\frac{\beta^{n+1}-\beta^n}{\Delta t}=F(\beta) \tag{4.37}$$

然后，一阶隐式对时间积分变成

$$\frac{\beta^{n+1}-\beta^n}{\Delta t}=F(\beta^{n+1}) \tag{4.38}$$

在每个时间级上迭代求解的最终形式表示为

$$\beta^{n+1}=\beta^n+\Delta tF(\beta^{n+1}) \tag{4.39}$$

同样的方法也适用于空间离散化。

4.2.5.3　亚松驰方案

当因变量或辅助变量的变化需要有特定的可控性和约束时，可以考虑使用亚松驰法。因此，必须保持耦合非线性方程组的稳定性。在这方面，亚松驰法是一种实现收敛的稳定有效的解决方法，特别是对于非线性和刚性问题。当使用亚松驰法时，可以使亚松弛变量不能直接达到其最终值，并以此来划分步骤，但从技术上讲，亚松驰因子需要更长的时间才能收敛。

4.2.5.4　收敛准则

在数值方法中，进行迭代步骤时应该有限制标准来控制变量，以此来停止迭代。为了控制收敛趋势，开始求解过程前需要先定义一个名为“残差”的参数。当每个变量的残差之和高于预定义的值时，迭代将继续，直到达到定义的值。

4.3　电芯和模组级别的实验搭建和过程

在前面几章中，从整体角度对热管理系统与热管理系统其他组件的交互进行了分析。尽管这种方法非常重要，但同时必须理解与电化学能量转换有关的产热以及模组间相应的产热。因此，本节将演示电池的散热，并展示与检测电池有关的实验设置和程序，以及如何准确地收集必要的数据并验证结果。为了使所覆盖的实验步骤与大多数读者相关，我们选择了与大多数热管理系统兼容的实验。

4.3.1　电芯和模组仪表化

为了了解电池包的产热，必须准确测量和控制每个电芯的温度。基于此，应该

对电芯进行仪表化并且全程监控，以防止任何可能影响电池性能和/或安全的问题。在这方面，利用热粘合材料将热电偶（最常见的 k 型）粘贴到每个电芯的表面，并且使用数据采集软件采集电池包信息。需要采集模组/模组中所有电芯的数据，并编译以理解电池包相关区域的温度分布。图 4.6 ~图 4.8 显示了测量电芯、冷却板和模组的步骤。

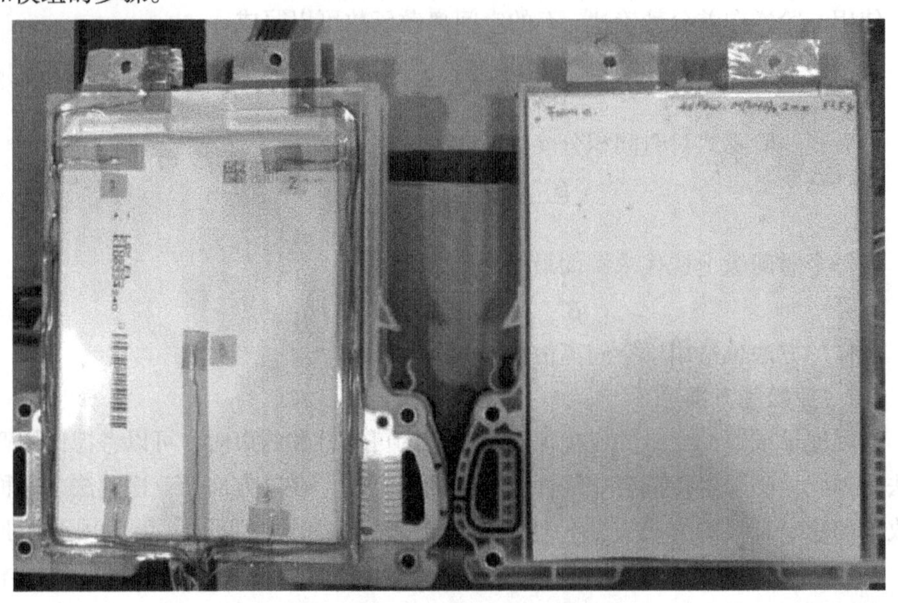

图 4.6　在锂离子电池表面布置热电偶

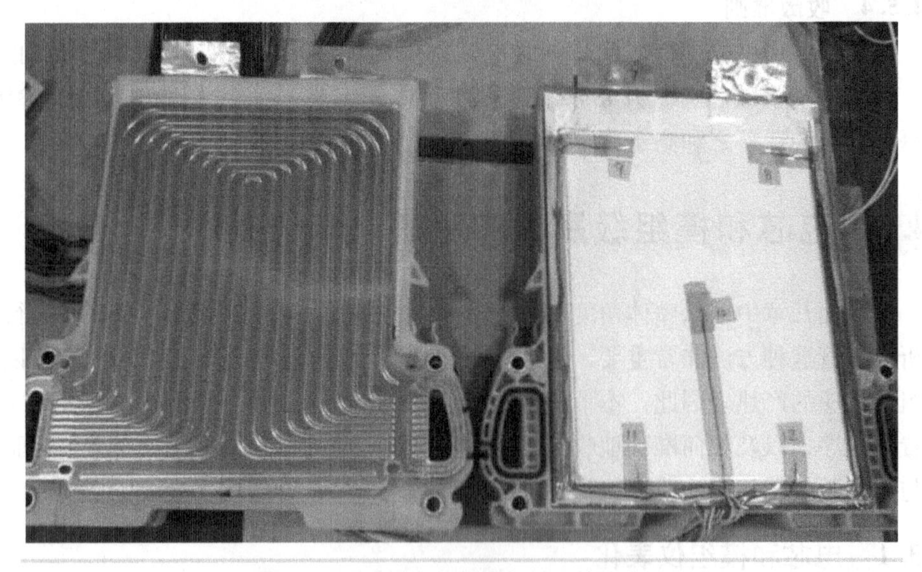

图 4.7　连接热电偶的冷却板及其他表面

图 4.8　在 Greg Rohrauer 博士的实验室中进行测试的三电芯模组

一旦电芯被仪表化，并在不同的条件和循环工况下监测其温度曲线，就需要根据需要的熔化温度选择一种兼容的相变材料。为了有效地利用相变材料，它需要置于泡沫中并放置在电芯周围。为了选择泡沫材料，需要根据材料的物理性质进行多次实验。表 4.3 中列出了最常用的泡沫。选择泡沫材料的主要标准是它的孔隙度，合适的孔隙度可以有效地吸收相变材料（Javani et al. , 2014）。

接下来，泡沫需要用相变材料浸湿，并评估其吸收性，如图 4.9 所示。在这些实验中，通常会使用高低温测试设备与环境舱一起来控制实验环境，并在实验过程中熔化固相相变材料。

表 4.3　电池热管理系统应用中常用的泡沫

泡沫样品	颜色	样品尺寸/(mm × mm)	表面积/mm^2	M_1，干燥质量/g	M_2 浸泡后质量/g	PCM 吸收质量/g	PCM 密度/(g/mm^2) ×1000
1	淡黄色	106 ×155	16430	1.92	8.24	6.32	0.38
2	黑色	107 ×140	14980	4.15	5.68	1.53	0.10
3	黑色（多孔）	105 ×140	14700	2.27	7.75	5.48	0.37
4	蓝色（带）	35 ×150	5250	0.84	2.48	1.64	0.31
5	蓝色	105 ×150	15750	0.731	1.601	0.87	0.06

4.3.2　换热器的仪表化

如第 3 章所述，在电池上直接使用相变材料的另一种方法是使用填充相变材料的热交换器来调节冷却液温度。为了有效地利用这种热交换器，需要准确地知道相变材料的温度和状态。因此，需要在热交换器的铜管中放置几个热电偶。热交换器中的熔化过程和热电偶的位置如图 4.10 和图 4.11 所示。

图 4.9　泡沫在相变材料中浸泡后的吸收情况

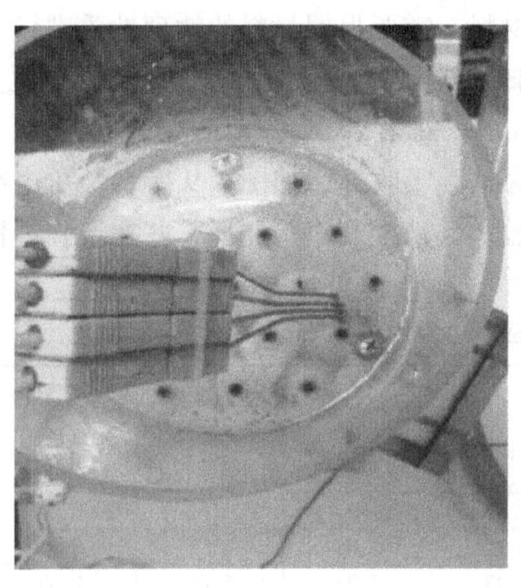

图 4.10　热电偶与铜管等距布置

图 4.12 为热交换器，通过优化得到槽的长度和直径，以及铜管的数量和直径。（优化程序将在第 6 章展示）。在设计热交换器时需要考虑不同的质量流率和传热率。图 4.13 展示了相变材料处于固相时的情况。

4.3.3　相变材料和纳米颗粒混合物的制备

换热器壳体侧采用不同的正十八烷组合材料。这种应用场合一般考虑纯相变材

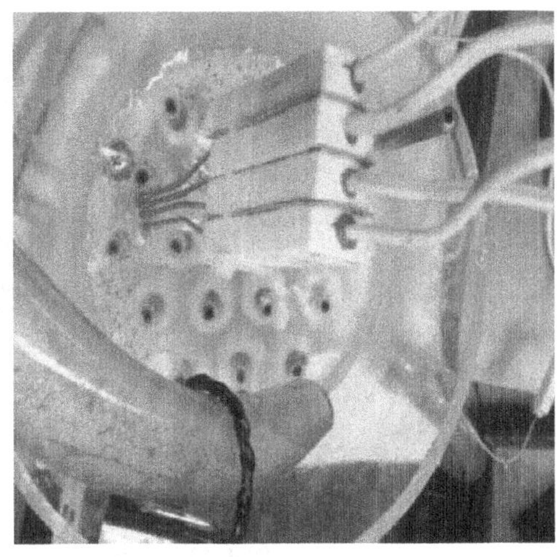

图4.11　热电偶在管表面的位置

图4.12　具有优化尺寸的加工后的热交换器

料（99%纯度）和工业级（90.8%）相变材料（图4.14a、图4.14b）。超声装置用于制备碳纳米管和相变材料。利用超声波将纳米管适当地分散在相变材料中（图4.14c）。超声法的优点是通过相变过程防止纳米颗粒的团聚。此外，通过增加超声设备的使用时间，可以提高混合料的导热系数（Amrollahi et al.，2008）。制备的相变材料和纳米颗粒混合物用于差示扫描量热法测试和导热系数分析。此外，这些样品（图4.14d）也广泛应用于光学显微镜。

这些研究中使用的纳米颗粒通常是碳纳米管和石墨烯纳米片。石墨烯纳米片的

图 4.13 换热器中相变材料固相及试验台

a) b)

c) d)

图 4.14 在 Greg Rohrauer 博士实验室使用超声波装置制备样品

性质如下：

- 纯度：97wt%
- 直径：2μm
- 等级 3
- 灰分：<1.5wt%

对于碳纳米管（CNT），相应的性质是：

- 外径：8～15nm
- 长度：10～50nm
- 纯度：95wt%

不同质量浓度的石墨烯片和碳纳米管需要与工业级和纯十八烷混合。需要注意的是，当浓度大于 10% 时，混合物变得不那么黏稠，混合物的熔化潜热就会降低。由此产生的较低比热容可能对系统造成重大的不利影响。这也显示了正十八烷和纳米管混合物在高循环次数后的热稳定性。这主要是因为有机材料和石蜡的特性。下面将简要介绍这些混合物的制备以及用差示扫描量热法（DSC）和光学显微图像进行的分析。

4.3.4　改善颗粒的表面排列

一旦电芯和/或热交换器被检测并制备了 PCM 和纳米颗粒混合物，下一步就是深入了解混合物中颗粒的表面排列，以确保高导热性，特别是经过几个循环的熔化和凝固之后。研究纳米颗粒在 PCM 混合物中分散程度的最有效方法之一是使用光学成像技术。

在反射显微镜方法中，观察相变过程中 PCM 和纳米颗粒的表面，以了解颗粒的表面排列。利用透射显微图像，可以在相变过程中对样品进行研究，进一步研究石墨烯纳米片和碳纳米管的团聚率。此外，还可以研究精细延展曲面及其他方法对防止混合料中颗粒对流的影响。

另一方面，透射电子显微镜（TEM）是一种显微技术，其中电子束通过超薄样品，在通过时与样品相互作用。通过样品的电子相互作用会形成影像；影像被放大并聚焦到一个成像设备上，如荧光屏幕，一层照相胶片，或由传感器（如 CCD 相机）检测。TEM 能够以比光学显微镜高得多的分辨率成像。在反射显微镜中，光从样品上反射出来。图像对比度可以以不同的方式出现。

PCM 和纳米颗粒混合物的主要缺点之一是当混合物融化时，纳米颗粒的聚集降低了材料的导热性。为防止这一现象发生，采用了一种非常精细的不锈钢网，并通过反射显微镜和透射电镜进行了实验。图 4.15 展示了用于此目的混合物中使用的微型网。

4.3.5　测试台架搭建

在准备好参与实验过程的每个组件之后，需要搭建测试台架开始试验，以获取

图 4.15　20μm 筛孔尺寸的不锈钢微型网

电池热管理系统所需的信息。工程师可以通过测试台架检查系统的组成部分和不同回路之间的关系。重要的是要包含或模拟对系统有重大直接或间接影响的所有组件和因素，以确保结果的准确性和可靠性。参数研究和灵敏度分析对于更好地理解每个参数对系统和需要改进的组件的影响变得非常重要。图 4.16 是包含了制冷剂和

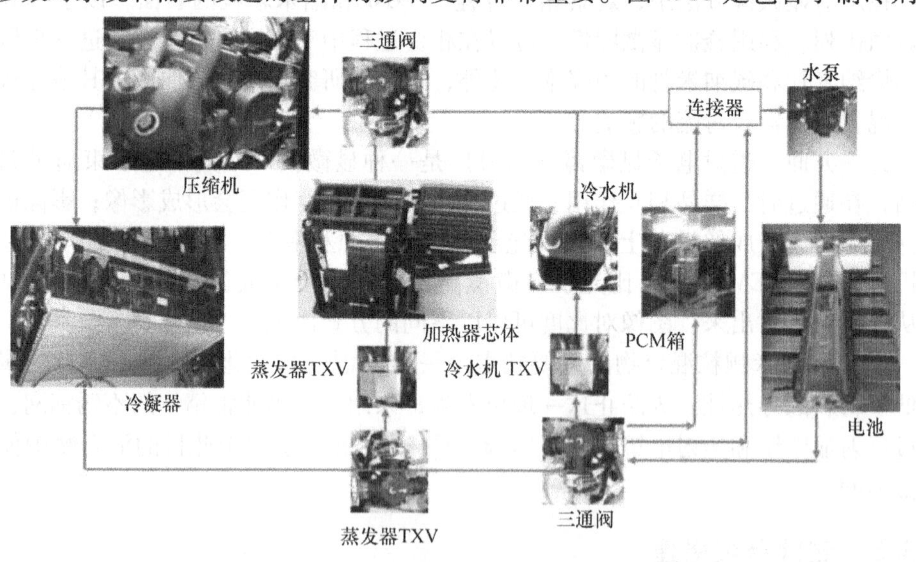

图 4.16　所使用的试验台制冷剂回路示意图

冷却液回路的所有组件的测试台架、发动机模拟器（通过一个辅助工作台）以及一个实际的电池组连接关系的示意图。

首先检查管道是否有泄漏和充满冷却介质是非常重要的。温度传感器和压力表放置在关键位置，在流量发生显著变化的位置测量质量流量。然后，将搭建的测试台连接到复杂的工程台架中，以获取数据并为测试台中所用的电子设备供电。实验装置的示意图如图4.17所示。

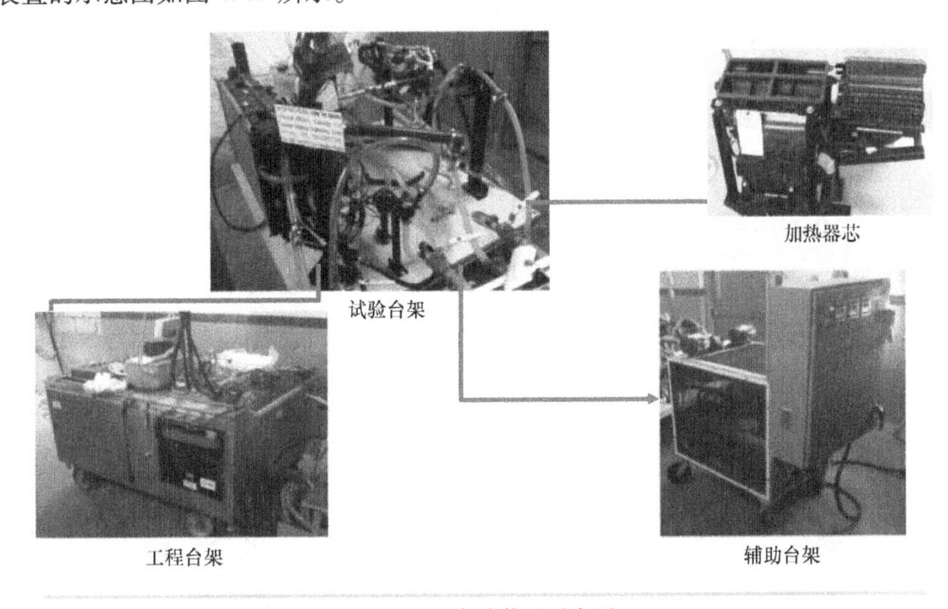

图4.17　实验装置示意图

4.4 整车级试验搭建及流程

为了对真实场景下分析的电池热管理系统有一个全面的了解，在上述步骤完成后，也应该在车辆上进行测试。结合实验获得的数据，在电芯和模组层面上进行整车级别测试，可以用车辆和/或用户的真实输入替代辅助测试台的模拟效果。因此，结合各种不同测试收集的信息，为用户提供更大范围的数据，对当前的电池热管理系统性能和系统中需要改进的领域做出最终决定是非常重要的一步（Hamut et al.，2014）。

4.4.1 建立数据采集硬件

为了能够在测试车中进行准确可靠的测试，需要使用数据采集系统和大量的传感器和量规进行检测。在以下步骤中，使用IPETRONIK数据采集系统。关于数据采集系统如何工作的简化示意图如图4.18所示。

选择兼容的硬件，在车辆中进行准确、可靠的测量也是至关重要的。在这个步骤中，使用 M 系列硬件，其中包括 M - THERMO、M - SENS 和 M - FRQ。这个模块化系统被放置在汽车的行李舱中，由一个 12V 的电源提供动力，该电源从车辆中获取电力。所有放置在热管理系统中的传感器、仪表和流量计都通过车辆连接到行李舱，并根据其类型和位置进行标记。测试车辆的数据采集系统如图 4. 19 所示。

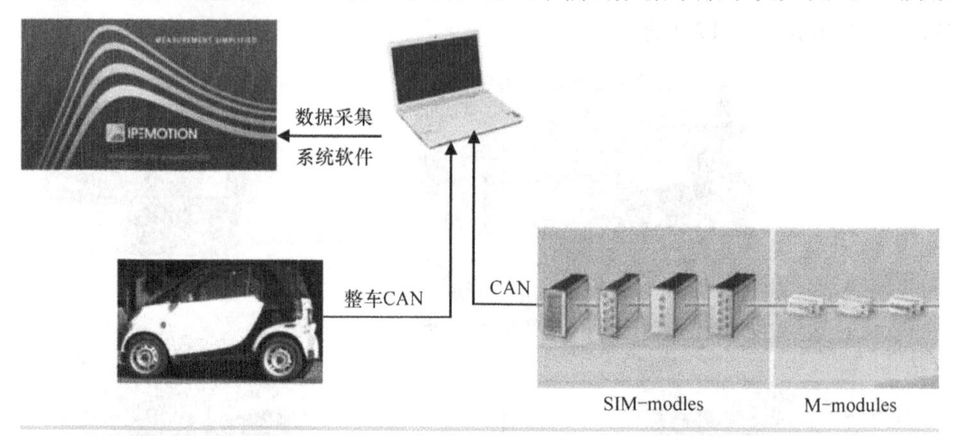

图 4. 18 数据采集软件在车辆上的应用（IPETRONIK, 2009）

图 4. 19 安装在电动汽车行李舱内的数据采集系统

在热管理系统中，82M - THERMO k 型（16 通道 ANSI）热电偶用于测量车辆各主要部件前后的温度。这些热电偶有 16 位模拟转换器，测量值可以低至 - 60℃。此外，在热管理系统中使用了 12 个压力传感器，以确定系统中的相关压力值以及通过组件的压降。这些压力传感器具有 0. 25% 的准确率和温度补偿，工作范围为

-20~80℃，涵盖大部分的实验温度。当使用环境偏离这些温度范围时，其准确度会降低。此外，实验中使用M-SENS8（8通道）电压/电流传感器，以确定与系统中制冷剂和冷却液相关的相应质量流量。这些传感器有11个电压和2个电流测量范围，在高速CAN总线上工作。还可以使用M-FRQ，它有4个可调节开/关阈值的信号输入，并在冷凝器上安装风速计来确定系统的风量；并且有从周期持续时间、叠加持续时间、暂停持续时间和占空比四种频率测量模式，可以测量输出到CAN总线的数据（高速CAN）。M-FRQ有4个输入范围，包括14V，最小刻度250mV；1±40V，最小刻度在200mV（IPETRONIK，2009）。所使用的传感器如图4.20所示。

M-Thermo

M-Sens

压力传感器

图4.20　数据采集系统中使用的传感器

此外，为了记录系统内的流量，在车内放置了5个电磁发射器。电磁流量计以3/4in线径安装到汽车上，传感器和转换器接地，与任何振动和磁噪声源隔离，以便系统正常工作。当开始测量时，测量线内完全被冷却介质填充，并确保没有流动，以校准设备，并为每个设备选择一个兼容的采样率。通过流量变送器和相应的软件包获取流量读数。图4.21显示了所使用的一种流量调配器的示例图片。

图4.21　实验中常用的流量调配器

为了从实验中获得全面而有意义的数据，传感器和仪表（温度、压力和质量流量）需要放置在热管理系统的每个关键点上。表4.4列出了这些仪器及其最常用的位置。

4.4.2 建立数据采集软件

为了能够读取和处理从图4.20所示的仪器中获得的数据，需要使用兼容的软件包（在此分析中使用IPEmotion开发者01.03版）(IPEmotion手册，2010)。该软件包允许配置、显示、测量和存储采集数据。这些信号通过制造商应用层获取，应用层是一个插入式组件，由几个动态链接库文件和XML格式的描述文件组成。

在此步骤中，必须根据在车辆中的布点位置和用途对所有硬件进行标识，并在数据采集软件中指定相应的名称。随着测量设备数量的增加，在设备和读数之间很容易跟丢以及产生错误的配对关系，这就产生了严重的问题，特别是对于难以到达的位置的传感器和仪表，如电池模组内部和散热器后面，并且会延长完成实验所需的时间。一旦所有测量设备就位，重要的是要验证这些读数是否可以在软件中访问并落在估计范围内。必须通过频繁的校准和设备的隔离，将噪声和干扰保持在最小。

表4.4　一般热管理系统实验的样本仪器清单

通道名称	通道描述
RadInCool	散热器进口冷却液温度/℃
RadOutCool	散热器出口冷却液温度/℃
TrnAuxOilCoolAl	变速器油冷器进风温度/℃
TrnAuxOilCoolAO	变速器油冷器出风温度/℃
TrnAuxOilCoolFl	变速器油冷器进油温度/℃
TrnAuxOilCoolFO	变速器油冷器出油温度/℃
GrilleOATSens	格栅上OAT传感器处温度/℃
CowlAl	通风帽进气温度/℃
FrtBlwrAO	前鼓风机出风温度/℃
CompOut	压缩机出口温度/℃
CondOut	冷凝器出口温度/℃
FrtEvapInPipe	前蒸发器入口温度/℃
FrtEvapOutlet	前蒸发器出口温度/℃
Compln	压缩机入口温度/℃
RrEvapLnPipe	后Chiller/蒸发器入口温度/℃
RrEvapout	后Chiller/蒸发器出口温度/℃
FrtHtCorFl	前加热器电芯入口水温/℃
FrtHtCorFO	前加热器电芯出口水温/℃
Cond_Aln_Grid_1 through 12	冷凝器进风温度1#~12#/℃

（续）

通道名称	通道描述
Cond _AOutGrid 1 through 12	12 冷凝器出风温度 1# ~ 12#/℃
Rad_AlnGrid_1 through 5	散热器进风温度 1# ~ 5#/℃
Rad_AlOGrid_1 through 5	散热器出风温度 1# ~ 5#/℃
FrtEvapInGrid_1 through 9	前蒸发器进风温度 1# ~ 9#/℃
FriEvapAOGrid_1 through 9	前蒸发器出风温度 1# ~ 9#/℃
FtHtrCoreAlGrd_1 through 6	前加热器电芯进风温度 1# ~ 6#/℃
FtHtrCoreAOGrd_1 through 6	前加热器电芯出风温度 1# ~ 6#/℃
Comp_Out_P	压缩机出口压力（0 ~ 500 lbf/in^2）/kPa
Cond_Out_P	冷凝器出口压力（0 ~ 500 lbf/in^2）/kPa
Evap_Frt_In_P	前蒸发器入口压力（0 ~ 1000lbf/in^2）/kPa
Evap_Frt_Out_P	前蒸发器出口压力（0 ~ 1000lbf/in^2）/kPa
Comp_In_P	压缩机入口压力（0 ~ 1000lbf/in^2）/kPa
Evap_Rr_In_P	后冷却器/蒸发器入口压力（0 ~ 100lbf/in^2）/kPa
Evap_Rr_Out_P	后冷却器/蒸发器出口压力（0 ~ 1000lbf/in^2）/kPa
Trans CoolIn_P	变速器冷却器入口压力/kPa
Trans CoolOut_P	变速器冷却器出口压力/kPa
Rad_In_P	散热器入口压力 kPa
Rad_Out_P	散热器出口压力 kPa
FrHeatCoreIn_P	前加热器电芯入口压力/kPa
FrHeatCoreOut_P	前加热器电芯出口压力/kPa
Frt_Blower_V	左/主冷却风扇电压/V
CoolingFan_Lt_A	左/主冷却风扇电流/A
CoolingFan_Rt_V	右冷却风扇电压/V
CoolingFan_rt_A	右冷却风扇电流/A
TransOilCool_lpm	变速器油冷器流量（3/4in 涡旋式）/L/min
Radiator_lpm	散热器流量（1 - 1/2in 电磁式）/L/min
TPIMJpm	冷却器流量（3/4in 电磁式）/L/min
FrtHeatCore_Return_lpm	前加热器电芯流量（3/4in 电磁式）/L/min
Cond_Fan_Freq_1 through 12	冷凝器风速计 1# ~ 12#FREQ

资料来源：Hamut et al.，2014

在软件中，使用项目属性定义配置。对于信号，一般采用 5Hz 的采样率，因为它是这些应用程序的推荐采样率（由于其最佳精度和频率）。然后，为通道选择相应的单位。接下来，需要定义获取值的最大和最小显示范围。使用比例计算器，电压需要准确转换到相应的测量单位。应该确定每个值的限制并录入软件。然后，当信号通过较高的滞后效应（通常这些应用程序是2%）返回到设置范围时，必须记录和重置违反限制的行为。

下一步是使用数据管理器主导航来管理和分析获取的数据。然后通过导出函数将加载的采集数据集转换为 excel 格式。最后，使用 analysis 选项卡通过如图 4.22 所示的软件图表来可视化数据。一旦数据被采集并存储在软件中，它就会被用来评估车辆的性能。

此外，为了记录相关信号，需要对车内的高速和中速 CAN 总线进行监控。这个应用程序使用了带有 Vehicle Spy 3 软件包的 NeoVI RED 设备。最常用的数据列表见表4.5。

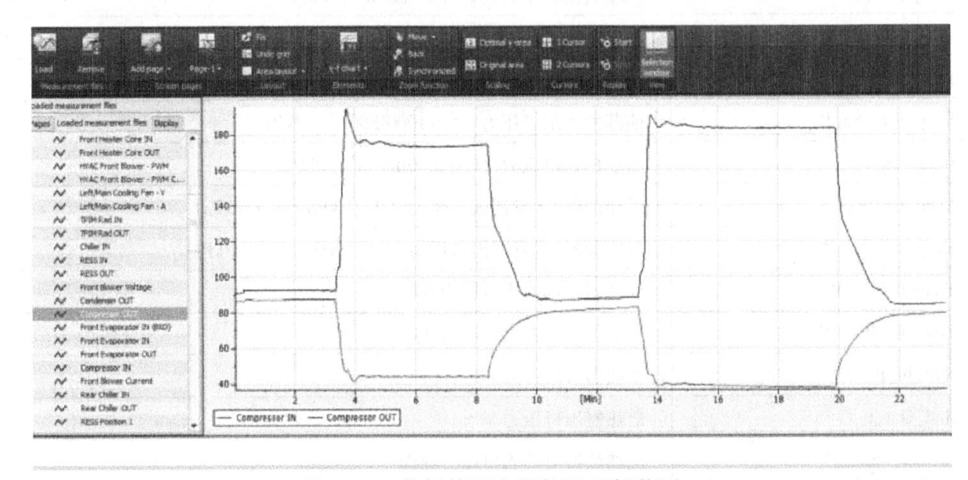

图4.22　数据管理主导航屏示例截图

表4.5　常用的中速 CAN 总线信号列表

通道名称	通道描述
OAT	环境温度（℃）
HVBat_ Max_ Temp	电池最高温度（℃）
HVBat_ Min_ Temp	电池最低温度（℃）
RadIn Cool	压缩机高侧压（kPa）
HVBat SOC	电池荷电状态（%）
HVBat_ Proc_ Voltage	电池过程电压（V）
HVBat_ Proc_ Current	电池过程电流（A）
Comp_ Volt	压缩机电压（V）
Comp_ Current	压缩机电流（A）
Comp_ Pwr	压缩机功率（kW）
Comp_ Speed	压缩机转速（r/min）

资料来源：Hamut et al.，2014

最后，需要在不同的场景下进行大量的实验，以便从两种 CAN 总线收集大范围的车辆热管理系统数据。这一步的实验步骤与大多数原始设备制造商设置的实验步骤相似，为了便于读者进行比较，进行了实验分析，系统地改变关键参数，以记录系统中相关的变化，并在系统恢复到稳定状态后进行新的测试。这些数据被用来重新验证数值分析，并通过创建一个更精确的反映实际车辆的系统来进一步改进数值分析。5.4.5 节提供了部分记录的样本数据集供参考，这些记录通过以下场景获得：

- 起动车辆，开始数据采集。
- 加热器和风扇完全开启时间 t_1。
- 加热器和风扇关闭，直到参数恢复到初始状态。
- 空调和风扇完全打开时间 t_2。
- 空调和风扇关闭，直到参数返回到初始状态。
- 数据采集系统停止。

应该指出的是，必须在测试前校准车辆中所有需要使用的仪器，检查所用部件的兼容性，并在关键测量位置设置冗余，以确保读数的可靠性。因为大部分工作都是围绕高压电池进行的，所以在接通电池前，必须采取适当的安全措施，并切断所有的电源。在电池以高倍率放电的情况下，必须仔细监测电池包内的温度，并在试验开始前设定上限限制（除非进行破坏性试验）。对于液体热管理系统，当冷却液流经电池组，管路会穿过车身并会越过几个电子系统，因此管路的密封是必不可少的。此外，当使用相变材料时，随着时间的推移，会发生显著的衰退和体积变化，因此应该定期检查电池热管理系统是否有任何泄漏或变形。所有测试应由合格人员进行，在测试程序开始前必须采取所有必要的安全和预防措施。

4.5 举例说明：基于相变材料的液式电池热管理系统仿真和实验

为了说明上述步骤及其应用和输出，在一辆电动汽车上进行了基于相变材料的液式电池热管理系统的实验分析。试验车是一辆 16kW·h 锂离子电池的混合动力汽车（串联架构）。该电池包由方形的锰酸锂离子电芯（$LiMn_2O_4$）排列在多个模组中组成。电芯表面覆盖有不同厚度的 PCM，电池冷却回路使用 DEX - Cool（50/50水乙二醇混合物），使电池工作在理想的温度范围内。在制冷剂回路中，R134a 用于乘员舱空调，并在必要时从冷却液回路中去除热量。此外，发动机回路通过泵入发动机机体的水和防冻液的混合物来保持发动机的冷却，以便将多余的热量从关键区域带走。最后，在电力电子回路中利用冷却液对电池充电器和电源逆变模块进行冷却，确保发动机舱内电子设备在使用过程中不会过热。试验车热管理系统回路示意图如图 4.23 所示。在图中，数字代表放置温度传感器（℃）、压力表

（kPa）或风速计和流量计（kg/s）的位置。此外，在需要功率输出的地方测量电压（V）和电流（A）。

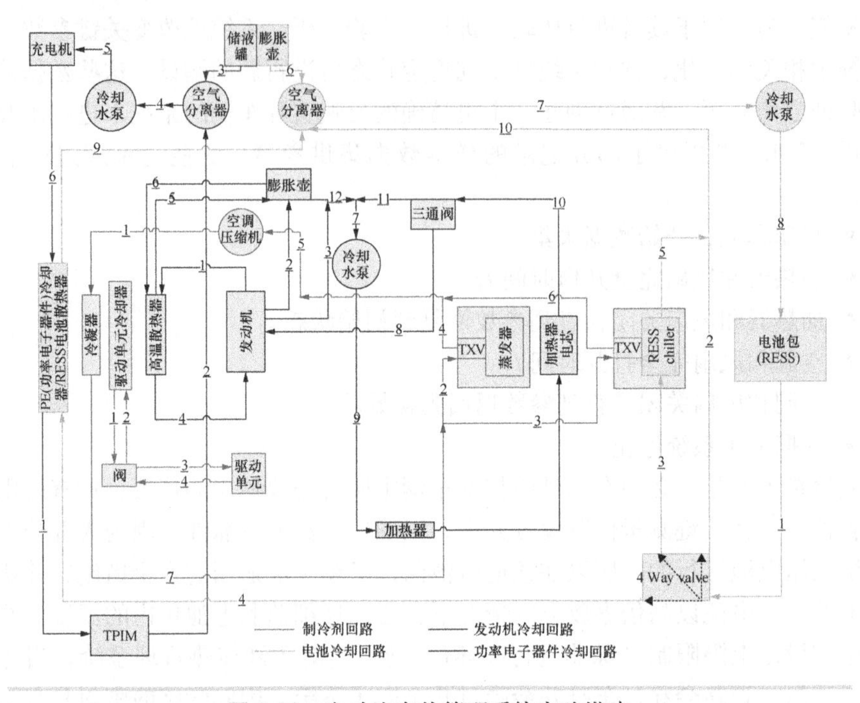

图 4.23　电动汽车热管理系统实验搭建

除了目前的整车热管理系统，PCM 也应用于内部（围绕电芯）。对于相变材料，固相线和液相线的温度分别是 35.5℃和 38.6℃，这表明杂质导致的偏析温度在 3℃之间。换热器设计中以 1.2～7L/min 的质量流量和 350～700W 的传热为设计范围。石墨烯片与 CNT 以 1.25%、3%、6% 和 9% 的浓度与工业级和纯十八烷混合。

BMTS 首先在有 PCM 和没有 PCM 的电芯级别进行研究，然后在电池周围运行液体冷却液进行系统级研究。电池产生的热量是通过有限体积法和使用量热计来确定的。初步利用 Fluent 计算机建模确定了电池平均温度、最大电池温升和冷却性能的变化趋势，并通过实验结果验证了结果的正确性。需要指出的是，分析的主要目标是提供方法和必要的步骤，以取代基于 PCM 的电池主动冷却热管理系统，并减少系统中冷却部件的数量和成本。

4.5.1　电芯级的模拟与实验

在本节中，我们使用有限体积法，在电芯层级上考察了相变材料在电池热管理系统中的传热。在电池充电和放电过程中，特别是在苛刻的驱动模式下，电池会发生显著的散热。发热量的分布主要取决于电池的类型和几何形状。因此，本案例分析了不同的电芯尺寸。对 4 种不同厚度的 PCM（3mm、6mm、9mm 和 12mm）进行评估，研究 PCM 的厚度对电芯温度高低和均匀性的影响，并为读者提供在应用中的不同选择（示例如图 4.24 所示）。

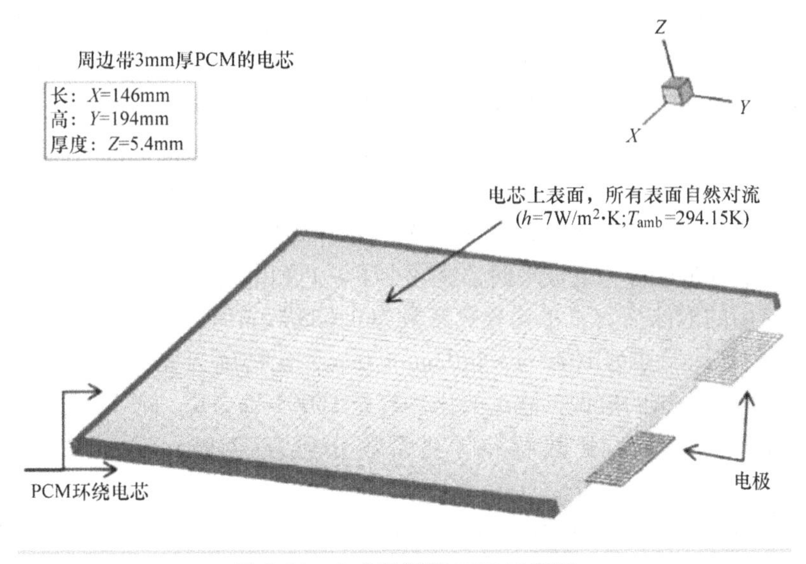

图 4.24　电芯及周围 PCM 示意图

应当注意，PCM 厚度的选择是基于 PCM 在电动车辆电池组中的实际适用性。因为有机材料对 PCM 容器的腐蚀性相对较低，无毒环保，并且具有化学稳定性、同成分熔融（相分离）、无化学分解以及小的/可忽略的过冷效应，所以使用含有有机材料的 PCM。

对于电池的初始分析，考虑了所有表面的自由对流，包括电池和 PCM 与周围空气的界面，其中传热系数为 $h=7\text{W}/\text{m}^2\text{K}$，$T_{\text{amb}}=294.15\text{K}$。电池的产热率通过热量计进行测试。分析中考虑的假设和初始边界条件如下：

• 极耳的热传递主要是自然对流。

• 极耳和电芯本身之间是一个“耦合”的边界条件，以确保温度和其他特性的跨边界连续性。

• 电芯初始温度设为 294.15K（与环境温度相同）。

• 电芯具有正交异性导热系数。

• 使用电芯和 PCM 的平均比热。

• 认为发热源的空间分布仅取决于电池化学反应。

• 电芯中的发热被认为是均匀的。这一假设与集成系统分析相一致，该分析适用于厚度微不足道的元件（Pals，Newman，1995）。

• PCM 液相不存在流动情况。

• 辐射的影响可以忽略不计。

分析中，根据操作条件，考虑了不同情况的电池发热率。电池的平面（或表面）导热系数为25W/m·K，垂直于电池表面的方向的值为1W/m·K。电池的比热值取为1027J/kg·K。对于最常用的锂离子电池，在*C*/1放电倍率下放电至电池的荷电状态（SOC）等于50%时，圆柱形电池的发热率估计为20W/L（Al Hallaj et al.，1999）。对于*C*/1和2*C*的情况，发热率分别是1.33W/电芯和4.45W/电芯。*C*倍率决定了电流从电芯中放电的速率。产生的热量主要是由于内阻，而内阻又取决于电池的*C*倍率。电芯的热稳定性在很大程度上取决于被测电池的内阻。

在被测电芯中，两个电极对称布置。电极中的发热被认为是最小的，因为它们的行为类似于电池中的散热片，它们是作为非常薄的金属层（由于电池电解质被压缩）存在于电芯边缘和电极之间，这减小了电芯和电极之间的换热面积。

就所使用的泡沫而言，平均导热系数为0.083W/m·K。实验中测得的泡沫质量为4.15g。泡沫尺寸为107mm×140mm×1mm，比密度为277 kg/m^3，符合标准值。根据供应商提供的数据，泡沫的比热容是1500J/kg·K。此外，案例研究中使用的冷却板的比密度、比热容和导热系数分别为2719kg/m^3、871J/kgK、K = 202.4W/m·K。

在该模型上构造了相应的网格；在能够利用所开发的模型模拟之前，需要建立网格独立性。

4.5.1.1 网格独立性测试

在解释任何网格分析的结果之前，首先需要进行网格独立性测试，以确认网格大小对模拟结果没有影响。通常，监控域内会有一个点，以研究诸如温度等属性的收敛历史。在这个案例研究中，将通过电芯的靶线（Rake）作为收敛标准并进行监控。对于不同尺寸的三个网格，给出了电芯中沿恒定靶线的温度分布。图4.25显示了每种情况下靶线的收敛历史。这三个网格被考虑用于网格独立性测试。对于第一个网格，网格大小为97×73。该电芯在x和y方向上的连续比分别为1.02和1.05。目前的网格尺寸如下：

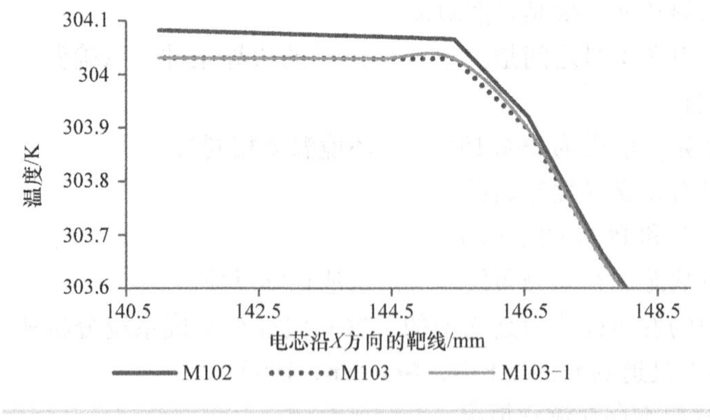

图4.25 带PCM的电芯网格独立性研究

- M102：87700体积单元。
- M103：196300体积单元。
- M103-1：300800体积单元。

对于电池周围的PCM厚度，$x-y$平面中的网格数为9×9。基于图4.25，然后选择包含196300个单元的网格。

4.5.1.2 接触热阻对传热速率的影响

一旦完成了网格独立性，在放置PCM之前，必须在单元格上检查接触热阻（隔热屏障/热阻），因为它可能会对传热速率产生影响。由于表面粗糙度的影响，接触热阻在具有两层或两层以上不同层的任何位置都会产生影响。目前锂离子电池中的电解质是由一层金属薄板封装，其端部连接在一起。这种界面中的接触热阻会影响传热速率。此外，当PCM被放置在电芯周围，需要一个外壳，以防止熔融的PCM泄漏。如果采用薄铝包覆，则可以用以下形式编写接触热阻（R）：

$$R_{tot}=\frac{\Delta t}{\dot{q}}=R_{thickness}+R_h+R_{contact}=\frac{L_{Al}}{k*A}+\frac{1}{hA}+R_{contact}$$

$$R_{contact}=\frac{T_{cell}-T_{terminal}}{\text{Thickness}} \tag{4.40}$$

式中，h是电池表面和环境之间的对流换热系数；L是外壳的厚度。对于铝界面（表面粗糙度10μm，10^5 N/m^{2}以空气为界面流体），接触热阻为2.75×10^{-4} m^{2}K/W。

根据导热系数和其他尺寸，$R_{thickness}$、R_h和$R_{contact}$分别计算为1.7×10^{-5}、3.531×10^1和$7.8\times10^{-6}\Omega$。导热系数被认为是202W/mK。因此，经过计算，可以明确接触热阻的大小与对流换热系数相比可以忽略不计。应注意的是，接触热阻背后的主要原因是界面中的大温差和热通量。在微尺度水平上，更是占主导地位。微尺度级的声子能更有效地确定接触热阻。传导是通过声子在接触热阻上的辐射传输发生的。为了研究界面声子强度行为，引入了等效平衡温度。这种温度类似于在任何介质中的扩散极限中定义的一般热力学温度。它代表了局部点周围所有声子的平均能量，它相当于在绝热条件下重新分配到平衡状态时声子的平衡温度。此外，接触热阻在边界处小到可以忽略不计，而不会在模拟中造成明显的精度损失。这主要是由于在热传递方向上的温度梯度比较高。

4.5.1.3 无PCM锂离子电池稳态和瞬态响应下的模拟结果

为了给读者提供比较不同厚度PCM应用效果的基线，首先介绍了没有PCM的电芯。首先，研究稳态模拟，然后是瞬态响应。基于在前面几节提到的条件下进行的分析，获得了图4.26所示的温度分布。对于考虑的边界条件和传热系数，将电池的最大体积、平均温度和最小温度与各种其他配置进行比较。

三个靶线1、2和3被限定在电芯中的三个不同位置，以及沿着电芯高度的垂直靶。一旦导热率在所有方向上都不恒定，电芯表面的传热速率就会不同。这种现象将在下一节的瞬态情况下进行研究。靶的位置如图4.26所示，数值如下：

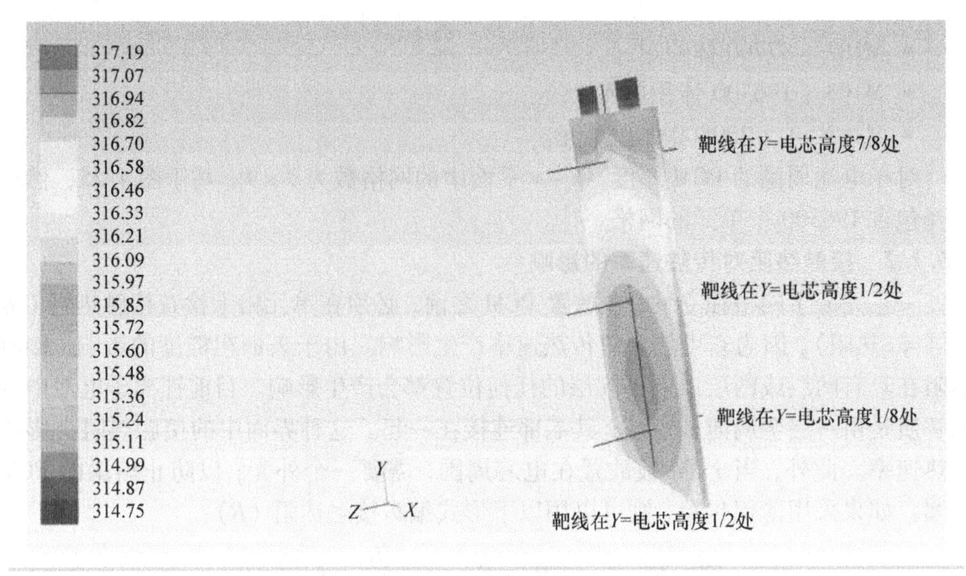

图 4.26 未使用 PCM 的电芯温度云图

- Rake 01：$X=73\text{mm}$，$Y=127.75\text{mm}$，$Z\in[0\ 5.4]$ mm。
- Rake 02：$X=73\text{mm}$，$Y=97\text{mm}$，$Z\in[0\ 5.4]$ mm。
- Rake 03：$X=73\text{mm}$，$Y=24.25\text{mm}$，$Z\in[0\ 5.4]$ mm。
- Rake 04：$X=73\text{mm}$，$Y\in[0\ 194]$，$Z=2.7\text{mm}$。

在图 4.27 中显示了创建的各靶线的温度分布。可以看出，由于对称的边界条件，电芯中部的温度上升到峰值。为了找到最高温度的位置，创建了垂直靶，并且沿着该靶线的温度分布如图 4.28a 所示。曲线拟合给出了以下温度分布（相关系数接近一致）：

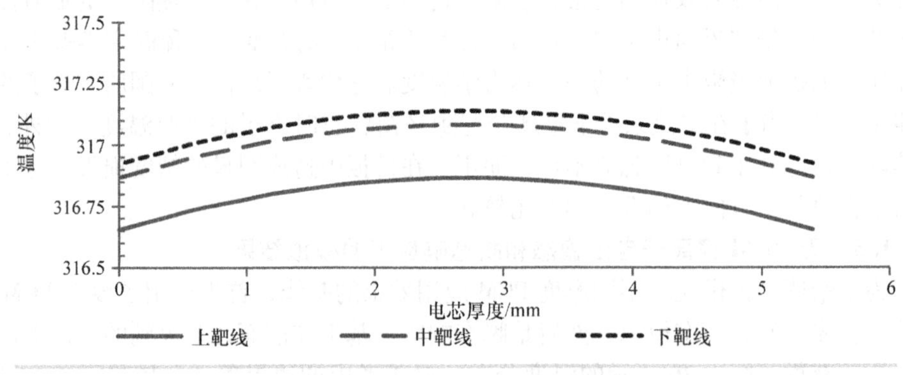

图 4.27 沿水平方向靶位温度分布

$$T=2\times10^{-8}y^3-7\times10^{-5}y^2+6.9\times10^{-3}y+317 \tag{4.41}$$

因此，该图的最大点在 $y=50.37\text{mm}$。这种不对称轮廓的主要原因在于研究对象的边界条件。电极与顶部边界（没有 PCM）相关，对电芯施加不同的条件，并

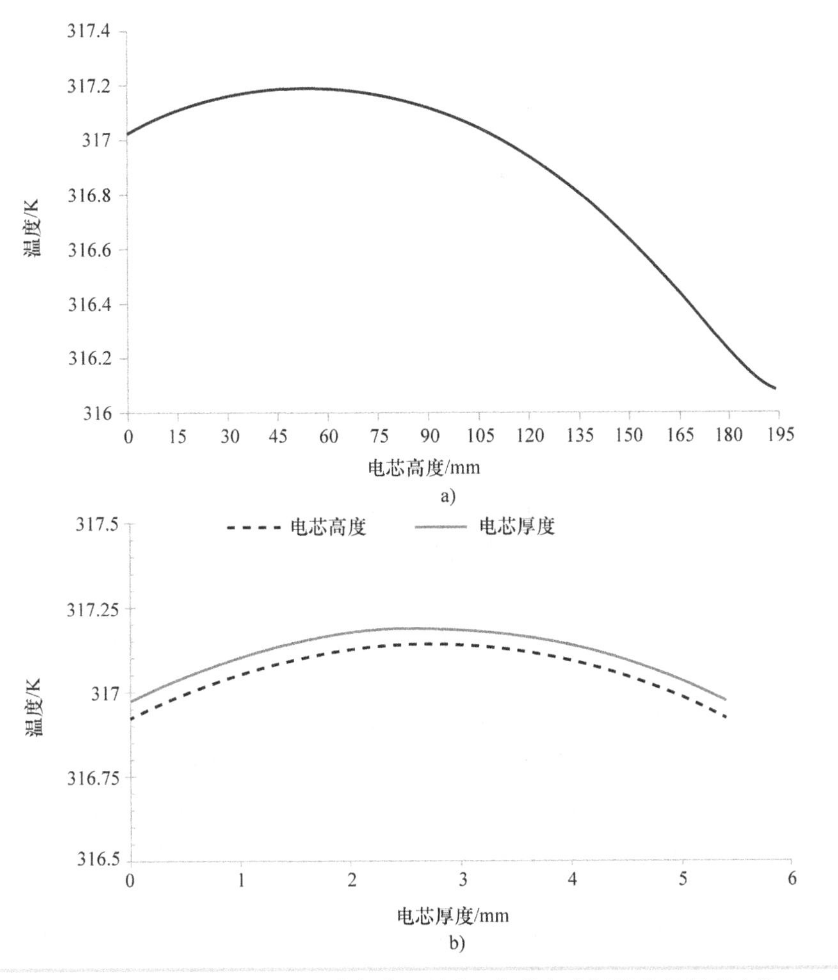

图 4.28　温度分布沿电芯垂直靶位和最高温靶位与底部靶位的温度比较

施加不对称的温度分布。沿着电芯的长度（在 X 方向）创建另一个靶。即电芯中的风险靶。这条靶线将用来比较不同情况下的冷却效果。由于电极的冷却作用，该位置低于电芯的中间高度。图 4.28b 比较了风险靶和底部靶的温度分布。

对于电芯周围没有 PCM 或所有具有各种类型 PCM 的情况，重点关注三个关键温度值：电池的最低和最高温度以及电芯的体积平均温度作为整体温度。静态温度和体积加权平均静态温度的输出值分别为 315.2K 和 316.7K。为了在瞬态分析中得到正确的瞬态响应，网格的时间步长独立性如图 4.29 所示。

考察时间为 2.5s、5s 和 10s 的时间步长。在分析中使用百分比差而不是百分比误差。

$$
\text{百分比差} = \frac{|(T_{5s} - T_{2.5s})|}{\left(\dfrac{T_{5s} + T_{2.5s}}{2}\right)} * 100 \tag{4.42}
$$

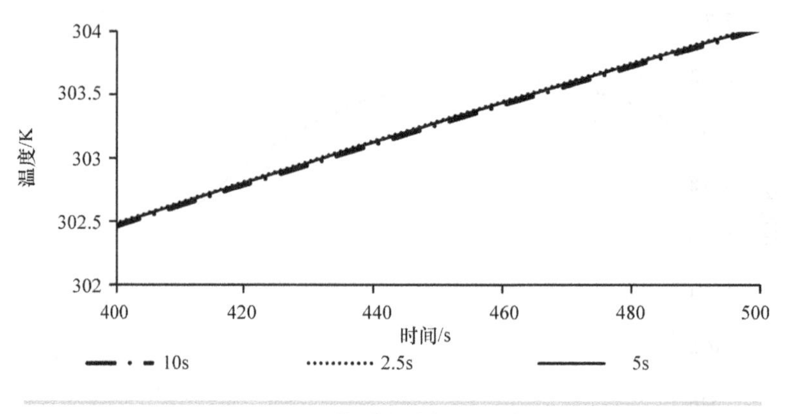

图 4.29　网格时间步长独立性研究

对于同样是 500s 的仿真时长，2.5s 和 5s 的时间步长导致电芯中的温度分别为 304.05K 和 304.04K。这种情况下的百分比差为 0.003%。除非考虑更高的发热率，否则瞬态分析中主要用 5s 作为时间步长。对于 $200kW/m^3$ 的产热率来说以 5s 为时间步长为主，其持续时间可能不会超过几分钟。在这些边界下，模拟中使用较小的时间步长。瞬态解可以用作与其他配置比较的基准。

4.5.1.4　稳态和瞬态条件下 PCM 的模拟结果

考察没有任何热管理手段情况下的电芯，可以理解其在自然对流下的散热模式，将它与应用不同厚度（3mm、6mm、9mm 和 12mm）PCM 的情况进行比较。图 4.30a显示了 PCM 为 3mm 的电芯。在这种情况下，最大电芯湿软度为 0.076，这可以获得更好的几何网格稳定性。将系统的稳态和瞬态响应与电芯周围没有 PCM 的前一种情况进行比较。从图 4.30b 中可以看出，电芯周围带 PCM 会导致电芯中最高温度的位置发生了变化。

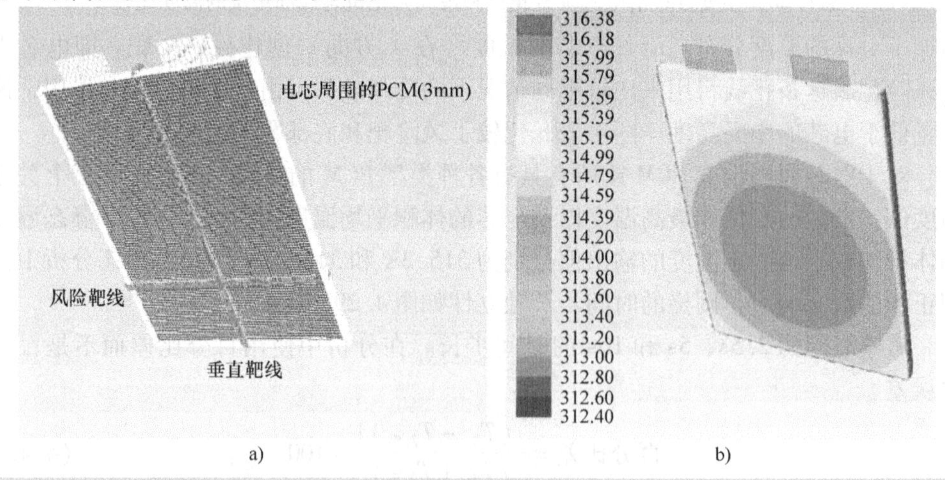

图 4.30　电芯内垂直和风险靶线的位置以及电芯周围有 PCM（3mm）的电芯内温度云图

此外，图 4. 31 显示了由于 PCM 的应用导致电芯中风险靶线位置发生偏移。曲线拟合方法给出的其风险温度靶线高度为 $y_{\text{critical}}=72.8\text{mm}$；因此，新位置向电芯内部移动了 22. 5mm。图中的虚线显示，在电芯周围应用 3mm PCM 可以降低电芯最高温度，并提供更好的温度均匀性，这是评估电池热管理系统的两个主要标准。

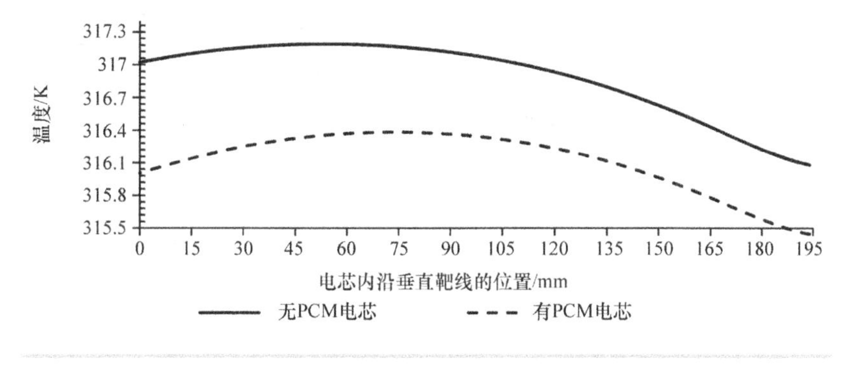

图 4. 31　在电芯垂直靶线中最高温度点位置的变化

应当注意，当前 BTMS 分析的本质主要依赖于系统的瞬态行为。在稳态解中，PCM 已经熔化，液态导热系数将确定其在溶液中的有效性。稳态和瞬态温度之间的数学上的差异已经被电芯中的准稳态和稳态温差所取代。这意味着当瞬态条件下的平均温度（体积平均）达到准稳态值（通常约 85%）时，就可以认为是稳态响应。

为了监测瞬态解中的温度，在电芯中最高温度的位置创建了一个水平靶，其结果将与其他情况进行比较。图 4. 32 比较了无 PCM 和有 3mm 厚度 PCM 时两处风险靶的温升。可以看出，在 10min 和 20min 后，PCM 已经阻止了电芯中的温度升高。此外，经过 20min 的时间表明，PCM 在 20min 时比 10min 时更有效。20min 后，有和没有 PCM 的电芯之间的温差相比 10min 时的温差几乎翻了一番。图 4. 33 还显示

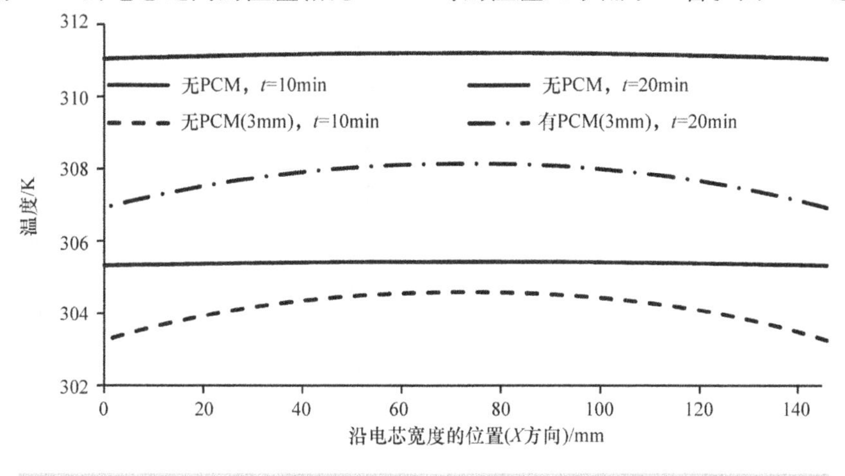

图 4. 32　无 PCM 和有厚度为 3mmPCM 电芯的瞬态响应

了 PCM 对电芯中特定点温度的影响。该图表明，在两种情况下都能看到时间对最大温差的影响。此外，它还表明随着 PCM 的应用，电芯最高温度得到了降低。

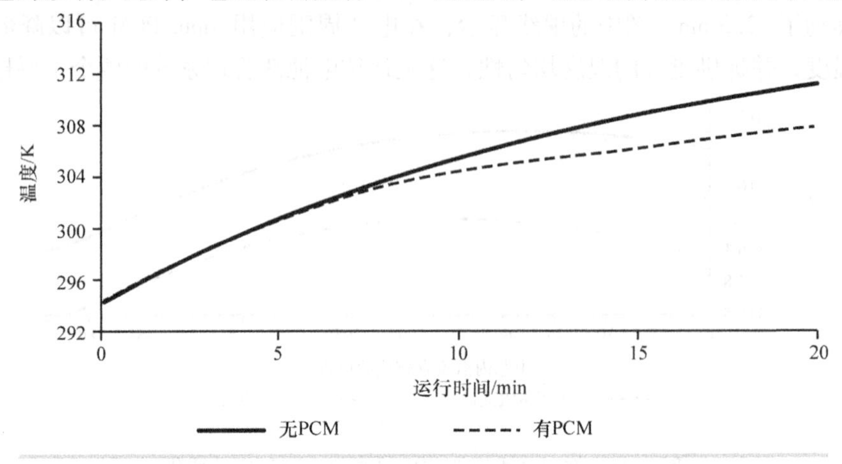

图 4.33　PCM 在阻止电芯温度升高方面的作用

为了说明 PCM 厚度的影响，同样的方法也适用于电池周围有 6mm PCM 的情况。在这种情况下，电芯最高温度的风险高度计算为 $Y = 87.86\mathrm{mm}$（垂直靶的风险高度）。沿着电池长度（X 方向）并在新的高度，创建水平靶来监控电芯风险温度。记录 10min 和 20min 的仿真时间的结果。发现新位置为 $Y = 84.37\mathrm{mm}$，这看上去足够接近之前 87.86mm 的位置。图 4.34a 显示了电池中的温度分布同时表明电芯最高温度在向电池上侧移动。

在稳态情况下，竖直温度分布方程为

$$T = 7\times10^{-8}y^3 - 10^{-4}y^2 + 0.0158y + 314.79 \tag{4.43}$$

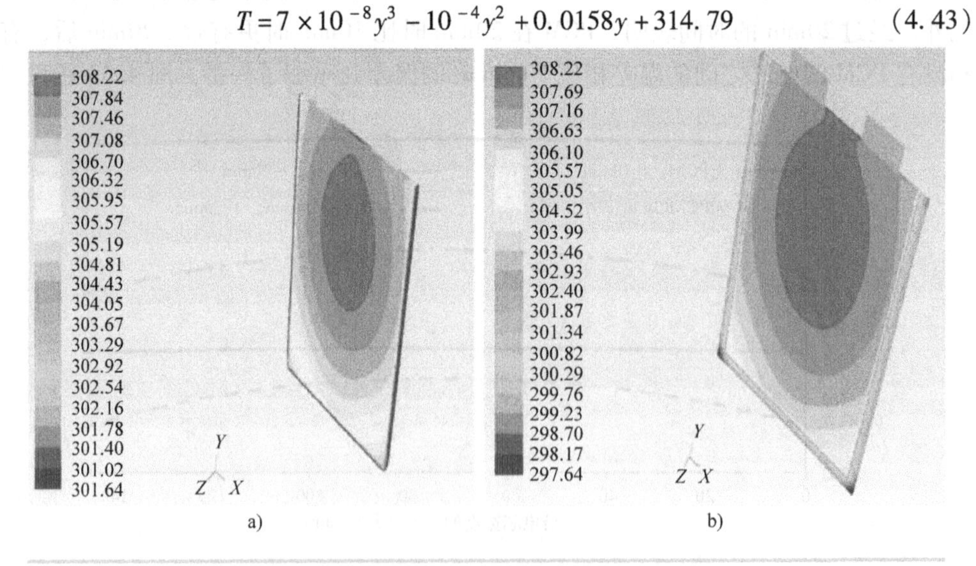

图 4.34　外围带 9mm 厚 PCM 电芯的温度云图

沿靶的最高温度出现在 $y=86.94\text{mm}$ 的高度。该温度云图与电芯温度分布一致。图 4.34b 显示了 12mm 厚度的最高温度位置的变化。温度的升高带来 PCM 的熔化。PCM 的使用量延长了 PCM 吸收温度的时间间隔，并防止温度升高。

图 4.35 显示了使用不同厚度的 PCM 电芯的总体结果。从图中可以清楚地看到最高温度的转移情况。图 4.36 给出了 20min 后不同厚度 PCM 的电芯温度随时间变化的响应。305.43K 的较高温度是指电芯中没有 PCM 热管理的情况。

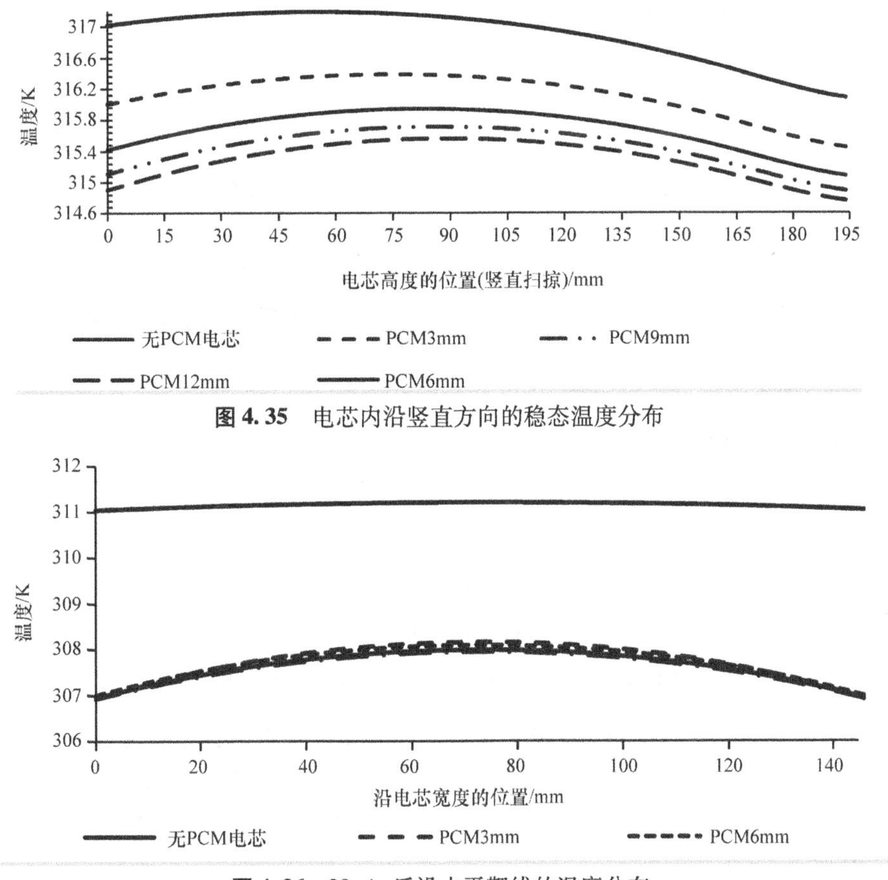

图 4.35　电芯内沿竖直方向的稳态温度分布

图 4.36　20min 后沿水平靶线的温度分布

运行时间为 20min 的类似的比较如图 4.37 所示。为了研究 PCM 厚度对沿水平靶线的温度分布的影响，温度范围在图 4.36 中做了修改，从而揭示出厚度为 12mm 的 PCM 对电池具有最大的热管理效果。然而，应该注意的是，在包装周围放置较厚的 PCM 层存在几何限制。此外，考虑到熔化的 PCM，较厚的层也意味着更高的电芯热阻，这对电池的热管理是有害的。当产热率为 63.970kW/m^3 时，在不到 7min 的时间内，电芯周围 PCM 的效应将在改善电池温度升高方面占主导地位（图 4.38）。由于电芯最高温度可能并不能代表问题背后的整个物理过程，因此也会比较不同厚度 PCM 电芯沿靶线上的温度分布。

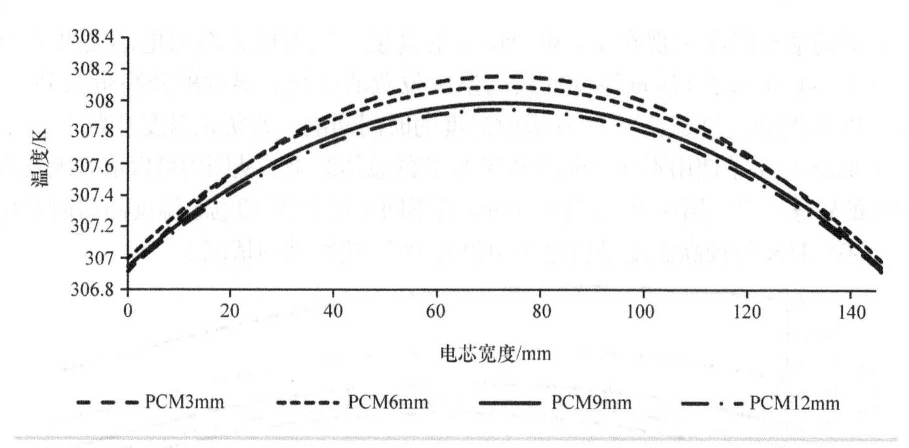

图 4.37　20min 后电芯内沿水平靶线的温度分布

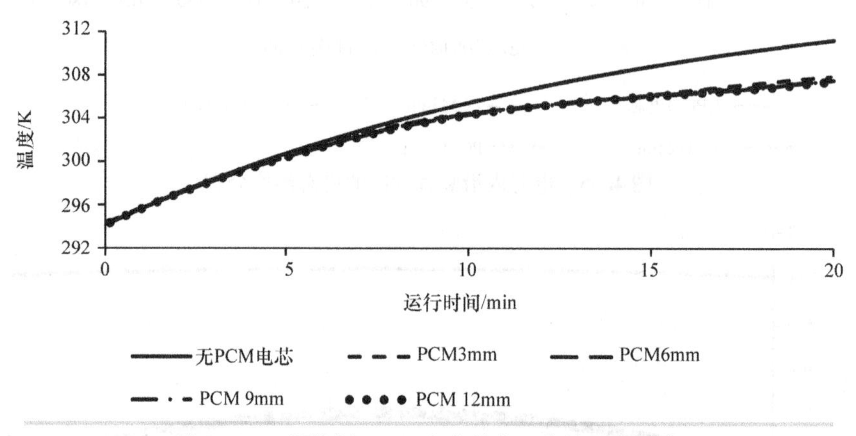

图 4.38　不同厚度 PCM 电芯最高温度的瞬态响应

如图 4.38 所示，对于 PCM 较厚的电芯，沿靶线的温升速率较慢，进而防止了短时间内温度过高。为了比较不同模型中的温度，测量了电芯的最低温度、体积平均温度和最高温度值，见表 4.6。PCM 对不同 PCM 厚度的电芯平均温度的影响如图 4.39 所示。

表 4.6　不同模型电芯的关键温度

型式	电芯最低温度/K		电芯平均温度/K		电芯最低温度/K	
	运行 10min	运行 20min	运行 10min	运行 20min	运行 10min	运行 20min
电芯无 PCM	304.54	309.82	305.24	310.89	305.43	311.20
电芯有 PCM（3mm）	302.37	305.05	303.98	307.52	304.70	308.43
电芯有 PCM（6mm）	302.48	304.72	303.97	307.37	304.64	308.30
电芯有 PCM（9mm）	302.34	304.63	303.92	307.34	304.61	308.22
电芯有 PCM（12mm）	302.35	304.58	303.92	307.28	304.60	308.16

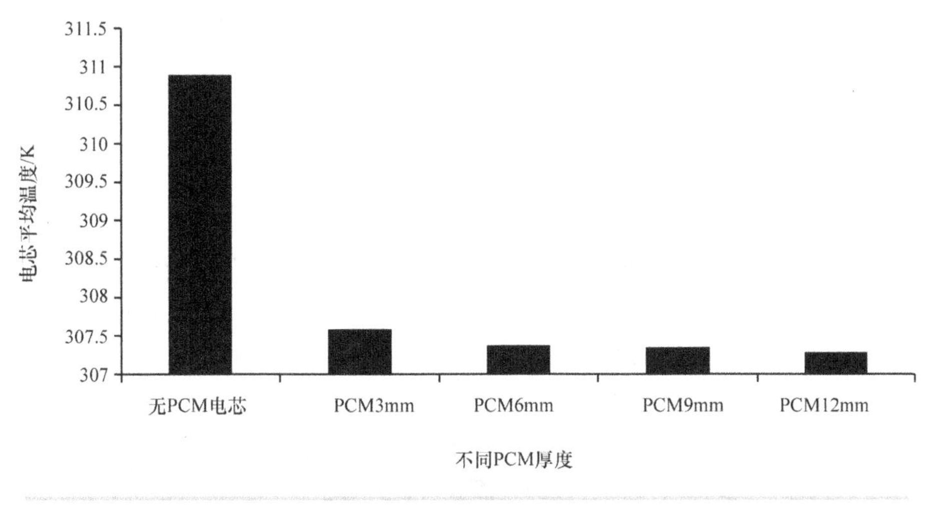

图 4.39　20min 后，不同 PCM 厚度的电芯平均温度

4.5.1.5　电芯冷却效果

为了研究冷却效果，我们定义了以下无量纲参数，用于测量所有五种结构（无 PCM 和不同厚度的 PCM）中沿水平最高温靶线的温度变化。

$$冷却效能 = \frac{T - T_{bulk,gen}}{T_{max,gen} - T_{bulk,gen}} \tag{4.44}$$

式中，$T_{bulk,gen}$是所有模型的总体温度；$T_{max,gen}$是所有模型的最高温度。图 4.40 显示了被测模型中的冷却效能。使用另一个定义为相对温度比的参数来评估 PCM 在电芯上的冷却效果，以下是两个温度系数的定义。

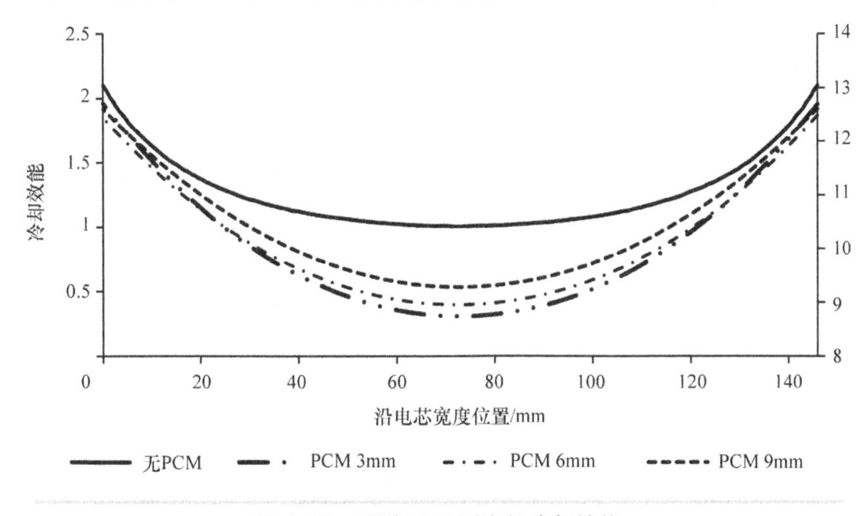

图 4.40　不同 PCM 厚度的冷却效能

整体温度系数：

$$\theta_1 = \frac{T - T_{\max,\mathrm{local}}}{T_{\max,\mathrm{gen}} - T_{\max,\mathrm{local}}} \tag{4.45}$$

局部温度系数：

$$\theta_2 = \frac{T - T_{\mathrm{bulk,local}}}{T_{\mathrm{bulk,gen}} - T_{\mathrm{bulk,local}}} \tag{4.46}$$

图 4.41 显示了不同厚度 PCM 靶线位置的温度系数的变化。效能指数（Ω）被定义为图中曲率的深度。电芯周围 PCM 厚度越大，曲率深度越大，反过来，也会提供更好的冷却。在这种情况下，电芯的最大温度可以达到较低的数值，电芯内最高和最低温度之间的差异也会变小。

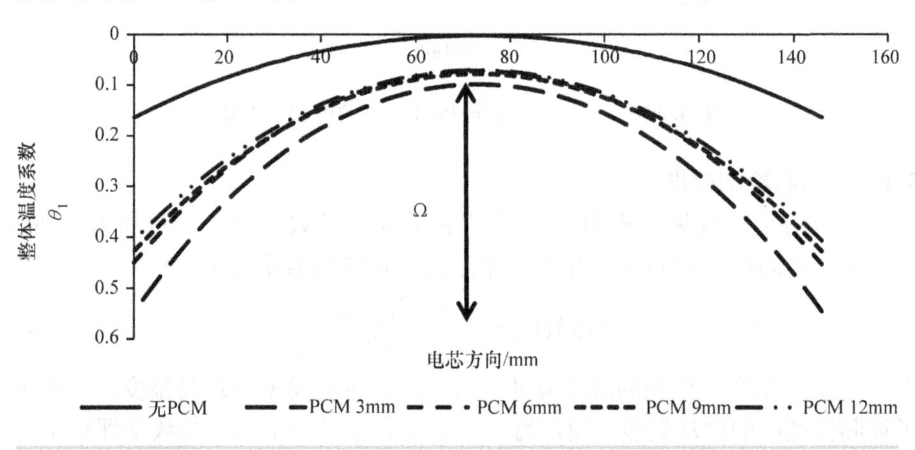

图 4.41 不同的 PCM 厚度下沿电芯内水平靶线的整体温度系数

4.5.2 模组中电芯之间的模拟和实验

一旦分别确定了电芯的散热率和相应的冷却负荷，下一步就是分析电芯及其周围的组件的关系，以更好地了解电池与其周围环境的热交互。因此，在这一部分中，电池放置在散热翅片和泡沫之间，PCM 开始熔化，并随着电池发热的增加被泡沫吸收。在这方面，在选择合适的泡沫时，应综合考虑吸收量及其热稳定性和强度。一旦电芯温度上升到足以熔化 PCM，热量将转移到泡沫上，进而会延迟电池温度的上升。图 4.42 中显示了电池电芯、泡沫和散热翅片的实例网格。

4.5.2.1 浸泡泡沫的有效属性

对于泡沫中吸收的 PCM，可以用以下关系来估计湿泡沫的有效属性。

$$Cp_{\mathrm{aver}} = \frac{1}{m_{\mathrm{tot}}} \times \sum m_i Cp_i = \frac{m_{\mathrm{pcm}}}{m_{\mathrm{tot}}} Cp_{\mathrm{pcm}} + \frac{m_{\mathrm{foam}}}{m_{\mathrm{foam}}} Cp_{\mathrm{foam}} \tag{4.47}$$

质量浓度定义为：

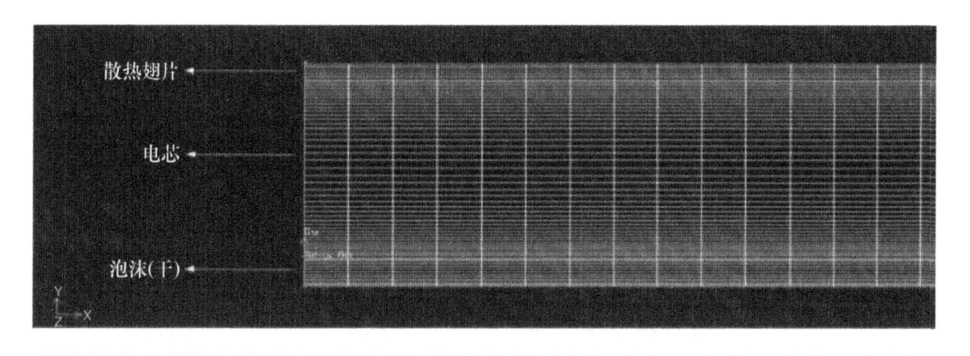

图4.42 锂离子电池、散热翅片和泡沫网格

$$c = \frac{M_{\text{pcm}}}{M_{\text{total}}} \tag{4.48}$$

$$M_{\text{total}} = M_{\text{pcm}} + M_{\text{foam}} \tag{4.49}$$

因此，如果质量集中是有意义的，那么

$$Cp_{\text{ave}} = c \times Cp_{\text{pcm}} + (1-c) \times Cp_{\text{foam}} \tag{4.50}$$

对于泡沫，如果孔隙率按照以下方式定义，则体积孔隙率将类似体积浓度，并且可以写成

$$\varepsilon = \frac{V_{\text{pcm}}}{V_{\text{tot}}} \rightarrow m_{\text{pcm}} = \rho_{\text{pcm}} \times V_{\text{pcm}} = \rho_{\text{pcm}} \times \varepsilon \times V_{\text{tot}} \tag{4.51}$$

因此，比热容可计算为：

$$Cp_{\text{aver}} = \frac{\rho_{\text{pcm}}}{\rho_{\text{tot}}} \times \varepsilon \times Cp_{\text{pcm}} + \frac{\rho_{\text{foam}}}{\rho_{\text{tot}}} \times (1-\varepsilon) \times Cp_{\text{foam}} \tag{4.52}$$

在特定应用中，体积浓度应根据质量浓度来使用。发现这两个参数之间的关系如下：

$$c = \frac{M_{\text{pcm}}}{M_{\text{total}}} = \frac{\rho_{\text{pcm}} V_{\text{pcm}}}{\rho_{\text{pcm}} V_{\text{pcm}} + \rho_{\text{foam}} V_{\text{foam}}} \tag{4.53}$$

以泡沫和PCM的密度和体积比的形式将密度比和体积比定义为本构关系

$$r = \frac{\rho_{\text{pcm}}}{\rho_{\text{foam}}} \tag{4.54}$$

$$x = \frac{V_{\text{pcm}}}{V_{\text{foam}}} \tag{4.55}$$

$$c = \frac{V_{\text{pcm}}}{V_{\text{pcm}} + \frac{1}{r} \times V_{\text{roam}}} = \frac{1}{\frac{1}{R} \times \frac{1}{x} + 1} \rightarrow x = \frac{c}{r(1-c)} \tag{4.56}$$

孔隙度定义给出$\frac{1}{\varepsilon} = \frac{1}{x} + 1$，用于给出质量与体积浓度的关系如下：

$$\varepsilon = \frac{c}{c + r(1-c)} \tag{4.57}$$

在模拟中，质量浓度为 $C=65.8$，这是实验测量结果。普通十八烷的特性可以在文献、产品目录中找到，也可以在实验室进行适当的测试后获得。基于这些信息，计算了放置在模组中电芯之间的湿泡沫（吸收 PCM 的泡沫）的以下有效属性。

$$C_{p,\text{wetfoam}} = \begin{cases} 1928\text{J/kg}\cdot\text{K} & T_{\text{solidus}} > T & \text{固相} \\ 148560\text{J/kg}\cdot\text{K} & T_{\text{solidus}} < T < T_{\text{liquidus}} & \text{糊状区} \\ 1947\text{J/kg}\cdot\text{K} & T > T_{\text{liquidus}} & \text{液相} \end{cases} \tag{4.58a}$$

$$k_{\text{wetfoam}} = \begin{cases} 0.264\text{W/m}\cdot\text{K} & T_{\text{solidus}} > T & \text{固相} \\ 0.196\text{W/m}\cdot\text{K} & T_{\text{solidus}} < T < T_{\text{liquidus}} & \text{糊状区} \\ 0.128\text{W/m}\cdot\text{K} & T > T_{\text{liquidus}} & \text{液相} \end{cases} \tag{4.58b}$$

$$\rho_{\text{wetfoam}} = \begin{cases} 630\text{kg/m}^3 & T_{\text{solidus}} > T & \text{固相} \\ 600\text{kg/m}^3 & T_{\text{solidus}} < T < T_{\text{liquidus}} & \text{糊状区} \\ 571\text{kg/m}^3 & T > T_{\text{liquidus}} & \text{液相} \end{cases} \tag{4.58c}$$

在上面关系式中，固相线和液相线温度分是 301.15K 和 303.15K。

4.5.2.2 模组中电芯的稳态响应

当检查电池的稳态响应时，很明显，内部部件的传热速率较低，模组最内部位置的电芯温度最高，因为它与周围环境不存在自然对流。即使相邻电芯之间的温差相对较低，在具有数百个电芯的混合动力/电动车辆电池组中，这种温差容易累积并会降低车辆的性能，甚至在没有有效热管理时会导致安全问题。因此，在表 4.7 中，比较了有和没有 PCM 的模组中的峰值温度。

表 4.7 电芯间有无 PCM 的温度比较

区块名	最高温度(有 PCM)/K	最高温度(无 PCM)/K
泡沫 1	319.12	319.31
电芯 1	319.93	320.19
泡沫 2	320.48	321.00
电芯 2	320.73	321.28
冷板 1	320.72	321.27
电芯 3	320.72	321.27
泡沫 3	320.40	320.89
电芯 4	319.75	319.90
冷板 2	319.02	319.16
电芯 2 端子	318.40	318.91

与前面的分析类似，选择温度较高的区域，并沿模组厚度进行扫掠，以包括所有 9 个不同区域，并比较 PCM 对系统整体温度的影响。图 4.43 显示了相变材料在

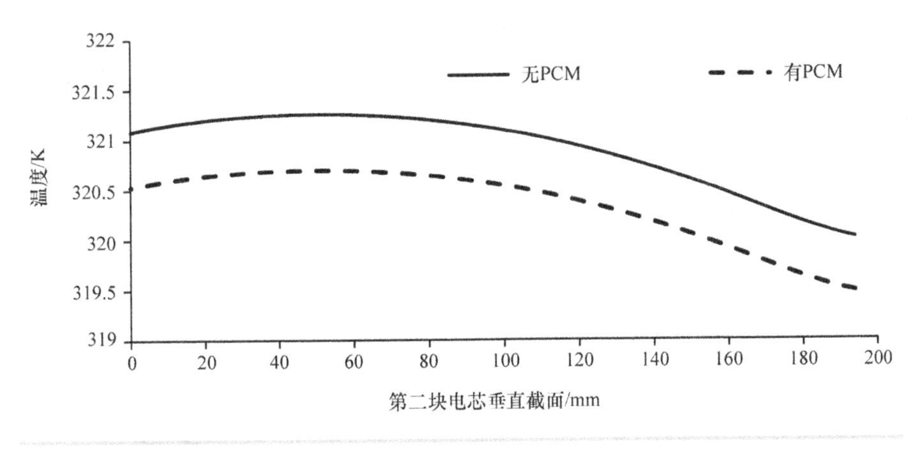

图 4.43　第二块电芯垂直方向上有 PCM 和无 PCM 的温度比较

降低模组温度中的作用。

4.5.2.3　模组的瞬态响应

这一节中，将在整个 PCM 熔化过程中，在不同的时间间隔下评估模组的瞬态响应，并将结果进行比较，以了解运行时间的影响。除了先前创建的靶，在第二个电芯（模组中的关键电芯）的表面定义了 5 个点来比较模拟和实验结果。PCM 浸泡的泡沫应用于模组，其中模组中测量点的位置如图 4.44 所示。

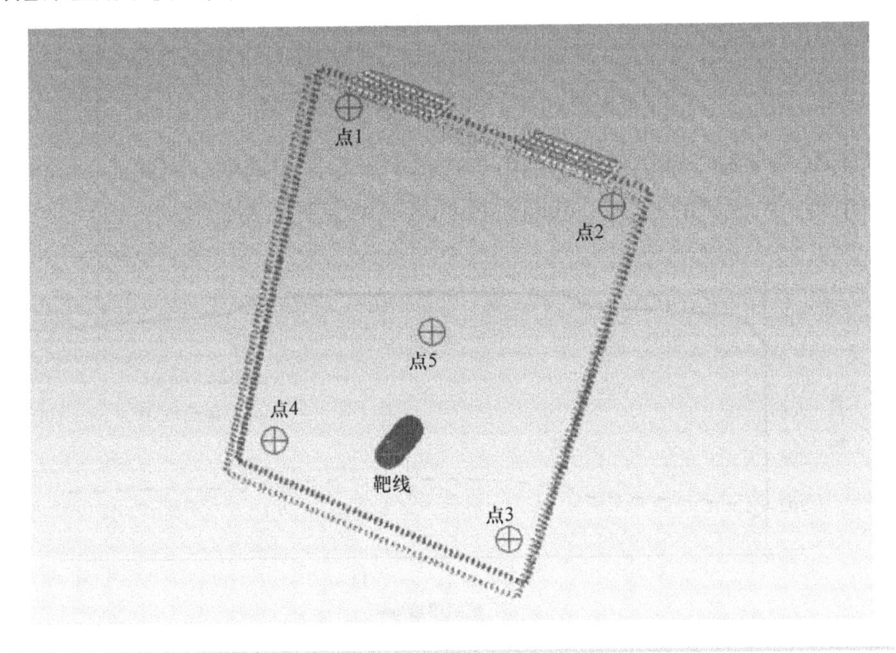

图 4.44　电芯表面点的位置和通过模组的靶线

将这些值与基线即干泡沫（没有十八烷）进行比较。应该提到的是，由于对称性，只监测点 1、3 和 5，这是当电芯内部的发热率相对均匀时的精确描述。对于其他情况，用户定义的函数应该与软件中的解算器集成在一起，以考虑到局部产热率，特别是在电极附近由于电子交换而带来的高产热率。

模组 50min 后靶线的温度分布如图 4.45 所示。PCM 吸收电池产生的热量，导致模组的温度趋势突然下降。当与基线比较时（没有 PCM 的情况），发现到温度降低了 8.1K。

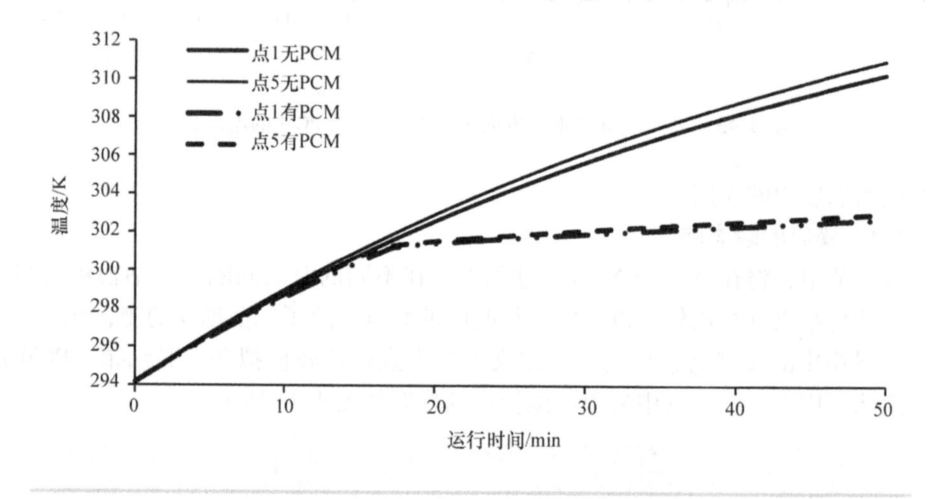

图 4.45 PCM 对电芯表面温升的影响

图 4.46 中 x 轴上的负值仅仅是由于选定的坐标系引起的。因此，-1mm 的值是模组中第一个泡沫的厚度，50min 后不同区域的温度见表 4.8。

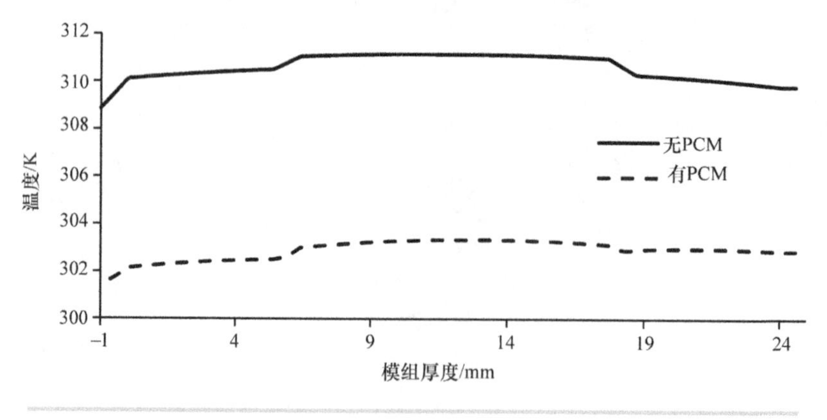

图 4.46 50min 后沿模组厚度的温度分布

表 4.8　50min 后不同区域的温度

模型	干泡沫模组			泡沫中有 PCM 的模组		
区域名	体积平均温度/K	最高温度/K	最低温度/K	体积平均温度/K	最高温度/K	最低温度/K
电芯 1	310.05	310.51	308.98	302.30	302.52	301.85
电芯 2	310.87	311.16	309.85	303.13	303.85	302.65
电芯 3	310.85	311.15	309.84	303.20	303.36	302.73
电芯 4	309.88	310.30	308.98	302.88	303.00	302.44

4.5.2.4　具有较高发热率的干湿泡沫模组

如图 4.47 所示，PCM 可以成功地用于降低电池中的峰值温度。然而，为了维持有效的热管理系统，确定能够吸收足够电池热量的 PCM 的最小体积也很重要。在所进行的分析中，对于 22.8kW/m^{3}的产热率，所使用的 PCM 在 16min 后熔化，并且持续有效直到运行时间达到 50min。对于 $C-2$ 的放电倍率，将产生 63.97kW/m^{3}的热量，系统对这种高发热率的相应瞬态响应如图 4.47 所示。该图显示，5min 后，PCM 充当被动热管理系统。在这种情况下，PCM 在完全熔化之前，有效地控制温度 15min。在同样的产热率下，研究沿模组厚度上的温度变化，如图 4.48 所示。

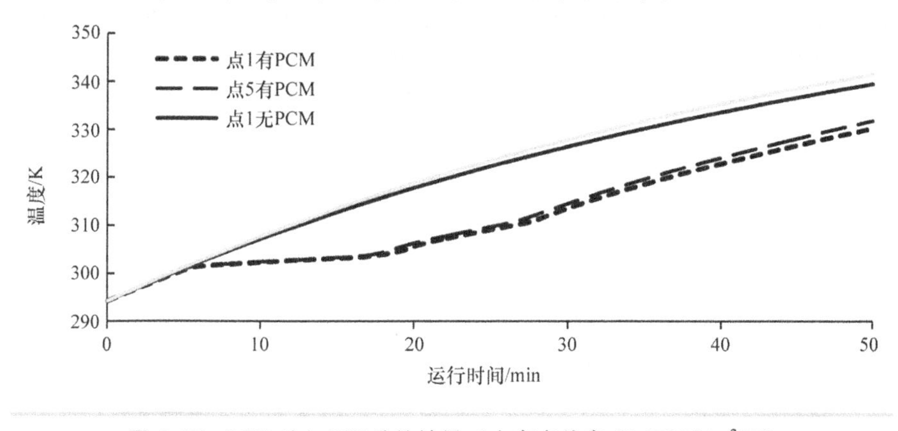

图 4.47　PCM 对电芯温升的效果（在高产热率 63.97kW/m^{3}下）

4.5.3　模组级的模拟和实验

在前面的章节中，PCM 被应用于电芯级，在所有电芯周围以及电芯之间都有 PCM，以降低高放电速率下的电池温度上升，这通常是由苛刻的驾驶条件引起的。在本节中，模组被视为分析中的最小单位，以便了解电芯之间的热传播以及电芯之间任何潜在温差的深层原因。由于电池组的性能取决于其最弱的电芯，电芯之间的均温性在 BTMS 中至关重要。尽管对电池性能的敏感度因电池化学性质、年龄、行驶周期和环境条件而异，但一般来说，电池组中的温差小于 3℃是为了防止车辆中

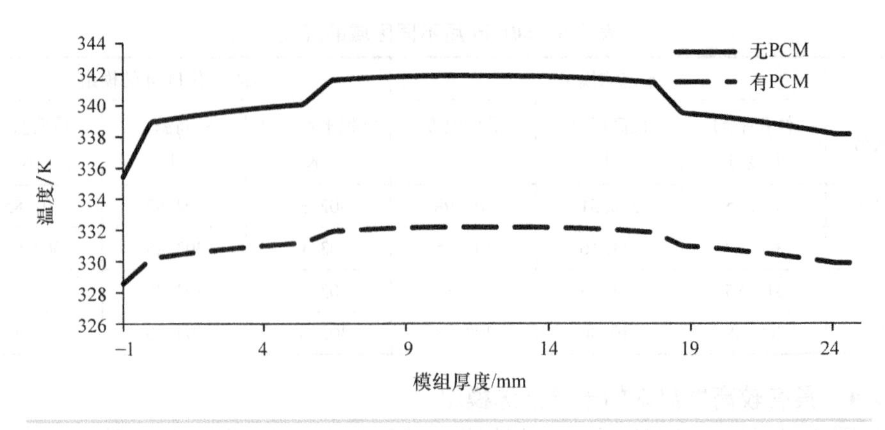

图 4.48　在产热率为 63.97kW/m³时，有 PCM 和无 PCM 的模组厚度上的温差

出现任何与热相关的问题。因此，分析模组使读者能够看到电芯之间热的相互作用，并提供相应的信息来构建电池结构。

在分析中，将 PCM 浸泡在高稳定性泡沫材料中，作为冷却套包围在模组周围。图 4.49 显示了电池和带泡沫的冷却板的结构。仅针对四电芯模组模拟单元、泡沫和冷却板，以便在合理的计算时间内获得高精度结果。图中电芯 1 与该泡沫接触，第二泡沫充当电芯 1 和电芯 2 之间的隔板。50 - 50 的水 - 乙二醇冷却液流经冷却板并分离电芯 2 和电芯 3。最后，创建靶线来确定每个电芯表面的温度均匀性。

如图 4.49 所示，系统中有 4 个电芯、3 个分离泡沫和 2 个冷却板，总共形成 9 个区域。此外，电池中也有对称替换的端子。表 4.9a 和表 4.9b 分别列出了模拟中

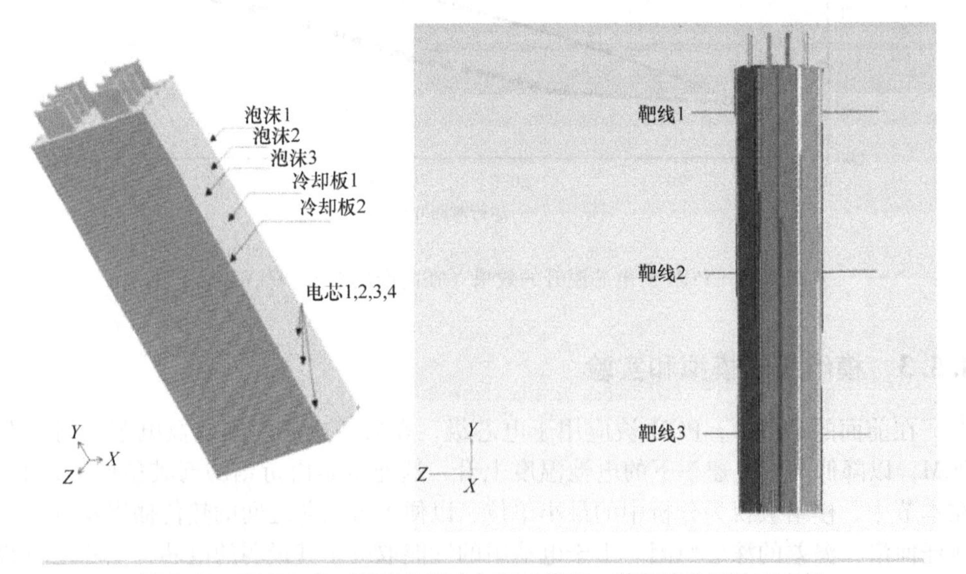

图 4.49　配有电芯、PCM 片及冷却板的模组，其靶线位置位于右侧

使用的所有部件的尺寸和性能，包括泡孔、泡沫和冷却板。

表4.9　模组的尺寸（无PCM冷却套）和组件属性

a）模组尺寸

尺寸	数值
宽(x)	146
高(y)	196
厚(z)	25.6
端子	35,15和0.6
泡沫厚度	1
冷板厚度	0.5

b）组件属性

部件	电芯	冷却翅片	泡沫
密度/(kg/m^3)	4035	2719	277
比热容/J/(kg·K)	1027	871	1500
导热系数/W/(m·K)	$K_{x,y}=25, K_z=1$	202.4	0.083
产热率/(kW/m^3)	22.8	0	0

使用上面的模型，有限体积法被用来检查子模块的稳态和瞬态响应。网格中总共创建了261000个单元格。使用Gambit网格生成器进行了灵敏度分析并提高了网格质量。针对模组周围有或没有PCM的情况，分析和比较了模组中的温度漂移和最高温度。系统的上下表面和两端都考虑了自然对流。对于区域条件，在系统中施加了热生成率的源项。

4.5.3.1　无PCM模组的稳态响应

最初，采用表面自然对流、体积产热率为22.8kW/m^{3}分析系统的稳态解。电芯具有正交各向异性导热性能，初始条件是稳态输出的结果。该区域的初始温度设定为294.15K（21℃）。

高温区域位于模组底部附近（远离端子）。模组的温度云图如图4.50所示。数值计算给出了模组每个区域的稳态最高温度。结果显示，最大和最小子模组温度分别为321.28K和315.72K。

由于连接到电池的两个端子的冷却效果，温度分布偏离电池中心。表4.10中最高温度位于电芯2。作为下一步，创建一个靶线来确定最高温度的电芯（电芯2）的高度上的温度，以便找到风险区域的位置。图4.51显示了沿垂直靶线（电芯高度）的温度轮廓，其中最高温度被计算在电池底部附近。为了找到最高温度的位置，曲线拟合得出电池最高温度的$y=43.6$mm。

在这个高度上创建了一个新的水平靶线，并将结果与其他靶线进行比较。靶线的位置见表4.11。

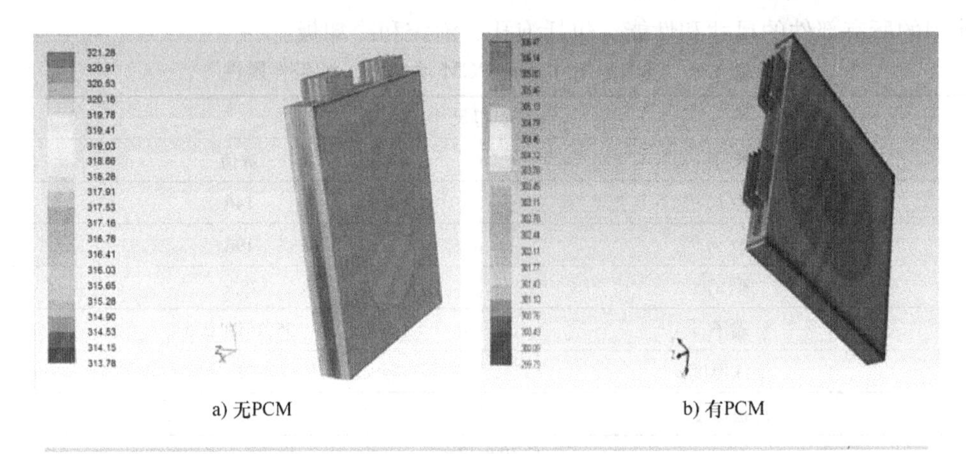

a) 无PCM　b) 有PCM

图 4.50　无 PCM 模组和有 PCM 模组温度云图

表 4.10　有 PCM 和无 PCM 的子模块不同区域的最高温度

区块名	最高温度（有 PCM）/K	最高温度（无 PCM）/K
泡沫 1	318.67	319.31
电芯 1	319.52	320.19
泡沫 2	320.34	321.00
电芯 2	320.61	321.28
冷板 1	320.60	321.27
电芯 3	320.61	321.27
泡沫 3	320.33	320.89
电芯 4	319.24	319.90
冷板 2	318.50	319.16
电芯 2 端子	316.94	318.91
模组周围的 PCM	319.90	319.31

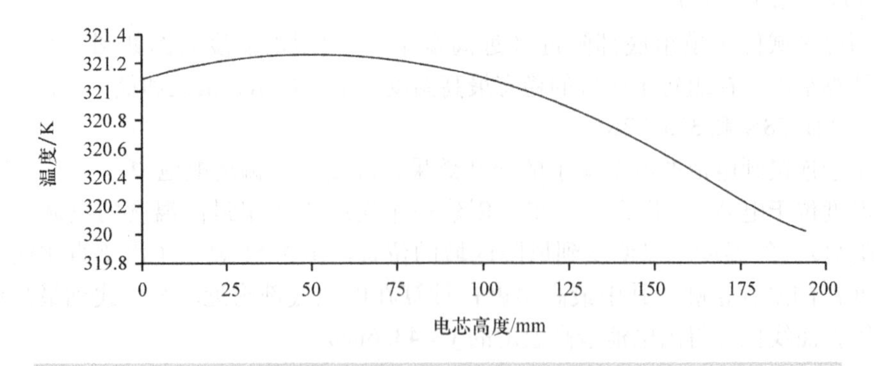

图 4.51　电芯 2 高度上的温度分布

为了演示子模组的几何形状，靶线的大致位置如图 4.52 所示。如果该靶被定义为模组中的风险水平靶，它可以被视为 PCM 热管理效果的评估位置。图 4.52 比较了模组厚度中的温度分布，以验证风险靶线中的温度峰值。图中厚度的负值是由于在电芯 1 的角上设置了坐标位置。

表 4.11　模组中用来监测温度分布的靶线位置

监测面	X（长度）	Y（高度）	Z（厚度）
靶线 1	73mm	顶部 1/8 高	电芯厚度
靶线 2	73mm	1/2 高度	电芯厚度
靶线 3	73mm	自底部 1/8 高	电芯厚度
垂直靶线	73mm	43.6mm	电芯厚度

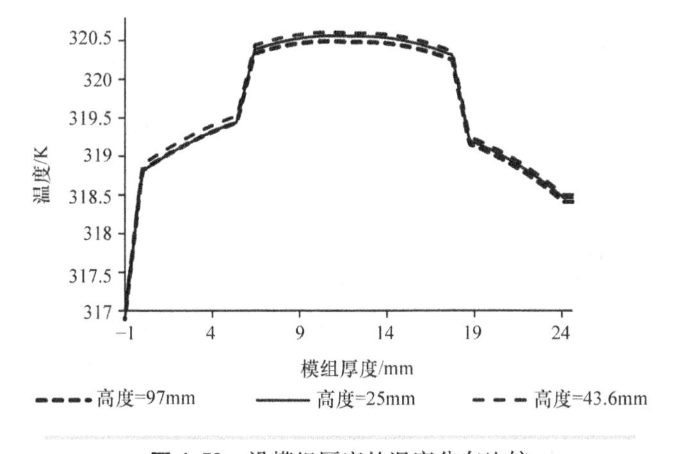

图 4.52　沿模组厚度的温度分布比较

4.5.3.2　带 PCM 模组的稳态结果

对于该分析，选择厚度为 6mm 的 PCM 来获得关于稳态结果的深度信息。除了北面，PCM 泡沫几乎包围了整个模组。PCM 吸收模组散发的热量（通过显热储存），直到 PCM 达到相变温度。随着 PCM 熔化，吸热量显著增加（潜热储存），这减缓了模组的温度上升。

图 4.53 显示了带 PCM 模组的温度分布。在模组内部的关键位置创建靶线，以确定模组的内部表现。稳态下，当 PCM 完全液化时，较低的导热系数将使 PCM 失去从模组提取热量的有效性，而是表现为热阻的特性。在当前条件下，PCM 可以与传统蒸气压缩循环并行工作，其中冷却剂可以从电池组中提取热量。因此，无论 PCM 是封装形式还是与以类似冷却套的泡沫集成在一起，都可以通过一些辅助冷却系统冷却，例如热管或从乘员舱内部分回流冷空气。

当评价模组带与不带 PCM 时的温度表现时，可以确定电芯 2 在模组中具有最高温度（320.61K），并且 PCM 护套具有最低温度（305.21K）。然后将泡沫 2 放置

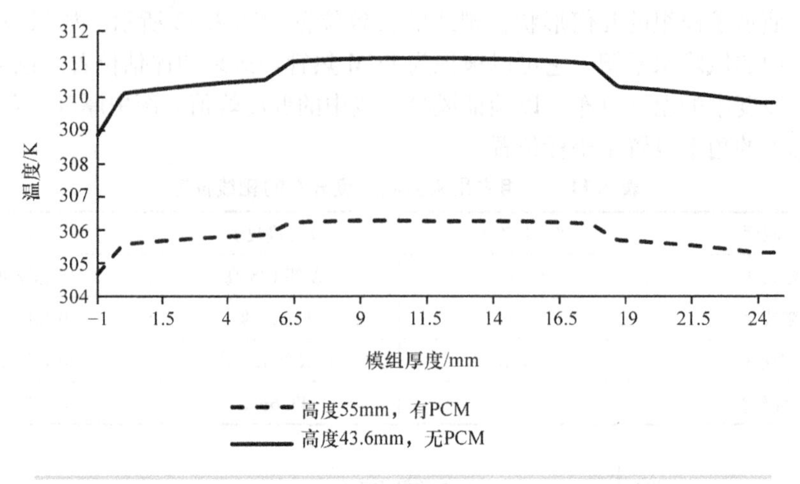

图 4.53　有 PCM 和无 PCM 的模组临界高度温度分布

在两个电芯之间作为隔板，以防止电芯之间的直接接触。电芯 2 垂向温度随着电芯的高度而变化。零值代表电池的底部，而 $y = 194\text{mm}$ 代表电池的顶部，其中端子连接到电芯。温度朝这个方向上升，并达到最大值。温度分布曲线拟合给出了最大温度位置（类似于之前没有 PCM 的情况）。

电芯 2 中的最高温度出现在 55mm 的垂直高度处。在 Z 方向上创建一个水平靶，它包括模组的所有 9 个区域。-1mm 的值表示泡沫 1 区，因为网格坐标从电芯格 1 开始（$z = 0$ 表示电芯格 1 的拐角）。图 4.53 比较了有和没有 PCM 模组的风险靶线的温度分布。

4.5.3.3　模组的瞬态响应

使用液体和/或空气冷却系统的热管理系统通常在传热率相对恒定和/或冷却需求不必要的情况下以稳定状态运行。然而，当车辆过充/放和/或冷却需求高于通常（更高的电池倍率）的运行条件时，压缩机可以在短时间内以更高的速度运行以补偿冷却负载，这使得瞬态响应及其随时间变化的趋势变得比以往更重要。在这点上，通过选择三种不同的时间步长（1s、2.5s 和 5s）以及相同的运行时间来理解模组网格的步长依赖性。电芯 2 中间的温度作为补充收敛标准被监测。如图 4.54 所示，不同时间步长的计算差异可以忽略不计。

应当注意，控制边界条件也会影响模组温度分布。为了更好地理解这一现象，在带与不带 PCM 的情况下，评估特定产热率和边界条件下的模组，并以电芯 2 中心作为评估点。图 4.55 显示了 PCM 对该点温度的影响。可以看出，当 PCM 达到相变温度时，温度显著降低。这些模型进一步的瞬态响应，如图 4.56 比较了在两个不同运行时间下，沿 43.6mm 高度的靶线温度分布。可以看出，即使在运行 10min 后仅观察到微不足道的温差（0.5K），但在运行 50min 后，该温差变得异常突出（7K）。此外，随着靶线越来越靠近应用 PCM 的边界，它在系统中的影响就

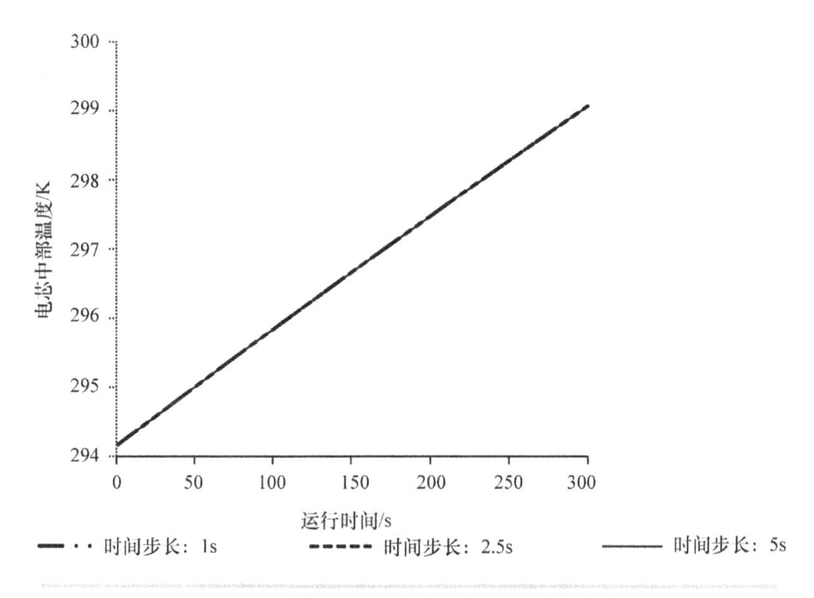

图 4.54　模组在不同时间步长的瞬态响应

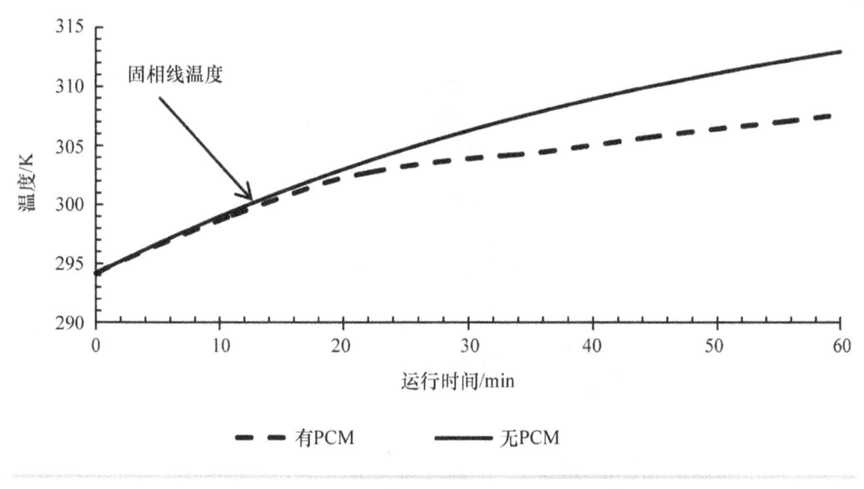

图 4.55　PCM 对模组中间电芯温度的影响

变得更加明显。

如图 4.56 所示，在靶线的两个位置，随着 PCM 在模组中的集成，温度分布更加均匀。瞬态熔化行为如图 4.57 所示。

4.5.3.4　模组的准稳态响应

即使稳态和瞬态响应在确定电池产热率所需的和冷却量方面起着重要作用，仍需要计算准稳态温度来确定系统中的临界点，特别是当放电速率和/或环境条件急剧变化时。在这个案例研究中，系统达到准稳态之前的持续时间成为主要关注区

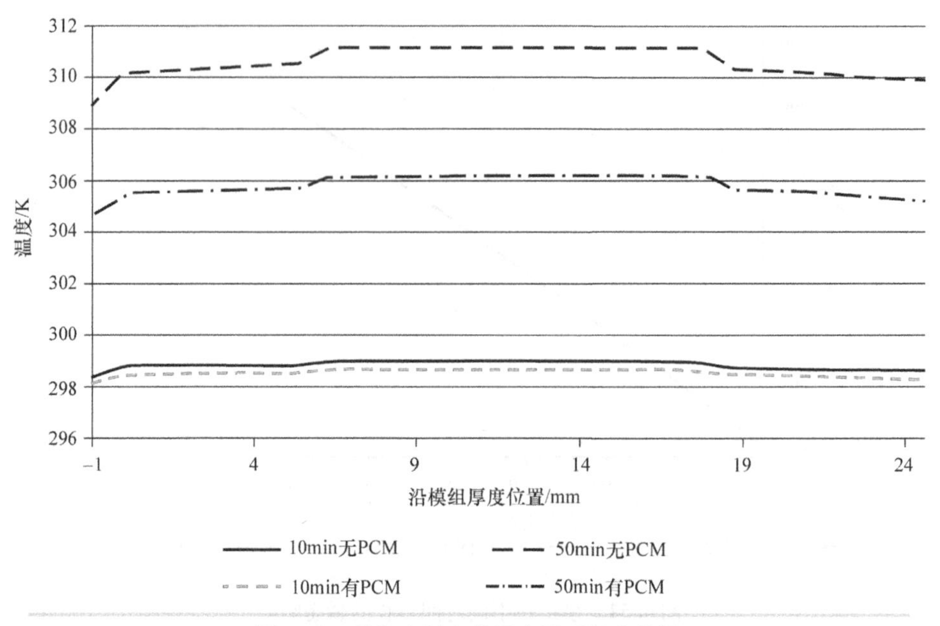

图 4.56　模组中间电芯温度随时间变化图

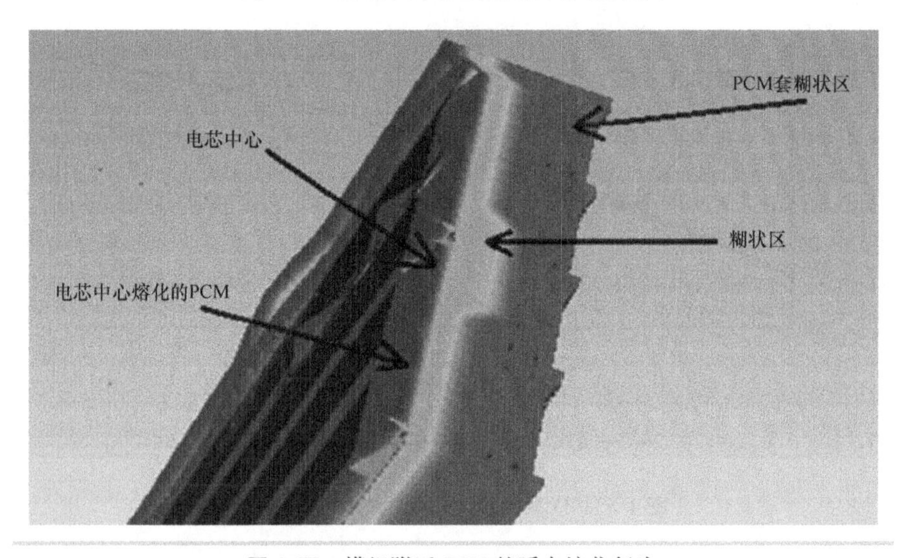

图 4.57　模组附近 PCM 的瞬态熔化行为

域。在测试的模组中，电芯 2 中心的稳态温度为 320.58K。如果 85% 的稳态温度被定义为准稳态情况，并且起始温度设定为 294.15K，那么模组达到 22.46℃ 所需的时间是准稳态时间段（316.61K）。如图 4.58 所示，在监控的 3h 运行时间内，达到准稳态温度。

图 4.59 显示了不同发热率下模组的最终温度。通常，锂离子电池的发热为 6866W/m^3，该发热率下的最终温度不足以改变所分析模组中 PCM 的相态。有两个

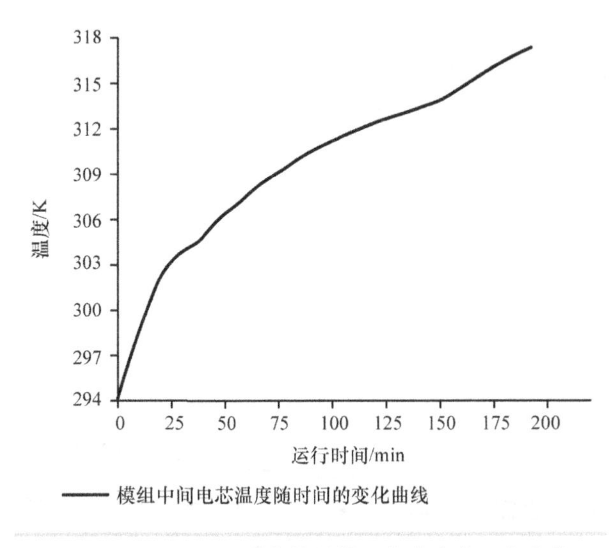

图 4.58　22800W/m³发热量模组的准稳态温度曲线

原因可以解释为什么不应该选择熔点较低的 PCM。第一个原因是电池组中的热失控问题。其次，在加速时可能出现 2 - C 或更高的放电倍率，6855W/m³将导致模组达到暂时的高温，即使在达到其标准工况后，温度也高于预测温度。有必要提及的是，在较高的发热率下，PCM 对冷却或防止系统中的温度上升具有不可思议的效果。结果表明，在各种模拟的生热速率下，对于沿模组厚度的靶线，在较高生热时温度会下降更多。

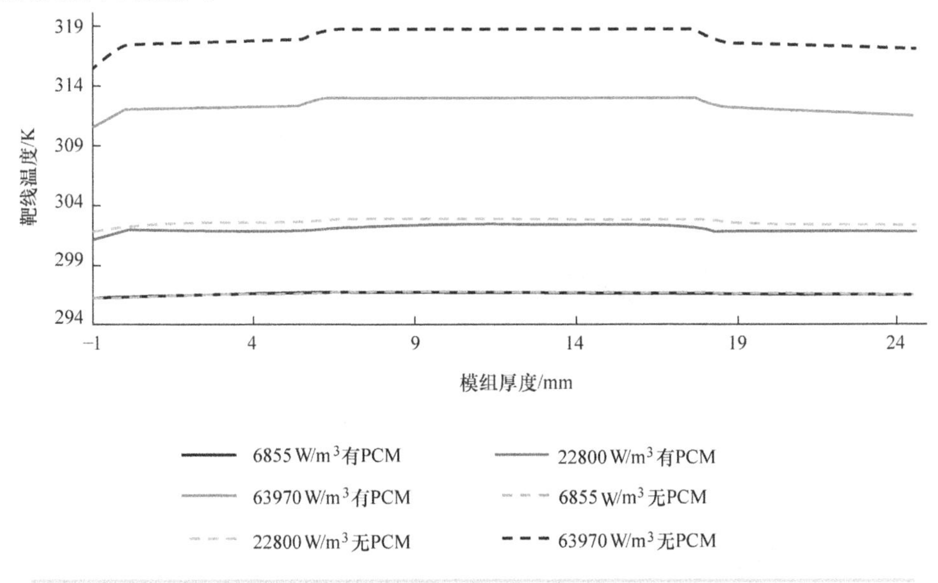

图 4.59　不同体积产热率下沿模组厚度的温度

图 4.60 显示了在各种发热速率下，电芯 2 中心点的温度相对于运行时间的温升。可以看出，在短时间内快放电时，过量的电池发热率（200000W/m^3）下，电池温度会显著升高（尤其是在没有 PCM 的情况下）。图 4.61 比较了电芯 2 在瞬态情况下对类似发热率的温度响应。

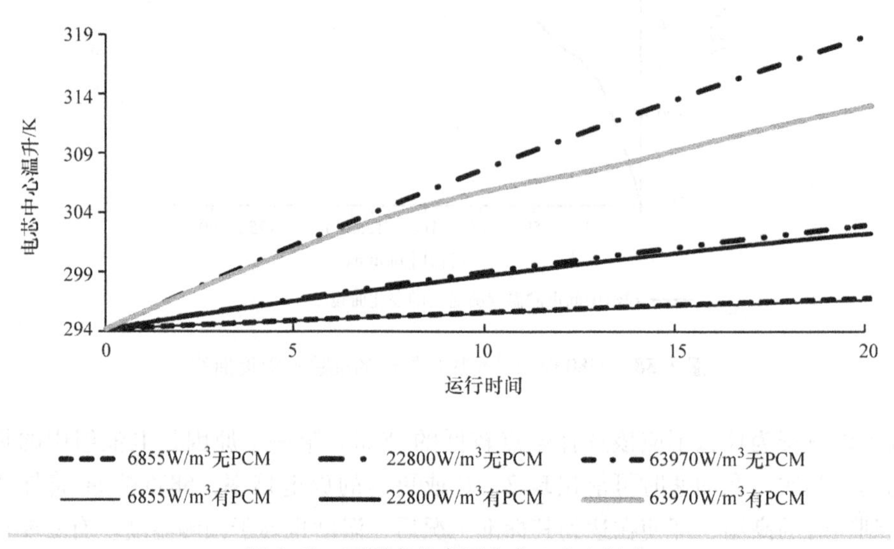

图 4.60 不同产热率下电芯 2 中心温升

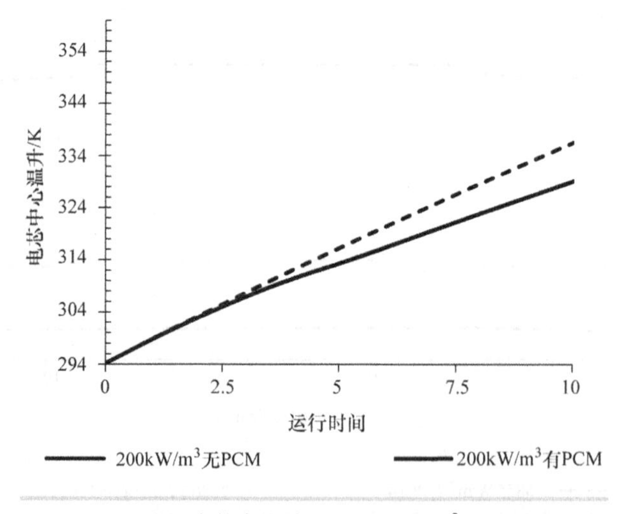

图 4.61 电池组中较高发热量（200kW/m^3）的模组响应

4.5.3.5 模型验证

一旦建立了数值模型并进行了模拟，下一个重要步骤是利用 5.2 节中描述的实验装置和程序中获得的数据进行比较来验证这些输出。

为了评估电芯表面的温升，用电池循环仪为锂离子电池以 1C 倍率充电。图 4.62 所示为测量电芯表面温度时在电芯表面布置了 5 个热电偶。在两种情况下分析电池的瞬态响应。首先，在泡沫中没有 PCM 的情况下模拟模组。在这种情况下，模组中的泡沫起到隔板的作用，防止电池表面互相接触。然后将泡沫浸泡在 PCM 中，并在相同的操作条件工况下作为模组进行测试。

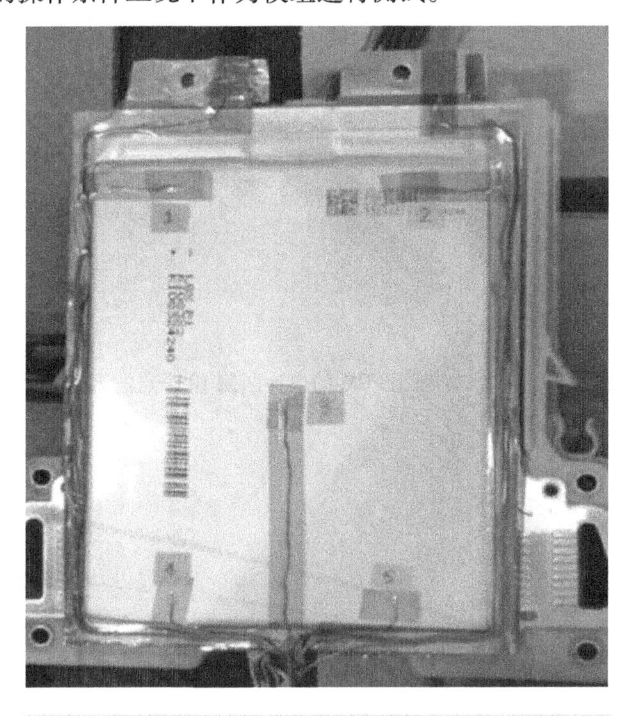

图 4.62　锂离子电芯表面热电偶位置

图 4.63 显示了过滤数据中的干扰信息后，电池表面 10 个位置的所有温度分布。图 4.64 显示了指定位置的温度变化。由于热电偶的对称位置，选择了点 3 和点 5，以简化监控过程。

考虑准稳态，测试时间选择为 3h。对于干泡沫和用 PCM 浸泡的泡沫，采用相同的 C - 倍率。从图 4.63 中可以看出，根据模拟结果，在这两点上，用浸泡了 PCM 的泡沫代替干泡沫，锂离子电池的表面温度降低了。

将获得的实验数据与模拟结果进行比较，可以看出，对电池内部的发热、模组中的传播以及 PCM 的熔化过程可以进行高精度的预测。这允许在实验测试不可行、昂贵和/或花费很长时间的情况下进行进一步的模拟。因此，在这种并行结构中进行模拟和实验可以使决策者能够使用正确的工具获得必要的数据，以找到改进 BTMS 的方法。

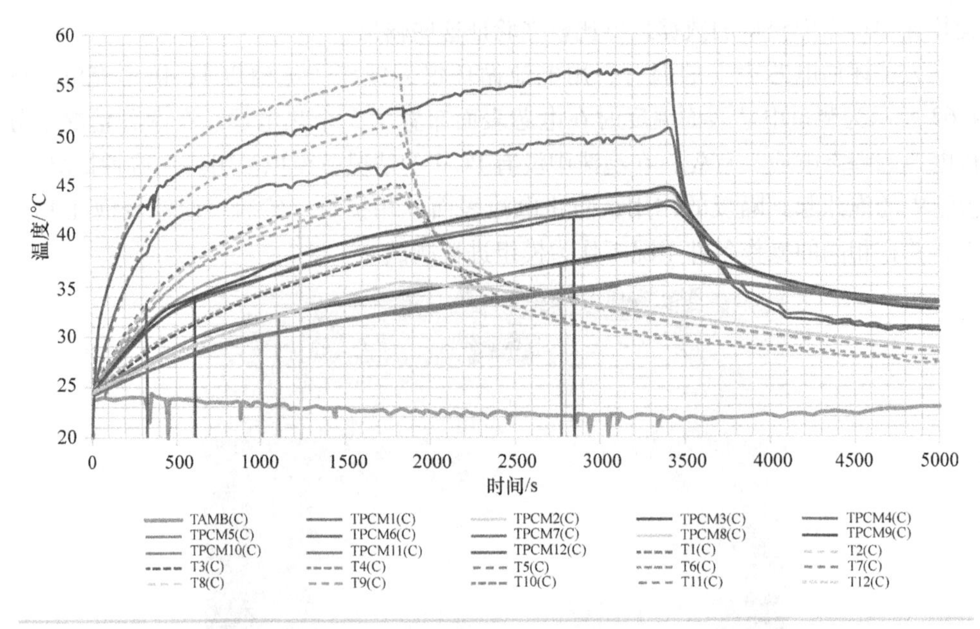

图 4.63 有 PCM 和无 PCM 的电池两侧 10 个点的温度变化

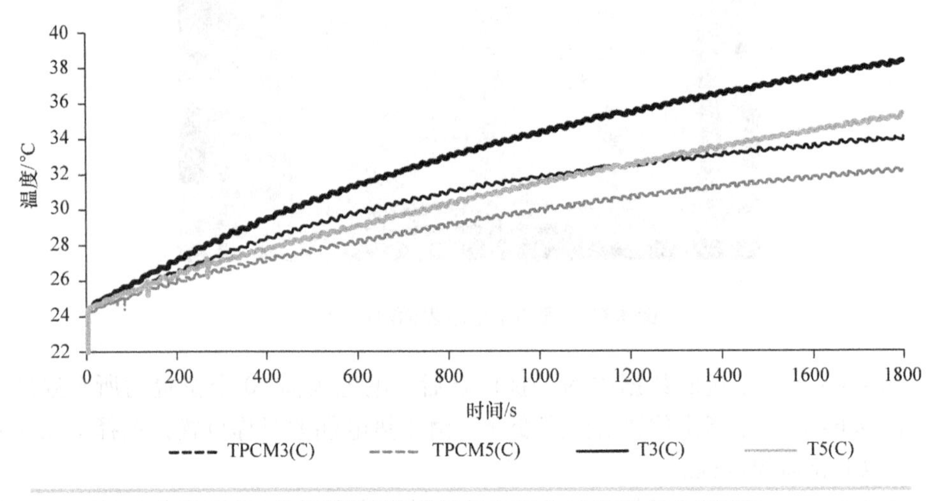

图 4.64 实验测量了电芯间有 PCM 和无 PCM 的电芯温度

4.5.4 光学观测

4.5.4.1 纳米粒子增强导热系数

在本节中，将使用差示扫描量热法（DSC）测试向读者展示添加碳纳米管和石墨烯纳米片的效果，以提供关于提高相变材料导热率的信息。同时，基于 DSC 数据，开发了一种计算和比较 PCM 中碳纳米管和石墨烯添加剂效果的方法。总共对

4个样品进行了DSC测试。表4.12列出了测试和分析所用的样品。

前几章简要介绍了碳纳米管和石墨烯纳米片的特性。所用的碳纳米管（CNT）直径为8～10nm，长度为10～50μm，所用的十八烷可以是纯的或工业级的（在案例研究中纯度分别为99.66%和90.8%）。样品以10℃/min的速率从55℃降至-10℃。图4.65和图4.66分别显示了纯十八烷和工业级PCM的加热和冷却的DSC结果。

表4.12　为试验制备的PCM和纳米颗粒样品

序号	样品
1	工业级PCM
2	纯PCM
3	6%石墨烯片与工业级PCM混合
4	6%碳纳米管与纯PCM混合

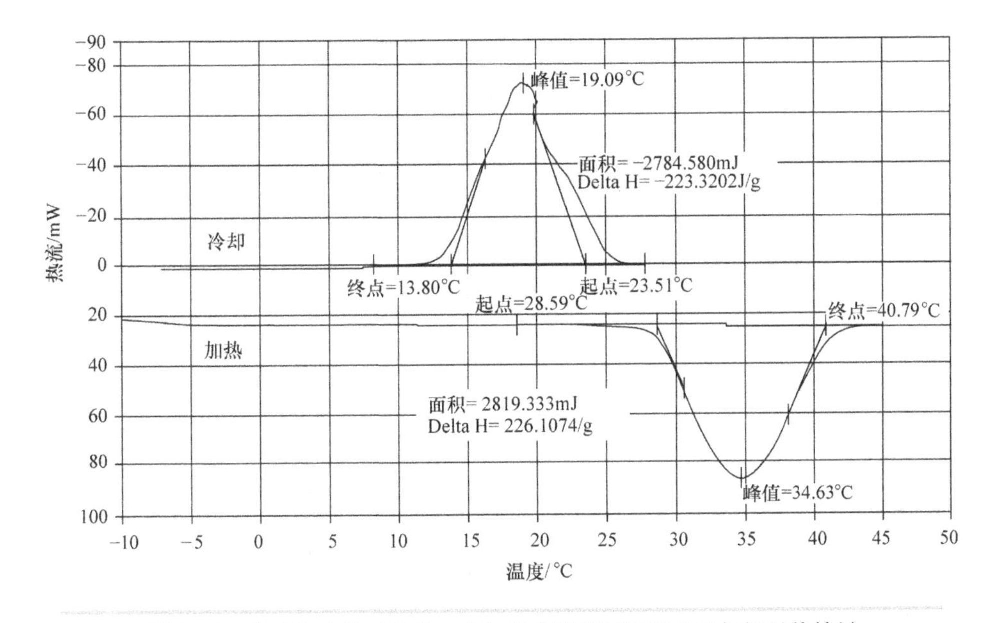

图4.65　纯正十八烷（99%）在加热和冷却期间的差示扫描量热结果

如前所述，添加纳米颗粒到纯PCM和工业级PCM中。使用同样的DSC测试法，来获得这些PCM和纳米颗粒混合物的DSC。图4.67和图4.68为DSC测试结果图。比较这些DSC图可以推断出的结论是，增加杂质降低了纯材料的熔融潜热。纯PCM的熔融潜热值为226107J/kg，对于工业级PCM，则降至187322J/kg，如功率曲线和水平轴下方区域所示。

为了计算热导热系数，基于DSC测试的比热量，使用以下关系式，可以通过求解热微分方程（Camirand，2004）得到：

$$\frac{d(\Delta P)}{dT}=\frac{2}{R} \tag{4.59}$$

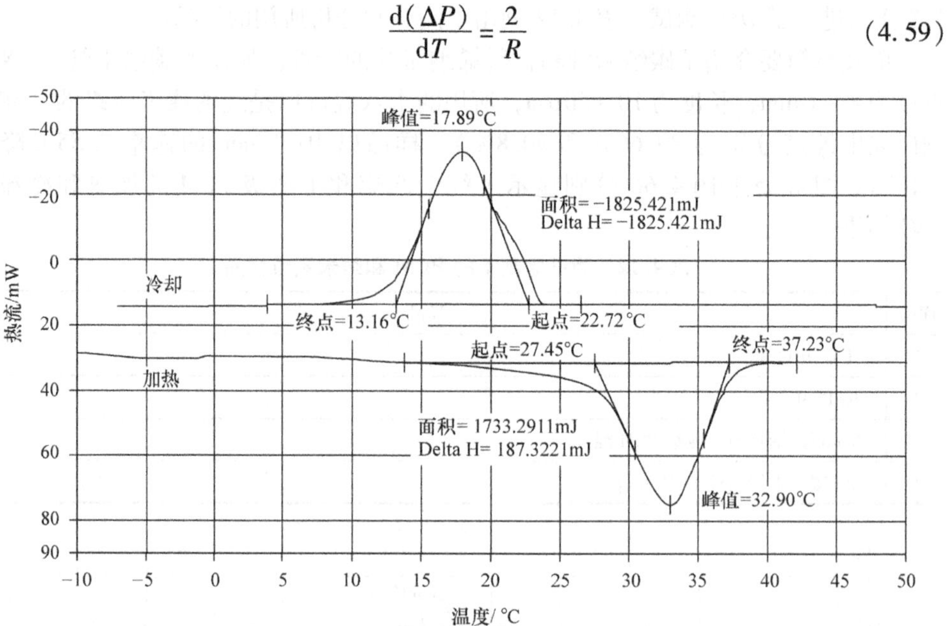

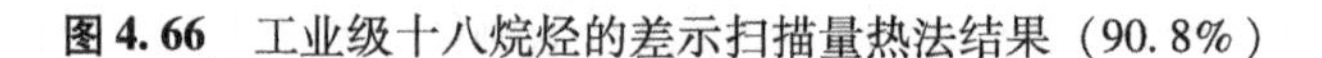

图 4.66 工业级十八烷烃的差示扫描量热法结果（90.8%）

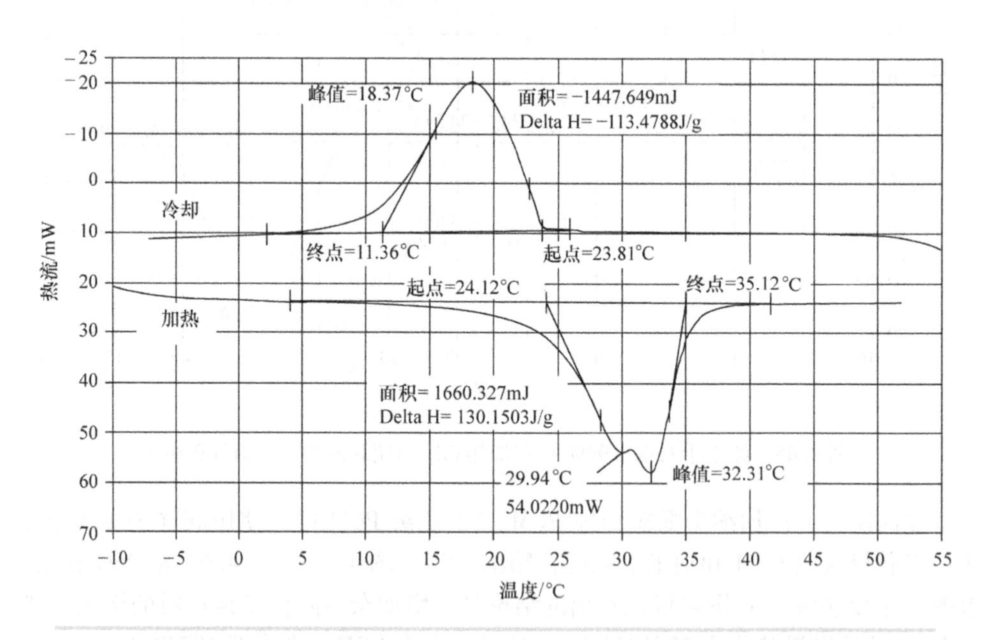

图 4.67 CNT 质量浓度 6% 与 99%（纯）PCM 混合物的 DSC 检测结果

从样品的差示扫描量热分析图中可以看出，该斜率是一般形式的。通常可以写成如下形式：

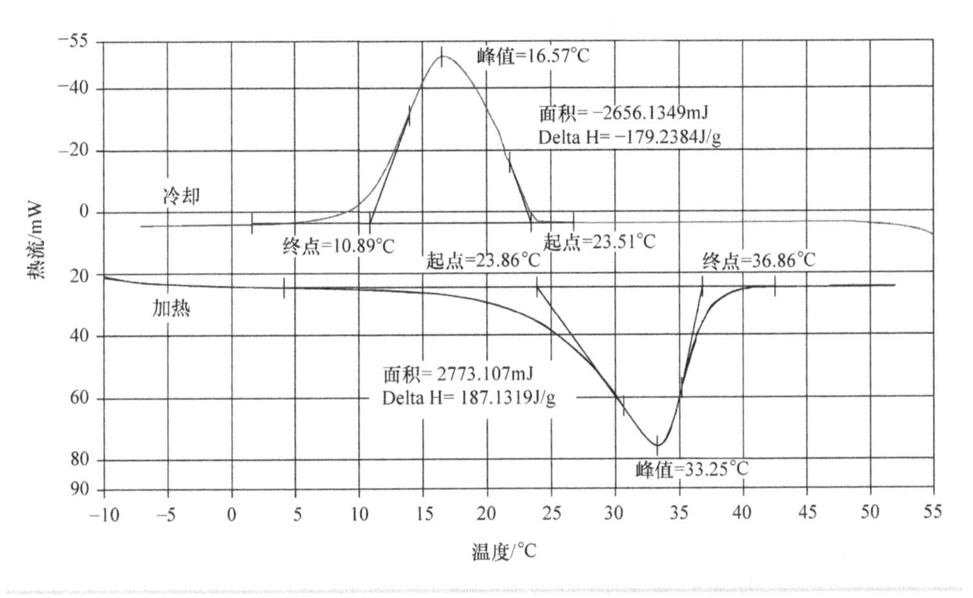

图4.68 工业级PCM与6%石墨烯片混合物的DSC测试结果

$$\frac{\mathrm{d}(\Delta P)}{\mathrm{d}T}=\frac{C_1}{R} \tag{4.60}$$

式中，ΔP代表热量计的差分功率；R是总热阻。

$$R=R_1+R_2+R_3 \tag{4.61}$$

在这里，R_1、R_2和R_3分别是试样与试样炉之间的接触热阻、试样与标定物质之间的接触热阻以及试样的热阻。

与设备相关的热阻C_2定义为$C_2=R_1+R_2$，则

$$\frac{\mathrm{d}(\Delta P)}{\mathrm{d}T}=\frac{C_1}{R_1+R_2+R_3}=\frac{C_1}{C_2+R_3} \tag{4.62}$$

导热系数可以通过以下接触热阻关系计算：

$$R_\mathrm{s}=\frac{L_\mathrm{s}}{k_\mathrm{s}A_\mathrm{s}} \tag{4.63}$$

其中，L_s、k_s和A_s分别为试样高度、试样导热系数和水平截面面积。将$C_3=\frac{L_\mathrm{s}}{A_\mathrm{s}}$代入前面的方程中：

$$\frac{\mathrm{d}(\Delta P)}{\mathrm{d}T}=\frac{C_1}{C_2+\frac{C_3}{k_\mathrm{s}}} \tag{4.64}$$

$$\frac{C_3}{k_\mathrm{s}}=\frac{C_1}{\frac{\mathrm{d}(\Delta p)}{\mathrm{d}T}}-C_2 \tag{4.65}$$

通过整理和改写 PCM 和 PCM 与 CNT 混合物的对应值：

$$k_{s,PCM}=\frac{C_3\dfrac{d(\Delta p)_{PCM}}{dT}}{C_1-C_2\dfrac{d(\Delta P)_{PCM}}{dT}} \tag{4.66}$$

$$k_{s,PCM+CNT}=k_{s,mix}\frac{C_3\dfrac{d(\Delta p)_{PCM}}{dT}}{C_1-C_2\dfrac{d(\Delta P)_{PCM}}{dT}} \tag{4.67}$$

导热系数比是

$$k_{ratio}=\frac{\dfrac{d(\Delta P)_{mix}}{dT}}{\dfrac{d(\Delta P)_{PCM}}{dT}}\cdot\frac{C_1-C_2 d\left[\dfrac{(\Delta p)}{dT}\right]_{PCM}}{C_1-C_2 d\left[\dfrac{(\Delta p)}{dT}\right]_{mix}} \tag{4.68}$$

注意到，以下比率总大于 1：

$$\frac{C_1-C_2 d\left(\dfrac{\Delta p}{dT}\right)_{PCM}}{C_1-C_2 d\left(\dfrac{\Delta P}{dT}\right)_{mix}}>1 \tag{4.69}$$

考虑到 C_1 和 C_2 的特性，那么可以发现，这些方程中的不等式总是满足如下关系：

$$C_1-C_2 d\left(\frac{\Delta P}{dT}\right)>0 \tag{4.70}$$

$$\left(\frac{\Delta P}{dT}\right)_{mix}>\left(\frac{\Delta P}{dT}\right)_{PCM} \tag{4.71}$$

为了得到一个正导热系数，这个方程中的不等式应该也是正的。第二个不等式是正确的，因为实验结果同样表明，碳纳米管样品的功率与温度的斜率比纯 PCM 大，表明碳添加剂会导致较高的导热系数，这意味着比率将是正的。根据所给的计算方法，99% 碳纳米管有效导热系数与工业级（90.8%）十八烷的比值如图 4.69 所示。

将 6% 质量浓度的碳纳米管和 PCM，与相同浓度的石墨烯片和 PCM 进行比较，如图 4.70 所示。应该注意的是，这些值需要乘系数进行修正。如上所述，这个系数是正数，大于 1。这意味着，即使比例接近 1，乘以这个系数后，也将得到改善。

这个系数对其他参数的依赖性是一个重要的概念。值得一提的是，图 4.70 中没有显示其他温度的比率，因为该比率仅适用于相变区域。因此，对于由于添加 CNT 而预期具有较高导热率的固体部分，需要使用其他方法。图 4.70 还显示，在 27.9℃下，CNT 的导热系数比大约比石墨烯片高 1.6。此外，从测试结果可以看

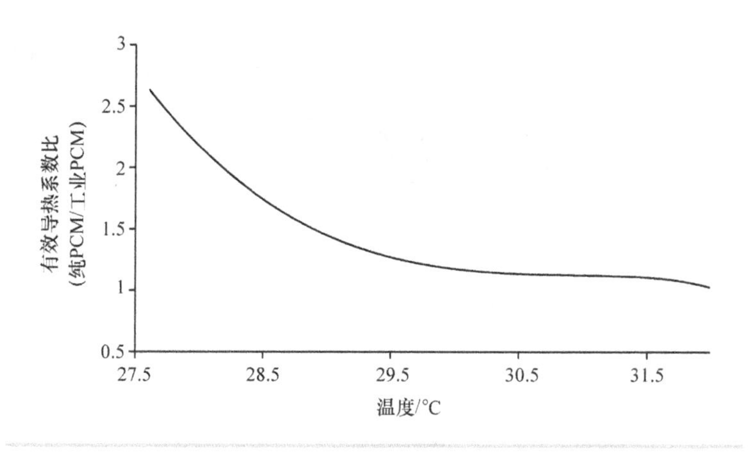

图 4.69　99% CNT 的有效导热系数与工业级（90.8%）十八烷的比值

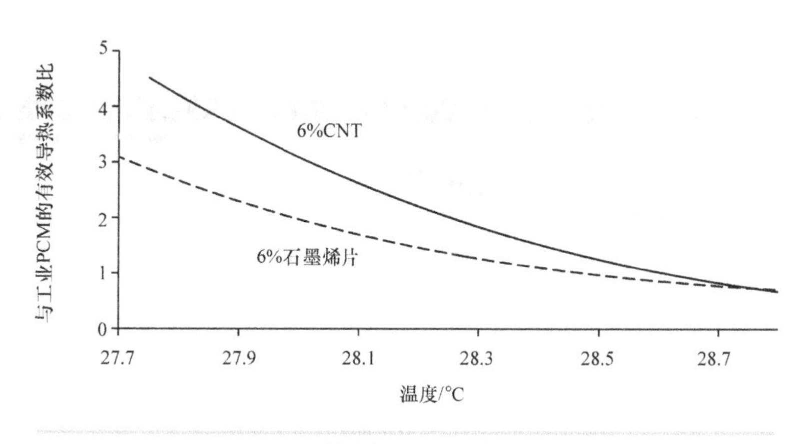

图 4.70　石墨烯片与 CNT 有效导热系数比较

出，导热系数可能比工业 PCM 高 5 倍。

4.5.4.2　纯 PCM 数据（99% 纯度）

图 4.71 显示了纯 PCM 中不同位置的温度。时间从热水进入换热器的那一刻开始。

在纯正十八烷的情况下，相变过程比工业级 PCM 所需的时间更短。纯 PCM 在熔化过程中表现不同。纯 PCM 吸收热量更快，而工业级（图 4.69）则需要更长时间。但是，这也说明纯 PCM 的熔化效果以及和周边带热流管道的相互作用要快于工艺等级的情况。本案例研究中给出的实验结果还显示，与工业 PCM 相比，纯 PCM 的导热率更高，如图 4.72 所示。

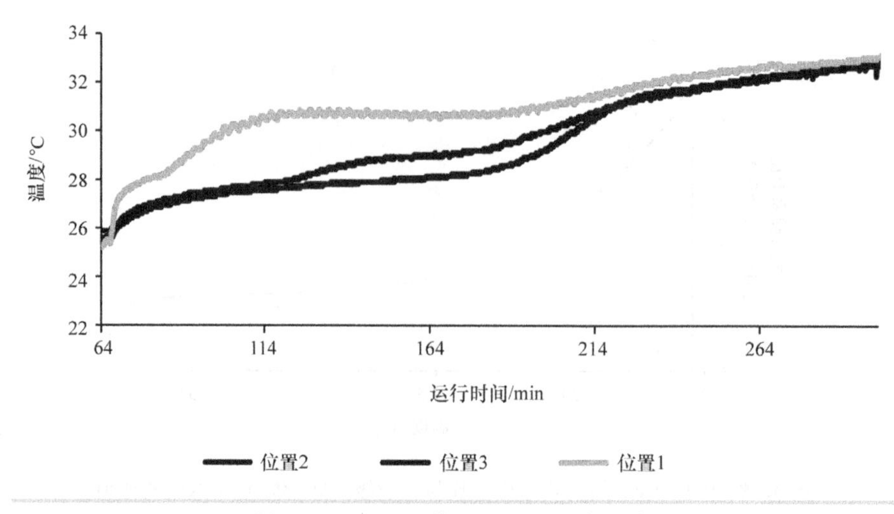

图 4.71　纯 PCM 位置 1、2 和 3 的温度

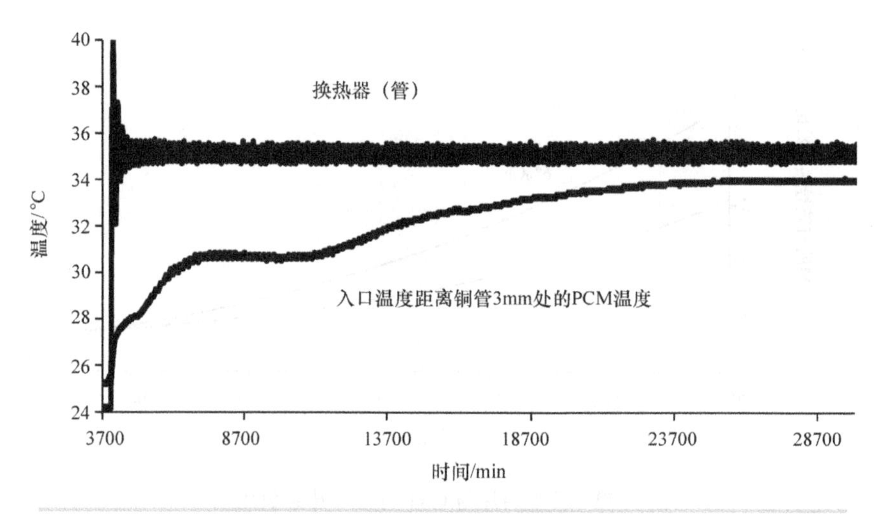

图 4.72　纯 PCM 与换热器入口温度的温升比较

4.5.4.3　混合纳米颗粒 PCM 的光学显微镜分析

在前面的章节中，分析了在电芯周围、电芯间和模组周围应用 PCM 的热特性的模拟。尽管确定从电池电芯散热的速率和降低温度所需的 PCM 体积在设计有效的 BTMS 中起着重要的作用，其他方法，如光学显微镜，也可以通过从 PCM 的角度观察系统，为分析增加显著的好处，因为光学显微镜方法可以提供 PCM 混合物中 CNT 结构的重要信息。使用这种光学显微镜，光线穿过光源，然后入射到透镜上。通过这种方法可以获得 PCM 和混合物的光学特性以及它们的形态特征。制备并研究了混合碳纳米管和石墨烯片的纯 PCM 和工业级 PCM。

图 4.73 为纯 PCM（纯度 99%）光学图像。熔融前，结构形态呈颗粒状，表面

图 4.73　纯 PCM 光学图像

光滑。在高冷却速率凝固过程中形成了颗粒物，这代表 PCM 的初始凝固区域。应当指出，PCM 中的初始温差应足够高，以开始符合凝固特性的凝固过程（Bejan, 2013）。

图 4.74 为工业级 PCM 固相的光学显微图像。其表面形态决定了不规则结构的存在，并紧密地排布在表面上。其区别特征是异质结构中的边界。这些边界可以起

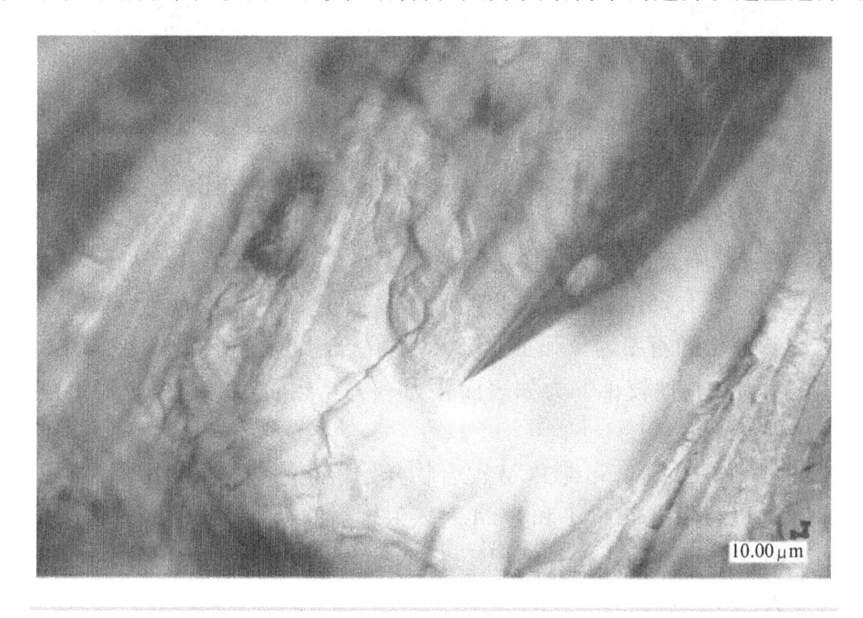

图 4.74　光学显微镜下 500 倍放大的工业级 PCM 结构

到热边界阻力的作用，抑制穿过结构的热流，类似于固体中的晶界。因此，开始熔化以及熔化的时间比纯 PCM 更长。

图4.75 为1.25% CNT 和纯 PCM 混合物开始熔化的光学图像。其结构形态揭示了碳纳米管微小而又局部分散聚集的特点。聚集的覆盖面积仅占总面积的一小部分，如图4.75 所示。从图中可以看出，聚集的 CNT 看起来是圆形的黑色夹杂物。应当注意，光学显微镜中使用的透镜的最大放大倍数不能捕获纳米级尺寸颗粒的图像。在拍摄的图片上，呈现的图像分辨率是每 0.5cm 为 10μm。这仅允许在图像上观察聚集的纳米碳管或石墨颗粒。图4.76a 为3% 的碳纳米管和纯 PCM 混合物的光学放大图片。图像的形态显示其表面具有圆形外观的局部聚集的 CNT。此外，部分溶解的固体结构在图像中也是可见的。CNT 团聚体在表面上的尺寸是不同的。

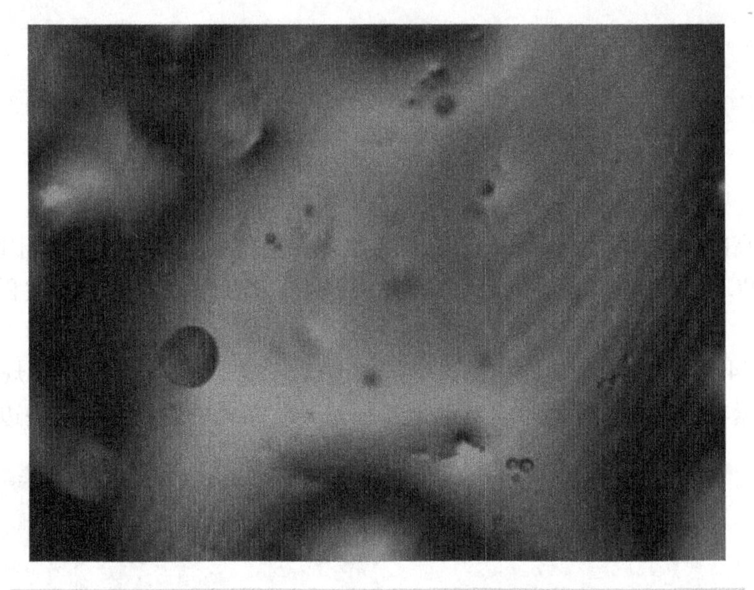

图4.75　1.25% CNT 与纯 PCM 混合物的光学图像

然而，对于所有尺寸，夹杂物之间的间距不足以在 PCM 中合并形成大尺寸的 CNT 聚集区域。图4.76b 中的形态表明固体表面上有小尺寸和大量聚集的石墨烯片。该图为1.25% 的石墨烯片和工业级 PCM 混合物的光学图片。小尺寸团聚的存在与小范德华力和其他较小的力如表面张力有关。然而，它们在 PCM 中的数量上的增加将会提高导热率。

图4.77 为6% 的 CNT 和纯 PCM 混合物开始熔化的图像。利用辐射源以在显微照相期间熔化 PCM。由于 CNT 和 PCM 对入射辐射的吸收特性不同，使图像的拓扑显示出细微的丘陵状结构。这种情况下，CNT 的体积浓度变大，并且 CNT 的团聚尺寸也会变大。

这反过来又会吸收更多的辐射，并在这些区域产生更多的热量（与对应的

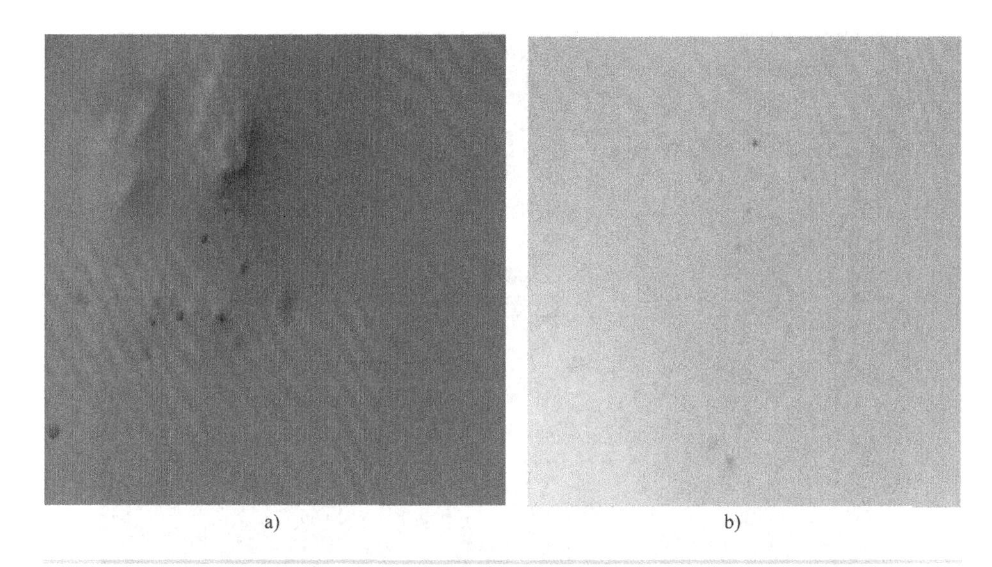

图4.76 3% CNT 和纯 PCM 混合物的光学图像，以及1.25%质量分数的石墨烯片与工业 PCM 混合物的光学图像

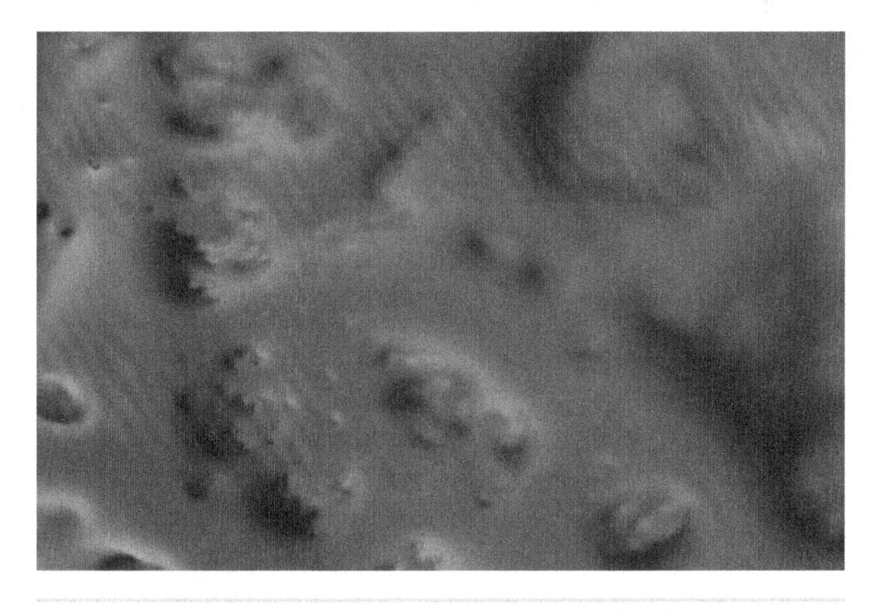

图4.77 6% CNT 和纯 PCM 混合物的光学图像

PCM 相比)。因此，高 PCM 浓度区域的局部熔化在拓扑中形成了山谷状结构。尽管如此，这种结构相对分散，表面没有相互连接，也表明聚集 CNT 的地方没有整体合并。

图4.78 显示了1.25%的 CNT 和纯 PCM 混合物部分熔化时的透射光学图像。

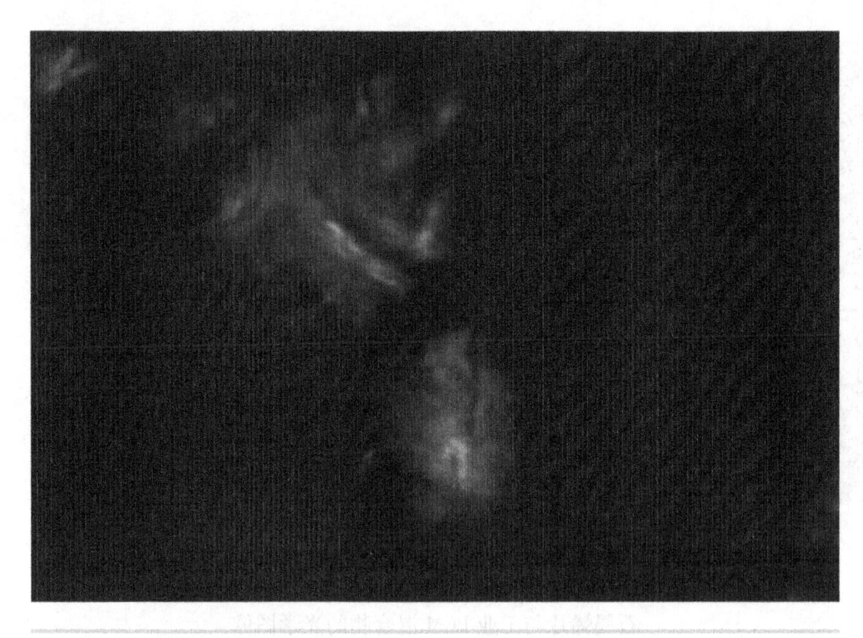

图 4.78　透射光图像的 1.25% CNT 与纯 PCM 混合物

由于从光学显微镜发出的入射辐射，熔融 PCM 比固体 PCM 具有更高的透射特性，熔融区域看起来是明亮的颜色。该图表明对流运动在熔融相中形成了流线型流动特性，在图像的明亮区域呈现出羽毛状的外观。

对流是由于 PCM 熔融相中的温度和密度变化而形成的。熔化的 PCM（正十八烷）分子也有可能在改变浮力的同时进入纳米管。因为熔化的 PCM 分子直径（分子链的长度）约为 1nm（Sun et al.，2007），小于碳纳米管（CNT）内径（10～30nm）。同时浮力的减小有助于 CNT 参与对流。这些都增强了对流发展区域的光学图像。此外，流线型流动增强了该区域中 CNT 的浓度，这进一步增强了其对从光学显微镜发出的入射辐射的吸收。因此，该区域的温度变化进一步增强了对流强度。图 4.79 为 6% CNT 和纯 PCM 混合物部分熔融的透射图像。图像由明、暗区域组成，暗区域代表固相，明亮区域对应于液相。

在明亮的区域，从显微镜发出散射的辐射图案。这种圆形的分散图案与 CNT 团聚点的存在有关。由于对从显微镜发出的入射辐射的高吸收率，浓缩的 CNT 区域会较早熔化。因此，这些区域熔化得更快，明亮区域附近的黑暗区域表明这些位置 CNT 浓度更低。这种行为实质上表明高浓度的 CNT 会导致熔化潜热的减少，以及导热率的提高。图 4.80 表明 20μm 网格尺寸的不锈钢网对混合物结构的影响效果。观察显示网格的存在减少了石墨烯片和碳纳米管的对流。在图中的网格下方可以看到聚集的纳米颗粒。

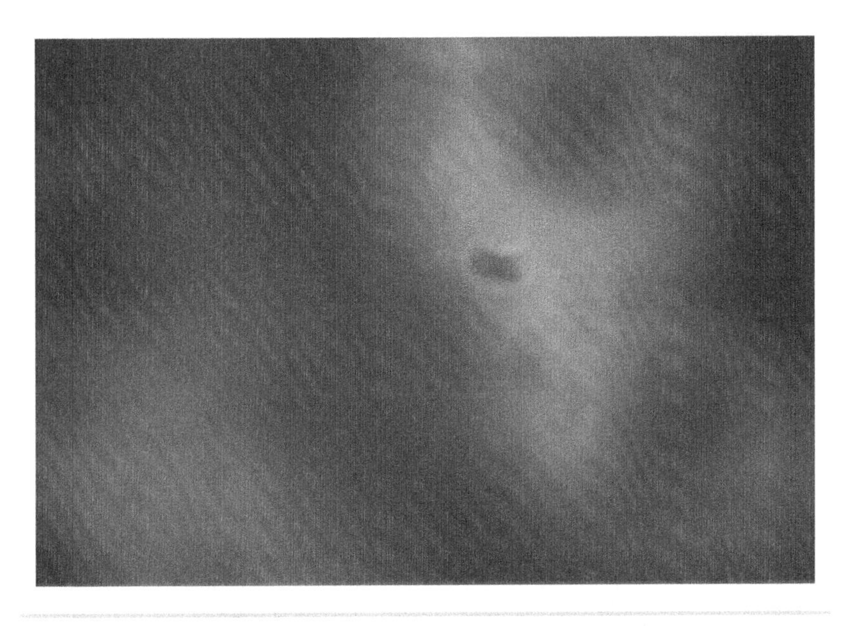

图 4.79 6% CNT 与纯 PCM 混合物透射光图像

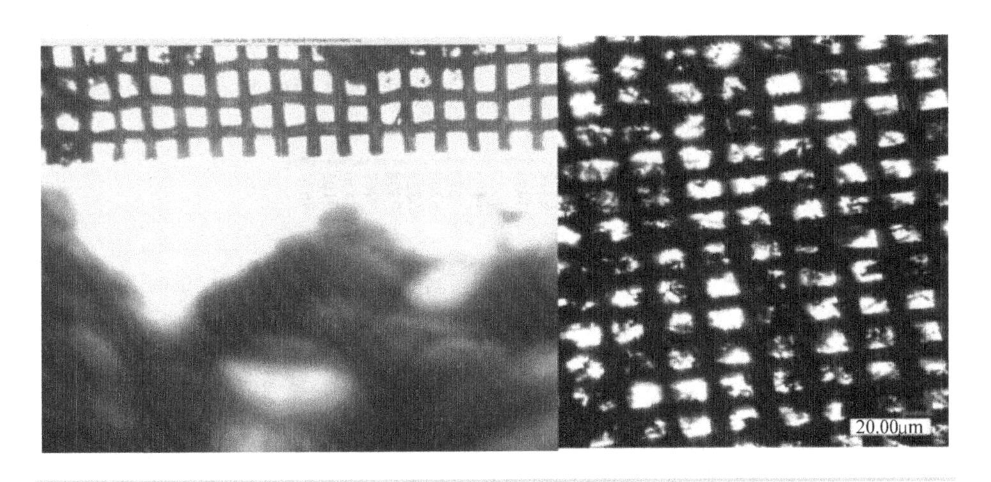

图 4.80 金属微网对纳米颗粒团聚的影响

4.5.5 整车级试验

使用 4.3 节中描述的数据采集软件和硬件以及 4.4 节中提供的测试场景，使用上述方法、程序和数据点设置并准备试验台和车辆，收集实验数据以验证在整车层面进行模拟的准确性和可靠性。数据中的具体值和趋势为不同驾驶条件和操作环境下车辆内部工作以及 BTMS 的相应响应和性能提供了宝贵的参考价值。在台架和试验车上进行的一些试验结果分别如图 4.81 ~ 图 4.90 以及图 4.91 ~ 图 4.106 所示。

4.5.5.1　台架试验

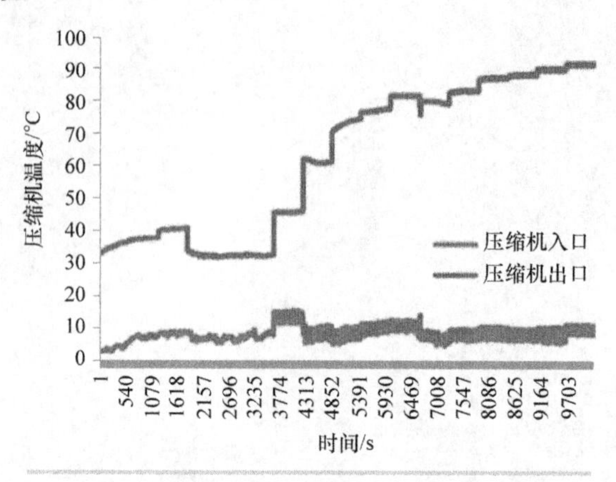

图 4.81　压缩机前后制冷剂温度

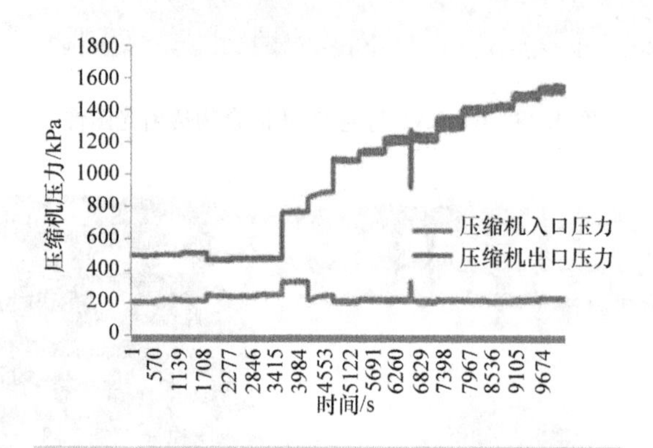

图 4.82　压缩机前后制冷剂压力

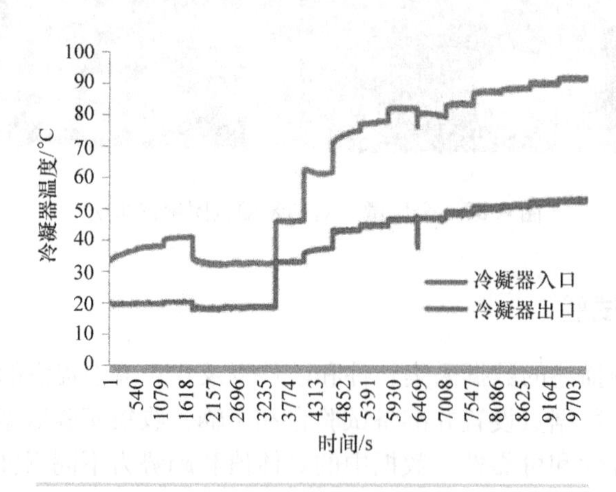

图 4.83　冷凝器前后制冷剂温度

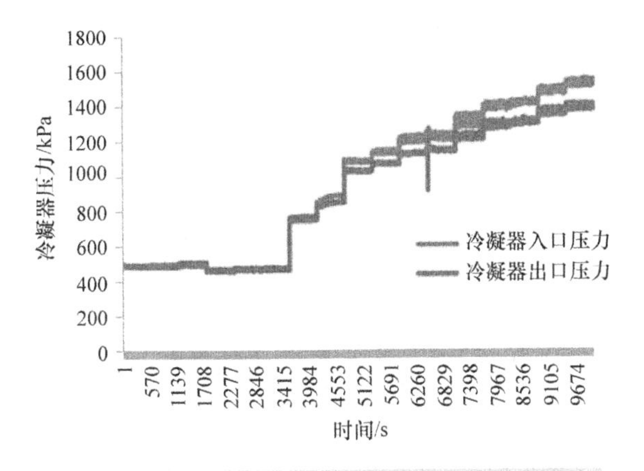

图 4.84　冷凝器前后制冷剂压力

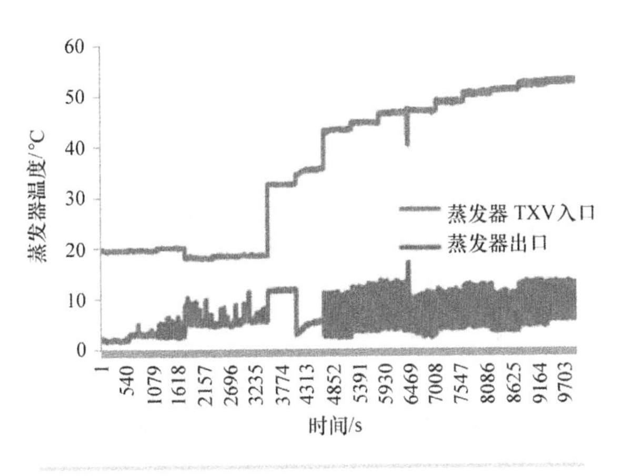

图 4.85　蒸发器前后制冷剂温度

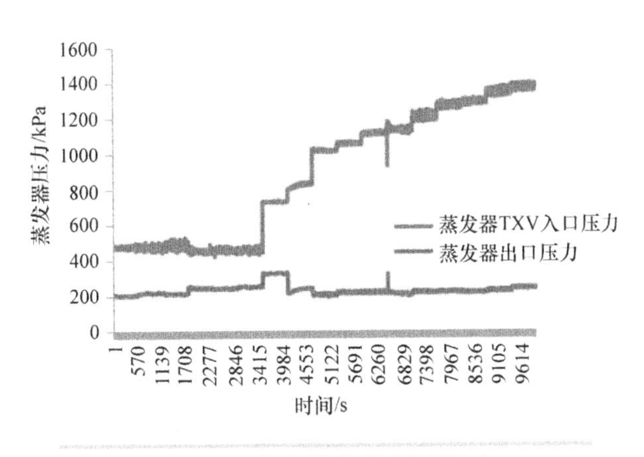

图 4.86　蒸发器前后制冷剂压力

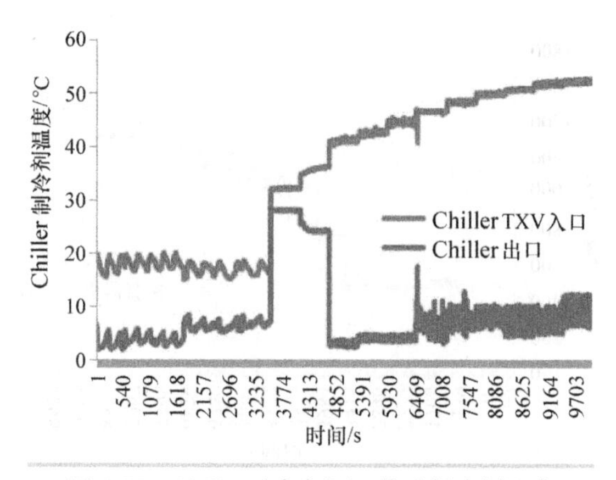

图 4.87　Chiller（冷水机）前后制冷剂温度

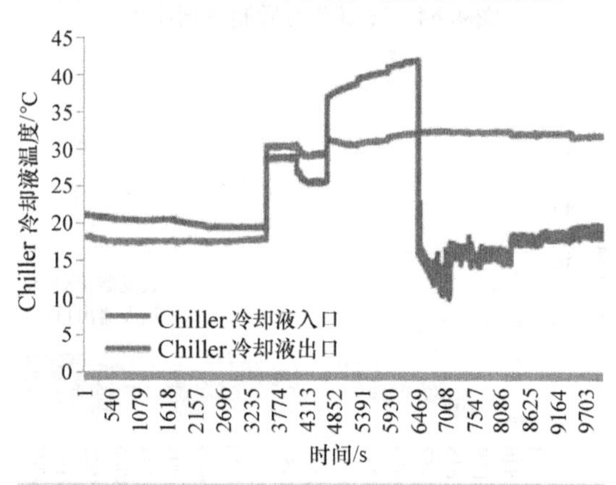

图 4.88　Chiller（冷水机）前后冷却液温度

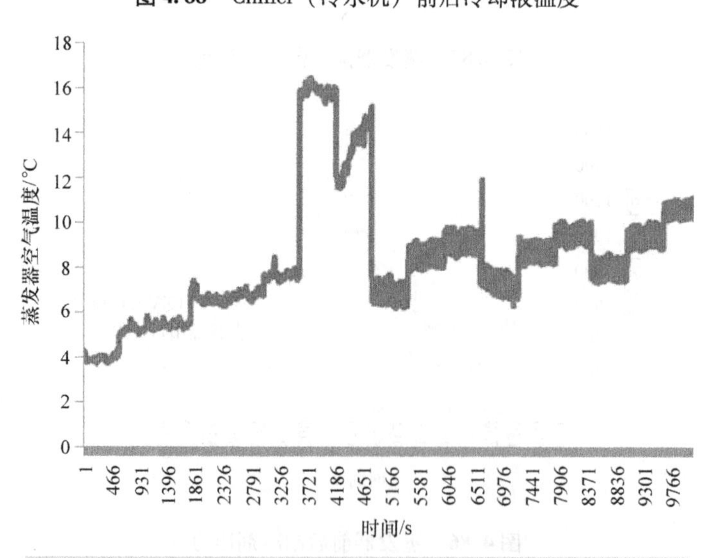

图 4.89　压缩机前后制冷剂温度

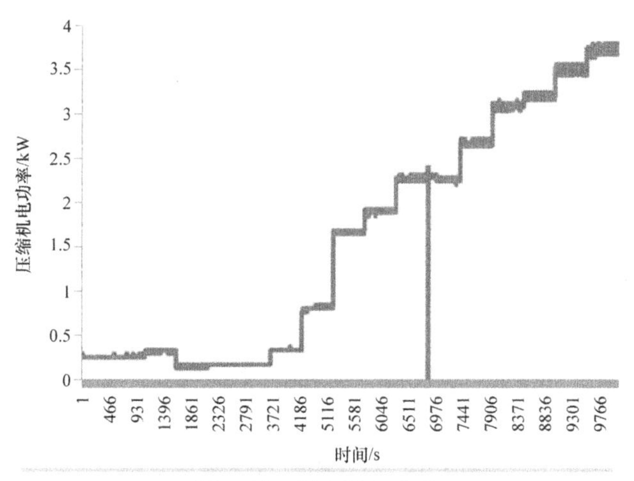

图 4.90　压缩机电功率

4.5.5.2　整车试验

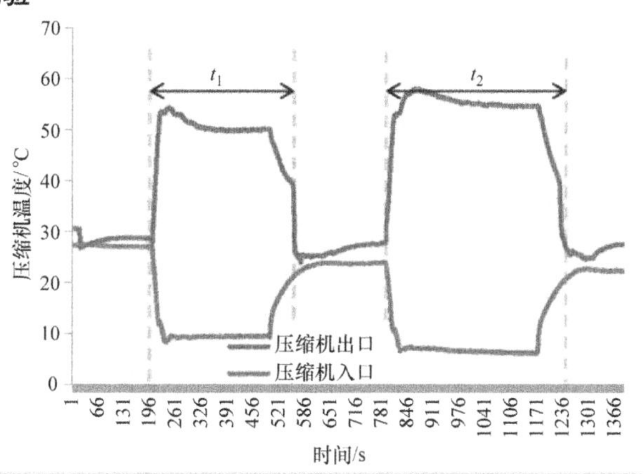

图 4.91　压缩机前后制冷剂温度

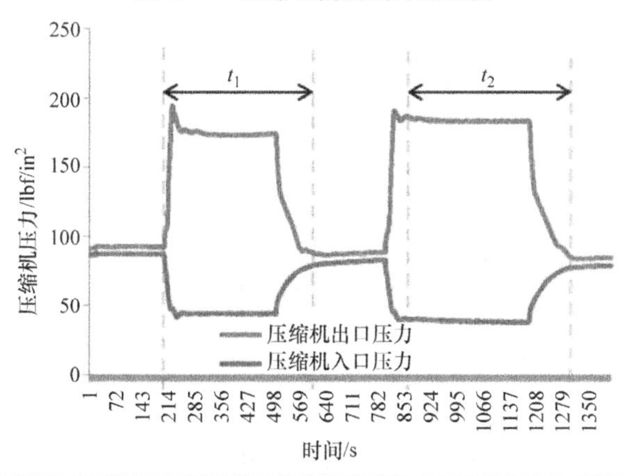

图 4.92　压缩机前后制冷剂压力

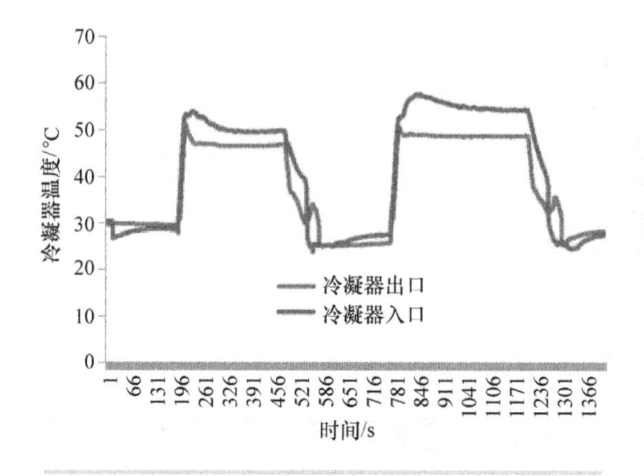

图4.93 冷凝器前后制冷剂温度

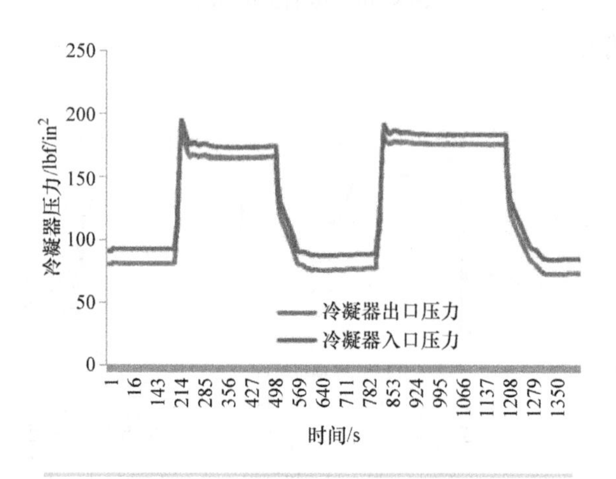

图4.94 冷凝器前后制冷剂压力

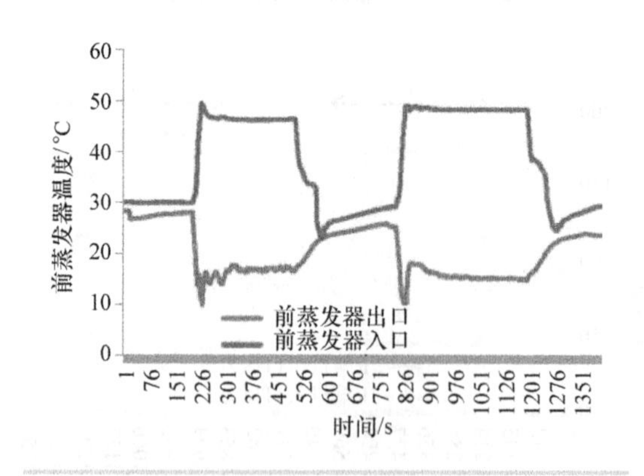

图4.95 蒸发器前后制冷剂温度

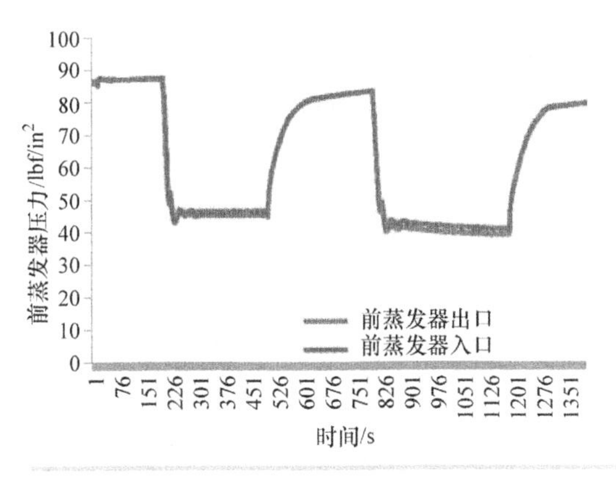

图 4.96　蒸发器前后制冷剂压力

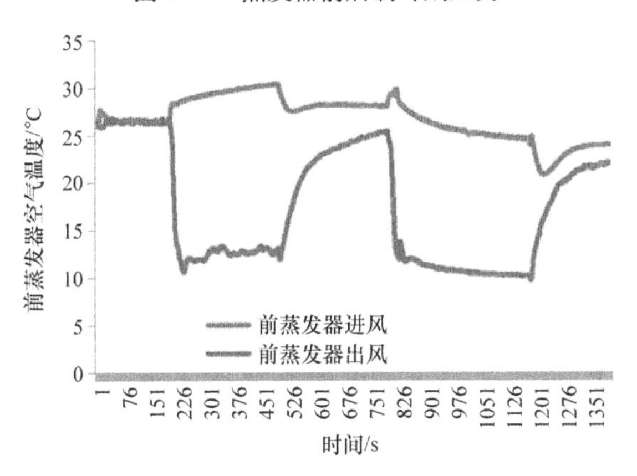

图 4.97　蒸发器前后空气温度

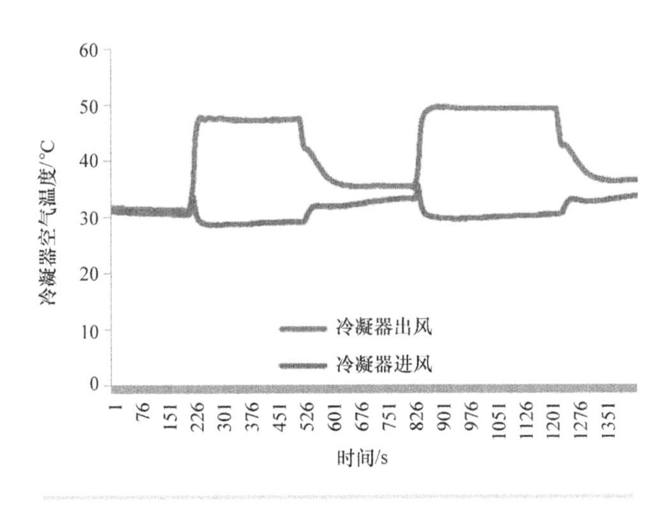

图 4.98　冷凝器前后空气温度

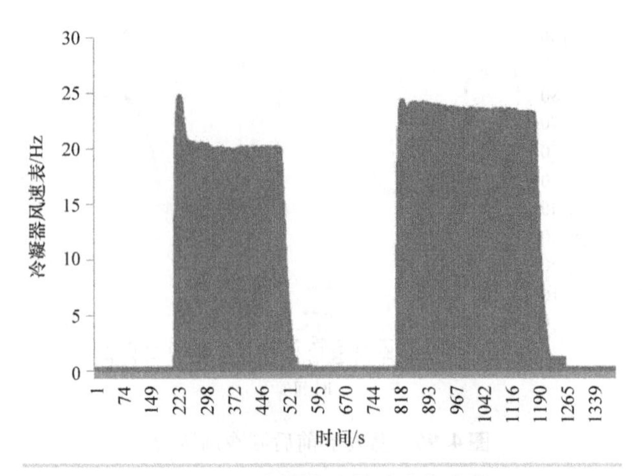

图 4.99　冷凝器风扇风速表读数

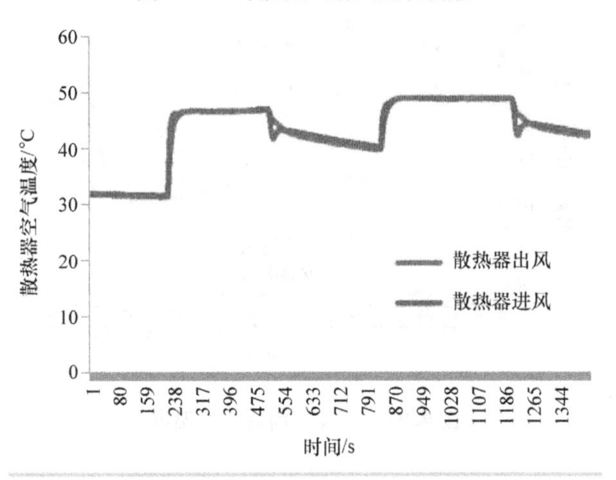

图 4.100　散热器前后空气温度

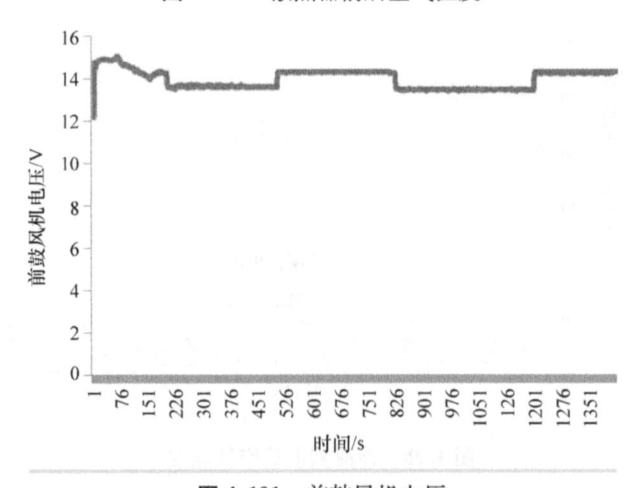

图 4.101　前鼓风机电压

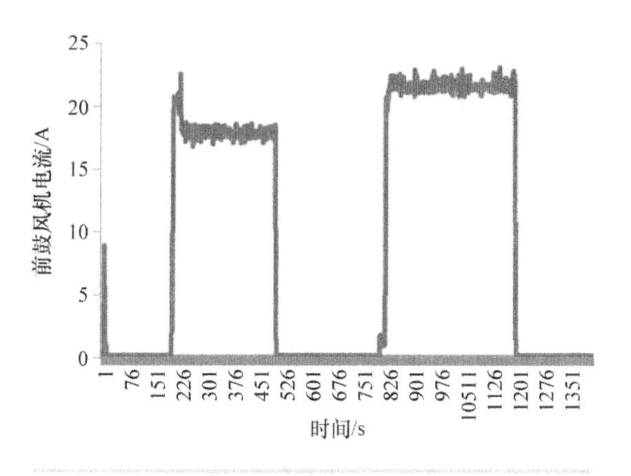

图 4.102　前鼓风机电流

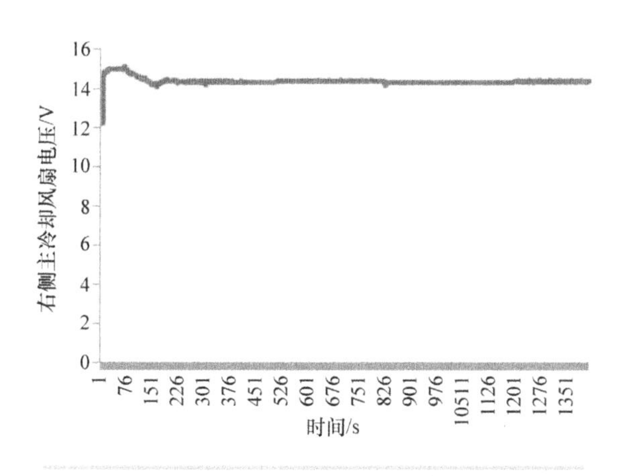

图 4.103　右侧主冷却风扇电压

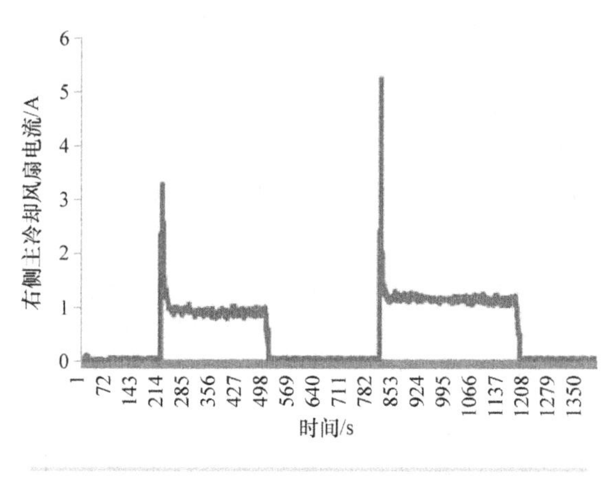

图 4.104　右侧主冷却风扇电流

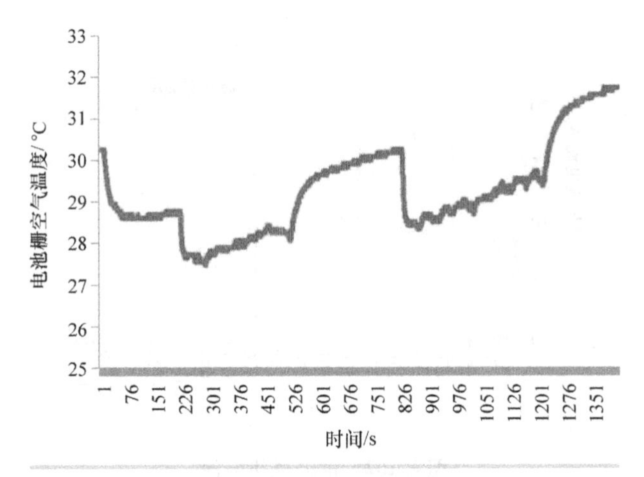

图 4.105　电池格栅空气温度

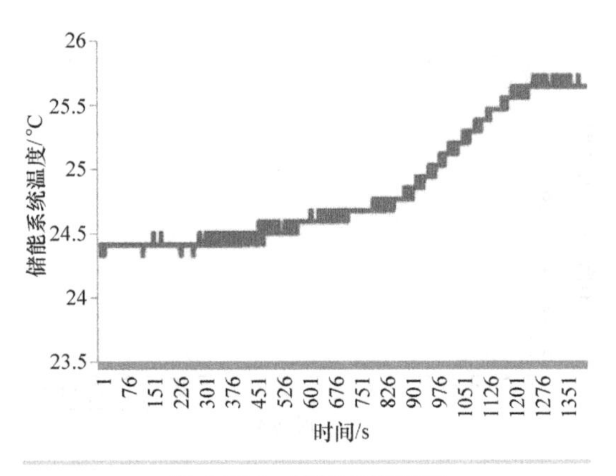

图 4.106　储能系统温度

为了进行比较，同时从数据采集系统和车辆 CAN 总线上获取模型决策变量的值；根据模型计算的结果，预测之后的实验输出。选择表 4.13 中提供的数据点与基线模型进行比较，这些数据点来自实验数据，且可以代表大范围操作参数在多种不同状态下的实验数据。

表 4.13a　用于模型验证的制冷剂温度

时间/s	制冷剂温度/℃						
	压缩机入	压缩机出	冷凝器出	前蒸发器入	前蒸发器出	后蒸发器入	后蒸发器出
207	26.8	28.2	29.6	29.9	27.3	27.7	26.8
224	12.1	53.0	50.8	46.3	11.7	46.0	12.3
376	9.2	49.7	46.5	46.1	16.8	46.2	9.0
693	23.5	26.3	25.1	27.5	24.8	25.1	23.7
857	7.3	56.4	49.1	48.7	17.9	48.8	7.3
1092	6.2	54.4	48.7	49.2	15.3	48.3	6.1

表 4.13b　用于模型验证的制冷剂压力

时间/s	制冷剂压力/kPa						
	压缩机入	压缩机出	冷凝器出	前蒸发器入	前蒸发器出	后蒸发器入	后蒸发器出发器出
207	87.4	92.6	80.7	87.1	87.2	87.2	87.2
224	47.6	193.8	183.6	52.2	49.3	49.6	49.1
376	304.7	1193.2	1135.6	320.1	311.8	313.8	311.8
693	560.9	602.6	522.2	566.0	564.8	563.4	564.0
857	40.4	186.7	177.8	43.3	41.4	41.8	41.4
1092	262.7	1263.3	1211.2	284.1	270.6	272.0	269.2

表 4.13c　用于模型验证的空气温度

时间/s	空气温度/℃				
	环境温度	冷凝器进	冷凝器出	前蒸发器入	前蒸发器出
207	26.1	26.5	26.6	30.7	31.5
224	25.8	28.2	13.3	32.2	40.8
376	27.5	29.7	12.3	28.9	47.2
693	28.2	28.2	24.0	32.6	35.5
857	28.3	27.5	11.5	30.0	49.2
1092	27.5	24.9	10.2	30.2	49.3

进入热交换器的空气的温度和质量流量与制冷循环中制冷剂的蒸发和冷凝温度初始值来源于实验数据。此外，利用从车辆中速 CAN 总线获取的数据来计算冷却液回路中的电池散热率。

基于这些参数，预测了实验中每个选定点的热管理系统的热力学状态、压缩比和压缩机总功以及蒸发器和冷水机的热负荷。表 4.14 给出了实验结果以及从模型中得出的仿真结果。在表中，每个参数下第一列是实验值，第二列是仿真值。

根据表 4.14，可以看出，仿真和实验的结果非常相似，误差百分比相对较小，误差来自模型中的一些假设（前面提到过）和简化。

表 4.14　实验结果与仿真结果比较

时间/s	ΔP_{cond}/kPa		ΔP_{evap}/kPa		θ		W_{comp}/kW		Q_{evap}/kPa	
207	38.22	34.11	37.89	35.35	1.43	1.41	0.89	0.84	0.37	0.38
224	70.34	71.53	31.71	27.54	4.07	4.05	1.21	1.10	2.63	2.65
376	57.67	50.54	15.33	20.67	3.92	3.87	2.42	2.32	3.08	3.12
693	80.38	75.12	5.07	3.56	1.07	1.01	0.91	0.88	0.74	0.76
857	61.66	57.76	20.16	25.5	4.63	4.42	1.45	1.41	2.83	2.87
1092	52.09	54.62	21.41	17.3	4.81	4.76	1.52	1.47	2.60	2.63

4.5.6　案例研究结论

在这个案例研究中，提供了分析 BTMS 的数值和实验方法。研究的第一部分包括用 ANSYS FLUENT 12.0.1 版对不同厚度（3mm、6mm、9mm 和 12mm）PCM 的锂离子电池进行系统的数值模拟。接下来，通过在四个锂离子电芯周围应用 PCM 来模拟由四个锂离子电芯组成的模组。此外，用被 PCM 浸泡过的泡沫替代电池组中的隔离泡沫并放置在电池电芯之间。计算并比较温度变化和分布，以了解 PCM

在系统中的影响，以及在电芯和模组层级开发最有效的热管理所需的数量和使用方法。将这些结果与电芯层级的实验数据进行比较，以确保其准确性和可靠性。

此外，由于一些 PCM 可能存在低导热率的问题，将碳纳米管（CNT）和石墨烯纳米片添加到纯的和工业级十八碳烷中以提高混合物的导热率。光学显微镜方法用于研究 PCM 和纳米颗粒混合物，特别是监测纳米颗粒的团聚。为了研究制备的样品，采用透射和反射光学显微镜方法开展研究，并进一步通过差示扫描量热法（DSC）研究了 CNT 和石墨烯片分别与纯级和工业级 PCM 的混合物，以比较混合物的导热率。

最后，在不同场景下使用试验台架/车辆演示了电芯/模组对整个车辆性能的影响。将计算结果和实验结果进行比较，以验证所开发模型的准确性，并以此改进模型，从而提高 BTMS 的有效性。

案例研究的主要结果概述如下：

- 当 PCM 应用于锂离子电芯周围 3mm 厚时，温度分布变得更加均匀。结果表明，厚度为 12mm 的相变材料将最高温度降低了 3.04K。3mm、6mm 和 9mm 厚度的相应值分别为 2.77K、2.89K 和 2.98K。以上结果基于瞬态条件下，计算时间为 20min。
- 对于周围有 PCM 的模组，体积平均温度下降超过 7.7K。对于体积发热率分别为 6.885kW/m^3、22.8kW/m^3、63.97kW/m^3 和 200kW/m^3 的模组，PCM 周围的最高和最低温度差分别降低了 0.17K、0.68K、5.80K 和 13.33K。
- 对五种不同泡沫的实验研究表明，该介质中 PCM 可能存在的最大质量浓度为 65.8%。
- 当将 PCM 应用于电芯之间的泡沫中时，原干泡沫的模组的最高温度从 310.87K 降至 303.13K。此外，风险电芯温度变化明显减小（温度偏移降低 9%）。
- 有 PCM 和无 PCM 两种情况下模组中电池温度分布的仿真结果与实验测量数据一致。

电芯和电极边界的接触热阻为 $7.8\times10^{-6}m^2K/W$，比空气膜热阻小 10^{-4} 个数量级，因此在模拟中不考虑。这主要是由于热传递方向上较高的温度梯度。

- 聚集效应在实际应用中可能具有挑战性。通过使用微网减少熔化过程中的对流，从而减少了混合物中 CNT 的聚集。
- 工业级 PCM 的光学观测显示了其结构的边界。这些边界可以作为热边界阻力的来源，抑制热流穿过结构，类似于固体中的晶界。

4.6 结语

本章说明了从电芯级到模组级开发电池模型的必要步骤，并为读者演示了安装车辆部件和 BTMS 的程序以及获取和验证实验数据的最佳实践。数值模拟应尽可能通用，以与各种不同的电池类型和化学物质兼容。此外，它们在可扩展的模组电芯中开发，以降低模型的复杂性和计算时间，同时提供基本信息和工具来将其转换成整个电池组。在这些模型中，在电芯周围、电芯之间以及整个模组上考虑了 PCM 的应用。

此外，通过案例研究，并使用 ANSYS FLUENT 数值模拟工具、IPETRONIKS 数据采集硬件、IPEMOTION 数据采集软件和光学成像仪器，详细介绍了上述方法和程序的应用，并通过数值模型和实验来验证 BTMS；给出了仿真和实验结果（从电芯到整车层级），并通过仿真和实验结果的对比，验证了模型的准确性和可靠性。

术语

A（m^2）	面积
C_p（J/kg・K）	比热
E（V）	电势
E_0（V）	开路电压
F	法拉第常数
G（J）	吉布斯自由能
h（kJ/kg）	比焓
H	总焓
h_s（W/m^2K）	对流换热系数
I（A）	电流
k（W/m・K）	电芯导热系数
L（m），（J/kg）	长度，熔化潜热
n	电子数
$\dot{q}$（kW）	传热功率
R（Ω）	电阻
S（J/K）	熵
S_h（kW/m^3）	产热率源项
t（s）	时间
T（K）	温度
T_0（K 或℃）	环境温度
U（V）	开路电压
u（m/s）	x 方向速度
v（m/s）	y 方向速度
V（V）	电芯电压
w（m/s）	z 方向速度

希腊字母

α（1/K）	体积膨胀系数

β	液体分数
Δ	变量变化量
θ_1	整体温度系数
θ_1	局部温度系数
Θ	通用方程参数
ρ （kg/m^3）	密度
Ω	能效指标
Γ	扩散系数
Θ	未指定变量

下标

0，amb ambients	环境
b battery	电池
cell cell	电芯
gen generation	产生
G generatio	产率
m melting	熔融

缩略语

CFD computational fluid dynamics	计算流体力学
DSC differential scanning calorimetry	差示扫描量热法
EV electric vehicle	电动汽车
FVM finite volume method	有限体积法
GHG greenhouse gas	温室气体
HEV hybrid electric vehicle	混合动力汽车
PCM phase change material	相变材料
ICE internal combustion engine	内燃机
SOC state of charge	荷电状态
TMS thermal management system	热管理系统

问题

4.1 在进行任何涉及高压电池的试验前，需要实施哪些关键安全措施?

4.2 在对电池或车辆进行检测时，有什么经验法则?

4.3 数据采集中的读数和白噪声不一致的原因有哪些?

4.4 在 BTMS 中需要测量的关键输入是什么? 测量它们的最佳位置在哪里?

4.5　什么是网格独立性？在模拟中如何获得网格独立性？

4.6　请列举一些提高相变材料导热系数的方法，并简要描述解决导热问题的相关流程。

参考文献

Agyenim F, Hewitt N, Eames P, Smyth, M. (2010). A Review of Materials, Heat Transfer and Phase Change Problem Formulation for Latent Heat Thermal Energy Storage Systems (Lhtess). *Renewable and Sustainable Energy Reviews* **14**:615–628.

Al Hallaj S, Maleki H, Hong J, Selman J. (1999). Thermal Modeling and Design Considerations of Lithium-Ion Batteries. *Journal of Power Sources* **83**:1–8.

Ansys Inc. (2009). Ansys Fluent 12.0.1 User's Guide. Available at http://users.ugent.be [Accessed August 2016].

Amrollahi A, Hamidi A, Rashidi A. (2008). The Effects of Temperature, Volume Fraction and Vibration Time on the Thermo-Physical Properties of a Carbon Nanotube Suspension (Carbon Nanofluid). *Nanotechnology* **19**(31):5701.

Bejan A, Lorente S, Yilbas B, Sahin A. (DATE?). Why Solidification Has an S-Shaped History. Available at: http://www.nature.com/srep/2013/130424/srep01711/full/srep01711.html [Accessed August 2016].

Bernardi D, Pawlikowski E, Newman J. (1985). A General Energy Balance for Battery Systems. *Journal of the Electrochemical Society* **132**:5–12.

Camirand CP. (2004). Measurement of Thermal Conductivity by Differential Scanning Calorimetry. *Thermochimica Acta* **417**:1–4.

Hamut HS, Dincer I, Naterer GF. (2014). Experimental and Theoretical Efficiency Investigation of Hybrid Electric Vehicle Battery Thermal Management Systems. *Journal of Energy Resources Technology* **136**(1):011202–1:13.

IPEmotion Manual. (2010). Ipetronik Gmbh & Co. KG, Jaegerweg 1, 76532 Baden-Baden, Germany.

IPETRONIK Manual. (2009). Ipetronik Gmbh & Co. KG, Jaegerweg 1, 76532 Baden-Baden, Germany.

Javani N, Dincer I, Naterer GF, Rohrauer GL. (2014). Modeling of passive thermal management for electric vehicle battery packs with PCM between cells. *Applied Thermal Engineering* **73**:307–316.

Pals CR, Newman J. (1995). Thermal Modeling of the Lithium/Polymer Battery. *I. Discharge Behavior of a Single Cell. Journal of the Electrochemical Society* **142**:3274–3281.

Pesaran AA, Burch S, Keyser M. (1999). An Approach for Designing Thermal Management Systems for Electric and Hybrid Vehicle Battery Packs. Proceedings of the 4th Vehicle Thermal Management Systems 24–27.

Selman JR, Al Hallaj S, Uchida I, Hirano Y. (2001). Cooperative Research on Safety Fundamentals of Lithium Batteries. *Journal of Power Sources* **97**:726–732.

Sun L, Siepmann JI, Schure MR. (2007). Monte Carlo Simulations of an Isolated N-Octadecane Chain Solvated in Water-Acetonitrile Mixtures. *Journal of Chemical Theory and Computation* **3**:350–357.

Wu MS, Liu K, Wang YY, Wan CC. (2002). Heat Dissipation Design for Lithium-Ion Batteries. *Journal of Power Sources* **109**:160–166.

第5章 电池热管理系统的能量分析和㶲分析

5.1 引言

如前面章节所述，电池热管理系统对电动汽车电池寿命、整车性能、安全性和可靠性至关重要。因此，有必要设计一个强有力的电池热管理系统，使电芯工作在理想温度，并具有良好一致性，同时使得相关的电能损耗最小化。为了实现这些目标，电动汽车电池系统开发工程师需要解决以下问题：

- 对于电动汽车，我们应该选择哪种热管理方案？我们应该选用哪种传热介质？热管理系统零部件应如何布置才能达到最佳效果？
- 不同工况和环境条件下，热管理系统的最佳工艺参数和运行条件是什么？
- 每个零部件对整个热管理系统低效运行的贡献度是多少？热管理系统效率是怎样降低的？在哪里降低的？为什么会降低？

因此，本章将考察和评估几种不同类型电动汽车电池热管理系统。接着逐步搭建一个真实的热管理系统热力学模型，在不同参数和现实因素约束下通过能量及㶲准则评价主要的系统零部件，并为读者提供相应的分析方法和结果。每步过程都有说明，并尽量使用通用参数，以便读者能够在他们的系统研究中运用这些分析。在实例部分，工程方程求解器（EES）提供了搭建热力学分析模型简化代码。

接下来的章节中，将测试并比较给定电池系统在几种电池冷却方式下的温升、均温性以及熵产。这几种方式分别是：乘员舱空气冷却（冷却介质：空气）、主动制冷剂冷却（冷却介质：制冷剂）和主动液冷（冷却介质：水/乙二醇混合物）。随后，在不同系统参数下，从能量和㶲效率方面分析主动热管理系统。搭建热管理系统主要零部件详细模型，计算热交换器传热系数，并通过雷诺数计算压降，从而更准确地反映系统性能。在不同工况条件下（包括蒸发温度、冷凝温度、过冷度和过热度、压缩机转速、热交换器压降以及电池热损率等），对系统进行热力学分析，以便展示这些参数对热管理系统的影响。此外，从与现有冷却系统的兼容性方面研究其他制冷剂，以提供现有制冷剂的可替代物。另外，进一步进行㶲分析，确定可避免、不可避免以及内源和外源㶲损失，以增强读者对热管理系统零部件相互作用的理解，确定零部件改进的优先级，并协助进一步优化整个系统。基于以上分析，提出了在所研究工况及参数下，改善零部件乃至整个系统㶲效率的建议。最后，提供了书中提及的冷却方案的真实应用案例：计算跨临界二氧化碳电池热管理系统的效率。

5.2 热管理系统对比

电动和混合动力汽车热管理系统性能非常重要，因为汽车上可用能量有限，而且热管理系统对以效率为评价指标的整车性能影响很大。因此，深刻理解与效率相关的系统和零部件非常重要。为了能够准确评估，并进一步提高能量利用效率，避免传统能量分析的含糊不清和其他缺点，有必要采用一种清晰透彻的方法来有效描述各种能量形态。特别是随着全球竞争加剧和环境法规日趋严格，各国政府和大型组织正在将㶲纳入其能量分析方法，并利用热力学第二定律来降低成本，减少产品和工艺对环境的影响。因此，在过去几十年中，㶲分析在包括住宅、商业、工业、公共设施、农业和交通运输等许多经济部门的能量系统性能分析中被越来越多地使用，特别是以提高能源可持续性利用为目的的领域。㶲分析是一种强大的热力学技术，可深入了解工艺、设备和系统的性能。另外它是能源转换系统和化学过程设计、分析、评估和优化的有效工具，可以提高效率，降低成本，减少环境影响，实现可持续发展。

基于能量的效率可能导致不充分或误导性的结论，因为各种形式的能量被认为是相同的，而且不考虑周围环境。热力学第二定律基于不同形式能量间的不可逆性来定义该可用能量的能量转换极限。能量品质与参考环境及转换能力的水平高低相关，可避免出现任何不完整或不正确的结果。考察系统初始阶段和最后阶段做功潜力的分析可以给出能量品质的评价标准。这种分析被称为“㶲分析”，它代表了可以完全转化为有用功的能量数值，并用于确定电池热管理系统效率（Arcaklioglu et al.，2005）。

系统的㶲（也称为有效能）是“系统在具体参考环境可输出的最大轴功”（Dincer，Rosen，2013）。每个热管理系统中，系统内部或者系统与周围环境之间的热量传递都是在一定温差下进行的，这是对系统不可逆的一个关键贡献。包括自然事件在内的所有实际过程都是不可逆的，系统热力学过程的不可逆性导致系统性能下降。由于不可逆性，系统做功潜力降低，相应能量变得不可用。熵产用来衡量系统（热力学）过程不可逆的影响，并根据它们对整个系统运行低效的贡献量对比系统零部件。因此，每个过程相关熵产需要被评估，以确定整个系统效率。尽管能量分析是考察热力学系统最常用的方法，但它只关注能量守恒，既不考虑相应的环境条件，也不分析系统性能降低的方式、地点和原因。因此，能量分析只能判定能量量级，不能揭示系统效率（Yumrutas 等，2002）。在本章中，利用㶲分析考察热管理系统，通过确定每个循环和系统的不可逆性来更好地理解零部件的实际效率，以确定怎样使系统性能接近理想状态。通过分析能量的品质和数量，研究㶲损失的准确量级、原因和地点，以提高零部件和系统性能。

5.2.1　热力学分析

本节中，在提供零部件级㶲分析详细结果之前，基于热力学和传热分析，介绍基于乘员舱空气、制冷剂和冷却液进行冷却的热管理系统的高层级比较，计算相关回路中空气、制冷剂和冷却液属性，并基于上述平衡方程进行㶲分析，根据表 5.1 计算每个系统的能量和㶲COP。为了分析的一致性，在所有热管理系统中使用相同的环境、制冷循环特性以及蒸发器热负荷。

表 5.1　分析中使用的能量和㶲COP 公式

热管理系统	性能系数（COP）	
	能量	㶲
被动式乘员舱空气冷却	$(\dot{Q}_{\text{Evap}}+\dot{Q}_{\text{bat}})/\dot{W}_{\text{Comp}}$	$(\dot{E}x_{Q_{\text{Evap}}}+\dot{E}x_{\text{bat}})/\dot{W}_{\text{Comp}}$
主动式制冷剂冷却	$(\dot{Q}_{\text{Evap}}+\dot{Q}_{\text{batevap}})/\dot{W}_{\text{Comp}}$	$(\dot{E}x_{\dot{Q}_{\text{Evap}}}+\dot{E}x_{\text{batevap}})/\dot{W}_{\text{Comp}}$
主动式冷却液冷却	$(\dot{Q}_{\text{Evap}}+\dot{Q}_{\text{chil}})/(\dot{W}_{\text{Comp}}+\dot{W}_{\text{Pump}})$	$(\dot{E}x_{\dot{Q}_{\text{Evap}}}+\dot{E}x_{\text{chil}})/(\dot{W}_{\text{Comp}}+\dot{W}_{\text{Pump}})$

在被动式乘员舱空气冷却系统中，如图 5.1 所示，使用电池风扇驱动乘员舱冷空气冷却电池。因为电池使用乘员舱空气进行冷却，除了用于乘员舱降温做功外，压缩机不需要任何的额外做功。此外，一般来说乘员舱温度和最佳电池运行温度非常接近，所以该系统是高度兼容的。但是，电池冷却完全取决于乘员舱温度，当乘员舱温度较高时，可能会显著影响电池冷却效果。另外，空气在进入乘员舱的过程流速会降低。因此，风扇需要消耗部分能量来提高冷却电池的空气流量，这会增加

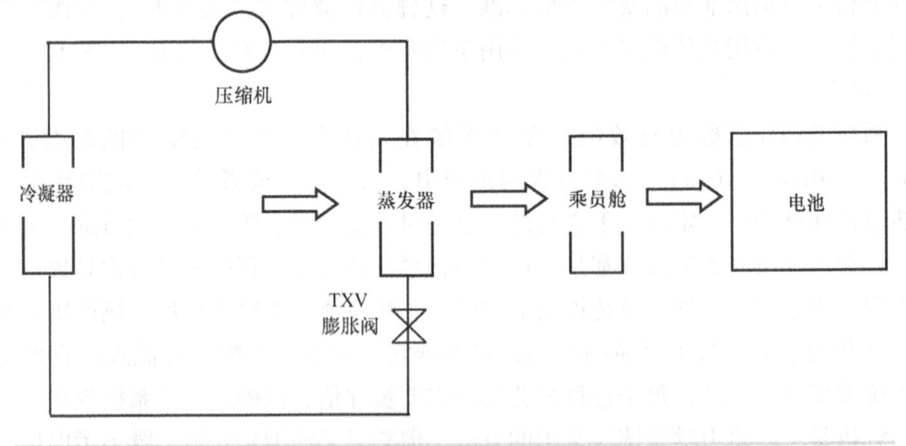

图 5.1　乘员舱空气冷却系统示意图

乘员舱的风扇功率和噪声水平。由单独电池蒸发器提供专门的冷却空气可以解决该问题，但代价是需要压缩机做额外的功使制冷剂流过该蒸发器。

系统效率取决于蒸发器热负荷和电池散热率。对于相对较低的电池散热率，利用乘员舱内空气，热管理系统效率很高。然而，乘员舱空气㶲低，流速小，当电池在恶劣环境和极端工况工作时，这是不够的。因此，该系统主要用于电池散热量较小且电池在其适合的环境条件工作的情况。

主动式制冷剂冷却系统如图5.2所示，电池使用独立蒸发器进行冷却。使用流过制冷剂的蒸发器，与电池冷却相关的㶲更高；与之前的乘员舱空气冷却热管理系统相反，它需要压缩机额外做功将制冷剂输送到电池蒸发器。因此，系统的总体㶲效率低于乘员舱空气冷却热管理系统，因为需要压缩机额外做功压缩制冷剂来冷却电池。

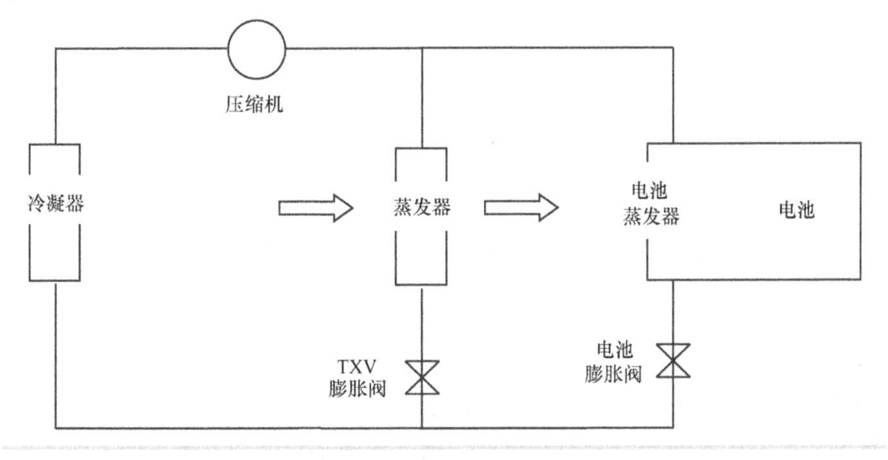

图5.2 制冷剂冷却系统示意图

主动式冷却液冷却系统如图5.3所示，增加了电池换热器和冷水机（chiller），同时具备乘员舱空气冷却和制冷剂冷却的优点。根据冷却负荷和环境条件设置不同的程序控制不同回路进行冷却，这将在5.4节中进一步讨论。

在该系统中，将电池冷却介质保持在低温状态取决于多个因素，例如电池产生的热量、乘员舱热负荷和环境温度。基线模型中，环境温度高于电池所需目标温度（21.5°C），因此电池完全依靠冷水机将热量从冷却液回路传递给制冷剂回路进行冷却。使用的冷却液（水/乙二醇混合物）比热容较高，冷水机在高速驱动工况时将电池冷却到最佳工作温度具有很高的效率。和主动式制冷剂冷却系统类似，主动式冷却液冷却系统的冷水机回路消耗额外的压缩功；但它的㶲效率高于制冷剂主动冷却系统。该系统的另一个重要优点是在不同冷却速率及不同电池温度和环境温度具有较强的灵活性。这个优点在环境温度降到20°C以下时可以看到。这个温度以下，离开电池的部分高温冷却液可以利用环境空气流过电池散热器进行冷却，特别是在车辆高速行驶时。这种冷却可通过在该回路中使用冷却水泵来实现，与压缩机

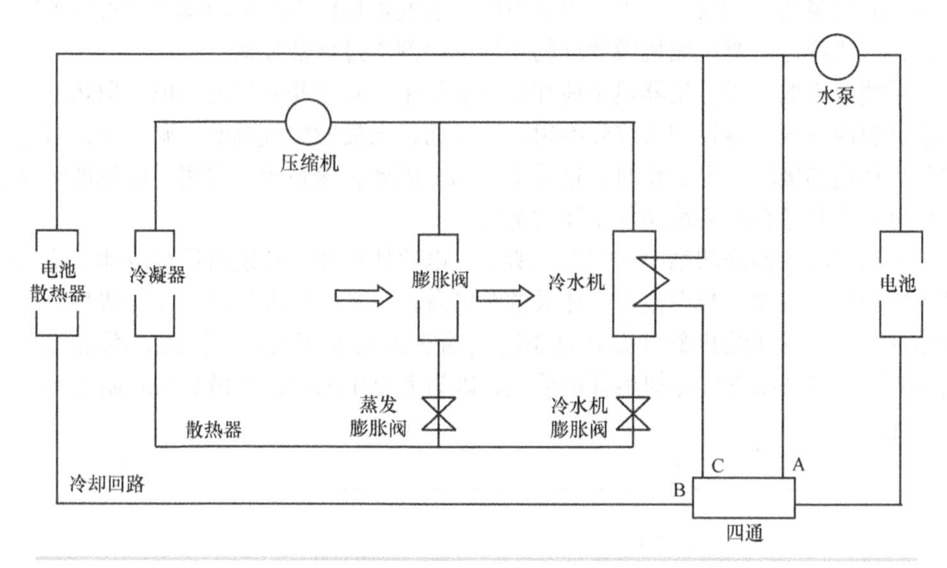

图 5.3　冷却液冷却系统示意图

相比，其消耗的功率几乎可以忽略，因此增加了系统整体㶲效率。

尽管不同热管理系统的基准制冷剂回路模型在理解基于㶲分析的系统效率时很有用，但是该模型忽略了对比这些热管理系统时可能具有重要意义的一些方面，如制造与维护成本。乘用车领域这些技术相对来说已普遍商业化，单纯基于成本比较每个热管理系统是很困难的。被动式空气冷却热管理系统安装和维护一般比主动液冷系统便宜很多，因为设计简单，零部件少，允许一定泄漏。此外，被动式空气冷却系统利用已有的乘员舱空气冷却电池，与大多数主动液冷系统不同，除了风扇工作需要一定能量外，没有其他较大功耗。然而，大多数被动式空气冷却热管理系统用于冷却需求比锂离子电池低的电池上，而且这些电池通常在较高的温度下工作。长远来看，因为较高的工作温度会减少电池的循环寿命，特别是在高速工况，更换电池相关成本会大大增加车辆总体成本。因此，与行驶工况、冷却负荷和工作条件兼容是选择长期来看具有较低成本热管理系统的关键因素。

此外，另一个重要的因素是不同的热管理系统冷却电池会产生熵产。熵产是有限温差及热管理系统相关流体摩擦产生的。这些系统中，大部分熵产是相应的传热和摩擦引起的。传热影响与冷却液进出口温差有关。分析中，使用最小和最大温差（入口－出口）的平均值。所有系统中使用相同的入口温度，以保证比较的一致性。第二项是管内流体摩擦引起不可逆损失造成的进出口压差。对于乘员舱空气冷却系统，冷却电池引起的熵产率由外部流动中的传热不可逆性表示（Bejan，1996）：

$$\dot{S}_{\text{gen,external}} = \left[\frac{(T_b - T_{c,\text{in}})}{T_{c,\text{in}}} \right]^2 \bar{h}A + \frac{1}{T_{c,\text{in}}} A_{\text{tube}} \Delta P V_c \qquad (5.1)$$

流速根据质量流量和管的流动截面积计算。ΔP 是电池内部流体压降。对于制冷剂冷却系统，系统使用制冷剂冷却电池。相应的方程为：

$$\dot{S}_{\text{gen, refrigerant}} = \frac{\dot{m}_{\text{r}} h_{\text{fg}}}{T_{\text{evap}}} + \frac{\dot{m}_{\text{c}} \Delta P}{\rho_{\text{c, in}} T_{\text{c, in}}} \tag{5.2}$$

制冷剂冷却系统，制冷剂在冷却电池时发生相变，热传递在制冷剂温度保持恒定的汽化潜热（h_{fg}）阶段进行。使用焓差计算熵产率，因为制冷剂相变，熵产率明显较高。冷却液冷却电池时除了不发生相变，熵产率方面与制冷剂冷却系统类似。因此，基于冷却液温差的熵产率如下：

$$\dot{S}_{\text{gen, coolant}} = \frac{Q(T_{\text{c, out}} - T_{\text{c, in}})}{T_{\text{b}}^2} + \frac{\dot{m}_{\text{c}} \Delta P}{\rho_{\text{c, in}} T_{\text{c, in}}} \tag{5.3}$$

5.2.2 电池传热分析

传热分析是分析和确定温度分布和传热速率的重要方法，这对电动汽车和混合动力汽车电池热管理来说具有重要意义。本节中，我们提供了具体的细节和方法。

5.2.2.1 电池温度分布

热管理系统中，模组壁面和流体间的传热速率取决于传热介质的各种性质。空气冷却用于工况相对稳定条件下工作的电池，电池冷却需求不是很大。它们通常比冷却液冷却更简单，更便宜，具有更少的零部件和更低的泄漏风险。但是，它们的热容量和传热系数明显较低。与空气相比，直接接触式的流体具有更高的传热速率。而且，它们在上述热管理系统中布置最紧凑。因为黏度较低，间接接触水传热系数也较大。而且，它们不需要风扇和通风管道，也不需要占用大的空间来进行合理的电芯布置。但冷却水道管壁或气隙等会增加热阻，其效率会明显降低。因此，即使不同热管理系统中从电池到冷却液的传热速率是相同，液态冷却剂（如水或水/乙二醇混合物）的比热容较高，也不会像空气那样被快速加热。此外，由于热传递系较大，液体冷却系统中冷却液平均温度和电池表面温度间的温差明显更低，这降低了电池组最高温度和电池包中电芯温度差异（Kim，Pesaran，2006）。

为了计算每个热管理系统冷却电池的速度，首先需要确定电池产生的热量。电池的热是由电池内阻引起的，计算如下：

$$Q_{\text{b}} = I^2 R \tag{5.4}$$

式中，I 是电流，R 是电芯电阻。电池内阻由几部分组成，如电芯和集流系统的欧姆内阻及动能和扩散极化损失。分析使用的电池，电流 80A，电阻 66mΩ，对应的散热量 0.35kW。没有任何主动散热，随着时间的推移，电池性能和循环寿命将大大降低。根据 Arrhenius 公式，电池温度决定电池寿命，锂离子电池温度增加 10 ~ 15K 会使电池的寿命降低 30% ~50%（Kuper et al.，2009）。没有任何冷却系统，电池的热量通过自然对流扩散：

$$m_{\mathrm{b}}C_{\mathrm{P,b}}\frac{\mathrm{d}T}{\mathrm{d}t}=\bar{h}A(T_{\mathrm{b}}-T_{0}) \tag{5.5}$$

可以根据下式求解时间（t）：

$$t=\frac{m_{\mathrm{b}}C_{\mathrm{P,b}}}{\bar{h}A}\ln\left(\frac{T_{\mathrm{b}}-T_{0}}{T_{\mathrm{f}}-T_{0}}\right) \tag{5.6}$$

其中，m_{b}为每个电芯质量 0.45kg，$C_{\mathrm{P,b}}$为电池比热容 795J/kg · K，$\bar{h}$ 为有效传热系数6.4W/m^2 · K，A 是电池表面积假定为 8m^2。根据电池特性假设模型，环境温度 25℃，通过自然对流方式，电池温度从 55℃减少到 30℃大约需要 1h。这个冷却用时对电池大部分工况来说不可接受，因此需要设计更好的热管理系统。利用热管理系统，动力电池达到最佳工作温度的时间可按以下公式计算：

$$m_{\mathrm{b}}C_{\mathrm{P,b}}\frac{\partial T}{\partial t}=I^{2}R-\bar{h}A(T_{\mathrm{b}}-T_{0})-\dot{m}_{\mathrm{c}}C_{\mathrm{P,c}}(T_{\mathrm{c,out}}-T_{\mathrm{c,in}}) \tag{5.7}$$

对于大多数热管理系统，与系统主动冷却相比，自然对流的效果几乎是可以忽略不计的。为了使模型更能代表实际情况，电池内热量产生、自然对流和冷却速率都被写成时间的函数。求解上面的微分方程，可以得到每种热管理系统电池温度随时间变化的结果，如图 5.4 所示。对制冷剂冷却系统来说，电池温升主要取决于制冷剂的质量流量，且受到压缩机功耗限制，因此在图中没有提供具体的值。为了比较的完整性，图 5.4 也提供了自然对流的电池温升曲线。

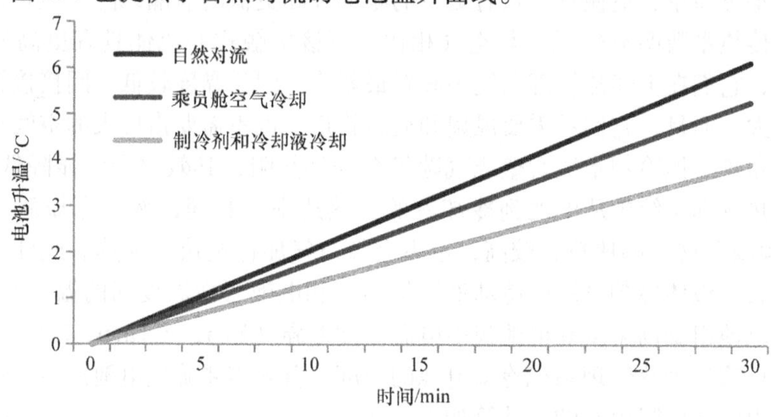

图 5.4 基于自然对流和各种热管理系统的电池温升

分析中假定产热和冷却速率均为线性。从图 5.4 可以看出，自然对流电池温升最大，明显高于液态冷却系统。因此，当完全以最小电池温升考察不同热管理系统时，液体冷却系统的冷却效果明显优于乘员舱空气冷却系统。

5.2.2.2 电池温度均匀性

电芯冷却均匀性和电芯最高温度一样重要，因为它是热失控的主要原因之一。电池包中芯体间温度变化可能是电池包表面的环境温度差异、非均匀阻抗分布和电池包中电芯传热效率差异引起的（Al-Hallaj，Selman，2002）。非均匀阻抗可能是由质量控制缺陷或局部传热速率差异引起的。热传递效率差异与电池包结构关系很大，因为沿边缘的电池可以传递热到环境而被冷却，但中间的电池却积聚热量，从而会放大电芯间的容量差异。在没有冷却的情况下，电池内局部温度升高，可能加速电芯容量下降，电池包甚至出现热失控。尽管电池的熔化温度相当高（例如锂离子为 180℃），如果串联的一个或多个电芯内部短路，局部热源 1min 以内就能够使电池温度从室温提高到熔点以上。为了提升电池的能量密度和功率密度（尤其是锂离子电池），大部分电池包设计都很紧凑，单个电芯热失控可以快速传播，并导致整个电池包迅速失效。因此，比较不同的热管理系统时，电芯的均温性具有重要的作用，而且模型中使用的电池均温性可以计算。它与冷却介质冷却电池前后的温差直接相关。为了保持电芯温差在可接受范围内，冷却介质的温差要尽量小（在大多数情况下小于 3℃）。在热管理系统中，温差受介质比热容和质量流量约束，表达式如下：

$$\dot{Q}_{\mathrm{b}} = \dot{m}_{\mathrm{c}} C_{\mathrm{P,c}} (T_{\mathrm{out}} - T_{\mathrm{in}}) \tag{5.8}$$

该模型假定散热功率为常数 0.35kW。乘员舱空气冷却系统中，从乘员舱到电池的最大流量受乘员舱舒适性和可接受噪声水平限制。它通常在 1.9kg/min 和 4.8kg/min 之间（Kuper et al.，2009）。这导致冷却温差大致在 4.5～11℃。而在制冷剂冷却系统中，由相应的潜热进行冷却，制冷剂的质量流量取决于各种因素，包括使用的压缩机、蒸发器和电池的冷却负荷，通常为 0.07～0.7kg/min。此外，电池的均温度性基于冷却参数变化。在冷却液冷却系统中，水流量通常控制在 1kg/min到 10kg/min 之间，其冷却温差 0.48～4.57℃。因此，当完全以冷却电池的能力考察不同热管理系统，而不考虑电芯间温差时，液体冷却系统的冷却效果明显优于乘员舱空气冷却系统。这是由于间接接触传热液体（如水）比空气具有更高的比热容和热导率，从而产生更高的传热系数。此外，通常冷却液（如水）的质量流量明显高于制冷剂（如 R134a）的质量流量，因为水泵的能耗明显低于压缩机。然而，间接接触也存在效率降低的因素，因为热量首先要通过壳/容器壁进行传递。

在详细讲解㶲分析的必要步骤之前，首先介绍系统结构，并为读者定义系统参数。下一节将提供电池热管理系统模型。

5.3 热管理系统关键零部件建模

混合动力汽车热管理系统（HEV TMS）因其独特的需求与商业和工业方面的热管理系统不同，如传统车辆和住宅空调系统。热管理系统需要处理明显的热负荷变化，在高度变化的条件下提供舒适性，并且紧凑和高效，持续若干年不需要重大维护。而且，气流体积、速度和温度必须在宽广的环境温度范围和复杂的运行工况调节，并且不会对电动汽车性能产生重大影响。此外，与建筑相比，汽车空调在特定时间使用，乘员舱和电池之间的能量需求存在竞争，热管理系统必须能够快速且稳定调节乘员舱空气温度，同时保证车辆零部件工作在理想温度范围（尤其是电池）以延长它们的寿命，提高能源效率，增加行驶里程。因此，需要特别关注混合动力汽车的热管理系统（Jabardo et al.，2002；Wang et al.，2005）。

图 5.5 是一种使用液态冷却介质电动汽车简化热管理系统的基线模型。该系统由两个回路组成，即制冷剂回路和电池冷却液回路。制冷剂回路调节乘员舱空气温度，冷却液回路使电池在理想温度范围内工作。这两个回路通过 chiller（冷水机）连接，它可以在两个回路间进行热交换，电池冷却液通过 chiller 快速降温。这大大提高了系统的效率，因为使用制冷剂回路进行冷却需要启用压缩机，消耗更多的能量，所以利用 chiller 换热可以大大提高系统效率。

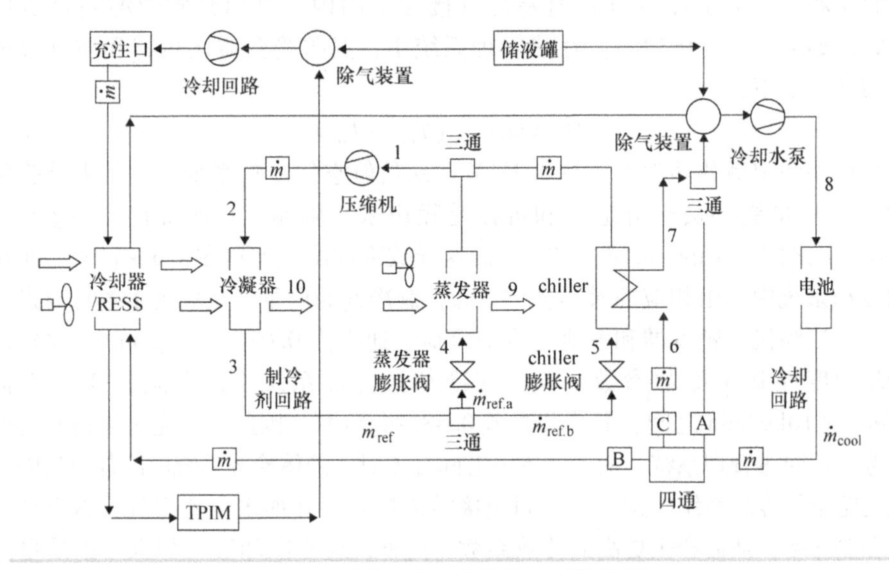

图 5.5 混合动力汽车热管理系统简图

此热管理系统在额外的换热器和 chiller 帮助下，结合了空气冷却和制冷剂冷却的优点。根据冷却负载和环境条件，通过不同的控制程序对额外的冷却回路保持冷却。如果电池冷却液回路温度稳定在理想范围内，那么冷却液进入电池前就会绕过热管理系统，直接进入电池（图 5.5 中的 A 回路）。该回路通过水泵控制电芯温度以保持回路温度恒定。当电池温度高且环境温度低于电池所需温度时，环境空气通过电池散热器使冷却液回路冷却（B 路线）。如果电池温度明显更高，且环境温度高于电池所需温度，则通过开启电动压缩机（A/C），R134a 制冷剂流过热力膨胀阀节流（TXV），冷却液经过冷水机对电池进行冷却（路线 C）。这大大提高了系统效率，因为通过制冷剂回路冷却相比于冷却液回路冷却会消耗更多的能量，前者需要压缩机做功（Behr，2012）。

当这些系统被拆分为零部件时，它们主要由压缩机、热交换器、热膨胀阀、水泵和电池组成。下一节将详细介绍这些零部件，其中并不会进一步描述冷却水泵，因为它对整个系统影响非常小。

5.3.1　压缩机

压缩机是空调系统的主要零部件。电磁离合器位于压缩机前部，当能量需要传递时吸合离合器。分析中使用了一种涡旋式压缩机，并按如下等熵效率公式建模（Brown et al.，2002）：

$$\eta_s = 0.85 - 0.046667\theta \tag{5.9}$$

此外，使用理想的绝热等熵压缩多变方程，并假设压缩机吸气是理想状态，可以得到吸排气温度之间的关系（Bhatti，1999）。

$$\frac{T_{\text{discharge}}}{T_{\text{suction}}} = 1 + \frac{1}{\eta_s}\left[\theta^{1-(1/\gamma)} - 1\right] \tag{5.10}$$

上述方程式表明，压缩比较低的制冷剂压缩效率更高，从而增加系统 COP。同样，对于给定的压缩比，等熵效率越高压缩机排气温度越低，从而具有更低压缩功，系统有更高的 COP。

5.3.2　热交换器

现在大部分热管理系统中，有三种热交换器，即冷凝器、蒸发器和冷水机。冷凝器位于散热器的前边，蒸发器位于乘员舱附近以调节乘员舱空气温度。冷水机被放置在制冷剂回路和电池冷却回路之间，一边是冷却液，另一边是制冷剂。为了简化换热器模型，通常做出如下假设确定传热系数和压降：

- 热交换器在稳态下运行。
- 对周围环境的散热可以忽略不计。
- 流体的动能和势能的变化可以忽略不计。
- 没有污垢。
- 流体温度在流动截面上是均匀的。
- 在热交换器壁或冷却介质中没有热源和水槽。
- 热交换器每个流体侧入口速度和温度都是均匀的。
- 整个热交换器表面效率是均匀且恒定的。

总传热系数可确定为：

$$\frac{1}{UA} = \frac{1}{\eta_i A_i \bar{h}_i} + \frac{\delta_w}{k_w A_w} + \frac{1}{\eta_o \bar{h}_o A_o} \tag{5.11}$$

由于管壁厚度一般很小，管材料导热系数很高，管的热阻往往可以忽略不计，因此可以简化为：

$$\frac{1}{U} = \frac{A_o}{\eta_i A_i \bar{h}_i} + \frac{1}{\eta_o \bar{h}_o} \tag{5.12}$$

在模型中假设通道内部表面光滑，则内部效率（η_i）可设定为1。翅片换热面效率（η_o）由以下方程得出：

$$\eta_o = 1 - \left(\frac{A_{fin}}{A_o}\right)(1 - \eta_{fin}) \tag{5.13}$$

此外，在热交换器中与制冷剂相关的内部传热系数（$\bar{h}$）可以根据以下的公式来相应确定（Dittus，Boelter，1930）：

$$\bar{h}_{evap,i} = \frac{3.6568k}{D_i}, 0 < Re < 2000 \tag{5.14a}$$

$$\bar{h}_{cond,i} = \frac{4.3636k}{D_i}, 0 < Re < 2000 \tag{5.14b}$$

$$\bar{h}_{evap\ or\ cond,i} = \frac{k}{D_i} \cdot \frac{0.5f(Re - 1000)Pr}{1 + 12.7(0.5f)^{0.5}(Pr^{\frac{2}{3}-1})} \tag{5.14c}$$

其中

$$f = 0.054 + 2.3 \times 10^{-8} Re^{3/2},\ 2300 < Re < 4000 \tag{5.14d}$$

$$f = 1.28 \times 10^{-3} + 0.1143 Re^{0.311},\ 4000 < Re < 5 \times 10^6 \tag{5.14e}$$

Pr 是普朗特数。冷凝器和蒸发器空气侧的强制换热传热系数（$\bar{h}_o$）可以通过以下公式计算（Churchill，Chu，1975）：

$$\bar{h}_0 = \frac{k}{D_o} \cdot \left[0.6 + \frac{0.387Ra^{\frac{1}{6}}}{(1 + (0.559/Pr)^{\frac{9}{16}})^{\frac{8}{27}}}\right]^2 \tag{5.15}$$

Ra 是瑞利数：

$$Ra = Pr\ g\beta(T_0 - T_w)D_o^3/v^2 \tag{5.16}$$

这里 g 是重力加速度，β 是热膨胀系数，D_o是管的外径，v 是空气的运动黏度。

热交换器的总压降是由摩擦、加速度和重力组成的。假设流体为充分发展湍流，重力部分就可以忽略不计。此外，加速度影响通常比摩擦影响小得多，因此在分析中只考虑摩擦压降。换热器的压降（kPa）公式如下（Lee，Yoo，2000）：

$$\Delta P_{evap} = 6 \times 10^{-6} Re_g^{1.6387}, 4000 < Re_g < 12000 \tag{5.17a}$$

$$\Delta P_{cond} = 6 \times 10^{-8} Re_g^2 + 0.0009 Re_g - 6.049, 3000 < Re_g < 3 \times 10^4 \tag{5.17b}$$

其中，Re_g为雷诺数，计算如下：

$$Re = \frac{\dot{m}_{ref} D_{in}}{\mu A_i} \tag{5.18}$$

这里 $\dot{m}_{ref}$为制冷剂的质量流量，D_{in}为扁管内径，μ 为动态黏度，A_i为热交换器扁管横截面积。

制冷剂蒸发/冷凝的出口温度以及过热、脱过热和过冷度可以根据热量、冷却负荷、相关质量流量和各自温差来确定。根据对数平均温差法（LMTD）来计算热交换器的温差，如下所示：

$$\mathrm{LMTD}=\frac{(T_{\mathrm{H,i}}-T_{\mathrm{L,o}})-(T_{\mathrm{H,o}}-T_{\mathrm{L,i}})}{\ln\left(\dfrac{T_{\mathrm{H,i}}-T_{\mathrm{L,o}}}{T_{\mathrm{H,o}}-T_{\mathrm{L,i}}}\right)} \tag{5.19}$$

下标H和L表示高低温，i和o分别表示“进”和“出”。热交换器的换热性能可以根据效能－传热单元数法计算，其换热效能性定义为：

$$\varepsilon=\frac{\dot{Q}}{C_{\min}(T_{\mathrm{hi}}-T_{\mathrm{ci}})}=1-\exp\left\{\frac{1}{C^{*}}\mathrm{NTU}^{0.22}\left[\exp(-C^{*}\times NTU^{0.78})-1\right]\right\} \tag{5.20a}$$

其中

$$C=\dot{m}C_{\mathrm{p}},C^{*}=\frac{C_{\min}}{C_{\max}}\text{且 NTU}=\frac{UA}{C_{\min}} \tag{5.20b}$$

这里，C是热容量率，即质量流率乘以比热容，$C_{\min}$和$C_{\max}$分别代表热侧和冷侧较小和较大的热容量率。热交换器传热率（$\dot{Q}$）是由能量平衡方程决定的。

$$\varepsilon=\varepsilon_{\max}=1-\exp(-\mathrm{NTU}) \tag{5.21}$$

在蒸发器和冷凝器的相变区域，$C_{\max}$大得多，效率最高。从以上方程可以推断出，更高的ε值要求NTU值较高，这就意味着使用的热交换器的热侧和冷侧的热交换系数更大。

5.3.3 热力膨胀阀

热力膨胀阀通过毛细管的感温包控制制冷剂流入蒸发器。通过平衡感温包和制冷剂压力来控制阀门宽度。系统中，热力膨胀阀被建为一个节流孔，液体从冷凝压力扩张到蒸发压力。这一过程通常被认为是等焓的，因为入口和出口点之间的动能和势能之和，以及两者之间的热传递变化很小。相应的流量为：

$$\dot{m}_{\mathrm{ref}}=C_{\mathrm{txv}}A_{\mathrm{txv}}\sqrt{(P_{\mathrm{txv,i}}-P_{\mathrm{txv,o}})/v_{\mathrm{txv,i}}} \tag{5.22}$$

$P_{\mathrm{txv,i}}$和$P_{\mathrm{txv,o}}$分别是阀的进出口压力。另外，A_{txv}是流量截面积（m^2），可以通过以下方程计算：

$$A_{\mathrm{txv}}=\frac{k_{\mathrm{A}}}{\sqrt{2}C_{\mathrm{txv}}} \tag{5.23}$$

这里，K_{A}是与蒸发温度有关的热力膨胀阀特征参数，关系如下（Jabardo et al.，2002）：

$$k_{\mathrm{A}}=5.637\times10^{-5}+1.358\times10^{-7}T_{\mathrm{evaporating}} \tag{5.24}$$

另外，C_{txv}是经实验修正的阀流量系数，该公式在文献中有记载，表达如下（Tian，Li，2005）：

$$C_{\mathrm{txv}}=0.187+4.84\times10^{-7}P_{\mathrm{txv,i}}-0.579x_{\mathrm{txv,o}} \tag{5.25}$$

$x_{\mathrm{txv,o}}$是阀门出口的制冷剂质量。

5.3.4 电池

电池在整车性能上起着重要的作用，它的效率与减少所选电池实际运行条件和最佳运行条件之间的矛盾有关，这是由车辆热管理系统控制的。模型中，假设电池冷却液吸收一定比例的电池热量。关于这点及电池的建模步骤，可参考第4章。

5.3.5 系统参数

实际的热管理系统中，根据运行工况、约束条件和环境影响，每个输入都在一定范围内变化。这些范围是根据文献中物理限值和经济成本限制共同制定的标准来确定的。制冷循环中，通常使用10℃的过热和过冷度以提高系统效率。蒸发器和冷凝器空气质量流量随车速和风扇功率变化而变化，在大多数电池热管理系统中，它的范围是0.1～0.5kg/s。因为高温对电池性能以及安全隐患的影响，相对于低温天气，人们更关注炎热的天气条件，所以使用相对较高的环境温度，来观察高温下电池的冷却效果。加热是通过舱内或电池包内的加热器进行的，这些设备的效率本身很高，没有多大的改进空间。此外，环境温度较高时还需要冷却装置为车辆乘员舱提供充足的降温。表5.2中给出了主要电池热管理系统参数及其一般范围。

表5.2　电池热管理系统中常用的参数范围

参数	变化范围
压缩机转速/(r/min)	1500～5000
压缩比	1～5
蒸发器空气温度/℃	0～15
过热度/℃	0～12
蒸发器空气质量流量/(kg/s)	0.1～0.5
制冷能力/kW	1～5
冷凝器空气温度/℃	40～55
冷凝器空气质量流量/(kg/s)	0.1～0.5
过冷度/℃	0～12

欧盟在不久的将来会终止使用R134a（要求使用GWP低于150的制冷剂），同时在电池热管理系统分析中考虑使用替代制冷剂（European Union，2006）。避免使用R134a的可能解决方案之一是使用天然制冷剂，如碳氢化合物，对环境无害，GWP几乎可以忽略不计，零ODP，在过去的几十年里人们对其重新燃起兴趣。它们还具有各种其他优势，如可用性、低成本、与传统矿物油的高混溶性以及与现有制冷系统的高度兼容性。另一方面，它们的主要缺点是其潜在的易燃性和安全隐患。这些制冷剂和R134a的特性列于表5.3中。目前，碳氢化合物已经在世界各地的一些应用中使用，例如家用冰箱和小型热泵。应该注意的是，尽管R－744（CO_2）拥有很多理想特性，如易获取性、低毒性、低GWP和低成本，但由于其不

同于 R134a 的热物理性质，需要修改大量的基准系统来实现超临界循环和额外的安全标准，而不被认为是潜在的碳氢化合物制冷剂。

表 5.3　R134a 和其他替代制冷剂的特征参数[a]

代号	化学名/通用名	摩尔质量	标准沸点[b]/℃	T_{crit}/℃	P_{crit}/bar	潜热(kJ/kg)	着火下限(%)[c]	ODP	GWP
R134a	CH_2FCF_3	44.1	-42.1	96.7	42.5	216.8	不可燃	0	1300
R290	C_3H_8/丙烷	44.1	-42.1	96.7	42.5	423.3	2.3~7.3	0	20
R600	C_4H_{10}/丁烷	58.1	-0.5	152.0	38.0	385.7	1.6~6.5	0	20
R600a	C_4H_{10}/异丁烷	58.1	-11.7	134.7	36.4	364.2	1.8~8.4	0	20
R1234yf	$CF_3CF=CH_2$/四氟丙烯	N/A	-29.0	95	33.8	175	6.2~13.3	0	4
RE170 (DME)	CH_3OCH_3/二甲醚	46.0	-24.7	126.9	53.7	410.2	3.4~17	0	<3~5

注：1bar = 10^5Pa。

a) 数据来源于文献（Wongwises et al.，2006）。

b) 在 101.325kPa 下的常压沸点（NBP）。

c) 空气中爆炸极限体积百分比。

此外，还有一些可以在 EV 电池热管理系统中使用的制冷剂，如 R1234yf 和二甲醚（DME）也在考虑范围内。在氟丙烯异构体中，R1234yf 是 R134a 在汽车应用中的主要替代者之一，其具有与油相溶的能力，以及具有低 GWP（约 4）和相对于 R134a 较低的沸点温度。此外，已有多项研究表明，R1234yf 对环境的影响在大多数情况下明显低于 R134a（Koban，2009）。然而，它也有一些缺点，如成本增加、易燃性较高、与油的互溶性以及在电池热管理系统中存在少量水和空气时的稳定性问题。DME 是另一种无毒、广泛使用、环境安全、具有良好的材料相容性和较好的传热性能以及比 R134a 成本更低的良好候选产品。其主要缺点是它的易燃性，大约是其他碳氢化合物的两倍。

5.4 能量和㶲分析

电池的热管理中，另一个重要的话题是来自热力学第一定律的能量分析以及来自热力学第二定律的㶲分析。第一定律是众所周知的守恒定律（指的是能量既不能被创造，也不能被消灭），因为守恒定律，能量分析作用相当有限，不能涵盖能量的不可逆性或能量损失。这就要求我们更进一步将㶲分析作为一种潜在的工具。当涉及系统分析和评估时，能量和㶲分析都被用于实际系统和应用。这清楚地说明了本节对电池管理系统的设计、分析和评估的重要性。

5.4.1 传统分析

㶲分析的第一步，需要质量、能量、熵和㶲平衡，以确定热输入、熵产速率和㶲损失速率，以及能量和㶲效率。一般来说，一个系统的能量平衡方程可以写成：

$$输入+产生-输出-消耗=累积 \tag{5.26}$$

输入和输出项分别指系统流入和流出的能量，而产生项和消耗项指的是系统内产生或消耗的能量，累积项指的是系统内潜在的累积能量。

稳态条件下，所有的性质都不随时间变化，因此，所有的瞬态累积项都为零。在稳态假设下，质量、能量、熵和㶲的平衡方程如下：

$$\dot{m}_{\rm in}=\dot{m}_{\rm out} \tag{5.27a}$$

$$\dot{E}_{\rm in}=\dot{E}_{\rm out} \tag{5.27b}$$

$$\dot{S}_{\rm in}+\dot{S}_{\rm gen}=\dot{S}_{\rm out} \tag{5.27c}$$

$$\dot{E}x_{\rm in}=\dot{E}x_{\rm out}=\dot{E}x_{\rm D} \tag{5.27d}$$

其中

$$\dot{S}_{\rm gen}=\dot{m}\Delta s \tag{5.27e}$$

$$\dot{E}x_{\rm D}=T_0\dot{S}_{\rm gen} \tag{5.27f}$$

前两个方程中，$\dot{m}$ 和 $\dot{E}$ 与质量流量和能量传递速率有关，表明各自跨边界进出总速率守恒（忽略反应）。在第三个方程中，$\dot{S}$ 是熵流或熵产率。熵在边界上的转移速率必须超过熵的输入速率，两者的差值即边界内不可逆过程产生的熵产率。同样，在式5.27d中，$\dot{E}x$ 是㶲流率，它表明传递出边界的㶲流率必须低于进入的㶲流率，两者的差值及边界内与不可逆性相关的㶲损失率（或损失功），可以通过式5.27f，由环境温度（T_0）乘以熵产率（基于 Gouy - Stodola 定理）来计算。最小的㶲损失，或最小熵产，描述了一个系统可用功的最小损失程度，在制冷装置中，等同于具有最大制冷负荷或最小机械功输入的设计（Bejan，1997）。在冷却系统中，T_0通常等于高温介质温度 $T_{\rm H}$。

此外，冷却介质相关的比流㶲如下：

$$ex_{\rm coolant}=(h-h_0)+\frac{1}{2}V^2+gZ-T_0(s-s_0) \tag{5.28}$$

对于一个相对于环境静止的系统，动能和势能项可以被忽略。

$$ex_{\rm coolant}=(h-h_0)-T_0(s-s_0) \tag{5.29}$$

㶲率可通过如下公式确定：

$$\dot{E}x=\dot{m}*ex \tag{5.30}$$

在这方面，介绍了热管理系统架构及其相关参数，并介绍了㶲的基本原理，并结合上述系统模型对热管理系统进行了能量和㶲分析。热管理系统中，最理想的情况是，制冷剂通过冷凝器在恒压下进行散热，并成为饱和液体排出。此外，制冷剂进入冷凝器前被压缩机等熵压缩，进入蒸发器前在膨胀阀中等熵膨胀。制冷剂通过蒸发器在恒压下吸热，并以饱和蒸气的方式排出。然而，由于流动及与环境换热导致的制冷剂温度和压力下降，实际应用与理想状态有一定差距。在压缩过程中，不可逆过程和与周围环境传热导致熵增。如同前边建模章节所述，当制冷剂流经冷凝器和蒸发器时，也会有一定压降。此外，随着制冷剂离开冷凝器进一步过冷（到达膨胀阀前温度进一步下降），离开蒸发器后稍稍过热（摩擦引起的压力损失）并进入压缩机。同时，随着制冷剂流向压缩机温度进一步增加，比体积增加，会增加压缩机功率。冷却液一侧，冷却液被泵入电池，经过水泵后压力显著增加但温度只轻微上升了。随后与电池模块交换热量，介质没有任何相变。之后，冷却液进入冷水机，以便将热量转移到制冷剂回路中，再次进入泵，增加压力重新进入电池。

对于压缩机：

M. B. E
$$\dot{m}_1 = \dot{m}_2 = \dot{m}_r \tag{5.31a}$$

E. B. E
$$\dot{m}_1 h_1 + \dot{W}_{comp} = \dot{m}_2 h_2 \tag{5.31b}$$

En. B. E
$$\dot{m}_1 s_1 + \dot{S}_{gen,comp} = \dot{m}_2 s_2 \tag{5.31c}$$

Ex. B. E
$$\dot{m}_1 ex_1 + \dot{W}_{comp} = \dot{m}_2 ex_2 + \dot{E}x_{D,comp} \tag{5.31d}$$

$$\dot{E}x_{D,comp} = T_0 \dot{S}_{gen,comp} = \dot{m} T_0 (s_2 - s_1) \tag{5.31e}$$

㶲效率
$$\eta_{ex,comp} = \frac{(\dot{E}x_{2,act} - \dot{E}x_1)}{\dot{W}_{comp}} = 1 - \frac{\dot{E}x_{D,comp}}{\dot{W}_{comp}} \tag{5.31f}$$

其中，$\dot{W}_{comp}$是压缩机输入功率，单位是 kW，绝热压缩的等熵效率被定义为

$$\eta_{comp} = \frac{\dot{W}_s}{\dot{W}} = \frac{h_{2,s} - h_1}{h_2 - h_1} \tag{5.32}$$

这里，$\dot{W}_s$ 是等熵功率，$h_{2,s}$是制冷剂离开压缩机时的等熵（即可逆和绝热的）焓值。

对于冷凝器：

M. B. E
$$\dot{m}_2 = \dot{m}_3 = \dot{m}_r \tag{5.33a}$$

E. B. E
$$\dot{m} h_2 = \dot{m} h_3 + \dot{Q}_{cond} \tag{5.33b}$$

En. B. E
$$\dot{m}_2 s_2 + \dot{S}_{gen,cond} = \dot{m}_3 s_3 \tag{5.33c}$$

Ex. B. E
$$\dot{m}_2 ex_2 = \dot{m}_3 ex_3 + Ex_{Q_H} + \dot{E}x_{D,cond} \tag{5.33d}$$

$$\dot{E}x_{D,cond} = T_0 \dot{S}_{gen,cond} = \dot{m} T_0 \left(s_3 - s_2 + \frac{q_H}{T_H} \right) \tag{5.33e}$$

㶲效率
$$\eta_{ex,cond} = \frac{\dot{E}x_{\dot{Q}_H}}{\dot{E}x_2 - \dot{E}x_3} = 1 - \frac{\dot{E}x_{D,cond}}{\dot{E}x_2 - \dot{E}x_3} \tag{5.33f}$$

$$\dot{E}x_{\dot{Q}_H} = \dot{Q}_H \left(1 - \frac{T_0}{T_H} \right) \tag{5.33g}$$

$\dot{Q}_H$ 是从冷凝器到高温环境的散热量。

对于蒸发器前的热力膨胀阀（膨胀过程认为焓值相等）：

M. B. E $$\dot{m}_3=\dot{m}_4=\dot{m}_r \tag{5.34a}$$

E. B. E $$h_3=h_3 \tag{5.34b}$$

En. B. E $$\dot{m}_3 s_3+\dot{S}_{gen,TXV}=\dot{m}_4 s_4 \tag{5.34c}$$

Ex. B. E $$\dot{m}_3 ex_3=\dot{m}_4 ex_4+\dot{E}x_{D,TXV} \tag{5.34d}$$

$$\dot{E}x_{D,TXV}=T_0\dot{S}_{gen,TXV}=\dot{m}T_0(s_4-s_3) \tag{5.34e}$$

㶲效率 $$\eta_{ex,TXV}=\frac{\dot{E}x_4}{\dot{E}x_3} \tag{5.34f}$$

对于蒸发器：

M. B. E $$\dot{m}_4=\dot{m}_1=\dot{m}_r \tag{5.35a}$$

E. B. E $$\dot{m}h_4+\dot{Q}_L=\dot{m}h_1 \tag{5.35b}$$

En. B. E $$\dot{m}_4 s_4+\dot{S}_{gen,evap}=\dot{m}_1 s_1 \tag{5.35c}$$

Ex. B. E $$\dot{m}_4 ex_4+Ex_{Q_L}=\dot{m}_1 ex_1+\dot{E}x_{D,evap} \tag{5.35d}$$

$$\dot{E}x_{D,evap}=T_0\dot{S}_{gen,evap}=\dot{m}T_0\left(s_1-s_4+\frac{q_L}{T_L}\right) \tag{5.35e}$$

㶲效率 $$\eta_{ex,evap}=\frac{\dot{E}x_{\dot{Q}_L}}{\dot{E}x_4-\dot{E}x_1}=1-\frac{\dot{E}x_{D,evap}}{\dot{E}x_4-\dot{E}x_1} \tag{5.35f}$$

$$\dot{E}x_{\dot{Q}_L}=-\dot{Q}_L\left(1-\frac{T_0}{T_L}\right) \tag{5.35g}$$

其中，$\dot{Q}_L$ 为蒸发器从低温环境吸取的热量。

对于冷水机：

M. B. E $$\dot{m}_5=\dot{m}_1=\dot{m}_{ref,b}\dot{m}_6=\dot{m}_7=\dot{m}_{cool} \tag{5.36a}$$

E. B. E $$\dot{m}_{ref,b}h_5+\dot{Q}_{ch}=\dot{m}_{ref,b}h_{1''} \tag{5.36b}$$

En. B. E $$\dot{m}_{ref,b}s_5+\dot{m}_{cool}s_6+\dot{S}_{gen}=\dot{m}_{ref,b}s_{1''}+\dot{m}_{cool}s_7 \tag{5.36c}$$

Ex. B. E $$\dot{m}_{ref,b}ex_5+\dot{E}x_{\dot{Q}_{ch}}\dot{m}_{ref,b}ex_{1''}+\dot{E}x_{D,ch} \tag{5.36d}$$

㶲效率 $$\eta_{ex,ch}=\frac{\dot{E}x_{\dot{Q}_{ch}}}{\dot{E}x_5-\dot{E}x_{1''}} \tag{5.36e}$$

$$\dot{Q}_{ch}=\dot{m}_{cool}(h_7-h_6),\dot{E}x_{\dot{Q}_{ch}}=-\dot{Q}_{ch}\left(1-\frac{T_0}{T_7}\right) \tag{5.36f}$$

假设比热容保持不变，计算了按 50/50 质量混合的水/乙二醇混合物的焓和熵变化。

$$h_7-h_6=C_{wg}(T_7-T_6),s_7-s_6=C_{wg}\ln\left(\frac{T_7}{T_6}\right) \tag{5.37}$$

对于水泵

M. B. E
$$\dot{m}_7 = \dot{m}_8 = \dot{m}_{cool} \tag{5.38a}$$

E. B. E
$$\dot{m}_{cool}h_7 + \dot{W}_{pump} = \dot{m}_{cool}h_8 \tag{5.38b}$$

En. B. E
$$\dot{m}_{cool}s_7 + \dot{S}_{gen} = \dot{m}_{cool}s_8 \tag{5.38c}$$

Ex. B. E
$$\dot{m}_{cool}ex_7 + \dot{W}_{pump} = \dot{m}_{cool}ex_8 + \dot{E}x_{D,pump} \tag{5.38d}$$

㶲效率
$$\eta_{ex,pump} = \frac{(\dot{E}x_{8,act} - \dot{E}x_7)}{\dot{W}_{pump}} \tag{5.38e}$$

对于电池

M. B. E
$$\dot{m}_8 = \dot{m}_6 = \dot{m}_{cool} \tag{5.39a}$$

E. B. E
$$\dot{m}_{cool}h_8 + \dot{Q}_{bat} = \dot{m}_{cool}h_6 \tag{5.39b}$$

En. B. E
$$\dot{m}_{cool}s_8 + \dot{S}_{gen} = \dot{m}_{cool}s_6 \tag{5.39c}$$

Ex. B. E
$$\dot{m}_{cool}ex_8 + \dot{E}x_{\dot{Q}_{bat}} = \dot{m}_{cool}ex_6 + \dot{E}x_{D,bat} \tag{5.39d}$$

在整个冷却系统中，性能系数（COP）为

$$COP_{en,system} = \frac{\dot{Q}_{evap} + \dot{Q}_{ch}}{\dot{W}_{comp} + \dot{W}_{pump}} \tag{5.40}$$

因为实际系统存在不可逆过程，实际冷却系统效率比理想的能量模型要低。根据前式，散热装置与热源温差越小，冷却系统效率越高。因此，㶲分析的目的是通过计算每个零部件的㶲损失确定系统的不可逆性，并计算相关的㶲效率。这种方法使我们能够关注对系统影响最大的零部件，因为更大㶲损失的零部件也有更大的改善空间。表 5.4 列出了每个零部件㶲损失的计算和结果。

表 5.4　热管理系统中每个零部件㶲损失率

零部件	㶲损失率
压缩机	$\dot{E}x_{D,comp} = T_0\dot{m}_r(s_2 - s_1)$
冷凝器	$\dot{E}x_{D,cond} = T_0[\dot{m}_c(s_{c2} - s_{c1}) - \dot{m}_r(s_2 - s_3)]$
蒸发器	$\dot{E}x_{D,evap,TXV} = T_0\dot{m}_{r1}(s_4 - s_3)$
冷水机	$\dot{E}x_{D,ch,TXV} = T_0\dot{m}_{r2}(s_5 - s_3)$
蒸发器	$\dot{E}x_{D,evap} = T_0[\dot{m}_e(s_{e2} - s_{e1}) - \dot{m}_{r1}(s_4 - s_1)]$
冷水机	$\dot{E}x_{D,ch} = T_0\{\dot{m}_{cool}[C_{wg}\ln(T_6/T_7)] - \dot{m}_{r2}(s_5 - s_1)\}$
水泵	$\dot{E}x_{D,pump} = T_0\dot{m}_{cool}[C_{wg}\ln(T_6/T_0)]$
电池	$\dot{E}x_{D,bat} = T_0\dot{m}_{cool}[C_{wg}\ln(T_6/T_8)]$

对于整个系统，可以通过加入之前计算的每个零部件相关的㶲损失来计算系统的总㶲损失。

$$\dot{E}x_{\mathrm{D,system}} = \dot{E}x_{\mathrm{D,comp}} + \dot{E}x_{\mathrm{D,cond}} + \dot{E}x_{\mathrm{D,evap,TXV}} + \dot{E}x_{\mathrm{D,ch,TXV}} + \dot{E}x_{\mathrm{D,evap}} + \dot{E}x_{\mathrm{D,ch}} + \dot{E}x_{\mathrm{D,pump}} + \dot{E}x_{\mathrm{D,battery}} \tag{5.41}$$

最后，对于热力学分析，利用上述的㶲方程，可以计算出该系统的㶲COP

$$\mathrm{COP}_{\mathrm{ex,system}} = \frac{\dot{E}x_{\dot{Q}_{\mathrm{evap}}} + \dot{E}x_{\dot{Q}_{\mathrm{ch}}}}{\dot{W}_{\mathrm{comp}} + \dot{W}_{\mathrm{pump}}} \tag{5.42}$$

5.4.2 强化㶲分析

上一节中，我们进行了㶲分析，以确定与每个零部件以及整个系统相关的㶲损失。然而，传统的㶲分析并没有对相互影响的系统零部件进行评估。由于这个原因，零部件内的不可逆性被划分为两类：零部件内因比熵产生的不可逆（$S_{\mathrm{gen,k}}$）；另一个是因系统结构和系统其他零部件低效产生的不可逆（主要是质量流量的变化），因此被称为强化（先进）㶲分析。内源性和外源性的㶲损失概念如下：

$$\dot{E}_{\mathrm{D,k}} = \dot{E}_{\mathrm{D,k}}^{\mathrm{EN}} - \dot{E}_{\mathrm{D,k}}^{\mathrm{EX}} \tag{5.43}$$

一个零部件的内源㶲损失仅与零部件本身相关，即使系统中的所有其他零部件都以理想的方式运行，它仍然存在。另一方面，外源㶲损失是零部件全部㶲损失的剩余部分，它既依赖于零部件本身相关的低效率，又依赖于系统中的其余部件。这一区别在改进零部件设计方面起着重要作用，因为在减少零部件内源㶲损失方面所花的努力常常会促进其他零部件㶲损失的外源部分减少。对于给定的电池热管理系统，所有的㶲平衡的边界都是在环境温度下的㶲损失为零（对于单个零部件），因此所有的热力学低效完全取决于零部件的㶲损失。

此外，与零部件相关的㶲损失基于技术限制（例如材料的可用性、成本及制造工艺）可能无法减少。零部件中的㶲损失被称为㶲损失的不可避免部分（$\dot{E}_{\mathrm{D,k}}^{\mathrm{UN}}$），而剩余部分则被称为㶲损失可避免部分（$\dot{E}_{\mathrm{D,k}}^{\mathrm{AV}}$）。两种㶲损失之间的这种区别对于提供一种切实可行的方法来提高零部件的热力学效率是很有用的（Morosuk，Tsatsaronis，2008）。

内源/外源和可避免/不可避免的㶲损失的组合对于确定需要被关注的零部件以减少整个系统的㶲损失是非常有用的，这部分㶲损失很可能减少。在这方面，可以通过提高零部件效率来降低㶲损失内源可避免部分，而外源可避免㶲损失可以通过提高剩余零部件以及被关注零部件的效率来降低。此外，由于零部件的技术限制，内源不可避免㶲损失不能减少；而由于剩余部件的技术限制，外源不可避免的㶲损失也不能减少。

电池热管理系统是一个闭环系统，压缩机和泵的功率作为主要的输入；蒸发器和冷水机冷却负荷是系统主要输出；系统中一个零部件的输出作为下一个零部件的输入。此外，该零部件的所有剩余是后续部件的输入。因此，应非常仔细地计算㶲损失速率，因为每个零部件的㶲损失的一部分是由剩余零部件的低效引起的。每个零部件的㶲损失取决于各部件的效率以及主、次工质的温度和质量流量。

系统研究中，可以使用恒定的总产出（$\dot{E}_{P,TOT}$）或总消耗（$\dot{E}_{F,TOT}$）来对系统进行分析。这种差别不会影响任何可避免的或不可避免的“㶲损失”的计算结果，因为在分析过程中，这些零部件被认为是孤立的。然而，它会影响到内源/外源㶲损失计算，因为工作流体的质量流量基于参数变化，而这些参数被认为是常数（产出或能耗）。由于分析是为了尽量减少给定系统的能源消耗（带有固定输出），分析中假设产出固定。

在这方面，蒸发器的㶲损失完全是内源的，因为$\dot{E}_{D,evap}$仅是零部件㶲损失的函数。另一方面，$\dot{E}_{D,TXV}$取决于蒸发器膨胀阀和蒸发器的㶲效率。同样，$\dot{E}_{D,cond}$依赖于冷凝器、蒸发器膨胀阀和蒸发器的㶲效率，$\dot{E}_{D,comp}$依赖于制冷剂回路中压缩机、冷凝器、蒸发器膨胀阀和蒸发器的㶲效率。

此外，为了能够将㶲损失分解到零部件，应用了一种热力学基础方法，即所谓的“循环法”Morosuk，Tsatsaronis，2006)。每个零部件的㶲损失取决于材料以及与工作流体相关的温度/压力和质量流量，还有每个零部件的效率。这些工作流体包括：用于制冷循环的 R134a、用于冷却剂循环的 50/50 的水 - 乙二醇混合物和作为冷凝器与蒸发器的次工作流体的空气。5.3 节中提供了与热管理系统零部件相关的㶲损失计算。

为了更好地理解各部件的㶲损失，以及它们之间的相互依赖关系，在理论循环下分析热管理系统，将其分解为内源性和外源性零部件。这是根据每个零部件最小㶲损失假设（尽可能为零）而获得。基于这一理论循环，我们认为压缩过程是等熵的（$\dot{E}^{th}_{D,comp}=0$)。另一方面，由于节流过程是不可逆的，对于理论循环，它由一个理想的的膨胀过程所替代。此外，设定热交换器主要和次要工作流体温差为0℃。然而，与蒸发器和冷水机次级工作流体相关的温度和质量流量保持不变，以保持冷却负荷不变，因此与这些零部件相关的㶲损失被认为只是内源损失（$\dot{E}_{D,evap}=\dot{E}^{EN}_{D,evap}$，$\dot{E}_{D,chil}=\dot{E}^{EN}_{D,chil}$)。更多细节，请参阅相关文献（Kelly at al.，2009)。

此外，在每个零部件中，只有部分的热力学低效可以避免，而其他部分则不可避免。应该集中在不可逆过程可避免的部分努力改进，因此，分割每个零部件㶲损失的可避免和不可避免部分很重要。为了将㶲损失分解为可避免的和不可避免的部分，开发了一个额外的循环，这个循环中每个部件内仅仅发生不可避免的㶲损失。这个循环中不可避免㶲损失的存在，恰恰是热交换器中不可避免的温差、压缩机和泵以及节流过程效率的产物。技术上的制约（材料以及制造的可用性和成本）限制了零部件㶲效率可以提高的上限，无论投入如何（Tsatsaronis，Park，2002)。

需要指出的是，为了评估内源/外源和可用/不可用㶲损失，需要同时计算并行循环。这需要同时为系统零部件提供多个输入，并获得多个结果，以评估它们之间的差异。出于这个原因，以及软件中运行替代脚本的简易性，EES 被确定为兼容性最好的分析软件，并用于开发常规和增强㶲分析。

5.5 举例说明：液冷电池热管理系统

基于上述方法和参数，利用本章介绍的热力学模型分析液冷电池热管理系统。图5.3所示为液冷热管理系统，包括三种冷却介质：用于制冷循环的R134a制冷剂、电池冷却回路使用的水/乙二醇混合物（按重量50/50混合）、与蒸发器和冷凝器换热的环境空气。该模型用来研究热管理系统对电池性能的影响，模型中环境空气条件为35℃、1atm（101.325kPa）。根据热力膨胀阀阀门相关系数确定制冷剂质量流量，并计算相应制冷量。基线模型中乘员舱温度设定为20℃。蒸发和冷凝温度分别为5℃和55℃，蒸发器和冷凝器相应过热度和过冷度均为5℃。冷水机制冷剂质量流量取决于冷水机中冷却液回路传递给制冷剂回路的电池热量。制冷剂回路、蒸发器和冷水机中的制冷剂在进入压缩机之前汇合在一起。冷却液回路，假定冷却液进入电池之前温度为19℃（冷却液工作温度范围为19～25℃），电池产热为0.35kW，相应地确定了电池冷却液质量流量。最后，忽略系统的技术改进，对于不可避免循环系统，换热器取0.5℃，压缩机取0.95。

通过㶲分析计算了该系统每个零部件的㶲效率和㶲损失率，如图5.6所示。这些零部件中，高温差和产生相变的热交换器㶲效率最低，高温差和相变导致制冷剂和冷却液间产生更多的熵。

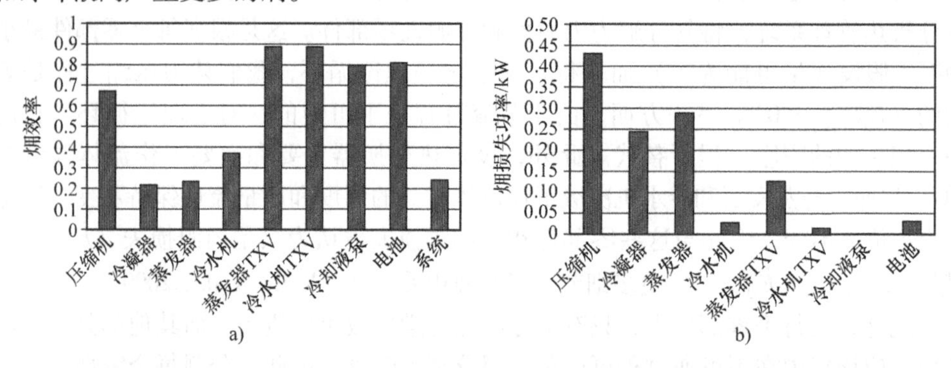

图5.6　基线模型中制冷剂回路和冷却液回路各零部件㶲效率和㶲损失率

蒸发器㶲损失相对较高（除了摩擦损失），因为蒸发器和乘员舱工作流体温差较大，相变过程中只有部分换热。因此，降低平均温差可以降低㶲损失。降低平均温差的一种方法是增加蒸发器表面积，但应权衡安装成本的增加（这将在第6章中进行分析）。

冷凝器㶲效率比蒸发器和冷水机更低，主要是相比于蒸发器出口和乘员舱之间的温差，以及制冷剂和冷却液的温差，冷凝器出口和环境空气的温差更高（在35℃）。

其余零部件中，压缩机具有高压缩比，制冷剂经过压缩机温度改变，导致㶲损失增加。使用高等熵效率的压缩机可以降低㶲损失。此外，压缩机功率高度依赖进出口压力，压缩机内部适当的密封，热交换器的改进（减少 ΔT）和多级压缩将有助于减少㶲损失，从而降低压缩机功率。此外，压缩机内存在与摩擦损失相关的不可逆过程，使用合适的润滑油与制冷剂混合（如用于 R134a 的聚烯烃油）也可以减少相应的㶲损失。

研究发现制冷剂中使用具有高导热性添加剂（基于纳米流体的润滑油）可以提高热传热速率，降低平均温差，减少㶲损失。然而，润滑油用量必须适当，以防止润滑油在蒸发器壁沉积。制冷剂回路和电池冷却液回路之间的交互有助于大大降低压缩机功率。通过冷水机将多余的热量从电池冷却回路转移到制冷剂回路，有助于恰当地分配热量，否则，制冷剂回路压缩机需要额外做功。因此，进一步利用这种交互是有益的。此外，因为热交换器的高温差，系统内存在不可逆性，减小温差会降低与之相关的不可逆性。

蒸发器膨胀阀和冷水机膨胀阀㶲效率更高（超过80%），因为这些过程是等焓的，很少或没有热损失。因此，膨胀阀㶲损失主要由压降产生。可以通过降低（或过冷却）冷凝器出口制冷剂温度来降低膨胀阀㶲损失，这可以利用蒸发器出来的制冷剂蒸气实现（Kumar et al.，1989；Arora，2008）。冷却液水泵效率也相对较高（81%），因为水泵没有明显的热损失。

值得注意的是，在本章电池被模拟为一个系统，因此不考虑电池的内部效率。基于这点，在目标运行温度范围内（高达50℃），电池具有较高的效率。但是，当电池温度升高到工作温度范围外，电池效率会大大降低，第4章中有电池芯体级别的热力学分析。

为了理解不同条件和约束的影响，基于冷凝和蒸发温度，以及过冷和过热度、压缩机转速、换热器压降和电池放热速率，利用热管理系统模型进行分析。参数化研究中的所有非变量参数使用基准值。此外，还研究了 R290（丙烷）、R600（丁烷）、R600a（异丁烷）、R1234yf（四氟丙烯）和二甲醚（DME）等多种替代制冷剂在不同条件的应用情况。冷凝和蒸发温度影响压缩比、冷却负荷、COP 和定容热容。压缩比是预测压缩机容积性能的重要参数，因为低压缩比降低了高压蒸气泄漏回低压侧的可能性，而泄漏会降低压缩机充气系数。图5.7表明降低冷凝温度或增加蒸发温度可降低压缩比。

此外，随着蒸发器温度升高，进入压缩机前的制冷剂蒸气温度也会升高。制冷剂蒸气比体积减少会对应增加制冷剂质量流量，从而增加了系统制冷输出。另一方面，冷凝温度的升高会导致压缩机排气温度和压缩比升高。但是压缩机容量将会降低。此外，单位时间循环的制冷剂会更少，导致制冷负荷降低，如图5.8所示。

压缩机的能耗与压缩比成正比，降低冷凝温度或增大蒸发器温度都会降低压缩比，从而提高系统 COP。这说明当冷凝温度降低或蒸发温度升高时，一定制冷负荷所需的压缩机功率会下降。此外，节流损失也随温度变化的减小而减小，同样会提高系统 COP，如图 5.9 所示。

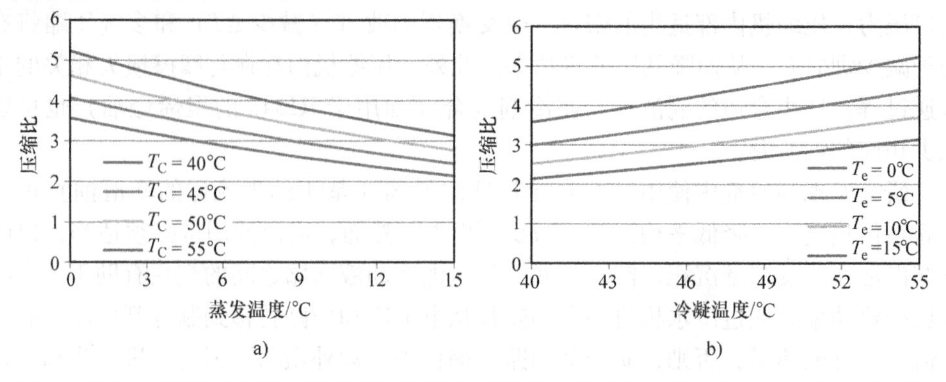

图 5.7　压缩比随蒸发温度和冷凝温度的变化图

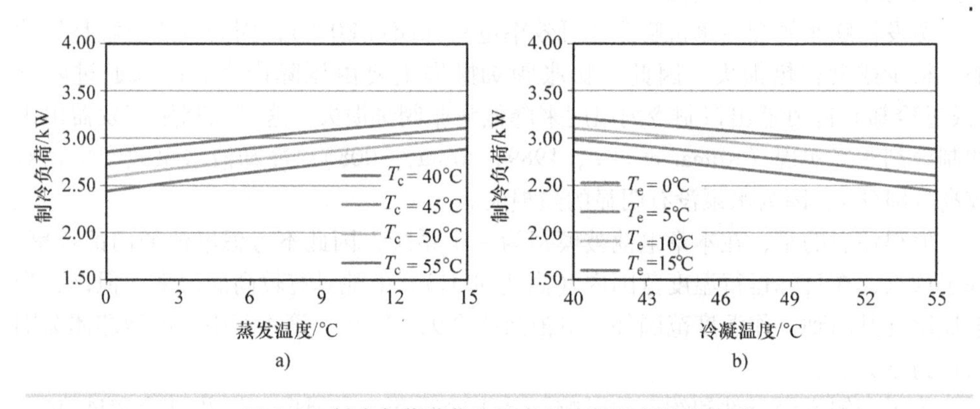

图 5.8　制冷负荷随蒸发温度和冷凝温度的变化图

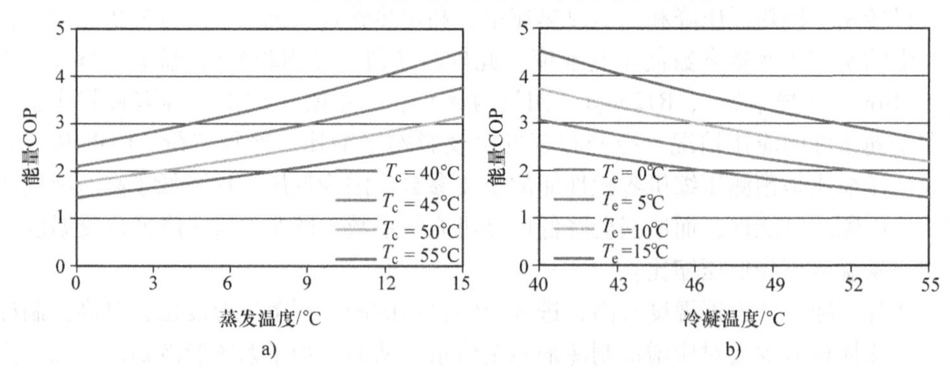

图 5.9　能量 COP 随蒸发温度和冷凝温度的变化图

此外，冷凝温度降低减小了制冷剂与周围空气的平均温差，系统的㶲COP 也随之增大。蒸发温度升高降低了制冷剂与客舱空气的平均温差，两者都减少了相关的㶲损失，如图 5. 10 和图 5. 11 所示。

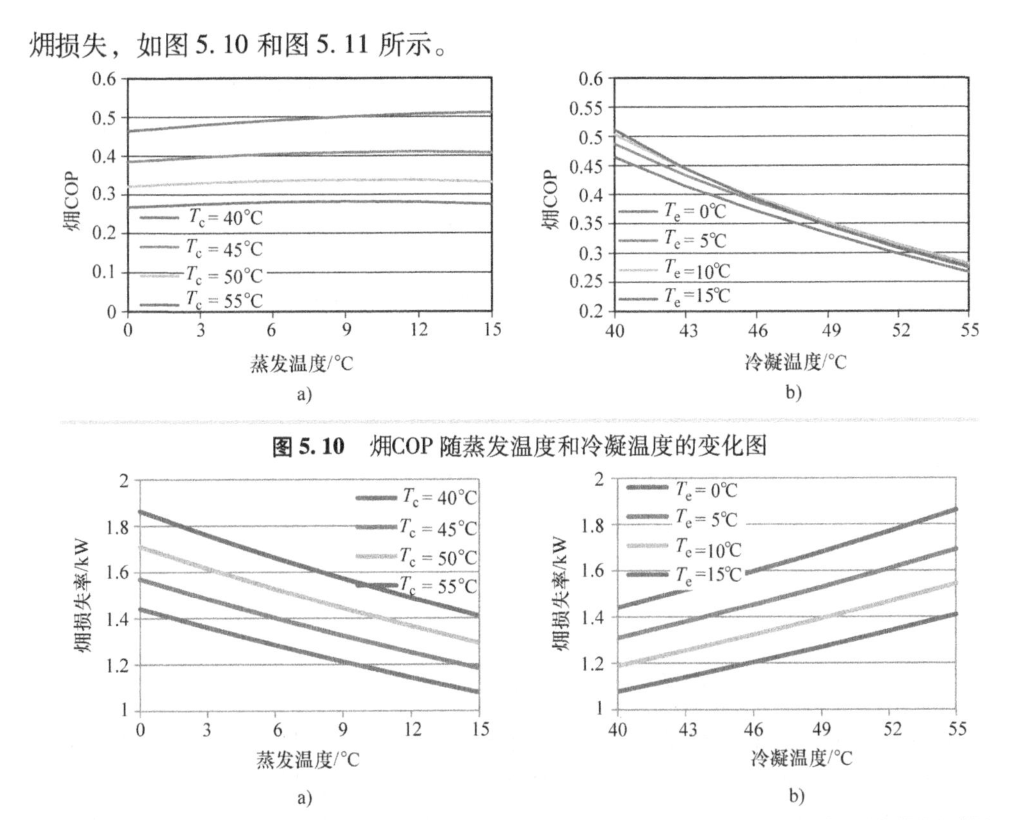

图 5. 10 㶲COP 随蒸发温度和冷凝温度的变化图

图 5. 11 㶲损失率随蒸发温度和冷凝温度的变化图

结果表明，增加过热度会导致制冷剂焓值增加，从而产生额外的热量，增加蒸发器单位质量制冷剂的制冷效果。过热循环下的单位质量制冷剂制冷效果更好，单位容量制冷剂质量流量降低。另外，压缩机吸气的比体积和单位质量流量的压缩功也会增加。然而，制冷效果的增加仅略大于压缩功，因此系统增加的㶲COP 可以忽略不计，如图 5. 12 所示。

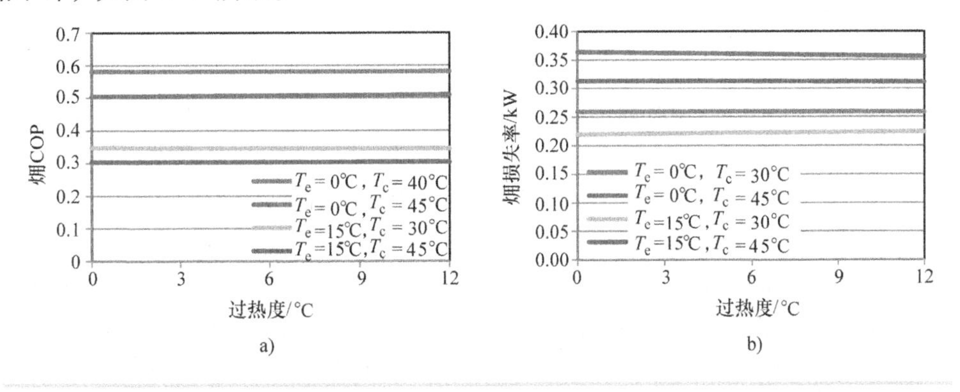

图 5. 12 系统㶲COP 和㶲损失率随过热度变化图

单位质量制冷剂制冷效果可通过使膨胀阀前的饱和液体过冷得以提升，其原因是与饱和液体循环相比，其单位制冷量制冷剂的质量流量更小。压缩机单位制冷量必须处理的蒸气体积减小，因为吸入管道进口的制冷剂蒸气（进入压缩机的蒸气比容）保持不变。此外，由于单位质量制冷剂的压缩机功耗保持不变，单位质量制冷剂制冷效果改善增加了蒸发器吸收的热量而不增加压缩机功耗，从而增加系统㶲COP，如图 5. 13 所示。

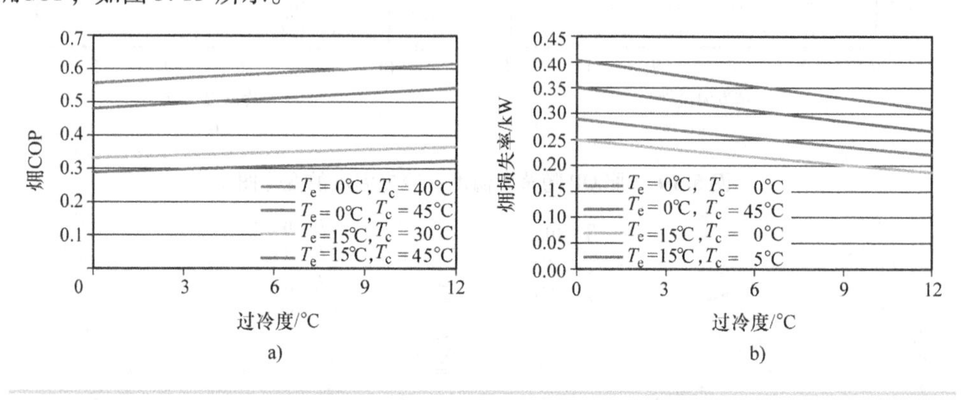

图 5. 13　㶲COP 和㶲损失随过冷度变化图

热交换器的压降对系统参数也有一定影响。由于单位质量制冷剂制冷效果的下降，压降的增加降低了系统制冷能力。压缩机压缩比增加，导致相应的压缩机功率增加。这两种效应都会减少系统的㶲COP，同时增加㶲损失。空气质量流量对压降的影响以及压降对系统㶲COP 和㶲损失的影响如图 5. 14 和图 5. 15 所示。

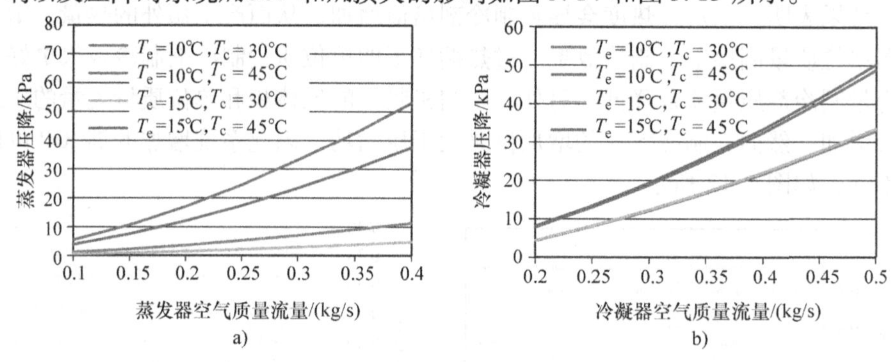

图 5. 14　压降随蒸发器和冷凝器空气质量流量变化图

压缩比是另一个重要参数，因为它对压缩功、制冷能力以及系统的能量和㶲COP 都有很大的影响。随着压缩机转速增加，平均压缩功也随之增加，从而导致更高的制冷剂质量流量、更高的排气压力、更高的压缩比以及更低的吸气压力和容积效率。另外，压缩比增加导致制冷量增加，同时降低了系统相应的㶲COP。制冷剂经过压缩机与膨胀阀的相关压差增加了系统整体的㶲损失，系统的㶲COP 随之降低。压缩比对系统的㶲COP 和㶲损失率的影响如图 5. 16 所示。

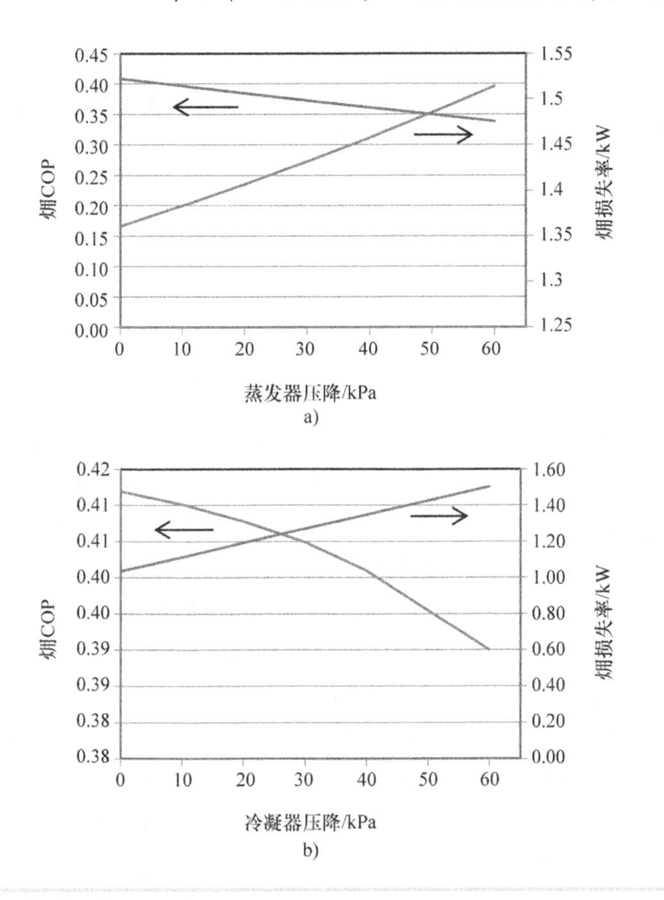

图5.15　㶲COP和㶲损失率随蒸发器和冷凝器压降变化图

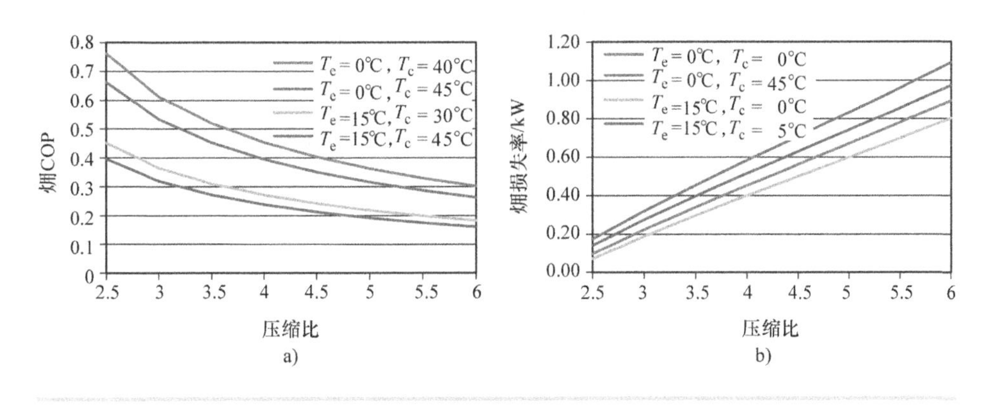

图5.16　系统㶲COP和㶲损失率随压缩比变化图

此外，使用EES和REFPROP软件包对不同的制冷剂进行了参数化研究。为了对这些不同的制冷剂进行一致性比较，每个模型中使用相同的制冷量（3kW）、冷凝和蒸发温度（分别为55℃和5℃），以及过热和过冷度（5℃）。表5.5中给出了不同制冷剂模型中的参数值。

表 5.5　各种制冷剂在基准条件下的标准电动汽车热管理系统运行参数

制冷剂	$\dot{m}_{ref,a}$ $10^2\times$（kg/s）	$\dot{m}_{ref,b}$ $10^2\times$（kg/s）	$\dot{W}_{comp}$ /kW	x_{evap}	$T_{sat,dis}$ /℃	P_{dis} /bar	ΔP_{cond} /kPa	ΔP_{evap} /kPa
R134a	2.21	0.26	1.30	0.31	81.92	14.92	25.11	29.41
R290	1.18	0.14	1.27	0.32	77.93	19.07	24.60	32.97
R600	1.08	0.13	1.26	0.28	73.62	5.64	8.64	14.00
R600a	1.25	0.15	1.26	0.32	68.71	7.64	10.68	17.64
R1234yf	2.98	0.35	1.37	0.39	65.60	14.64	53.61	64.51
(DME)	0.92	0.11	1.21	0.25	95.33	12.97	6.28	13.25

为了找到 R134a 的合适替代品，其压缩能力应相似，以避免在循环中为了适应能力差异而使用不同尺寸的压缩机。因此，蒸发器中液体的蒸发温度（即吸气温度）成为考虑热管理系统的替代制冷剂的关键参数之一，因为具有相似蒸汽压力的制冷剂在相同的压力下蒸发和冷凝。设计具有高低压的制冷循环时，蒸气压力接近的两种制冷剂其性能也相当，这可以防止循环中使用不同尺寸的压缩机。因为为了提供相同的冷却负荷，对于蒸汽压较高的流体，压缩机的尺寸需要减小，而对于蒸气压较低的流体，压缩机的尺寸需要增大。此外，由于预期制冷量与蒸气压力成正比，因此仅制冷剂的饱和压力和温度就可以很好地反映压缩机的排量。比较多种制冷剂蒸气压的简便方法是饱和温度 - 压力图，如图 5.17 所示。从图中可以看出，基于它们的压缩能力，与 R600 和 R600a 相比，R290、R1234yf 和二甲醚是更具兼容性的替代品（压缩机物理尺寸变化最小）。

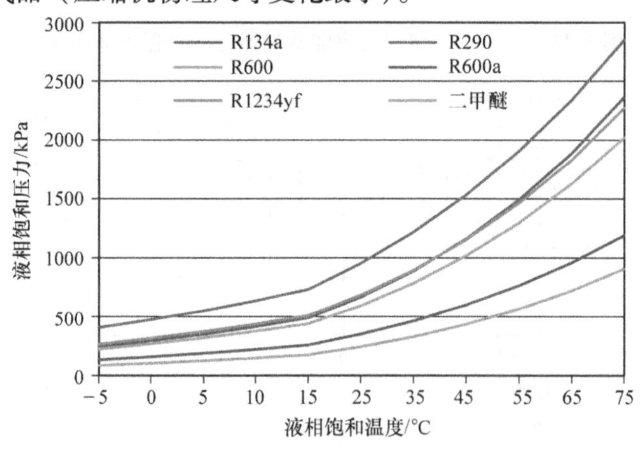

图 5.17　各种制冷剂的液体饱和温度和饱和压力关系图

压缩比也是预测压缩机容积性能的一个有用参数，更低的压缩比可以减少潜在的泄漏量，因此可以用来评价不同制冷剂的热管理系统性能。图 5.18 显示使用 R600、R600a 和 R134a 的热管理系统比其他系统压缩比更高。使用 R1234yf 和二甲醚的系统与R134a的表现最接近，其压缩比略低于R134a系统。此外，使用R290的TMS实现了最低的压缩比，根据冷凝和蒸发温度，它的性能比使用R134a的系统高18%。

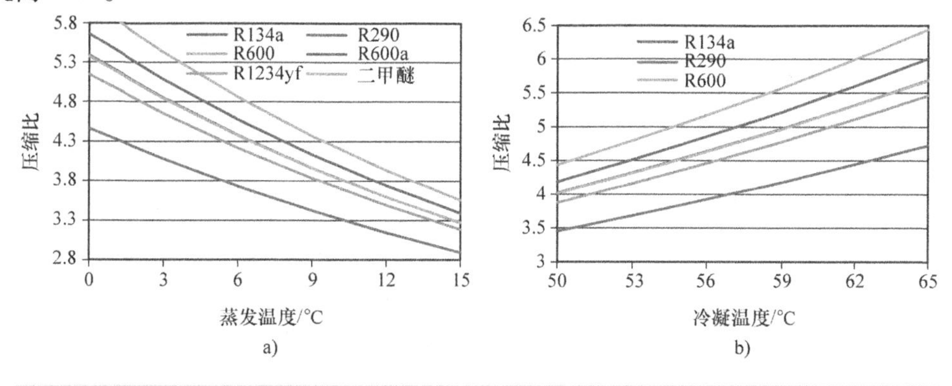

图5.18 各种制冷剂热管理系统压缩比随蒸发和冷凝温度变化图

此外，基于不同蒸发和冷凝温度对不同制冷剂的压缩功进行了比较，因为它们对循环的整体效率有显著的影响。可以看出，在这些制冷剂中，尽管使用R1234yf的热管理系统压缩比非常低，但由于其质量流量最高，它在基线条件下压缩功最高，如图5.18a和图5.18b所示。另一方面，在基线条件下，使用二甲醚的热管理系统具有最低的压缩功，因为其质量流量最低，压缩比相对较低，如图5.18a和图5.18b所示。与R134a相比，由于更低的压缩比和系统中更少的质量流量，其余被研究的制冷剂系统具有相似但略少的压缩功，如图5.19、图5.20所示。

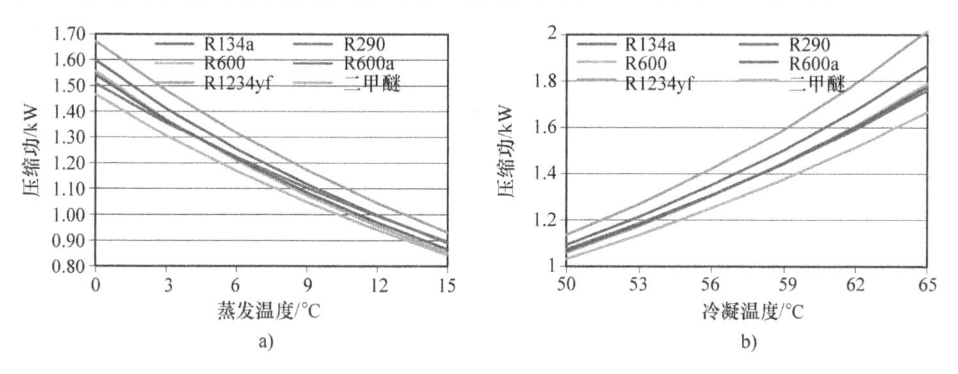

图5.19 各种制冷剂热管理系统压缩功随蒸发和冷凝温度变化图

此外，由于压缩机能耗也与压缩比和制冷剂质量流量成正比，对于相同的制冷负荷，系统COP也会随不同的制冷剂而变化。在所研究的所有TMS中，除使用R1234yf外，在冷凝和蒸发温度范围内，与基线R134a系统相比，所有系统都具有更低的㶲损失率、更高的能量和㶲COP。使用二甲醚的热管理系统具有最高的能量和㶲COP，分别比基线R134a系统高7.3%和7.7%。然而，这种物质具有较高的易燃性，为了减少相关的安全隐患，应将二次回路应用到热管理系统中，传统的蒸发器由二次流体热交换器代替，它可以在主回路和次级回路之间传递热量。因此，对于大多数应用来说，这种制冷剂系统的整体效率可能会降低。根据图 5.21 ~ 图 5.23，可以看到不同制冷剂的热管理系统的能量和㶲COP 以及㶲损失随蒸发和冷凝温度的变化图。

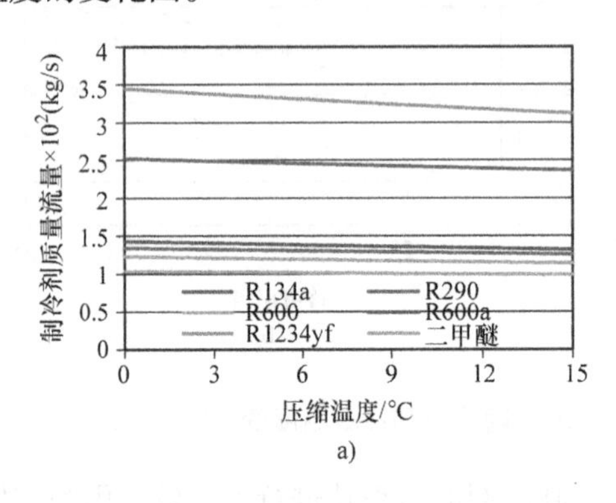

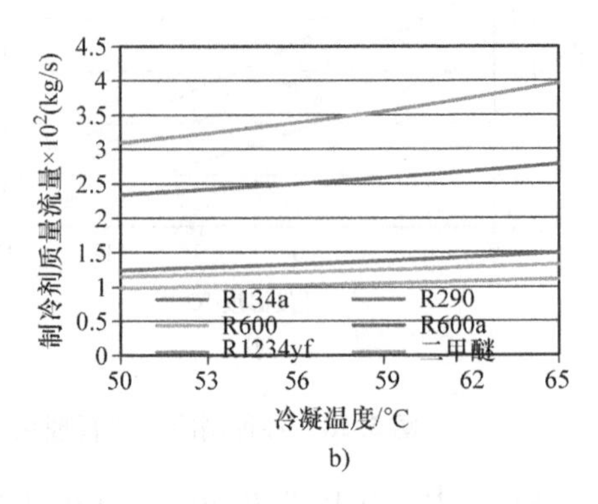

图 5.20　各种制冷剂质量流量随蒸发和冷凝温度变化图

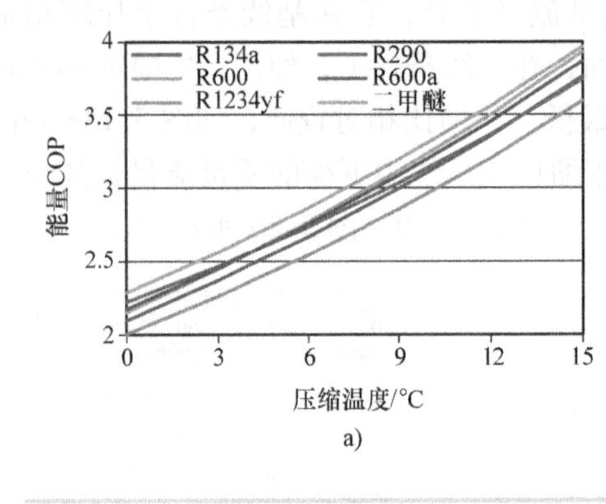

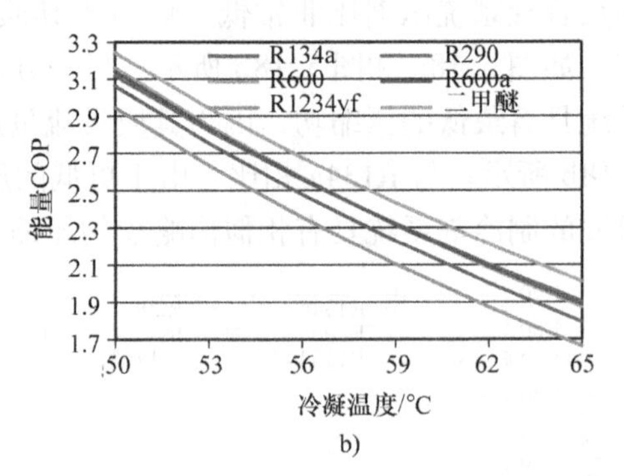

图 5.21　各种制冷剂系统能量 COP 随蒸发和冷凝温度变化图

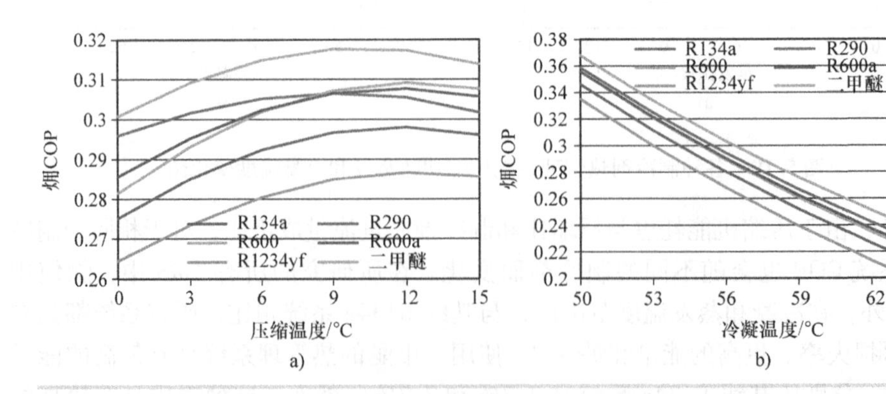

图 5.22　各种制冷剂系统㶲COP 随蒸发和冷凝温度变化图

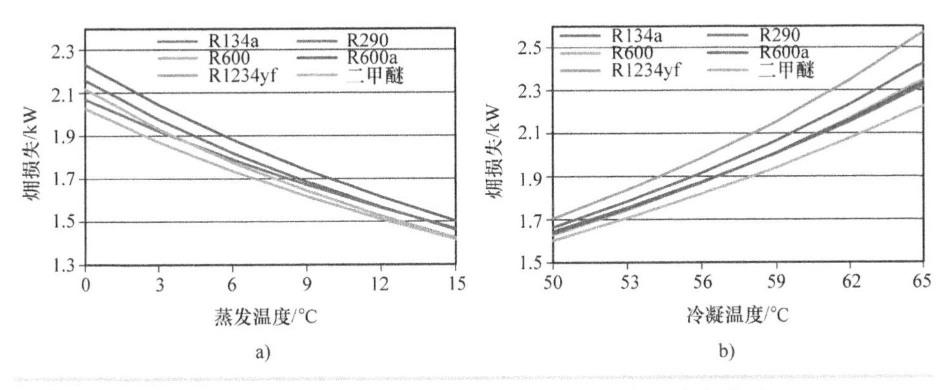

图 5.23　各种制冷剂系统㶲损失随蒸发和冷凝温度变化图

一旦计算出不同制冷剂热管理系统 COP，可通过基准模型的系统参数确定相应的间接排放和可持续性指数。可持续性指数是衡量能源在热管理系统中有效利用率的指标。因此，它直接与每个热管理系统的㶲COP 和㶲损失有关。此外，间接温室气体排放与系统中压缩机和泵有关的电能消耗相关。图 5.24 所示为使用 R134a 基线热管理系统的 GHG 排放和可持续性指数。图中，随着基线热管理系统效率的增加，相同的冷却负荷下，热管理系统所需的输入功率减小。因此，相应的排放量减少，可持续性指数增大。应该注意的是，图 5.24 中的排放是基于美国平均发电组合确定的，由 49% 的煤、20% 的天然气、20% 的核能、7% 的水电和 4% 的其他可再生能源组成（Yang，Maccarthy，2009），在不同的发电能源组合下，其间接排放的碳排放程度也有所不同。图 5.24b 显示，主要用煤发电的高碳排放情况下发电产生的排放几乎翻了一倍。通过天然气联合循环发电情况下排放显著降低。

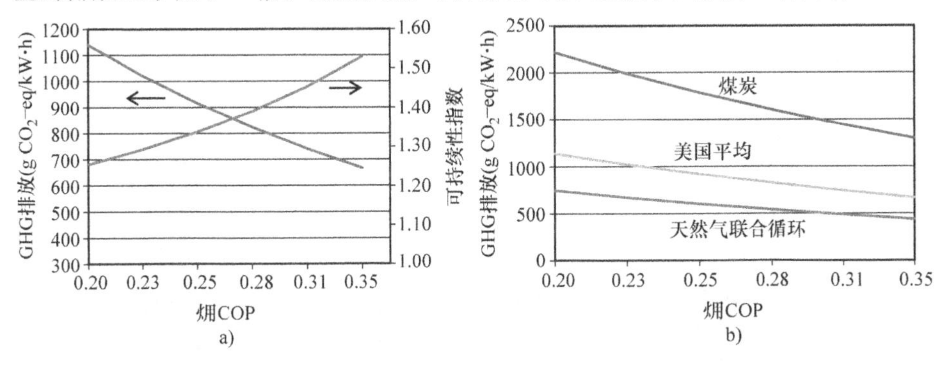

图 5.24　基准热管理系统㶲COP 下 GHG 排放和可持续性指数和在不同的碳排放强度发电方式下的 GHG 排放和可持续性指数

另外，比较了基线热管理系统和使用其他制冷剂的热管理系统的 GHG 排放和可持续性指数。图 5.25a 和图 5.25b 表明在所研究的几种制冷剂系统中，使用 R1234yf 制冷剂的热管理系统间接排放最高且可持续性指数最低（分别超过基线热

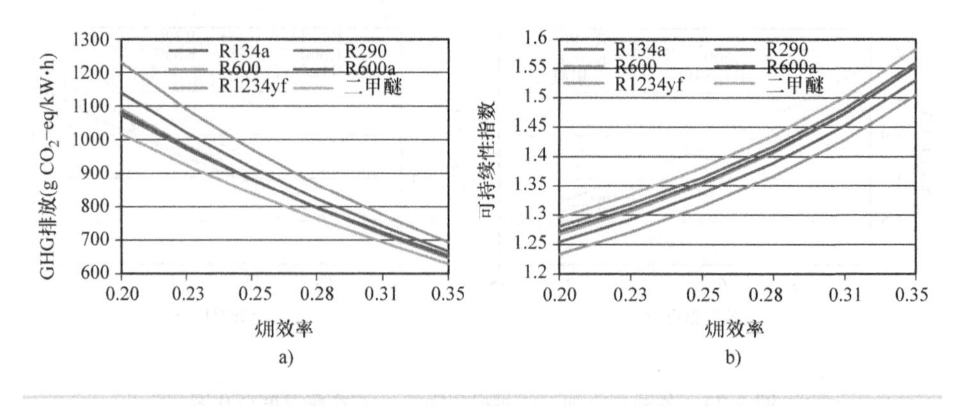

图 5.25　不同制冷剂热管理系统烟COP 下 GHG 排放和可持续性指数

管理系统 6% 和 -1.6%)，系统效率最低。使用二甲醚制冷剂系统间接排放最低和可持续发展指数最高（分别超过基线热管理系统 -8.3% 和 3.3%)，具有较高的系统效率。

此外，对理论热力学和“不可避免热力学”循环进行了分析，以便将与各零部件相关的烟损失分解为内源/外源、可避免的/不可避免部分。主要成分的归一化烟损失如图 5.26 ~ 图 5.32 所示。值得注意的是，即使在一个零部件中，总的烟损失不能是负的，外源部分可以是负的，这表明一个零部件的内源烟损失与其余部件的外源烟损失之间是负相关的。

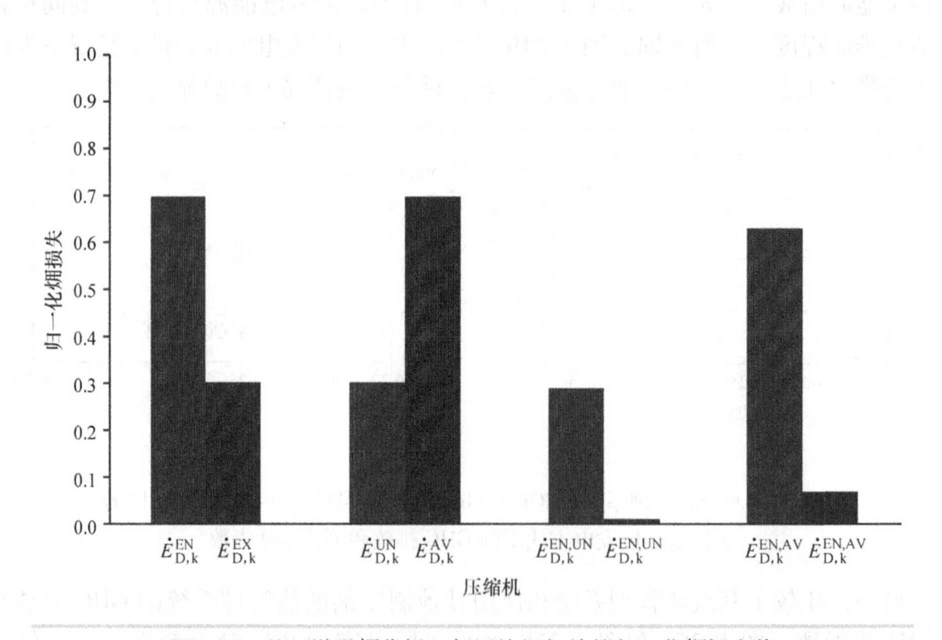

图 5.26　基于增强烟分析，与压缩机相关的归一化烟损失值

通过图 5.26 ~ 图 5.32 可以看出，对单个零部件而言，外源烟损失虽然很小但

在该零部件总的㶲损失中占重要比例，这表明各零部件之间存在中等程度的相互依赖性。此外，每个零部件外源㶲损失小于（$\dot{E}_{D,k}^{EX}$是正值）全部㶲损失，这表明一个零部件的内源㶲损失减少将会减少剩余零部件的外源㶲损失。

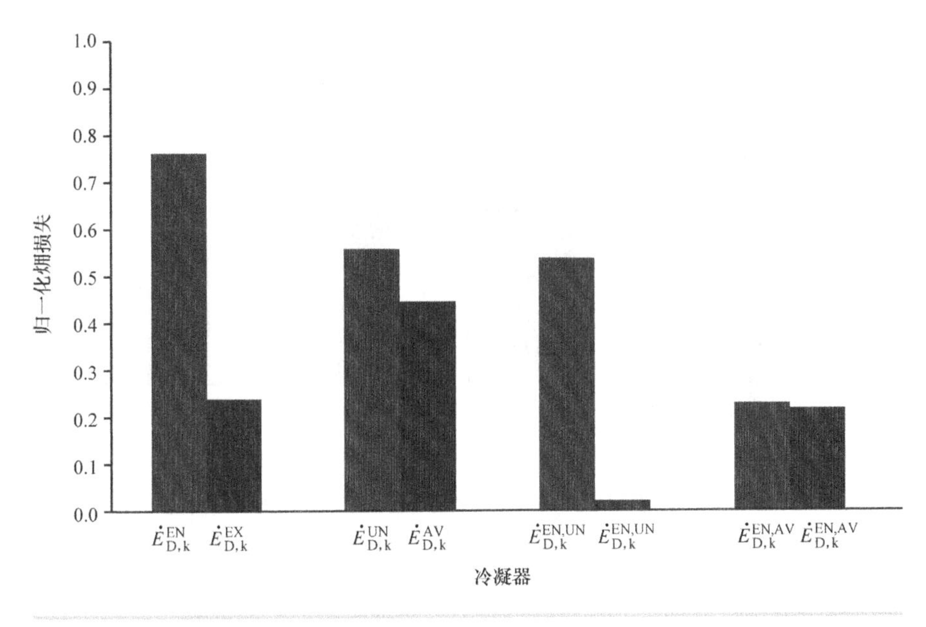

图 5.27　基于增强㶲分析，与冷凝器相关的归一化㶲损失值

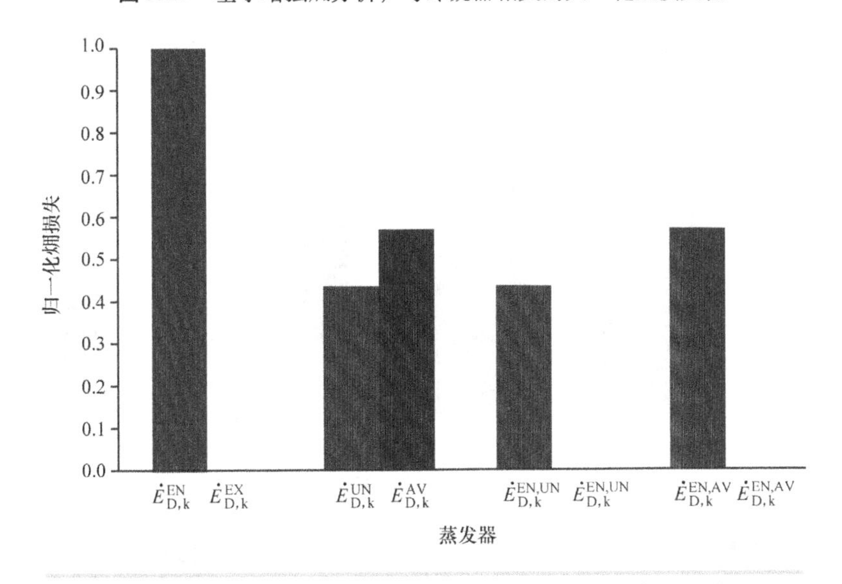

图 5.28　基于增强㶲分析，与蒸发器相关的归一化㶲损失值

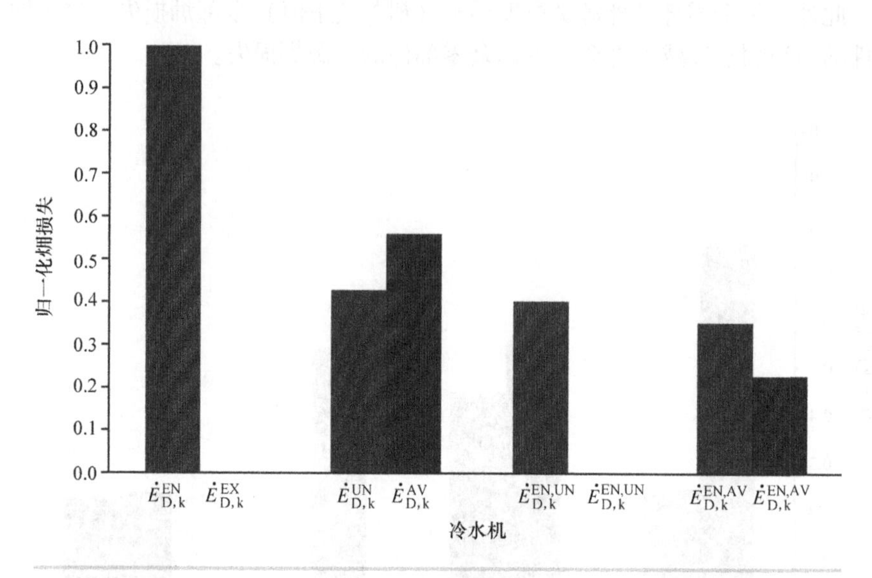

图5.29　基于增强㶲分析，与冷水机相关的归一化㶲损失值

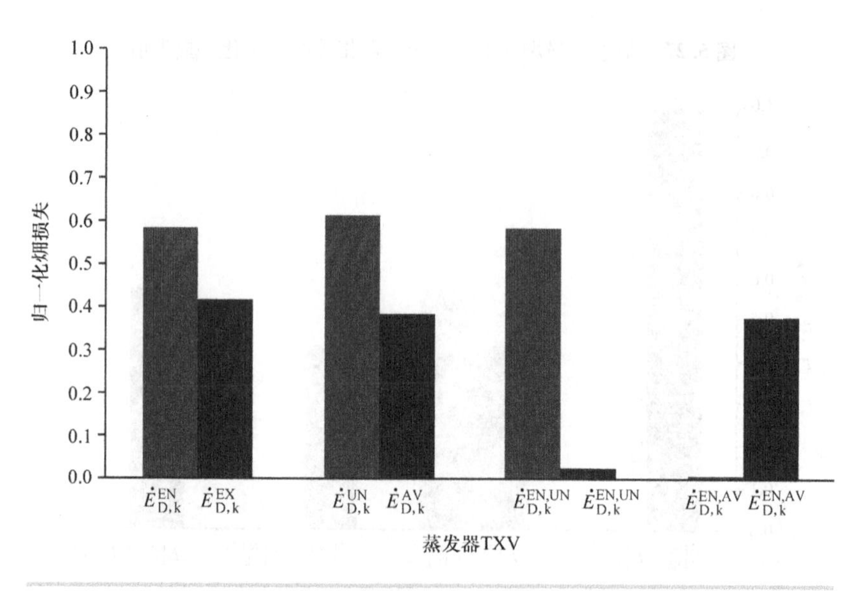

图5.30　基于增强㶲分析，与蒸发器膨胀阀相关的归一化㶲损失值

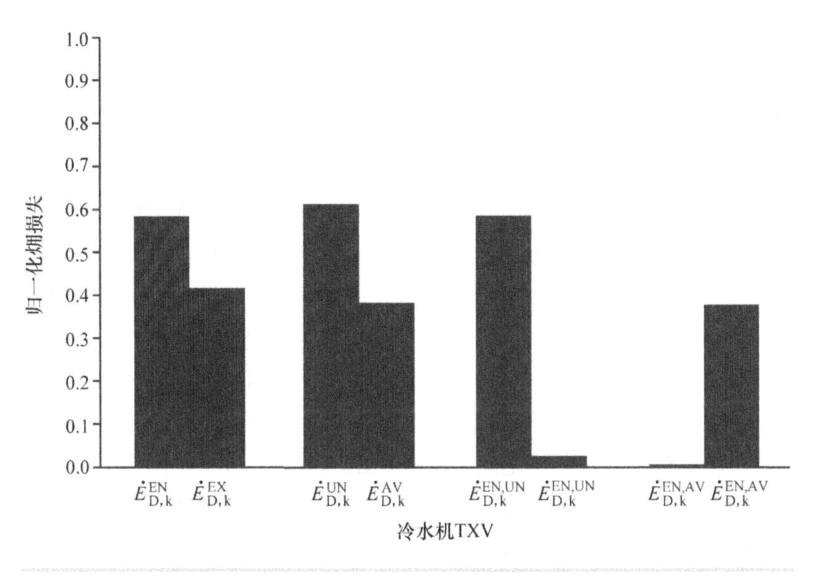

图 5.31　基于增强的㶲分析，冷水机膨胀阀相关的归一化㶲损失值

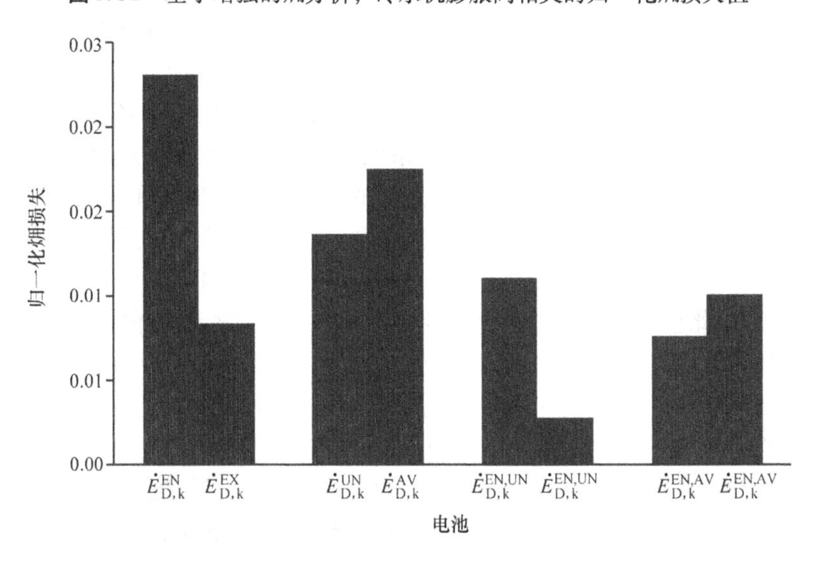

图 5.32　基于增强㶲分析，与电池相关的归一化㶲损失值

5.6　案例研究：基于跨临界 CO_2 的电动汽车电池热管理系统

本案例研究了单级蒸气压缩跨临界 CO_2 电动汽车电池热管理系统（EV BTMS）及其改进版本，包括同轴管、两级蒸气压缩和中间冷却器等。利用 R152a、R134a、R290、R600、R600a、R1234yf 和二甲醚等多种商用制冷剂对系统进行常规循环评

价，并对不同工况和输入参数下的㶲分析进行评价。

5.6.1 引言

卤代烃制冷剂因其热力学和热物理特性在蒸气压缩市场中占据主导地位。然而，过去的几十年里，在蒙特利尔和京都议定书的限制下，制冷行业发生了巨大的变化，氯氟烃（CFC）先被氢氯氟烃（HCFC）取代，但它们均破坏臭氧层，后来被氢氟烃（HFC）取代。尽管大多数HFC几乎是零臭氧消耗潜能值（ODP），它们仍然有很高的全球变暖潜能值（GWP），因此仍然参与温室气体（GHG）排放。制冷剂的发展对汽车行业产生了重大影响，因相关环境问题及法规变化，汽车空调制冷剂被迅速更替。20世纪90年代，R12被R134a取代，但这并不是长期解决方案，因为R134a的GWP是二氧化碳的1300倍。因此，业界仍在大力研究车辆热管理系统低GWP制冷剂的应用可能，尤其是电动汽车。在这些制冷剂中，天然制冷剂开始被认为是最佳潜在解决方案之一，因为与上述替代方案相比，天然制冷剂零ODP、低GWP，同时具有其他各种优势。

其中，二氧化碳（R744）因其良好的传热特性、无毒性、无可燃性、高单位容积制冷量、低压缩比、与普通润滑剂的高兼容性、广泛的应用、较低成本和可回收性，引起人们广泛关注（Yang et al.，2005）。另外，蒸气压缩循环使用二氧化碳可以防止蒸发和冷凝温度间压升过高导致的系统压比增加。此外，还可以解决R12和R134a在柔性尼龙、丁基橡胶及压缩机轴封处的高泄漏率问题。由于二氧化碳系统在高压下运行，比体积减小（相对于传统制冷剂），这使得设计高度紧凑的热交换器成为可能（Mathur，2000）。另一方面，CO_2的临界温度（31.1℃）低于其他空调制冷剂的典型值，因此它不能把热量由冷凝器转移到比临界温度高的环境中，使制冷剂在典型环境温度下以跨临界方式工作。因此，在CO_2制冷系统中，传统冷凝器通常被二氧化碳气体冷却器代替，为了改善系统性能、提高制冷能力、适应排气温度，一般会对系统和零部件进行各种修改（Kim et al.，2004）。环境温度较高时，CO_2制冷系统功耗和制冷能力损失较大，这使其在系统性能方面很难与传统制冷剂竞争。因此，仍然需要进行大量研究，以分析电动汽车二氧化碳热管理系统低效背后的根本原因，并找到相应的改进方法，包括热力学、成本及环境影响。

5.6.2 系统开发

图5.33是一种具有二氧化碳蒸气压缩循环和液态电池冷却系统的电动汽车电池热管理系统简化图。该系统由两个回路组成，即制冷剂回路和电池冷却液回路。制冷剂回路调节汽车乘员舱空气温度，电池冷却液回路使电池运行在理想的温度范围。空调部分主要由蒸气压缩循环组成，主要零部件包括：压缩机、冷凝器/气体冷却器、膨胀装置和蒸发器。

大多数传统制冷剂使用冷凝器，但由于二氧化碳的临界温度低（这使循环在

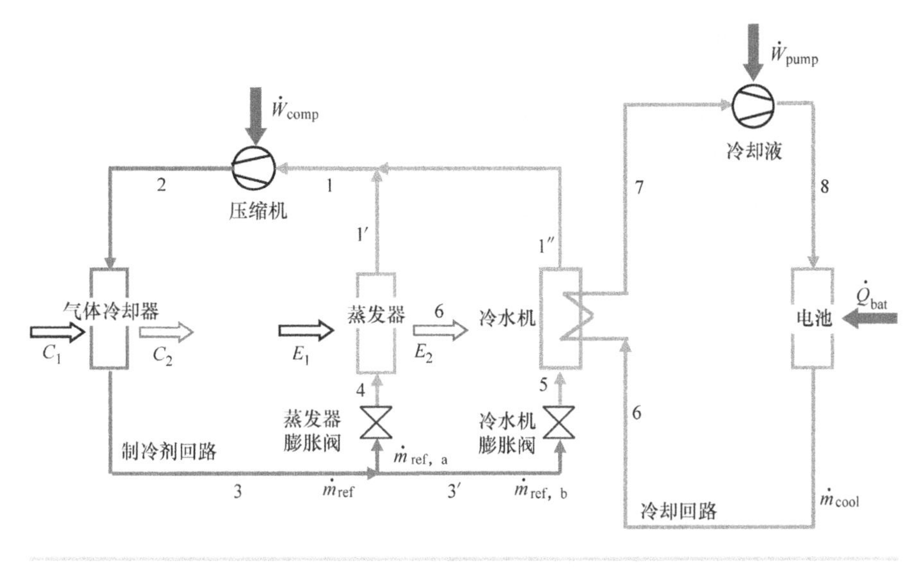

图 5.33　二氧化碳和 50－50 水/乙二醇混合物电动汽车电池热管理系统典型研究

高温时处于超临界状态和低温时处于亚临界状态），在超临界状态不存在饱和条件，所以回路中用气体冷却器替代冷凝器。吸入管路的工质进入压缩机（状态 1），高压蒸汽离开压缩机（状态 2），接着进入冷凝器/气体冷却器。冷却后的制冷剂分为两路，一路流入蒸发器膨胀装置（状态 3），并在蒸发器中吸热膨胀（状态 4）调节车辆乘员舱温度。传统亚临界循环，状态 3 的比焓是温度的函数，但超临界高压侧，压力也会影响焓值。另一路流入冷水机膨胀装置（状态 3），并在冷水机中膨胀（状态 5），使制冷剂和冷却液回路进行热量交换。制冷剂在蒸发器和冷水机中换热后，两路汇合后重新进入压缩机（状态 1）。

电池冷却液回路，50/50 的水乙二醇冷却液进入电池（状态 8），吸收电池散发的热量，然后进入冷水机（状态 6），将热量传递到制冷剂回路。一旦冷却液温度降低（状态 7），就重新流入电池。如上所述，冷水机用来在两个回路间交换热量，冷却液通过冷水机给电池冷却。这大大提高了系统效率，因为通过制冷回路冷却需要压缩机做功，会比运行电池冷却液回路消耗更多的能量。

随后，研究了改进方案，在回路中增加同轴管（即回热器）（IHX），它能够使从气体冷却器出来的液态制冷剂过冷并且在液态制冷剂进入压缩机前得以蒸发，以保护压缩机免受液击并且提高高散热温度下的系统效率。尽管同轴管通常不能提高传统制冷剂的系统效率，比如目前汽车领域应用的制冷剂（如 R22、R134a），但对于二氧化碳系统同轴管的好处相当大，它可以优化系统 COP，降低排气压力。此外，系统中加入回热器，可以提高压缩机排气温度，增加系统制冷量和效率，同时也有助于简化热管理系统的控制系统和策略。改进系统中采用基于焓的换热效率来评定具有同轴管的制冷循环性能。所有改进的系统中，电池冷却液回路是相同的，以便公平地评价不同系统。

为了进一步提高系统效率，采用了两级压缩循环改善单级压缩系统的性能衰减，制冷剂分为两阶段压缩，中间放置中间冷却器。最后，为了得到最佳的系统结构，将这两个改进的系统结合在一起，开发出一个既具有同轴管又具有多级压缩的二氧化碳系统，并评估该系统参数变化，如图 5.34 所示。

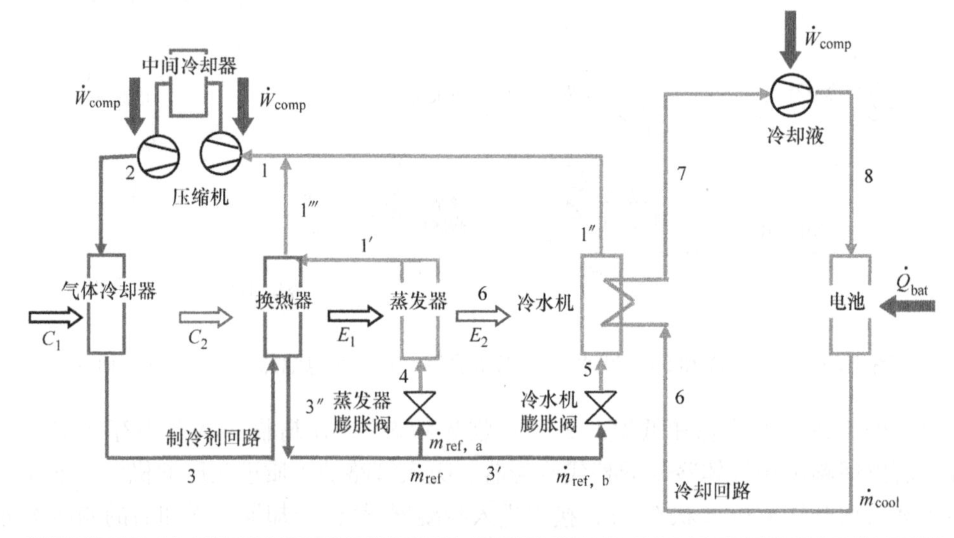

图 5.34　使用两级压缩、中间冷却器和同轴管，二氧化碳和 50/50 水乙二醇混合液的电动汽车电池热管理系统研究案例

分析中，假定每个零部件工作过程处于稳态，势能和动能的变化可忽略不计。此外，忽略零部件与周围环境的传热，假定膨胀过程等焓。对二氧化碳蒸气压缩循环和各种其他商用制冷剂循环进行比较。图 5.35 和图 5.36 中提供了这些制冷剂的蒸气压和饱和温度曲线斜率。

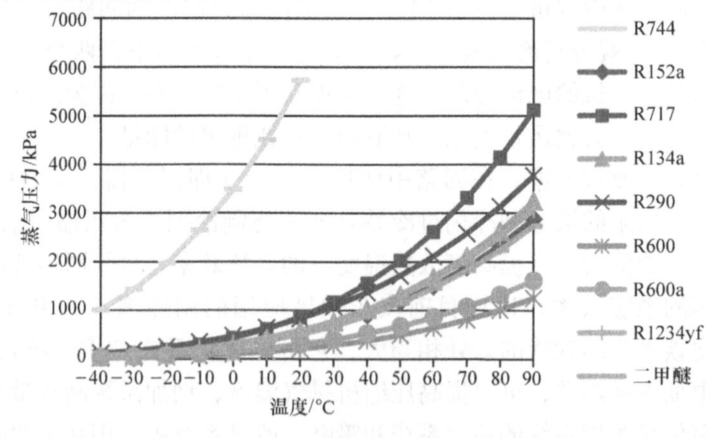

图 5.35　R744 和其他制冷剂蒸气压力

由图 5.35 可知，临界温度附近二氧化碳蒸气压力远远高于其他制冷剂，而且曲线斜率更大，当压力变化固定，温度变化更小，这一特性在系统热交换器中具有重要作用，对系统总效率和系统设计有较大影响。此外，表 5.6 提供了使用这些制冷剂的电动汽车电池热管理系统运行参数。所设计的电动汽车电池热管理系统应性能良好，并能在较宽范围内在给定限制下尽可能高效地运行。因此，下面章节将对上述系统进行㶲分析。

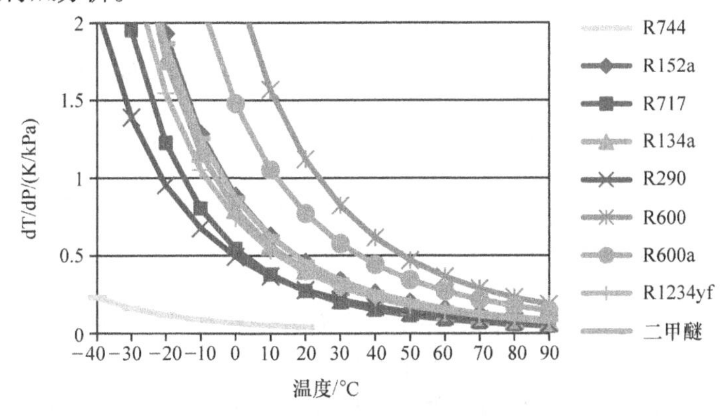

图 5.36　R744 及对比用制冷剂的饱和压力曲线斜率

表 5.6　基线条件下使用不同制冷剂的电动车电池热管理系统运行参数

制冷剂	$\dot{m}_{ref,a}$ ×10²(kg/s)	$\dot{m}_{ref.b}$ ×10²(kg/s)	$\dot{W}_{comp}$ /kW	$/T_{sat,dis}$ /℃	P_{dis} /kPa	ΔP_{cond} /kPa	ΔP_{evap} /kPa
R744	1.62	0.19	1.51	126.20	13000	78	92
R152a	1.32	0.15	1.24	95.7	1333	12.8	17.4
R134a	2.20	0.26	1.30	81.9	1492	24.9	29.2
R290	1.17	0.14	1.26	77.9	1907	24.4	32.6
R600	1.07	0.13	1.26	73.6	564	8.5	13.9
R600a	1.24	0.15	1.26	68.7	764	10.6	17.5
R1234yf	2.88	0.34	1.33	67.8	1465	50.9	61.3
二甲醚	0.91	0.11	1.21	95.3	1297	6.2	13.1

5.6.3　热力学分析

采用能量和㶲方法进行热力学分析，对于更好地设计、分析、评估和改进电池的热管理系统至关重要。能量分析来自热力学第一定律（所谓的守恒定律），而“㶲分析”则来自热力学第二定律（所谓的非守恒定律，由低效、能量损失、不可逆、能量品质降低等造成）。通过能量和㶲效率，以及其他一些基于性能标准的能量和㶲参数（例如能量和㶲COP）评估热管理系统性能。

基于上述模型和参数范围，利用工程方程求解器（EES）和 REFPROP 软件建立稳态热力学模型。为了对不同制冷剂进行一致比较，每个模型使用的工况相同。一旦确定系统每个点的属性，通过相关信息和本章中使用的质量、能量、熵和㶲平衡方程计算每个零部件和整个系统的㶲效率和㶲损失率。

根据定义边界条件下系统的做功输入（压缩机和泵）和相关冷却负荷（蒸发器和冷水机），通过下边的方程确定电池热管理系统的能量和㶲COP。

$$COP_{en,sys}=\frac{\dot{m}(h_3-h_2)+\dot{m}_{cool}(h_7-h_6)}{\dot{m}_2[(h_2-h_1)+(h_2-h_1)]+\dot{m}_{cool}(h_8-h_7)} \tag{5.44}$$

$$COP_{ex,sys}=\frac{\dot{m}(h_3-h_2)\left(1-\frac{T_0}{T_H}\right)+\dot{m}_{cool}(h_7-h_6)\left(1-\frac{T_0}{T_7}\right)}{\dot{m}_2[(h_2-h_1)+(h_2-h_1)]+\dot{m}_{cool}(h_8-h_7)} \tag{5.45}$$

5.6.4 结果与讨论

基于 EES 开发的关于前面部分提供的平衡方程和系统参数的软件代码，表 5.7 提供了各系统蒸气压缩循环相关零部件的㶲效率和㶲损失率。

表 5.7 不同跨临界二氧化碳制冷循环电动汽车电池热管理系统的㶲COP 和㶲损失

（单位：kW）

零部件	单级压缩		有同轴管的单级压缩		有中间冷却器的两级压缩		有同轴管和中间冷却器的两级压缩	
	Ex_{eff}	Ex_D	Ex_{eff}	Ex_D	Ex_{eff}	Ex_D	Ex_{eff}	Ex_D
压缩机	0.73	0.60	0.75	0.58	0.77	0.28	0.78	0.26
气体冷却器	0.14	0.53	0.16	0.50	0.18	0.31	0.19	0.29
蒸发器	0.10	0.41	0.13	0.39	0.16	0.34	0.18	0.32
同轴管	-	-	0.48	0.10	-	-	0.49	0.09
次级压缩机	-	-	-	-	0.77	0.24	0.79	0.25
中间冷却器	-	-	-	-	0.69	0.27	0.70	0.26
蒸发器膨胀阀	0.89	0.38	0.89	0.38	0.90	0.36	0.93	0.35

此外，图 5.37 ~ 图 5.40 还提供了几种不同结构电池热管理系统相关的压缩功、能量和㶲COP 及㶲损失率。尽管引入 IHX 会增加蒸气冷却过程的温差，引起气体冷却器㶲损失增加，进而对系统效率产生负面影响，但通过过冷膨胀过程的㶲损失率也会降低，进而增大蒸发器焓差。总的来说，系统整体能量和㶲COP 得到了增加。

在热管理系统蒸气压缩循环应用多级压缩，可以提高 8% 的系统㶲效率。将 IHX 集成到多压缩系统中，基于研究的评估参数，系统㶲效率提高了 22% 以上。

此外，图中同时提供了在不同架构下，蒸发温度对压缩比（压缩功）、冷却负荷、定容热容以及系统的能量和㶲COP 的影响。蒸发温度升高，压缩比降低，而且

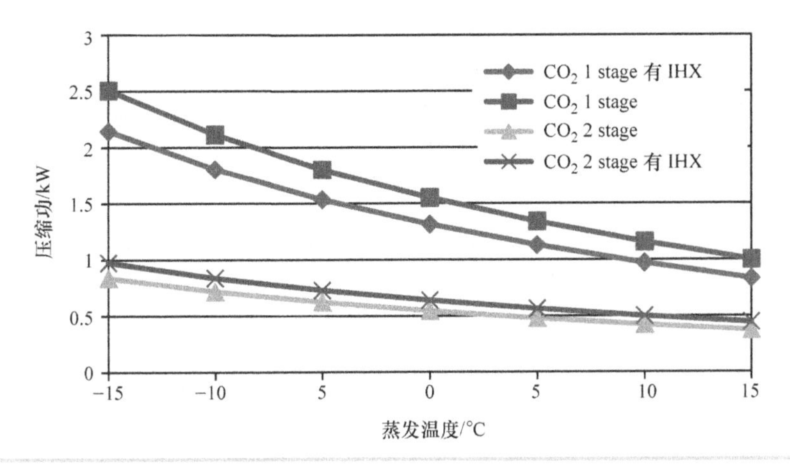

图 5.37　不同二氧化碳制冷循环电动汽车电池热管理系统的压缩功随蒸发温度变化图

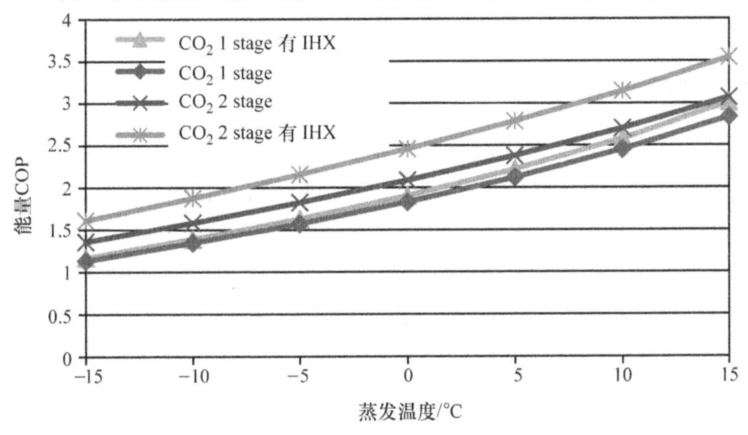

图 5.38　不同二氧化碳制冷循环电动汽车电池热管理系统能量 COP 随蒸发温度变化图

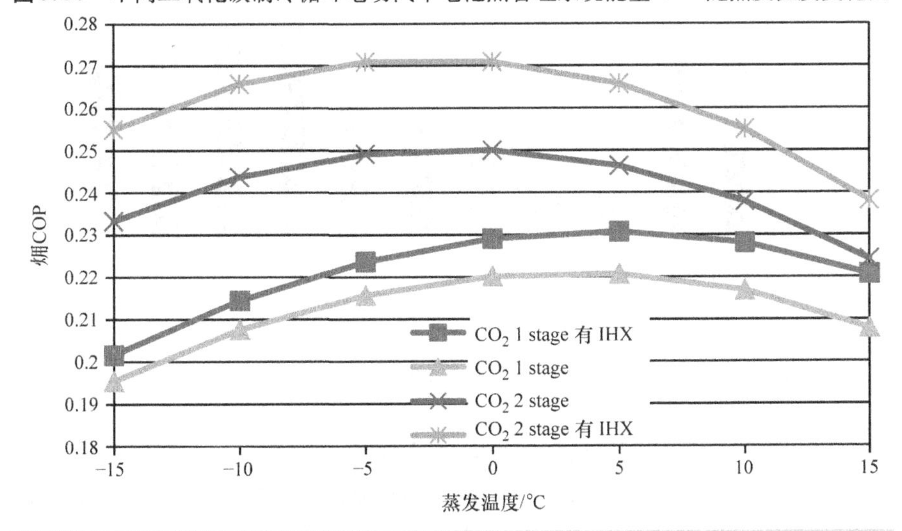

图 5.39　不同二氧化碳制冷循环电动汽车电池热管理系统㶲COP 随蒸发温度的变化图

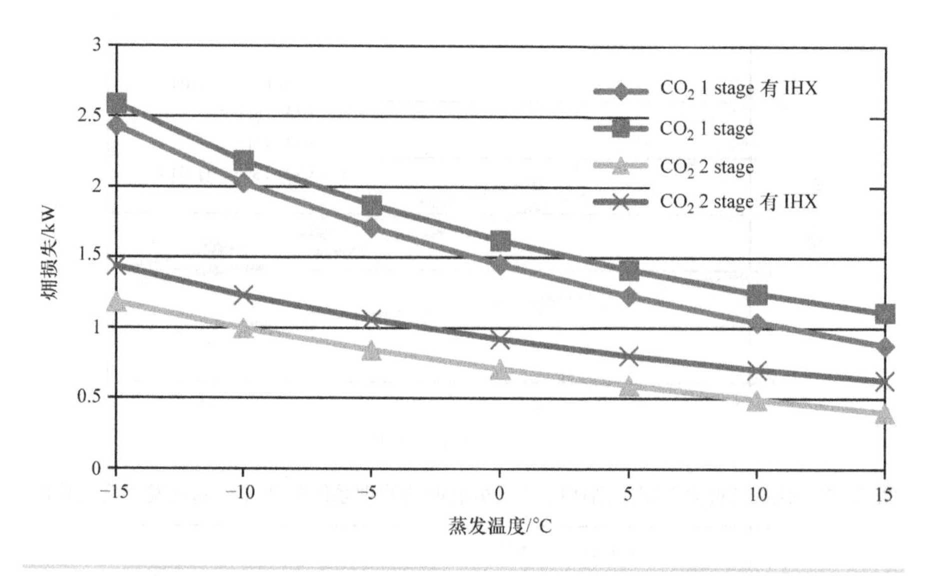

图 5.40　不同二氧化碳制冷循环电动汽车电池热管理系统㶲损失随蒸发温度的变化图

因为压缩机能耗与压缩比成正比，所以蒸发器温度增加提高了整个系统的 COP。这表明，随着蒸发温度的增加，单位制冷量所需的压缩机功率下降。此外，节流损失也随温度变化减小而降低，这也会带来系统 COP 的提高。系统 COP 提高是因为蒸发温度升高降低了制冷剂和乘员舱空气平均温差，相关㶲损失减少。然而，随着制冷能力和压缩比减小，蒸发器平均温度升高，蒸发温度的增加降低了所获得的㶲。

因为计算结果表明使用中间冷却器和同轴管的多级压缩循环系统效率最高，后续研究中对各系统进行了进一步分析和比较（使用其他制冷剂的 BTMS）。图 5.41 和图 5.42 所示为整个系统相关的总体㶲效率和㶲损失率。

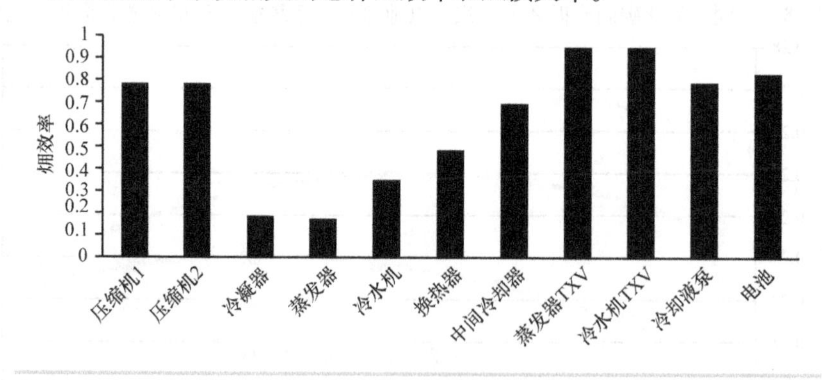

图 5.41　使用两级压缩、中间冷却器和同轴管系统中各零部件的㶲效率

在采用中间冷却器和同轴管的多级压缩系统评价中，蒸发器和气体冷却器分别在相变和温差方面具有最低的㶲效率，从而导致制冷剂和冷却空气之间有更多的熵产。蒸发器㶲损失相对较高，因为蒸发器工作流体和乘员舱之间存在较大的温度差

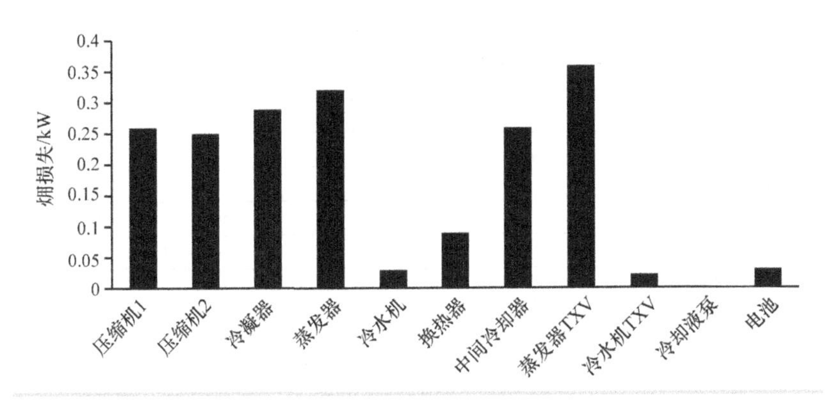

图 5.42　使用两级压缩、中间冷却器和同轴管系统中各零部件的㶲损失

异，在相变过程中只有部分热量交换。此外，压缩机压缩比和制冷剂流经压缩机的温度变化造成压缩机的㶲损失。然而，它明显低于先前使用的二氧化碳蒸气压缩循环。因为温差相对较小，同轴管的㶲效率高于蒸发器。膨胀过程是等温的，几乎没有热量损失，蒸发器膨胀阀和冷水机膨胀阀的㶲效率更高。因此，膨胀阀的㶲损失主要由压降产生。因为没有明显的热损失，冷却水泵也有相对较高的效率。

此外，还进行了参数化研究，以确定关键变量对整个系统效率的影响。排热压力在图 5.43 和图 5.44 中变化，研究证实，排气压力增大时，蒸发器吸收的热量随着驱动压缩机的功而增加。因为压缩机驱动功增加速度大于蒸发器吸收的热量增加速度，所以系统总的能量和㶲COP 降低。

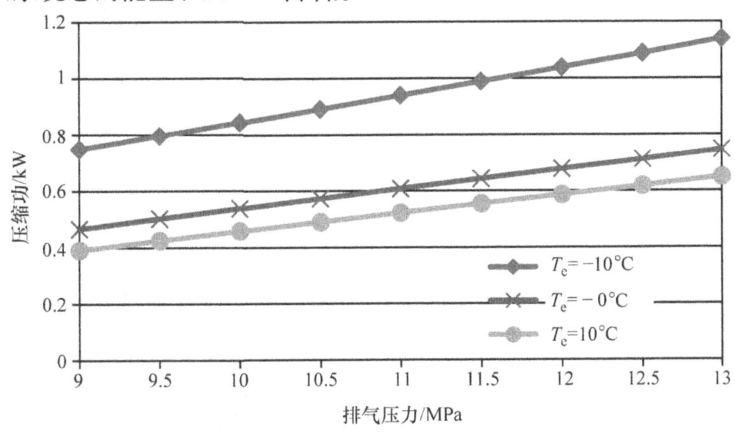

图 5.43　二氧化碳制冷循环系统压缩功随排气压力变化图

气体冷却器的出口温度也是系统重要参数之一。随着气体冷却器出口温度的增加，压缩机、蒸发器和冷水机膨胀阀相关㶲损失增加，气体冷却器㶲损失减少，整个系统的能量和㶲COP 因此降低，如图 5.45 和图 5.46 所示。

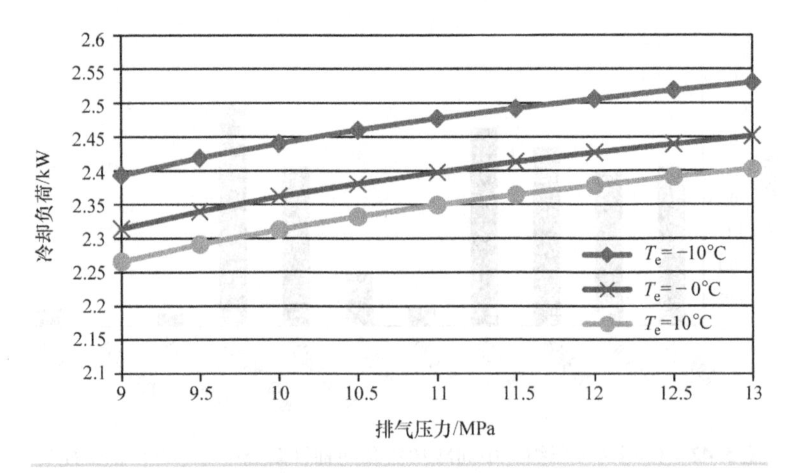

图 5.44　二氧化碳制冷循环系统冷却负荷随排气压力变化图

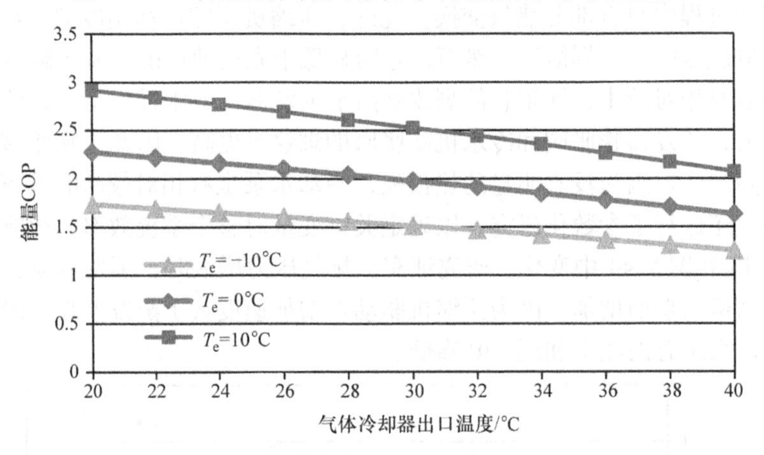

图 5.45　二氧化碳制冷循环系统能量 COP 随气体冷却器出口温度变化图

5.6.5　结语

本例中研究分析了一种采用跨临界二氧化碳蒸气压缩循环的电动汽车电池热管理系统性能，采用单级压缩和两级蒸气压缩的方法，可选择采用或不采用同轴管。基于此分析，得出了以下主要结论：

- 通过添加中间冷却器和同轴管，并采用两级压缩，该系统的能量和㶲COP分别增加了 18% 和 22%。尽管通过改变系统架构提高了系统的效率，但它仍然低于本研究中其他制冷剂系统。
- 在研究范围内，增加排气压力，提高压缩功和冷却能力，从而降低系统的能量和㶲COP，同时增加气体冷却器的出口温度，也可以降低系统的能量和㶲COP。
- 该系统的冷却负荷、容积热容、能量和㶲效率随蒸发温度的升高而增加，压缩功、压缩比、排气温度和排气压力以及总㶲损失随系统蒸发温度的降低而增加。

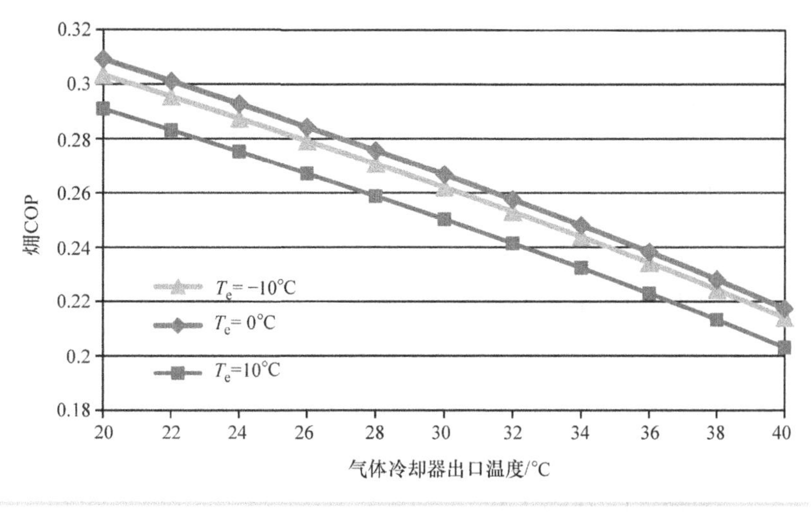

图 5.46　二氧化碳制冷循环系统㶲COP 随气体冷却器出口温度变化图

基于以上分析，可知采用两级压缩和增加同轴管的跨临界二氧化碳系统效率可提高 22%。然而，与分析的其他制冷剂系统相比，其效率仍然偏低。

5.7 结语

本章中，我们介绍了电池热管理系统热力学模型的开发过程，为读者提供了必要的背景、最新的信息和工具，从热力学的角度来搭建或改进系统。内容包括最有效的热管理系统的比较和主要零部件建模。我们的关注点放在液态热管理系统上，因为它被认为是众多电池热管理系统应用中的最佳方案。为了提供一个说明的例子，本文根据所提到的原则和技术，对给定的液态热管理系统进行了分析，并为读者提供了一个参考。此外，还包括一个关于跨临界二氧化碳 TMS 的案例研究，以介绍今天最常用的 TMS 的替代系统及其性能。本章包含一些必要的知识，可供工程师对其 TMS 进行建模并提高其系统效率。下一章，开发的模型中将考虑经济和环境方面的问题，以便从更广泛的角度处理面临的问题，并提供必要的步骤，以多维度的方法来解决这些问题。

术语

A	面积（m^2）
A_{txv}	流通面积（m^2）
C_p	比热容（J/kg · K）
C	热容率（kW/K）
C_{txv}	阀流量系数

D	直径（m）
E_n	能率（kW）
Ex	烟率（kW）
h	比焓（kJ/kg）
h	传热系数（W/m^2·K）
k	导热系数（W/mC）
m	质量流量（kg/s 或 L/min）
P	压强（kg/m·s^2）
Pr	普朗特数
Q	传热率（kW）
Ra	瑞利数
Re	雷诺数
s	比熵（k J/kg·K）
T	温度（K 或℃）
T_0	环境温度（K 或℃）
U	总传热系数（W/m^2·K）
W	功率（kW）
V	速度（m/s）
v	比体积（m^3/kg）
Z	高（m）

希腊字母

β	热扩散系数
Δ	变化量
δ	厚度（m）
η	效率
θ	压比
μ	动力黏度（kg/ms）
ν	运动黏度（m^2/s）

下标

act	实际
bat	电池
cool	冷却液
ch	冷水机

comp	压缩机
c，cond	冷凝器
D	损失
en	能
ex	㶲
e，evap	蒸发器
f	翅片
g	气
H	高
i	进口
L	低
o	出口
ref	制冷剂
s	熵
txv	热力膨胀阀
w	壁面
wg	防冻液

缩略语

COP	能效系数
EV	电动汽车
GHG	温室气体
GWP	全球变暖潜能值
LMTD	对数平均温差
NTU	传热单元数
TMS	热管理系统
TXV	热力膨胀阀

问题

5.1　你如何定义㶲？它的使用与传统的能量分析有何不同？

5.2　㶲概念是如何与可持续性和环境相联系的？请提供一些概念上的例子。

5.3　开发一个高效热管理系统应首先考虑什么问题？

5.4　请选择一个热管理系统零部件，并评估其㶲效率。

5.5　电池热管理系统冷凝/蒸发温度、压缩机转速、换热器压降和电池发热率对电池有什么影响？请使用 T_S 和 P_V 图从热力学的角度说明。

5.6　什么是内源/外源和可避免/不可避免的㶲损失？如何使用它们来改善热管理系统？

5.7　请重复5.5节的分析，使用10℃和60℃的蒸发和冷凝温度，使电池在0.5kW散热率和2kW冷却负荷下保持25℃的运行温度。

5.8　问题5.7中，随着过冷/过热度升高，系统效率会有什么变化？

5.9　问题5.7中，请选择一个零部件，并根据增强㶲分析解释原理，根据零部件技术限制评价其㶲损失程度。

参考文献

Al-Hallaj S, Selman JR. (2002). Thermal modeling of secondary lithium batteries for electric vehicle/hybrid electric vehicle applications. *Journal of Power Sources* **110**:341–348.

Arcaklioglu E, Çavuşoglu A, Erisen A. (2005). An algorithmic approach towards finding better refrigerant substitutes of CFCs in terms of the second law of thermodynamics. *Energy Conversion and Management* **46**:1595–1611.

Arora A. and Kaushik S. C. (2008). Theoretical analysis of a vapour compression refrigerant system with R502, R404a and R507a. *International Journal of Refrigeration* **31**:998–1005.

Behr GmbH & Co. KG. (n.d.). Press Official Website, Technical Press Day. Available at: http://www.behrgroup.com/Internet/behrcms.eng.nsf [Accessed February 2011].

Bejan A. (1996). *Entropy Generation Minimization: The Method of Thermodynamic Optimization of Finite-Size Systems and Finite-Time Processes.* CRC Press LLC, Florida, U.S.

Bejan A. (1997). Thermodynamic optimization of heat transfer and fluid flow processes. *Developments in the design of thermal systems.* Cambridge University Press, Cambridge U.K.

Bhatti MS. (1999). *Enhancement of R134a Automotive Air Conditioning System.* International Congress and Exposition, Detroit, Michigan.

Bornakke C, Sonntag RE. (2009). *Fundemantals of Thermodynamics*, 7th ed. Wiley, Hoboken, NJ.

Brown JS, Yana-Motta, SF, Domanski PA. (2002). Comparative analysis of an automotive air conditioning systems operating with CO_2 and R134a. *International Journal of Refrigeration* **25**:19–32.

Churchill SW, Chu, HHS. (1975). Correlating Equations for Laminar and Turbulent Free Convection from a Vertical Plate. *International Journal of Heat Mass Transfer* **18**:1323–1329.

Dincer I, Rosen MA. (2013). *Exergy: Energy*, Environment and Sustainable Development, Oxford, England, UK: Elsevier.

Dittus SJ, Boelter LMK. (1930). *University of California Publications in Engineering* **2**, 443.

European Union. (2006). Directive 2006/40/EC of the European parliament and of the Council. *Official Journal of the European Union* **161**(12).

Jabardo JMS, Mamani WG, Ianekka MR. (2002). Modeling and experimental evaluation of an automotive air conditioning system with a variable capacity compressor. *International Journal of Refrigeration* **25**:1157 – 1172.

Kelly S, Tsatsaronis G, Morosuk R. (2009). Advanced exergetic analysis: Approaches for splitting the exergy destruction into endogenous and exogenous parts. *Energy* **24**:384 – 391.

Kim GH, Pesaran A. (2006). *Battery Thermal Management System Design and Modeling, 22nd International Battery, Hybrid and Fuel Cell Electric Vehicle Conference and Exhibition*, Yokohama, Japan.

Kim MH, Pettersen L, Bullard CW. (2004). Fundamental process and system design issues in CO2 vapor compression systems. *Progress in Energy Combustion Science* **30**:119 – 174.

Koban M. (2009). HFO-1234yf low GWP refrigerant LCCP analysis. In: Proceedings of SAE World Congress. Detroit, MI, USA.

Kumar S., Prevost M. and Bugarel R. (1989). Exergy Analysis of a Compression Refrigeration System. *Heat Recovery Systems & CHP* **9**:151 – 157.

Kuper C, Hoh M, Houchin-Miller G, Fuhr J. (2009). *Thermal Management of Hybrid Vehicle Battery Systems, 24th International Battery, Hybrid and Fuel Cell Electric Vehicle Conference and Exhibition*, Stavanger, Norway.

Lee GH, Yoo JY. (2000). Performance analysis and simulation of automobile air conditioning system. *International Journal of Refrigerant* **23**:243 – 254.

Mathur GD. (2000). Carbon dioxide as an alternative refrigerant for automotive air conditioning systems, Energy Conversion Engineering Conference and Exhibit (IECEC), 35th Intersociety. *Las Vegas, NV*, **1**:371 – 379.

Morosuk T, Tsatsaronis G. (2008). A new approach to the exergy analysis of absorption refrigeration machines, *Energy* **33**:890 – 907.

Morosuk T, Tsatsaronis G. (2006). The "Cycle Method"used in the exergy analysis of refrigeration machines: from education to research." In: Proceedings of the 19th international conference on efficiency, cost, optimization, simulation and environmental impact of energy systems 1:12 – 14.

Tian C, Li X. (2005). Numerical simulation on performance bad of automotive air conditioning system with a variable displacement compressor, *Energy Conversion and Management* **46**:2718 – 2738.

Tsatsaronis G, Park M. (2002). On avoidable and unavoidable exergy destructions and investment costs in thermal systems. *Energy Conversion Management* **43**:1259 – 1270.

Yang JL, Ma YT, Li MX, Guan HQ. (2005). Exergy analysis of transcritical carbon dioxide refrigeration cycle with an expander. *Energy* **30**:1162 – 1175.

Yang C, Maccarthy R. (2009). *Electricity Grid: Impacts of Plug-In Electric Vehicle Charging*, Recent Work, Institute of Transportation Studies (UC Davis).

Yumrutas R, Kunduz M, Kanoglu M. (2011). Exergy analysis of vapor compression refrigeration systems. *Exergy International Journal* **2**:266 – 272.

Wang SW, Gu J, Dickson T, Dexter T, McGregor I. (2005). Vapor quality and performance of an automotive air conditioning system. *Experimental Thermal Fluid Science* **30**:59 – 66

Wongwises S, Kamboon A, Orachon B. (2006). Experimental investigation of hydrocarbon mixtures to replace HFC-134a in an automotive air conditioning system. *Energy Conversion Management* **47**:1644 – 1659.

第6章 电池热管理系统（TMS）的成本、环境影响和多目标优化

6.1 引言

在一个自然资源有限、能源需求和价格不断上涨的世界里，开发高效、经济、环保的系统是当今许多工程师所面临的最突出挑战之一。过去几十年里，能源价格一直上涨，而旨在减轻环境问题（例如臭氧层损耗和全球变暖）的立法也变得更加严格。基于上述背景，通过确定系统中低效点位置、类型和真实程度的㶲分析已被用来改善热管理系统部件和设计。但是，㶲分析并没有提供关于改进经济和环境方面的任何信息。因此，需要开发一个综合考虑所有这些问题的集成程序来寻找可行的解决方案。综上，为热管理系统研究开发一个功能强大的耦合热力学第二定律与经济学和环境影响的多目标优化工具变得至关重要。在本章中，参与电动汽车电池开发的工程师有望找到下列问题的解决方案：

- 什么是 BTMS 成本中占比最大的？如何改变运行参数及相关费用流来降低投资成本和可变成本？
- BTMS 在其生命周期内的环境足迹是怎样的？在不同使用阶段有哪些主要的环境影响潜力？
- 从多种方式开发电池热管理系统时最适用的优化方法是什么？确保多目标优化结果准确性和可靠性的最关键步骤是什么？

为了回答这些问题，对于给定的 TMS 的真实寿命场景和案例的研究，本章提供了对其进行经济和环境分析及多目标优化的详细步骤。经济分析结合㶲分析和经济原则，例如与购买设备、投入能源和维护相关的成本，并将热力学效率低下的相关成本纳入系统的总产品成本。通过分析这些成本，可以寻找最具成本效益和最不具成本效益的部件，并改进整个系统设计。同时，㶲环境分析结合了㶲分析和环境影响，与施工、运营、维护和处置阶段相关联，并基于计算出的㶲环境变量，将相应的影响分配到㶲流，以明确造成环境影响的最大因素，并提出改进的可能性和趋势。随后，描述了关于上述分析的多目标优化，通过允许更大的视角，同时根据多

个目标来优化设计，确定更完整的解决方案，以弥补传统单目标方法（即单目标的㶲、经济和环境优化）的缺点。在大多数实际决策问题中，目标本质上是相互矛盾的，无法确定唯一的最优解。因此，帕累托最优被引入，以确定一个解决方案是否真的是最好的权衡之一。遵循这些步骤，通过结合大多数工程师在产品开发上必须面对的两个最重要的约束（即产品的成本和对环境的影响），读者可以基于前面章节进一步进行 BTMS 分析，并学会相应地优化系统。

6.2 㶲经济性分析

尽管热力学分析（特别是㶲分析）可以提高部件和相应系统的效率，但是其可行性通常受制于经济资源。此外，许多案例中，纯粹科学动机下的研究方法通常不具经济效益。因此，为了实现能量系统的优化设计，应采用科学学科（主要是热力学）和经济学科（主要是成本核算）相结合的技术。

各种热管理系统的设计通常是基于科学分析、试验数据和实践经验的常规方法进行的。这样的系统大多工作在最佳参数之外，导致资源利用率低、增加生产成本和环境的负面影响。经济性分析的目的是确定系统中的低成本点，并计算相关成本。本节介绍了 TMS 的㶲成本计算方法，即 SPECO 方法 Tsatsaronis，Lin，1990；Lazzaretto，Tsatsaronis，2006）。

6.2.1 成本平衡方程

为了进行经济性分析，对系统中的每个流都定义了成本率 $\dot{C}$（\$/h），并且需要为每个部件列出成本平衡方程，以便提供如下的㶲成本计算：

$$\dot{C}_{q,k} + \sum_i \dot{C}_{i,k} + \dot{Z}_k = \sum_e \dot{C}_{e,k} + \dot{C}_{w,k} \tag{6.1}$$

其中

$$\dot{C}_j = c_j \dot{E}x_j \tag{6.2}$$

通过输入和输出的流以及功率和热传递率的㶲传递分别如下：

$$\dot{C}_i = c_i \dot{E}x_i = c_i \dot{m}_i ex_i \tag{6.3a}$$

$$\dot{C}_e = c_e \dot{E}x_e = c_e \dot{m}_e ex_e \tag{6.3b}$$

$$\dot{C}_w = c_w \dot{W} \tag{6.3c}$$

$$\dot{C}_q = c_q \dot{E}x_q \tag{6.3d}$$

但是，在开始经济性分析之前，需要对每个部件定义燃料和产品㶲。产品㶲是根据拥有和操作所考虑部件的目的来定义的，而燃料代表了生产产品所消耗的资源，但这两种都是以㶲的形式表示的。每个部件的燃料和产品见表 6.1。

表 6.1　关于系统的燃料和产品定义

部件	燃料	产品
压缩机	$\dot{W}_{comp}$	$\dot{E}x_2 - \dot{E}x_1$
冷凝器	$\dot{E}x_2 - \dot{E}x_3$	$\dot{E}x_{10} - \dot{E}x_0$
蒸发器热力膨胀阀	$\dot{E}x_{3a}$	$\dot{E}x_4$
电池冷却器膨胀阀	$\dot{E}x_{3b}$	$\dot{E}x_5$
蒸发器	$\dot{E}x_4 - \dot{E}x_{1a}$	$\dot{E}x_9$
电池冷却器	$\dot{E}x_{1b} - \dot{E}x_5$	$\dot{E}x_7 - \dot{E}x_6$
水泵	$\dot{W}_{pump}$	$\dot{E}x_8 - \dot{E}x_7$
电池	$\dot{W}_{bat}$	$\dot{E}x_6 - \dot{E}x_8$

通过结合㶲和㶲经济的平衡方程，可以得到以下方程：

$$\dot{E}x_{F,k} = \dot{E}x_{P,k} + \dot{E}x_{D,k} \tag{6.4}$$

㶲损失的成本率定义如下：

$$\dot{C}_{D,k} = c_{F,k}\dot{E}x_{D,k} \tag{6.5}$$

此处，利用先前给出的㶲平衡方程评估与每个部件相关联的㶲损失率（$\dot{E}x_{D,k}$）来确定部件的㶲损失成本。由式 6.1 可知，控制量成本平衡的稳态形式由式 6.6 表达。成本平衡通常是正式的，因此每一项都是正的。

$$\sum_e (c_e\dot{E}x_e)_k + c_{w,k}\dot{W}_k = c_{q,k}\dot{E}x_{q,k} + \sum_i (c_i\dot{E}x_i)_k + \dot{Z}_k \tag{6.6}$$

公式表明出口㶲流的总成本等于获得它们的总费用，即入口㶲流的成本加上资本和其他成本。一般来说，“n_e”个㶲流输出部件只有一个成本平衡等式，“n_e”是未知量。因此，需要使用 F 规则和 P 规则来制定“$n_e - 1$”个辅助方程。

F 规则（燃料规则）是指当定义燃料时考虑出入口有效能差，从考察部件的㶲流中除去的有效能。因此，这条规则规定，与该燃料流去除㶲相关的比成本（单位㶲成本）必须等于同一流中（该去除㶲继承自上游部件）的比成本。这为每个去除㶲提供了一个辅助方程，它等于出口㶲流的数量以及与每个组件的燃料定义有关的“$n_{e,F}$”的数目。P 规则（产品规则）指的是部件内㶲流的㶲供应，并规定每个㶲单元以相同的平均成本应用于与产品相关的任何㶲流。因为这对应于某个出口流，所以这个规则提供的辅助方程的数量总是等于 $n_{e,P} - 1$，其中 $n_{e,P}$是产品定义中包含的出口㶲流的数量。因为每个出口流都被定义为燃料或产品，所以出口流的总数等于“$n_{e,F} + n_{e,P}$”，这就提供了“$n_e - 1$”个辅助方程（Lazzaretto，tsatsaronis，2006）。

6.2.2　设备采购成本的相关性

在经济方面，可以根据设备的购置费用和资本回收系数以及每年运行小时数的维修系数计算资本投资率：

$$\dot{Z}_k = \frac{Z_k \cdot \mathrm{CRF} \cdot \varphi}{N} \tag{6.7}$$

式中，N 是机组的年运行小时数；φ 是维修系数，一般取为 1.06（Bejan et al.，1996）；CRF 是资本回收系数，它取决于利率（i）和设备寿命（n）。

$$\mathrm{CRF} = \frac{i \times (1+i)^n}{(1+i)^n - 1} \tag{6.8}$$

这里，Z_k是应写入热管理系统部件设计参数中的设备采购成本。每个部件的关系如下（Valero，1994）：

$$Z_{\mathrm{comp}} = \left(\frac{573\dot{m}_{\mathrm{ref}}}{0.8996 - \eta_{\mathrm{s}}}\right)\left(\frac{P_{\mathrm{cond}}}{P_{\mathrm{evap}}}\right)\ln\left(\frac{P_{\mathrm{cond}}}{P_{\mathrm{evap}}}\right) \tag{6.9}$$

其中

$$\eta_{\mathrm{s}} = 0.85 - 0.046667\left(\frac{P_{\mathrm{cond}}}{P_{\mathrm{evap}}}\right) \tag{6.10}$$

式中，$\dot{m}_{\mathrm{ref}}$是制冷剂质量流量（kg/s）；η_{s} 是涡旋压缩机的等熵效率。对于热交换器，由 Selbas 等人提出的成本相关性正被使用。与换热器相关的固定成本由于与可变成本相比微不足道，并且缺乏可靠的数据而被忽视。

$$Z_{\mathrm{cond}} = 516.631A_{\mathrm{cond}} \tag{6.11}$$

$$Z_{\mathrm{evap}} = 309.143A_{\mathrm{evap}} \tag{6.12}$$

$$Z_{\mathrm{chil}} = 309.143A_{\mathrm{chil}} \tag{6.13}$$

式中，A_{cond}、A_{evap}和 A_{chil}分别是冷凝器、蒸发器和冷却装置的换热面积。

$$Z_{\mathrm{pump}} = 308.9\dot{W}_{\mathrm{pump}}^{C_{\mathrm{pump}}} \tag{6.14a}$$

$$C_{\mathrm{pump}} = 0.25 \quad 0.02\mathrm{kW} < \dot{W}_{\mathrm{pump}} < 0.3\mathrm{kW} \tag{6.14b}$$

$$C_{\mathrm{pump}} = 0.45 \quad 0.3\mathrm{kW} < \dot{W}_{\mathrm{pump}} < 20\mathrm{kW} \tag{6.14c}$$

$$C_{\mathrm{pump}} = 0.84 \quad 20\mathrm{kW} < \dot{W}_{\mathrm{pump}} < 200\mathrm{kW} \tag{6.14d}$$

式中，$\dot{W}_{\mathrm{pump}}$是泵的功率，单位为 kW；C_{pump}是与相应的泵功率范围相关的泵系数，由相关文献（Sanaye，Niroomand，2009）提供：

$$Z_{\mathrm{evap,txv}} = k_{\mathrm{txv}}\dot{m}_{\mathrm{ref,a}} \tag{6.15}$$

$$Z_{\mathrm{chil,txv}} = k_{\mathrm{txv}}\dot{m}_{\mathrm{ref,b}} \tag{6.16}$$

式中，k_{txv}是单位制冷剂质量流量的成本。

$$Z_{\mathrm{bat}} = C_{\mathrm{bat}}K_{\mathrm{bat}} \tag{6.17}$$

式中，C_{bat}是典型的锂离子电池组每千瓦时的成本；K_{bat}是电池组能量。

6.2.3　成本核算

为了估算每个部件的㶲损失成本率，需要计算每个部件的成本平衡。在有一个以上入口或出口流量的成本平衡方程中，未知成本参数的数量超过该部件的成本平衡数量。因此，通过 F 规则和 P 规则制定的辅助经济方程使未知数的数量等同方程的数量。式6.6（最常用的电池热管理系统部件）结合辅助方程组成的线性方程如下：

$$[\dot{E}x_k] \times [c_k] = [\dot{Z}_k] \tag{6.18}$$

该方程分别需要㶲率矩阵（来自㶲分析），㶲成本向量（待计算）和 $\dot{Z}_k$ 因子向量（来自经济分析）（Ahmadi et al.，2011）。式6.18是BTMS最常用部件方程，它的矩阵形式如下：

$$\begin{bmatrix}
1 & -1 & 0 & 0 & 0 & 0 & 0 & 0 & 0 & 0 & -\dot{W}_{\mathrm{comp}} & 0 & 0 & 0 \\
0 & 1 & -1 & 0 & 0 & 0 & 0 & 0 & 0 & 0 & 0 & 0 & 1 & -1 \\
0 & \dot{E}x_3 & -Ex_2 & 0 & 0 & 0 & 0 & 0 & 0 & 0 & 0 & 0 & 0 & 0 \\
0 & 0 & 1 & -1 & 0 & 0 & 0 & 0 & 0 & 0 & 0 & 0 & 0 & 0 \\
-\dot{E}x_4 & 0 & 0 & \dot{E}x_1 & 0 & 0 & 0 & 0 & -1 & 0 & 0 & 0 & 0 & 0 \\
1 & 0 & 0 & -1 & 0 & 0 & 0 & 0 & 0 & 0 & 0 & 0 & 0 & 0 \\
0 & 0 & 1 & 0 & -1 & 0 & 0 & 0 & 0 & 0 & 0 & 0 & 0 & 0 \\
-1 & 0 & 0 & 0 & 1 & 1 & -1 & 0 & 0 & 0 & 0 & 0 & 0 & 0 \\
0 & 0 & 0 & 0 & 0 & 1 & -1 & 0 & 0 & 0 & 0 & 0 & 0 & 0 \\
0 & 0 & 0 & 0 & 0 & 0 & 1 & -1 & 0 & 0 & 0 & \dot{W}_{\mathrm{pump}} & 0 & 0 \\
0 & 0 & 0 & 0 & 0 & 0 & 0 & 1 & 0 & -\dot{W}_{\mathrm{bat}} & 0 & 0 & 0 & 0 \\
0 & 0 & 0 & 0 & 0 & 0 & 0 & 0 & 0 & 0 & 1 & 0 & 0 & 0 \\
0 & 0 & 0 & 0 & 0 & 0 & 0 & 0 & 0 & 0 & 0 & \dot{W}_{\mathrm{pump}} & -\dot{W}_{\mathrm{comp}} & 0 \\
0 & 0 & 0 & 0 & 0 & 0 & 0 & 0 & 0 & 0 & 0 & 0 & 1 & 0
\end{bmatrix} \times$$

$$\begin{bmatrix} \dot{C}_1 \\ \dot{C}_2 \\ \dot{C}_3 \\ \dot{C}_4 \\ \dot{C}_5 \\ \dot{C}_6 \\ \dot{C}_7 \\ \dot{C}_8 \\ \dot{C}_9 \\ \dot{C}_{10} \\ \dot{C}_{11} \\ \dot{C}_{12} \\ \dot{C}_{13} \\ \dot{C}_{14} \end{bmatrix} = \begin{bmatrix} -\dot{Z}_{\mathrm{comp}} \\ -\dot{Z}_{\mathrm{cond}} \\ 0 \\ -\dot{Z}_{\mathrm{etxv}} \\ -\dot{Z}_{\mathrm{evap}} \\ 0 \\ -\dot{Z}_{\mathrm{ctxv}} \\ -\dot{Z}_{\mathrm{chil}} \\ 0 \\ -\dot{Z}_{\mathrm{pump}} \\ -\dot{Z}_{\mathrm{bat}} \\ -c_{\mathrm{elect}} \\ 0 \\ 0 \end{bmatrix}$$

矩阵是基于下面的成本平衡方程得到的：

$$
\begin{aligned}
&\dot{C}_1 + \dot{Z}_{\mathrm{comp}} + c_{\mathrm{elect}}\dot{W}_{\mathrm{comp}} = \dot{C}_2 \\
&\dot{C}_2 + \dot{C}_{13} + \dot{Z}_{\mathrm{cond}} = \dot{C}_3 + \dot{C}_{14} \\
&\dot{C}_2\dot{E}x_3 = \dot{C}_3\dot{E}x_2 \\
&\dot{C}_3 + \dot{Z}_{\mathrm{etxv}} = \dot{C}_4 \\
&\dot{C}_4 + \dot{Z}_{\mathrm{evap}} = \dot{C}_9 + \dot{C}_1 \\
&\dot{C}_4\dot{E}x_1 = \dot{C}_1\dot{E}x_4 \\
&\dot{C}_3 + \dot{Z}_{\mathrm{ctxv}} = \dot{C}_5 \\
&\dot{C}_5 + \dot{C}_6 + \dot{Z}_{\mathrm{chil}} = \dot{C}_1 + \dot{C}_7 \\
&\dot{C}_6\dot{E}x_7 = \dot{C}_7\dot{E}x_6 \\
&\dot{C}_7 + \dot{Z}_{\mathrm{pump}} + c_{\mathrm{elect}}\dot{W}_{\mathrm{pump}} = \dot{C}_8 \\
&\dot{C}_8 + \dot{Z}_{\mathrm{bat}} = \dot{C}_6 + \dot{W}_{\mathrm{bat}} \\
&\dot{C}_{11} = c_{\mathrm{elect}}\dot{W}_{\mathrm{comp}} \\
&\dot{C}_{11}\dot{W}_{\mathrm{pump}} = \dot{C}_{12}\dot{W}_{\mathrm{comp}} \\
&\dot{C}_{13} = 0
\end{aligned}
$$

式中，c_{elect}是单位电力成本。通过这些方程的求解，可以计算出各流的成本率，以此来确定每个系统部件中㶲损失的成本率。

6.2.4 㶲经济性评价

此外，某些额外的变量也可提供有用的经济性评价。在这些变量中，总成本率从经济学角度来看为部件提供了最高优先级，同时是㶲损失成本率和投资成本率的结合。

$$\dot{C}_{\mathrm{TOT},k} = \dot{C}_{\mathrm{D},k} + \dot{Z}_k \tag{6.19}$$

给定部件相对于总成本率的经济相关性由㶲损失成本$\dot{C}_{\mathrm{D},k}$和部件的相关成本$\dot{Z}_{\mathrm{D},k}$之和决定。此外，经济因素也用于确定非㶲相关成本对部件总成本的贡献。它的定义如下：

$$f_k = \frac{\dot{Z}_k}{\dot{Z}_k + c_{\mathrm{f},k}\dot{E}_{\mathrm{D},k}} \tag{6.20}$$

式中，$c_{\mathrm{f},k}$是任何 k 部件燃料的单位㶲成本；$\dot{E}_{\mathrm{D},k}$是相关的㶲损失；分母构成总成本率。当一个部件具有低的经济因素值时，即使该部件的资本投资增加，也可以通过提高部件效率来实现整个系统的成本节约。另一方面，较高的值表示其以㶲效率为代价的投资成本的降低。

此外，相对成本差异也可以作为一个有用的经济学评价，它表明部件燃料和产品之间单位㶲平均成本的相对增加，定义如下：

$$r_k = \frac{c_{p,k} - c_{f,k}}{c_{f,k}} \tag{6.21}$$

6.2.5 增强的烟经济性分析

经济性分析有助于理解每个系统相对成本的重要性和提高整个系统效能的选择。由于电动汽车和混合动力汽车成本是这些技术广泛商业化的最大障碍之一，其中热管理是总成本中很重要的一部分，有必要进一步分析系统的成本构成，将其分解为可避免和不可避免的成本，并确定各部件之间的成本交互。因此，投资成本率也分为内源和外源、可避免/不可避免的部分（所谓的改进的经济分析）。

部件不可避免的投资成本（$\dot{Z}_k^{UN}$）可以通过假设这个部件效率极低的版本来计算，因为其非常高的燃料成本使其不能用于实际应用中。这一成本是基于部件的一组热力学参数的任意选择，这将导致低效的在经济上不实际的解决方案。这些都是由等熵效率非常低的压缩机和小换热面积的换热器组成的。不可避免和可避免的烟损失以及不可避免和可避免的投资成本相关的成本率可以通过下式计算：

$$\dot{C}_{D,k}^{UN} = c_{F,k}\dot{E}_{D,k}^{UN} \tag{6.22}$$

$$\dot{C}_{D,k}^{AV} = c_{F,k}\dot{E}_{D,k}^{AV} \tag{6.23}$$

式中，$c_{F,k}$是燃料成本；$\dot{E}_{D,k}^{UN}$和$\dot{E}_{D,k}^{AV}$是和第5章中计算的各个部件相关联的不可避免和可避免烟损失成本。$\dot{Z}_k^{UN}$和$\dot{Z}_D^{AV}$是不可避免和可避免的投资成本，由前述的热力学参数计算如下：

$$\dot{Z}_k^{UN} = \dot{E}_{P,k}\left(\frac{\dot{Z}}{\dot{E}_P}\right)_k^{UN} \tag{6.24}$$

$$\dot{Z}_k^{AV} = \dot{E}_{P,k}\left(\frac{\dot{Z}}{\dot{E}_P}\right)_k^{AV} \tag{6.25}$$

最后，经济因素也可以根据可避免成本进行如下修正：

$$f_k^* = \frac{\dot{Z}_k^{AV}}{\dot{Z}_k^{AV} + \dot{C}_{D,k}^{AV}} \tag{6.26}$$

其中，f_k^*表示每个特定部件的可避免投资成本占总的可避免成本的比重。可避免的烟损失和可避免成本的使用，为读者提供了一个相对于传统经济学变量，可以在部件的不可逆性和成本方面实现潜在的降低的更准确的展示。

6.2.6 环境经济性（环境成本）分析

大多数混合动力电动汽车（HEV）使用电网系统的电力为TMS（热管理系统）供电。与传统车辆相比，TMS在减少温室气体排放方面发挥了重要作用。尽管这些车辆在纯电动模式运行过程中排气管所产生的温室气体排放量几乎为零，但仍可能存在与发电相关的间接排放。这些排放物，特别是在高碳发电混合物下的排放量可能会相当高（甚至可能高于传统车辆），因此，应当计算出相关的二氧化碳温室气体排放量和相应的环境成本。

对于开发的模型，各种发电混合物包括主要利用天然气联合循环的发电混合物和主要利用煤和蒸汽的不太环保的发电混合物。基于二氧化碳排放量进行的相关环境评估计算如下：

$$x_{CO_2} = \frac{y_{CO_2} \dot{W}_{total} t_{total}}{10^6} \tag{6.27}$$

式中，x_{CO_2}是一年内相关二氧化碳的排放量（t/年）；y_{CO_2}是燃煤发电时相应的二氧化碳排放；$\dot{W}_{total}$是热管理系统总的功率消耗；t_{total}是系统一年内总的工作时间。

为了进行环境成本分析，需要确定碳排放价格（或二氧化碳排放量的价格），同时计算碳排放量。碳排放价格是一种基于引起全球变暖的温室气体排放成本计算的方法。基于不同碳排放情景，国际碳价格通常是13～16美元/t二氧化碳。一年内二氧化碳排放价格（美元/年）的环境成本参数计算如下：

$$C_{CO_2} = (c_{CO_2})(x_{CO_2}) \tag{6.28}$$

式中，c_{CO_2}是每吨二氧化碳的排放价格。

6.3 㶲环境分析

如前几节所述，利用㶲分析确定每个部件的㶲效率和㶲损失，可对系统做出重大改善。然而，提高系统的效率，往往意味着部件的设计修改，多次修改导致参数（通常面积、厚度或温度）的增加，结果导致了制造部件所需的材料和能量的增加；反过来，又可能增加生产过程中自然资源的消耗、运行过程中污染的产生和排放。因此，除了热力学效率外，还应该根据与每种成分相关的环境影响来评估系统（Meyer et al.，2009）。

㶲环境分析通过㶲分析与综合环境评价结合的方法揭示了各系统部件相关的环境影响和影响的真正来源，如生命周期评价（LCA），这是一个国际标准化的方法，基于环境模型考虑部件或整个系统的整个有用寿命周期对环境的影响。

在环境分析中，LCA是为了获得每个相关系统部件和输入流的环境影响。它包括目标定义、存储分析和结果解释，其中包括输入流（特别是燃料）的供应和部件的完整生命周期。可以使用不同的方法来量化自然资源损耗和排放对环境的影响。对于LCA分析，需要覆盖各种损害、加权并用生态指示点（mPts）表示。

6.3.1 环境影响平衡方程

㶲环境分析被认为是从环境角度评估能量转换过程最有潜力的工具之一（Boyano et al.，2012）。为了能够进行分析，环境分析结果分配给（㶲）流的方式类似于经济学（㶲）流成本分配。最初，环境影响率$\dot{B}_j$用生态指标99点表示，并换算成小时率（mPts/h）。随后，这些值连同先前进行的㶲分析用来计算系统中流的特

定环境影响 b_j。

$$b_j = \frac{\dot{B}_j}{\dot{E}x_j} \tag{6.29}$$

与热量和功转移有关的环境影响率计算如下：

$$\dot{B}_{\mathrm{w}} = b_{\mathrm{w}}\dot{W} \tag{6.30}$$

$$\dot{B}_{\mathrm{q}} = b_{\mathrm{q}}\dot{E}x_{\mathrm{q}} \tag{6.31}$$

其中

$$\dot{E}x_{\mathrm{q}} = \left(1 - \frac{T_0}{T_j}\right)\dot{Q} \tag{6.32}$$

内部和输出流的值只能通过考虑系统部件之间的函数关系获得，函数关系是由环境影响平衡方程和辅助方程得到。制定影响平衡方程的基础是，进入部件的所有环境影响都必须随着其输出流离开该部件。此外，还有与部件相关的环境影响，这些影响与每个部件的生命周期相关。

为了进行㶲环境分析，每个部件形成环境影响的环境影响平衡方程如下：

$$\dot{B}_{\mathrm{q},k} + \sum_i \dot{B}_{i,k} + \dot{Y}_k = \sum_e \dot{B}_{\mathrm{e},k} + \dot{B}_{\mathrm{w},k} \tag{6.33}$$

在上述方程中，$\dot{Y}_k$ 是与部件生命周期相关的环境影响，它是部件环境影响降低潜力的指标。环境平衡方程指出，所有与输入流相关的环境影响总和加上与部件相关的环境影响等于与所有输出流相关的环境影响的总和。

6.3.2　环境影响的相关性

为了能够求解环境平衡方程，需要确定与每个部件相关的环境影响，通常使用生态指标 99 点，它是一个为支持环境设计中的决策而特地开发的指标，因为它能在不同的部件之间进行公平的比较。这些影响点由文献中进行的大量相关研究和表 6.2 所列的现有数据相结合而近似得出，以便读者能够改进他们的系统部件模型，而不需要繁琐的实验关系。

表 6.2　基于收集数据的环境影响相关性（生态指标 99）

部件	$\dot{Y}$（mPts/h）	标准
压缩机	0.89	m_{comp}
冷凝器	0.27	A_{cond}
蒸发器	0.22	A_{evap}
电池冷却器	0.15	A_{chil}
蒸发器热力膨胀阀	0.04	$m_{\mathrm{ref,a}}$
电池冷却器热力膨胀阀	<0.01	$m_{\mathrm{ref,b}}$
水泵	0.13	m_{pump}

对于换热器，生态指标点基于面积进行估计，是通过缩小文献中的各种案例研究来计算的。非热交换区相关的元件对换热器的环境影响由于尺寸较小和数据不可

用可以被忽略。压缩机和泵对环境的影响是根据部件的重量而定的，而对于热力膨胀阀，则是根据制冷剂的质量流量来确定的。最后，根据 R134a 制冷剂的质量流量确定与热膨胀阀部件相关的生态指标点。

6.3.3 蓄电池的生命周期评价

尽管与使用内燃机（ICE）的传统汽车相比，电动汽车（EV）和混合动力汽车（HEV）可以部分解决环境问题，如城市空气污染和全球变暖，但是对电动汽车（EV）和混合动力汽车（HEV）进行评价时，仍然存在着与电池本身相关的环境问题。因此，确定电池环境影响对准确评估系统的整体环境影响起着重要的作用。

在环境分析中，为了获得电池组对环境的影响，需要进行 LCA 分析。从原材料获取到生产、使用和处置，这是用一种从摇篮到坟墓的方法来研究产品生命周期中的环境问题，并提供定量数据，以确定材料和/或生产对环境的潜在环境影响（ISO 14040，1997）。

它包括目标定义、库存分析和结果解释，包括电池全寿命周期的供给。可以采用不同的方法来量化自然资源耗竭和排放对环境的影响。对于 LCA 分析，需要涵盖许多损耗类别，并且需要根据通用的测量系统对结果进行加权和表述。

以计算热管理系统中使用的锂离子电池对环境的影响为分析的目标和范围，并确定对整体影响最大的部分/工艺。在这些分析中，对于给定的发电混合和加权组，最终环境影响值通常是以 kg 为单位的电池化学成分作为单个生态指标 99 点来计算的。属于等级机制视角的权重集例子（H/H）见表 6.3。

表 6.3 用于生态指标 99 H/H 的归一化

归一化	值
人类健康[a]	114.1
生态系统质量[b]	1.75×10^{-4}
资源[c]	1.33×10^{-4}

a）单位：残疾调整寿命年。

b）单位：植物物种潜在消失率。

c）单位：MJ 剩余能量。

为了对电池进行必要的分析，需要结合生命周期清单（LCI）的三个阶段。在第 1 阶段，考虑原材料和金属的初始开采和生产阶段，包括原材料的提取和运输。原材料取决于电化学和电池包的类型，但通常阴极和阳极的材料使用的是铜和铝。第 2 阶段包括将材料转换为电池部件和相关的加工工艺。主要部件通常是电池单元中使用的电极、浆料、隔板和电解液，以及电池管理系统、模块封装和用于包裹和保护电池芯体的整体外壳。表 6.4 列出了大多数分析中考虑的主要部件及其每千克电池中相应质量的清单。

表 6.4　LCA 分析中主要的电池部件及其相应的质量

部件	质量/kg
电极糊（+）	0.199
电极糊（-）	0.028
阴极	0.034
阳极	0.083
电解液	0.120
隔膜	0.033
壳体	0.201
模块封装	0.170
电池管理系统	0.029

资料来源：Majill - Betta et al.，2011

最后，第 3 阶段是由部件最终装配成电池。在这一阶段，为了减少分析的复杂性，通常对 1kg 的电池进行分析，然后按比例扩大到所考虑的电池组的全部尺寸。应该指出的是，确定的生态指标点在这些阶段需要转换为每小时率（mPts/h），以便和其余分析一致。

6.3.4　环境影响核算

为了估算每个部件的㶲损失的环境影响率，需要求解各部件的环境影响平衡方程。具有多个入口和出口流的平衡方程，须制定辅助环境方程（类似于经济方程），以将未知的影响参数与环境影响平衡方程数量匹配。将每个部件的环境影响平衡方程和辅助方程一起形成线性方程组：

$$[\dot{E}x_k] \times [b_k] = [\dot{Y}_k] \tag{6.34}$$

方程中，分别需要㶲率矩阵（来自㶲分析）、环境影响向量（待评估的）和 $\dot{Y}_k$ 因子向量（来自环境分析）。式 6.34 的矩阵形式如下：

$$
\begin{bmatrix}
1 & -1 & 0 & 0 & 0 & 0 & 0 & 0 & 0 & 0 & -\dot{W}_{\text{comp}} & 0 & 0 & 0 \\
0 & 1 & -1 & 0 & 0 & 0 & 0 & 0 & 0 & 0 & 0 & 0 & 1 & -1 \\
0 & \dot{E}x_3 & -Ex_2 & 0 & 0 & 0 & 0 & 0 & 0 & 0 & 0 & 0 & 0 & 0 \\
0 & 0 & 1 & -1 & 0 & 0 & 0 & 0 & 0 & 0 & 0 & 0 & 0 & 0 \\
-\dot{E}x_4 & 0 & 0 & \dot{E}x_1 & 0 & 0 & 0 & 0 & -1 & 0 & 0 & 0 & 0 & 0 \\
1 & 0 & 0 & -1 & 0 & 0 & 0 & 0 & 0 & 0 & 0 & 0 & 0 & 0 \\
0 & 0 & 1 & 0 & -1 & 0 & 0 & 0 & 0 & 0 & 0 & 0 & 0 & 0 \\
-1 & 0 & 0 & 0 & 1 & 1 & -1 & 0 & 0 & 0 & 0 & 0 & 0 & 0 \\
0 & 0 & 0 & 0 & 0 & 1 & -1 & 0 & 0 & 0 & 0 & 0 & 0 & 0 \\
0 & 0 & 0 & 0 & 0 & 0 & 1 & -1 & 0 & 0 & 0 & \dot{W}_{\text{pump}} & 0 & 0 \\
0 & 0 & 0 & 0 & 0 & 0 & 0 & 1 & 0 & -\dot{W}_{\text{bat}} & 0 & 0 & 0 & 0 \\
0 & 0 & 0 & 0 & 0 & 0 & 0 & 0 & 0 & 0 & 1 & 0 & 0 & 0 \\
0 & 0 & 0 & 0 & 0 & 0 & 0 & 0 & 0 & 0 & 0 & \dot{W}_{\text{pump}} & -\dot{W}_{\text{comp}} & 0 \\
0 & 0 & 0 & 0 & 0 & 0 & 0 & 0 & 0 & 0 & 0 & 0 & 1 & 0
\end{bmatrix}
\times
\begin{bmatrix}
\dot{B}_1 \\ \dot{B}_2 \\ \dot{B}_3 \\ \dot{B}_4 \\ \dot{B}_5 \\ \dot{B}_6 \\ \dot{B}_7 \\ \dot{B}_8 \\ \dot{B}_9 \\ \dot{B}_{10} \\ \dot{B}_{11} \\ \dot{B}_{12} \\ \dot{B}_{13} \\ \dot{B}_{14}
\end{bmatrix}
=
\begin{bmatrix}
-\dot{Y}_{\text{comp}} \\ -\dot{Y}_{\text{cond}} \\ 0 \\ -\dot{Y}_{\text{etxv}} \\ -\dot{Y}_{\text{evap}} \\ 0 \\ -\dot{Y}_{\text{ctxv}} \\ -\dot{Y}_{\text{chil}} \\ 0 \\ -\dot{Y}_{\text{pump}} \\ -\dot{Y}_{\text{bat}} \\ -b_{\text{elect}} \\ 0 \\ 0
\end{bmatrix}
$$

矩阵是基于下面的环境影响平衡方程得到的：

$$\dot{B}_1+\dot{Y}_{comp}+b_{elect}\dot{W}_{comp}=\dot{B}_2$$
$$\dot{B}_2+\dot{B}_{13}+\dot{Y}_{cond}=\dot{B}_3+\dot{B}_{14}$$
$$\dot{B}_2\dot{E}x_3=\dot{B}_3\dot{E}x_2$$
$$\dot{B}_3+\dot{Y}_{etxv}=\dot{B}_4$$
$$\dot{B}_4+\dot{Y}_{evap}=\dot{B}_9+\dot{B}_1$$
$$\dot{B}_4\dot{E}x_1=\dot{B}_1\dot{E}x_4$$
$$\dot{B}_3+\dot{Y}_{ctxv}=\dot{B}_5$$
$$\dot{B}_5+\dot{B}_6+\dot{Y}_{chil}=\dot{B}_1+\dot{B}_7$$
$$\dot{B}_6\dot{E}x_7=\dot{B}_7\dot{E}x_6$$
$$\dot{B}_7+\dot{Y}_{pump}+b_{elect}\dot{W}_{pump}=\dot{B}_8$$
$$\dot{B}_8+\dot{Y}_{bat}=\dot{B}_6+\dot{W}_{bat}$$
$$\dot{B}_{11}=b_{elect}\dot{W}_{comp}$$
$$\dot{B}_{11}\dot{W}_{pump}=\dot{B}_{12}\dot{W}_{comp}$$
$$\dot{B}_{13}=0$$

式中，b_{elect}是和发电机混合使用相关的单位环境影响（来自生态指标99）。通过求解这些方程，可以计算出各流的环境影响率，以此来确定各系统部件的㶲损失环境影响率。

6.3.5　㶲环境评价

为了评估BTMS的环境性能并提供意见和建议，需要为系统定义类似于经济变量的系统环境变量。与部件的㶲损失相关的环境影响率定义如下：

$$\dot{B}_{D,k}=b_{F,k}\dot{E}x_{D,k}\text{（若 }\dot{E}x_{P,k}\text{为常数）}\tag{6.35}$$

式中，部件㶲损失的环境影响是根据与每个部件相关联的㶲损失率（$\dot{E}x_{D,k}$）、㶲平衡方程以及由上述环境影响矩阵计算的基于㶲的特定环境影响来确定的。部件的总环境影响是通过将㶲损失的环境影响总和与先前计算的与部件相关的环境影响相加来计算的。

$$\dot{B}_{TOT,k}=\dot{B}_{D,k}+\dot{Y}_k\tag{6.36}$$

从环境的角度来看，㶲环境的方法确定了给定部件对总环境影响的相关性，总环境的影响是通过㶲损失 $\dot{B}_{D,k}$的环境影响和与部件相关的环境影响 $\dot{Y}_k$ 的总和决定的。此外，特定环境影响 $r_{b,k}$的相对差异定义如下：

$$r_{b,k}=\frac{r_{P,k}-r_{F,k}}{r_{F,k}}\tag{6.37}$$

这是与部件相关的环境影响潜力减小的指标。一般来说，系统中某部件的特定环境影响的相对差值越大，减少该部件对环境的影响所需的努力就越小。这个变量代表环境质量，与环境影响的绝对值无关。

此外，通过㶲环境因子$f_{b,k}$比较了部件形成环境影响的根源，它表示部件相关的环境影响$\dot{Y}_k$对总的环境影响的相对贡献。

$$f_{b,k}=\frac{\dot{Y}_k}{\dot{Y}_k+b_{f,k}\dot{E}_{D,k}} \tag{6.38}$$

在一般情况下，认为$f_{b,k}$高于约0.7意味着部件相关的环境影响$\dot{Y}_k$占主导地位，而$f_{b,k}$低于约0.3表明㶲损失是主要来源。因此，从环境角度，越高的㶲环境因子，部件相关的环境影响对整体性能的影响越高。

基于以上的㶲环境变量，对系统评价可以通过检查与部件相关联的高环境影响部件（由$\dot{B}_{TOT,k}$表示）并选择具有最高改善潜力的部件（由$r_{b,k}$表示）以及识别与这些部件相关的环境影响的主要来源（由$f_{b,k}$确定）进行。最后，如果与部件相关的影响主导了整体影响，或者热力学效率低下是环境影响的主要来源，则可以根据LCA的结果和影响相关性，或者借助㶲分析，提出减少整体环境影响的建议。

6.4 优化方法

任何过程、系统和应用的优化都是提高效率和质量、降低成本和环境影响、提高可持续性的关键。在优化中，定义相应的目标函数和约束是非常重要的。本节将详细讨论电池热管理系统的优化。

6.4.1 目标函数

一个多目标优化问题需要同时满足多个不同的，通常是相互冲突的，以不同的性能指标为特征的目标。应该注意的是，多目标优化问题通常会显示出一组可能的不可数的解，这些解代表了目标函数空间中可能的最佳折中，任何设计变量值的组合都不能同时最小化/最大化函数的所有组成部分（Sayyaadi，Babaelahi，2011）。对于电池热管理系统来说，这些目标函数通常是㶲效率（最大化），产品的总成本率（最小化）和环境影响（最小化）的组合。在这方面，相应的目标函数可以用式6.39～式6.41表示。尽管每个目标函数就其优化的目标而言都不同，但它们都具有相同的基本参数，这些参数受所选设计变量变化的影响。需要注意的是，多目标优化中的所有目标都被认为是同等重要的，因此没有为这些目标分配额外的权重标准，以尽量减少在分析中的主观性。相反，LINMAP（用于多维偏好分析的线性规划法）方法，最接近理想不可达点的帕累托最优前沿上的点（所有选择的目标都被优化）被选择为单个最佳优化点（Lazzaretto，Toffolo 2004）。

㶲效率

$$\psi_{\text{system}} = \frac{\dot{E}x_{Q_{\text{evap}}} + \dot{E}x_{Q_{\text{ch}}}}{\dot{W}_{\text{comp}} + \dot{W}_{\text{pump}}} \tag{6.39}$$

其中，输入是压缩机和泵的功，输出是关于蒸发器和冷却装置热量的㶲（参见第5章）。

总成本率

$$\dot{C}_{\text{system}} = \dot{Z}_k + \dot{C}_{\text{D},k} \tag{6.40}$$

其中，系统的总成本率由总投资成本和各部件的㶲损失成本构成（参见6.2节）。

环境影响

$$\dot{B}_{\text{system}} = \dot{B}_k + \dot{B}_{\text{D},k} \tag{6.41}$$

其中，系统的总体环境影响包括与部件有关的环境影响和与㶲损失相关的影响。环境影响点可以利用LCA软件以及从实验中发展来的各种相关性来确定。

6.4.2 决策变量和约束

在BTMS中最常用的主要的决策变量如下：

- 冷凝器饱和温度（T_{cond}）
- 蒸发器的饱和温度（T_{evap}）
- 蒸发器过热度大小（ΔT_{sh}）
- 冷凝器过冷度大小（ΔT_{sc}）
- 蒸发器的空气质量流量（$\dot{m}_{\text{e}}$）
- 压缩机效率（η_{comp}）

在工程应用中的优化问题，通常由适当的可行性、商业可用性和工程约束等因素决定了决策变量的约束。表6.5给出了决策变量最小和最大范围的限制。从表6.5可以看出，蒸发器温度的下限应高于0℃，因为较低的温度会导致蒸发器表面

表6.5　电池管理系统设计变量选择的普遍约束

约　束
$0℃ \leqslant T_{\text{evap}} \leqslant T_{\text{cabin}} - \Delta T_{\text{evap,min}}$
$T_0 + \Delta T_{\text{cond,min}} \leqslant T_{\text{cond}} \leqslant 65℃$
$T_{\text{evap}} < T_{\text{evap,air,in}} - \Delta T_{\text{evap,min}} - T_{\text{sh}}$
$T_{\text{cond}} > T_{\text{cond,air,in}} + \Delta T_{\text{air,min}} + \Delta T_{\text{cond,min}} + \Delta T_{\text{sc}}$
$0℃ \leqslant \Delta T_{\text{sh}} \leqslant 10℃$
$0℃ \leqslant \Delta T_{\text{sc}} \leqslant 10℃$
$\eta_{\text{comp}} \leqslant 0.95$
$\eta_{\text{pump}} \leqslant 0.95$
$\dot{m}_{\text{air}} \leqslant 0.35\text{kg/s}$

的水滴结冰。这就减少了流经蒸发器的空气量，进而降低系统的效率。另一方面，蒸发器的温度上限受到乘员舱降温温度的限制。对于冷凝器，温度下限基于环境温度，而上限的约束基于压缩机的压缩比，因为压缩机压比过高，会使高压蒸气泄漏回低压侧，甚至导致压缩机失效。此外，提供了蒸发器和冷凝器的温度和进风温度之间的约束，使得换热器能够合理和充分地传热。另外，由于先前提到的技术限制，压缩机和泵的效率受限于0.95，而空气质量流量受相应车速和风扇功率的约束。

6.4.3 遗传算法

目前，有许多用于处理多目标优化问题的搜索寻优技术。这些包括但不限于遗传算法、模拟退火、禁忌和分散搜索算法、蚁群算法、粒子群和模糊算法。

其中，没有一种方法能为所有问题提供最佳结果，因此应该针对当前系统选择最好的方法。这项研究使用了遗传算法，因为它不需要初始条件，利用多个设计变量、种群（相对于单个）、目标函数方程（相对于导数），找到全局最优解（而不是局部最优）。

过去十年里，遗传算法（GA）由于其广泛的适用性、易用性和全局性，被广泛应用于各种领域问题的搜索和优化。遗传算法最初是由Holland于20世纪70年代提出，目的是模拟自然环境中生物的生长和衰退，之后，人们进行了各种改进。如今，遗传算法应用迭代和随机搜索策略，通过模仿自然界的进化原理来推动其寻求最优解，并得到研究界和工业界优化行业越来越多的关注。基于进化过程的启发，弱小和不适合的物种面临灭绝，而强壮的物种有更多的机会通过繁殖将基因传递给后代。在这一过程中，只要有足够长的时间，携带合适基因组合的物种将成为优势种群。

在这些分析中，遗传算法术语被Konak等人采用（2006）。基于这个术语，解向量被称为个体或染色体，它由称为基因的离散单元组成。每个基因控制染色体的一个或多个特征，它对应于解空间中的唯一解。此外，这些染色体的集合被称为一个种群，最初是随机初始化的，所包含的解随着搜索的进行而增加适应性，直到收敛到单一解。此外，被称为交叉和变异的算子被用来从现有的解中生成新的解。交叉是两条染色体（称为父母）结合在一起形成新的染色体（称为后代）的关键方式。由于具有对合适选择的偏好，后代从父母那里继承的好基因，通过反复迭代，良好的基因有望在种群中更频繁地出现，并最终收敛到一个整体好的解决方案。

另一方面，变异算子在基因水平上将随机变化引入到染色体特征中。通常，变异率（改变基因特性的概率）很小，因此产生的新染色体与原染色体不会有很大的差异。这里的关键是，虽然交叉导致种群收敛（通过使种群中染色体趋向一致），变异重新引入了遗传的多样性，有助于突破局部最优解。

复制涉及下一代的染色体选择，个体的适应度通常决定其存活的概率。选择过程取决于如何使用调整值（如比例选择、排名和比赛）。图 6.1 给出了遗传算法的基本示意图。由于遗传算法可以轻易实现任何类型约束的优势，且它可以在优化空间中找到一个以上的接近最优的点，从而使用户能够为特定的优化问题选择最适用的解决方案，因此被广泛应用于各种多目标优化方法。

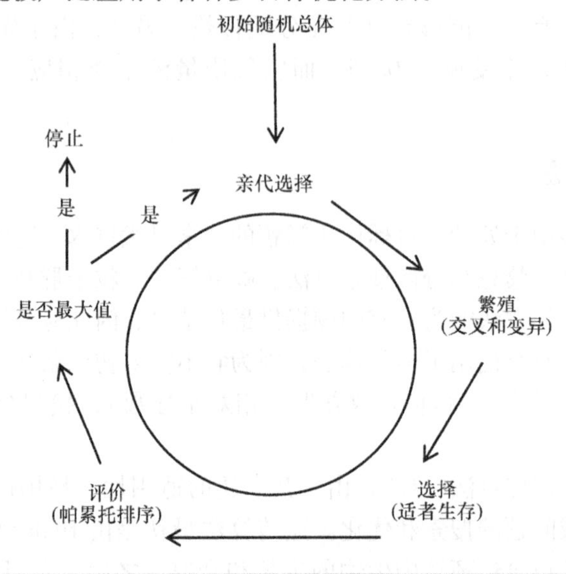

图 6.1 所用遗传算法的示例示意图（Ghaffarizadeh，2006）

尽管最大化/最小化一个标准是有益的，但许多现实世界的问题涉及多个性能指标或目标，应该同时进行优化。单独优化的目标可以相对于自身标准提供最佳结果，但同时可能在其他目标函数中提供非常低的性能。因此，需要在不同维度之间进行权衡，以便为这个问题获得一系列最佳的“可接受的”解决方案（Fonseca，Fleming，1995）。这种能力以及不要求用户对目标进行优先级排序、衡量或权衡，使得它们在解决多目标优化问题方面是独一无二的。

1984 年 David Schaffer 在一次模拟运行中寻找多重权衡解时首次提出并应用 EA。他使用向量评估遗传算法（VEGA）通过少量迭代获得多重权衡解。随后 David Goldberg 建议使用支配概念的 10 线图描述合理的多目标遗传算法优化。因此，开发了多种多目标遗传算法（MOEA），如基于权重的遗传算法、非支配排序遗传算法、帕累托算法（NPGA）、快速非支配排序遗传算法（NSGA－II）和多目标进化算法，以及使用 EA 解决多目标优化问题的不同方式，如二倍体方法、基于权重和基于距离的方法。

经典搜索和优化算法最显著的差异是，EA 在每次迭代中使用解的群体（而不是单个解），这通过利用可能解家族中的相似性产生多个非支配解群体（并行）的最终结果。一般情况下，EA 通常不会收敛于单一的解决方案（由于相互矛盾的标准），所以 EA 会在其最终种群中获得多个最优解。这些解被称为“帕累托最优解”，没有其他可行的解决方案在减少目标函数的同时而不引起其他目标函数的增加。对应于这些可行的非支配解的目标函数值称为“帕累托最优前沿”。帕累托最优前沿的一般概念如图 6.2 所示。

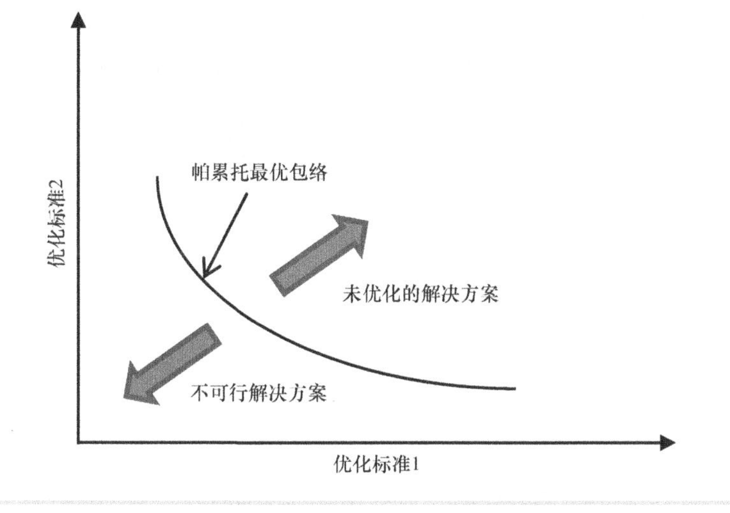

图 6.2　一般帕累托最优前沿示例：液冷电池热管理系统

6.5　举例说明：液冷电池热管理系统

为了向读者说明上述步骤和过程的应用，本节提供了一个真实的案例，利用更多的信息继续对第 5 章中的电池热管理系统的成本、环境影响和多目标优化进行进一步分析。下文提供了影响成本和环境的附加参数。

分析中使用重 200kg 的典型锂离子电池包，成本约 500 美元/kW · h。其中电池储能容量 16kW · h，为了延长电池的寿命，其中只有 12.9kW · h 可用于充电和驱动。其中，只有 9.6kW · h 用于驱动汽车和配件。单位制冷剂质量流量（kg/s）成本为 5000 美元。电力的单位成本是 0.075 美元/kW · h。此外，与所用发电组合相关的单位环境影响（来自生态指标 99）是 22mPts/kW · h。在分析中，冷凝器和蒸发器温差分别为 29℃ 和 18℃，压缩机效率 0.6，作为计算不可避免的投资成本参数。在每天 4h 的驾驶基础上，该系统的总工作时间为 1460h。

此外，最终的环境影响值计算为基于 1kg 锂离子电池的单个生态指标 99，其中欧洲发电组合和加权比重属于等级观点（H/H）。为了计算与电池生产相关的部件和工艺的环境影响，对 eco - invent 锂离子电池模型进行了修改和改进。

6.5.1　常规㶲经济性分析结果

第 5 章的例子说明，对一个给定的电池热管理系统进行㶲分析是为了获得对每个部件真正的效率和相应的不可逆性的深入了解。然而，其中并没有提供任何关于提高部件效率或相关成本的经济约束的信息。因此，对其进行经济分析，见表6.6，可确定热管理系统的成本构成。在表中，状态13各值为0，因为进入冷凝器的是可获得的环境空气。

表6.6　每种电池热管理状态下的（㶲）流量、成本流量和单位（㶲）成本

状态	$\dot{E}_x$/kW	$\dot{C}$/(\$/h)	c/(\$/kW)
1	0.71	0.13	0.18
2	1.58	0.25	0.16
3	1.27	0.20	0.16
4	1.01	0.18	0.18
5	0.12	0.02	0.18
6	0.02	0.02	0.83
7	0.04	0.03	0.83
8	0.04	0.04	0.91
9	0.36	0.31	0.85
10	0.01	0.05	0.01
11	1.30	0.10	0.08
12	<0.01	<0.01	0.08
13	0.00	0.00	0.00
14	0.07	0.06	0.95

根据所计算的成本，相对于所选定的基准参数，还确定了每个部件的㶲损失成本。在图6.3中，可以看出蒸发器的㶲损失成本率最高，其次是冷凝器、电池和压缩机。电池的高㶲损失成本主要与高燃料成本有关，而压缩机、冷凝器和蒸发器的大部分㶲损失成本与这些部件相对较高的㶲损失率有关。

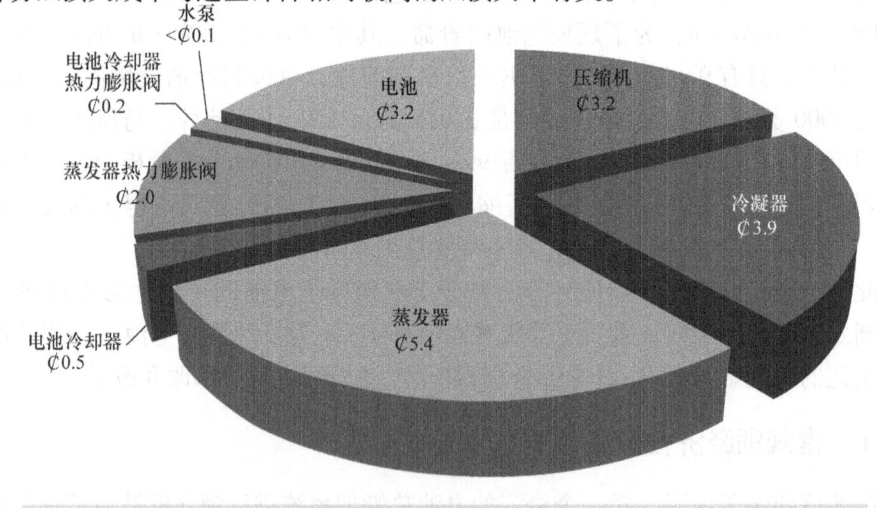

图6.3　热管理系统部件（㶲）损失成本率

然而，在对设计和投资变更做出任何评论之前，应该从成本分布、其实际经济意义以及提高部件效率对总投资资本的影响等方面对部件进行分析。投资和㶲损失率之间的成本分布如图 6.4 所示。

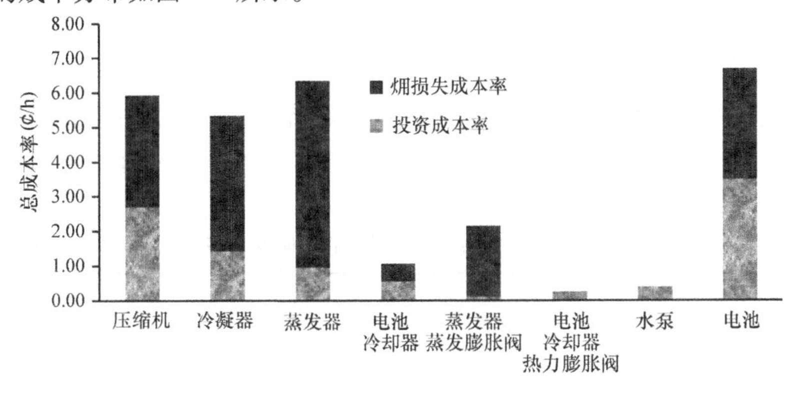

图 6.4　BTMS 部件投资和㶲损失率之间的成本分配

从经济学角度来看，具有最高优先级的部件是总投资成本和㶲损失成本率之和最高的部件（$\dot{Z}+\dot{C}_D$）。这些部件中，借助经济因素，研究了部件的㶲效率与投资成本之间的关系。表 6.7 提供了每个部件的这些值。

表 6.7　投资成本率、㶲损失成本率、总成本率、㶲经济系数以及与 BTMS 部件相关的相对成本差异

部件	$\dot{Z}_k$（$/h）	$\dot{C}_{D,k}$（$/h）	$\dot{Z}_k+\dot{C}_{D,k}$（$/h）	f_k（%）	r_k（-）
压缩机	2.7	3.2	5.9	45.4	0.9
冷凝器	1.4	3.9	5.2	26.6	4.9
蒸发器	0.9	5.4	5.7	14.9	3.7
电池冷却器	0.6	0.5	1.2	52.4	3.6
蒸发器 TXV	0.1	2.0	0.8	4.7	0.1
电池冷却器 TXV	0.0	0.2	0.2	4.6	0.1
水泵	0.4	<0.1	0.4	99.6	25.1
电池	3.5	3.2	6.4	52.4	2.7

如表 6.7 所列，当根据 $\dot{Z}+\dot{C}_D$ 对部件进行分析时，与其他部件相比，电池的总成本率最高，主要是由于投资成本较大。电池之后，总的投资率和㶲损失成本率最高的为压缩机，其次是蒸发器和冷凝器。这些部件之后是泵和热力膨胀阀，与系统其他部件相比，它们的成本相对较低。在电池、压缩机和冷却装置中，若部件的非㶲相关成本和总成本被相当平均地划分，那么该部件的当前投资成本是合理的。

冷凝器和蒸发器被确定为具有较低的经济因素，在降低这部分投资成本时，应以牺牲它们的㶲经济效率提高系统的效率为代价。另一方面，对于泵来说，提高部件效率将更具成本效益，即使该部件的投资成本将增加。

6.5.2 增强的㶲经济分析结果

为了提高分析的准确性和有效性，增强的经济研究也成为热管理系统的一部分。最初，投资成本被划分为可避免和不可避免的部分，以确定投资总额可以实际削减多少，见表6.8。

表6.8 与BTMS部件相关的各㶲经济性因素的总成本率和可避免成本率的比较

部件	$\dot{Z}_k+\dot{C}_{D,k}$(\$/h)	$\dot{Z}_k^{AV}+\dot{C}_{D,k}^{AV}$(\$/h)	$\dot{Z}_k^{AV}+\dot{C}_{D,k}^{AV}/\dot{Z}_k+\dot{C}_{D,k}$(%)	f_k(%)	f_k^*(%)
压缩机	5.9	3.3	55.4	45.4	54.1
冷凝器	5.2	2.7	52.0	26.6	35.5
蒸发器	5.7	3.1	53.7	14.9	23.7
电池冷却器	1.2	0.7	81.0	52.4	58.5
蒸发器TXV	0.8	0.7	36.7	4.7	9.2
电池冷却器TXV	0.2	0.1	36.7	4.6	9.2
水泵	0.4	<0.1	9.6	99.6	84.6
电池	6.4	2.6	41.0	52.4	65.4

为进行常规和增强的㶲经济性分析比较，总成本率和经济因素也包括其中。可用成本率与总成本率的比率表明，理论上可以避免系统中高达81%的总成本率。基于可避免成本的经济因素，可以看出冷凝器、蒸发器与热力膨胀阀的总成本率中的主要因素是㶲损失成本，因此这些部件的㶲效率应当提高，即使是以增加投资成本为代价。另一方面，冷却装置、水泵和电池的总成本率中最突出的因素是投资成本，因此需要降低这些部件的投资成本，以提高系统的成本效益。尽管通过可获得的成本率（与总成本率相比）也能获得类似的趋势，但使用可避免的成本揭示了部件与优化成本分配的理想参数之间的实际距离，并提供了一个非常现实的衡量标准，说明应该采取什么方法（以及应该采取多少方法）来提高每个部件的效率，并使不同部件能够相互比较。

此外，还进一步研究了压缩机、冷凝器和蒸发器的投资成本与㶲损失之间的关系，以便提供更详细的相关信息。因为这些部件是系统总成本和㶲损失的主要贡献者，所以可以进行相应的优化。对于压缩机来说，与系统相关的压缩比是变化的，这改变了压缩机的等熵效率，从而影响与压缩机相关的㶲损失和投资成本，如图6.5所示。图中，X轴和Y轴上的渐近线分别为不可避免的成本和㶲损失率。

为了进一步评估热交换器，使用不同的蒸发和冷凝温度，改变与系统相关的换热面积，从而改变了冷凝器和蒸发器的㶲损失和投资成本，如图6.6和图6.7所示。

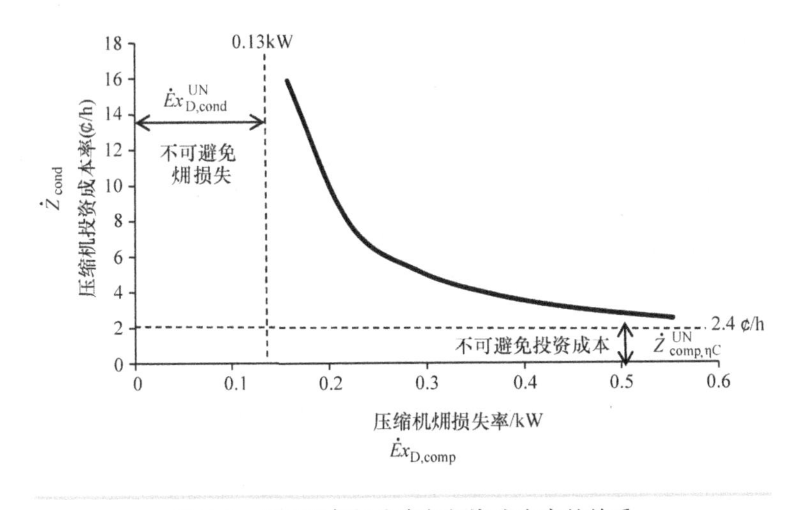

图6.5　压缩机㶲损失率与投资成本率的关系

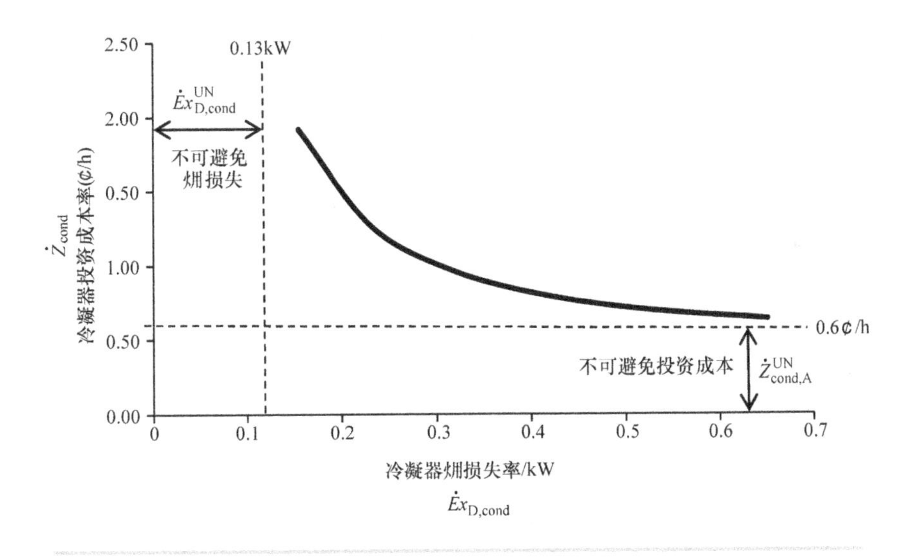

图6.6　冷凝器㶲损失率与投资成本率的关系

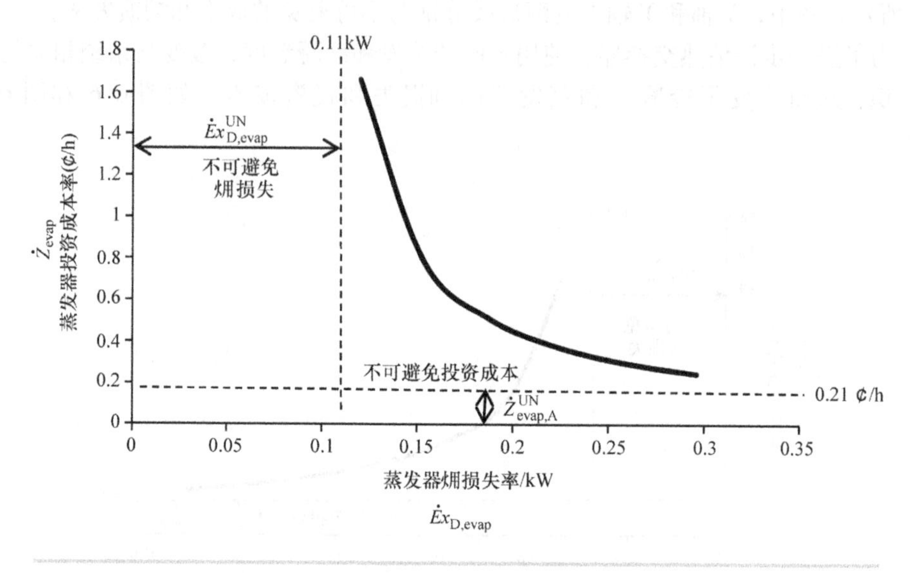

图 6.7 蒸发器㶲损失率与投资成本率的关系

此外，还进行了敏感性分析，以确定分析中使用的利率的影响。因此，关于各种利率的投资和（㶲）损失率如图 6.8～图 6.10 所示。为了提供不同部件之间的比较，㶲损失率和投资成本率是“每单位产品㶲”下的值。

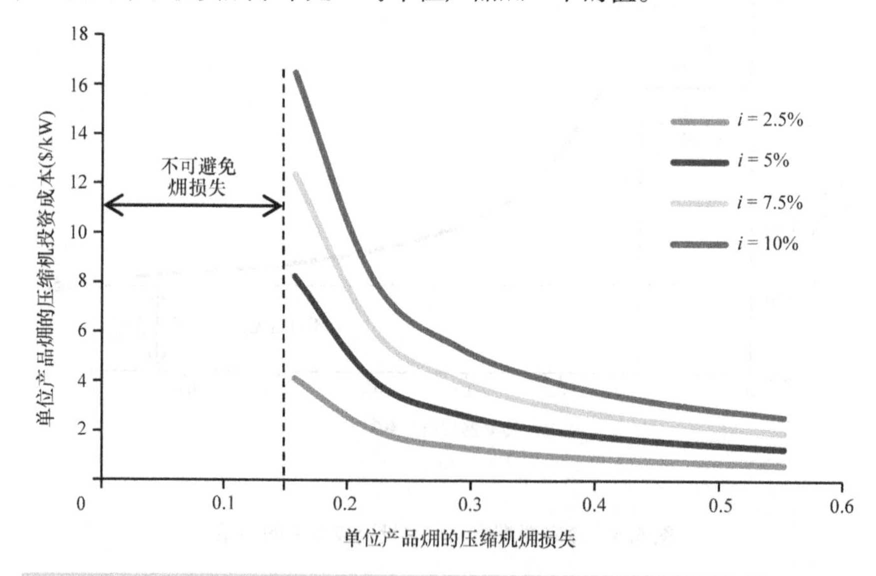

图 6.8 不同利率下单位产品㶲的压缩机㶲损失率与投资成本率的关系

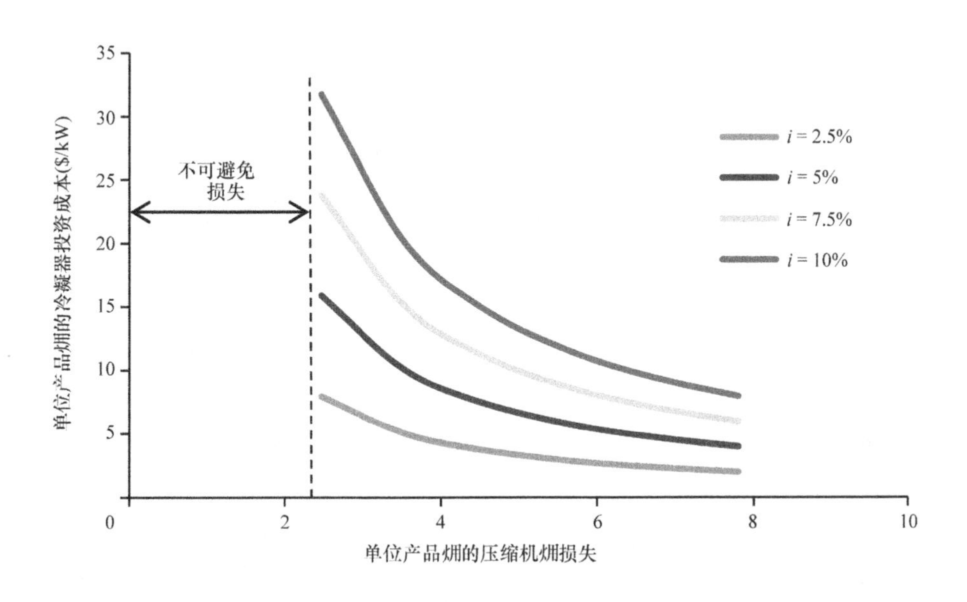

图 6.9　不同利率下单位产品㶲的冷凝器㶲损失率与投资成本率的关系

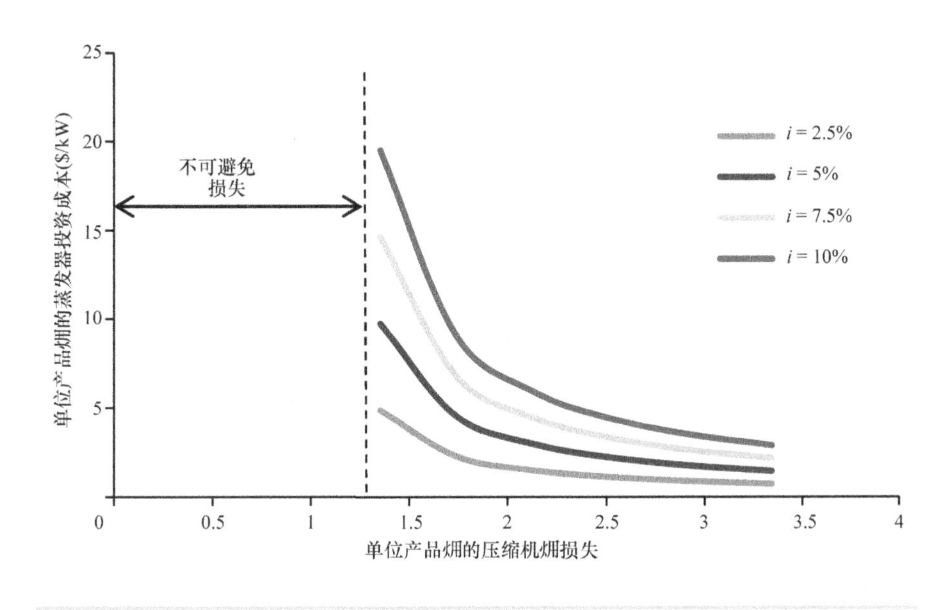

图 6.10　不同利率下单位产品㶲的蒸发器㶲损失率与投资成本率的关系

随后，根据不同的压缩机效率、冷凝和蒸发温度进行参数研究，以了解它们对投资和㶲损失相关成本的相应影响，如图 6.11 ~ 图 6.13 所示。

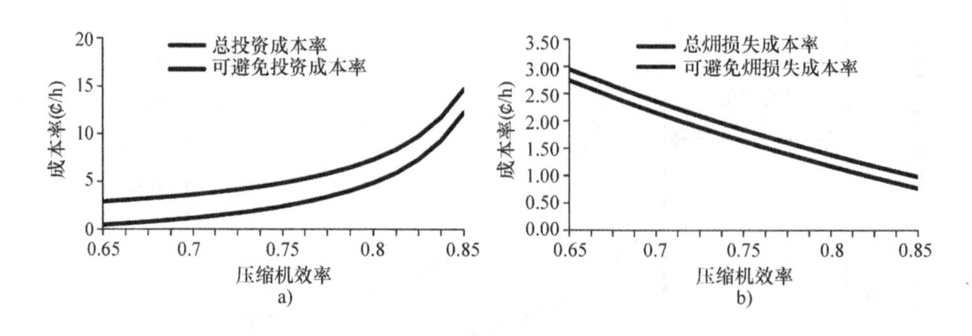

图 6.11　基于不同压缩机效率的压缩机投资和㶲损失的总成本率和可避免成本率

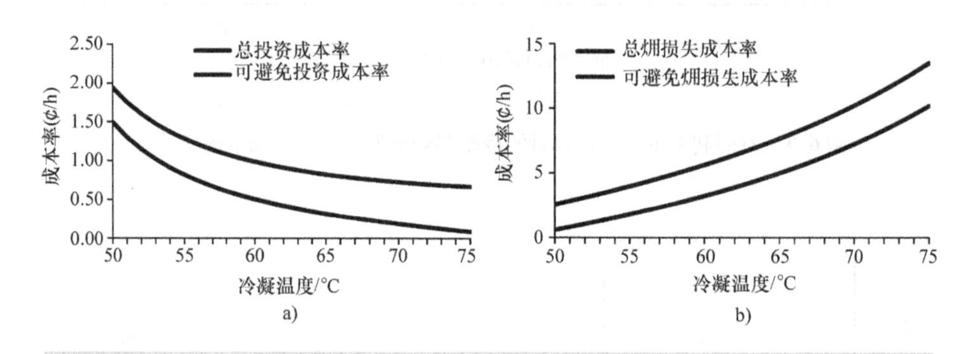

图 6.12　基于不同冷凝温度的冷凝器投资和㶲损失的总成本率和可避免成本率

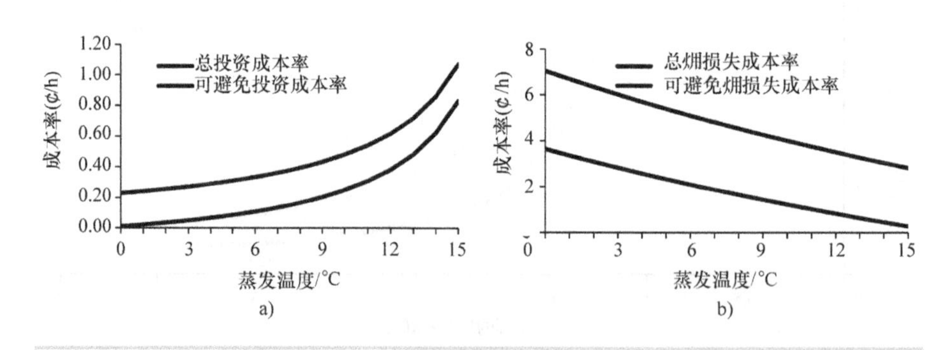

图 6.13　基于不同蒸发温度的蒸发器投资和㶲损失的总成本率和可避免成本率

为了在成本方面提供与系统相关的排放量，还根据成本投入计算了由于电网消耗的电力而释放到环境中的二氧化碳间接排放量。排放量是根据各种发电组合计算的，包括主要使用煤炭/蒸汽以及利用天然气进行的联合循环发电组合。包括电力的生命周期估计，其范围是 400～1118gCO_2eq/kW・h。各种发电组合的相关的排放量如图6.14a所示。随后，碳价格的建立和相应二氧化碳排放量的相关成本相应地在不同碳价格范围内确定，如图6.14b所示。

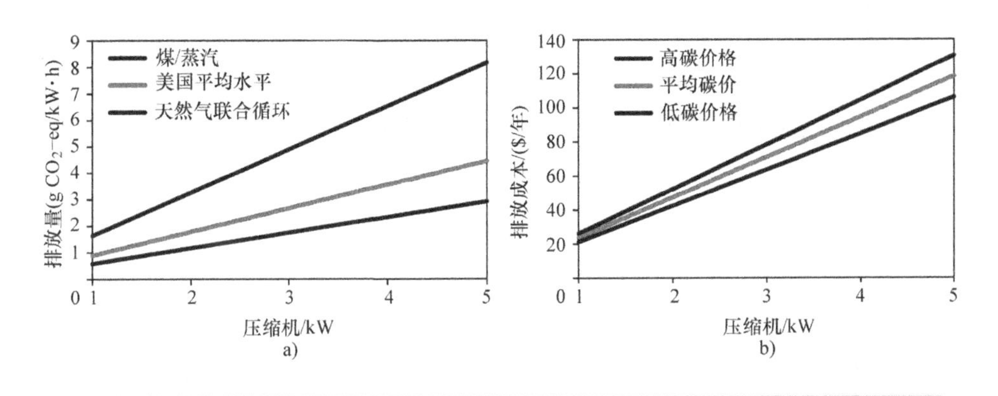

图6.14　不同发电组合下不同压缩机功的释放的排放量和相关排放成本

总结本节中所采取的步骤如下：混合动力电动汽车的热管理系统的经济性和环境经济（环境成本）分析，是在不同的系统参数以及工作条件下进行的；在分析中，投资成本率是根据设备成本计算的，设备成本是由每个系统部件的成本相关性和资本回收系数决定的；因此，通过将其与之前进行的分析相结合，开发了㶲经济性模型，对部件的㶲流、燃料和产品进行定义，并为每个部件分配成本方程。

经济性分析的成本被用来确定各部件的单位㶲成本、㶲损失成本率，以及其他有用的经济变量。此外，经济环境（环境成本）分析是基于与释放到环境中的二氧化碳相关的既定碳价格，以及不同碳价格和发电混合下电池热管理系统相应的间接排放量进行的。

6.5.3　电池的环境影响评估

进行电池热管理系统的㶲环境分析之前，需要首先确定与电池相关的环境影响。由于电池是具有最高环境影响的部件之一，需使用生命周期分析工具SimaPro对其进行进一步分析，该工具用于计算每个电池的子部件及其生产工艺对环境的影响。

SimaPro是一个生命周期评估软件包，能够收集、分析和监测产品和服务的环境性能，并能够按照ISO13030系列建议以系统和透明的方式建模和评估复杂的生命周期。该软件集成了eco-invent数据库（Ecoinvent，2012），该数据库可用于各种应用，包括碳足迹计算、产品设计/生态设计以及基于不同参数的环境影响评估。该软件可以定义模型中的非线性关系，对复杂的废物处理和回收方案进行分析，并分配多个输出过程。因此，它为系统部件进行生命周期分析提供了重要的价值。

最初对电池进行生命周期评价，是为了根据生态指标点获取与电池相关的环境影响潜力。电池部件及其相应的环境影响如图 6. 15 所示。

从图中可以看出，由于使用了大量的铜，阳极在电池中的影响最大，其次是电池的热系统，相对于集成电路中使用的金，其分别占总影响分数的 40% 和 26% 以上。另一方面，电极糊对总环境影响的贡献相对较小，尽管它包含了电池重量的很大一部分。此外，其他辅助部件，如模块封装和电池外壳，也增加了电池的影响，以及用于生产电池的电、热和天然气。与电池有关的影响如图 6. 16 所示。

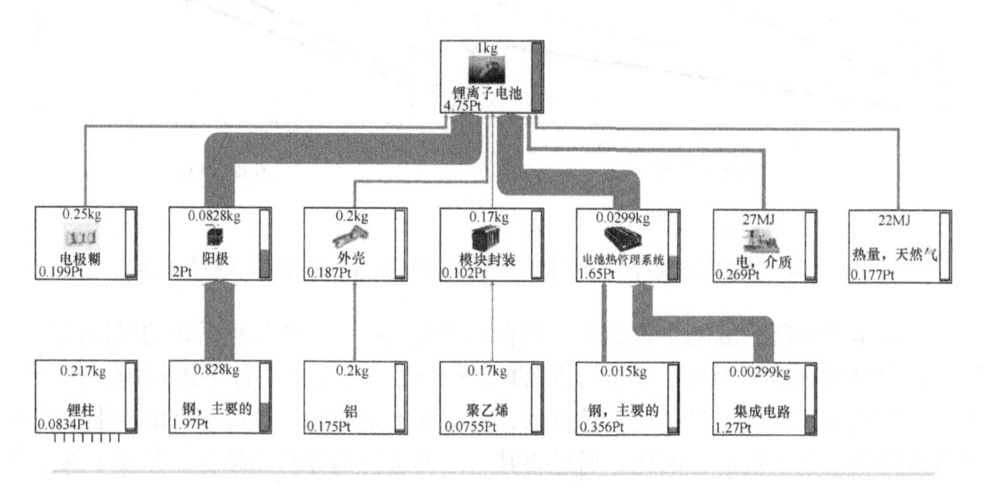

图 6. 15　使用 SimaPro 7 分析锂离子电池的图示

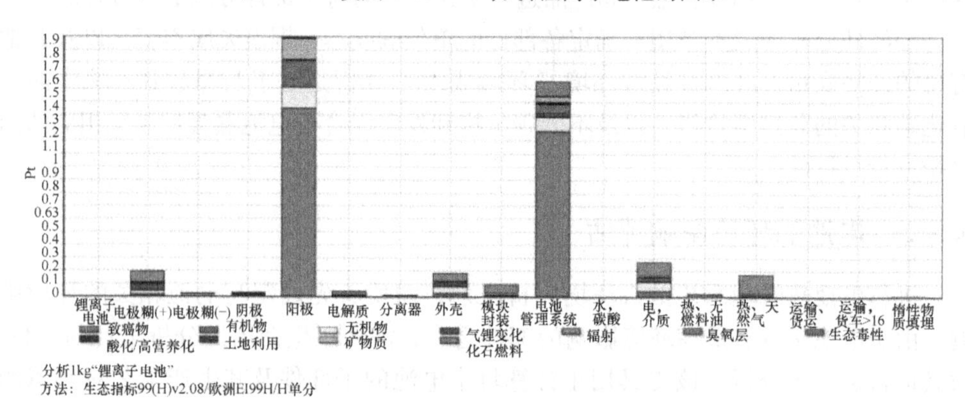

图 6. 16　与每个电池子部件相关的各种环境影响潜力

此外，图 6. 16 分为生产、能源和运输类别，图 6. 17 为其对总环境影响的贡献。从分析中可以看出，高达总排放量的 90% 直接来自电池的生产，而剩余的大部分影响源于在生产过程中使用的能量。此外，如图 6. 18 所示，对电池各部件的环境影响潜力进行了研究。

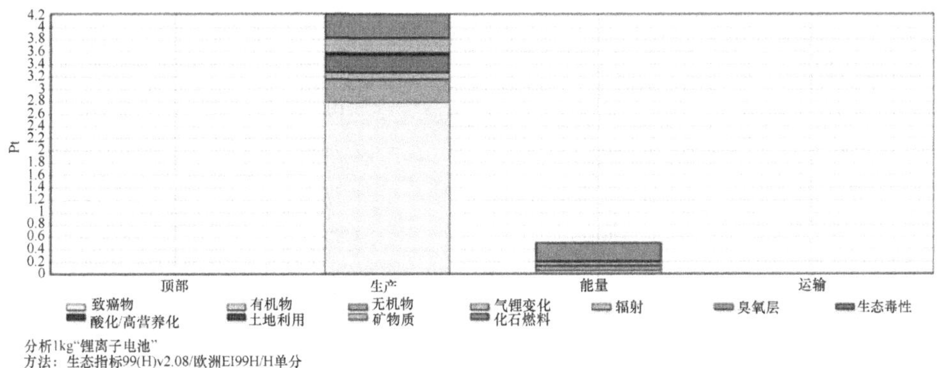

图 6.17　与电池生产、能源使用和运输相关的生态指标点

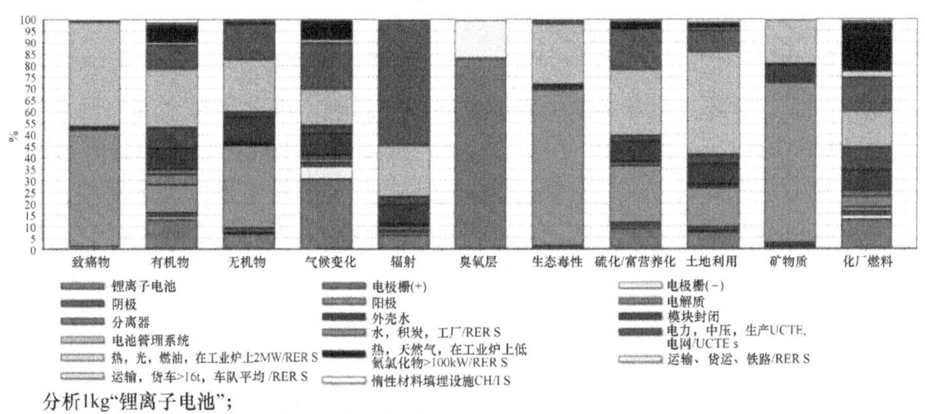

图 6.18　各组成部件对环境影响的生态指标 99 贡献率

6.5.4　㶲环境分析结果

一旦计算出与电池相关联的环境影响并与剩余的电池热管理系统部件部件的环境影响相结合，便可用来确定系统的环境影响形成。在表 6.9 中，可以看出，最高的环境影响率在状态 10 达到最大，即电池的出口状态，最低的环境影响率与泵的输入相关联。在表中，状态 13 的值为零，因为进入冷凝器的是可用的环境空气。

表 6.9　㶲流量、因流量产生的环境影响以及与每种状态的 BTMS 相关的单位环境影响成本

状态	$\dot{E}x$/kW	$\dot{B}$/(mPts/h)	b/(mPts/kJ)
1	0.71	30.21	42.67
2	1.58	59.84	37.83
3	1.27	48.17	37.88
4	1.01	43.17	42.62

（续）

状态	$\dot{E}x$/kW	$\dot{B}$/(mPts/h)	b/(mPts/kJ)
5	0.12	5.01	42.69
6	0.02	2.74	123.34
7	0.04	4.77	123.32
8	0.04	4.92	124.92
9	0.36	64.15	178.27
10	0.01	35.98	7.20
11	1.30	28.76	22.05
12	<0.01	<0.01	22.04
13	0.00	0.00	0.00
14	0.07	12.01	177.91

此外，基于与部件流和㶲损失率相关的环境影响，确定了每个部件因㶲损失率而产生的环境影响。在图6.19中，可以看到蒸发器由于㶲损失率而具有最高的环境影响，其次是冷凝器、压缩机和电池。电池的环境影响主要取决于部件，而压缩机、冷凝器和蒸发器的环境影响与这些部件相对较高的㶲损失率有关。

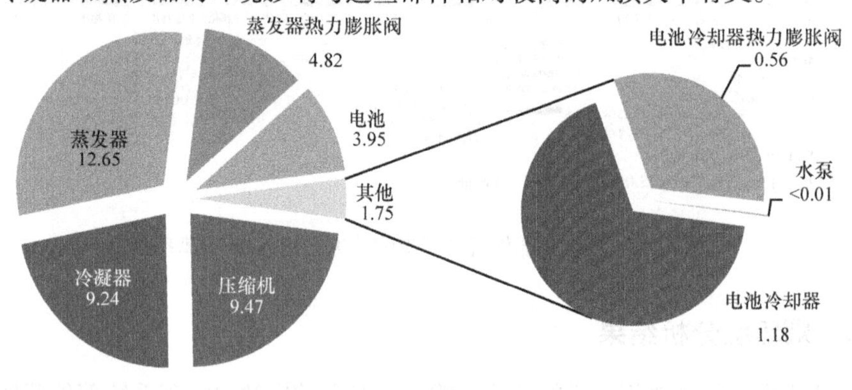

图6.19 管理系统部件中与生态指标99点环境影响相关的㶲损失

当从㶲环境角度进行评估时，最重要的部件是与部件相关的环境影响和由于㶲损失率造成的环境影响之和最高的（$\dot{Y}+\dot{B}_D$）。此外，还计算了㶲环境因素和与㶲相关的环境影响的相对差异，以提供这两个因素之间的关系。表6.10给出每个部件的成本环境影响、㶲损失影响及㶲环境因素。

表6.10 总环境影响、㶲环境因素以及与BTMS组成部分相关的㶲环境影响的相对差异

部件	$\dot{Y}_k$/(mPts/h)	$\dot{B}_{D,k}$/(mPts/h)	$\dot{Y}_k+\dot{B}_{D,k}$/(mPts/h)	f_b(%)	r_b (－)
压缩机	0.90	9.47	10.37	8.64	0.55
冷凝器	0.28	9.24	9.514	2.91	6.54

（续）

部件	$\dot{Y}_k$/(mPts/h)	$\dot{B}_{D,k}$/(mPts/h)	$\dot{Y}_k+\dot{B}_{D,k}$/(mPts/h)	f_b(%)	r_b (-)
蒸发器	0.22	12.65	12.87	1.72	4.05
电池冷却器	0.13	1.18	1.31	10.13	4.10
蒸发器 TXV	0.02	4.82	4.83	0.36	0.14
电池冷却器 TXV	<0.01	0.56	0.56	0.36	0.13
水泵	0.13	<0.01	0.13	96.94	8.19
电池	33.78	3.95	37.72	89.54	2.02

当根据 $\dot{Y}+\dot{B}_D$分析部件时，目前电动汽车电池具有最高的环境影响，主要是由于锂离子电池阳极使用了大量的铜。此外，电池还有较高的经济因素（f），这表明整个系统环境影响可以通过减少与部件相关的环境影响来改善。蒸发器、压缩机和冷凝器分别具有次要的环境影响，其中与这些部件相关的㶲损失的环境影响应当减少，即使这意味着在部件生产期间会增加对环境的影响。蒸发器热力膨胀阀和冷却装置对环境的影响是较低的。最后，冷却器的热力膨胀阀和泵在环境上的影响，相比于上述部件微不足道。

此外，由于发电组合对整个环境影响具有重要意义，对此进行了敏感性分析，其中考虑不同国家发电组合条件下系统的㶲损失率对环境的影响，见表 6.11。

表 6.11　各国不同发电组合下的 BTMS 部件㶲损失率相关的环境影响

部件	美国	欧洲平均	瑞士	意大利
	(mPts/h)			
压缩机	9.47	11.19	3.62	20.60
冷凝器	9.24	10.86	3.70	19.76
蒸发器	12.65	14.88	5.07	27.05
电池冷却器	1.18	1.39	0.47	2.53
蒸发器 TXV	4.82	5.66	1.93	10.30
电池冷却器 TXV	0.56	0.66	0.23	1.21
水泵	<0.01	0.01	<0.01	0.01
电池	3.95	4.55	1.87	7.91

对这一节中所采取的步骤进行总结如下：对电池热管理系统的㶲环境分析是基于生命周期分析和文献数据相对于环境影响进行的，以获得各相关系统部件和输入流以生态指标 99 点表示的影响，即被分配到相应产品㶲流；随后，对㶲环境变量（如产品、燃料和部件的环境影响，㶲损失的环境影响率以及特定的环境影响和㶲环境因子的相对差异）进行计算，对㶲环境进行评估，以确定与环境最相关的系统部件，并提供设计改进的可能性和趋势信息。

6.5.5　多目标优化结果

一旦模型根据每个选定的标准进行开发，并单独评估，就可以借助遗传算法，对本例进行具有上述目标函数（式6.39～式6.41）、约束条件（表6.5）和六个决策变量的多目标优化。在分析中，提出了五种优化方案，对目标函数为㶲效率（单目标）、总成本率（单目标）、环境影响率（单目标）、㶲经济（多目标）和㶲环境（多目标）进行优化。相应的优化方案可以在图6.20～图6.24中看到。

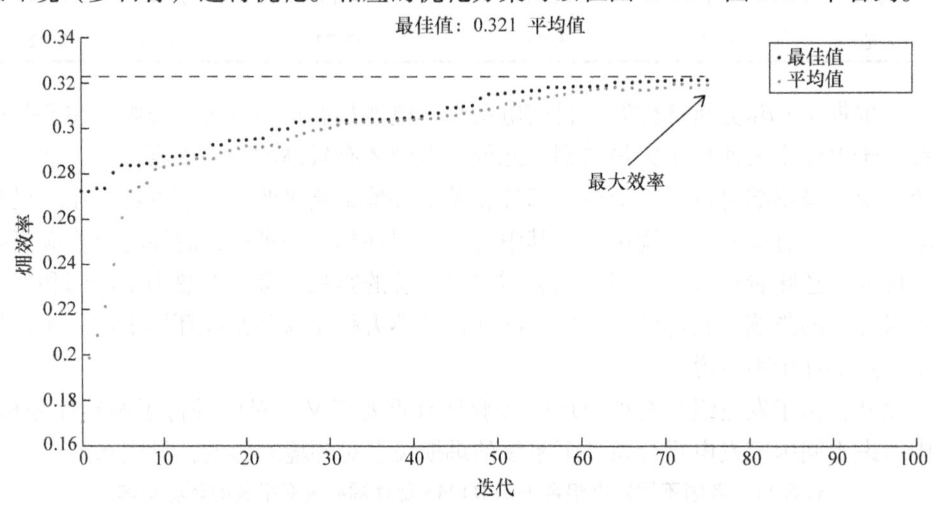

图6.20　就（㶲）效率而言，BTMS多迭代单目标优化

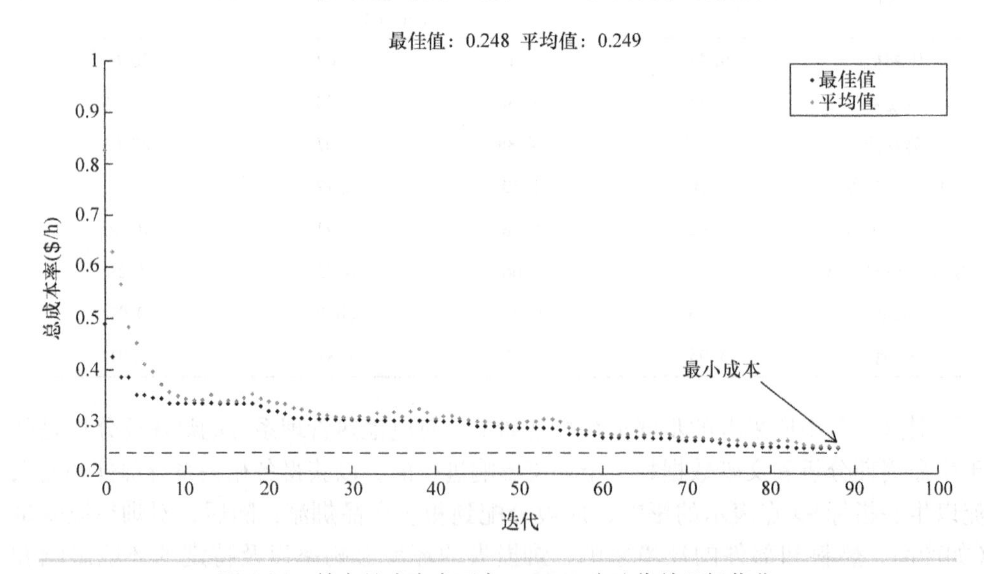

图6.21　就产品成本率而言，BTMS多迭代单目标优化

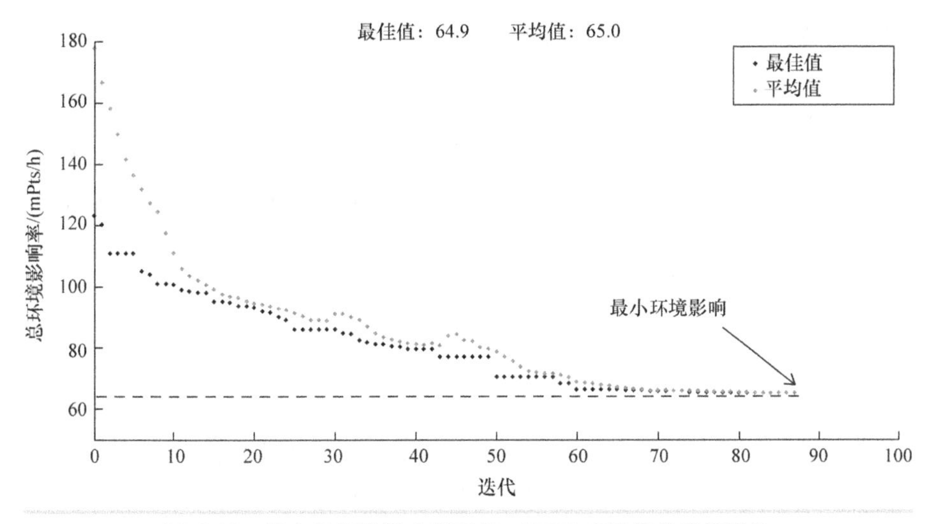

图 6.22　就产品环境影响率而言，BTMS 多迭代单目标优化

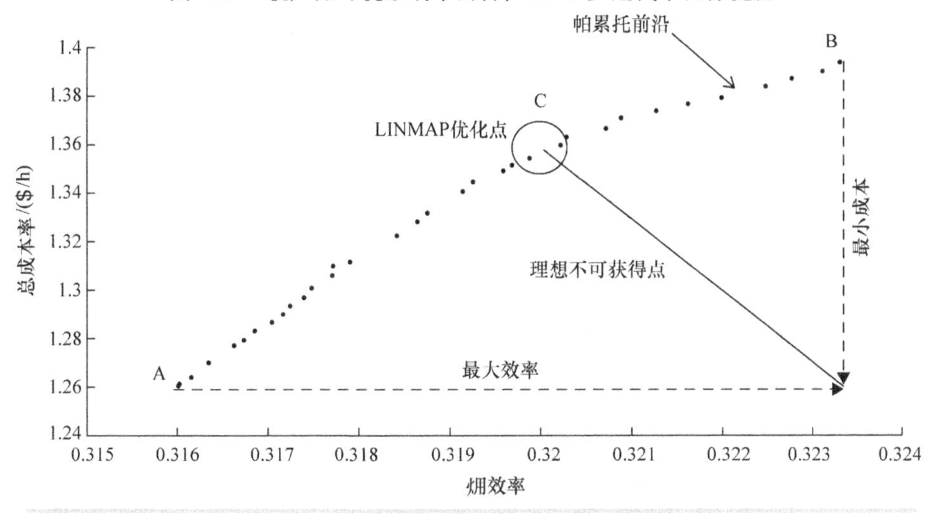

图 6.23　BTMS 在烟效率和总成本率方面的多目标优化

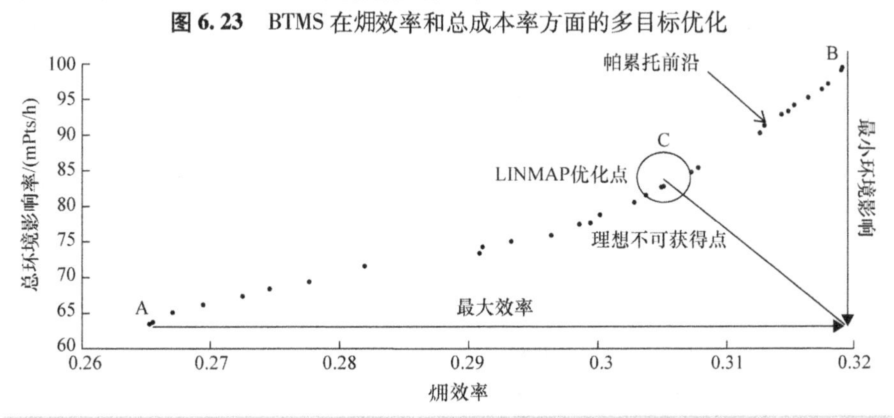

图 6.24　BTMS 在烟效率和总环境影响率方面的多目标优化

如前所述，在帕累托最优前沿的所有点都可能是分析的最优解，为了在其中选择一个最终的解，需要给每个目标分配一个加权因子或决定出一个最佳的解（通常是基于每个目标的经验或重要性）。在这个选择过程中，一种传统的被称为LIN-MAP决策的方法被用来选择一个理想的最终解决方案，如图6.23和图6.24所示。这种方法创建了一个假设的理想点，在这个点上，所有目标都有相应的各自独立的最佳值，并保持在帕累托最优前沿之下。尽管这一点在现实中是不可能的，但通过帮助决策者在帕累托最优前沿选择最接近理想的点作为理想的最终解，它将起到有益的作用。

表6.12显示了基本案例设计中决策变量的值，以及四个不同的优化标准。此外，每个优化准则的㶲、经济性和环境分析结果见表6.12～表6.15。值得注意的是，在多目标优化问题的确定约束条件下，设计变量的值被认为是连续的。然而，通常与这些变量相关的参数（特别是尺寸大小和效率）只能在离散单元中使用。因此，在确定参数值不可用的情况下，应在系统中使用最接近的可用值以获得最佳结果。

表6.12　各种优化准则下的基准案例决策变量

设计变量	基准	单目标 㶲	单目标 经济	单目标 环境	多目标 㶲-经济	多目标 㶲-环境
T_{cond}/℃	55	55.23	54.20	55.18	56.01	55.25
T_{evap}/℃	5	0.40	8.94	8.92	8.93	8.82
ΔT_{sh}/℃	5	4.75	3.86	2.40	9.69	0.96
ΔT_{sc}/℃	5	9.94	9.68	4.90	9.99	1.71
$\dot{m}_e$/(kg/s)	0.17	0.35	0.19	0.18	0.21	0.25
η_{comp}	0.63	0.80	0.66	0.79	0.72	0.79

表6.13　对不同优化准则下的基本案例设计下的㶲分析结果

设计变量	基准	单目标 㶲	单目标 经济	单目标 环境	多目标 㶲-经济
$\eta_{ex,comp}$	0.67	0.82	0.69	0.81	0.75
$\eta_{ex,cond}$	0.22	0.24	0.26	0.21	0.23
$\eta_{ex,evap}$	0.24	0.21	0.27	0.27	0.26
$\eta_{ex,chil}$	0.37	0.32	0.43	0.42	0.43
$\eta_{ex,etxv}$	0.89	0.88	0.92	0.91	0.92
$\eta_{ex,ctxv}$	0.89	0.89	0.92	0.91	0.92
$\eta_{ex,pump}$	0.80	0.83	0.84	0.80	0.78
$\eta_{ex,bat}$	0.81	0.83	0.85	0.83	0.84

表6.14　各种优化准则下的基础案例设计的经济性分析结果

设计变量/（$/h）	基准	单目标 㶲	单目标 经济	单目标 环境	多目标 㶲-经济	多目标 㶲-环境
$\dot{Z}_{comp}$	5.90	20.38	5.10	6.87	5.57	9.80
$\dot{Z}_{cond}$	5.32	10.96	5.08	5.31	5.46	7.27
$\dot{Z}_{evap}$	6.32	18.39	5.75	6.44	6.39	9.23
$\dot{Z}_{chil}$	1.06	1.38	0.92	1.01	0.91	1.04
$\dot{Z}_{etxv}$	2.13	5.56	1.47	2.15	1.53	3.68
$\dot{Z}_{ctxv}$	0.25	0.33	0.16	0.25	0.15	0.30
$\dot{Z}_{pump}$	0.38	0.38	0.38	0.38	0.38	0.38
$\dot{Z}_{bat}$	6.67	7.45	6.38	6.66	6.37	6.74

表6.15　各种优化准则下的基本案例设计的环境分析结果

设计变量/（mPts/h）	基准	单目标 㶲	单目标 经济	单目标 环境	多目标 㶲-经济	多目标 㶲-环境
$\dot{B}_{comp}$	9.34	9.13	8.58	4.93	9.11	6.61
$\dot{B}_{cond}$	8.48	12.62	8.77	7.10	9.61	8.64
$\dot{B}_{evap}$	12.83	24.05	10.49	9.09	14.06	12.54
$\dot{B}_{chil}$	1.31	1.29	0.98	0.92	0.90	0.95
$\dot{B}_{etxv}$	4.82	7.56	3.22	3.55	5.12	6.01
$\dot{B}_{ctxv}$	0.57	0.44	0.35	0.41	0.31	0.49
$\dot{B}_{pump}$	0.14	0.14	0.14	0.14	0.14	0.14
$\dot{B}_{bat}$	37.73	37.42	37.01	36.79	36.77	35.67

在上面的表格中，可以看到，每一个单一目标优化方法只注意自己的标准，而不考虑其他标准。㶲单目标优化方案最大化每个部件的效率，而没有考虑经济性和环境目标。同样，经济性的单目标优化方案为每个部件的最低单位成本牺牲了㶲效率和环境影响。最后，㶲环境的单目标优化以㶲效率和成本费用为代价，为每个部件寻找最低的生态指标99点。然而，在多目标优化方案中，这些目标是被同时考虑的，在两个相互冲突的目标的解决方案之间的权衡，提供了介于单目标方法产生的极端值之间的最优解。图6.25提供了每个优化准则的归一化目标值。此外，当经济性和㶲环境优化与使用能量效率的优化进行比较时，LINMAP优化点中决策变量选定的值，与能量法计算结果相比，其成本降低率为4.8%，环境影响率降低了3.9%，能量法的总费用和环境影响率分别为1.41美元/h、87.27mPts/h。

对这一节中所采取的步骤进行总结：混合动力汽车的电池热管理系统使用多目标遗传算法对经济和㶲环境目标进行优化；优化是为了最大限度地提高㶲效率（基

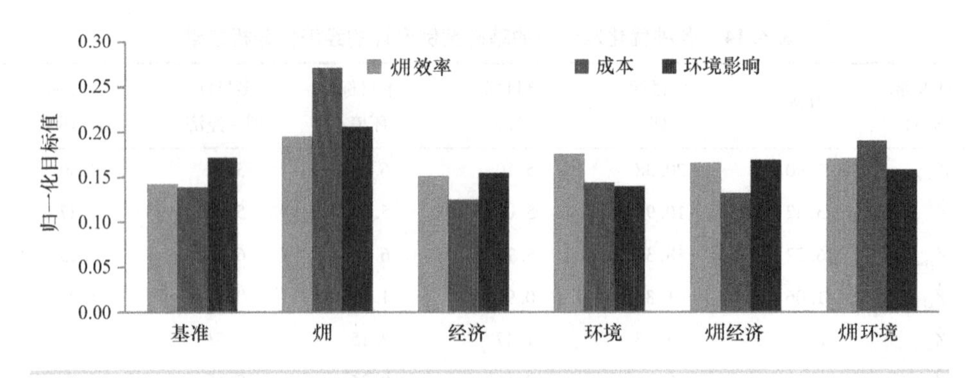

图 6.25　不同目标相对于不同优化函数的归一化值

于㶲效率)、最小化单位成本（基于单位㶲损失和投资成本）和单位环境影响（基于生态指标 99 点影响）；冷凝和蒸发温度、过热和过冷温度、蒸发器的空气质量流量和压缩机的效率作为分析的设计变量，可行性和工程限制作为不同的约束。在每个优化方法下，比较了设计变量和㶲效率、总成本和环境影响（针对每个部件)。在多目标优化，基于 LINMAP 模型设计决策过程，得到了帕累托前沿的理想最优解。相应的解决方案与每个㶲、㶲经济和㶲环境单目标优化结果进行比较，尽管单目标优化方法为其目标提供了最佳解决方案，但它们为其余目标提供了非常差的解决方案。因此，多目标优化方法通过同时评价两个目标并在它们之间进行权衡，以获得单目标结果极端范围内期望的解集。

6.5.5.1　案例研究结论

在案例研究的基础上，进行了以下具体的总结：

- 与每个部件相关联的㶲损失被分成不同的部分，并确定外源性㶲损失在每个部件的总㶲损失中很小，但却是每个部件总损失的重要部分，这表明在电池热管理部件之间存在适度的相互依存关系。
- 㶲损失被划分为可避免/不可避免的部分，其中绝大部分㶲损失可以被避免。
- 在㶲损失率和投资成本之间确定了一个反比关系，即在不同的利率范围内计算可达到的最小㶲损失和成本值。
- 利率对部件投资成本率有重大影响，并有助于确定部件投资率和㶲损失率之间所谓的“截止点”。
- 可用费用与总费用率之比表明，理论上系统可以避免总成本率的很大一部分。
- 基于增强的经济性分析，由于显著的初始投资率，电池被确定为具有最高的总费用率。此外，在保持压缩机和冷却装置相同的前提下，应降低冷凝器和蒸发器的投资成本，以提高系统的成本效益。
- 根据传统的和增强的热经济性分析计算成本，在基准电池散热率下，由于冷却剂回路中的低质量流量，冷却装置的热力膨胀阀和泵与其余部件相比微不足道。

基于上述分析，确定基准系统的㶲效率、总成本率和对环境的影响分别是 0.29、28 美分/h 和 77.3mPts/ h。以牺牲非优化产出为代价，㶲效率可提高 27%（单目标㶲），成本和环境影响可分别降低 10%（单目标成本）和 19%（单目标环境影响）。此外，基于经济优化，得出的结论是基于基本的参数，在增加 14% 的环境影响的代价下，可以实现提高 14% 的效率和降低 5% 的成本。最后，基于㶲环境优化，在增加 27% 的总成本为代价的前提下，可以提高 13% 的效率和降低 5% 对环境的影响。

6.6 结语

本章介绍了完整的经济性分析方法，以便为读者提供必要的工具来分析与其系统部件相关的投资成本，并评估改进措施的经济可行性。在经济分析部分，电池热管理系统的投资成本率相对于设备成本和资本回收系数方面进行了展示。随后，将它们与先前证明的㶲分析相结合（第 5 章），提供了确定经济变量的步骤并阐明了从经济角度理解部件之间优先顺序的相关方法。此外，为了提高读者对电池热管理系统部件之间的相互依存关系的理解，介绍了增强型经济性分析方法，进行不同部件的比较，并通过确定可以缩减多少部件成本来提供提高每个部件有效性的更切实可行的方法。

此外，还通过㶲环境分析来确定与 BTMS 相关的环境影响。给出了确定㶲流的程序，并为读者提供了一个环境影响相关性数据库，以帮助他们在不需要繁琐的实验关系的情况下，以广泛的精度对其系统部件进行建模。此外，还介绍了电池的生命周期评估分析（LCA），因为它通常比其他部件具有更显著的影响。为每个 BTMS 部件的（㶲）流分配了影响点，以指出造成最高环境影响的部件，并根据计算出的环境变量提出改进的可能性和趋势。最后，对 BTMS 进行多目标优化研究的关键步骤是，根据开发的目标函数和系统约束条件，采用㶲、㶲经济和㶲环境分析的结果，说明在不同操作条件下，利用帕累托最优技术优化系统参数的方法。

术语

b　比环境影响（mPts/kJ）

$\dot{B}$　环境影响率（mPts/s）

c　单位㶲成本（\$/kJ）

$\dot{C}$　与㶲相关的成本率（\$/h）

$\dot{E}$　能量率（kW）

$\dot{E}x$ 炯率（kW）

h 比焓（kJ/kg）

$\dot{m}$ 质量流量（kg/s 或 L/min）

P 压强（kg/m^2）

$\dot{Q}$ 传热速率（kW）

s 比熵（kJ/kg·K）

$\dot{S}$ 熵（kJ/K）

T 温度（K 或℃）

T_0 环境温度（K 或℃）

V 速度（m/s）

$\dot{W}$ 功率（kW）

$\dot{Y}$ 与生命周期评价相关的成分环境影响率（mPts/s）

$\dot{Z}$ 与资本投资总额相关的成本率（$/h）

Z 高度（m）

希腊字母

Δ 变量变化

ψ 炯

下标

0	环境
act	真实
bat	电池
cool	冷却液
c，cond	冷凝器
ch	电池冷却器
comp	压缩机
D	损失
e	出口
elect	电
en	能量
ex	炯
evap	蒸发器
F	燃料

g，gen	迭代　代
i	入口
k	部件
P	产品
q	热流
ref	制冷剂
s	等熵
tot	总的
txv	热力膨胀阀
w	功

缩略语

A/C	空调
BTMS	电池热管理系统
COP	（空调）能效比
EES	工程方程求解器
EV	电动汽车
HEV	混合动力汽车
ICE	内燃机
LCA	生命周期评估
LINMAP	用于多维偏好分析的线性规划法
TMS	热管理系统
TPIM	牵引电源逆变器模块
TXV	热力膨胀阀

问题

请根据第 5 章中考虑的有关 BTMS 回答以下问题。如果您没有考虑系统，可以使用第 5 章案例研究中提供的基于跨临界二氧化碳的电动汽车 BTMS。

6.1　请定义 F 规则和 P 规则，并确定每个组件的“燃料”和“产品”。

6.2　按照本章提供的步骤，请列出上一问题的 BTMS 形成成本和环境影响计算矩阵。

6.3　您计算的结果有多少取决于电池组、电力和设备寿命？

6.4　请计算各组成部分的㶲经济性和㶲环境因素，并详细说明哪些因素需要首先改进以及如何改进。

6.5 您的单个部件中的哪部分成本与㶲损失率和投资成本率相关？这些成本中哪些是可以避免和不可避免的？

6.6 您系统中的主要决策变量和约束是什么？哪个约束对您的多目标优化有最大的影响？您的结果对这个约束有多敏感？

参考文献

Ahmadi P, Dincer I, Rosen MA. (2011). Exergy, exergoeconomic and environmental analyses and evolutionary algorithm based multi-objective optimization of combined cycle power plants. *Energy* **36**:5886–5898.

Bejan A. (1996). "*Entropy Generation Minimization: The Method of Thermodynamic Optimization of Finite-Size Systems and Finite-Time Processes*", CRC Press LLC, Florida, U.S.A.

Boyano A, Morosuk T, Blanco-Marigota AM, Tsatsaronis G. (2012). Conventional and exergoenvironmental analysis of steam methane reforming reactor for hydrogen production. *Journal of Cleaner Production* **20**:152–160.

Ecoinvent. (n.d.). "Ecoinvent Centre Database". Available at: www.ecoinvent.org/database [Accessed October 2012].

Fonseca CM, Fleming PJ. (1995). An overview of evolutionary algorithms in multiobjective optimization, *Evolutionary Computation* **3**:1–15.

Ghaffarizadeh A. (2006). *Investigation on Evolutionary Algorithms Emphasizing Mass Extinction*. B.Sc. Thesis, Shiraz University of Technology.

ISO 14040. (2006). *Environmental Management e Life Cycle Assessment Principals and Framework*, International Organization for Standardization, Geneva, Switzerland.

Konak A, Coit DW, Smith AE. (2006). Multi-objective optimization using genetic algorithms: A tutorial. *Reliability Engineering & System Safety* **91**:992–1007.

Lazzaretto A, Toffolo A. (2004). Energy, economy and environment as objectives in multi-criterion optimization of thermal systems design. *Energy* **29**:1139–1157.

Lazzaretto A, Tsatsaronis G. (2006). SPECO: A systematic and general methodology for calculating efficiencies and costs in thermal systems. *Energy* **31**:1257–1289.

Majeau-Bettez G, Hawkins TR, Strømman AH. (2011). Life Cycle Environmental Assessment of Lithium-Ion and Nickel Metal Hydride Batteries for Plug-in Hybrid and Battery Electric Vehicles. *Environmental Science and Technology* **45**:4548–4554.

Meyer L, Tsatsaronis G, Buchgeister J, Schebek L. (2009). Exergoenvironmental analysis for evaluation of the environmental impact of energy conversion systems. *Energy* **34**:75–89.

Sanaye, S., Niroomand, B. (2009). Thermal-economic modeling and optimization of vertical ground-coupled heat pump. *Energy Conversion Management* **50**:1136–1147.

Sayyaadi H, Babaelahi M. (2011). Multi-objective optimization of a joule cycle for re-liquefaction of the Liquefied Natural Gas. *Applied Energy* **88**:3012–3021.

Selbaş R, Kizilkan Ö, Şencan A. (2006). Thermoeconomic optimization of subcooled and superheated vapor compression refrigeration cycle. *Energy* **31**:2108–2128.

Tsatsaronis G, Lin L. (1990). On Exergy Costing in Exergoeconomics, Computer-Aided Energy Systems Analysis. *American Society of Mechanical Engineers* **21**:1–11.

Valero A. (1994). CGAM problem: definition and conventional solution. *Energy* **19**:268–279.

第7章 案例研究

7.1 引言

本章向读者介绍了各种案例研究，这些研究使用了本书中提供的工具、方法和程序，并对实际应用进行了分析，进一步说明了这些工具、方法和程序对电动汽车电池热管理系统的设计、开发和优化的有效性。为了与书中章节顺序保持一致，案例研究从评估不同类型车辆在性能、成本和环境影响方面的不同（以电动车辆为重点）开始，之后研究了电动汽车锂离子电池热问题特性，并针对各种热管理系统提供了解决方案。最后，还介绍了当前新型相变材料在提高电动车辆电池热管理系统的效率和有效性方面的应用。

7.2 案例研究1：传统汽车、混合动力、电动汽车以及氢燃料车辆在经济与环境方面的比较

7.2.1 引言

本案例中，根据各种学术以及行业公开数据对四种类型车辆（传统汽车、混合动力、电动汽车以及氢燃料车辆）在经济与环境方面进行了比较。本文中，仅针对车辆的生产和使用阶段进行比较。该比较基于一个数学程序，其中包括经济指标（车辆寿命和行驶里程内车辆和燃料的价格）和环保指标（温室气体和空气污染排放）的归一化，以及在车队中评估各类型车辆之间的最佳关系。

在评估车辆系统时，考虑车辆生命周期中涉及的阶段，其中包括从提取天然资源到生产燃料到最终将燃料转换为发动机中的机械能。与燃料使用相关的效率和环境影响由发动机质量及燃料利用前的全生命周期阶段相关的效率和环境影响来定义。车辆使用的整体环境影响还包括与车辆生产和报废措施相关的影响（Dhingra et al.，1999）。因此，本案例研究针对车辆生产和利用阶段评估车辆的经济和环境指标（基于实际数据），比较传统、混合动力、电动和氢燃料电池四种车辆，提供

评估方法和程序，以便基于上述标准对使用不同驱动技术的车辆进行评估，辅助决策，为读者提供信息和支持（Granovskii et al.，2006）。

7.2.2　分析

7.2.2.1　经济指标

以下指标被认为是汽车的关键经济指标：车辆价格（包含混合动力和电动汽车更换电池的价格）、燃油成本（这和车辆寿命相关）以及续驶里程（这决定了需要多少加油站）。选择四种不同上市年份的车辆作为每种车型的代表：丰田卡罗拉（传统汽车），普锐斯（混合动力汽车），RAV4 EV（电动汽车）以及本田 FCX（氢燃料电池汽车）。每种车型的性能数据基于发布的产品说明书。本田 FCX 燃料电池车的价格是 2000000 美元，但其规模化生产后，估计价格可以下降至 100000 美元。价格的下降使这次比较更加合理。混合动力和电动汽车电池的价格根据课题研究时每 kW · h 的成本计算。为了计算续驶里程，传统汽车和混合动力汽车按 40L 的油箱计算。表 7.1 列出了车辆的技术和经济性参数。

对于选定的年份，使用当年汽油、氢气以及电费的平均值来计算燃料价格（列于表 7.1 第 3 列）。从原油中提取汽油的效率以及从天然气中提制氢气的效率相当。因为天然气和汽油的价格变化不大，作为低热质物质的氢气在价格比上几乎与汽油的价格比一样。但是因为气态氢气的密度非常低，为了作为燃料在汽车上使用，它必须经过压缩，在一定的化学或物理条件下使其以液态形式存在。为了将氢气从 20 个标准大气压（天然气体形式典型压力）压缩到 350 个标准大气压（本田 FCX 储氢罐压力），汽车上 1MJ 的氢气大约需要消耗 50KJ 的电能。

表 7.1　四种技术车型的经济性能

种类	燃料	费用（美元）	能耗[a] MJ/100km	燃料价格 美元/100km	续驶里程 km	电池更换费用[b]（美元）
传统	汽油	15300	236.8[c]	2.94	540	1×100
混动	汽油	20000	137.6	1.71	930	1×20
电动	电能	42000	67.2	0.901	164	2×15400
燃料电池	氢气	100000	129.5	1.69	355	1×100

来源：Granovskii et al.，2006

a）基于 45% 的高速路况和 55% 的城市路况计算燃料消耗。

b）车辆生命周期按 10 年计。

c）传统汽油热值假定为其较低热值，固定按 32MJ/L。

7.2.2.2　环境影响指标

本研究中，对环境的影响主要考察空气污染（AP）和温室气体（GHG）排放。温室气体排放主要是 CO_2、CH_4、N_2O 和 SF_6（六氟化硫），这些气体对温室效应的影响与二氧化碳相比的权重系数分别是 1、21、310 和 24900（Houghton et al.，1996）。六氟化硫是镁铸造过程中的外保护气。空中污染物 CO、NOx 和 VOC

（挥发性有机化合物）的权重系数（相对于 NO_x）是基于澳大利亚环境保护局（Australian Greenhouse Office，2005）利用健康效应的成本收益分析获得。使用安大略省空气质量指数数据（Basrur，2001）估算 SO_x 相对于 NO_x 的权重系数。因此，考虑到空气污染，空中污染物 CO、NO_x、SO_x 和 VOC 相对于 NO_x 的权重系数分别是0.017、1、1.3 和0.64。

汽车生产阶段对环境的影响与材料的提取、处理和制造以及回收利用有关。典型的汽车生产过程的气体排放数据（Dhingra et al.，1999）见表7.2。一辆传统汽车的单位整备质量的 AP_m 排放是根据相对于空气污染物质量的权重系数来计算得到。

$$AP_m = \sum_{1}^{4} m_i w_i \tag{7.1}$$

式中，i 代表某种空气污染物索引（CO，NO_x，SO_x 和 VOC）；m_i 代表空气污染物 i 的质量；w_i 代表空气污染物 i 的权重系数。所讨论的四种汽车生产过程中的环境影响评价数据列于表7.3中。

表7.2 典型车辆单位整备质量下的每千米气体排放情况

工业阶段	CO/kg	NO_x/kg	GHG 排放/kg
提取	0.0120	0.00506	1.930
制造	0.000188	0.00240	1.228
回收	1.77×10^{-6}	3.58×10^{-5}	0.014
总计	0.0122	0.00750	3.172

来源：Dhingra et al.，1999

表7.3 汽车生产过程相关的环境影响[a)]

种类	整备质量/kg	GHG 排放/kg	AP 排放/kg	GHG 排放/kg/100km	AP 排放/kg/100km
传统	1134	3595.8	8.74	1.490	0.00362
混动	1311	4156.7	10.10	1.722	0.00419
电动	1588	4758.3	15.09	1.972	0.00625
燃料电池	1678	9832.4	42.86	4.074	0.0178

来源：Pehnt，2001

a）在车辆寿命（10年）过程中，平均行驶241350km。

假设 GHG 和 AP 排放与车辆质量成比例关系，但对环境的影响与生产混动、电动以及燃料电池车辆过程中的特殊设备有关，要对所使用的电池和燃料电池堆分别进行评价。因此，传统汽车的 AP 和 GHG 排放按如下方式计算：

$$AP = m_{car} AP_m \tag{7.2a}$$

$$GHG = m_{car} GHG_m \tag{7.2b}$$

对于混动和电动汽车为

$$AP = (m_{car} - m_{bat})AP_m + m_{bat}AP_{bat} \tag{7.3a}$$

$$GHG = (m_{car} - m_{bat})GHG_m + m_{bat}GHC_{bat} \tag{7.3b}$$

对于燃料电池车辆为

$$AP = (m_{car} - m_{fc})AP_m + m_{fc}AP_{fc} \tag{7.4a}$$

$$GHG = (m_{car} - m_{fc})GHG_m + m_{fc}GHG_{bat} \tag{7.4b}$$

其中，m_{car}、m_{bat}和m_{fc}分别代表车辆质量、电池质量和燃料电池堆质量，AP_m、AP_{bat}和AP_{fc}分别代表传统、电动和和燃料电池车辆的每千米空气污染物排放。混动和电动汽车的电池包质量分别是53kg（1.8kW·h电量）和430kg（27kW·h电量）。燃料电池堆的质量约是78kg（78kW功率容量）。根据相关文献（Rantik, 1999），每生产1kg的电池需要1.96MJ的电量和8.38MJ的液化石油气。

电池生产对于环境的影响列于表7.4中，假设从天然气转化为电能的效率为40%（这个假设是合理的，因为天然气发电效率从燃气轮机组的33%到联合循环电厂的55%不等，约7%的电能在传输过程中损失）。质子交换膜燃料电池（PEMFC）的材料清单见表7.5。

燃料电池堆在生产过程中对环境的影响根据AP和GHG排放来确定（表7.4，最后一行）。与所选电池相比，数据表明PEMFC生产阶段温室气体和AP排放量占比相对较大。电极（包括材料提取和加工）和双极板的制造构成了排放的主要部分。

表7.4 镍氢电池和质子交换膜燃料电池（PEMFC）在生产过程中相关的环境影响

设备	质量/kg	单车寿命用量	单车寿命AP排放/kg	单车寿命GHG排放/kg
混动电池包	53	2	0.507	89.37
电动电池包	430	3	6.167	1087.6
PEMFC电堆	78	1	30.52	4578.0

来源：Granovskii et al.，2006

表7.5 质子交换膜燃料电池材料清单

成分	材料	重量/kg
电极	铂	0.0050
	钌	0.01
	碳纸	4.37
交换膜	全氟磺酸膜	5.64
双极板	聚丙烯	16.14
	碳纤维	16.14
	碳粉	21.52
端板	铝合金	2.80
集流体	铝合金	1.14
连接件	钢	2.05
总计		69.87

来源：Granovskii et al.，2006

GHG 和 AP 排放也来自燃料生产和利用阶段。相应的环境影响在燃料循环中众多的生命周期评估中进行了评估，并将行业和学术界的各种数据纳入本分析中。

考虑三种发电场景：①电能由可再生能源（包括核能）生产；②50%的电能由可再生能源生产，另外50%的电能由天然气生产，生产效率40%；③所有的电能都来自天然气，生产效率40%。核能或可再生能源每 GW·h 电能的平均温室气体排放量为18.4t 二氧化碳当量。这些排放物存在于核电、水力发电、生物发电、风电以及太阳能和地热发电站的各个环节，包括材料提取、制造和报废。假设工厂制造的温室气体排放完全符合天然气燃烧规律，以此计算 AP 排放。与使用过程中的直接排放相比，建造天然气发电厂的温室气体和 AP 排放量可以忽略不计。考虑到所有这些因素，计算了三种发电情景的温室气体和 AP 排放，见表7.6。

如上所述，燃料电池车辆中所使用的的氢气需要压缩处理，因此需要为压缩机提供动力。表7.7列出了取决于发电场景的车用汽油和氢气的温室气体和 AP 排放。

表7.8列出了燃料利用阶段对环境的影响，以及包括燃料利用和汽车生产阶段在内的整体环境影响。

表7.6 每 MJ 发电量的温室气体和大气污染排放

场景	GHG 排放/g	AP 排放/g
场景1	5.11	0.0195
场景2	77.5	0.296
场景3	149.9	0.573

数据来源：Granovskii et al.，2006

表7.7 每 MJ 车用氢气和汽油燃烧后产生的温室气体和空气污染排放

场景	GHG 排放/g	AP 排放/g
天然气制造氢气场景		
场景1	78.5	0.0994
场景2	82.1	0.113
场景3	85.7	0.127
原油中提取汽油	84.0	0.238

数据来源：Granovskii et al.，2006

表7.8 不同动力系统与燃料使用阶段和全局环境影响相关的温室气体和大气污染排放物

汽车种类	燃料使用阶段		总计	
	GHG 排放 kg/100km	AP 排放 kg/100km	GHG 排放[a)] kg/100km	AP 排放 kg/100km
传统	19.9	0.0564	21.4	0.0600
混动	11.6	0.0328	13.3	0.0370
1[b)] 电动	0.343	0.00131	2.31	0.00756
燃料电池	10.2	0.0129	14.2	0.0306
2 电动	5.21	0.0199	7.18	0.0262
燃料电池	10.6	0.0147	14.7	0.0324

（续）

汽车种类	燃料使用阶段		总计	
	GHG 排放 kg/100km	AP 排放 kg/100km	GHG 排放[a] kg/100km	AP 排放 kg/100km
3 电动	10.1	0.0385	12.0	0.0448
燃料电池	11.1	0.0165	15.2	0.0342

数据来源：Granovskii et al.，2006

a）在车辆寿命（10年）过程中，平均行驶241350km。

b）本行中的数字是指发电场景。

7.2.2.3 归一化与全局指标

为了在不同种类的指标中进行不同车辆的比较，进行了归一化处理。选取考察范围内车辆中最经济和最环保的类型作为归一化指标，取值1。因此，提出了车辆和燃料成本以及温室气体和空气污染排放的归一化指标，公式如下：

$$(\mathrm{NInd})_i = \frac{(1/\mathrm{Ind})_i}{(1/\mathrm{Ind})_{\max}} \tag{7.5}$$

其中，$(1/\mathrm{Ind})_i$ 是车辆和燃料成本，温室气体和空气污染排放（见表7.1和7.8）这些指标的倒数，$(1/\mathrm{Ind})_{\max}$是这些指标的倒数值的最大值，$(\mathrm{NInd})_i$ 是归一化指标，索引 i 表示车辆类型（文中考察的四种车辆）。

但是对于续驶里程（整箱油或者满电的行驶距离）指标，归一化指标 $(\mathrm{NInd})_i$ 表示为

$$(\mathrm{NInd})_i = \frac{(\mathrm{Ind})_i}{(\mathrm{Ind})_{\max}} \tag{7.6}$$

其中，$(\mathrm{Ind})_i$ 表示这里考虑的四种类型车辆（由索引 i 表示）的续驶里程，并且 $(\mathrm{Ind})_{\max}$表示续驶里程指标中的最大值。在信息归一化之后，得到了所有三种发电情景下四种类型车辆的归一化经济性和环保性指标（表7.9）。全局指标由归一化指标的乘积得到（仅标准的简单几何集合，没有加权系数）。“理想汽车”与全局指标1相关联，因为这种车辆具有所考察的所有优点。对于所考察的因素，全局指标的计算值提供了给定汽车与理想汽车的“距离”的度量。

7.2.3 结论和讨论

为了简化车辆的比较，全局指标也根据式7.6进行了归一化。图7.1显示了与发电场景相关的归一化后的全局指标 NGInd。根据这些结果，如果核能和可再生能源约占发电能源的50%，那么混合动力汽车和电动汽车具有竞争力。如果化石燃料（在本例中是天然气）用于发电的50%以上，那么混合动力汽车与其他三种燃料相比具有明显的优势。

表 7.9　四种车辆归一化经济性和环保性指标

汽车种类	归一化指标					全局指标	归一化全局指标
	车辆成本	里程	燃料成本	温室气体排放	大气污染排放		
1[a] 传统	1	0.581	0.307	0.108	0.126	0.00243	0.0651
混动	0.733	1	0.528	0.174	0.205	0.0138	0.370
电动	0.212	0.177	1	1	1	0.0374	1
燃料电池	0.154	0.382	0.532	0.163	0.247	0.00126	0.0336
2 传统	1	0.581	0.307	0.336	0.436	0.0261	0.176
混动	0.733	1	0.528	0.541	0.708	0.148	1
电动	0.216	0.177	1	1	1	0.0374	0.252
燃料电池	0.154	0.382	0.532	0.488	0.807	0.0123	0.0832
3 传统	1	0.581	0.307	0.599	0.628	0.0670	0.197
混动	0.733	1	0.528	0.911	0.967	0.341	1
电动	0.212	0.177	1	1	0.824	0.0308	0.0903
燃料电池	0.154	0.382	0.532	0.794	1	0.0248	0.0728

数据来源：Granovskii et al. , 2006

a）本行中的数字是指发电场景。

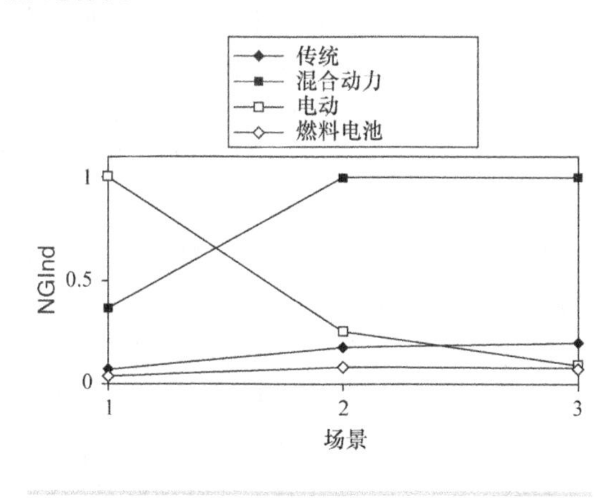

图 7.1　与发电场景相关的归一化全局指标

我们针对一个车队中各种车辆的最优组合进行了优化计算。目标是根据下面的两个公式，使得全局指标最大：

$$\sum_{i=1}^{4} \beta_i = 1 \tag{7.7}$$

$$\prod_{j=1}^{5} \sum_{i=1}^{4} \beta_i \cdot \mathrm{NInd}_i^j = \max\mathrm{imum} \tag{7.8}$$

式中，β_i是车队中某类型车辆的占比；$NInd_i^j$是某车型的归一化经济性或环保性指标；角标 i 代表车辆类型；角标 j 代表表 7.9 中五种经济性和环保性指标。

表 7.10 展示了不同发电场景下车队中不同类型车辆的最佳关系。对于场景 1，当车队中有 20% 的混合动力和 80% 的纯电动车是最好的结果。如果核能和可再生能源部分减少（场景 2 和 3），则电动汽车相对于混合动力汽车变得没有竞争力。氢燃料电池汽车在这里考虑的所有场景都没有竞争力，但它在场景 3 时具有最佳空气污染排放指标。

表 7.10　车队中不同类型车辆的最优组合

发电场景	传统车辆（%）	混合动力（%）	纯电动（%）	燃料电池车（%）	全局指标
1	0	38	62	0	0.079
2	0	78	22	0	0.159
3	0	100	0	0	0.341

数据来源：Granovskii et al. , 2006

参见表 7.9 中场景 3，电动汽车在价格、续驶里程和空气污染排放方面不如混合动力汽车。增加其续驶里程的最简单的技术解决方案是在车辆上产生电力。由于通过内燃机发电的效率低于燃气轮机的发电效率（通常恒定压力下燃料燃烧的热力循环效率高于恒定体积下的燃料燃烧效率），因此在热力学的基础上将燃气涡轮发动机结合到电动汽车中可能变得有意义起来。燃料电池系统（尤其是固体氧化物燃料电池堆）在燃气轮机循环中的应用使得其效率可以提高到 60%。

要达到与混合动力汽车相当的行驶距离，所需要的天然气压力不到燃料电池汽车燃料箱内的氢气压力的 1/2。因此，假设一辆电动汽车的油箱所需要的压力可以从 170atm 降低到 115atm，对应于天然气发电，效率 $\eta=0.4\sim0.6$。

对应于假想电动汽车，其生产阶段的成本、温室气体和 AP 排放与电动原型车相同，可以计算出不同的车载发电效率的归一化指标（见表 7.11）。为了获得电池和燃气涡轮发动机的容量之间的最佳关系，需要对此进行优化。

图 7.2 显示了车队中混合动力汽车和假想电动汽车的最佳配比，以提高表 7.11 中的全局指标。从表 7.11 可以看出，如果连接到大容量电池和电动机的燃气涡轮发动机以约 50% ~60% 的效率产生电力，则电动汽车变得十分优越。

燃气涡轮发动机具有许多优于传统内燃发动机的优点：可以使用各种液体和气体燃料，在低温下能够快速起动，大牵引力以及设计简单。在 20 世纪 60 年代将燃气涡轮发动机应用于轻型车辆的主要原因是它们在不同交通条件下改变燃料消耗的能力差。然后，燃气涡轮发动机被认为用于将燃料能量直接转换成机械功以驱动汽车。当燃气轮机与高容量电池和电动机集成时，仅仅用于发电的燃气轮机单元的应用允许克服这个弱点。将离子导电膜和燃料电池引入燃气轮机循环可以进一步提高效率并减少 AP 排放。

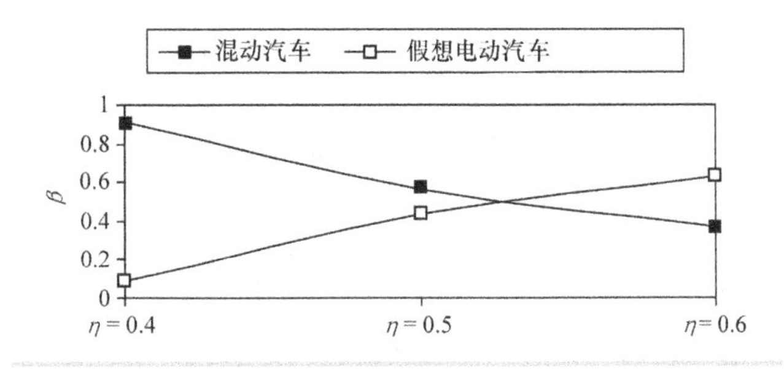

图7.2 车队中混动汽车和假想电动汽车的最佳配比

表7.11 混合动力和假想电动车在不同发电效率下的归一化经济性和环保性指标

汽车种类	归一化指标					全局指标
	车辆成本	里程	燃料成本	温室气体排放	大气污染排放	
混合动力	1	1	0.316	0.720	0.954	0.217
电动，$\eta=0.4$	0.289	1	0.663	0.725	0.718	0.0997
电动，$\eta=0.5$	0.289	1	0.831	0.867	0.863	0.180
电动，$\eta=0.6$	0.289	1	1	1	1	0.289

数据来源：Granovskii et al.，2006

7.2.4 结语

利用实际数据，对传统汽车、混合动力汽车、电动汽车和氢燃料电池汽车，这四种类型的车辆进行经济性和环保性对比。分析表明，混合动力汽车和电动汽车相比，其对标技术具有明显的优势。使用电动汽车对经济和环境的影响在很大程度上取决于电力来源。如果电力来自可再生能源，则电动汽车相对于混合动力汽车是有利的。如果电力来自化石燃料，电动汽车只有在车上产生电力时才能保持竞争力。如果燃气涡轮发动机以约50%~60%的效率产生电力，并将其连接到大容量电池和电动机，则电动汽车在许多方面会变得优越。将质子交换膜燃料电池应用到燃气轮机循环中可以允许进一步提高发电效率并且进一步降低空气污染排放。因此得出结论，在节能和生态良性车辆的开发方面，具有车载发电能力的电动汽车是一种不错的选择，值得进一步研究。本研究的主要局限性如下：①在某些情况下使用可能存在争议的数据；②指标的主观选择；③没有使用唯一的加权系数而是建立了简化版的全局指标；④由于技术的进步，目前的一些数据可能不够准确。尽管存在这些限制，该研究提供了对各种类型的车辆进行经济性和环保性比较的必要步骤，以便读者更好地理解电动车辆及其主要部件的相关优缺点。

7.3 案例研究2：方形电池温度分布实验和理论研究

7.3.1 引言

EV和HEV的寿命主要取决于电池的类型，提高电池的寿命将会减少车辆运行时间和使用成本。由于锂离子电池优良的能量储存能力，使得锂离子电池成为电动汽车和混合动力汽车的首选（Damodaran et al.，2011）。今天，锂离子电池因其高比能量、高功率密度以及高额定电压和低放电倍率的特点被广泛应用于汽车工业。除了应用于汽车领域之外，锂离子电池作为一次或二次电源，同样应用于笔记本电脑、手机、玩具等消费品中（Abousleiman et al.，2013）。锂离子电池的缺点是充放电过程中必须采取安全预防措施。过电压、过电流或者超过功率限制都可能损坏电池，同时有热失控的可能。同样，锂离子聚合物电池也必须被严格监控和管理（电和热）以避免产生安全（易燃性）和性能问题。

温度也是电池的一个重要参数，因为它会影响电池的寿命和容量。电池的温度应该控制在一个对其性能和寿命都比较理想的温度范围内，而且使用和存储也应在合理温度范围内。不同的电池技术和制造商，这个温度范围也会不同。因此，需要对电池进行热管理。然而，在低温环境下想要获得良好的性能以及在高温环境下想要获得长久的使用寿命都是极具挑战的任务。电池内部产生的热量必须被散失掉，以提高可靠性并防止失效。锂离子电池在高温时迅速老化，低温时输出功率和电池容量都急剧下降，因此会制约续驶里程或者导致性能下降。

本案例主要研究 EV 技术中最重要的部分——电池，同时研究不同边界条件（冷却/运行/浴温），如5℃、15℃、25℃下 $1C$ 和 $3C$ 放电时电池主要表面的温度分布。针对本例中20A·h 方形锂离子电池分别设计并研制出了风冷系统和水冷系统。此外，根据电芯温度分布情况，搭建了可以体现电芯主要热现象的电池热模型。

试验中采集了包括温度和放电电压的试验数据，并将该数据用于模型验证。

7.3.2 系统描述

图7.3是电池热特性试验系统示意图。图中上半部分的组件构成了电池循环系统；示意图的下半部分由热数据以及冷却系统数据采集部件组成。压紧装置用来固定和隔离试验时带冷板的电池。电池放电倍率选用 $1C$（20A）和 $3C$（60A）。这些关键部件将在后续章节中进行详细描述（Panchal et al.，2016）。

试验台1号计算机管理 Lab－view 程序以1s的采样周期记录数据，2号计算机管理 Keithley－2700 数据采集系统（服务于热管理测试）。Lambda ZUP20－40－800 和 TDI Dynaload RBL23250－150－800 作为低压电源和负载使用。MotoTron 控制器通过 RS232 接口与试验平台计算机通信。风冷系统搭建如图7.4a所示，水冷系统如图7.4b所示，水冷系统通过 CAD 软件绘制如图7.4c所示，该系统包括电池、冷板等部件。电池冷却系统将电芯与外部环境隔离并保证电芯表面与冷板紧密接触。

对于水冷系统，共用了两块冷却板。一块在电池上方，另一块在电池底部。其特点是内部只有一个流道、一个进水口和一个出水口。在该结构的三面都做了绝热

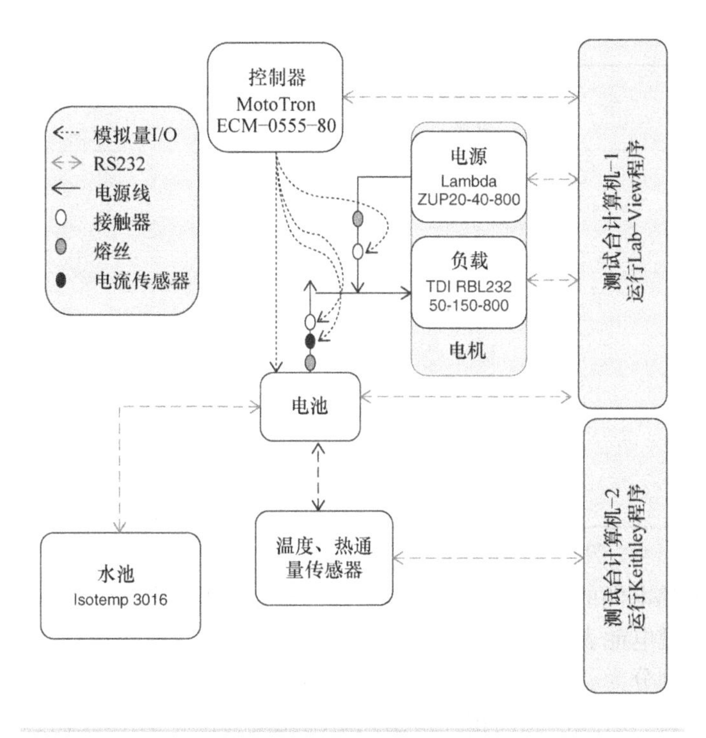

图7.3 试验台架示意图（Panchal et al.，2016）

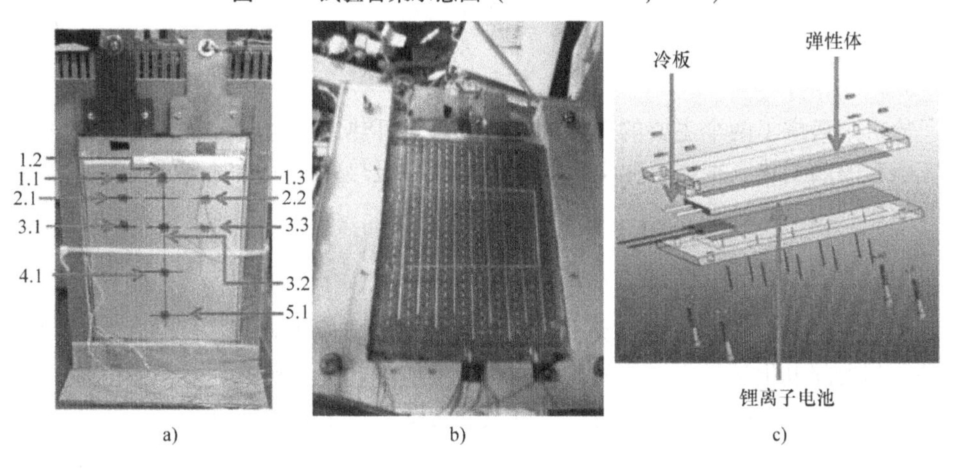

图7.4 风冷、水冷和电池冷却CAD（Panchal et al.，2016）

处理，以防电池与外部环境发生热交换。

7.3.3 分析

7.3.3.1 温度测量

在电池的主要表面安装热电偶来测试电池的表面温度。热电偶安装位置参照图7.4a，列于表7.12中。

表 7.12 热电偶安装位置

	热电偶 位置	X/mm	Y/mm
1	1，1	26.5	194
2	1，2	78.5	194
3	1，3	130.5	194
4	2，1	26.5	169
5	2，2	130.5	169
6	3，1	26.5	130
7	3，2	78.5	130
8	3，3	130.5	130
9	4，1	78.5	70
10	5，1	78.5	35

来源：Panchal et al.，2016

这些 T 型热电偶的误差特殊限值约 1℃（根据产品说明书）。利用黏性胶带将热电偶粘贴到锂电池表面。利用式 7.9 计算电池表面平均温度。电池表面平均温度是将电池表面划分为若干小面积区域，每个温度测点与其对应区域的面积相乘，再将这些积相加，然后除以总面积，得出该平均温度为面积的平均温度。

$$T_{as} = \frac{\sum (T_{ij}A_{ij})}{A_{total}} \tag{7.9}$$

7.3.3.2 热的产生

分析中考虑了两个主要的发热源。首先是焦耳热或者说阻抗热，其次是电化学反应引起的熵变热。根据电化学反应，充电时会吸热，而放电时会放出热量。电池中的产热利用下式计算：

$$\dot{Q} = I(V_{oc} - V_{ac}) - I\left[T\left(\frac{dV_{oc}}{dT}\right)\right] \tag{7.10}$$

这里，$I(V_{oc} - V_{ac})$ 就是大家熟知的欧姆热或者说焦耳热，$I[T/(dV_{oc}/dT)]$ 就是电芯内部电化学反应引起的或正或负的可逆热。通常来讲，第二项相对于第一项来说都比较小，因此基于电动汽车以及混合动力汽车的电流值，这一部分往往可以忽略（Smith，Wang，2006）。

方形锂电池中，由于电流密度高，集流体会产生额外的热量（焦耳热或欧姆热）。因此，我们引入式 7.11，将两个集流体的发热量也考虑进来。

$$\dot{Q} = I\left[V_{oc} - V_{ac} - T\left(\frac{dV_{oc}}{dT}\right)\right] + A_pR_pI_p^2 + A_nR_nI_n^2 \tag{7.11}$$

这部分热量如果不能正确导出也可能导致热失控，因为高温会触发放热反应产生额外的热量。这些反应会加速电池的温升，如果热量不能有效地散发，这将产生一个正反馈机制，进而导致电池温度快速攀升。结果就会产生热失控，起火、爆炸最终整个电芯完全失效。此外，即使不会产生热失控，长期在高温（>50℃）下应用也会导致电池容量大幅衰减。因此，电池热管理系统对于性能而言显得异常重要。

7.3.4 结果及讨论

7.3.4.1 电池放电电压曲线

为了评估放电速率的影响，在环境温度22℃时，对一个崭新电芯进行6次试验，分别为1*C*充电然后按照*C*/5、*C*/2、1*C*、2*C*、3*C*以及4*C*的放电倍率进行放电。6次试验中电芯持续放电至达到截止电压2.0V。图7.5展示了在6次试验过程中的电压和容量的曲线关系。研究表明所有放电倍率下电芯的容量都是一样的(20A·h)，和制造商标称数据一致；且低放电倍率（*C*/2和*C*/5）下的电压平台要长于高倍率（3*C*和4*C*）平台。

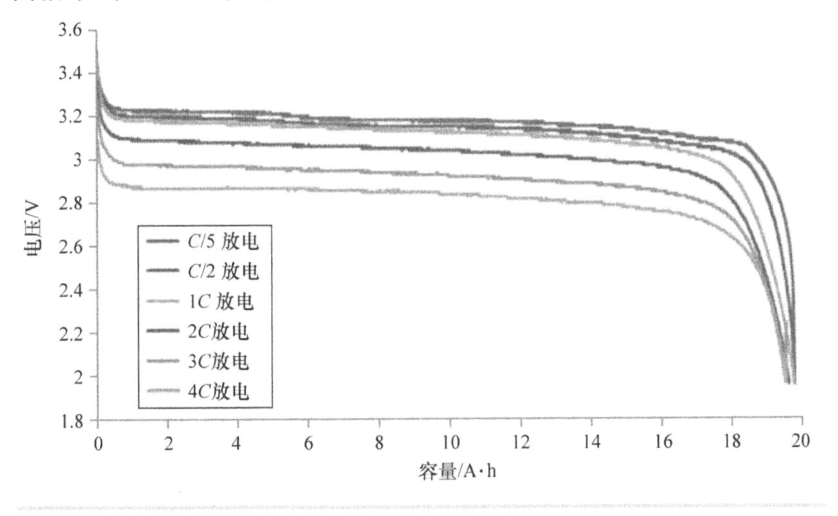

图7.5 *C*/5、*C*/2、1*C*、2*C*、3*C*、4*C*放电电压曲线（Panchal et al.，2016）

7.3.4.2 电池内阻曲线

图7.6为在环境温度下，电芯在1*C*、2*C*、3*C*和4*C*放电倍率下的内阻与容量的关系曲线。内阻第一个陡变发生在放电的最初阶段，之后在16A·h前，内阻几乎稳定不变，16A·h后内阻随放电深度而明显增大，当放电完毕时达到峰值。此外，可以看出，在整个放电过程中，由于放电倍率增大而引起的放电电流的增大对于内阻的变化影响是一致的。

7.3.4.3 放电倍率及操作温度对电池性能的影响

图7.7为电池在5℃、15℃、25℃和35℃时，1*C*和3*C*放电倍率下的电池放电电压曲线。它表明电池的性能是受放电倍率及使用温度影响的。因为EV和HEV续驶里程直接受电池容量影响，所以这一点备受关注。由图7.7可知，当使用温度从35℃降到5℃时，放电电压会随之降低。

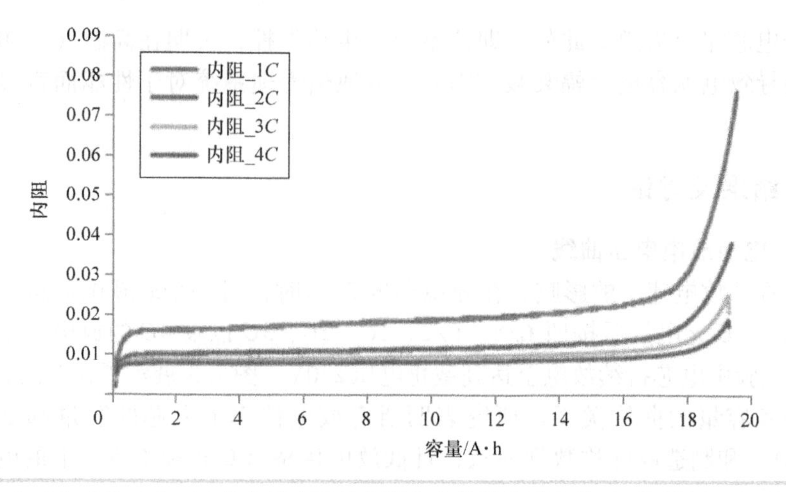

图 7.6　1C、2C、3C、4C 放电倍率下的内阻与容量的关系曲线（Panchal et al.，2016）

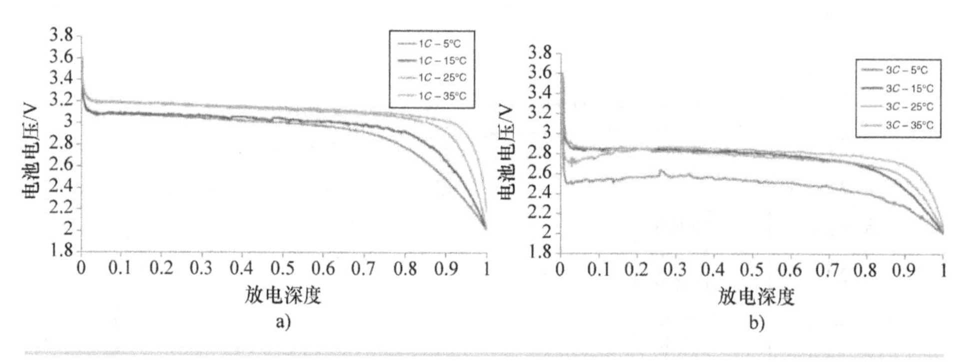

图 7.7　5℃、15℃、25℃、35℃时，1C、3C 放电倍率下的电池放电电压曲线（Panchal et al.，2016）

图 7.8a～图 7.8h 为电池在 5℃、15℃、25℃和 35℃时，1C 和 3C（边界条件）放电倍率下的电池主要表面的温度分布情况。电池表面温度与时间的曲线关系由 10 个热电偶进行记录。研究发现，靠近电极的热电偶，如（1，1）、（1，2）和（1，3），热响应更迅速。这些热电偶布置在最靠近电池正负极的位置，是蓄热最高的位置，并且由于靠近电极的位置有较高的放电电流，此处可能有最高的产热速率。

通过对图像的比较可以看出，整个电池表面上，35℃以 3C 放电时温度较高，5℃以 1C 放电时温度较低。此外，观察到增加放电倍率和使用温度（或边界条件）会导致电池表面温度增加。试验中，测试了 1C、3C 放电倍率下不同浴温（或边界条件）下的最高电池表面平均温度，结果如下：1C－5℃和 3C－5℃时的电池表面最高平均温度分别为 10.1℃和 15.7℃；1C－15℃和 3C－15℃时的电池表面最高平均温度分别为 19.6℃和 25.4℃；1C－25℃和 3C－25℃时的电池表面最高平均温度分别为 27.6℃和 32.6℃；1C－35℃和 3C－35℃时的电池表面最高平均温度分别为 35.9℃和 40.3℃。

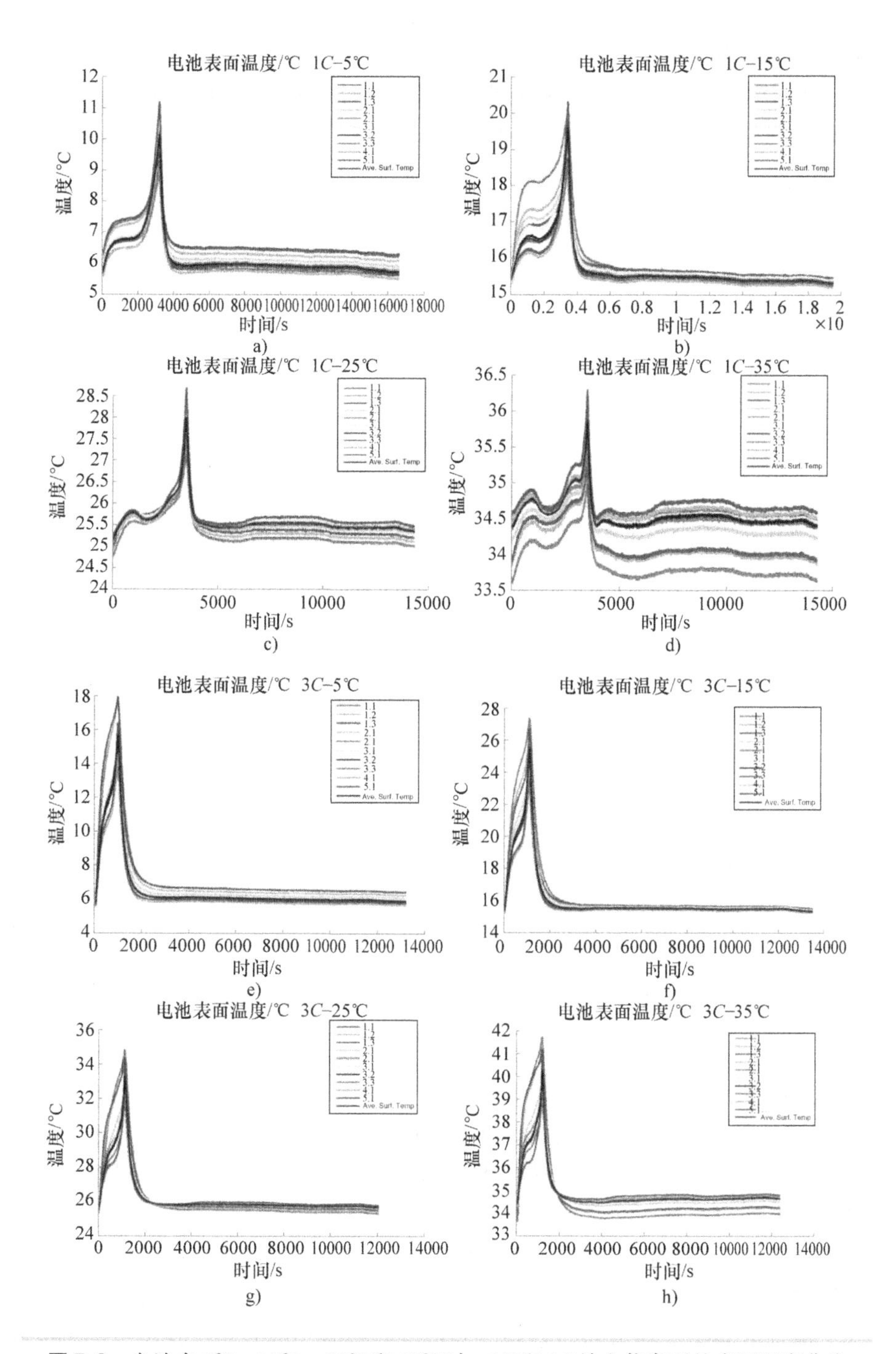

图7.8 电池在5℃、15℃、25℃和35℃时，1C和3C放电倍率下的表面温度曲线（Panchal et al.，2016）

7.3.4.4 建模及标定

图 7.9 为电池模型的 Simulink 框图。在双冷板锂离子电池试验数据的基础上建立了电池热模型。所需数据利用 MATLAB/Simulink 的查表功能实现。该模型以电流值作为输入，以电压作为输出，同时估算系统所需功率。

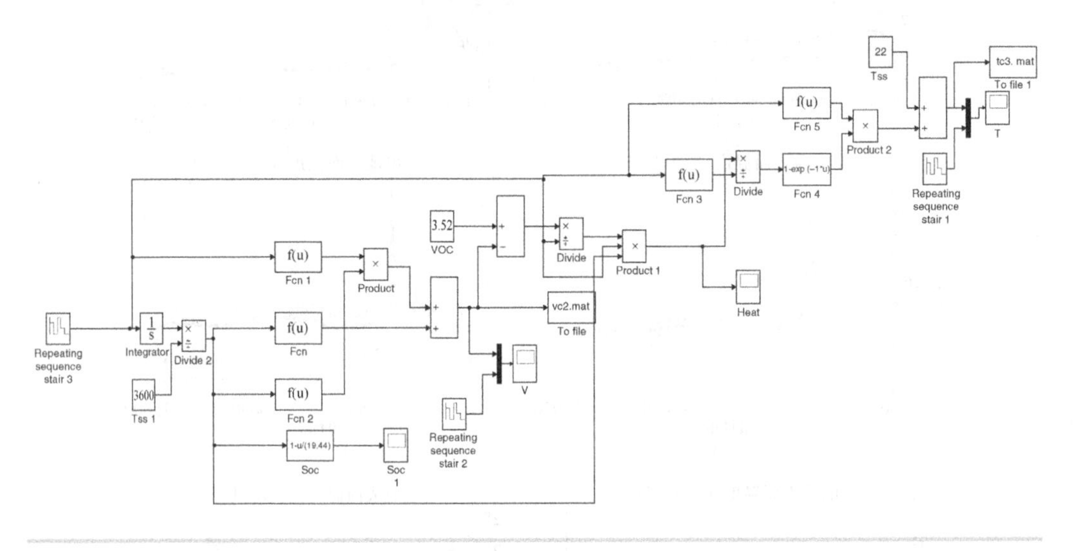

图 7.9 电池模型 Simulink 框图（Panchal et al. , 2016）

模型分为 SOC、电压和温度三部分。用瞬时容量除以最大容量来估算 SOC。利用下面公式来计算充放电电阻：

$$R_{\mathrm{d}} = \frac{\Delta V_{\mathrm{d}}}{\Delta I_{\mathrm{d}}} \tag{7.12}$$

$$R_{\mathrm{d}} = \frac{\Delta V_{\mathrm{c}}}{\Delta I_{\mathrm{c}}} \tag{7.13}$$

内阻通过下式计算：

$$R_{\mathrm{in}} = (V_{\mathrm{oc}} - V_{\mathrm{ac}}) I / I_{\mathrm{d}} \tag{7.14}$$

图 7.10 为环境温度时 $1C$ 充电循环下，模型预测端电压与实际测试端电压的比较结果。注意到在首尾两端存在轻微差异，仿真值略高于测试值。

图 7.11a～图 7.11h 比较了电池在 5℃、15℃、25℃和 35℃时，$1C$ 和 $3C$ 放电倍率下的表面温度曲线测试值和电池模型仿真值，发现它们具有较好的吻合性。可以看到，仿真值能够跟随预期的趋势，但是也会有微小的差距。模型中的温度响应取决于电芯的热损失、电芯重量以及与周边环境的热传递。电芯属性信息越多，仿真和试验的吻合度会越高。

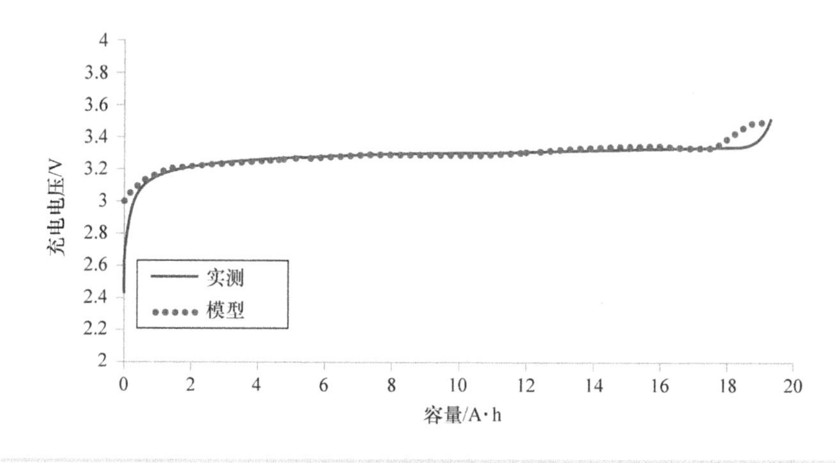

图 7.10 环境温度时 1*C* 充电循环下，模型预测端电压与实际测试端电压比较结果（Panchal et al.，2016）

图 7.12a ~ 图 7.12h 比较了电池在 5℃、15℃、25℃和 35℃时，1*C* 和 3*C* 放电倍率下的测试电压和电池模型仿真的电压。模型中的电压数据根据内阻值进行输出。图 7.12 表明仿真数值（拟合曲线）和试验数据吻合度较高，仅存在轻微的偏差。通常情况下，因为电池模型电压是假定线性特性，所以在靠近交点处，拟合曲线能得到更好的结果。

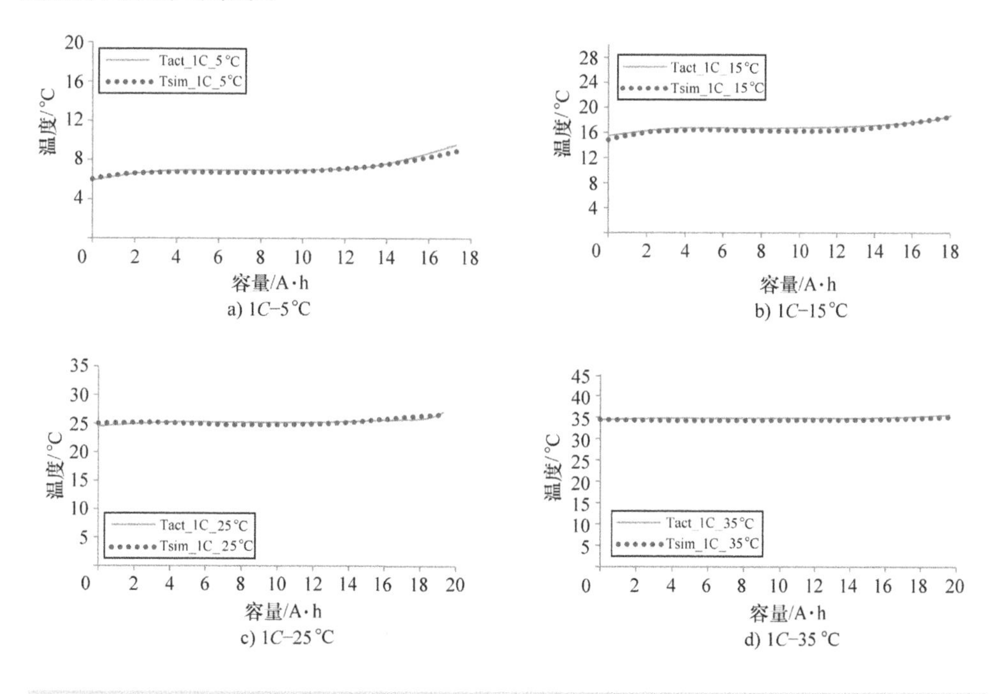

图 7.11 电池在 5℃、15℃、25℃、35℃时，1*C*、3*C* 放电倍率下的测试和仿真温度比较

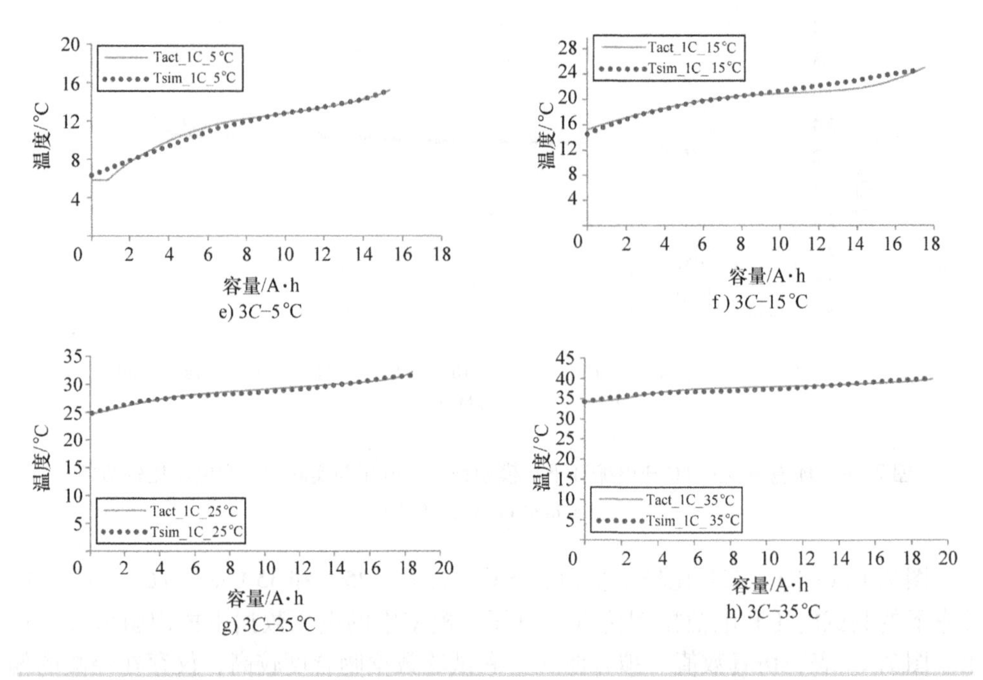

e) 3C−5°C　f) 3C−15°C　g) 3C−25°C　h) 3C−35°C

图 7.11 电池在 5℃、15℃、25℃、35℃时，1C、3C 放电倍率下的测试和仿真温度比较（续）

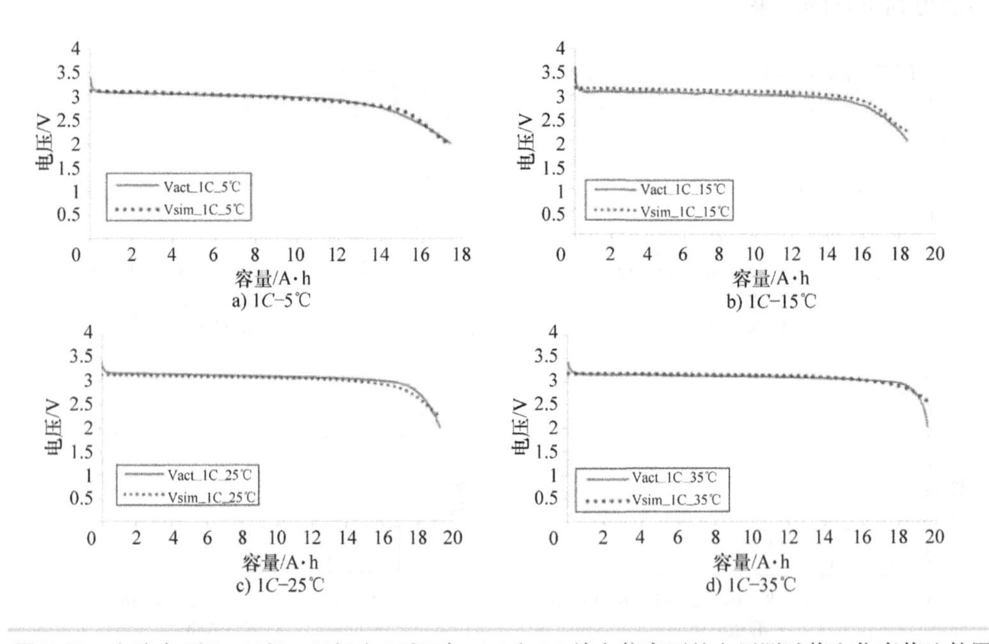

a) 1C−5℃　b) 1C−15℃　c) 1C−25℃　d) 1C−35℃

图 7.12 电池在 5℃、15℃、25℃和 35℃时，1C 和 3C 放电倍率下的电压测试值和仿真值比较图

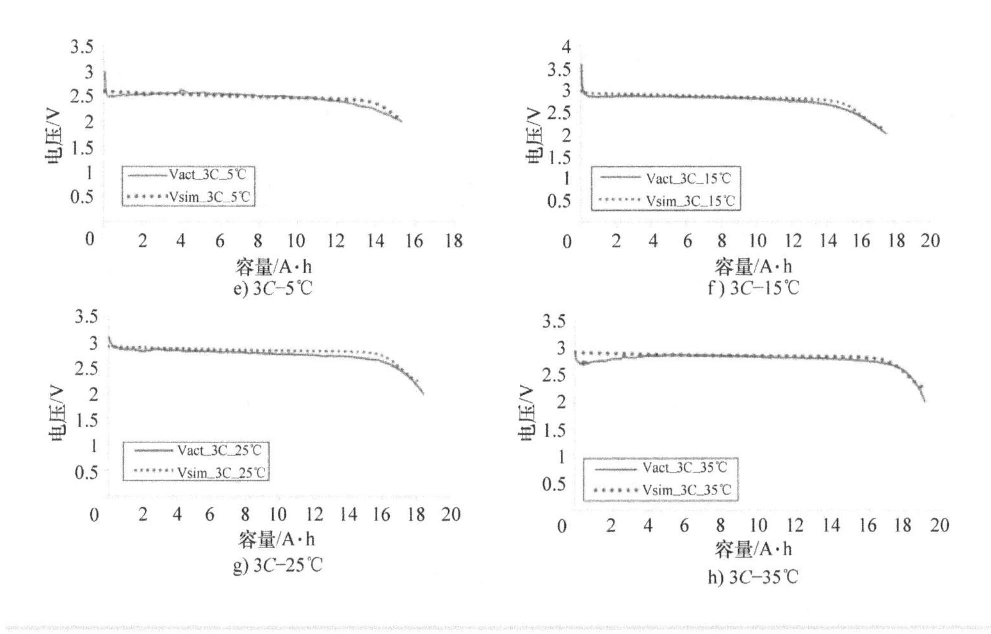

图7.12 电池在5℃、15℃、25℃和35℃时，1C和3C放电倍率下的电压测试值和仿真值比较图（续）

7.3.5 结语

本案例中建立了基于经验的电池热模型，可以精确跟踪试验结果。在充电电压方面，同测试数据相比，模型也表现出了良好的吻合度。此外，在1C、3C放电倍率下，测试了使用温度从5℃、15℃、25℃到35℃时的电池表面温度分布。试验发现，在3C－35℃时，表面平均温度最高（40℃），在1C－5℃时，表面平均温度最低（10.1℃）。

7.4 案例研究3：基于充放电循环的电动汽车锂离子电池热管理方案

7.4.1 引言

由于环境效益和油价上涨，很多汽车制造商已经花费了数百万美元在混合动力和电动汽车的研发上，这些举措使我们可以更好地保护生态系统，对环境越来越友好。电池，作为混合动力和电动车辆的主要动力部件，将在车辆的寿命周期内经历数千个循环。在整个生命周期内，电池会逐渐老化并最终需要更换。鉴于电池价格昂贵以及对车辆续驶里程的重要性，应当尽力推迟电池的老化进程。

电动和混合动力汽车（EV和HEV）的性能、生命周期成本和安全性在很大程度上取决于车辆的储能系统。先进电池，例如锂离子（Li - ion）电池是 EV 和 HEV 储能系统的十分可行的选择。电池温度影响电池性能、SOH，甚至可能存在安全风险。电动汽车的性能决定于由电池单元、模组组成的电池包，因此，热管理对于电动汽车的整车性能和生命周期来说至关重要。

本案例研究介绍了 $LiFePO_4$ 软包电池的热特性及其相关的热管理方案。通过试验结果表征其特性，且根据试验数据建立可用于模拟整车性能的经验电池热模型。同时给出了电气数据，用于基于电池热模型的电化学性能验证。为了向读者充分展示开展试验所需的必要步骤，如试验搭建、流程、评价以及设计改进，本案例研究按照如下架构进行组织。

设计专用装置用来测量软包电池在各种充电/放电循环时的电池表面温度分布、热流密度和产热量。在这项工作中，一个方形锂离子软包电池被两个冷板冷却，在电池上分布有热电偶和热流密度传感器。总产热是该电池经历了不同放电倍率（$1C$、$2C$、$3C$ 和 $4C$）以及不同冷却液温度（5℃、15℃、25℃和 35℃）试验边界下的所有热量之和。结果表明，产热速率受放电倍率和边界条件影响较大。所开发的测试装置可用来测试任何化学形式的方形电池的发热。书中给出了不同放电速率下的温度曲线，以便更直观地观察温度分布情况。通过采集试验台架温度、SOC 以及电压数据建立并验证了基于经验的电池热模型。

7.4.2　系统描述

对于应用于 PHEV、HEV 和 EV 的锂离子电池包，其性能和寿命主要受电池运行温度影响。为了了解电池的热性能及其对电池性能和寿命的影响，试验的第一步是研究电池在不同充放电倍率下的热量分布及产热情况。为了使研究成果与 PHEV、HEV 和 EV 相关，充放电倍率必须是这些车型上的典型电流或可能电流。当锂离子电池温度高于 50℃时，继续使用会加速老化并导致电池容量及续驶里程的严重衰减（Ramadass et al.，2008）。当环境温度接近 50℃时，电芯温度极有可能高于 50℃，尤其是当它们被组装成模组以及整包时。当运行温度较高时，可能发生热失控，进而导致火灾发生也是一个重大课题。因此，足够的电池冷却和热管理是整车电动模式运行时的一个不可缺少的组成部分。PHEV、HEV 和 EV 需要强大的电池热管理系统，以确保整车性能（安全、良好的性能和长寿命）以最佳状态运行。

电池热特性试验数据不仅对于电池包设计师和分析师具有重要意义，对注重电化学模型的人也很重要。电池建模能够得到关于电池充放电 SOC、SOH 以及温度的重要信息。有不同的电池建模方法，例如，电化学模型，还有等效电路模型（Lo，2013）。电化学模型可以获取对电池内部化学和物理过程的深刻理解，在建立单体模型时很有用。但是当电芯数量较多，尤其是整车电池包这种量级的时候，这种方式由于计算时间过长而显得不切实际。另一方面，等效电路模型由于电池损失按照电路器件模拟，从而在计算方面更具优势。

考虑到电池性能、电池老化或衰减以及起火等问题，所有这些都是由于电池温度过高所致，这一点上一节已经讲过。并且，由于我们对电动汽车电池的热特性所知有限，所以我们必须在实际的车辆充放电循环条件下，对 PHEV、HEV 和 EV 电池性能开展更多的研究工作。迄今为止，在电池建模方面已经进行了大量的工作，但是已公开的在不同边界条件下进行试验的信息很有限。因此，本案例研究的主要目标之一就是描述车辆适用的软包电池的热特性，该电池通过使用双冷板的方式可以提供更大范围的边界条件（Satyam，2014）。

7.4.3 分析

7.4.3.1 热管理混合测试台架设计

出于分析的目的，设计并建造了一个混合试验台，以进行部件老化研究，并能够按比例进行部件在环（CIL）测试。出于成本和安全考虑，测试台架按全系统的 1/50 比例设计，以测试较小的燃料电池和单个电芯。改进了试验台，不将燃料电池组件连接到电源总线。这样试验台就能够在全电动模式下工作。在全电动模式下，仅使用实验室的配电网对电池进行充电和放电。

考虑到台架的灵活性设计，集成了高、低压电源和负载。低压电源和负载分别为 λ ZUP20 - 40 - 800 和 TDI Dynaload RBL232 50 - 150 - 800。TDI 负载箱、λ 电源和所有其他必要组件如图 7. 13 所示。该系统的设计仅考虑单一电池、单一燃料电池和混合测试。在电池测试期间，从主总线上拆下 DC/DC 变换器和燃料电池。

电芯的电压、电流和温度由 MotoTron 控制器（CTRLPCM00200）监测。MotoTron 控制器通过 RS232 接口与试验台计算机 1 通信。测试台计算机 1 管理 Lab - view 程序（测量电池电压、电流、充放电循环、循环次数和时间），采样周期 1s，试验台计算机 2 管理 Keithley - 2700（数据采集）程序（测量电池表面温度、热流密度以及顶部和底部冷板的进出水温度）。集成前一案例类似的测试装置，以便为电池温度分布提供兼容的解决方案。在原来的混合测试台架设计中，每个电芯只允许一个热电偶，现在有 3 个热电偶连接到 MotoTron 控制器。这些热电偶被重新设定为实验室温度，以便记录和监测电池温度。图 7. 14 和图 7. 15 为热管理系统台架各组件的测试照片。

所有热电偶和热流密度传感器都连接到 Keithley - 2700 数据采集系统，该系统连接到试验台计算机 2。选用两个不同的商用冷却板来为电池冷却。这两种冷却板都是由两块冲压铝板制成，通过镍钎焊工艺连接在一起。第一个测试板是“Z 型”板，如图 7. 16 所示。这块板的特征是有一个单流通道，入口位于顶部。单流通道在返回之前，沿板的长度流动，每转一圈，跨越板块的一条通道宽度。这一流动模式的热剖面上，冷却液温度梯度最大出现在冷板的宽度方向。

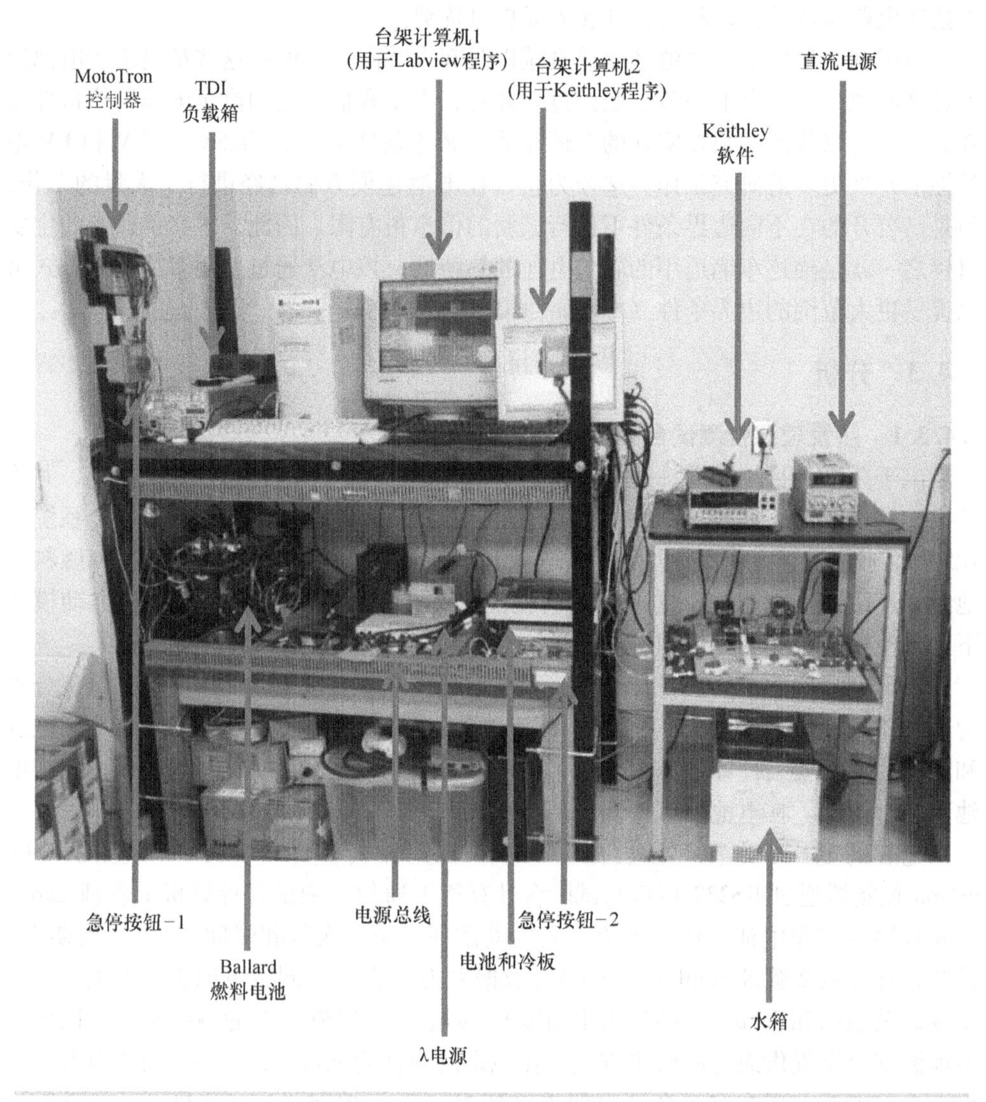

图 7.13　改进的热管理混合测试台架（Panchal，2014）

第二块冷板是“U 型”冷板。这种冷板的特点是有多个流道，多个入口和出口（9 个入口和 9 个出口）布置在冷板边缘，靠近电池的底部。冷却液的流动路径关于冷板中线对称。图 7.17 为本次测试台架中使用的其中一个 U 型冷板。一个冷板位于软包电池的顶部，另一个冷板位于软包电池的底部。利用聚苯乙烯绝热材料，从三面（软包电池的左、右以及底部一圈）进行绝热处理，防止软包电池到周围环境的热量损失。测试中使用的热系统在下一节阐述。

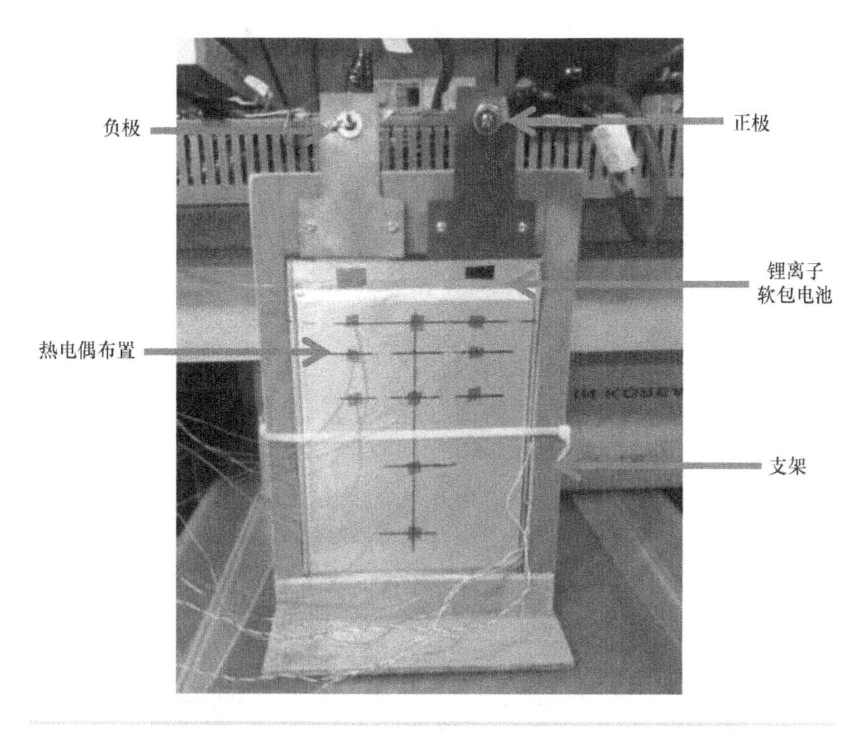

图7.14 被动空气冷却台架（Panchal，2014）

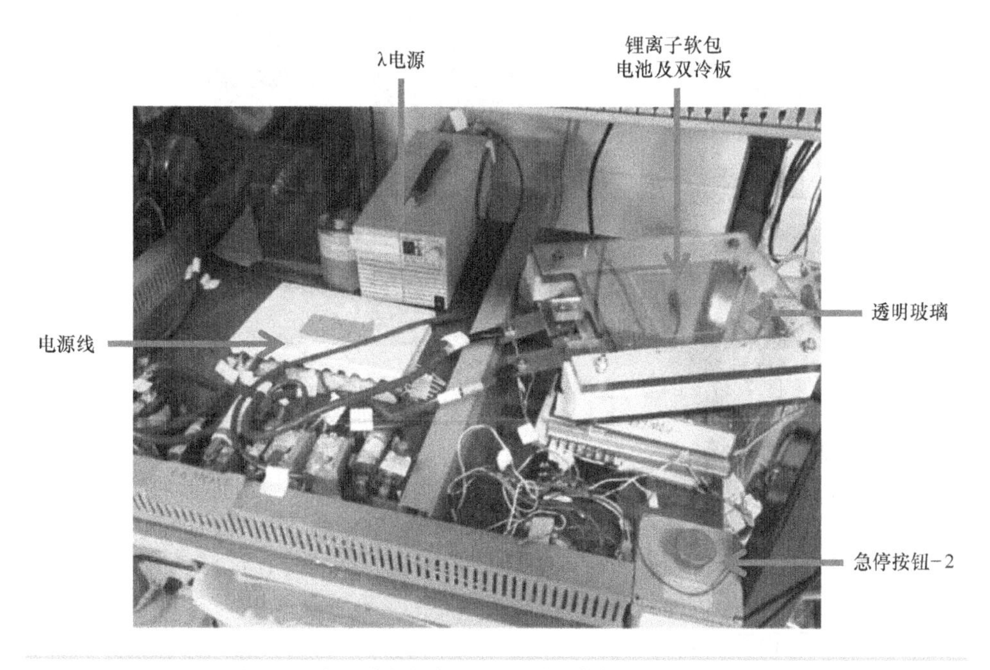

图7.15 具有双冷板的软包电池测试台架（Panchal，2014）

图 7.16　Z 型冷板测试台（主动冷却）（Panchal，2014）

图 7.17　U 型冷板测试台（主动冷却）（Panchal，2014）

7.4.3.2　电池冷却系统

电池冷却系统通过两个冷却板（P1，P2）组成的管道与水池形成一个闭环系统。传感器被放置在流动路径上，以记录流体的特性。系统示意图如图 7.18 所示。冷却板被放置在压紧装置内，直接与电池的主要表面相贴合，这样，电池内部产生的热量将主要通过传导传递到冷却板表面来散热。

7.4.3.3　传感器和流量计

测试中使用了两种类型的传感器监测电池冷却系统：热电偶和流量计。这些传感器是用来确定通过冷却板内的液体所获得或带走的热量。T 型插入式热电偶直接

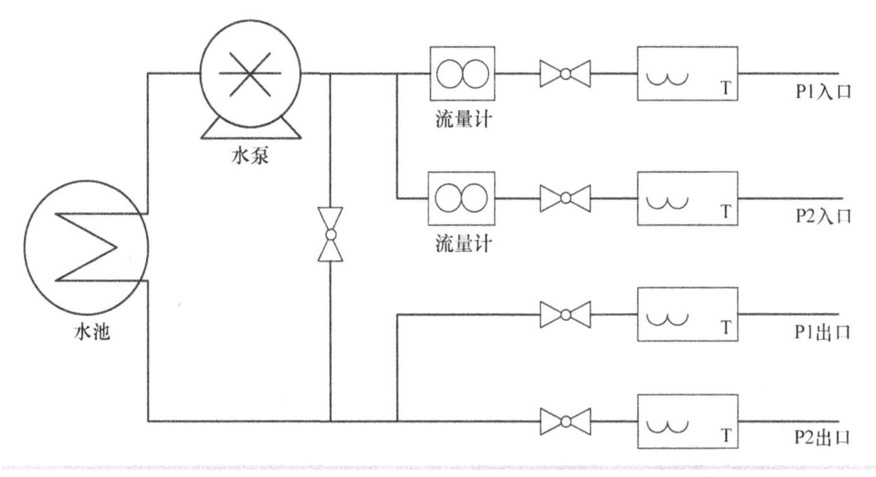

图7.18 冷却系统从水池到冷却板的流动示意图（Panchal，2014）

安装在每个冷却板的进出口。这些热电偶测量流道中的冷却液温度。Keithley 2700 记录这些热电偶的输出。

在每个冷却板的进口处直接安装一个 Microtherm FS1 30～300mL/min 流量计。液晶显示器可即时显示体积流量。在测试的开始和结束，手动记录体积流量值。

7.4.3.4 压紧装置

为了测试主动冷却的电池冷却系统，设计了一种特殊的隔热装置。该装置用来隔离电芯和周边环境的热交换，并保证冷板与电池表面的紧密接触。图7.19是该隔热装置爆炸图，图7.20是压紧装置CAD图。

图7.19 测试装置爆炸图（Panchal，2014）

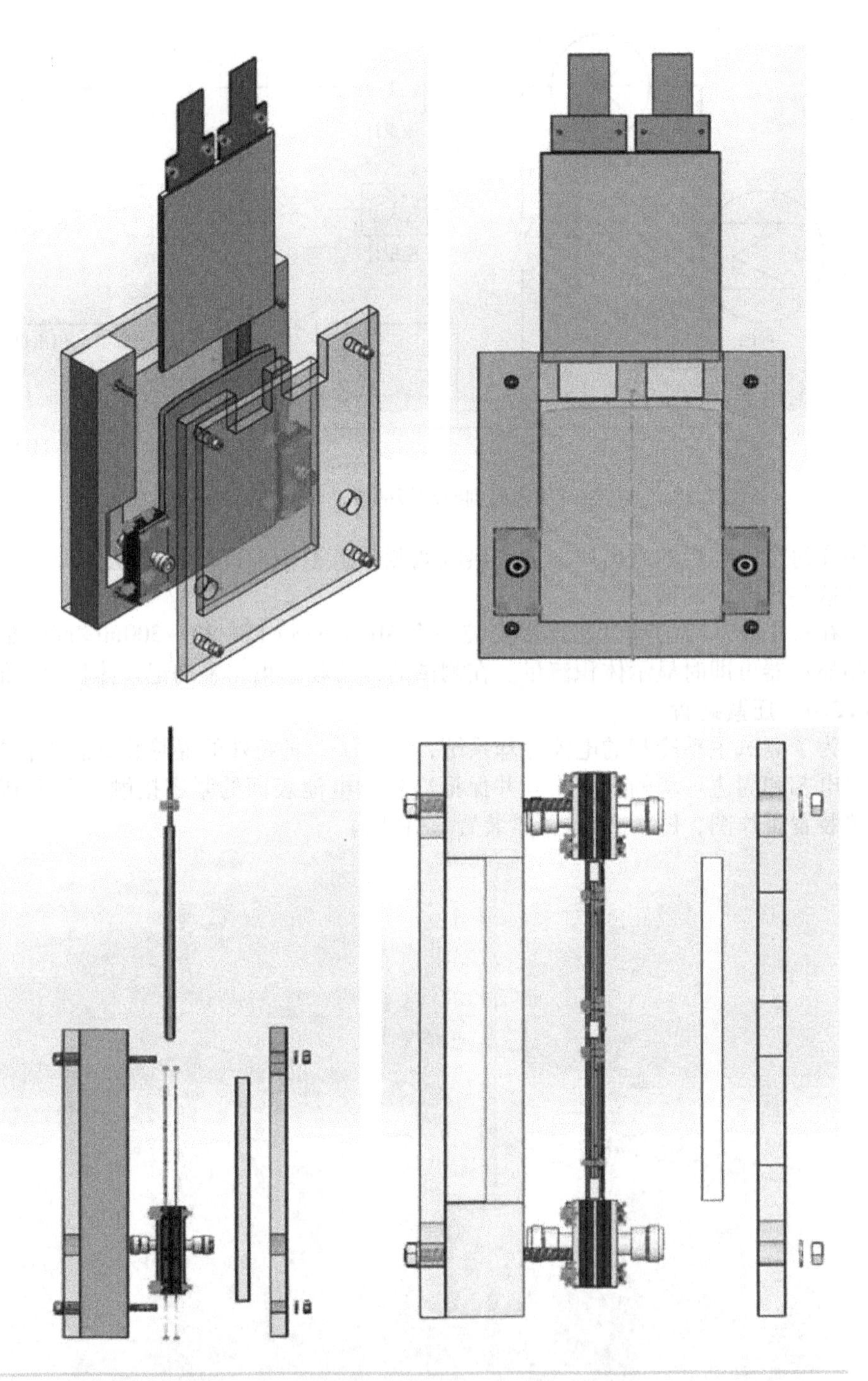

图 7.20　压紧装置 CAD 图（Panchal，2014）

该装置由两个12.7mm厚的透明的聚碳酸酯板组成，将电池和冷板夹在两板中间。每个角上都有一个孔，以允许螺纹螺栓通过。拧紧螺栓，通过压力将电池限制在装置内。用9.5mm厚的聚碳酸酯制成垫片，尺寸与电池尺寸相同。这些垫片用来调节冷却板和外聚碳酸酯板之间的距离，使进口、出口和管路都处在合理状态。

7.4.3.5 电池

本案例中，被测试的20A·h的锂离子方形软包电芯如图7.21所示。电芯规格见表7.13。标签处的两个孔用来连接电源和电压传感设备。

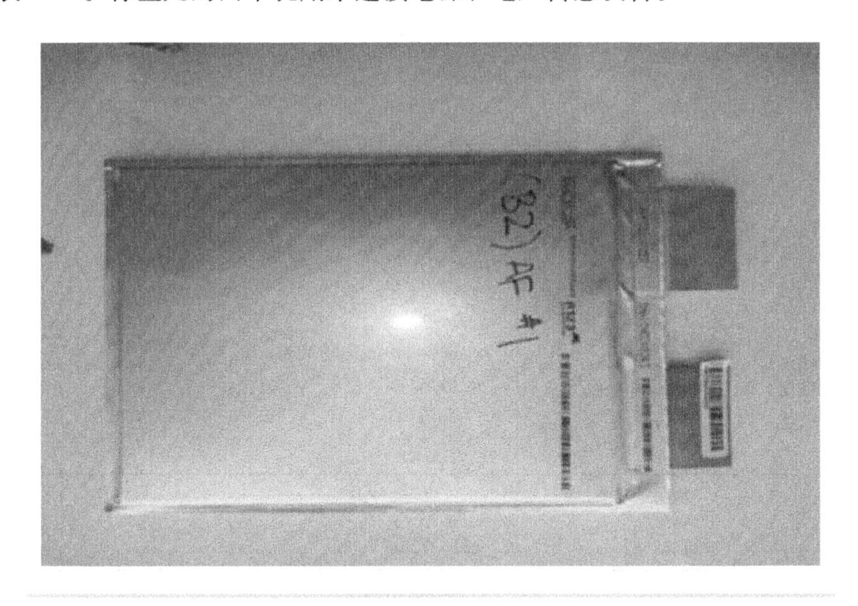

图7.21 20A·h方形 $LiFePO_4$ 锂离子软包电池（Panchal，2014）

7.4.3.6 热管理系统试验计划和过程

本试验测试了三种不同的冷却方式：被动对流、Z型流道主动冷却以及U型流道主动冷却；对主动冷却板方式，选择了四种不同冷却液温度或边界：5℃、15℃、25℃和35℃；选择四种不同的放电速率：1C、2C、3C和4C；充电电流为1C。试验方案见表7.14。

这一过程是为了开始电池循环和采集热数据，它并没有直接描述压紧装置中组装电池和冷却/传感器部件的过程。因此，本流程假定电芯和冷却组件被正确安装，并根据需要完全连接到所有其他组件。

1）在开始循环前，将恒温冷却液和泵提前打开至少2h，使电池、冷却液和压紧装置达到稳定温度。观察通向冷板的阀门并将其打开。设置恒温冷却液温度为5℃、15℃、25℃和35℃。

表 7.13 $LiPO_4$ –20A·h 软包电芯参数

参数	值
负极材料	$LiFePO_4$
正极材料	石墨
电解液	碳酸盐基
额定容量	20.0A·h
额定电压	3.3V
额定能量	65W·h
能量密度	247W·h/L
质量	496g
放电功率	1200W
尺寸	7.25mm×160mm×227mm
比功率	2400W/kg
比能量	131W·h/kg
使用温度	–30～55℃
存储温度	–40～60℃
体积	0.263L
循环数	最少 300，典型 2000
最大放电电流（依赖于 SOC 和温度）	300A
最大充电电流	300A
内阻	0.5mΩ

数据来源：Panchal，2014

表 7.14

冷却形式	环境/冷却液/浴温度/℃	放电倍率
被动式（仅环境空气）	约 22	1C，2C，3C，4C
主动式（Z 型流道冷板）	5	1C，2C，3C，4C
	15	1C，2C，3C，4C
	25	1C，2C，3C，4C
	35	1C，2C，3C，4C
主动式（U 型流道冷板）	5	1C，2C，3C，4C
	15	1C，2C，3C，4C
	25	1C，2C，3C，4C
	35	1C，2C，3C，4C

数据来源：Panchal，2014

2）加载充放电站的 Labview 代码，并将相关的测试参数输入到程序中。相关的测试参数包括：

① 充电电流。

② 放电电流。

③ 循环次数。

④ 驱动循环（充电和放电循环）。

⑤ 充电结束时的最大电压。

⑥ 放电结束时的最小电压。

⑦ 采样频率。

3）打开热数据采集 PC 和 Keithly 2700，并允许初始化。在 PC 上，编写了 Excel 连接记录软件进行数据采集。记录软件中记录的参数如下：

① 电池表面温度（软包电池上下两个表面温度）。

② 电极附近电池上表面的热通量。

③ 顶部和底部冷板的进出口水温。

4）两台 PC 的内部时钟同步，允许数据文件合并。

5）同时启动充放电试验台和热数据采集，以便同时开始充电/放电和数据采集。

6）测试继续进行，直到完成所需的电池循环周期。

7）每个测试创建两个文件：

① 来自热数据采集 PC 的数据。

② 充放电数据。

7.4.3.7 数据分析方法

在试验中产热和冷却带走热量的数据包括电气数据（电池电压、电流）和热数据：表面温度数据（13 个通道）、热流计输出电压（3 个通道）、入口/出口冷却系统温度（4 个通道）。利用 MATLAB 软件对大量数据进行处理。采用以下能量平衡方程来确定电池的实际热量输出：

$$Q_{总} = Q_{存储} + Q_{散失} + Q_{环境} \tag{7.15}$$

7.4.3.7.1 显热

在电池中储存的热量被称为显热。它是根据电池温度的变化和特定的热值进行评估的。当电池温度从最初的某温度变化到最终温度时，使用以下公式来评估电池中储存的显热：

$$Q^{\text{sensible}}_{t_1-t_2} = m_{\text{battery}} c_{\text{p,battery}} (T_{t_2} - T_{t_1}) \tag{7.16}$$

$$T^{\text{surface}}_{\text{average}} = \frac{\sum (T_{ij} A_{ij})}{A_{\text{total}}} \tag{7.17}$$

设计了一种标准方法来确定整个电池表面的平均温度，从而实现了合理的热量计算。对于每个热电偶，假设测量的温度代表传感器周围区域的平均值。通过计算相邻传感器之间的 x 和 y 中点距离来确定每个区域的边界。式 7.17 通过对温度和面积之积的总和除以总表面积来评价电池表面平均温度。

测量表面温度的 10 个热电偶分别按照如图 7.22 所示位置分配好。热电偶区域的物理尺寸见表 7.15。显热积累速率直接受电池产热速率和系统传热系数影响。由于与周围环境的传热系数有限，电池的温度逐渐升高。显热积累速率是由式

7.18 的变化率决定的，其中 dT/dt 是电池温度变化的速率。

$$Q_{\mathrm{sensible}} = m_{\mathrm{battery}} c_{\mathrm{p,battery}} \frac{\mathrm{d}T}{\mathrm{d}t} \tag{7.18}$$

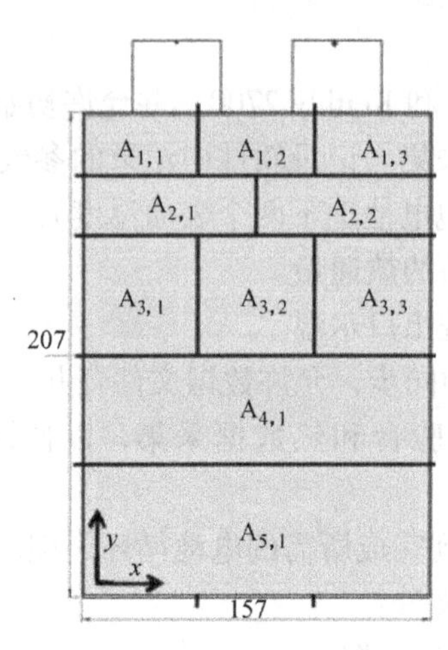

图 7.22　用来计算表面平均温度的区域分布（Panchal，2014）

表 7.15　热电偶的物理尺寸

热电偶	面积	X/mm	Y/mm	面积/$\times 10^{-3}\mathrm{m}^2$
1，1	$A_{1,1}$	52.5	25.5	1.34
1，2	$A_{1,2}$	52	25.5	1.33
1，3	$A_{1,3}$	52.5	25.5	1.34
2，1	$A_{2,1}$	78.5	32	2.51
2，2	$A_{2,2}$	78.5	32	2.51
3，1	$A_{3,1}$	52.5	49.5	2.60
3，2	$A_{3,2}$	52	49.5	2.57
3，3	$A_{3,3}$	52.5	49.5	2.60
4，1	$A_{4,1}$	157	47.5	7.46
5，1	$A_{5,1}$	157	52.5	8.24

数据来源：Panchal，2014

温度变化速率根据两个时刻测得的温度，按照以下公式进行计算：

$$\frac{\mathrm{d}T}{\mathrm{d}t} = \frac{(T_{t_2} - T_{t_1})}{t_2 - t_1} \tag{7.19}$$

由此，显热累积速率可以通过以下公式计算：

$$\dot{Q}_{\substack{\mathrm{sensible} \\ t_1-t_2}} = m_{\mathrm{battery}} c_{\mathrm{p,battery}} \frac{(T_{t_2} - T_{t_1})}{t_2 - t_1} \tag{7.20}$$

7.4.3.7.2　电池散热量

电池产生热量的一小部分通过冷却过程散热。风冷测试中，被测试电池竖直摆放，环境空气通过自然对流传热。在其他试验中，使用冷却板通过强制冷却液流动来去除热量。

1. 风冷

当已知温度的流体接触已知表面时，热量通过对流传递并遵循牛顿冷却定律。

$$Q_{\text{convection}} = h_c A(T_{\text{surface}} - T_\infty) \tag{7.21}$$

如果已知传热系数 h 和表面温度，可以计算出相应的传热量。如何确定 h 是热对流的根本挑战。系数本身并不是流体的热物理性质，而是依赖于许多变量，例如：

$$h_c = f(\rho, C_p, \mu, \beta, g, k, [T - T_f], L) \tag{7.22}$$

努塞尔数与 h_c 成比例，服从下面的关系式：

$$Nu_L = \frac{h_c L_{\text{surface}}}{k_{\text{fluid}}} \tag{7.23}$$

努塞尔数关系式已经在实验测试中被验证，并可从主流传热课本中获取到。这些公式一般都与特定的几何形状相关，使用时必须谨慎选择对应的公式。对于流经竖直平板的浮力作用下的层流，有以下关系式（Incropera，Dewitt，2007）：

$$Nu_L = 0.68 + \frac{0.670(Ra_L)^{1/4}}{\left[1 + \left(\frac{0.492}{Pr}\right)^{9/16}\right]^{4/9}} \qquad Ra_L \leqslant 10^9 \tag{7.24}$$

普朗特数（Pr）在传热课本中一般按照不同流体温度值列成表格，由边界层温度确定；边界层温度是流体和被冷却表面的平均温度。瑞利数由标准关系计算：

$$Ra_L = \frac{g\beta}{v\alpha}(T_{\text{surface}} - T_\infty)L^3 \tag{7.25}$$

2. 水冷（冷却板）

冷却板的散热率是由进口和出口热电偶测试数据以及对应流量决定的。电池热量引起冷却液进出口的温度差。用以下公式可以计算出单个冷却板带走的热量：

$$\dot{Q}_{\text{CoolingPlate}} = \dot{m}_w C_{p,w}(T_{w,o} - T_{w,i}) \tag{7.26}$$

Δt 时间内所有通过冷却板带走的热量，可以用以下公式计算：

$$Q_{\text{CoolingPlate}} = \dot{m}_w C_{p,w}(T_{w,\text{out,average}} - T_{w,\text{in,avgrage}})\Delta t \tag{7.27}$$

$T_{w,\text{out,average}}$指 Δt 时间内液体出口温度的平均值，式 7.28 中 N_T 代表所有读到的温度点的个数。

$$T_{w,\text{out,average}} = \frac{\sum T_{w,o}}{N_T} \tag{7.28}$$

7.4.3.7.3 与环境的热交换

压缩装置并不是完全绝热的，因此，冷却板的测量包含了来自环境的热量（增加或损失）。当冷却液温度设置为5℃，压紧装置内表面与环境空气就会有约17℃的温差。这就导致有热量传递发生在环境和冷却液之间。这些额外的热量体现在入口和出口之间增大的温差。对于高于环境温度的测试，结果则相反。这种额外的热量影响了入口和出口之间的温差。

为了评估这一影响，在电池不进行充电或放电时，激活冷却系统和热数据采集系统。这样，每个冷却板的进口和出口的温差就可以被记录下来。每个冷却板的平均温差和相应的流速被用来量化冷却板和环境之间的热传递。在不同的冷却液温度下，被带走或增加的热量见表 7. 16。这些数据点如图 7. 23 所示。

表 7. 16 压紧装置在不同冷却液温度下的对环境的换热量

冷却液温度/℃	$\dot{Q}_{环境}$/W
5	−21. 61
15	−11. 24
25	4. 12
35	18. 10

数据来源：Panchal，2014

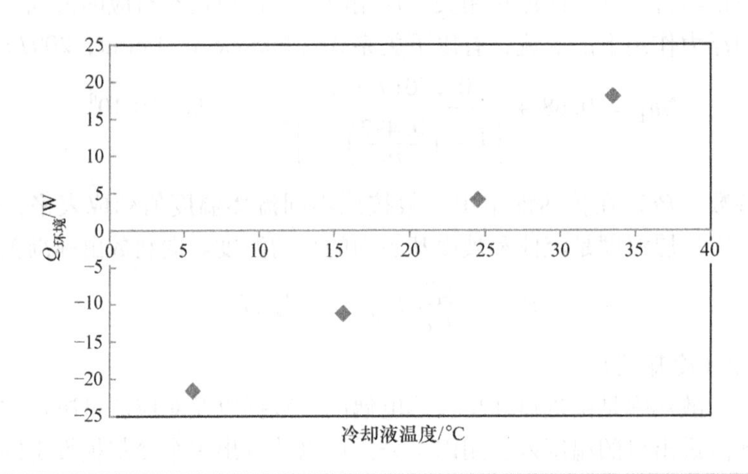

图 7. 23 压紧装置在不同冷却液温度下对环境的换热量（Panchal，2014）

7. 4. 4 结果和讨论

在本节中，详细讨论了在不同放电倍率和不同边界条件下的电池主要表面的温度分布、电池最高表面温度、平均热流密度、峰值热流密度、总产热、产热速率、放电速率以及工作温度对电芯可释放容量的影响，并辅以大量的研究图表。

7. 4. 4. 1 电池表面温度曲线

图 7. 24 和图 7. 25 分别绘制了 10 个热电偶在 4C 放电、5℃和 35℃浴温下的电池表面温度曲线。可以观察到，热电偶在位置（1，1）、（1，2）和（1，3）的响应在整个 0. 0 和 1. 0 的放电深度（DOD）区间的上升速率更快。这些热电偶最接近

电池的负极和正电极，代表最高的热积聚位置，很可能在电极附近产热量最高。

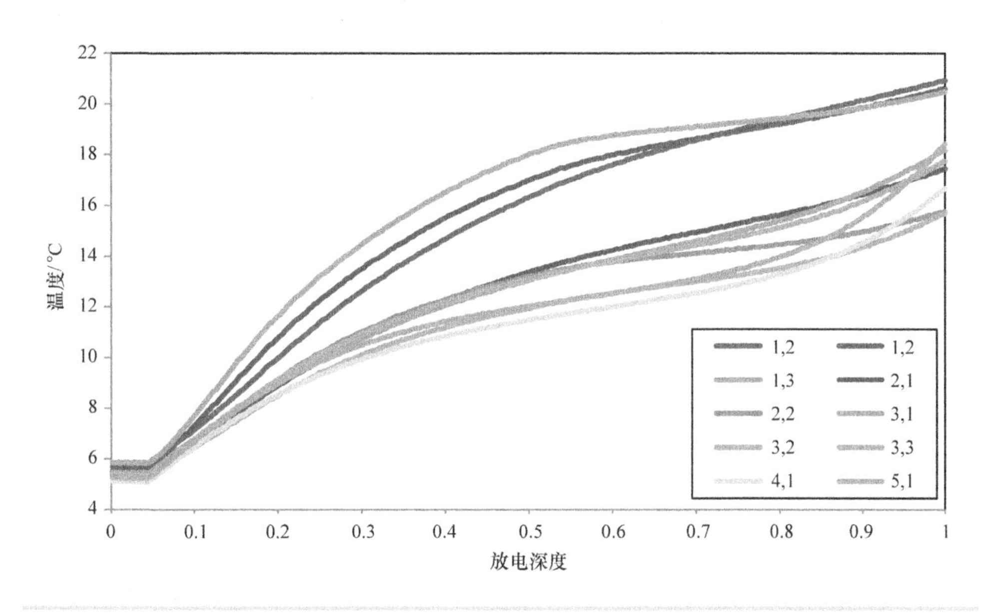

图 7.24 4C 放电冷却液 5℃时的表面温度曲线（Panchal，2014）

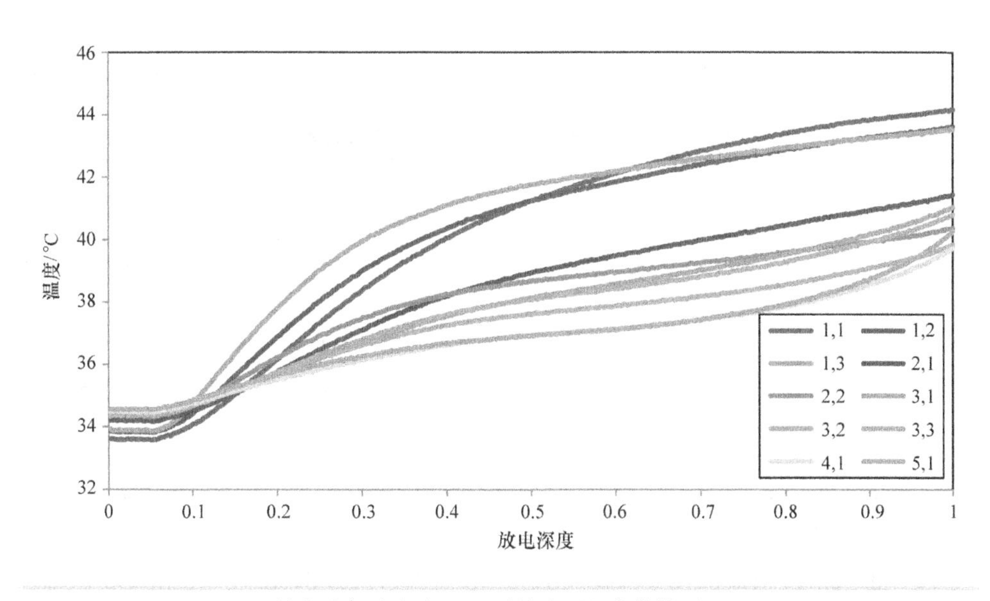

图 7.25 4C 放电冷却液温度 35℃时的表面温度曲线（Panchal，2014）

通过对这些图像的比较，可以看出，与 4C –5℃相比，4C –35℃时温度分布值更高。

7.4.4.2 电池表面平均温度

在图 7.26 中绘制了四种放电速率和不同使用/冷却液/浴温时的电池表面最大平均温度。趋势表明，无论使用温度如何，电池表面最大平均温度随放电速率的增加而增加。在表 7.17 中，总结了在所使用的测试条件下最大表面平均温度的情况。

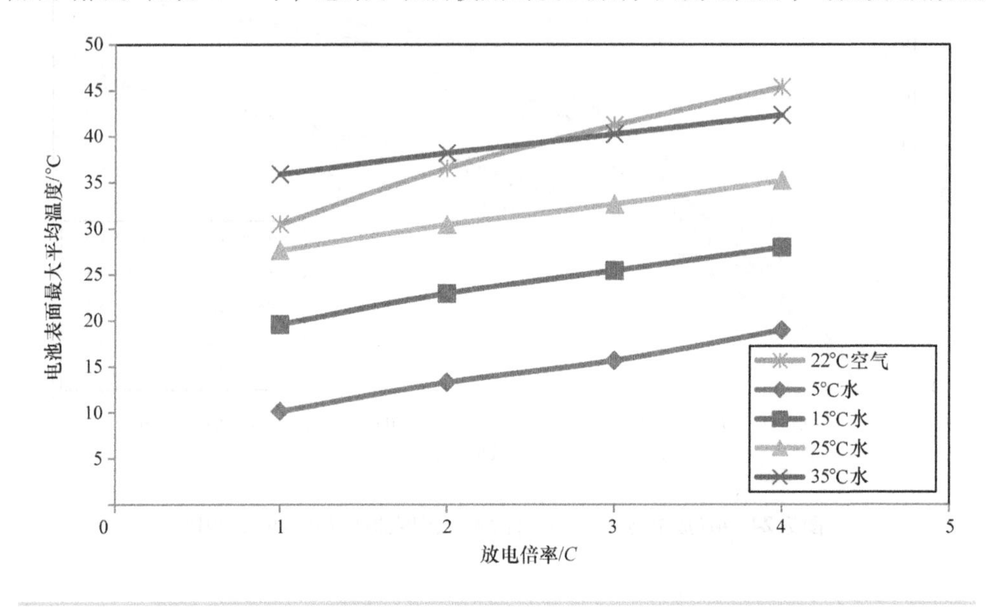

图 7.26 四种放电速率和不同使用/冷却液温度时的电池表面最大平均温度（Panchal，2014）

表 7.17 不同放电速率和浴温下的电池表面最大平均温度

冷却方式	环境/冷却液/浴温/℃	最高温度/℃			
		1C	2C	3C	4C
主动	5	10.1	13.3	15.7	18.9
（U 型冷板）	15	19.6	22.9	25.4	28.0
	25	27.6	30.4	32.6	35.2
被动	35	35.9	38.2	40.3	42.3
（仅自然风）	约 22	30.5	36.5	41.2	45.4

数据来源：Panchal，2014

冷却液/操作/浴温的增加可以解释图 7.26 中大部分的差异，同时考虑放电时开始与结束时间表面平均温度的差值是很有用的。这提供了一种测量电池内部热量积聚的方法。将温差绘制在图 7.27 中。表 7.18 显示了四种不同冷却液温度下的线性拟合。

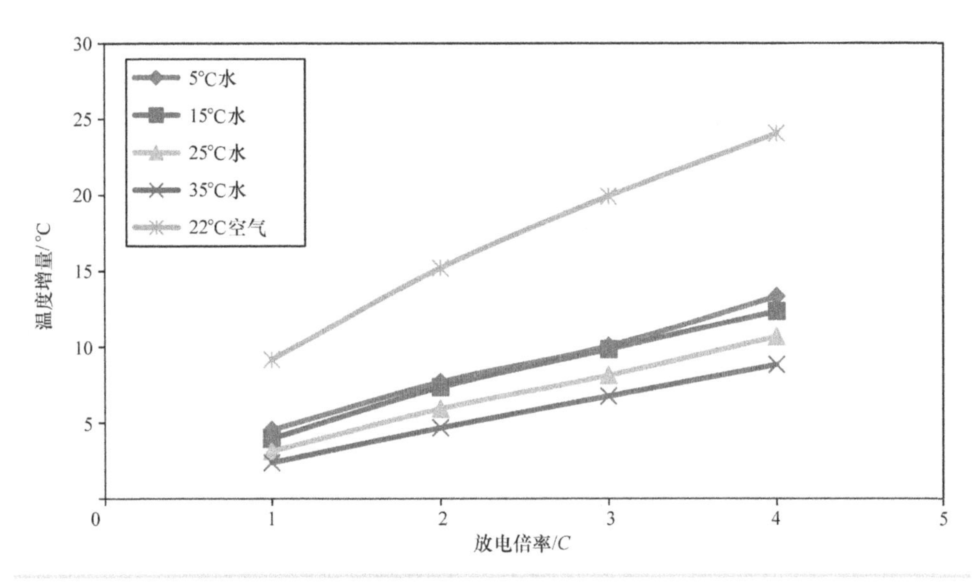

图 7.27　放电始末电池表面平均温度差值（Panchal，2014）

表 7.18　四种不同浴温下的线性拟合

浴温	线性拟合
5℃	$2.879x+1.711$
15℃	$2.769x+1.510$
25℃	$2.483x+0.764$
35℃	$2.142x+0.369$

数据来源：Panchal，2014

7.4.4.3　平均热通量

在图 7.28 中，由三个热通量传感器测量的所有操作温度下对应放电速率时的平均热通量进行了标绘。为方便读者，HFS 1 位于正电极（阴极）附近，HFS 2 位于负极（阳极）附近，而 HFS 3 位于电芯沿高度方向的中间位置。可以看出最高平均热通量出现在 $4C$ 放电率、5℃冷却液条件下 HFS1 和 HFS2 位置处。一般来说，对于所有的测试，最靠近电极的传感器（HFS 1 和 2）测量的热通量要高于位于电池表面中央的测试值。观察发现，增加放电倍率（$1C$、$2C$、$3C$ 和 $4C$）和降低操作温度（35℃、25℃、15℃和 5℃）会增加三个位置测量所得的平均热通量。

将图 7.28 的值与被动自然冷却的平均热通量一起制成表 7.19。在被动冷却时，在负电极附近的 HFS2 测得的平均热通量始终是最高的。液冷工况在 HFS1 和 HFS2 之间没有明确的高低。这可能是由于在 U 型冷板上的温度梯度略不均匀。当液体吸热时，冷却液和平板温度会随着电池表面的宽度增加。这与被动冷却的情况相反，被动冷却时，电池的垂直方向为电池在宽度方向上的近似相等提供了条件。可以推断，被动冷却工况是测点位置之间产热差异的较好代表。

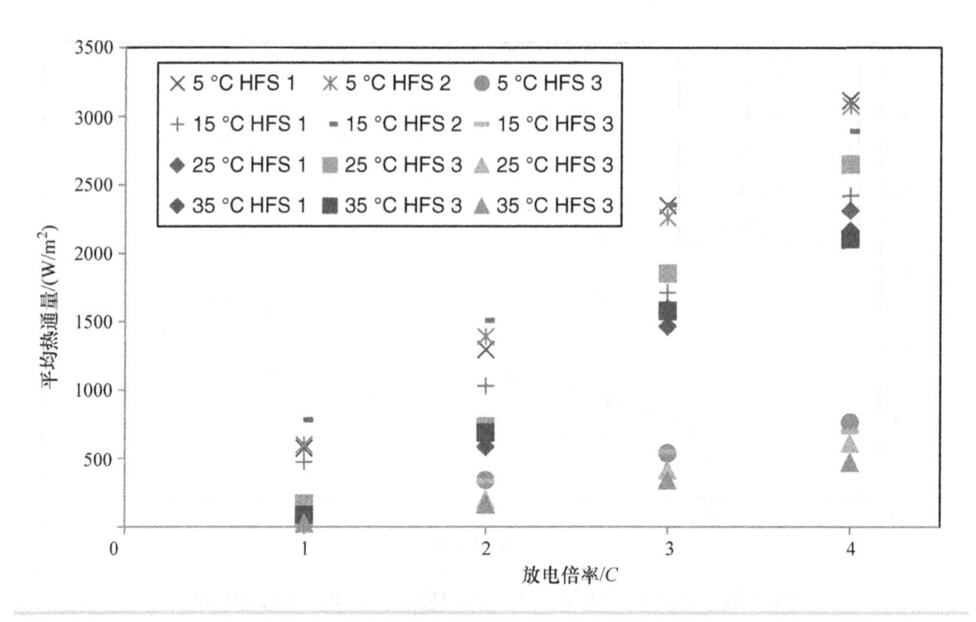

图 7.28　1C、2C、3C、4C 放电倍率和不同边界条件下的平均热通量（Panchal，2014）

表 7.19　1C、2C、3C、4C 放电倍率和不同边界条件下的平均热通量总表

冷却方式	环境/冷却液/浴温/℃	平均热通量/(W/m²)				
		位置	1C	2C	3C	4C
被动（仅自然风）	约 22	1	42.3	130.3	238.4	343.6
		2	46.3	145.7	239.6	373.4
		3	24.6	71.1	108.6	145.3
主动（U 型冷板）	5	1	575.5	1294.5	2347.7	3112.2
		2	599.3	1390.8	2259.5	3072.8
		3	149.4	341.3	539.3	764.1
	15	1	475.7	1029.7	1711.8	2419.0
		2	781.4	1509.9	2351.6	2887.1
		3	157.9	331.7	548.4	697.3
	25	1	148.2	684.9	1597.3	2309.3
		2	168.9	733.2	1851.6	2648.2
		3	74.4	194.8	413.0	611.1
	35	1	47.6	585.6	1468.4	2160.2
		2	86.1	689.7	1579.9	2101.5
		3	25.2	163.3	340.6	471.8

数据来源：Panchal，2014

7.4.4.4　峰值热通量

将三个热通量传感器测量的所有操作温度（5℃、15℃、25℃ 和 35℃）对应 1C、2C、3C 和 4C 放电倍率下的峰值热通量绘制于图 7.29 中。研究发现，最高的峰值热通量总是发生在 HFS 2 处。一般来说，对于所有的测试，最靠近电极的传感器（HFS 1 和 2）测量的热通量要高于位于电池表面中央的测试值。观察发现，增加放电率和降低操作温度会增加三个位置测量所得的峰值热通量。将图 7.29 的值与被动自然冷却的平均热通量一起制成表 7.20。

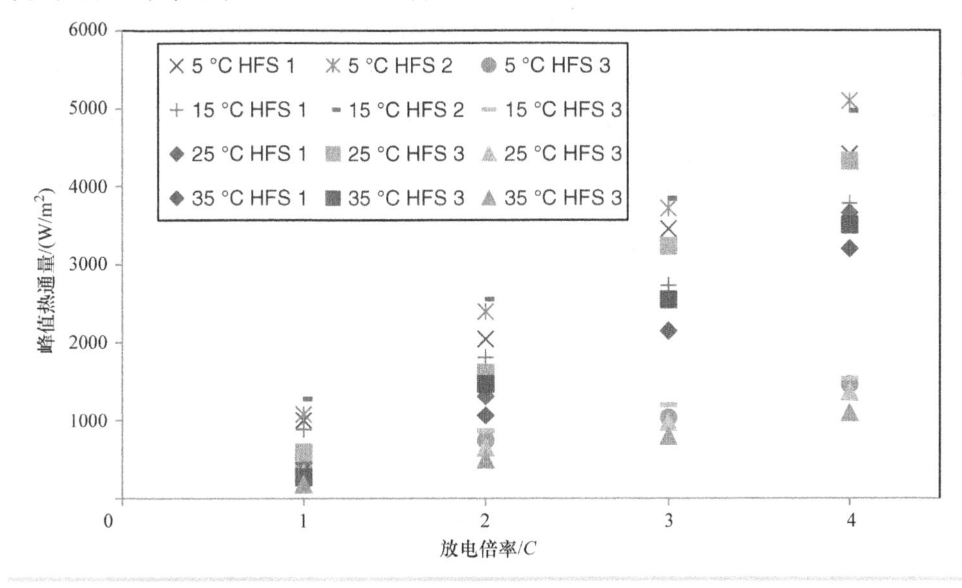

图 7.29　在 1C、2C、3C、4C 放电倍率及不同边界条件下的峰值热通量（Panchal，2014）

表 7.20　1C、2C、3C、4C 放电倍率和不同边界条件下的峰值热通量总表

冷却方式	环境/冷却液/浴温/℃	峰值热通量/(W/m²)				
		位置	1C	2C	3C	4C
被动（仅自然风）	约 22	1	134.4	315.7	446.6	630.0
		2	140.5	292.8	485.6	763.2
		3	105.9	195.9	246.6	340.8
主动（U 型冷板）	5	1	998.9	2043.4	3454.6	4410.9
		2	1076.7	2395.1	3718.5	5099.7
		3	421.3	744.4	1033.2	1461.3
	15	1	882.5	1808.5	2726.3	3783.9
		2	1275.8	2554.2	3842.7	4972.2
		3	443.2	864.4	1196.1	1532.3
	25	1	4531.1	1311.7	2543.9	3660.9
		2	689.1	1613.7	3235.6	4327.5
		3	321.3	648.3	972.3	1363.8
	35	1	204.8	1059.9	2143.7	3202.4
		2	262.6	1469.4	2545.8	3508.4
		3	180.7	495.9	793.5	1094.5

数据来源：Panchal，2014.

7.4.4.5 发热功率

图7.30表示了冷却液温度/操作温度/浴温在5℃、15℃、25℃和35℃下，2*C*放电倍率时电池发热功率测试值与放电深度从0到1时的曲线关系。可以发现，在第一次放电达到0.04时，发热功率急剧上升，之后发热功率近似于常数，直到放电深度达到0.5 DOD，发热功率开始稳步上升。随着放电程度的加深，在放电结束前（>0.95DOD）达到了最高值。同时看到，在放电率4*C*和冷却液/浴温在5℃时发热功率最大为90.7W，在放电率1*C*和冷却液/浴温在35℃时发热功率最小(12.5W)。此外，还可以看出，相同放电深度时，随着放电倍率增加即放电电流的增加，发热功率将持续增加。

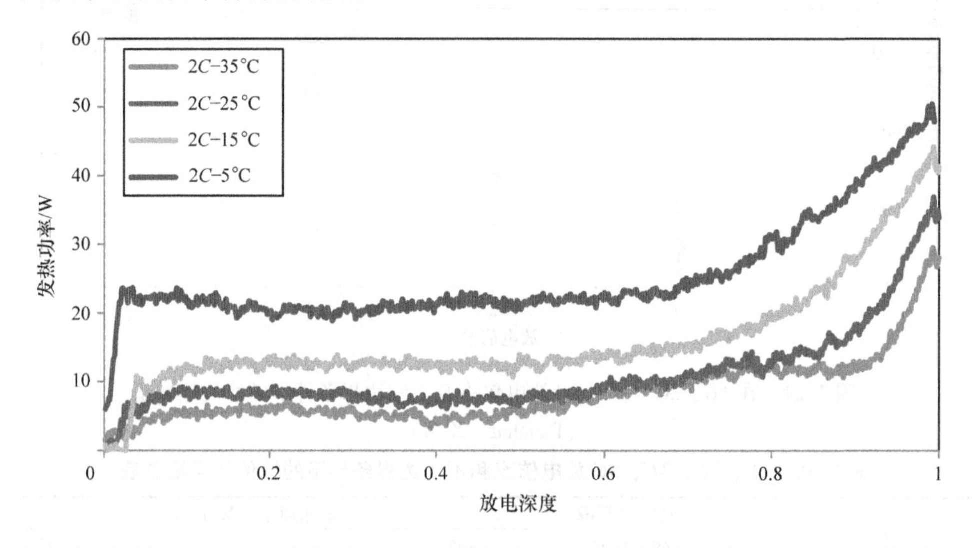

图7.30　在2*C*放电和不同浴温下的发热功率（Panchal，2014）

通过式7.21和式7.22可以计算出增加的发热量。因为电流随放电速率而增大，不可逆的欧姆热变大。根据式7.23，集流体的发热量随电流的平方而增加。由此可见，放电倍率越高，发热量也越高。带液冷板的电池最大发热功率列于表7.21中。

表7.21　1*C*、2*C*、3*C*、4*C*放电倍率和不同边界条件下的最大发热功率总表

冷却方式	环境/冷却液/浴温/℃	最大热功率/W			
		1*C*	2*C*	3*C*	4*C*
主动（U型冷板）	5	24.0	50.4	68.3	90.7
	15	22.5	44.2	73.8	88.7
	25	19.4	36.9	56.2	82.3
	35	12.5	29.5	38.7	48.5

数据来源：Panchal，2014

图 7.30 中 2C 放电和 4 个操作温度时电池的放电电压曲线，如图 7.31 所示。可以看出，当操作温度（浴温）从 35℃降至 5℃时，放电电压曲线也会降低。

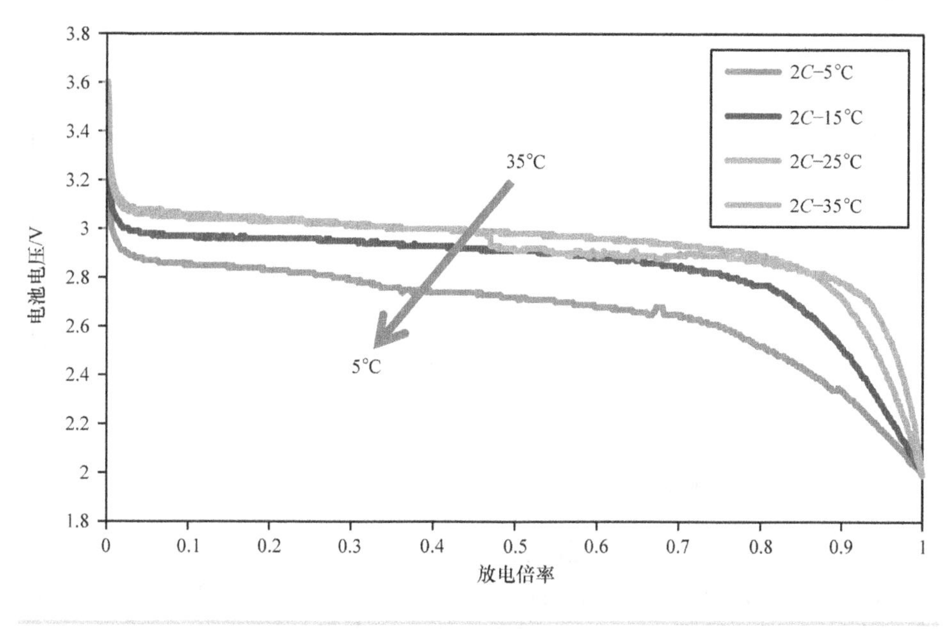

图 7.31 电池电压与放电深度（Panchal，2014）

7.4.4.6 总发热量

图 7.32 显示了在 4 个放电速率（1C、2C、3C、4C）下电池产生的总热量，该热量通过能量平衡方程计算。总的来说，放电过程中的总发热量会随着放电倍率的增大和温度的降低而增大。在表 7.22 中，给出了上述放电速率和工作温度的总热量。当放电速率为 4C，操作/冷却液温度为 5℃时，产生的热量最高为 41.34 kJ。这几乎是 35℃时相同放电速率下产热量的两倍（约增加 30℃）。

表 7.22 1C、2C、3C、4C 放电倍率和不同边界条件下的总发热量

冷却方式	环境/冷却液/浴温/℃	总热量/kJ			
		1C	2C	3C	4C
被动（仅自然风）	约 22	13.34	21.52	28.41	33.35
主动（U 型冷板）	5	27.76	34.31	38.74	41.34
	15	19.59	25.59	31.27	35.44
	25	11.54	18.20	22.88	26.70
	35	8.09	14.28	18.58	21.25

数据来源：Panchal，2014

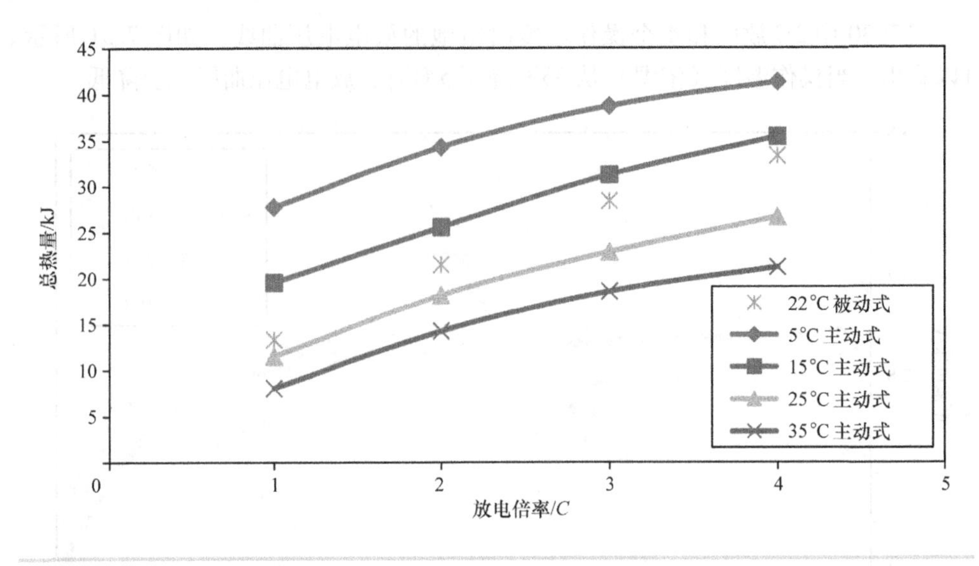

图 7.32　不同放电倍率和不同边界条件下的总热量（Panchal，2014）

7.4.4.7　放电倍率和工作温度对放电容量的影响

图 7.33 所示为所有 5 种冷却条件（主动冷却：5℃、15℃、25℃、35℃和被动冷却）下，电池放电容量（A・h）与 4 个放电速率（1C、2C、3C、4C）的关系曲线。它表明放电速率和操作温度对电池电性能的影响很大。这对电动汽车的开发尤为重要，因为电池容量直接影响到汽车的续驶里程。由于使用了激进的充放电配置文件，电池不会按照制造商说明放出 20A・h 额定电量。因为测试过程中的充电条件保

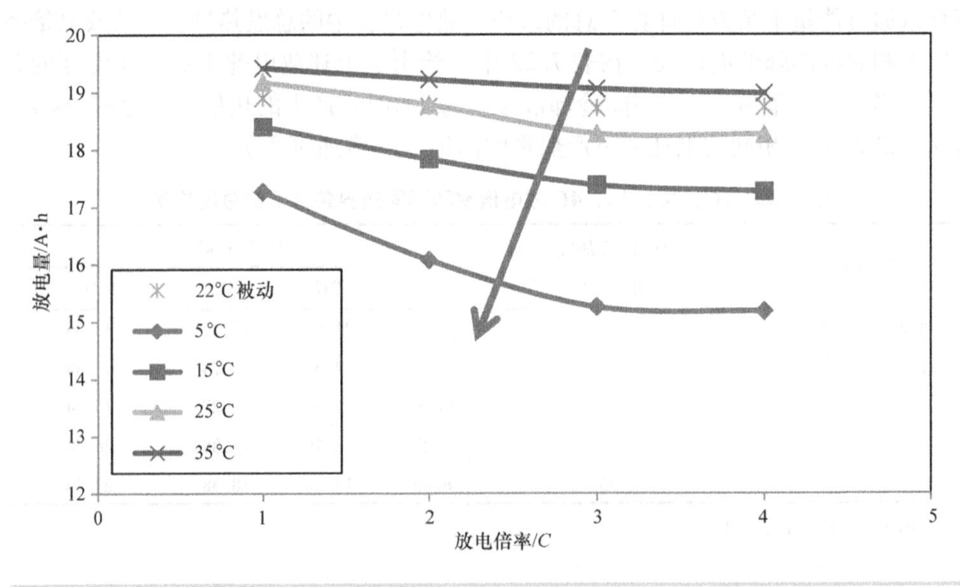

图 7.33　工作温度对放电量的影响（Panchal，2014）

持不变，所以每次测试的电池性能仍然具有可比性。将图7.33中显示的值列于表7.23中。在一般情况下，随着冷却液/工作温度从35℃降到5℃以及电池放电率从1C增加到4C，电池放电容量呈下降趋势。

表7.23 1C、2C、3C、4C放电倍率和不同边界条件下的放电容量总表

冷却方式	环境/冷却液/浴温/℃	放电量/A·h			
		1C	2C	3C	4C
被动（仅自然风）	约22	18.90	18.75	18.72	18.74
主动（U型冷板）	5	17.27	16.08	15.26	15.18
	15	18.40	17.83	17.38	17.27
	25	19.17	18.78	18.27	18.26
	35	19.41	19.22	19.05	18.98

数据来源：Panchal，2014

关于放电量的另一个衡量标准是放电时间。在整个放电时间内，在额定电流的0.1%内波动的恒流放电可以延长放电时间，表明可以从电池中释放出更多的能量。放电时间见表7.24。

表7.24 1C、2C、3C、4C放电倍率和不同边界条件下的放电时间总表

冷却方式	环境/冷却液/浴温/℃	放电时间/s			
		1C	2C	3C	4C
被动（仅自然风）	约22	3406	1689	1123	843
主动（U型冷板）	5	3100	1445	914	706
	15	3318	1604	1043	778
	25	3448	1689	1096	821
	35	3488	1729	1142	854

数据来源：Panchal，2014

7.4.5 结语

为了实现上述案例研究中的目标和实验里程碑，设计并构建了一种名为“用双冷板进行间接液体冷却的锂离子软包电池热边界条件测试装置”的装置。本文研究了应用于PHEV、HEV和EV的锂离子软包电池热特性，包括表面温度分布、热通量和产热量，并给出了各种被动式、主动式热管理系统对所述电池单元的影响。

7.5 案例研究4：基于相变材料的电动汽车动力电池热管理

7.5.1 引言

电动汽车中使用的电池是将化学能储存在可充电的电池包中。汽车的性能很大

程度上取决于影响电池组性能的许多因素。一般来说，电池温升和温度不均匀性是电池设计的主要问题。电池温度对整车性能、可靠性和生命周期成本均有影响。因此，一个有效的电池热管理系统至关重要。如果电动汽车需要在各种天气条件下有效地运营（Pesaran et al.，1999），使用相变材料（PCM）是一种很有前途的被动热管理技术，因为它不需要额外的冷却系统，可以改善电能消耗。通过将 PCM 有效地集成到电池设计中，电池组可以在合适的热管理下保持在最佳温度（Al－Hallaj，Selman，2000），因此可以减少整个系统的体积。

本案例研究了一种电动汽车动力电池的被动热管理系统，该系统由封装的相变材料（PCM）组成，相变材料会在吸收电池产生的热量的过程中熔化。研究的重点是高温环境下电动汽车动力电池的温升问题；利用有限体积法仿真分析了具有双层 PCM 壳结构的新式热管理系统；采用计算流体力学（CFD）和第二定律相结合的方法对新系统进行了评价和比较；利用有限体积法对电池组内部传热进行了研究，并将研究结果用于分析损失。仿真为热管理系统减小系统的规模和成本提供了设计指导（Ramandi et al.，2011）。

7.5.2　系统描述

在本节中，将概述问题描述、几何形状、材料和电池规格。此外，还将描述解决这些问题所需的传热和流体流动方程、边界条件和初始条件。一般来说，电动汽车在运行过程中，由于电池内部产生的热量，电池温度会显著升高，从而影响电池的寿命和运行。图 7.34 展示了电池的几何形状和建议的热管理系统。

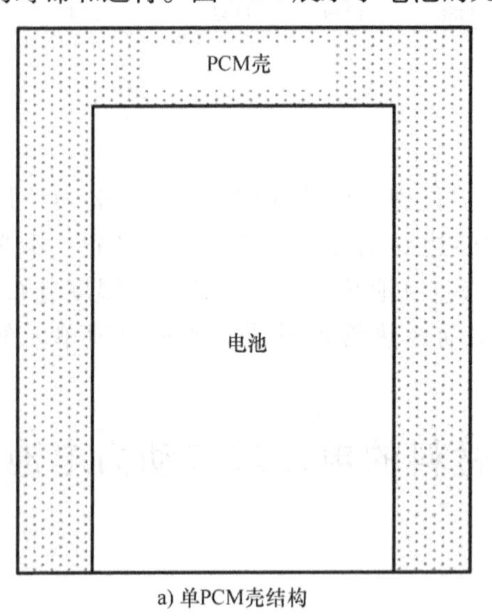

a) 单PCM壳结构

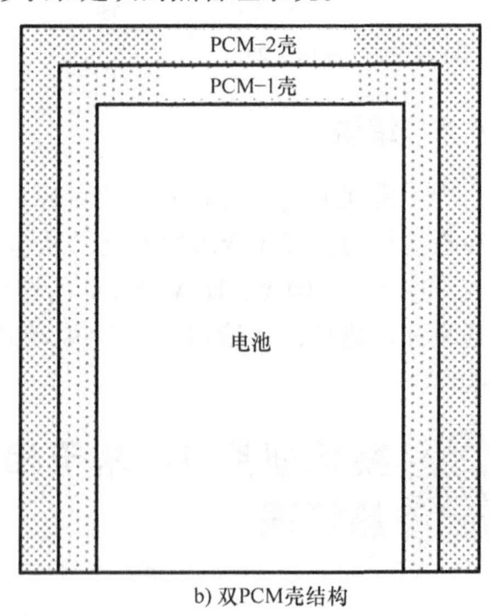

b) 双PCM壳结构

图 7.34　拟议热管理系统（未缩放）示意图（Ramandi et al.，2011）

该热管理系统由集成了单个PCM外壳和双PCM外壳的电池组组成，其中PCM外壳为固相。PCM外壳环绕整个电池模块，把PCM集成到电池的设计中，作为电池内产生热量的散热器。当电池内产生热量时，它可以被PCM吸收。固体PCM经历熔融过程，电池温度保持在所需范围内。所选电池组的规格详见表7.25。单PCM系统的壳体厚度为2mm，双PCM系统的壳体每层厚度为1mm。

表7.25 电池规格

参数	值
电芯数	6
额定电压	12V
容量	20A·h
总尺寸	0.11mm×0.16mm×0.15m
塑料壳厚度	0.002m
重量	8kg
产热速率	5.83W/cell
电芯平均导热系数	6W/m·K
塑料外壳（聚丙烯）导热系数	0.25W/m·K
整体模块热容	900J/kg·K

数据来源：Ramandi et al.，2011

在接下来的分析中，我们将采用一些假设。假设放电速率是恒定的，则电池内部的产热是均匀的；假定车辆在使用2.5h后停止，以便给电池充电；对PCM的辐射传热忽略不计；假定材料的热物理属性不变；所有材料都假定不可压缩，密度不变。在此基础上，得到了相变材料与电池的能量平衡方程。

因为在运行过程中会发生相变，所以固相和液相的能量方程需要分别求解。然而，利用能量方程的焓形式，不需要分别考虑液相和固相。在本研究中，采用了焓-多孔介质技术（Fluent Inc.，2006）对熔融过程进行建模。在这种技术中，熔体界面没有被显式跟踪。然而，液相体积比例与域中的每个个体相关联，液相比例表示以液体形式存在的个体所占的体积比例。液相体积比例的每次迭代计算都是基于焓平衡的。因此，

$$\frac{\partial}{\partial t}(\rho H) = \nabla \cdot (k\Delta T) + S_{\mathrm{h}} \tag{7.29}$$

其中，

$$H = h + \Delta H \quad \text{（PCM焓值）} \tag{7.30}$$

相变总潜热为

$$\Delta H = \beta H \tag{7.31}$$

并且

$$h = h_{\mathrm{ref}} + \int_{T_{\mathrm{ref}}}^{T} c_{\mathrm{p}} \mathrm{d}T \tag{7.32}$$

利用杠杆原理，液体部分是

$$\beta = 0 \quad 如果 \quad T < T_m \tag{7.33}$$

$$\beta = 1 \quad 如果 \quad T > T_m \tag{7.34}$$

此外，S_h为产热速率，假设电池的产热速率为常数，PCM 外壳的产热速率为零。

以前的文献提到过数百种 PCM 材料。但这些材料中只有少数可以真正应用。熔融潜热和熔融温度是 PCM 选择中需要考虑的两个关键参数。然而，当考虑到热导率等其他性质时，PCM 候选材料的数量大大减少到只有几种潜在的 PCM 材料。另一方面，许多具有良好热特性的多氯联苯具有危险性或高腐蚀性。根据电动汽车电池组的实际设计标准，表 7.26 列出了四种不同性能的 PCM，并总结了将在本研究中使用的 PCM 的规范。

表 7.26　热管理系统用 PCM 规范

PCM 名称	癸酸	二十烷	$Na_2(SO_4) \cdot 10H_2O$	$Zn(NO_3)_2 \cdot 6H_2O$
编号	1	2	2	4
熔点温度/K	304.5	309.8	305.4	309.4
潜热/(J/kg)	153000	241000	254000	147000
密度/(kg/m^3)	884	778	1485	2065
导热系数/(W/m · K)	2	0.27	0.544	0.31
比热/(J/kg · K)	2090	1900	1930	1340

数据来源：Alawadhi，2001

7.5.3　分析

7.5.3.1　烟分析

烟分析是一种有价值的热力学分析工具，它利用热力学第一定律和第二定律的能量守恒原理，可以更好地设计和分析能源系统。因此，本节将使用烟平衡方程来分析 PCM 熔融过程的能量转换（Rosen et al.，2011）。

系统烟平衡可以写作：

$$Ex_{in} - Ex_{out} - Ex_d = Ex_{sys} \tag{7.35}$$

系统的烟变化是相变材料和电池的烟变化的结果：

$$\Delta Ex_{sys} = \Delta Ex_{PCM} + \Delta Ex_B \tag{7.36}$$

因为 PCM 内部同时存在显烟和潜烟变，所以总的烟变将是显烟变加上 PCM 熔化引起的烟变之和。对于任何不可压缩物质的潜烟变，

$$\Delta Ex_{sys} = \Delta E_{sys} - T_\infty \Delta S_{sys} \tag{7.37}$$

熔融过程的熵变由熔融熵决定如下：

$$\Delta S_{PCM} = m_{PCM} \frac{L}{T_m} \tag{7.38}$$

利用前两个方程，考虑液、固两部分，计算 PCM 总㶲变如下：

$$\Delta Ex_{\mathrm{PCM}} = m_{\mathrm{PCM}}C_{\mathrm{s}}\left[T_{\mathrm{m}} - \overline{T}_{\mathrm{ini,PCM}} - T_{\infty}\ln\left(\frac{T_{\mathrm{m}}}{\overline{T}_{\mathrm{ini,PCM}}}\right)\right] + m_{\mathrm{PCM}}x_{1}C_{1}\left[\overline{T}_{\mathrm{f,PCM}} - T_{\mathrm{m}} - T_{\infty}\ln\left(\frac{\overline{T}_{\mathrm{f,PCM}}}{T_{\mathrm{m}}}\right)\right] + m_{\mathrm{PCM}}x_{1}L\left[1 - \left(\frac{T_{\infty}}{T_{\mathrm{m}}}\right)\right] \tag{7.39}$$

电池的㶲变可以确定为：

$$\Delta Ex_{\mathrm{B}} = m_{\mathrm{B}}C_{\mathrm{B}}\left[(T_{\mathrm{f,B}} - T_{\mathrm{i,B}}) - T_{\infty}\ln\left(\frac{T_{\mathrm{f,B}}}{T_{\mathrm{i,B}}}\right)\right] \tag{7.40}$$

㶲损如下：

$$Ex_{\mathrm{d}} = T_{\infty}S_{\mathrm{gen}} \tag{7.41}$$

由于㶲损依赖于熵的产生，系统必须进行熵平衡：

$$\Delta S_{\mathrm{sys}} = S_{\mathrm{in}} - S_{\mathrm{out}} + S_{\mathrm{gen}} \tag{7.42}$$

假设系统没有热损失，则产生的熵是由于向壳体传热而产生：

$$S_{\mathrm{gen}} = \Delta S_{\mathrm{sys}} = \Delta S_{\mathrm{B}} + \Delta S_{\mathrm{PCM}} \tag{7.43}$$

电池和 PCM 的熵变可以通过下式得到：

$$\Delta S_{\mathrm{B}} = m_{\mathrm{B}}C_{\mathrm{B}}\ln\left(\frac{T_{\mathrm{f,B}}}{T_{\mathrm{i,B}}}\right) \tag{7.44}$$

$$\Delta S_{\mathrm{PCM}} = m_{\mathrm{PCM}}\left[\frac{L}{T_{\mathrm{m}}} + C_{\mathrm{s}}\ln\left(\frac{T_{\mathrm{i,PCM}}}{T_{\mathrm{m}}}\right) + C_{1}\ln\left(\frac{T_{\mathrm{m}}}{T_{\mathrm{f,PCM}}}\right)\right] \tag{7.45}$$

然后求解㶲平衡方程。此外，㶲效率是由期望的㶲输出与所需的㶲输入之比决定的。则㶲效率可计算为所需的㶲输出除以总㶲输入，或

$$\psi = \left(1 - \frac{Ex_{\mathrm{d}}}{Ex_{\mathrm{in}}}\right) \times 100 \tag{7.46}$$

在下一节中，将描述执行此㶲分析的数值公式。

7.5.3.2 数值研究

为了分析 PCM 和电池内部的传热和㶲损失，使用有限体积法（FLUENT 6.3.26）。将计算区域分为电池模块和相变材料（PCM）两部分，再细分为有限个单元。对离散控制方程进行隐式线性化，并用点隐式（高斯－塞德尔）线性方程求解器求解。选择了能量方程的二阶迎风离散方案。当缩放残差小于 10^{-10}时，解收敛。

一旦所有的初始条件和边界条件都知道了，求解器就能够以时间为变量开始求解问题。电池模块和 PCM 的初始温度为 303K。案例研究考虑了两种边界条件：隔热墙体和壳体边界有对流换热（$h = 35\mathrm{W/m^2 \cdot K}$）。

7.5.4 结果及讨论

7.5.4.1 CFD 分析

首先进行了大量的网格和时间步长独立测试，以验证分析结果不受网格尺寸和时间步长影响。对以下情况进行测试：含有二十烷的单层 PCM 壳体，存在对流换热，环境温度 318K，初始温度 303K。在图 7.35 中，比较了不同数量的网格和不同的时间步长下的 PCM 的液相体积比例。当网格数为 25500 以及时间步长为 0.5s 时，结果非常接近。因此，这两个值将用于后续的模拟中。

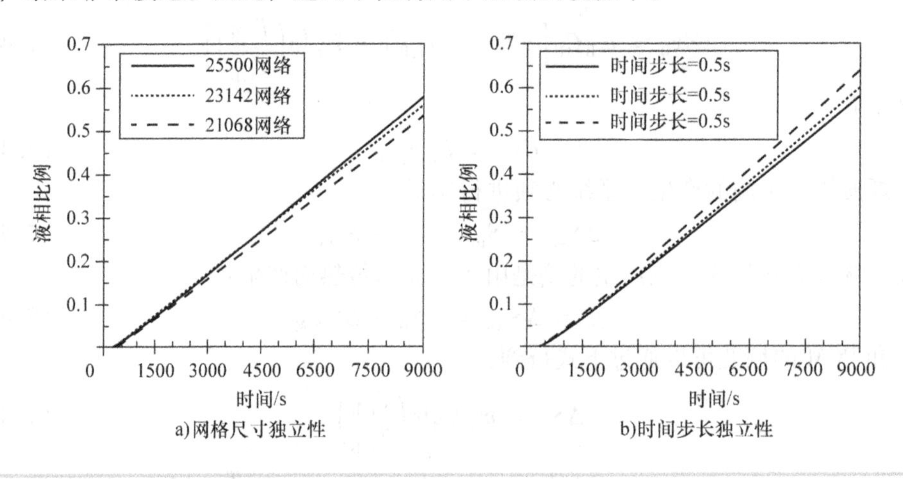

图 7.35　单 PCM 外壳在环境温度为 318 K 时的独立性测试（Ramandi et al.，2011）

为了研究单 PCM 和双 PCM 壳体结构在保温壁和非保温壁存在下对热管理系统的影响，进行了多次仿真。然后比较不同边界下的电池温度和 PCM 的液相体积比例。为了确保模型能够准确地模拟实际过程，在仿真开始之前，需要对模型进行验证。将这些仿真结果与之前的一项研究（Al－Hallaj et al.，2006）进行了比较，结果显示仿真值具有良好的一致性，可以用来开展仿真工作（图 7.36）。还研究了另外三个案例的 CFD 分

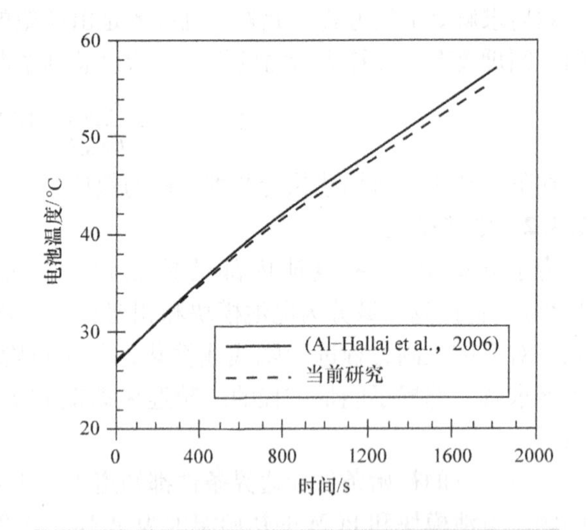

图 7.36　预测结果与以往（Al－Hallaj et al.，2006）数据的比较（Ramandi et al.，2011）

析，并将讨论结果（包括 PCM 液相比例和电池温度）。

7.5.4.1.1 带保温壁的单 PCM 壳体系统

本例为一个具有隔热墙的单 PCM 壳体系统，其参数为：PCM－1 CAPRIC ACID；PCM－2 EICOSANE，PCM－3 $Na_2SO_4 \cdot 10H_2O$；PCM－4 $Zn(NO_3)_2 \cdot 6H_2O$；初始温度为 303K，带保温壁（保温壁面）。

图 7.37 和图 7.38 所示为不同 PCM 在运行过程中，PCM 的液相比例和电池温度变化情况。在操作过程中，电池产生的热量被转移到 PCM 上。在图 7.37 中，可以明显看出，PCM－2 和 PCM－4 并没有在所模拟时间内熔化。而 PCM－1 的影响最大。PCM－1 的熔融过程比其他三个 PCM 开始得早。由于 PCM（除 PCM－1 外）的液相比例没有明显变化，这些 PCM（除 PCM－1 外）似乎无法控制电池温度。但是在图 7.38 中，对于不同的 PCM 系统，电池的最终温度没有明显的差异。所有情况下，电池温度均低于 307K（34℃），这表明 PCM 按预期控制了电池温度。不同的熔融温度是造成液相比例变化趋势不同的原因。熔融温度越低，熔融过程越快。

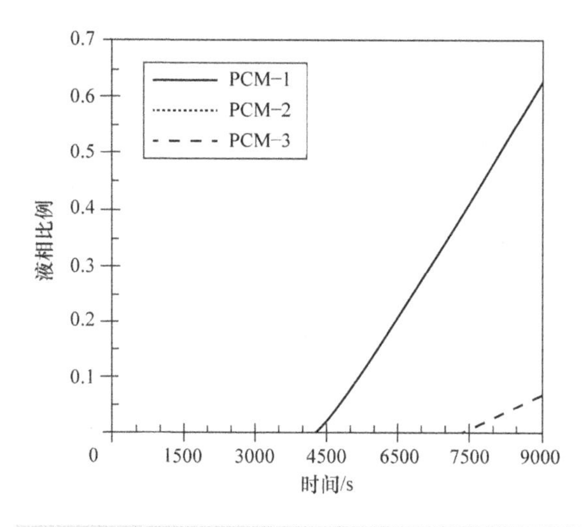

图 7.37 不同 PCM 液相比例变化情况

在这种情况下，显热过程与除 PCM－1 外的所有 PCM 的潜热效应一样有效。这一结果将有助于优化热管理系统的设计，因为更薄的外壳意味着更小体积的 PCM 用来吸收电池内产生的热量。然而，这一趋势可能不适用于产热率较高的情况。在这种情况下，PCM－2、PCM－3 和 PCM－4 在当前的系统设计中会更有效，而对于 PCM－1，需要更厚的外壳。

图 7.39 所示的云图显示了模拟结束时（2.5h 后）的熔融过程。熔融过程发生在靠近电池壁的区域，壳体壁附近区域未受影响（仍为固体）。由于 PCM 外壳的成本和重量以及电池组是热管理系统设计中的重要因素，因此可以减小 PCM 外壳

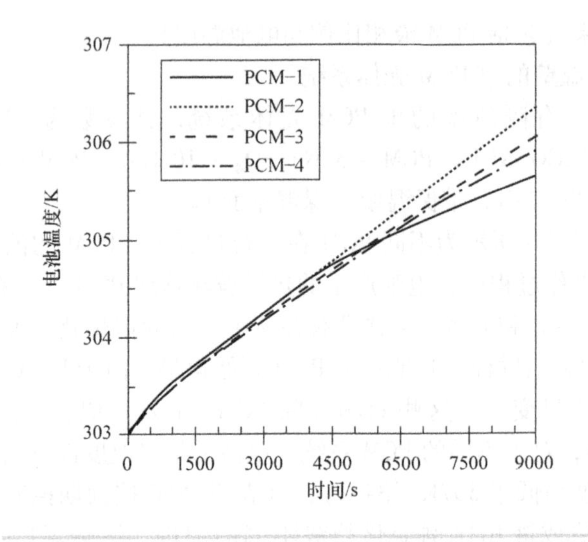

图 7.38 不同 PCM 电池温度变化情况

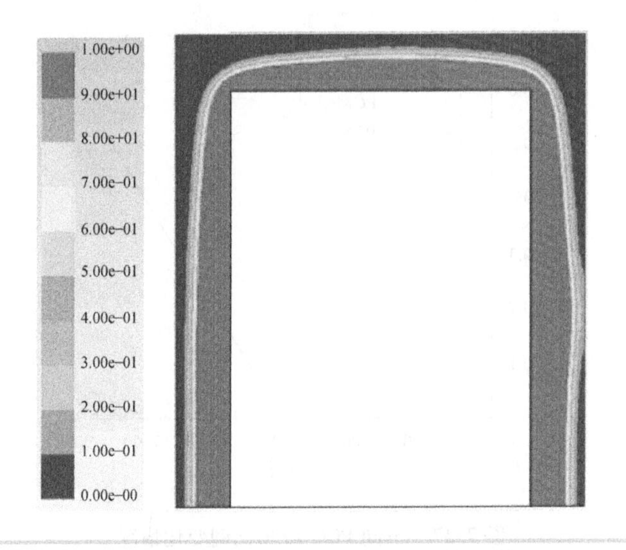

图 7.39 PCM－1 单 PCM 壳体（保温壁）在 2.5h 后的液体比例（Ramandi et al.，2011）

的厚度。

7.5.4.1.2 双 PCM 壳体带保温壁系统

下一组模拟涉及带有保温壁的双 PCM 外壳。本案例的模拟条件为：PCM－1＋PCM－2 CAPRIC ACID－EICOSANE；PCM－1＋PCM－3 CAPRIC ACID－$Na_2SO_4 \cdot 10H_2O$；PCM－1＋PCM－4 CAPRIC ACID－Zn（NO_3）$_2 \cdot 6H_2O$；初始温度 303K，带保温壁。

图 7.40 和图 7.41 分别为第一、二层 PCM 的液相比例和不同 PCM 在运行过程

中电池温度的变化。如图7.40a所示，在所有情况下，第一层（靠近电池）中PCM的液相比例均显著增加，在仿真时间结束前达到1。而且，在任何时候，第一种情况下（PCM-1和PCM-2组合），PCM-1的液相比例都大于另外两种情况。原因是在第一种情况下，导热性最小的PCM在第二层（PCM在外壳层），所以热量不能很容易地转移到第二层PCM，因此电池产生的热量大部分是用于增加自身温度，以及内层PCM的液相比例。该结论同样适用于第三种组合（PCM-1和PCM-4的组合）。

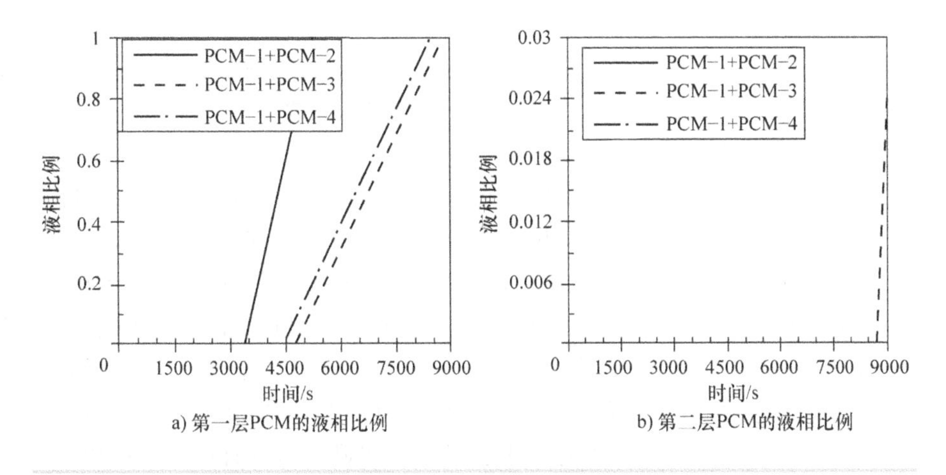

图7.40 双层（保温壁）系统中第一层和第二层壳体中PCM的液相比例（Ramandi et al.，2011）

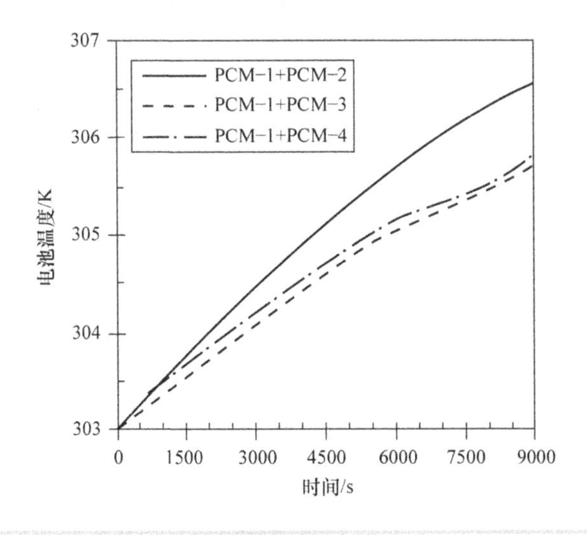

图7.41 双PCM壳体（保温壁）电池温度变化（Ramandi et al.，2011）

在图7.40b中，可以观察到除第二种情况外（PCM-1和PCM-3组合），外层PCM都未经熔化的过程。相比于其他相变材料，PCM-1具有良好的导热性，它将生成的热量转移到外壳。外层PCM吸收热量导致温度升高。然而，因为PCM-3的熔化温度最低，所以在过程结束时，它比其他PCM先熔化。从电池温度（图7.41）可以看出，在所有情况下，温度都有明显的上升，但在第一种情况下（PCM-1和PCM-2的组合），温度的上升趋势尤为明显。从图7.40a可以看出，PCM-1在3500s到5500s之间融化了2000s。之后，控制电池的温度变得更加困难。

前面的案例表明，相变材料能够进行热管理。问题是要找到双层系统的最佳设计。导热系数和熔点温度是壳体结构中两个最重要的参数。

7.5.4.1.3　无保温壁的单PCM壳体系统

接下来的案例考虑一个无保温壁的单PCM壳系统。本例的模拟条件如下：PCM-1CAPRIC ACID；PCM-2EICOSANE；PCM-3$Na_2SO_4 \cdot 10H_2O$；PCM-4 $Zn(NO_3)_2 \cdot 6H_2O$；初始温度303K，边界条件$h=35W/m^2 \cdot K$，$T_{am}=318K$。

图7.42和图7.43所示为不同PCM在运行过程中，PCM的液相比例和电池温度变化情况。图7.42的结果表明，在所有情况下，熔融过程都是立即开始的，并显著增加，直到电动汽车运行结束。与其他PCM相比，因为PCM-1熔点最低，导热系数最大，所以其液相比例的变化趋势更为明显。与具有保温壁的单PCM壳体系统相比（图7.37），在任何时间、任何趋势下，保温系统与无保温系统都存在显著差异。在任何时刻，无保温系统的液相比例均高于保温系统。在无保温系统中，由于环境温度（318K）一直高于PCM温度，热量通过对流传递到壳体。这种不需要的热量增加了PCM的温度，从而增加了它的液相比例。

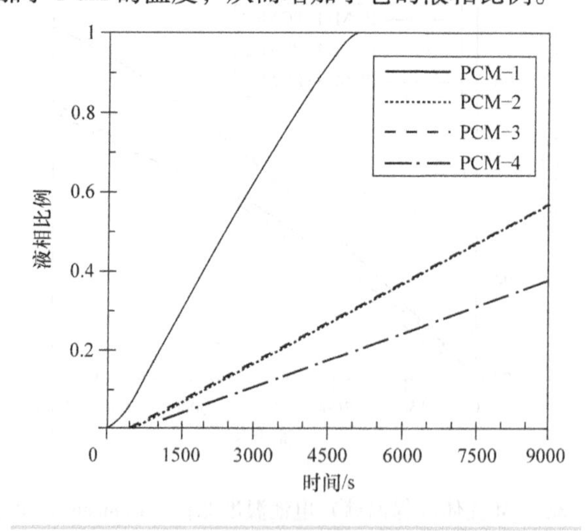

图7.42　无保温壁系统PCM的液相比例

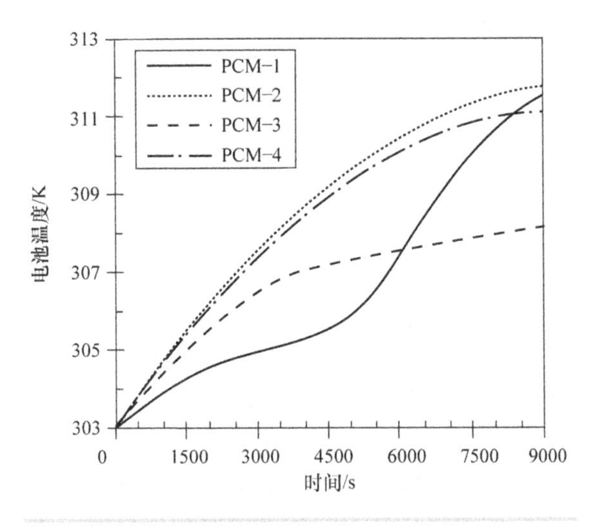

图7.43 无保温壁系统的电池温度变化

图7.44为电动汽车运行30min后，PCM-1的液相比例曲线。可以看出，熔融过程是从靠近环境的区域开始的，而不是从电池与PCM的界面开始的。这意味着PCM熔化是因为环境的传热，而不是电池产生的热量。从图7.43可以看出，该系统并不理想（除了PCM-3），因为趋势表明电池的最终温度都在311K以上。从环境到PCM壳层的传热降低了PCM的吸热势。因此，它不能吸收电池产生的全部热量，也因此不能控制电动汽车运行过程中的电池温度。PCM-3是一个例外，因为最终电池温度在这种情况下仍然可以接受。这是由于潜热较高的结果，可以吸收更多电池产生的热量。因此，PCM-3是唯一一种可用于无保温壁热管理系统的PCM。

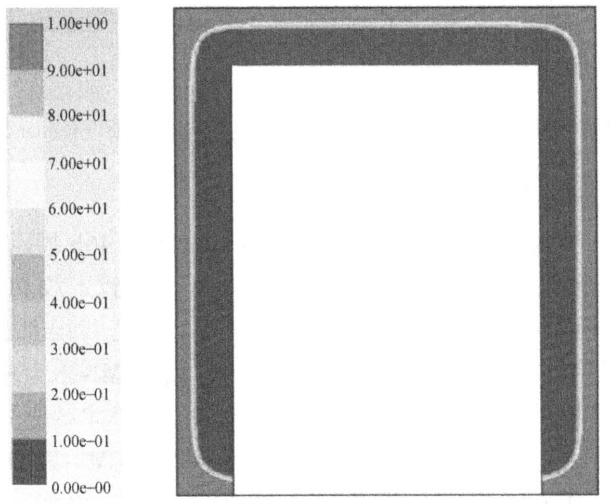

图7.44 PCM-1单PCM壳体（无保温壁）在30min后的液体比例（Ramandi et al.，2011）

7.5.4.2　第二部分　㶲分析

在以上研究中，同时得到了一系列的㶲结果。系统性能研究的两个重要方面是㶲效率和㶲损失。预计环境温度对系统的整体性能有很大影响。从以往的研究来看，无保温壁系统不能替代热管理系统，因此在㶲分析中没有考虑。本节研究的两种情况为带保温壁的单 PCM 壳体系统和带保温壁的双 PCM 壳体系统。

7.5.4.2.1　带保温壁的单 PCM 壳体系统

对于带保温壁的单 PCM 壳体系统，图 7.45a 和图 7.45b 展示了不同 PCM 壳体系统的㶲效率和㶲损失的差异，边界条件与之前 CFD 分析所用一致。如图 7.45a 所示，在所有情况下，㶲效率都在 50% 以下。PCM－1 的系统㶲效率最高。因此，采用熔融温度较低的 PCM 热管理系统具有较高的㶲效率。㶲损失是环境温度效应和内部熵产共同作用的结果。因为环境温度在任何情况下都是相同的，所以损失的㶲也是相同的。图 7.45b 为不同 PCM 系统的㶲损失情况。PCM－2 的系统㶲损失量最大。因为不同 PCM 系统的电池传热引起的㶲传递是相似的，所以㶲损失越大，㶲效率越低。

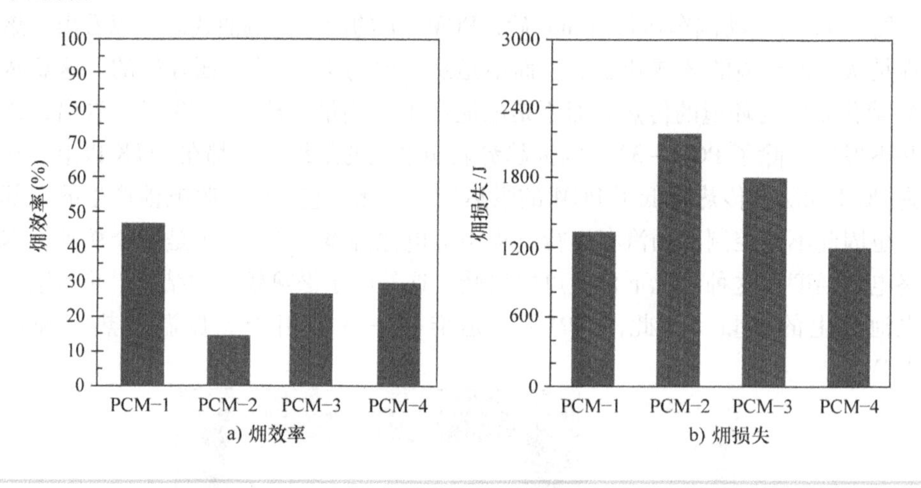

图 7.45　单 PCM 壳体（保温壁）中不同 PCMs 的㶲分析结果（Ramandi et al.，2011）

7.5.4.2.2　带保温壁的双 PCM 壳体系统

对于带保温壁的双 PCM 壳体系统，图 7.46a 和图 7.46b 展示了不同 PCM 壳体系统的㶲效率和㶲损失的差异，边界条件与之前所述一致。双 PCM 外壳系统包含两个不同外壳及两个不同的 PCM。在所有情况下，第一层都包含类似的 PCM（PCM－1）。由于单 PCM 壳体系统的㶲分析表明，以 PCM－1 为相变材料的系统㶲效率最高。为了寻找最佳的 PCM 壳体组合，使双 PCM 壳体系统的效率最大化，选择 PCM－1 作为第一壳体，分别与第二壳体 PCM－2、PCM－3、PCM－4 进行组合分析。结果表明，所有情况下的㶲效率均在 30% ~40% 之间，其中 PCM－1 与 PCM－4 组合的系统效率最高。第二层 PCM 对㶲效率的影响不显著。与图 7.45a 相

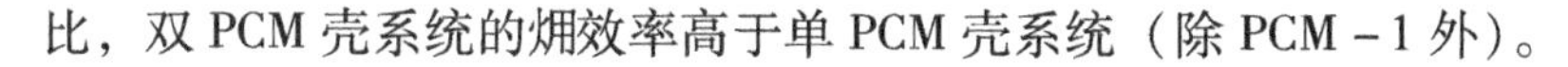
比，双 PCM 壳系统的㶲效率高于单 PCM 壳系统（除 PCM－1 外）。

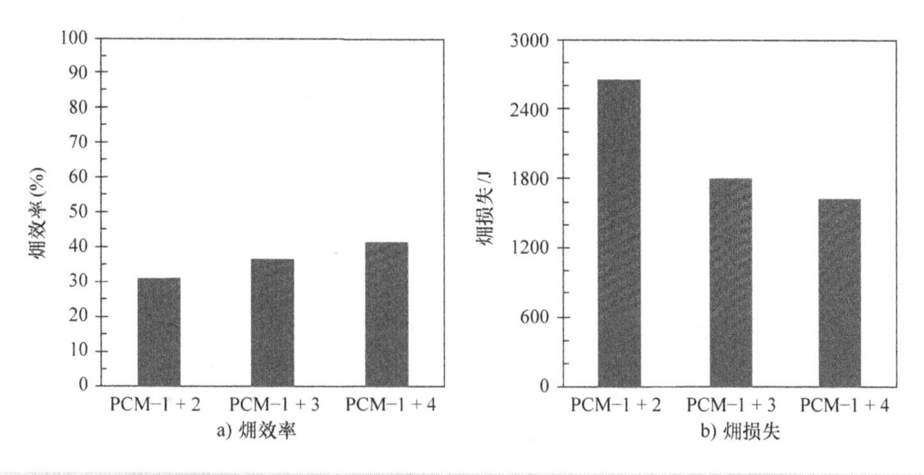

图 7.46　双 PCM 壳体（保温墙壁）中不同 PCM 的㶲分析结果（Ramandi et al.，2011）

7.5.4.2.3　环境温度的影响

图 7.47a 和 7.47b 展示了环境对不同 PCM（单 PCM 壳系统）的㶲效率和㶲损失的影响。这一研究是为了确定环境温度对效率的影响。由于㶲损失（以及由此产生的㶲效率）依赖于参考温度，预计它们将对整个系统性能产生显著影响。为了确定参考温度对㶲效率和㶲损失的影响，将环境温度从 290K 变化到 302K，变化幅度为 4K。结果如图 7.47a 和图 7.47b 所示。结果表明，随着环境温度的升高，㶲效率降低，而㶲损失逐渐增加。另一方面，与㶲效率不同的是，㶲损失的数值不会受到显著影响。结果表明，不同环境温度下的㶲效率在 15%～85%之间。

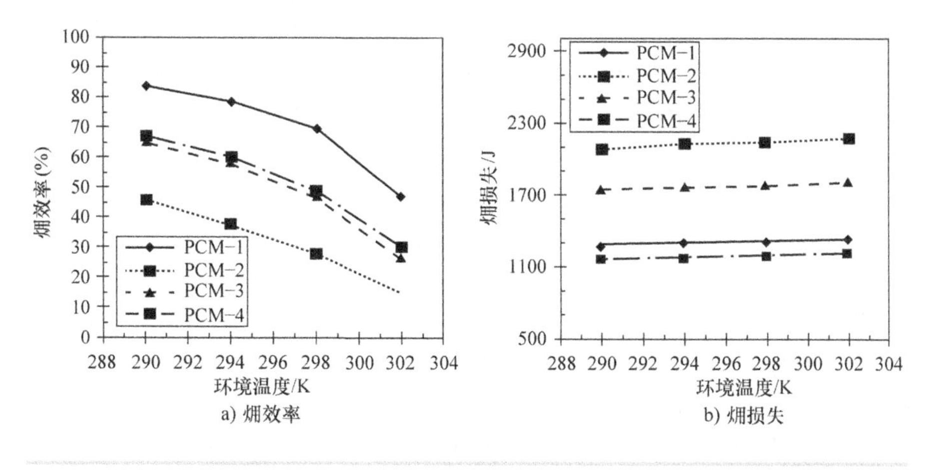

图 7.47　环境温度的影响（单 PCM 壳体带保温壁）（Ramandi et al.，2011）

图 7.48a 和图 7.48b 展示了参考环境对双 PCM 壳系统不同 PCM 下的㶲效率和㶲损失的影响。由图 7.48a 可知，环境温度的变化对㶲效率影响较大。随着温度的升高，㶲效率降低。此外，对于所有的环境温度，效率非常相似。与㶲效率不同，㶲损失在环境温度升高时基本不受影响。与单壳系统相比，双壳系统的效率更高。除环境温度 302K 外，不同组合的㶲效率均远高于 50%。通常在不同的环境温度下，㶲效率分别为 30% ~80%。

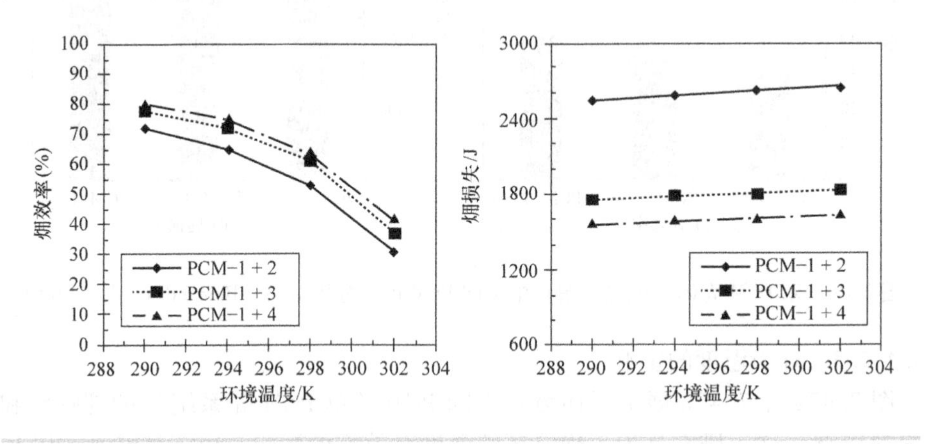

图 7.48　环境温度的影响（双 PCM 外壳带保温壁）（Ramandi et al.，2011）

7.5.5　结语

本文研究了一种基于封装的相变材料对电动汽车动力电池进行的被动式热管理系统。该结构基于双层 PCM 外壳。采用计算流体力学（CFD）和第二定律分析相结合的方法，对新系统与单 PCM 壳体进行了评价和比较。而且进行了模型验证，以确保模型可以模拟实际过程。将模型预测结果与之前类似的研究结果进行了比较，结果表明模型预测结果与之前的研究结果吻合良好。对 3 种案例进行了研究（带保温壁的单 PCM 壳体系统、带保温壁的双 PCM 外壳系统和无保温壁的单 PCM 外壳系统）。

以下是根据本研究新开发的模型得出的结论。对于带有保温壁的单 PCM 外壳系统，所选的 4 个 PCM 可以有效地控制电池温度。研究发现，可以通过减小壳体的宽度来降低成本。对于双 PCM 壳体系统，保温系统与无保温系统有显著差异。与保温系统不同，熔融过程是从靠近环境的区域开始的，而不是从电池和 PCM 之间的界面开始的。在无保温的情况下，从环境到 PCM 外壳的传热是不利的，因为电池最终温度约为 313K。

在具有保温壁的单 PCM 壳体系统中，PCM－1 的系统效率更高。PCM－2 的系统㶲损失量最大。对于具有保温壁的双 PCM 壳体系统，采用 PCM－1 和 PCM－4 相结合的系统是最有效的系统。此外，还发现第二层 PCM 对㶲效率没有显著影响。

在所有情况下，㶲效率随环境温度的升高而降低，而㶲损失逐渐增加。总体而言，双 PCM 壳系统效率方面优于单 PCM 壳系统。

7.6 案例研究 5：新型相变材料的热应用实验与理论研究

7.6.1 引言

在恶劣的驾驶和环境条件下要求使用比能量/比功率更高的电池，对电动汽车电池热管理的需求也显著增加。因此，传统的空气和/或液体冷却系统开始变得体积相当大、复杂或昂贵，以保持电池在理想的温度范围内运行。相变材料无论是作为主冷却系统还是辅助冷却系统方面的应用都变得更有价值，因为它们的蓄热能力（单位体积）比大多数可感知的存储材料在温度轻微变化时的蓄热能力高一个数量级以上。因此，它们可以是电池组许多热相关问题紧凑、安全和廉价的解决方案。

就这方面而言，R134a 包合物可能是这种应用的一个可行的选择。利用几种制冷剂作为包合物并用于 PCM 的应用早已存在。现有的基于制冷剂的 PCM 储能时间很长。它们也可能具有有限的容量和不期望的操作温度。案例研究背后的动机是改变 PCM 的有效热性能，以改善储能释能时间。我们认为还可以通过提高潜热来提高蓄热能力。通过添加金属颗粒、盐颗粒和液体添加剂，可以达到改善所需性能的目的。

因此，在本案例研究中，我们进行了实验研究，以测试添加了添加剂的 R134a 包合物作为相变材料（PCM）的热性能、行为和特性；分析和评价了 PCM 在电动汽车电池冷却应用中的储能特性；研究了制冷剂包合物的形成，因为它们在主动冷却和被动冷却方面都有潜在的用途。PCM 是由 R134a 包合物和蒸馏水与不同的制冷剂组分和添加剂组成。采用添加剂的主要目的是研究其在直接接触换热条件下提高包合物形成及其热性能的潜力。在玻璃管中形成 PCM，以确定其冻结开始时间、转变时间和热性能。测定了 PCM 的液相导热系数、糊状导热系数和比潜热。使用不同的制冷剂 R134a 组分形成包合物，并使用不同质量组分的几种添加剂（如乙醇、氯化钠、六水合硝酸镁、铜和铝）。同时进行了释能实验，该实验中 PCM 用于冷却热空气以及冷却电动汽车电池。最后，使用能量和㶲分析来评估 PCM 的性能（Zafar，2015）。

7.6.2 系统描述

本节描述了用于确定 PCM 潜热、相变温度、热导率和热容量的实验装置。同时提供了用于实验的设备和装置的系统描述。

对于实验，使用冷恒温浴作为恒温源。带有添加剂的制冷剂包合物，称为

PCM，在玻璃管中形成。将管浸没在恒温水浴中，其温度设定在276K和278K。恒温浴的工作原理是同时向浴槽中的蒸馏水提供冷能和热量，使其温度保持在设定值。实验系统如图7.49所示。

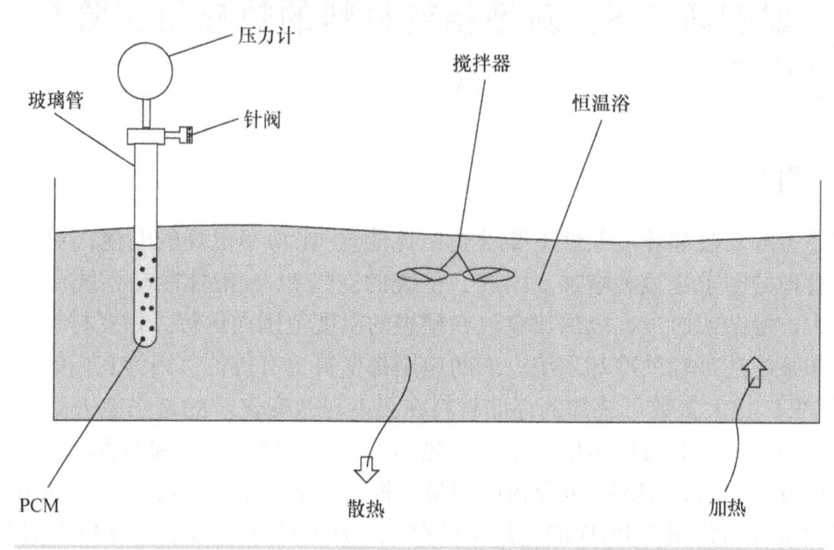

图7.49 建议的PCM测试系统示意图（Zafar，2015）

在水浴周围由具有冷却线圈的制冷系统泵出热量。控制器持续监测水浴中的温度，同时持续提供所需的热量以维持所需的温度。将水浴转化为恒定能量浴以进行热性能实验。向浴池中的水提供恒定的冷热能以维持能量。同时使用搅拌器使水循环。没有搅拌器，热源或冷源附近的水温将会逐渐改变，而远离冷热源的水温慢慢地也会受到影响。

PCM在玻璃管中形成。首先，在玻璃管中加入蒸馏水和所需的添加剂。使用高精度数字称重秤测量管及其成分的精确质量。将管密封，然后抽真空以除去过量空气。下一步是使用允许单向流动的针阀填充所需的制冷剂。然后将玻璃管浸入冷水浴中储能。每隔一段时间，观察冷冻管的外观，观察冷冻开始和结束的时间。每次实验都要记录冻结时间、PCM温度和压力。当表层开始结冰时，开始结冰的地方通常在东面。结束点很难确定，因此继续观察PCM直到最后一次观察到PCM结构的变化是很重要的。PCM通常在冻结时高度上升，因此可以观察顶部的高度。

将K型热电偶连接到读取器以读取温度。对于初始充电测试，仅进行一次温度读数。对于热性能测试，在两个不同的位置测量温度。对管子进行全面的泄漏测试，并进行设置以确保没有泄漏。使用玻璃管很重要，因为相变的开始需要用肉眼观察。玻璃管的示意图、连接方式和使用系统如图7.50所示。

利用热空气对PCM释能也是实验研究的一部分，因为它有助于交叉检查热性能的值。315K的热空气用于熔化玻璃管中的PCM。PCM从固体到液体的熔化过程

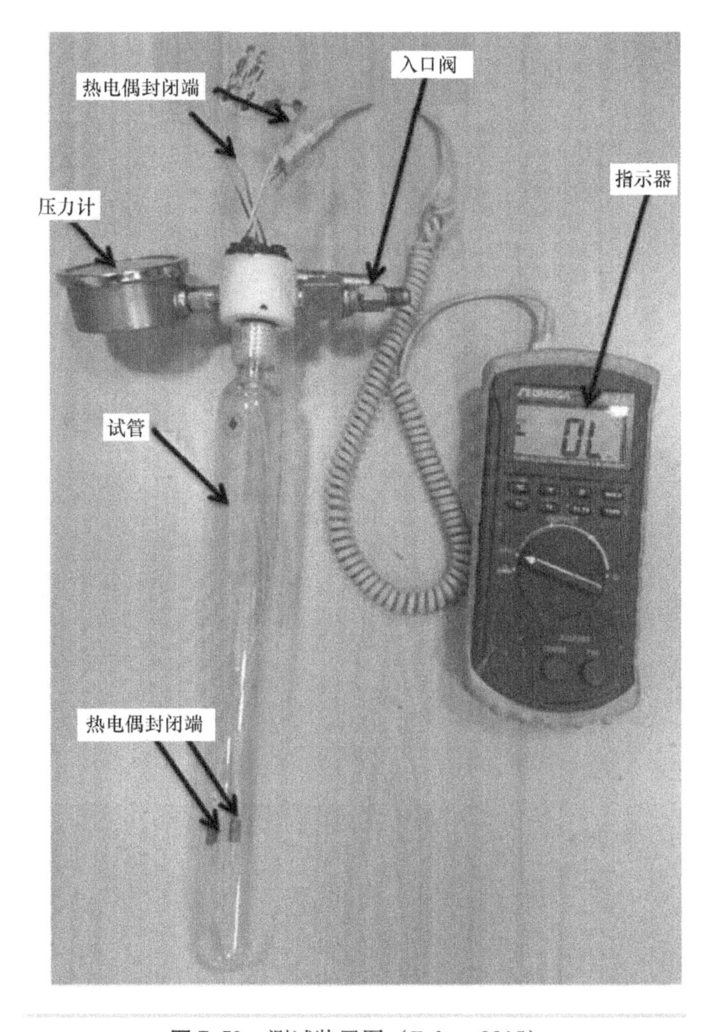

图7.50 测试装置图（Zafar，2015）

是能量的释放过程，因此称为PCM释能。在规定的时间间隔内记录PCM的温度，并观察PCM的相。记录每个PCM释能所需的时间。图7.51为释能装置的说明图，其中图7.51a为装置的侧视图，图7.51b为相同装置的俯视图。

确定PCM热性能的程序描述如下：

- 在恒温槽中使用16.24kg、密度为998kg/m^3，比热容为4200J/kg·K的蒸馏水。
- 在室温下，即环境温度下，始终使用冷却器和加热器来维持水温。
- 开始记下浴温从环境温度（T_{amb}）开始到浴温不变（T_{ss}）的时间。
- 能量由公式$Q=m_{bath}C_{P,water}(T_{amb}-T_{ss})$计算。
- Q除以时间（单位为s），以确定热功率（单位为J/s或W）。

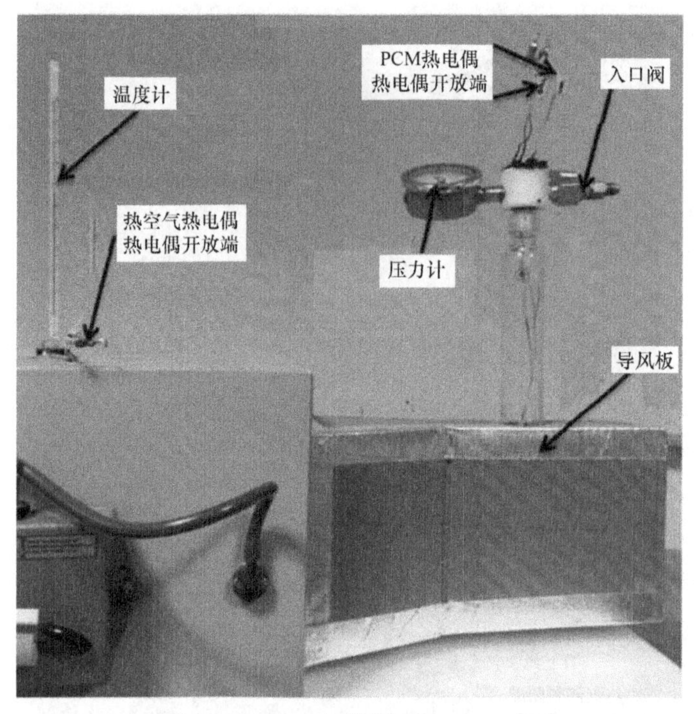

a) 侧视图

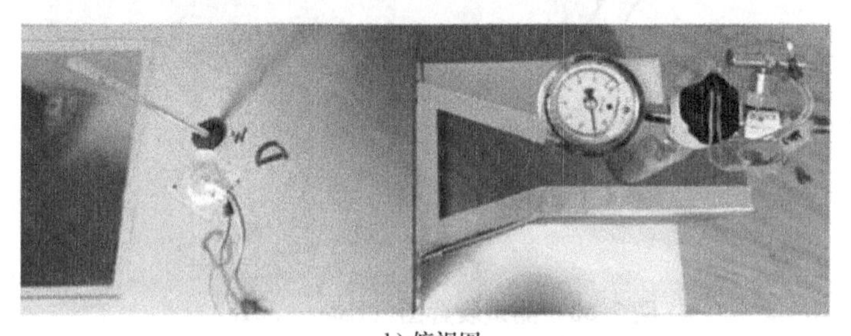

b) 俯视图

图 7.51 释能系统说明图

- PCM 管浸没在浴槽中。
- 每隔一定时间记录 PCM 的温度（T_i）、时间（t_i）和相（固体、糊状或液体）。
- 插入两个探头，探头位置彼此相距 14mm。一个位于中心位置 r_1，r_2 位于 r_1 外 14mm 处。
- 中心位置读取试管横截面的温度 T_{core}，而另一个距离 14mm 的温度为 T_{away}。
- PCM 利用热空气释能。

- 每隔一定时间，在释能过程中记录 T_{core} 和 T_{away} 的温度。
- 比热容、C_{P}，使用控制方程式 $Q = m_{\text{PCM}} C_{\text{P}} (\Delta T_{\text{i}})$ 确定。
- 利用从熔融时起到结束的总热量 Q 来确定潜热。
- 利用公式 $k = \dfrac{\dot{Q}\ln\left(\dfrac{r_2}{r_1}\right)}{2\pi l \Delta T \Delta t}$ 计算导热系数 k。

使用6s LiPo5000mAh 60C 电池进行电池冷却测试。制作铝护套以容纳电池并填充 PCM。由于这些测试不需要观察，因此护套可以是非透明材料。使用铝是因为它很轻，可以很容易地焊接。焊接比粘接更受欢迎，因为用胶黏剂密封夹套非常困难。夹套有压力表，并在螺纹区域用垫圈密封。图 7.52 为夹套与电池的配合图。

图 7.52 PCM 夹套与电池配合图（Zafar，2015）

电池在 PCM 护套内部连接到负载电机，电机以最大功率运行。电压表连接到电池以读取其电压，同时热电偶放置在电池单元之间以读取电池温度。电池充电至其最大电压 4.18V 并放电直至其达到 3.6V 的截止电压。在截止电压以下操作电池是不安全的。图 7.53 所示为电池冷却实验台，所用组件以标签指示。

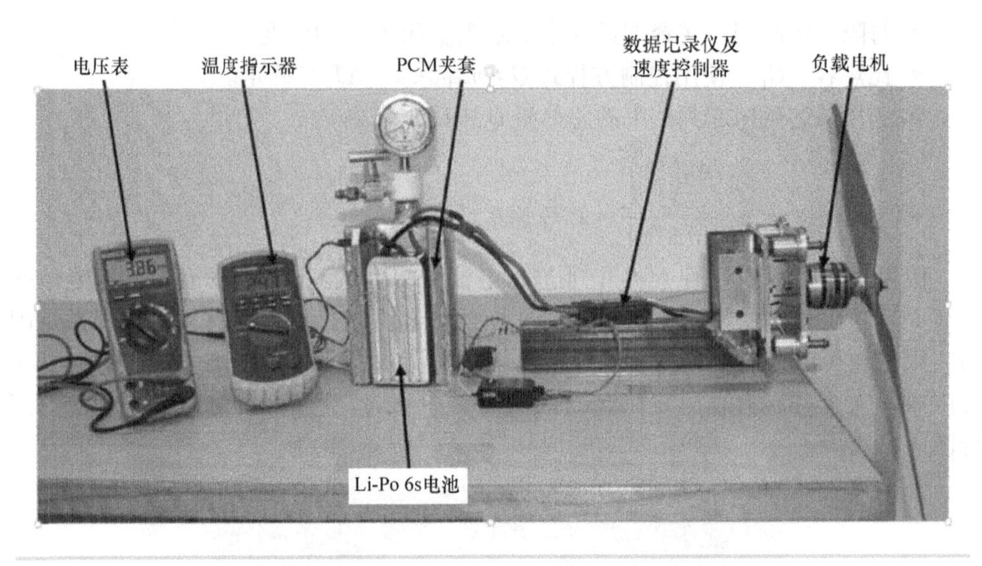

图 7.53 电池冷却实验台（Zafar，2015）

7.6.2.1 实验方案

本节将介绍本案例研究的实验方案。本案例研究进行了三组不同的实验。第一组实验是恒温浴储能，使用冷浴对 PCM 进行储能。将管浸入冷浴中，并定期记录 PCM 温度，直至其完全凝固。进行第二组测试以确定 PCM 的热性质。将管浸没在具有两个温度探针的冷恒温浴中。每隔一定时间记录两个探针的温度值。第三组实验是释能测试。PCM 使用热空气和电池释能。对于热空气释能，每隔一定时间记录管内的温度，直到 PCM 完全熔化。对于电池冷却测试，可以使用特殊的护套来容纳所选的电池。将电池放入夹壳中并在负载下操作，记录截止温度、截止时间和直到电池达到环境温度的冷却时间。

进行第一组实验以实现三个主要目标。第一个目标是找出 R134a 和 R141b 中哪种制冷剂更易形成包合物。形成包合物所需的时间和建立成形压力的时间决定了哪种制冷剂更好。第二个目标是确定更好的浴温用于包合物蓄能。浴温为 276K 和 278K。虽然相比于 278K，很明显需要更多的能量来将浴温降至 3℃（276K）。但要确定包合物的储能时间是否相同。一旦确定了储能时间，能量和㶲评估就确定了哪个浴温需要的能量最少。第三个目标是找出最适合包合物形成的制冷剂质量比例。在众多的参数中，储能时间和包合物结构是用于确定最合适质量比例的两个参数。分别按照 0.15、0.2、0.25、0.3、0.35 和 0.4 的制冷剂质量比例来形成包合物。为简单起见，使用百分比制冷剂来描述包合物。还评估能量和㶲值以确定每种制冷剂质量比例下形成包合物所需的能量。图 7.54 所示为第一组实验的实验方案。

对于第二组实验，通过在 0.35 质量比例的 R134a 包合物中添加五种不同的添加剂来形成 PCM。使用的五种添加剂分别是铜、铝、乙醇、六水合硝酸镁和氯化

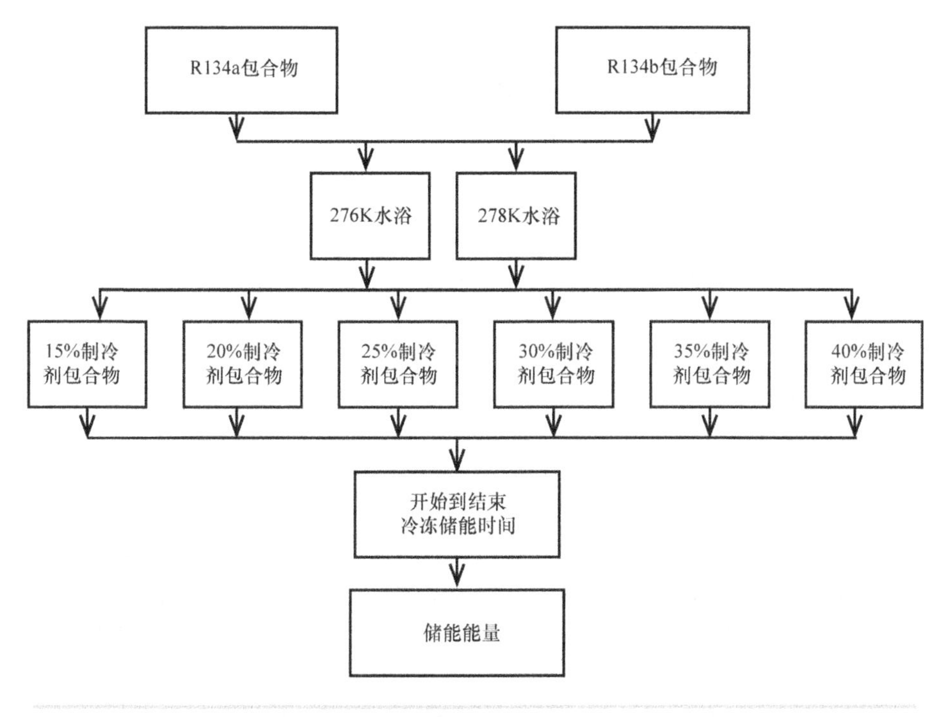

图 7.54 第一组实验的实验方案（Zafar，2015）

钠。没有任何添加剂的制冷剂包合物被认为是基体 PCM。进行这些实验用来实现四个主要目标。第一个目标是找出每个 PCM 的储能时间。储能时间包括 PCM 冷冻的开始到结束的时间。使用储能开始和结束设定时间，评估储能的能量和有效能值。第二个目标是找出每个 PCM 的储能时间，添加质量比例从 0.01 到 0.05 变化，间隔为 0.01。希望找出添加剂组分对储能时间、储能耗能值和储能㶲值的影响。储能时间从 PCM 开始冷冻到冷冻终止的时间。第三个目标是使用热空气找出每个 PCM 的释能时间。释能时间仅包括 PCM 最末凝固时间，因为开始的时间几乎是实验开始的时间。使用释能时间，评估释放的能量和有效能。第四个目标是找出使用电池加热的每个 PCM 的释能时间。制作一个特殊的夹套来容纳所选的电池，并在夹套内部形成 PCM。针对这组测试的每个 PCM 记录电池运行时间、截止电压下的电池温度和电池冷却到最小可能温度的时间，以安全地为电池充电。同时还使用冷却时间来评估释放的能量和有效能。图 7.55 所示为第二组实验的实验方案。

进行第三组实验以确定每种 PCM 的热性质并确定哪种添加剂更好。使用五种不同的添加剂，即铜、铝、乙醇、六水合硝酸镁和氯化钠。试管中安装两个温度探头，记录每个 PCM 的储能时间及两个温度探头的温度。利用温度，确定每个 PCM 的热属性。确定的热属性包括比热、潜热、液相热导系数和固相热导系数。比较每个 PCM 的储能时间和结构状态，预测每个 PCM 的性能。柔软蓬松的结构需要很短

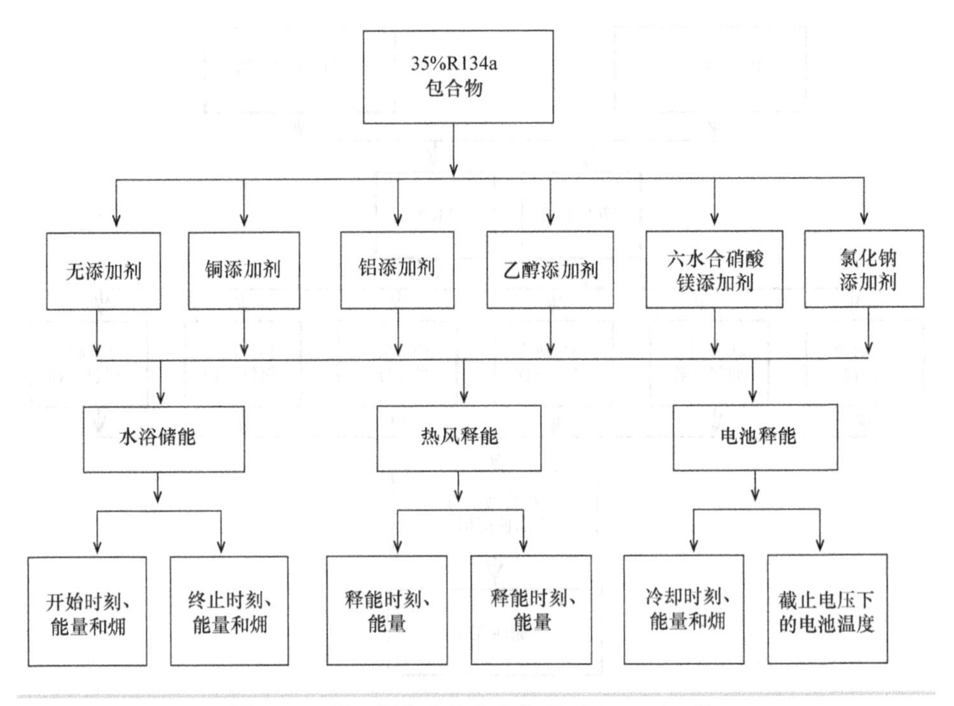

图 7.55 第二组实验的实验方案（Zafar，2015）

的储能时间，但它不能长时间提供冷却能量。硬质结构可能需要更长储能时间，但它可以提供更长时间的冷却能量。储能时间用于评估每个 PCM 的能量和有效能值。图 7.56 所示为第三组实验的实验方案。

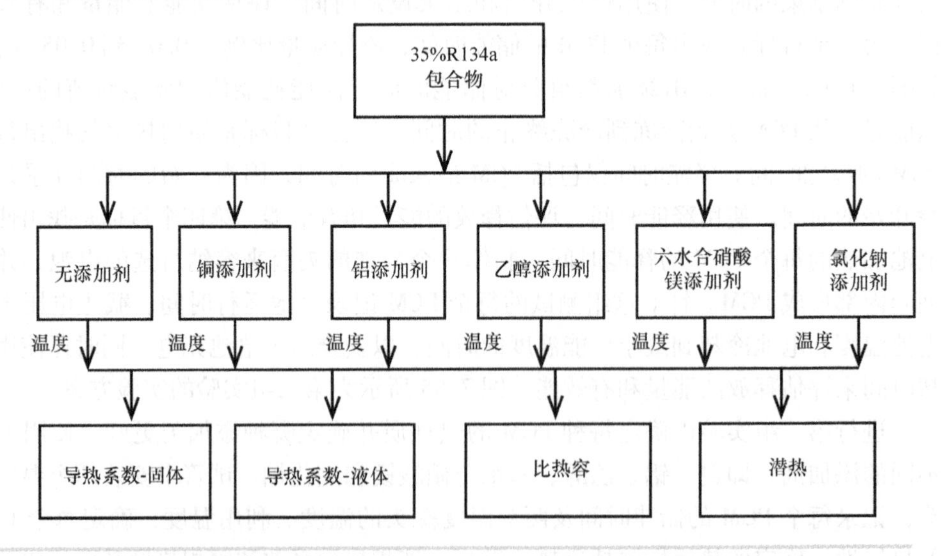

图 7.56 第三组实验的实验方案（Zafar，2015）

7.6.2.2 挑战

因为在大气压下制冷剂会蒸发，所以制冷剂必须以高压储存。为了利用液态制冷剂，必须将其保持在高压下。对于 R134a，298K 下的压力是 455kPa，这是容器内的压力。将制冷剂存储在罐中不是问题，但对玻璃管保持加压是一个巨大的挑战。应注意，需要透明的测试容器以观看冷冻的开始和结束。如果不需要观察，焊接金属管将是更好的选择。测试要求在每次实验前将管抽真空。该要求意味着必须有用于填充制冷剂的针阀和主螺纹塞子。两个开口必须紧密密封，否则制冷剂会泄漏。即使很少的制冷剂泄漏也会导致无法形成包合物。对于热性能实验，这是很大的挑战。由于两组热电偶需要两个以上的开口，因此制冷剂泄漏的可能性会增大。密封热电偶线特别棘手，因为它必须是单根，而且需要与软木塞完美密封。密封的效果通常不超过两次运行，当压力达到 590 kPa 时，每运行两次就会泄漏一次。

7.6.3 分析

本节对所研究的 PCM 结果进行全部或部分分析，同时展示了系统的能量和㶲分析。单组分纯物质在精确温度下改变其相，在材料相完全改变之前，其温度不会改变。这种材料被认为是单区材料，因为只有当材料处于特定的相区时才会发生温度变化。在作为研究对象的多组分 PCM 中，相变发生在一定温度范围内，而不是在特定温度下。固液混合态称为糊状区域，其温度和相位都发生变化。由于这种 PCM 将具有固体、液体和糊状区域，因此与这种材料相关的问题称为多区域或移动边界问题。由于其在移动界面处固有的非线性特性，预测相变系统的行为是比较困难的，界面移动速度由边界处损失或吸收的潜热控制（Dutil 等，2011）。

热量的控制方程式可写作：

$$Q = (mC_p\Delta T)_{solid} + m\lambda + (mC_p\Delta T)_{liquid} \tag{7.47}$$

式中，m 是 PCM 的质量；C_p 是比热容；T 是温度；λ 是 PCM 的比潜热。

从 PCM 管排到浴槽的热量如下：

$$Q = m_{bath}C_{p,water}(T_{amb} - T_{ss}) = m_{bath}(h_{amb} - h_{ss}) \tag{7.48}$$

式中，T_{amb}是环境温度；T_{ss}是水浴的稳态温度；h_{amb}是环境比焓；h_{ss}是稳态比焓。利用能量平衡方程式确定比热容 C_p 如下：

$$Q = m_{PCM}C_p\Delta T_i \tag{7.49}$$

式中，ΔT_i是 PCM 中相同位置的温差。导热系数 k 由下式确定

$$k = \frac{Q\ln\left(\frac{r_2}{r_1}\right)}{2\pi l\Delta T} \tag{7.50}$$

式中，r_1和r_2是管内 PCM 的内、外半径；l 为管内 PCM 高度；ΔT 是位置 r_1 和 r_2 之间的温差。

为了从理论上估计热属性，使用经验方程来验证趋势。比热容可以通过加入

PCM 中的物质的质量比例和比热容的乘积来计算。

$$C_{P,PCM} = w_1 C_{P,1} + w_2 C_{P,2} + w_3 C_{P,3} \tag{7.51}$$

其中，$C_{P,i}$是物质 i 的比热容，w 为对应的质量比例。另一个重要的参数是融合热，它可以用来描述二维问题：

$$\frac{\partial h}{\partial t} = \frac{\partial}{\partial x}\left(\beta \frac{\partial h_{\text{latent}}}{\partial x}\right) - \rho_L \lambda \frac{\partial f}{\partial t} \tag{7.52a}$$

式中，h 是焓；β 是热扩散系数；λ 是比熔化潜热；t 是时间；ρ 是密度；f 是液体比例，描述如下：

$$f = \begin{cases} 0 & T < T_m \text{ 固态,} \\ [0,1] & T = T_m \text{ 糊状,} \\ 1 & T > T_m \text{ 液态} \end{cases} \tag{7.52b}$$

热扩散系数 β 定义为：

$$\beta = \frac{k}{C_p \rho} \tag{7.53}$$

式中，k 是导热系数，ρ 是密度。

将式 7.53 代入式 7.52b 得到关于热导率和密度的熔化焓如下：

$$\frac{\partial h}{\partial t} = \frac{\partial}{\partial x}\left[\left(\frac{k}{C_p \rho}\right)\frac{\partial h}{\partial x}\right] - \rho_L \lambda \frac{\partial f}{\partial t} \tag{7.54}$$

注意，与液相 PCM 相比，固相 PCM 具有更高的密度，而在“糊状”区域中它处于中间。为了进一步简化式 7.54 以获得初步结果，可以假设熔化热相对于时间不会改变，因此将其视为稳态条件。基于此假设，有如下公式：

$$\rho_L \lambda \frac{\partial f}{\partial t}\left(\frac{k}{C_p \rho}\right)\frac{\partial^2 h}{\partial x^2} \tag{7.55}$$

假设 f 对时间的变化以及 h 对距离的变化是线性的，则式 7.55 可以简化为：

$$\rho_L \lambda \frac{\Delta f}{\Delta t}\left(\frac{k}{C_p \rho}\right)\frac{\partial^2 h}{\partial x^2} \tag{7.56}$$

由于在相变过程中很难预测准确的密度，重要的是要消除在相变过程中趋于恒定的密度。与密度不同的是，材料的质量往往保持不变，因此可以在没有 PCM 密度的情况下得到相应表达式。

由于 h 是比焓，用单位体积的质量代替密度将产生焓值。公式变为：

$$\rho_L \lambda \frac{\Delta f}{\Delta t}\left(\frac{k}{C_p m}\right)\frac{\partial^2 H}{\partial x^2} \tag{7.57}$$

式中，m 是质量；H 是体积熔焓。

在笛卡儿坐标系中，任何材料的导热系数 k 定义为：

$$\dot{Q} = \frac{kA\Delta T}{\Delta l} \tag{7.58}$$

式中，$\dot{Q}$ 是传热速率；A 是横截面积；l 是两个温度读数之间的距离。

制冷剂包合物的导热系数 k 可以描述如下（ACE Glass Incorporated，2014）：

$$k = 0.4 \times \exp\left(\frac{T}{T_{cm}} - 1\right)\left(\frac{D_1}{D_2}\right)^2 \times M^{0.5} w_1 w_2 \left(\frac{k_2}{M_2^{0.5}} - \frac{k_1}{M_1^{0.5}}\right) \tag{7.59}$$

式中，D 是偶极矩；w 是质量分数；M 是物质的摩尔质量。

制冷剂与水混合，在液相中形成包合物。添加固体添加剂，以提高导热系数，改善 PCM 的热传递性能。它需要一套不同的方程来预测含有固体添加剂的 PCM 的热力学性质，无论是盐还是纳米颗粒。

可通过几种模型来预测含有小固体颗粒的流体的导热系数。具有固体颗粒的 PCM 的导热系数不易计算，因为它产生了其他复杂参数。其中一个模型是利用有效介质理论（EMT）扩展而来，描述如下（Mattea et al.，1986）：

$$\sum_{i=1}^{n} V_i \frac{k_m - k_{ith}}{k_i + \left(\frac{Z}{2} - 1\right)k_m} = 0 \tag{7.60}$$

式中，V 是体积分数；Z 是配位数；k_{ith} 是第 i 个元素的导热系数；k_m 是混合物的导热系数。

另一个模型是各向同性材料导热系数的双组分三维模型，描述如下（Morley，Miles，1997）：

$$k = k_b\left[\frac{1 - J}{1 - J(1 - V_d)}\right] \tag{7.61}$$

其中

$$J = V_d^2\left(1 - \frac{k_d}{k_b}\right) \tag{7.62}$$

式中，k 是系统的总导热系数；k_b 和 k_d 分别为连续和不连续组分的导热系数；V_d 为不连续相的体积分数。

可用于预测 PCM 导热系数的第三个模型基于如下潜在理论（Heldman，Singh，1981）：

$$k = k_b\left\{\frac{1 - [1 - a(k_d/k_b)]b}{1 + (a - 1)b}\right\} \tag{7.63}$$

其中

$$a = \frac{3k_b}{2k_b + k_d} \tag{7.64}$$

且

$$b = \frac{V_d^3}{V_d^3 + V_c^3} \tag{7.65}$$

在式 7.63～式 7.65 中，k_c 和 k_d 分别是连续和不连续组分的导热系数；V_d 是不连续相的体积分数，而 V_c 是连续相的体积分数。

一些模型提出基于纳米颗粒周围形成的界面层的影响来预测导热系数，这使得计算更加困难（Rizvi et al.，2013）。提出纳米级颗粒流体导热性改善的有效模型是通过单相布朗模型（SPBM），描述如下（Prasher et al.，2006）：

$$k = k_{\mathrm{b}}(1 + ARe^{m}Pr^{0.333}V_{\mathrm{d}})\frac{[k_{\mathrm{d}}(1+\alpha)+2k_{\mathrm{b}}]+2V_{\mathrm{d}}[k_{\mathrm{d}}(1-\alpha)-k_{\mathrm{b}}]}{[k_{\mathrm{d}}(1+2\alpha)+2k_{\mathrm{b}}]-V_{\mathrm{d}}[k_{\mathrm{d}}(1-\alpha)-k_{\mathrm{b}}]} \tag{7.66}$$

其中，V是体积分数，而A和m是常数。A与流体类型无关，而m取决于流体和颗粒类型。导热系数α是：

$$\alpha = 2R_{\mathrm{b}}k_{\mathrm{c}}/d_{\mathrm{p}} \tag{7.67}$$

该方程产生具有纳米颗粒的流体的导热系数，所述纳米颗粒结合了颗粒的传导贡献、颗粒-流体热边界阻力和对流贡献。总的来说，式7.67也考虑了布朗运动引起的局部对流、以前模型未能解决的问题。当使用不是纳米级颗粒的添加剂时，该方程简化为仅静态导热系数：

$$k = k_{\mathrm{b}}\frac{[k_{\mathrm{d}}(1+2\alpha)+2k_{\mathrm{b}}]+2V_{\mathrm{d}}[k_{\mathrm{d}}(1-\alpha)-k_{\mathrm{b}}]}{[k_{\mathrm{d}}(1+2\alpha)+2k_{\mathrm{b}}]-V_{\mathrm{d}}[k_{\mathrm{d}}(1-\alpha)-k_{\mathrm{b}}]} \tag{7.68}$$

对于不确定性分析，标准偏差描述如下：

$$\sigma = \sqrt{\frac{\sum(x_j-\bar{x})^2}{n-1}} \tag{7.69}$$

式中，$\bar{x}$是平均值；n是试验次数。

计算值中的误差ΔR使用以下等式确定：

$$\Delta R = \frac{\partial R}{\partial x_1}+\frac{\partial R}{\partial x_2}+\cdots+\frac{\partial R}{\partial x_n} \tag{7.70}$$

式中，x是结果R所包含的单个参数。

关于PCM的热经济学分析也使用以下等式进行（Abusoglu，Kanoglu，2009）：

$$f_{\mathrm{TE}} = \frac{Z_{\mathrm{k}}}{Z_{\mathrm{k}}+\xi Ex_{\mathrm{dst}}} \tag{7.71}$$

式中，Z_{k}是PCM中使用的类目的总成本，以美元为单位；ξ是能源成本，单位是\$/J；f_{TE}是热经济因子。

主要利用三个系统进行测试并得到测试结果。冷水浴用于给PCM储能，热空气用于PCM释能和电池冷却系统以观察PCM冷却的效果。相关分析在本节中介绍。

7.6.3.1　恒温浴分析

冷水浴在储能过程中吸收PCM的热量。浴槽内置制冷系统，可在基本的蒸气压缩制冷循环中工作。由于它是一个闭环系统，恒温槽每个组件的质量平衡方程如下：

$$\dot{m}_i = \dot{m}_{\mathrm{e}} \tag{7.72}$$

压缩机对制冷剂加压，同时提高制冷剂的温度、焓和熵。电能输入压缩机以产生动力。压缩机完成的工作是增加制冷剂的压力和温度。能量平衡方程简化如下：

$$\dot{m}_i h_i + W_{\text{ele}} = \dot{m}_e h_e + \dot{Q} \tag{7.73}$$

对于所有实际系统而言，由于不可逆性的存在，有效能会部分损失。有效能平衡方程可写成

$$\dot{m}_i ex_i + \dot{W}_{\text{ele}} = \dot{m}_e ex_e + \dot{E}x_{\text{dst}} + \dot{E}x^Q \tag{7.74}$$

当制冷剂进入冷凝器，冷凝器将热量排放到周围，理想情况下仅改变制冷剂相。然而，实际上，制冷剂的温度也会下降而压力保持不变。冷凝器制冷剂的能量平衡方程式如下：

$$\dot{m}_i h_i = \dot{m}_e h_e + \dot{Q}(\text{相变影响}) \tag{7.75}$$

同理，㶲平衡方程式如下：

$$\dot{m}_i ex_i = \dot{m}_e ex_e + \dot{E}x_{\text{dst}} + \dot{E}x^Q \tag{7.76}$$

流经冷凝器后，制冷剂进入膨胀阀。膨胀阀使得制冷剂压力下降，自身压力也随之下降。整个膨胀阀的焓值保持不变。能量平衡方程描述如下：

$$\dot{m}_i h_i + \dot{Q} = \dot{m}_e h_e \tag{7.77}$$

㶲平衡方程式如下：

$$\dot{m}_i ex_i + \dot{E}x^Q = \dot{m}_e ex_e + \dot{E}x_{\text{dst}} \tag{7.78}$$

流经膨胀阀之后，制冷剂系统进入蒸发器。蒸发器盘管缠绕在水槽周围以冷却浴温。当制冷剂通过蒸发器时，它会吸收水浴中的热量。理想情况下蒸发器中制冷剂仅发生相变。然而，实际上，制冷剂的温度也升高而压力保持不变。冷凝器制冷剂的能量平衡方程式如下：

$$\dot{m}_i h_i + \dot{Q} = \dot{m}_e h_e \text{ 相变影响} \tag{7.79}$$

同理，㶲平衡方程式如下：

$$\dot{m}_i ex_i + \dot{E}x^Q = \dot{m}_e ex_e + \dot{E}x_{\text{dst}} \tag{7.80}$$

7.6.3.2 热风道分析

在释能过程中，PCM 从热空气中吸热。热风管道内置电加热器，可加热流过它的空气。由于它是一个简单的管道，有一个入口和一个出口（忽略泄漏），质量平衡方程可以写成

$$\dot{m}_i = \dot{m}_e \tag{7.81}$$

空气穿过电加热器，温度升高，同时压力保持不变。加热器利用电能产生热量。热量提供给流动的空气。能量平衡方程简化如下：

$$\dot{m}_i h_i + \dot{Q} = \dot{m}_e h_e \tag{7.82}$$

对于所有实际系统而言，由于其中存在不可逆性，有效能将会部分损失。有效能平衡方程可写成如下：

$$\dot{m}_i ex_i + \dot{E}x^Q = \dot{m}_e ex_e + \dot{E}x_{\text{dst}} \tag{7.83}$$

7.6.3.3　电池冷却分析

当锂聚合物电池中的电能被其驱动电机放电时，温度会上升。PCM 用于吸收电池的热量从而冷却电池。电池具有电阻，因此当电流流经电池时，电流会通过电阻加热电池。对于电池冷却试验，只有热传递而没有质量的传递。来自电池的热量通过 PCM 护套到达 PCM。PCM 吸收能量温度升高并发生相变。电池释放的热量与电池的内部能量变化有关，可以描述如下：

$$m\Delta u_{\mathrm{ch}} = \dot{Q}\Delta t \tag{7.84}$$

能量平衡方程可以写成化学有效能：

$$m\Delta ex_{ch} = +\dot{E}x^{Q}\Delta t + \dot{E}x_{\mathrm{dst}} \tag{7.85}$$

7.6.3.4　能量分析及㶲分析

本节介绍了 PCM 储能释能的一般能量和㶲平衡方程。凝固过程储能，而熔化过程释能。PCM 在储能过程中释放热量，同时在释能过程中吸收热量。PCM 的储能、存储和释能过程示意图如图 7.57 所示。

PCM 储能时，储能流体的质量平衡方程可以描述如下：

$$(\dot{m}_{\mathrm{in}})\Delta t = (\dot{m}_{\mathrm{out}})\Delta t = (\dot{m}_{\mathrm{c}})\Delta t \tag{7.86}$$

式中，$\dot{m}$是质量流量；下标 c 是指储能流体，而 in 和 out 分别指进入和流出的流体。

储能流体和 PCM 之间的能量平衡方程可以描述如下：

$$\begin{aligned}&[(\dot{m}_{\mathrm{c}}h_{\mathrm{c}})\Delta t]_{\mathrm{out}} - [(\dot{m}_{\mathrm{c}}h_{\mathrm{c}})\Delta t]_{\mathrm{in}}\\ &= [(\dot{m}_{\mathrm{PCM}}h_{\mathrm{PCM}})\Delta t]_{\mathrm{in}} - [(\dot{m}_{\mathrm{PCM}}h_{\mathrm{PCM}})\Delta t]_{\mathrm{out}} + \dot{Q}_{\mathrm{gain}}\Delta t\end{aligned} \tag{7.87}$$

式中，h 是物质的比焓；下标 gain 是指在 Δt 期间从周围获得的热量。

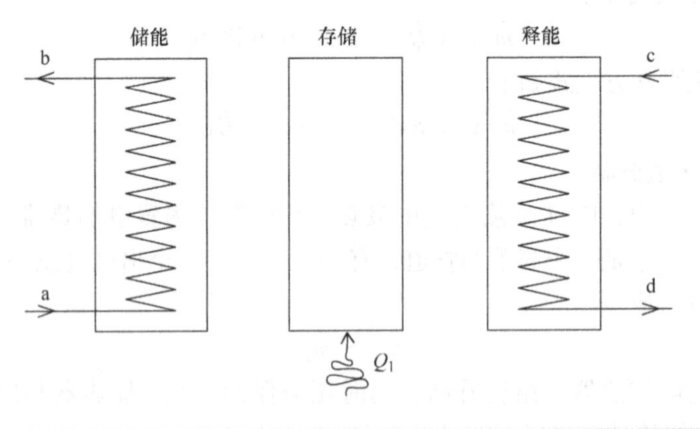

图 7.57　PCM 的储能，存储和释能过程示意图（Dincer，Rosen，2013）。

当用静止流体在一段时间内对静止 PCM 进行储能时，等式变为：

$$(m_{\mathrm{c}}h_{\mathrm{c}})_{\mathrm{f}} - (m_{\mathrm{c}}h_{\mathrm{c}})_{i} = (m_{\mathrm{PCM}}h_{\mathrm{PCM}})_{i} - (m_{\mathrm{PCM}}h_{\mathrm{PCM}})_{\mathrm{f}} + \dot{Q}_{\mathrm{gain}}\Delta t \tag{7.88}$$

储能流体和 PCM 之间的熵平衡方程可以描述如下：

$$(\Delta \dot{m}_c \Delta s_c \Delta t) = [(\dot{m}_{PCM} s_{PCM})\Delta t]_{in} - [(\dot{m}_{PCM} s_{PCM})\Delta t]_{out} + \frac{\dot{Q}_{gain}}{T_0}\Delta t + \dot{S}_{gen}\Delta t \tag{7.89a}$$

式中，s 是物质的比熵；T_0是环境温度；$\dot{S}$是产熵率。当使用静止流体在一段时间内对静止 PCM 进行储能时，等式变为：

$$(m_c s_c)_f - (m_c s_c)_i = (m_{PCM} s_{PCM})_i - (m_{PCM} s_{PCM})_f + \frac{\dot{Q}_{gain}}{T_0}\Delta t + \dot{S}_{gen}\Delta t \tag{7.89b}$$

储能流体和 PCM 之间的有效能平衡方程可以描述如下：

$$(\Delta \dot{m}_c \Delta ex_c \Delta t) = [(\dot{m}_{PC} ex_{PCM})\Delta t]_{in} - [(\dot{m}_{PCM} ex_{PCM})\Delta t]_{out} + \dot{E}x_{dst}\Delta t + \dot{E}x^Q \Delta t \tag{7.90}$$

式中，ex 是比㶲；$\dot{E}x_{dst}$是㶲损；$\dot{E}x^Q$ 是物质的热㶲损失。

热㶲损失可以描述为：

$$\dot{E}x^Q = \left(1 - \frac{T_0}{T}\right)\dot{Q} \tag{7.91}$$

当用静止流体在一段时间内对静止 PCM 进行储能时，等式变为：

$$(m_c ex_c)_f - (m_c ex_c)_i = (m_{PCM} ex_{PCM})_i - (m_{PCM} ex_{PCM})_f + \dot{E}x_{dst}\Delta t + \dot{E}x^Q \Delta t \tag{7.92}$$

PCM 释能时，储能流体的质量平衡方程式可以描述如下：

$$(\dot{m}_{in})\Delta t = (\dot{m}_{out})\Delta t = (\dot{m}_c)\Delta t \tag{7.93}$$

释能流体和 PCM 之间的能量平衡方程可以描述如下：

$$[(\dot{m}_{PCM} h_{PCM})\Delta t]_{out} - [(\dot{m}_{PCM} h_{PCM})\Delta t]_{in} = [(\dot{m}_c h_c)\Delta t]_{in} - [(\dot{m}_c h_c)\Delta t]_{out} + \dot{Q}_{gain}\Delta t \tag{7.94}$$

当用静止流体在一段时间内对静止 PCM 进行释能时，等式变为：

$$(m_{PCM} - h_{PCM})_f - (m_{PCM} h_{PCM})_i = (m_c h_c)_i - (m_c h_c)_f + \dot{Q}_{gain}\Delta t \tag{7.95}$$

当从静止固体吸收热量时，能量平衡方程式如下：

$$(m_{PCM} h_{PCM})_f - (m_{PCM} h_{PCM})_i = \dot{Q}\Delta t \tag{7.96}$$

释能流体和 PCM 之间的熵平衡方程可以描述如下：

$$(\Delta \dot{m}_{PCM} \Delta s_{PCM} \Delta t) = [(\dot{m}_c s_c)\Delta t]_{in} - [(\dot{m}_c s_c)\Delta t]_{out} + \frac{\dot{Q}_{gain}}{T_0}\Delta t + \dot{S}_{gen}\Delta t \tag{7.97}$$

当用静止流体在一段时间内对静止 PCM 进行释能时，等式变为：

$$(m_{PCM} s_{PCM})_f - (m_{PCM} s_{PCM})_i = (m_c s_c)_i - (m_c s_c)_f + \frac{\dot{Q}_{gain}}{T_0}\Delta t + \dot{S}_{gen}\Delta t \tag{7.98}$$

当从静止固体吸收热量时，熵平衡方程式如下：

$$(m_{\mathrm{PCM}}s_{\mathrm{PCM}})_{\mathrm{f}} - (m_{\mathrm{PCM}}s_{\mathrm{PCM}})_{i} = -\frac{\dot{Q}_{\mathrm{supply}}}{T_0}\Delta t + \dot{S}_{\mathrm{gen}}\Delta t \tag{7.99}$$

释能流体和 PCM 之间的有效能平衡方程可以描述如下：

$$(\Delta \dot{m}_{\mathrm{PCM}}\Delta ex_{\mathrm{PCM}}\Delta t) = [(\dot{m}_{\mathrm{c}}ex_{\mathrm{c}})\Delta t]_{\mathrm{in}} - [(\dot{m}_{\mathrm{c}}ex_{\mathrm{c}})\Delta t]_{\mathrm{out}} + \dot{E}x_{\mathrm{dst}}\Delta t + \dot{E}x^{Q}\Delta t \tag{7.100}$$

当用静止流体在一段时间内对静止 PCM 进行释能时，等式变为：

$$(m_{\mathrm{PCM}}ex_{\mathrm{PCM}})_{\mathrm{f}} - (m_{\mathrm{PCM}}ex_{\mathrm{PCM}})_{i} = (m_{\mathrm{c}}ex_{\mathrm{c}})_{i} - (m_{\mathrm{c}}ex_{\mathrm{c}})_{\mathrm{f}} + \dot{E}x_{\mathrm{dst}}\Delta t + \dot{E}x^{Q}\Delta t \tag{7.101}$$

当从静止固体吸收热量时，方程式变为：

$$(m_{\mathrm{PCM}}ex_{\mathrm{PCM}})_{\mathrm{f}} - (m_{\mathrm{PCM}}ex_{\mathrm{PCM}})_{i} = \dot{E}x_{\mathrm{dst}}\Delta t - \dot{E}x^{Q}_{\mathrm{supply}}\Delta t \tag{7.102}$$

其中，$\dot{E}x^{Q}_{\mathrm{supply}}$是热，为了确定效率，首先要描述系统的有用输入和所需输出。对于储能过程，储能流体吸收的热能 $Q_{\mathrm{in,c}}$描述为：

$$[(\dot{m}_{\mathrm{c}}h_{\mathrm{c}})\Delta t]_{\mathrm{out}} - [(\dot{m}_{\mathrm{c}}h_{\mathrm{c}})\Delta t]_{\mathrm{in}} = Q_{\mathrm{in,c}} \tag{7.103}$$

PCM 放出的热量 $Q_{\mathrm{out,PCM}}$是：

$$(m_{\mathrm{PCM}}h_{\mathrm{PCM}})_{i} - (m_{\mathrm{PCM}}h_{\mathrm{PCM}})_{\mathrm{f}} = Q_{\mathrm{out,PCM}} \tag{7.104}$$

储能流体吸收的热 $Ex^{Q}_{\mathrm{in,c}}$是：

$$[(\dot{m}_{\mathrm{c}}ex_{\mathrm{c}})\Delta t]_{\mathrm{out}} - [(\dot{m}_{\mathrm{c}}ex_{\mathrm{c}})\Delta t]_{\mathrm{in}} = Ex^{Q}_{\mathrm{in,c}} \tag{7.105}$$

PCM 释放的热 $Ex^{Q}_{\mathrm{out,PCM}}$是：

$$(\dot{m}_{\mathrm{PCM}}ex_{\mathrm{PCM}})_{i} - (m_{\mathrm{PCM}}ex_{\mathrm{PCM}})_{\mathrm{f}} = Ex^{Q}_{\mathrm{out,PCM}} \tag{7.106}$$

对于释能过程，PCM 吸收的热能 $Q_{\mathrm{in,PCM}}$描述为：

$$(m_{\mathrm{PCM}}h_{\mathrm{PCM}})_{\mathrm{f}} - (m_{\mathrm{PCM}}h_{\mathrm{PCM}})_{i} = Q_{\mathrm{in,PCM}} \tag{7.107}$$

释能流体释放的热量 $Q_{\mathrm{out,c}}$或者由静态固体释放的热量描述为：

$$(m_{\mathrm{c}}h_{\mathrm{c}})_{i} - (m_{\mathrm{c}}h_{\mathrm{c}})_{\mathrm{f}} = Q_{\mathrm{out,c}} = \dot{Q}\Delta t \tag{7.108}$$

PCM 吸收的热 $Ex^{Q}_{\mathrm{in,PCM}}$被描述为：

$$(m_{\mathrm{PCM}}ex_{\mathrm{PCM}})_{\mathrm{f}} - (m_{\mathrm{PCM}}ex_{\mathrm{PCM}})_{i} = Ex^{Q}_{\mathrm{in,PCM}} \tag{7.109}$$

释能流体释放的热 $Ex^{Q}_{\mathrm{out,c}}$或是静态固体释放的热㶲为：

$$(m_{\mathrm{c}}ex_{\mathrm{c}})_{i} - (m_{\mathrm{c}}ex_{\mathrm{c}})_{\mathrm{f}} = Ex^{Q}_{\mathrm{out,c}} = \dot{E}x^{Q}_{\mathrm{supply}}\Delta t \tag{7.110}$$

现在可以描述系统整体效率了，因为已经建立了有用的输出和所需的输入。所需的输入是由储能材料释放的能量/㶲，以改变 PCM 的相位或对 PCM 储能。有用的输出是由释能材料吸收的能量/㶲，而能量/㶲又被 PCM 吸收。整个系统的能效可以描述为：

$$\eta_{\mathrm{oa}} = \frac{Q_{\mathrm{in}}}{Q_{\mathrm{out}}} \tag{7.111}$$

整个系统的㶲效率可以描述为：

$$\psi_{oa} = \frac{Ex_{in}}{Ex_{out}} \tag{7.112}$$

7.6.4 结果及讨论

本节提供了对新型PCM进行的研究结果及讨论。本文介绍了储能、释能、电池冷却测试结果、热经济学、不确定性分析、分析研究、优化以及验证的实验结果。本节还给出了储能和释能过程中能量和㶲的评估方法。

在文献综述后，选择R141b和R134a作为两种基础PCM制冷剂。首先，进行测试以确定所选制冷剂是否能在温度高于0℃（273K）时形成包合物。之后，确定最合适的制冷剂百分比组成。最后，在制冷剂包合物中加入几种不同的添加剂，以测试热性能的改善。选择氯化钠（NaCl）、六水合硝酸镁（$Mg(NO_3)_2 \cdot 6H_2O$）、铝颗粒、铜颗粒和乙醇作为添加剂。通过添加添加剂，以研究基于前述制冷剂的包合物的热性质的改善。由于添加剂的溶解度随温度的变化而变化，因此测定了不同比例添加剂的热性能（Hernandez，2011；DuPont，2004）。

所用材料的安全性、处理和储存特性讨论如下：

• R134a是一种常用的制冷剂，用于各种家庭和商业用途。它在美国采暖、制冷和空调工程师协会安全组中被归类为A1。这意味着R134a具有低毒性并且不会传播火焰。R134a在298K的温度下工作在340 kPa左右，因此需要密封装置来防止泄漏，并需要储存在323K以下。然而，R134a具有很高的导致全球变暖的潜在可能性，更环保的替代品将很快在市场上应用。

• R141b不易燃，操作压力非常低。它不需要任何专门的加压系统来容纳它，但它必须储存在323 K以下。

• 乙醇是易燃的，因此必须远离点火装置、火花或极端高温。摄入乙醇是有毒的，它会刺激皮肤和眼睛。

• 硝酸镁六水合物在高温下可能易燃。如果接触，它会刺激皮肤和眼睛，摄入或吸入都是危险的。

• 铝对皮肤有轻微的危害，因为它会刺激皮肤。它不会对眼睛造成任何刺激，如果摄入不会造成伤害。铝被认为是不易燃的。

• 摄入铜是非常危险的。吸入、皮肤接触和眼睛接触都会产生危险，因为它会引起刺激。它在高温下易燃。

• 如果皮肤接触氯化钠会有轻微危害，因为它会引起刺激。它还可能对眼睛造成刺激，但摄入时无害。氯化钠是不可燃的。

7.6.4.1 基体PCM的测试结果

通过实验来确定没有添加剂的R134a和R141b包合物形成的起始和结束时间。制冷剂质量比例从0.15到0.4变化，间隔为0.05。图7.58说明了每个质量分数下水和制冷剂的质量。

测试不同比例的制冷剂和水以找出最合适的组合。表 7.27 显示了每种比例所用的水和制冷剂的质量。测试的包合物的总质量保持在 80g。

制冷剂包合物在两个不同的浴温下进行储能测试。测试浴温分别为 3℃（276K）和 5℃（278K）。5℃（278K）的水需要较少的能量，而 3℃（276K）的水温需要更多的能量才能使液体达到所需的温度。确定储能时间是很重要的，因为它决定了形成 PCM 的总能量。较少的储能时间意味着较低的能量，而更多的时间意味着形成 PCM 需要大量的能量。对于所有测试的制冷剂质量分数，R141b 在 3℃（276K）下没有形成包合物。正因为它不能在较低温度下形成包合物，所以不再对 R141b 进行测试。

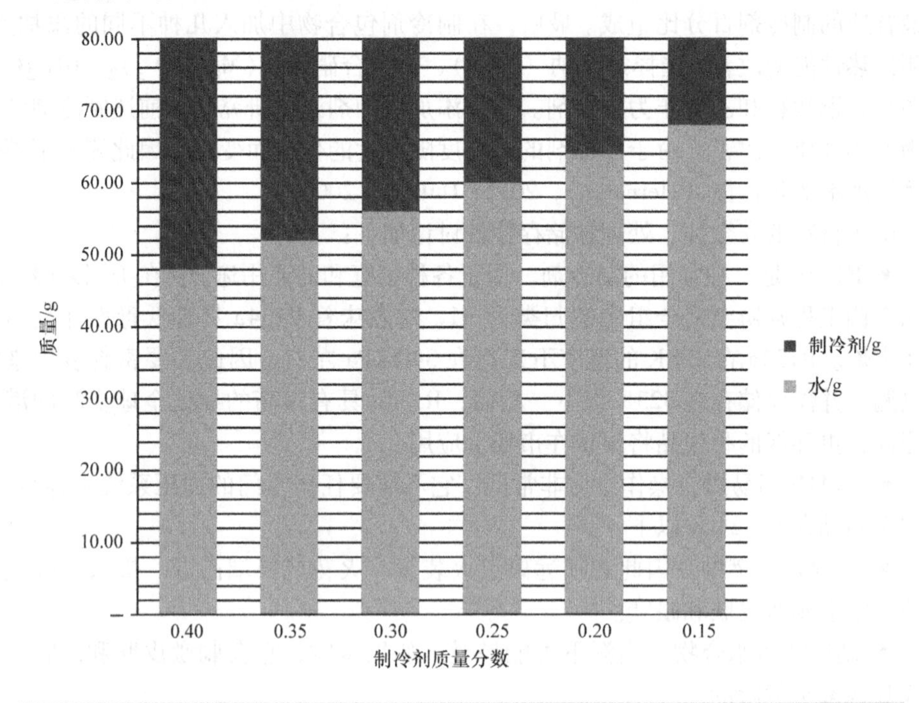

图 7.58 每种质量分数下水和制冷剂质量说明（Zafar，2015）

表 7.27 每种质量分数下的水和制冷剂质量

质量/g	制冷剂质量分数	水/g	制冷剂/g
80	0.40	48	32
80	0.35	52	28
80	0.30	56	24
80	0.25	60	20
80	0.20	64	16
80	0.15	68	12

数据来源：Zafar，2015

图7.59显示了在300kPa和276K下玻璃管中形成的R134a包合物。图7.59a表示包含0.15制冷剂质量分数的包合物，图7.59b为0.2。在图7.59a、图7.59b中，可以看到水对包合物形成没有贡献，这是由于管中制冷剂过少使一些水保持液态而不能形成包合物。从图7.59c～图7.59f可以看出水几乎被完全利用。结果显示0.15和0.2的制冷剂质量分数不能形成完整的包合物，因此不考虑对其进行任何进一步的分析。

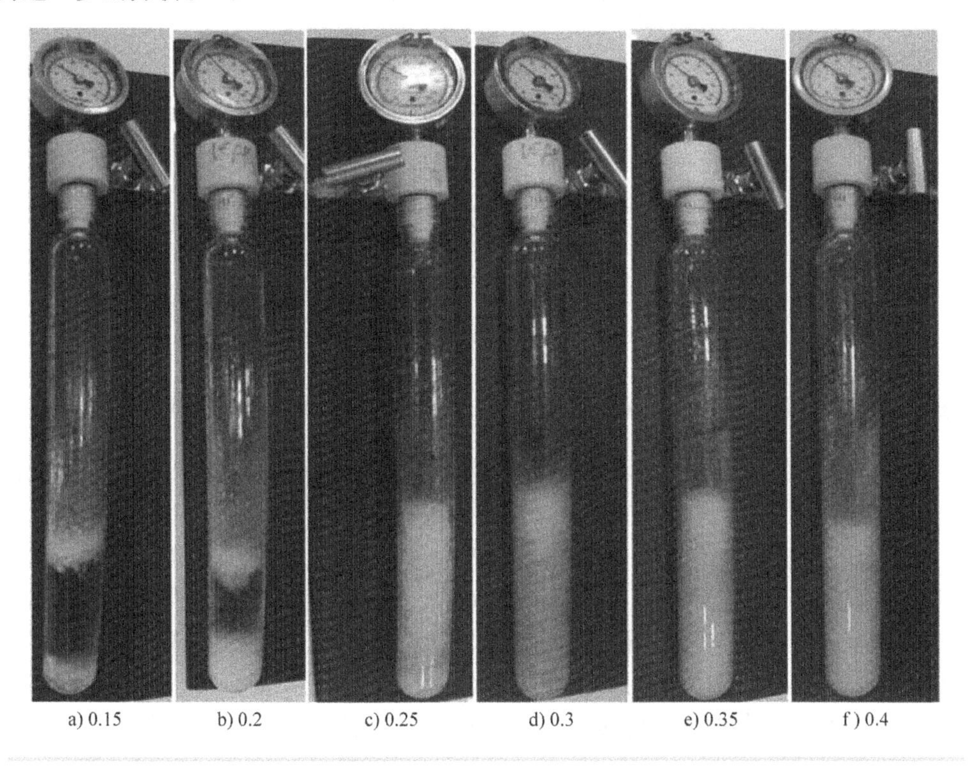

图7.59 276K时不同制冷剂质量分数下，管中的R134a包合物（Zafar，2015）

图7.60显示了不同制冷剂质量分数下包合物形成的开始和结束的平均时间。起始时间是包合物开始冷冻的时间，而结束时间是冷冻过程完成的时间。应注意，完全冷冻并不一定意味着管中的所有物质都被冻结。对于某些组分，水或制冷剂保持液态，并且在278K的水浴温度下不会冻结。制冷剂质量比例为0.15～0.40，如图7.60所示，低于0.25时，大部分水未混合，高于0.4，制冷剂没有足够的水混合，因此不能使用。结果显示储能时间逐渐减少直到达到0.35制冷剂质量分数后，开始增加。从测试中可以得出结论，0.35是制冷剂的最佳质量比例，因为它花费的时间最少。

7.6.4.2 电池冷却测试结果

通过实验来确定PCM的释能能力。使用热空气对PCM释能以找出它们的释能

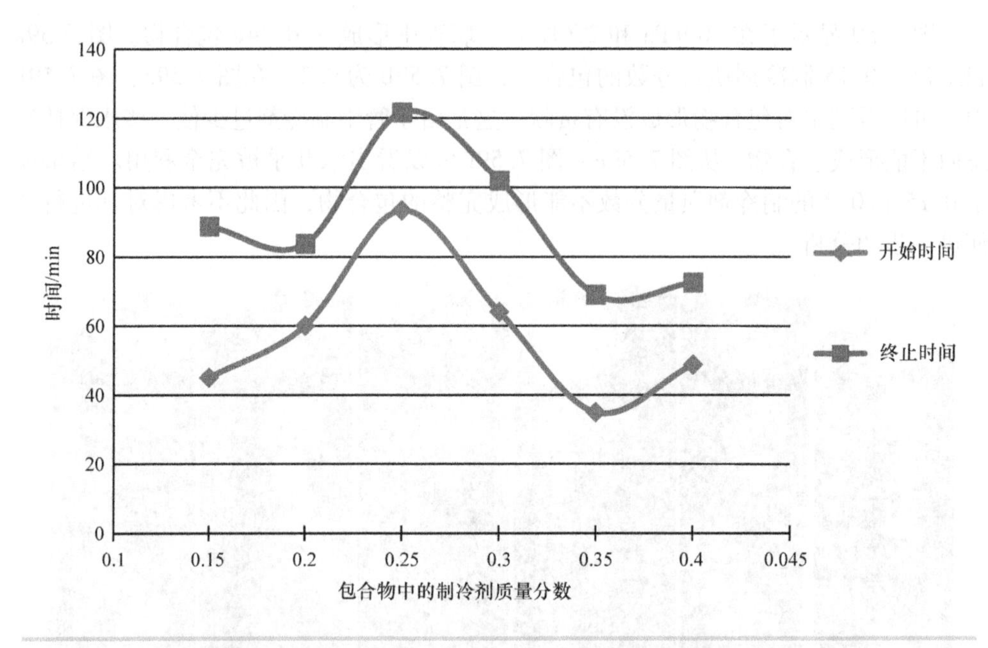

图 7.60　278K 时不同制冷剂质量分数的 R134a 包合物形成的开始和结束时间（Zafar，2015）

量。此外，在电池外部使用护套，PCM 通过电池护套冷却电池。使用 PCM 冷却电池表明了 PCM 在电池冷却方面具有潜在的应用场景。

图 7.61 所示为每种 PCM 冷却电池所需的总时间。上图中的柱状条为每种情况的时间读数的平均值。当电池温度达到 26℃时，认为已冷却并准备再次充电。当电池护套是空的时，与电池暴露在环境空气中的情况相比，它往往会阻止电池冷却。结果表明，使用乙醇添加剂的 PCM 可以最快地冷却电池，铜、铝和没有添加剂的 PCM 具有相似的冷却时间。与其他添加剂相比，盐类添加剂的冷却时间更高，因为

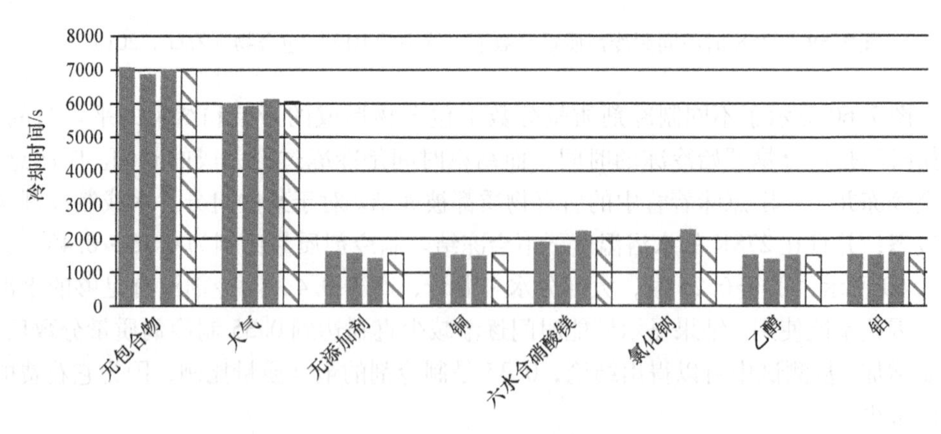

图 7.61　每种 PCM 电池冷却的总时间（Zafar，2015）

它们具有柔软的结构和较低的能量储存能力。值得注意的是，与其他 PCM 相比，没有添加剂的基体包合物 PCM 在冷却电池时表现得非常好。

图7.62所示为电池达到截止电压时的电池温度。记录每种情况下的截止时的电池温度。上图中的柱状条为每种情况的温度读数的平均值。找到这个温度很重要，因为它会影响电池的总冷却时间。这个值的重要性还在于，经过冷却的电池可以运行更长时间，或者可以释放更大的功率。结果表明，与电池暴露于环境空气的情况相比，其中没有包合物的空夹套往往会使电池升温。电池的这种加热现象是由于热量被困在夹套中而几乎没有散发到周围环境中。带有乙醇和铝添加剂的 PCM 有助于电池保持最低温度。含有盐类添加剂的 PCM 可使电池温度高于其他 PCM。总体而言，PCM 将电池温度降低约6℃。

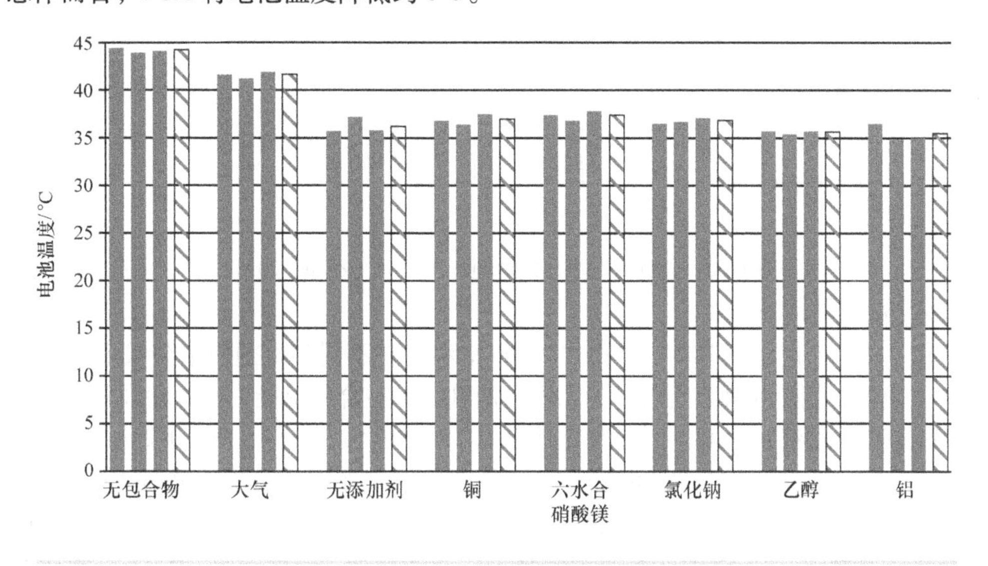

图7.62 截止电压下的电池温度（Zafar，2015）

图7.63所示为电池达到截止电压之前的电池运行时间。对于“环境”情况，不使用护套，因为希望电池通过周围空气冷却。图中的柱状条为每种情况的时间读数的平均值。基于乙醇和铝的 PCM 将运行时间缩短至约380s。没有包合物外壳的空夹套将运行时间增加到510s。结果表明，“无包合物”的情况下，在电池自加热增加了电池的运行时间的同时，冷却减少了电池的运行时间。在低温下，内阻增加，因此电池运行时间短。而高温下，由于内阻降低，运行时间会更长。但是，加热电池会缩短其使用寿命。

7.6.4.3 基体包合物的能量和㶲分析结果

在基体 PCM（没有任何添加剂的 R134a 包合物）上进行能量和㶲分析。这些分析确定了为 PCM 储能所需的能量和㶲。分析比较了两种不同浴温 276K 和 278K 下的储能结果。表7.28为基体包合物储能开始和结束时间对应的能量和㶲值。对

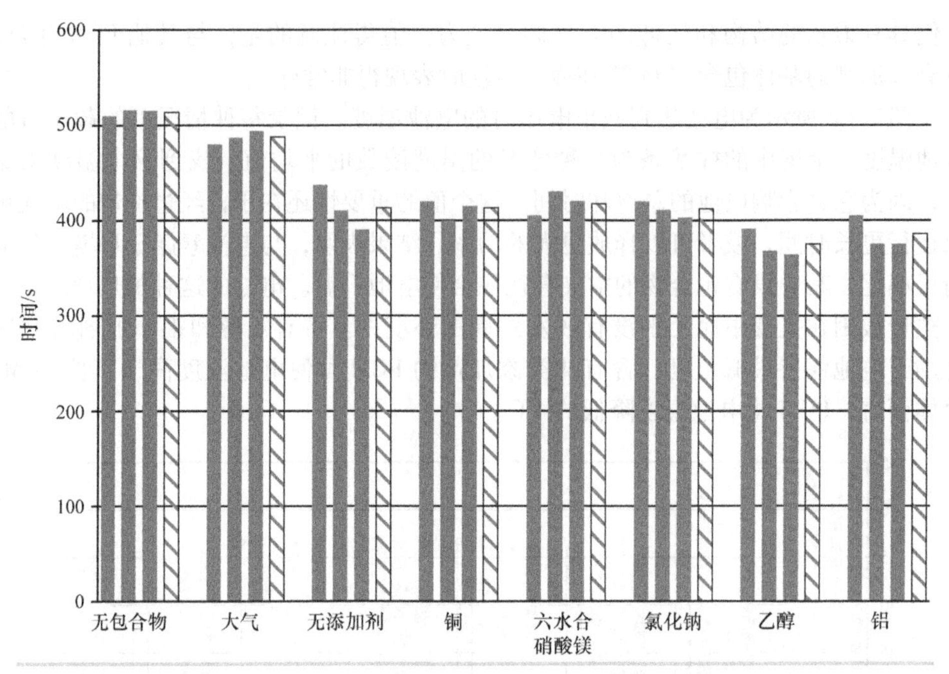

图 7.63　直到截止电压的电池运行时间（Zafar，2015）

应的水浴温度为 278 K。

图 7.64 所示为 R134a 包合物在 278K 浴温下在不同制冷剂质量分数下的能量和有效能值。能量和㶲值是用于为无添加剂 R134a 包合物储能。能量和㶲分析基于 R134a 包合物的终止时间。制冷剂比例从 0.15 到 0.4，对于 0.15，0.2 和 0.25 三个质量比例，在 278K 的水浴温度下，过量的水或制冷剂保持液态并且不会冻结。因为这三种组分不能全面形成包合物，所以不考虑进行进一步的分析。储能时间逐渐减少，直到达到 0.35 制冷剂质量分数后，开始增加。分析表明，0.35 是制冷剂的最佳质量比例，因为它花费的时间最少。0.35 制冷剂比例所需的能量为 532kJ，而㶲为 380kJ。表 7.29 为对基体包合物的储能终止前这一过程计算的能量和㶲值。计算的能量和㶲值对应水浴温度为 276K。

表 7.28　278K 浴温下基体包合物起始和终止时间对应的储能的能量和㶲值

278K 下的终止值				278K 下的起始值			
$\dot{Q}$/W	Q/kJ	$\dot{Ex}$/W	Ex/kJ	$\dot{Q}$/W	Q/kJ	$\dot{Ex}$/W	Ex/kJ
95	639	68	457	95	398	68	284
95	531	68	379	95	355	68	254
95	590	68	421	95	398	68	284
95	583	68	416	95	398	68	284
95	533	68	380	95	355	68	254
95	546	68	390	95	384	68	274

资料来源：Zafar，2015

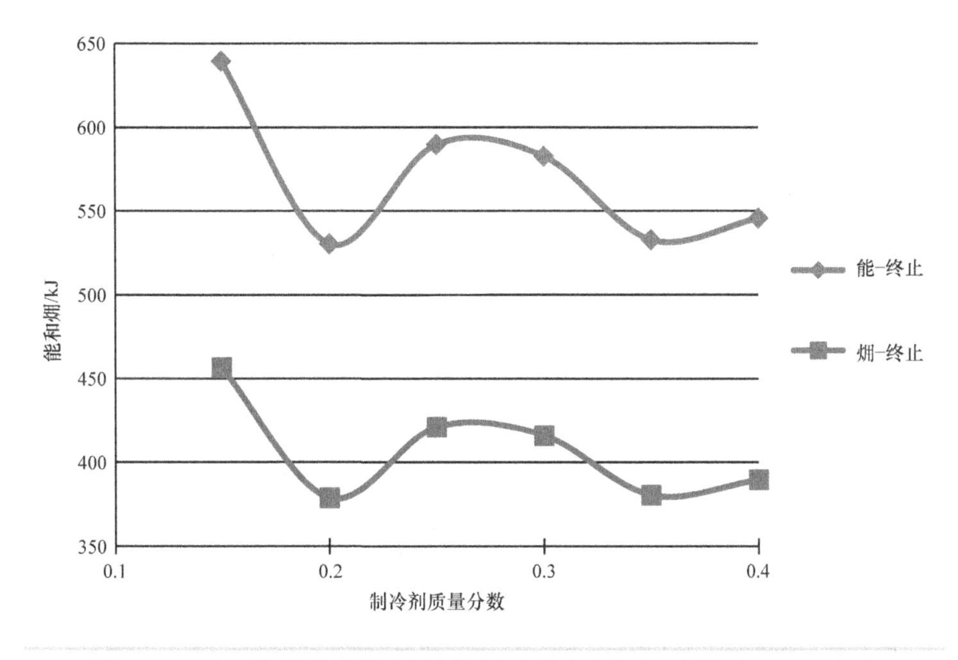

图7.64　278 K浴温下不同制冷剂质量分数的终止能量和㶲值（Zafar，2015）

表7.29　276K浴温下基体包合物起始和终止时间对应的储能的能量和㶲值

276K下的终止值				276K下的起始值			
$\dot{Q}$/W	Q/kJ	$\dot{E}x$/W	Ex/kJ	$\dot{Q}$/W	Q/kJ	$\dot{E}x$/W	Ex/kJ
107	572	68	360	107	290	68	183
107	540	68	340	107	387	68	243
107	784	68	494	107	601	68	379
107	657	68	414	107	412	68	260
107	444	68	280	107	225	68	142
107	467	68	294	107	314	68	198

资料来源：Zafar，2015

图7.65所示为R134a包合物在276K浴温下在不同制冷剂质量分数下的能量和㶲值。能量和㶲值是用于为无添加剂R134a包合物储能。能量和㶲分析基于R134a包合物的终止时间。制冷剂比例从0.15到0.4，对于0.15和0.2两个质量比例，在276K的水浴温度下，过量的水或制冷剂保持液态并且不会冻结。因为这两种组分不能全面形成包合物，所以不考虑进行进一步的分析。该图显示，储能时间逐渐减少直到达到0.35制冷剂质量分数后，开始增加。分析表明，0.35是制冷剂的最佳质量比例，因为它花费的时间最少。0.35制冷剂比例所需的能量为445kJ，而㶲为280kJ。

图7.66所示为在水浴温度276 K和278 K下为基体PCM充电所需的终止能量

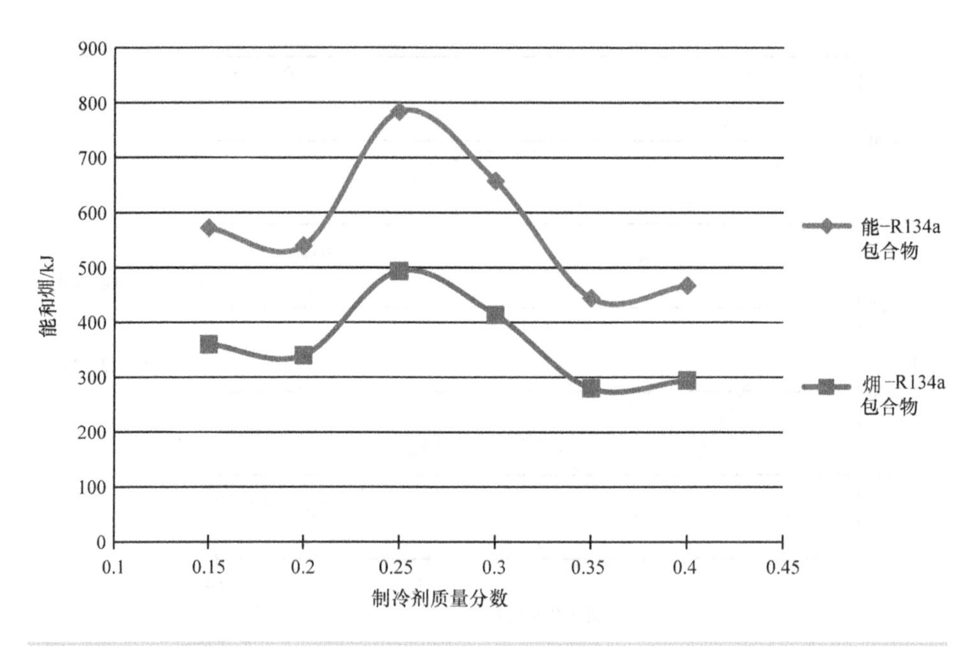

图 7.65 276K 浴温下不同制冷剂质量比例的终端设定能量和㶲值（Zafar，2015）

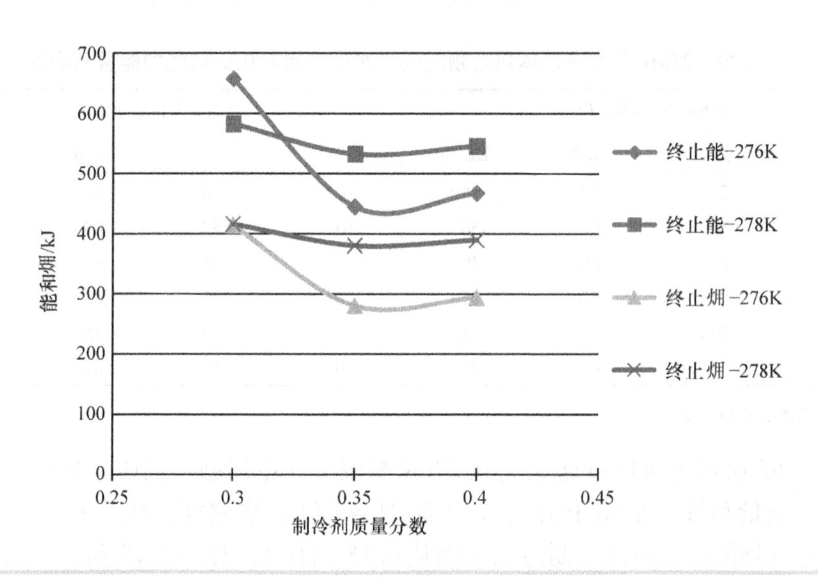

图 7.66 276K 和 278K 下基体 PCM 储能终止能量和㶲值（Zafar，2015）

和㶲。该图显示了制冷剂质量比例为 0.3、0.35 和 0.4 的能量和㶲。当浴温为 276K 时，与浴温为 278K 时相比，为基体 PCM 储能所需的能量和㶲都较低。虽然将水冷却至 276K 需要更大的能量，但 PCM 在低温下储能所需时间更短。由于在 276K 下对 PCM 储能需要的时间更短，因此在该浴温下，为 PCM 储能所需的总能量和㶲值较低。

7.6.4.4 热经济学分析结果

使用前一节中描述的方程，对实验中使用的 PCM 进行热经济学分析。热经济学分析包括对热量经济因素的评估和 PCM 的成本效益分析。图 7.67 所示为热经济变量f_{TE}随每个 PCM 变化的变化。研究了每个 PCM 的热经济变量f_{TE}，包括其能量、管控和 PCM 组件成本。对于热经济变量，该值越高，越可行。结果表明，六水合硝酸镁基 PCM 具有最高的热经济变量，而基于氯化钠的 PCM 具有最低的热经济变量。基于六水合硝酸镁的 PCM 的高热经济变量是由于其低的烟损；基于氯化钠的 PCM 的低热经济变量是由于其高的烟损。

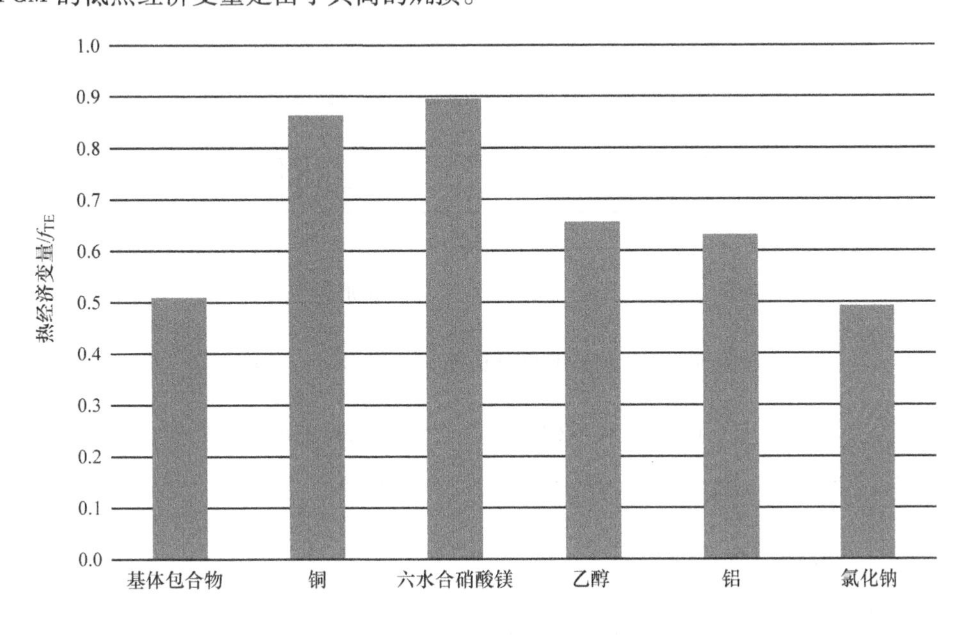

图 7.67 各种 PCM 的热经济变量值（Zafar，2015）

图 7.68 所示为生产 PCM 的能源成本和使用 PCM 节省的成本。能源成本使用 0.32 美元的电力单位费率计算。具有最高效率的乙醇在释放能量方面具有最高的回报。由于效率低，氯化钠在储能和释能价格上的差异最大。从图中可以看出，储能 100 个单位的能源，成本不是很高，而且仍然低于 5 美元。六水合硝酸镁具有最低的能源成本，但回报也最低。

图 7.69 所示为与无添加剂的基体 PCM 相比，每种 PCM 生产 100 个单位的成本。这个数字包括 80g 添加剂的价格和储能能量的成本。能源成本使用 0.32 美元的电力单位费率计算。由于铜颗粒的价格昂贵，基于铜添加剂的 PCM 成本最高。六水合硝酸镁成本低，因为它储能时间短。值得注意的是，六水合硝酸镁的产量也不高，因此它的低价格有点欺骗性。由于价格低廉，乙醇成本第二低。乙醇添加剂是

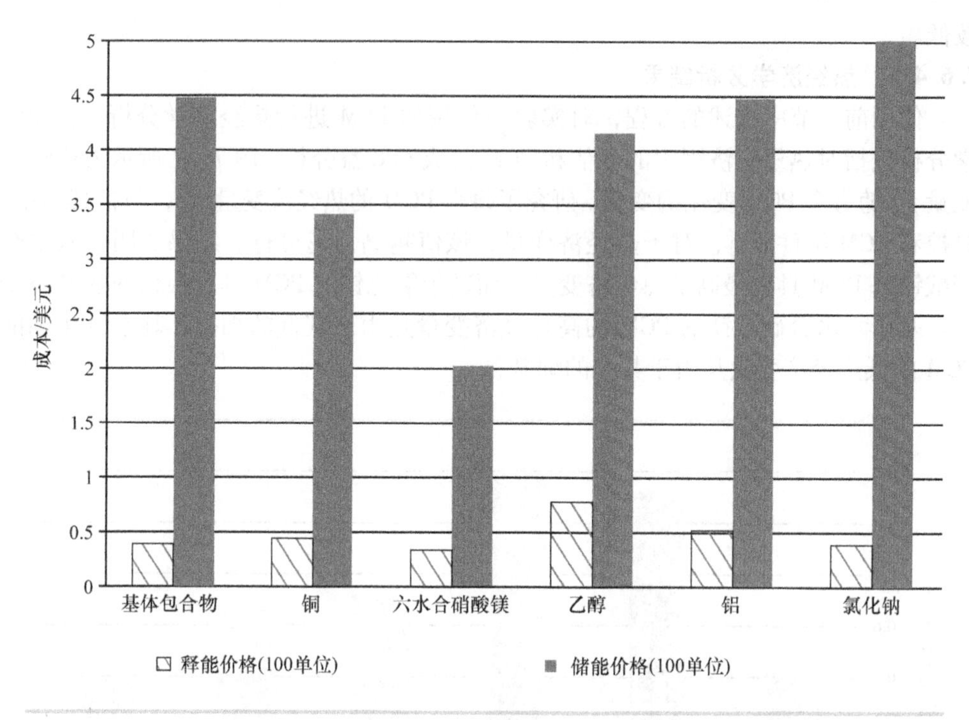

图 7.68　生产和使用 PCM 的能源成本（Zafar，2015）

最经济的 PCM，因为它的生产成本相对较低，但却能提供最高的效率。

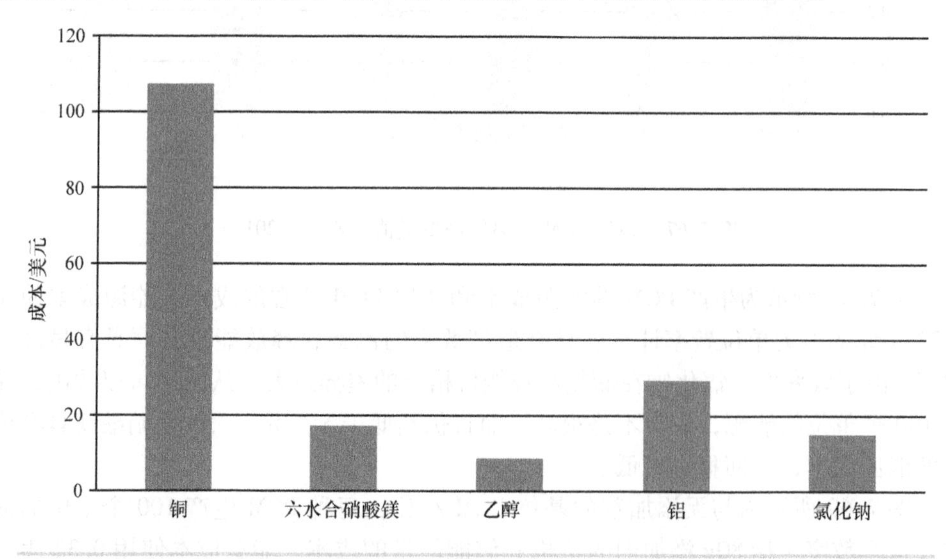

图 7.69　各种 PCM 生产 100 个单位的成本（Zafar，2015）

7.6.5 结语

本节对应用于冷却的制冷剂包合物进行实验研究，制冷剂 R134a 和 R141b 用于形成包合物，氯化钠、六水合硝酸镁、铝颗粒、铜颗粒和乙醇用作添加剂以确定它们对制冷剂包合物的影响；评估 PCM 的储能时间、释能时间、热性能、能量、㶲和电池冷却特性。本案例研究的主要发现如下：

- R141b 在 276K 的测试温度下不能形成包合物。
- 浴温为 276K 和 278K 时，制冷剂 R134a 质量分数为 0.35 时，形成完整的包合物需要的时间最短。
- 添加剂铜、铝、六水合硝酸镁和乙醇可以缩短包合物形成的开始时间。然而，氯化钠延长了开始时间。
- 六水合硝酸镁形成包合物最快，其次是铜、乙醇、铝和氯化钠。铜、铝添加剂的储能时间提高了 71%，六水合硝酸镁提高了 57%，乙醇提高了 28%。
- 六水合硝酸镁和铜加速包合物的形成，而铝和乙醇不会对储能时间产生太大影响。
- 氯化钠添加剂延迟了包合物的形成时间，质量分数在 0.04 和 0.05 时，不能形成包合物。
- 在某些情况下，增加添加剂并不会加快储能速度，反而会减慢储能速度。
- 能量和㶲值随储能时间的变化趋势相同。
- 更长的储能时间并不一定意味着 PCM 对冷却应用无效。
- 结果表明，基体 PCM 的液相比热容为 3140J/kg · K。添加剂降低了基体 PCM 的液相比热容，其中氯化钠的影响最大。
- 基础 PCM 的液相导热系数为 0.09W/m · K。结果表明，各添加剂均提高了基体 PCM 的液相导热系数。铜添加剂的 PCM 导热性能提高了 350%，其次是铝（230%）、硝酸镁（134%）、乙醇（60%）和氯化钠（50%）。
- 除氯化钠外，基体 PCM 的固相导热系数为 0.33W/m · K；所有其他添加剂都增加了基体 PCM 的固相导热系数。铜添加剂的导热性能提高 74%，其次是铝（52%）、硝酸镁（40%）和乙醇（9%）。氯化钠降低了 12% 的固相导热率。
- 六水合硝酸镁添加剂使 PCM 的比潜热降低 68%。含乙醇 PCM 的比潜热比基体 PCM 高 600%。
- 与分析结果相比，液相比热容的所有实验值相差均在 14% 以内。对于液相导热系数，实验值相差 26% 以内。
- 乙醇添加剂在释能过程中持续时间最长，为 435s，六水合硝酸镁最短，为 180s。
- 乙醇添加剂 PCM 冷却电池最快，铜、铝和无添加剂 PCM 有类似的冷却时间。与其他添加剂相比，盐类添加剂的冷却时间更长。

• 含有乙醇和铝添加剂的 PCM 有助于电池保持最低温度。含有盐类添加剂的 PCM 可使电池温度高于其他 PCM。总体而言，PCM 将电池温度降低约 5K。

在未来的研究中可以进一步改进，可通过实验结果验证分析的预测值。通过对比实验结果，进一步改进预测导热系数的方程式。由于导热系数方程的高度经验性质，导热系数的预测高度依赖于所研究的物质、物质的相和周围环境。本案例研究中提出的分析、结果和讨论可用于比较基于制冷剂的 PCM 与研究中的其他 PCM 的有效性。一些结果和进展可以直接用于实际的被动冷却应用。但是，对于未来的工作有以下几点建议：

• 可以制造和研究基于其他制冷剂的包合物，以确定其在被动冷却应用中的性能。本研究中使用的 R134a 制冷剂具有较高的温室效应，很快将逐步淘汰。R1234yf 或 R32 等新型制冷剂可用于类似的研究，它们具有较低的温室效应，将很快取代现有的制冷剂。

• 研究的 PCM 主要用于电子设备的被动冷却应用。然而，它们可以用在冷储热系统中以向冷却流体提供冷却能量。然后，这些冷却流体可用于空间冷却场合。可以使用每种添加剂评估柯尔特热能储存系统的性能。添加剂可以帮助加速储能过程，对于大型系统，这可以产生显著的改进。

• 获得热性能是一项巨大的挑战。现有的测量热性能的方法难以应用于这种装置，因为它具有加压的制冷剂。可以开发一种可能基于惠斯通电桥电路获得热性能的改进方法。这种机制将大大减少获得热特性值所需的测试结果的数量。

• 未来的研究人员也可以进行重复性和循环稳定性测试，以确定 PCM 的性能是否会发生变化，可以将 PCM 冷冻并熔化几个循环，以查看热释放量或吸收的热量是否改变，还可以研究循环相变对凝固温度和潜热的影响。

• 可以改进目视检查起始和结束阶段的方式。更好的方法是在特定时间内对所有的 PCM 储能，不管其添加剂如何，而不是观察开始和结束阶段。

• 每种添加剂会产生独特的晶体形状，可以观察晶体的生长，研究晶体的形状和大小。

• 在不同温度下对 PCM 释能，记录释能时间是未来研究人员可以研究的另一个方面。该研究可以确定 PCM 在每种环境条件下的容量。

术语

A	面积（m^2）
C_p	比热容（J/kg · ℃）
D	偶极矩（Debye）
d_p	颗粒直径（m）
dE/dT	温度系数（V/℃）

dT/dx	温度梯度（℃/m）
E	开路电压（V）
Ex	㶲（J）
ex	比㶲（J/kg）
$\dot{ex}$	比㶲功率（W/kg）
f_{TE}	热经济变量
h	比焓（J/kg）
h	传热系数（$W/m^2 \cdot ℃$）
I	电流（A）
LHV	低热值（MJ/kg）
k	导热系数（W/m·K）
L	潜热（kJ/kg）
l	长度，高度（m）
M	摩尔质量（g/mol）
m	质量（kg）
$\dot{m}$	质量流量（kg/s）
N	序号
p	压力（kg/m^2）
Pr	普朗特数
Q	热能（kJ）
$\dot{Q}$	热功率 W）
q	热通量（W/m^2）
R	电阻（Ω）
Ra	瑞利数
R^2	决定系数
R_b	边界热阻（m^2 K/W）
Re	雷诺数
S	源项（$J/m^3 \cdot s$）
$\dot{S}$	熵率（W/K）
s	比熵（J/kg·K）
T	温度（℃或 K）
$\bar{\bar{T}}$	平均温度（K）
t	时间（s）
u	比内能（J/kg）
U	传热系数（$W/m^2 \cdot K$）
V	体积分数
V	电池电压或电池电位（V）

$\dot{W}$ 功率（W）
w 质量分数
x 距离（m）
Z 配位数
Z_k 成本（$）

希腊字母

α 热扩散系数（m^2/s）
β 热膨胀系数，某型车辆分数，液相分数
Δ 增量
ρ 密度（kg/m^3）
η 能量转换效率
λ 比熔化潜热（J/kg）
ξ 能源成本（$/J）
ε 辐射率
i 层索引
μ 动力黏度（kg/ms）
ν 运动黏度（m^2/s）
$\vec{v}$ 速度（m/s）
∇ 微分算子
ψ 效率
I 应力张量
∇^2 拉普拉斯算符

下标

ac actual 实际
Amb ambient 环境
As average surface 表面平均
b，bat battery 电池
bf base fluid 基液
bs battery surface 电池表面
c charge，charging，cell 电荷，充电，电芯
car car 汽车
cm critical 临界
conv convection 对流

d discharge, destroyed, discontinuous	放电，破坏，不连续
dst destruction	破坏
e Electrical, exit	电的，出口
f fluid, final	液体，终值
fc fuel cell	燃料电池
gen generated, generation	产生，代
h heat	热
i, j indexes	索引
in internal, inlet, initial	内部，入口，初始值
l liquid phase	液态
m mass, melting, mixture	质量，熔融，混合物
max maximum	最大值
n negative electrode	负极
oc open circuit	开路
out outlet	出口
P solid	实线
p positive electrode, constant pressure	正极，恒压
PCM phase change material	相变材料
rad radiation	辐射
ref reference	参照
s solid phase	固态
sys system	系统
T temperature	温度
th thermal	热的
w water, wall	水，壁面
x, y, z Cartesian coordinate directions	笛卡儿坐标方向
∞ ambient	环境

缩略语

Act Actual	实际
APS Accelerator pedal position	加速踏板位置
ARC Accelerated rate calorimeter	加速量热计
BC Boundary conditions	边界条件
BPS Brake pedal position	制动踏板位置
BEV Battery electric vehicle	电动汽车
BTMS Battery thermal management system	电池热管理系统

C Discharge rate，Capacity	放电倍率，容量
CAD Computer aided design	计算机辅助设计
CFD Computational fluid dynamics	计算流体力学
Dischg Discharge	放电
DOD Depth of discharge	放电深度
EV Electric Vehicle	电动汽车
FEM Finite element model	有限元模型
HEV Hybrid electric vehicle	混合动力汽车
LFP Lithium phosphate	磷酸锂
$LiCoO_2$/LCO Lithium – cobalt – dioxide	钴酸锂
$LiFePO_4$ Lithium – phosphate	磷酸铁锂
LiBOB Lithium bis（oxalate）borate	双（草酸）硼酸锂
LiPo Lithium polymer	锂聚合物
LPM Lumped parameter model	集总参数模型
LPV Linear parameter varying	线性参数变化
$Mg(NO_3)_2$ Magnesium nitrate	硝酸镁
NaCl Sodium chloride	氯化钠
PCM Phase change material	相变材料
PDE Partial differential equation	偏微分方程
PE polyethylene	聚乙烯
PSAT Power train system analysis toolkit	动力传动系统分析工具包
RESS Rechargeable electricity storage system	可充电电力储存系统
Sim Simulation	仿真
SLE Special limits of error	特别误差极限
SOC State of charge	荷电状态
TCE Thermal control element	热控制单元
TES Thermal energy storage	热量存储

参 考 文 献

Abousleiman R, Al-Refai A, Rawashdeh O. (2013). Charge capacity versus charge time in CC-CV and pulse charging of Li-ion batteries. SAE Technical Paper 2013-01-1546, doi:10.4271/2013-01-1546.

Abusoglu A, Kanoglu M. (2009). Exergetic and thermoeconomic analyses of diesel engine powered cogeneration: Part 1 – Formulations. *Applied Thermal Energy* **29**:234–241.

ACE Glass Incorporated. (2014). Pressure Tube 185 mL. *Item Number* 8648–33. Available at: http://www.aceglass.com/page.php?page=8648 [Accessed August 2016].

Al-Hallaj S, Kizile R, Lateef A, Sabbah R, Farid M, Selman JR. (2006). *Passive Thermal*

Management Using Phase Change Material (PCM) for EV and HEV Li-ion Batteries, Illinois Institute of Technology, Chicago, USA.

Al-Hallaj S, Selman JR. (2000). A novel thermal management system for electric vehicle batteries using phase-change material. *Journal of Electrochemical Society* **147**:3231–3236.

Alawadhi EM. (2001). *Thermal Analysis of a PCM Thermal Control Unit for Portable Electronic Devices: Experimental and Numerical Studies*, PhD dissertation, Pittsburg, USA.

Basrur S, Pengelly D, Campbell M, Macfarlane R, Li-Muller A. (2001). *Toronto air quality index: health links analysis*. Report. Toronto Public Health.

Damodaran V, Murugan S, Shigarkanthi V, Nagtilak S, Sampath K. (2011). *Thermal management of lead acid battery (Pb-A) in electric vehicle, in SAE International*, Detroit, USA.

Dhingra R, Overly J, Davis G. (1999). *Life-cycle environmental evaluation of aluminum and composite intensive vehicles*. Report. University of Tennessee. Center for Clean Products and Technologies.

Dincer I, Rosen M. (2013). *EXERGY Energy, Environment and Sustainable Development*. London. Elsevier.

DuPont™ Suva® refrigerants. (2004). *Mutual Solubility of Select HCFCs and HFCs and Water*. DuPont USA.

Dutil Y, Rousse DR, Salah NB, Lassue S, Zalewski L. (2011). A review on phase-change materials: Mathematical modeling and simulations. *Renewable and Sustainable Energy Reviews* **15**:112–130.

FLUENT Software user guide. (2006). *Fluent Inc*. Available at: http://users.ugent.be/~mvbelleg/flug-12-0.pdf [Accessed August 2015].

Granovskii M, Dincer I, Rosen MA. (2006). Economic and environmental comparison of conventional hybrid, electric and hydrogen fuel cell vehicles. Journal of Power Sources 159:1186:1193.

Gu WB, Wang CY. (2000). Thermal-electrochemical modeling of battery systems. *Journal of The Electrochemical Society* **147**:2910–2922.

Heldman DR, Singh RP. (1981). *Food Process Engineering*. Westport: AVI Publishing Co., Inc., 87–157.

Hernandez O. (2001). *SIDS Initial Assessment Report for 12th SIAM*. UNEP Publications. Paris, France.

Houghton JT, Meira Filho LG, Callander BA, Harris N, Kattenberg A, Maskell K. (1996). *Climate Change 1995*. Cambridge University Press, New York, USA.

Incropera FP, Dewitt DP. (2007). *Fundamentals of Mass and Heat Transfer*. Chicago.

Lo J. (2013). Effect of Temperature on Lithium-Ion Phosphate Battery Performance and Plug-in Hybrid Electric Vehicle range" MA.Sc thesis, University of Waterloo, UK.

Mattea M, Urbicain MJ, Rotstein E. (1986). Prediction of Thermal Conductivity of Vegetable Foods by the Effective Medium Theory. *Journal of Food Science* **51**:113–116.

Morley MJ, Miles CA. (1997). Modelling the thermal conductivity of starch-water gels. *Journal of Food Engineering* **33**:1–14.

Panchal S, Dincer I, Agelin-Chaab M, Fraser R., Fowler M. (2016). Experimental and Theoretical Investigation of Temperature Distributions in a Prismatic Lithium-ion Battery. *International Journal of Thermal Sciences* **99**:204–212.

Pehnt M. (2001). Life cycle assessment of fuel cell stacks. *Int. J. Hydrogen* **26**:91–101.

Ramadass P, Haran B, White R, Popov BN. (2011). Capacity fade of Sony 18650 cells cycled at elevated temperatures: Part I. *Cycling performance. Journal of Power Sources* **112**:606–613.

Pesaran AA, Bruch S, Keyser M. (1999). *An Approach for Designing Thermal Management Systems for Electric and Hybrid Vehicle Battery Packs, Proceedings of the* 4th *Vehicle Thermal Management Systems*, London, UK.

Prasher R, Bhattacharya P, Phelan PE. (2006). Brownian-motion-based convective-conductive model for the effective thermal conductivity of nanofluids. *ASME Journal of Heat Transfer*, **128**:588–595.

Ramadass P, Haran B, White R, Popov BN. (2008). Capacity fade of Sony 18650 cells cycled at elevated temperatures: Part I. *Cycling performance. Journal of Power Sources* **112**:606–613.

Ramandi MY, Dincer I, Naterer GF. (2011). Heat transfer and thermal management of electric vehicles with phase change materials. *Heat and Mass Transfer* **47**:777–788.

Rizvi IH, JainA, Ghosh SK, Mukherjee PS. (2013). Mathematical modelling of thermal conductivity for nanofluid considering interfacial nano-layer. *Heat and Mass Transfer* **49**:595–600.

Rosen MA, Dincer I, Pedinelli N. (2000). Thermodynamic Performance of Ice Thermal Energy Storage Systems. *Journal of Energy Resources Technology* **122**:205–211

Rantik M. (1999). *Life cycle assessment of five batteries for electric vehicles under different charging regimes*. Report. KFB-Stockholm.

Satyam P. (2014). *Impact of Vehicle Charge and Discharge Cycles on the Thermal Characteristics of Lithium-ion Batteries*, MA.Sc thesis,University of Waterloo, UK.

Zafar S. (2015). Experimental and Theroretical Investigation of Novel Phase Change Materials for Thermal Applications, PhD thesis, University of Ontairo Institute of Technology.

Smith K, Wang CY. (2006). Power and thermal characterization of a lithium-ion battery pack for hybrid-electric vehicles. *Journal of Power Sources* **160**:662–673.

Australian Greenhouse Office. (2005). Weighting methodologies for emission from transport fuels. Available at: www.greenhouse.gov.au/transport/comparison/pubs/3ch1 .pdf [Accessed March 2005].

第8章 替代技术与展望

8.1 引言

本书首先将电动汽车、架构及其热管理系统、电池化学特性介绍给读者，以提供必要的背景信息。接着对目前正在使用或可能在工业中使用的各种常规的及先进的电动汽车热管理系统进行完整的验证。后续章节为读者提供了不同工况条件下选择合适的电池热管理设计、配置和参数的工具、方法和程序，同时引导读者以最有效和最具成本效益的方式建立并操作动力电池热管理系统。在这最后一章中，我们将对当前的技术问题和局限性采取进一步的措施，并从更广阔的视角来审视其他（以及更微妙的）因素，这些因素最终将决定这些技术的成功和广泛采用，并阐述在不久的将来可以看到什么，以及在不久的将来电动汽车技术以及兼容的热管理系统的发展趋势及成果。

8.2 突出挑战

尽管电动汽车技术具有潜在的优势和能力，但同时也存在巨大的挑战，阻碍了这些技术的广泛应用，使得电动汽车在目前汽车产业中占据着较小且稳定的市场份额。在前几章中，从纯技术、经济和环境方面对电动（和混合动力）车辆及其技术（以 BTMS 为重点）与传统车辆和系统进行了分析和比较，使读者更全面地了解电动汽车目前面临的挑战，除了提供这些领域的信息之外，对这些技术的接受和市场渗透有显著影响的其他关键信息也很重要。

8.2.1 消费者感知

至关重要的是要考虑到消费者对 HEV 和 EV 的看法，以便更好地识别这些车辆被广泛应用的障碍，因为，无论电动汽车的技术优势如何，客户都倾向于抵制市场上看不到的、被视为不熟悉且未得到充分证明的新技术（Egbue，Long，2012）。

因此，顾客的接受对于产品的成功至关重要。拥有一辆汽车在传统上和历史上都与独立感和普遍进入感相联系，购买一辆汽车“不仅仅是理性的选择”（Ozaki，Sevastyanova，2011）。这与情感态度、社会尊重和品牌文化等各个方面有关，并受知识/经历、身份和公众形象以及消费者的感知形象的影响。各种研究表明，感知的创新特征在解释接受度方面起着重要的作用，并试图在以下主要范畴进行解释：相对优势（财务、地位等方面的感知优势）、兼容性（与先前的价值观、规范、惯例等的感知一致）、复杂性（使用和理解的感知困难）、可测试性（可实验性程度）、可观察性（接受程度可见度）和感知风险（经济和社会损失的可预期性）（Labay，Kinnear，1981）。

其中，许多调查和研究表明，阻碍消费者考虑电动汽车技术的主要因素是缺乏对潜在使用者的了解，以及对风险和不确定性的承受力相对较低（Diamond，2009）。此外，研究已经反复证实，一部分人，不管他们的能力如何，总是对技术变化和不确定性感到不安，并选择“传统和熟悉的概念”，而不是拥抱新技术（Sovacool，Hirsh，2009）。因此，必须了解现有传统的重要性和新引入车辆的象征性，以及新产品向客户传达其意义需要时间的事实（Heffner et al.，2007）。目前，该领域的研究人员大多认为，过去电动汽车及其驾驶员给人的普遍印象往往是不利的。其中，主要是与续驶里程焦虑和充电基础设施不足等问题有关。然而，最近的汽车试验发现，消费者在规划行程时往往过于谨慎，而且这些车辆的续驶范围大部分在实际行驶距离之内。这种差异主要由普通公众对相关技术和能力缺乏信心引起，并且相关感觉导致消费者认为车辆性能不佳。消费者普遍认为电动汽车具有更低的最大速度和较低的加速度，这种认知主要是基于几十年前开发的最初版本的电动汽车，现在的电动汽车和传统汽车相比可以达到同等甚至更好的性能水平。这表明，目前消费者还没有充分认识到电动汽车的技术和能力。此外，在技术的复杂性、安全性、经济性和有益性方面也存在相当大的误解（Burgess et al.，2013）。这项技术也被许多消费者认为是相对难以理解/操作的，以及比被替代品（内燃机车辆）更不安全的，即使大多数研究表明它们同样容易操作，并且在许多情况下与传统车辆一样安全。此外，一些消费者更易错误地判断这些车辆的长期价值利益，因为他们中的许多人更多地倾向于关注购买价格而不是总体拥有成本。这些车辆的初始成本往往高于传统汽车（特别是没有政府激励），但这可能会被较低的操作和维护成本以及通常不被考虑的额外激励措施抵消。基于一些调查，消费者反映的关于电动汽车技术的负面认知如图 8.1 所示。

不管上述消费者对这些技术的负面看法如何，仍有许多积极的因素，特别是被公众所普遍接受的技术的高效性、环境友好性。电动汽车因为可以减少化石燃料消耗和 GHG（温室气体）排放所建立的社会效益吸引了具有高度环保意识的客户。它还与社会上所期望的行为、分享共同的价值观，以及前瞻性思维和开放接受新观念有关（Graham – Rowe et al.，2012）。必须理解的是，这些技术未来能否赢得市

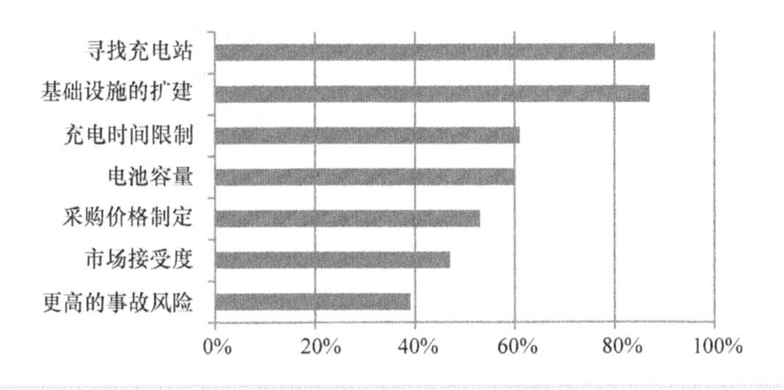

图 8.1　消费者对电动汽车技术感知的风险壁垒（Bessenbach，Wallrapp，2013）

场很大程度上取决于纠正上述负面的误解和增强消费者心中的积极认知。最有效的方法是通过增强公众对电动汽车的认知，并让他们直接接触这些车辆，看到和应用这项技术，以取代他们现有的经验与最初的直接体验。

8.2.2　社会技术因素

尽管个人的看法对 H&EV（混合动力及纯电动汽车）的成功起着至关重要的作用，但值得注意的是，这些观念通常受到个人参与的文化和社会动态的显著影响。因此，需要更好地理解对这些技术有更根本影响的因素。在这方面，考虑到其所包含的技术和嵌入该技术的社会技术因素，包括文化、社会和政治方面，因为它们在加强（或阻碍）从传统车辆成功过渡到 H&EV 方面发挥着重要作用。这些技术不仅有其技术体系的支持，而且受到加强它的社会规则和公约的支持。因此，现有技术、法规、用户模式和文化话语的结合产生了社会技术体制，进而使得决策过程背后的主要标准得以发展（Smith，Stirling，2010）。

在这方面，普遍存在的技术解决方案在很大程度上是由社会决定的，现有主要技术之间的进步受到集体和持续变化的制约。这是社会认知框架的结果，社会认知框架允许增量改进，但禁止更多的不连续和不同的框架（Bakker et al.，2012）。因此，技术发展通过被动机制（通过现有规则）和主动机制（由现有参与者）加强和复制现有技术/系统，从而抵制新兴技术/系统。这些困难通常会被破坏现有机制的外部压力所克服（Bakker et al.，2014）。对于电动汽车技术来说，这些压力主要是由环境因素驱动的，即化石燃料的成本和依赖性。通过公共和私人资金和/或政策保护使新技术免受不利市场环境（如与传统汽车的竞争）的影响变得至关重要，直到该技术发展到足以广泛商业化。

为了更好地理解社会技术因素，有必要研究利益相关者和政治机构之间的利益、期望和战略之间的相互关系。利益相关者可以是国家/地方政府、汽车制造商/进口商、能源生产商以及基础设施开发商。为了成功过渡到 EV 技术，新进入者的新兴利益必须超过现有参与者的既得利益，并且新兴系统的配置必须符合利益相关者的利益。过去，EV 受到汽车制造商、石油公司和维修企业的强烈抵制，这些企业在传统汽车基础设施的供应和生产方面投入了大量的财政资源。

例如，如果 EV 技术通过附加充电系统（如智能电网）得到加强，EV 在市场上的巨大渗透将为电网运营商带来巨大的利益。一旦过渡开始，利益相关者倾向于制定战略应对措施推动转型，来影响这些新兴技术的配置（如充电基础设施的安装），以符合他们的兴趣和期望。这些措施可以是充电基础设施的资金、位置、类型以及收费行为。因此，这些动态变化可以通过对 EV 发展和市场渗透有重大影响的力量以及观察这方面的关键参数得到很好的理解，如汽车制造商之间的竞争加剧、企业间的技术分散（如层级供应商、研究机构或基础设施供应商）和新进入者（如各种新 EV 和子系统制造商）的存在等（Western et al.，2014）。

除了利益相关者之外，政治机构也是这个社会技术环境中的关键参与者之一，因为他们的决定可以显著地影响这一技术转变。政治机构的影响一般分为 4 类，即集体行动、高密度的制度、增强权力的不对称性和政治的复杂性和不透明度（Foxon，2007）。集体行动原则是基于这些机构相互作用的依赖性，如国家和州层面上的 H&EV 规则和规章。此外，由于公共政策通常是广泛的、法律约束的行为，实施后修改很麻烦，这可能成为 H&EV 的障碍，因为大多数现有的政策是建立在传统车辆之上的。此外，即使当权者有权去改变这些规则，他们也很可能使结果朝有利于自身利益的方向发展。最后，行动和结果之间的关系使政策的本质变得模棱两可，难以纠正所确定的问题。这些影响会对决定、规则和规章的生成速度和结果产生重大影响，从而影响 H&EV 技术的接受和市场渗透。

8.2.3 自我强化过程

正如前面章节所解释的，早期市场的特征、其引入的制度和监管因素以及消费者的期望通常通过消费者的感知和社会技术因素来偏向已有技术，抵制新技术（Foxon，2007）。为了使 EV 技术向公众证明自己，并获得广泛的市场渗透，即使可能存在潜在的“优越”替代方案，它也必须与那些进一步有利于现有技术的自我强化过程作斗争。这一过程主要是由于销售数量的增加而产生的，可以分为规模经济、学习效应、适应性预期和网络外部性（也称为协调效应）和互补效应（Arthur，1989；Sydow，Surigg，2013）。尽管这些技术最初会阻碍电动汽车技术的市场渗透，但了解这一点很重要，因为随着更多的 H&EV 被出售，同样的过程将在广泛应用时开始对新技术有利。

随着越来越多的车辆被出售，最明显的影响是公司利用规模经济（单位成本通过扩大生产量而下降）降低每个系统/部件（以及车辆）的成本，这使得市场渗透力有限的新技术更难与现有技术进行金融竞争。此外，由于生产和市场经验是通过更大的销售量增加的，专业技能/知识积累（例如，更快的生产速度、更高的生产率和更低的废品率）又反过来进一步降低了产品后续迭代的相关成本。在生产方面，随着销售量的增加，生产者和用户对现有技术的质量、性能和/或寿命都有更多的信心，这使得寻找替代品变得更加困难。在营销方面，公司获得更深入的知识和对需求异质性的理解，其中偏好不再单独固定，而是随着他人的期望或活动而变化。消费者通过技术实践，学会以有效的方式使用它并将其融入现有的结构中，使我们能够提供可以更好销售的产品。此外，随着更多的产品被售出，社会意义的结构也在发展，使得基于既定的（积极的）社会意义的产品更受欢迎，尤其是如果消费者相信其他的代理商也会选择相同的技术。随着这些车辆使用量的增加，当技术被更广泛地应用时，由辅助商品（如将增加在电网中的充电站）所带来的直接效益和价值变得更有价值。直接网络效应发生在“网络参与者的数量直接影响产品效用”时，而间接网络效应发生在技术的效用依赖于由独立企业提供的辅助商品和服务（Meyer，2012）。图 8.2 概括了 H&EV 技术的直接和间接电网效应的自我强化性质。

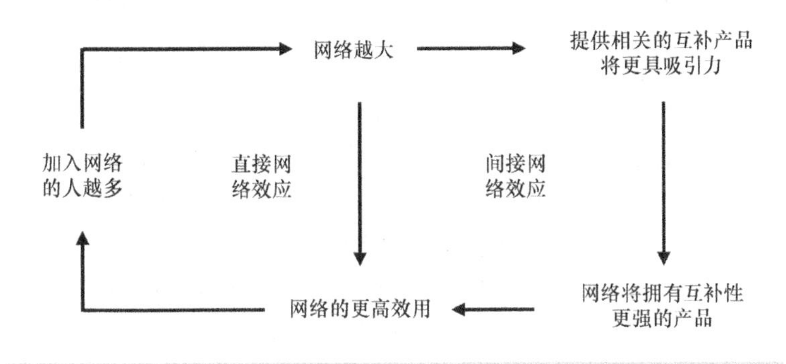

图 8.2　直接和间接网络效应（Meyer，2012）

此外，随着汽车销量的增加，对车辆转售价值和充电基础设施的关注正在减少，从而进一步提高了销售率。最后，由于多个独立的参与者和因素相互作用而产生协同效应，这些自我强化过程的影响带来的额外盈余超过总盈余，同时也出现了各种意想不到的结果和副作用。

理解这些因素的影响是必要的，因为它们可以放大市场份额的初始变化，并导致一种技术以牺牲另一种技术来获得完全的市场主导地位。这通常被称为“锁定效应”，可以确定市场上新技术成败之间的差异。这种现象可以用著名的 QWERTY 键盘布局的例子来理解，它最初是为了降低打字速度而避免早期开发的机械打字机的卡键问题，但其现在在计算机技术中占主导地位，尽管还可以开发出“优化”的替代设计。

在前面的章节中，阐述了广泛采用的电动汽车技术的感知缺点、突出的社会技术挑战和当前的机遇。基于上述技术的发展和未来的展望，图 8.3 提供了市场演化的创新模式/阶段的类型。

在图 8.3 中，左下角（象限 A）展示了现有产品在既定体制下，没有任何显著

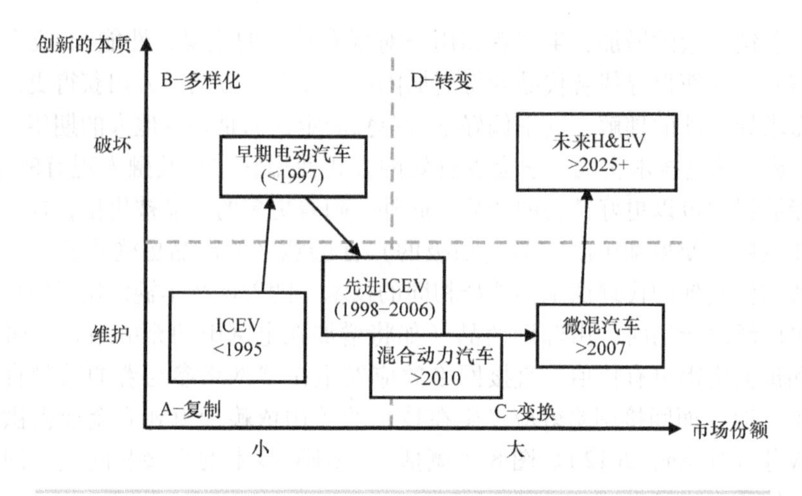

图 8.3　H&EV 技术的过去演变和未来预期（Dijk，2014）

创新的渐进变化，如早期改进内燃机技术，提高了燃料效率，减少了传统车辆的排放。左上角（象限 B）代表了颠覆性的创新，具有较低的变化水平，这种变化使得替代产品的能力能够与市场中的主导设计共存，例如早期版本的 EV 产品。右下角（象限 C）显示出高水平的创新，但现任者保持强大的市场地位。这些主要是微混汽车，改变了传统车辆的构建方式，但没有起到替代它们的作用。在这个区域，市场的社会背景、用户实践和商业模式成为建立这种市场转型率的因素。最后，右上角（象限 D）揭示了突破性的创新与高水平的变化，可以替代现有技术（Dijk，2014）。因此，通过改进其技术（具有高容量、更持久的电池等）、基础设施（通过充电和通信基础设施以及相关的标准、规则、规章、操作实践和培训）以及上述个人感知、社会技术挑战（关于个人、文化、社会和政治方面），电动汽车技术有望在下一个十年内开始进入这个象限。下一节将介绍 EV 技术和趋势，这些技术和趋势将在这一转变中发挥关键作用。

8.3　新兴电动汽车技术及发展趋势

为了克服上述挑战，目前正在开发各种技术和趋势，以减少电动和混合动力电动汽车技术的潜在缺点，并扩大其市场渗透率。本节简要介绍了这些新兴技术。

8.3.1　主动道路

如前几节所述，动力电池的能量密度明显低于汽油，因此无线电力传输对电动汽车的市场推广至关重要，它为车辆充电提供了一种安全、方便的充电方式。尽管停车场充电的方式很方便，但是主动道路技术的主要优势在于对运动中车辆实现无线充电。长期以来，电动汽车的无线充电一直是研究的热点，并在 20 世纪 50 年代提出为采矿车和后来的轨道车提供动力，并取消受电弓系统（Miller et al.，2014）。

在这些系统中，当车辆行驶时，它通过埋入地下的电力发射器经由磁场进行远程充电。每个布置在道路下面的电力发射器包含一个变流器和感应线圈。当车辆移动时，它们“连接”到电网并接收短暂但高电平的电荷，其电荷可高达直流快充的功率输出（当前商用无线充电功率水平相当于 2 级充电）。不同于静态的无线充电，其中初级线圈和次级线圈被完美地对准；准动态和动态充电需要驾驶员辅助系统来调整车辆速度以及水平和垂直位置，以优化能量传递效率。在半动态充电中，能量从路边的（初级）线圈转移到缓慢移动的车辆（次级线圈）上。而在动态充电中，它通过一个特殊的车道来完成，该车道包括一个具有较高功率水平的初级线圈，并且可以对中高速行驶的车辆充电（Taiber，2014）。动态充电实际上可以消除对传统电源，甚至是家庭充电的需求。图 8.4 展示出了在高速公路专用车道上安装的动态无线充电技术。另一方面，即使是半动态充电也可以在拥挤的地区或大城市的电动公交车上为载客车辆提供显著的优势，在这些城市中，车辆可以在行驶中或停下来接送乘客时快速充电。目前，主动式路面技术仍处于起步阶段，主要集中在单向固定充电，其中已经建立了具有 85% 系统效率的单元。然而，利用从固定充电获得的技术专业知识，可以预见在不久的将来，在高速公路上使用的主动道路能够对增加纯电动汽车续驶范围和减轻相应的排放产生相当大的影响。即使与此技术相关的基础设施成本将非常高，但可以通过基于远程信息处理的道路充电系统，以及节省与减少的电池尺寸来弥补。另一方面，充电系统的冷却所引起的附加成本、重量和空间也应该纳入考虑范围。

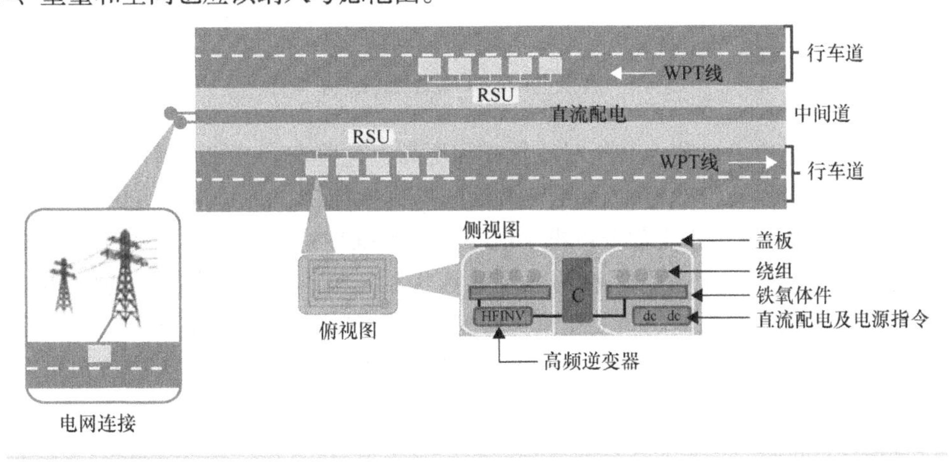

图 8.4 特殊公路车道上动态无线充电系统的概念（Miller et al.，2014）

8.3.2 V2X 与智能电网

未来，如果不需要对电网采取任何措施，PHEV 将普及并占据汽车市场的很大份额，将对需求峰值、备用利润和电价产生显著影响，并导致电能质量下降和供需不匹配。因此，在1.7.4节中提到的克服这些问题的方法之一是利用车辆到电网（V2G），甚至车辆到一切（V2X），并利用智能电网技术来调节充电时间，将车辆用作存储/备份设备，以平衡白天的电力利用率，并在需求量较大时提供峰值电力，从而增强电力基础设施的可持续性和弹性（Peng，2012）。因此，PHEV不仅不会导致电网过载，而且有助于在车辆不使用时平削峰值需求，估计大约有95%的时间。例如，据估计，对于100万个联入电网的电动车辆（平均16kW·h容量）以2kW·h的速率放电，可以在2h内为电网提供2GW的电力（Electrification Coalition，2009）。智能电网和V2X系统的未来概念如图8.5所示。

图8.5 智能电网和V2X系统的未来概念

此外，由于电力价格在高峰时段比夜间更高，这些车辆的拥有者可以从差额中获利。车辆还可以在非高峰时段吸收多余的可再生能源，将其传送到电网（再次用于更高的价格）。由于大部分可再生能源具有间歇性特性（例如，来自风能发电厂的总功率的一半以上没有足够的稳定性连接到电网），V2X使得这些可再生能源，特别是风能和太阳能的集成变得更容易。尽管对这一利润的估计在文献上进行的各种研究中存在显著差异，但可以说，V2X和智能电网的集成将增加PHEV的市场效益并使其平稳过渡。

8.3.3 换电技术

尽管EV技术自从发明以来已经取得了很大的进展，但它们目前的固有特性仍然限制了这些技术的充分使用，例如续驶里程、长充电时间和电池的初始成本。电池的高成本仍然是电动汽车进入车辆市场的最大障碍之一。对于PHEV，据估计，增加电池能量容量从 30km 到 60km 的全电池续驶范围将额外减少 15% 的燃料消耗，但成本也几乎加倍（Markel，Simpson，2006）。另一方面，将 PHEV 的拥有成本等同于传统车辆，电池成本估计应减少一半。各种策略被用来提高电池的容量，同时降低它们的重量和成本，如在前面的章节中提到，先进的电池化学特性、优化的电芯、电池设计和制造技术，但这些策略不太可能对电动汽车的成本产生短期影响。因此，各种其他方法也在并行研究中。这些替代的充电设备和方法也起着重要的作用。

如第 1 章所述，目前电动汽车充电主要是通过充电器直接从电力系统进行充电。目前正在进行研究，以改善 AC 充电、DC 充电、AC 和 DC 混合充电以及无线充电的充电效能。其中，AC 充电具有 6 ~ 8h 的缓慢充电速度。DC 充电要快得多，但是快充设备价格高且不易获取，并且可能对电池的容量和循环寿命产生负面影响。AC/DC 混合充电往往存在与充电耦合器、EV 和充电装置之间的通信相关的问题。最后，固定无线充电技术在过去的十年中得到了显著的改善，但是除了为用户提供额外的安全性和便利性之外，它对上述问题没有多大帮助。此外，半动态或动态无线充电的实际解决方案仍处于起步阶段，目前并不能广泛使用（如 8. 3. 1 节所述）。因此，这些电池充电技术目前并不能应对长续驶里程和短时间的 EV 供电的需要。

另一方面，电池替换（换电技术）是一种相对较新但很有前途的技术，可以用完全充电的电池来代替耗尽的电池，而无须等待电池充电的麻烦。该技术可以克服上述有限的电池容量和长充电时间相关问题，并且可以提供独立的解决方案或可以与替代方案并行工作。更换电池所需的时间比以前的方法少得多，并且便于电池管理和维护。此外，它可以延长电池的循环寿命，并降低其成本，甚至降低与电池使用相关的环境影响。图 8. 6 所示为电池交换站的示意图。

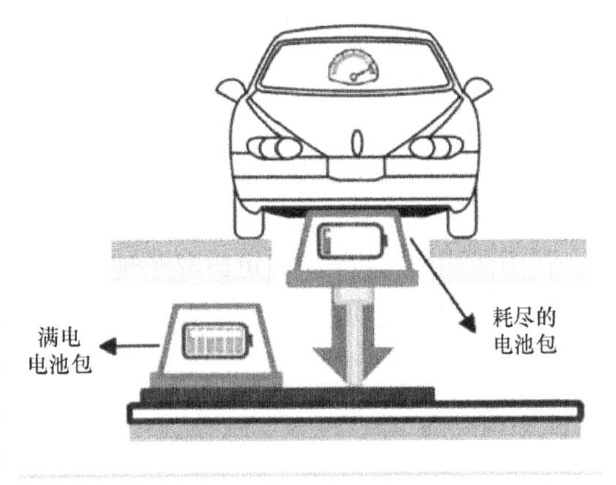

图 8. 6　电池交换站示意图（Davies，2013）

2010 年，世界上第一辆可更换电池的电动公交车在韩国首尔市投入使用，目前这种技术在一定程度上主要存在于中国。中国北京奥运会、上海世博会、广州大学城和杭州古翠路有部分电动汽车换电站。北京理工大学和哈尔滨工业大学也对电动乘用车或客车电池交换技术进行了重要工作。2012 年，电动滑板车和摩托车的电池交换站在中国台湾投入使用，其中电池更换过程由驾驶员手动完成。此外，雷诺和 Better Place 合作，成为第一个电动乘用车电池交换站应用者，由于技术上的某些问题，以及当时电动汽车销量较低且公众对产品缺乏了解，该公司最后宣布破产。

即使电池交换可以提供显著的优势，特别是在人口密度高的地区和/或有限公共充电可用性的地区，但是它需要服务/交换站、专业技术人员，甚至更重要的标准化，以确保不同类型车辆的一致性和兼容性。此外，该技术还需要对内置在电池内的控制器进行重新校准，以使该过程“即插即用”，并为车辆提供最佳性能。此外，还需要电池服务/交换站的协调充电的最优控制策略，以最小化功率损耗或最大化电网负载因子。

8.3.4 电池二次使用

尽管业界正在对提高电动汽车电池性能、容量和循环寿命进行重大研究，但是车辆还是会最终达到其使用寿命，因为电池的容量会随着电池的老化而减少。由于电动汽车电池市场预计在未来十年内将增长数万 GW · h，每年超过数百亿美元，将有相当数量的仍有 80% 的初始容量的退休电动汽车电池。尽管这些剩余容量可能不足以提供车辆所需的全电范围，但仍然足以支持移动车辆（公用事业和娱乐车辆、公共交通）、低能建筑和公用事业可靠性，以及各种电网辅助服务（基于电网和非电网固定），用于缓解各种可再生能源的间歇性，并提供平衡、运转备用和负载跟踪。目前正在创建电池第二次使用（也称为第二生命）的重要的研究和商业模式，在完成其在车辆中的任务后，获得电池的附增服务和收入。随着可再生能源在许多国家的发电比例中的增加，这种电网稳定/可靠性和峰值负荷减少的需求预计将增加。因此，退休的电动汽车电池将在这些部门提供重要的用途，在车辆寿命结束时从车辆上移除，并与其他电池聚合到系统中（不像 V2G 应用，电池仍然在车辆中使用）。这些应用可以显著地增加电池的总寿命值，从而减少汽车用户的相关成本。为了实现这一点，需要采取图 8.7 所示的简化步骤。

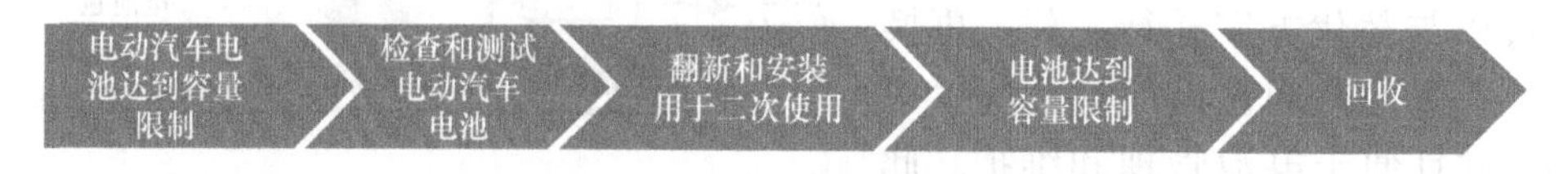

图 8.7 电动汽车电池在初次使用和回收之间的基本步骤（Neubauer，Pesaran，2010）

然而，为了成功广泛地使用退休电动汽车电池的第二次应用，在这个过程中必须克服一些挑战，包括制定新的包装分类和分级标准、设计新能源/热和安全管理系统、准确预测电池的衰减情况、建立符合法律法规的最优利润模型/智能成本管理结构（Lih et al.，2012）。即使基本上采取这些步骤之后，对于电池的第二次应用仍然存在下面列出的一些障碍（Neubauer，Pesaran，2010）：

- 二次使用对电池不确定衰减的敏感性。
- 确定第二次使用的操作要求。

- 电池维修和整合成本高。
- 替代能源储存解决方案成本低。
- 准确识别收入和运营成本的财务数据。
- 缺乏市场机制和监管的存在。
- 对废旧电池的观点。

随着这些问题的解决，电动汽车电池可以重新利用，以适应二次利用的需要。在这个过程中，首先将模块（具有最小的电池管理系统）、电池的整体结构和接口从车辆中移除。然后对电池进行外观检查，再分别在有和没有电池管理系统（BMS）的情况下进行诊断和测试。在电池分级后，更换有故障的电池，并重新包装电池，根据它的二次利用用途进行重新命名。相关的再处理过程如图 8.8 所示。

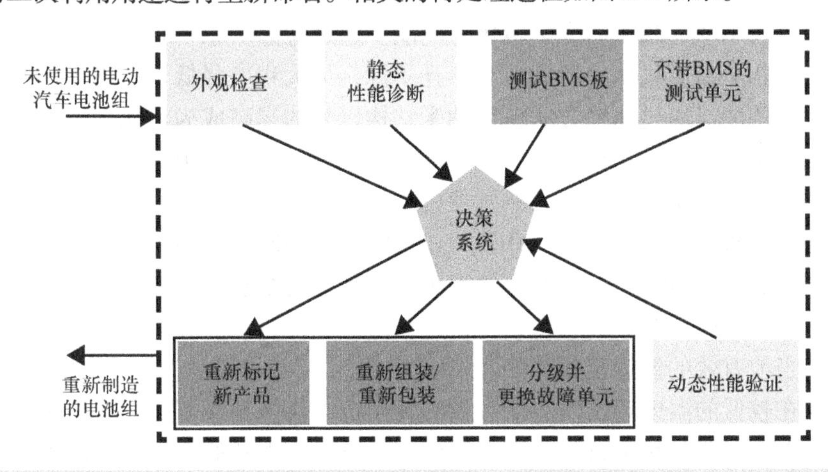

图 8.8　使用过的电动汽车锂离子电池组的再处理流程示意图（Lih et al.，2012）

基于目前的估计，二次利用电池对当前 EV 成本的直接影响将是可以忽略不计的，但在未来几年内可能会达到 10% 以上。然而，应进一步分析电池退化和二次利用模式应用的长期效果，以提供更准确的结果。

8.4　未来电池热管理技术

在前面的章节中，我们将对各种最先进的电池热管理系统进行检查，这些系统在商业上可用，或将在不久的将来使用，并根据后几章中的各种标准进行全面评估。最后一节，简要介绍了各种 TMS，它们被开发应用于从微处理器、核反应堆到航天飞机等广泛的领域，使读者了解电池热管理技术中的联系，并提供这些系统的蓝图。由于目标表面面积的大小和几何形状的问题，系统的有效工作温度的差异、成本、安全性以及与电池化学特性或电子组件的相互作用，这些技术可能目前在 BTMS 并不实用。然而，随着这些技术的预期改进，它们将是可行的选择，在未来补充或取代当前最先进的系统。

8.4.1　热电材料

过去，人们对使用热电材料做了各种各样的努力（自1820年被首次发现以来），在各种应用中将废热转化为电，以及通过施加电来实现冷却/加热的反向过程。然而，由于所使用的材料成本高，热电转换效率低，只有2%～5%（称为热电品质因数或ZT），所以这些材料的商业用途非常有限。它遵循热力学第二定律的卡诺效率。最近，通过有效的纳米结构降低热导率的方法，已经使ZT值高达1.8，但还没能达到一般期望的阈值2（Quick，2012）。

材料科学的最新进展，导致了新材料的发展，基于环境稳定的通用半导体碲化物，预计可将15%～20%的废热转化为电能。通过考虑从原子和纳米尺度到中尺度边界的所有相关长度尺度上的散射载热光子源，最大程度降低了晶格热导率并大幅改善了热电性能。通过这些方法，使纳米结构以外的提高成为可能，有望达到大于2的热电品质因数（Biswas，2012）。目前，它适用于任何使用大型内燃机的应用，如重型制造业、能源、煤炭或天然气发电厂、大型船舶或油轮，其中余热温度范围可从400℃到600℃（Fellman，2012）。而且，已经开始测试回收来自汽车尾气管（来自包括宝马在内的各种OEM）的废热，将其送回车辆以供应辅助单元，包括混合动力电动汽车的热管理。

即使当前有效的温度范围太高而不能实际用于回收电池废热，但在不久的将来，预期在较低的温度范围内实现有效的转换技术将得到显著的改善。因此，可以预见到未来有可能将热电材料直接应用到前面章节中提到的电池热管理系统中，以提高效率并降低所需的冷却功率。

8.4.2　磁冷却

某些具有磁热性质的材料由于磁热效应（MCE），当材料置于磁场时温度会上升，不在磁场时则温度降低。温度效应强弱是材料特有的能力，其作用是完全可逆的，而且几乎是瞬时的。材料的质量和形状等其他性质在产生的热功率中也起着重要的作用。MCE早在1881年就被发现，并且早在20世纪30年代就已经建立了磁热系统，该系统通过控制施加在所使用的具有磁热性质的合金上的一系列磁化/退磁循环来控制磁场。由于在材料中建立了温差，在多次重复之后达到稳定的温度差，其中所产生的冷却能量可以通过诸如水的传热流体带走。MCE系统具有从减少能源使用到消除有害流体的各种优点。然而，直到最近，这些系统还没有被用于许多实际的冷却应用中，因为所使用的超导磁体本身需要先被冷却到较低温度，这降低了系统的效率和成本效益。

最近，研究人员开发了新型的热管理技术，使用更环保的磁体，比目前使用的最新技术效率提高20%～30%，这是一种新型的能够在室温下作用的镍锰合金

(GE Report, 2014)。通过将这些磁体布置在一系列不同的冷却阶段中，在其中流动的水的温度可降低到 80℃。尽管该系统目前是“手推车的大小”，但预计在未来十年，结构将更紧凑并拥有更大的冷却能力，而且其成本将更为低廉，将在实际应用中使用。因此，它们将能够与冷却液流体（如水 - 乙二醇混合物）相结合，用于电池热管理系统中，在电池的冷热源之间进行热传递。

此外，在实现磁热效应的方法中，通过简单地在恒定磁场中旋转 $HoMn_2O_5$ 的晶体，也取得了显著的进步。这种方法可以显著降低冷却系统的能量吸收，并在不久的将来使电池热管理系统结构简化、高效和紧凑。图 8.9 提供了磁热管理系统的说明性示例，该技术可以在不久的将来用于电动汽车电池。

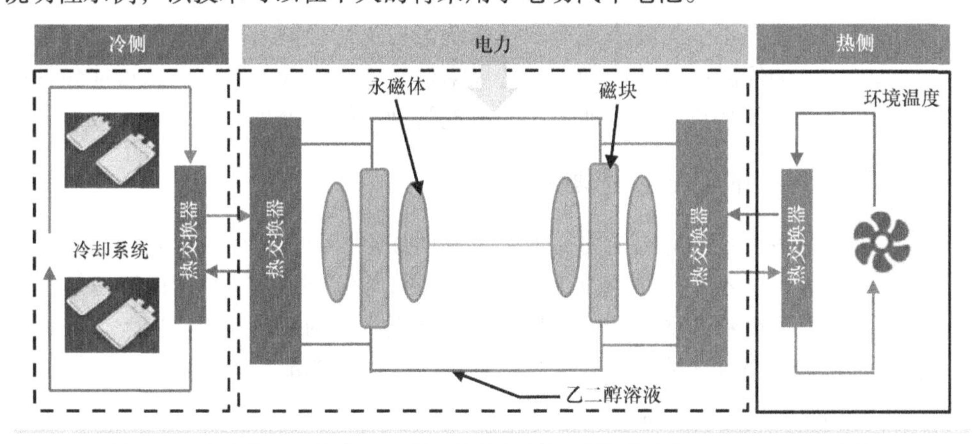

图 8.9　集成到电动汽车电池组中的磁热管理系统图示例（Cooltech, 2015）

8.4.3　压电风扇/双冷却射流

压电效应（PE）是 1880 年发现的“在晶体材料中的机械和电气状态之间的线性机电相互作用”，但直到第一次世界大战才被应用到声纳装置中（Barecke et al., 2011）。在接下来的几十年里，人们发现人造材料的压电常数比天然材料高出许多倍，而且在过去的十年中，它们已经被用来从行人那里收集各种应用场合的动能。

目前，压电风扇已广泛应用于各种冷却装置中，通过在其基座附近振动的柔性叶片进行导流，当向叶片施加输入信号时，会在叶片的自由端产生潜振。此外，压电翅片与散热片一起使用，通过产生增强的空气流来增强散热片的对流换热系数，如图 8.10 所示。这些系统由于其简单、体积小、几何柔性和低功耗等优点而在大多数其他热管理方法中脱颖而出。此外，它们没有运动部件，使得它们比传统的旋转风扇更安静，并且具有更好的可靠性和寿命。随着压电材料的最新发展，它已经成为冷却微电子设备、手机、平板电脑和各种移动设备的替代产品。此外，压电技术的最新突破已经使双压电冷却喷气扇（DCJ）的使用逐渐增加，它像微流体波纹管一样，提供高速度的空气射流，可以在自然对流上增加一个数量级的热传递速率，使可靠性更高，维护成本更低。它们对于冷却热点非常有效，例如工业现场的精确位置冷却，并开始用于各种芯片、射频组件甚至电池。

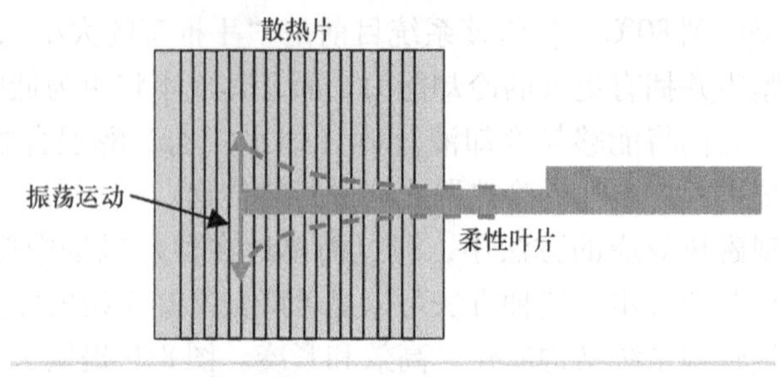

图 8.10　在散热器上具有水平振动的压电风扇的图示

即使它们不能在不久的将来完全取代传统风机进行强制风冷，它们也可以被用来补充难以到达的停滞区域的冷却和旋转风扇效果不太有效的热点。这可能包括在终端附近的电池中的热点以及电池包中的电池管理系统微处理器。

8.4.4　其他潜在的电池热管理系统

为了提高风冷系统的降温能力，需要大幅增加空气流量，但由于功率、成本和声学噪声等原因，这不一定能够实现。另一方面，液冷可以提供更有效的解决方案，但是内部介质材料和受限的换热界面，可能限制它的换热能力。因此，我们进行了各种研究来克服这些缺点，并提高热管理系统的换热能力。下面简要介绍其他各种潜在的热管理系统，它们可以为未来电池热管理系统中的上述问题提供解决方案。

热虹吸管是由重力辅助的热管，是最简单的热管类型，已被用于热回收系统的各种应用中。不像大多数传统的水冷系统，它有一个不依赖于泵的自维持循环，它通过对流来使加热的水运动。两相闭式热虹吸管系统是传统的液体冷却系统的廉价替代品，因为不需要安装泵，并且由于没有运动部件而更加可靠。然而，它对于蒸发器和冷凝器彼此的定向和放置以及系统相对不动的要求都有局限性。它也可用于与相变材料以及前一部分中提到的射流冲击结构相结合，这些射流冲击结构将冷却剂引导到需要冷却的表面。热虹吸管模式和射流冲击模式可以根据表面冷却要求而改变，以提供更有效的热管理系统。

避免使用外部泵的另一种方法是利用电势来操纵液滴在电介质表面上的移动，以精确地将它们传递到热点，称为电润湿。通过连续快速地重复这一过程，热表面可以在很短的时间内被很好地冷却。许多研究已经表明，该系统的散热可以与微通道冷却系统相媲美，并且正被应用在微处理器中。

此外，已广泛用于核反应堆的低成本液态金属冷却（LMC），也正在被开发用于各种电子设备。LMC 具有比铜更高的有效热导率的潜力，并且在很长时间内具有成本效益和可靠性。它们可以有效地通过薄壁管内的各种液态金属冷却剂（如镓、铟和锡的化合物）将余热带到散热器。该技术可与热管和蒸气腔相媲美，但不依赖重力，机械灵活，并可实现类似成本下更高的性能。

最后，目前正在为空间应用开发的其他技术，为各种相关系统提供前沿的热管理和隔热材料。在这些被称为加热带的机械装置中，在保持机械柔韧性和使用具有有效质量和热导率的材料（如超高导电性碳纤维、人造金刚石膜、碳或氮化硼纳米管）的情况下，允许提高热传导。此外，被称为热开关的基于机械或气体的装置也被用于导通或切断航天飞船中的热传导路线。它们可以是被动的（在特定的预选温度下打开/关闭），也可以是主动命令式的（NASA，2015）。

8.5 结语

最后一章，为电动汽车技术和热管理系统的挑战、新兴技术和潜在的热管理系统提供了更广阔的视角。纯粹的技术、经济和环境方面在前面的章节中进行了讨论，其余的突出挑战和可能提供必要的解决方案的趋势技术在本章也进行了阐述。最后，介绍了目前正在开发的各种具有广泛应用范围的热管理系统技术，以提供热管理系统将来可能包含的技术。

缩略语

BMS battery management system　电池管理系统
BTMS battery thermal management system　电池热管理系统
CV conventional vehicle　传统车辆
DCJ dual cooling jets　双压电冷却喷气扇
EV electric vehicle　电动汽车
GHG greenhouse gas　温室气体
H&EV hybrid and electric vehicle　混合动力/纯电动汽车
ICE internal combustion engine　内燃机
LMC liquid metal cooling　液态金属冷却
MCE Magnocolaric effect　磁热效应
PE Piezoelectric effect　压电效应
PHEV plug - in hybrid electric vehicle　插电式混合动力汽车
TMS thermal management system　热管理系统
V2G vehicle - to - grid　车辆到电网
V2X vehicle - to - everything　车辆到一切

问题

8.1　详细说明购买车辆的原因可能不仅仅是理性的选择。在你所在的国家、州或社区，关于电动汽车技术被广泛接受的负面的和积极的观点有哪些？

8.2　你认为阻止电动汽车技术不连续和发散的转变的社会认知框架是什么？识别阻碍这一技术更广泛的市场渗透的“自我强化的过程”，并阐述克服它的必要步骤。

8.3　你认为电动汽车最关键的新兴技术是什么？怎样才能加速这种技术或趋势的接受度？

8.4　选择一个目前没有商业化用于电池热管理系统的热管理技术，并识别该技术替代电动汽车电池现有的技术的优点和缺点。怎样才能克服这些缺点？

8.5　在8.4节中提供的热管理系统哪些是最简单的、最有效的和技术上最适合与现有电池热管理系统一起使用的？详细说明原因。

参考文献

Arthur WB. (1989). Competing technologies, increasing returns, and lock-ins by historical events. *The Economic Journal* **99**:116–31.

Barecke F, Wahab MA, Kasper R. (2011). Integrated Piezoceramics as a Base of Intelligent Actuators, Advances in Ceramics - Electric and Magnetic Ceramics Bioceramics Ceramics and Environment.

Bakker S, Lente H, Engels R. (2012). Competition in a technological niche: the cars of the future. *Technology Analysis & Strategic Management* **5**:421–434.

Bakker S, Maat K, Wee B. (2014). Stakeholders interests, expectations, and strategies regarding the development and implementation of electric vehicles: The case of Netherlands. *Transportation Research Part A* **66**:52–64.

Balli M, Jandl S, Fournier P, Gospodinov MM. (2014). Anisotropy-enhanced giant reversible rotating magnetocaloric effect in $HoMn_2O_5$ single crystals. *Applied Physics Letters* **104**: 232402.

Bessenbach N, Wallrapp S. (2013). Why do Consumers resist buying Electric Vehicles? Copenhagen Business School, Thesis.

Biswas K, He J, Blum ID, Wu C, Hogan TP, Seidman DN, Dravid VP, Kanatzidis MG. (2012). High-performance bulk thermoelectrics with all-scale hierarchical architectures. *Nature* **489**: 414–418.

Burgess M, King N, Harris M, Lewis E. (2013). Electric vehicle drivers' reported interactions with the public: Driving stereotype change. *Transportation Research Part F* **17**:33–44.

Cooltech.(2015). The Magnetic Refrigeration System Diagram. Available at: http://www.cooltech-applications.com/magnetic-refrigeration-system.html [Accessed June2015].

Davies C. (n.d.). Tesla battery-swap demos this week confirms Elon Musk Article. Available at: http://www.slashgear.com [Accessed July 2015].

Diamond, D. (2009). The impact of government incentives for hybrid-electric vehicles: Evidence from U.S. states. *Energy Policy* **37**:972–983.

Dijk M. (2014). A socio-technical perspective on the electrification of the automobile: niche

and regime interaction. *International Journal of Automotive Technology and Management* **14**:158–171.
Egbue O, Long S. (2012). Barriers to widespread adoption of electric vehicles: An analysis of consumer attitudes and perceptions. *Energy Policy* **48**:717–729.
Electrification Coalition. (2009). Revolutionizing Transportation and Achieving Energy Security, Electrification Roadmap.
Fellman M. (2012). Thermoelectric material is the best at converting heat waste to electricity article. Available at: http://www.northwestern.edu [Accessed August 2015].
Foxon TJ. (2007). Technological lock-in and the role of innovation. In: *Handbook of Sustainable Development*, G Atkinson, S Dietz, E Neumayer (eds.). Edward Elgar Publishing Limited UK.
GE Reports.(2014). Not Your Average Fridge Magnet. Available at: http://www.gereports.com/post/75911607449/not-your-average-fridge-magnet [Accessed June 2015].
Graham-Rowe E, Gardner B, Abraham C, Skippon S, Dittmar H, Hutchins A. (2012). Mainstream consumers driving plug-in battery-electric and plug-in hybrid electric cars: A qualitative analysis of responses and evaluations. *Transportation Research Part A* **46**:140–153.
Heffner RR, Kurani KS, Turrentine TS. (2007). Symbolism in California's early market for hybrid electric vehicles. *Transportation Research Part D* **12**:396–413.
Labay DG, Kinnear TC. (1981). Exploring the Customer Decision Process in the Adoption of Solar Energy Systems. *Journal of Consumer Research* **8**:271–278.
Lih W, Yen J, Shieh F, Liao Y, (2012). Second Use of Retired Lithium-ion Battery Packs from Electric Vehicles: Technological Challenges, Cost Analysis and Optimal Business Model. International Journal of Advancements in Computing Technology (IJACT), Vol. **4**, Issue 22.
Markel T, Simpson A. (2006). *Cost-Benefit Analysis of Plug-In Hybrid Electric Vehicle Technology*. National Renewable Energy Laboratory.
Meyer TG. (2012). *Path Dependence in Two-Sided Markets*. PhD Dissertation, Freie Universitat, Berlin.
Miller JM, Onar OC, White C, Campbell S, Coomer C, Seiber L, Sepe, R., Steyerl A. (2014). Demonstrating Dynamic Wireless Charging of an Electric Vehicle. IEEE Power Electronics Magazine, March.
NASA Technology Roadmaps, TA 14. (2015). Thermal Management Systems, May 2015 Draft. Available at: http://www.nasa.gov/sites/default/files/atoms/files/2015_nasa_technology_roadmaps_ta_14_thermal_management.pdf [Accessed June 2015].
Neubauer J, Pesaran A. (2010). PHEV/EV Li-ion Battery Second-Use Project. NREL Report.
Ozaki R, Sevastyanova K. (2011). Going Hybrid: An Analysis of consumer purchase motivations. *Energy Policy* **39**:2217–2227.
Peng, M. (2012). A review on the economic dispatch and risk management of the large-scale plug-in electric vehicles (PHEVs)-penetrated power systems. *Renewable and Sustainable Energy Reviews* **16**:1508–1515.
Quick D. (n.d.). World's most efficient thermoelectric material developed. *Gizmag*. Available at: http://www.gizmag.com/most-efficient-thermoelectric-material/24210 [Accessed June 2015].
Smith A, Stirling A. (2010). The politics of social—ecological resilience and sustainable socio--technical transitions. Ecology and Society 15:1–11.

Sovacool BK, Hirsh RF. (2009). Beyond batteries: an examination of the benefits and barriers to plug-in hybrid electric vehicles (PHEVs) and a vehicle-to-grid (V2G) transition. Energy Policy 37(3):1095–1103.

Sydow J, Screyogg G. (2013). Self-Reinforcing Processes In and Among Organizations, Self-Reinforcing Processes. In: *Organizations, Networks, and Fields – An Introduction*, J Sydow, G Screyogg (eds.). Palgrave MacMillan, UK.

Taiber JG. (n.d.). Overview about Wireless Charging of Electrified Vehicles – basic principles and challenges, Transportation Electrification Community Report. Available at: http://tec.ieee.org [Accessed July 2015].

Wessling JH, Faber J, Hekkert MP. (2014). How competitive forces sustain electric vehicle development. *Technological Forecasting & Social Change* **81**:154–164.